全生命周期动作发展

第7版

［美］　凯瑟琳·M. 海伍德（Kathleen M. Haywood）
　　　　南希·格彻尔（Nancy Getchell）　　著

曹晓捷、陈璐　译

Life Span Motor Development

人民邮电出版社

北京

图书在版编目（CIP）数据

全生命周期动作发展：第 7 版 / （美）凯瑟琳·M.海
伍德（Kathleen M. Haywood），（美）南希·格彻尔
(Nancy Getchell) 著；曹晓捷，陈璐译. -- 北京：人
民邮电出版社，2025.8
　　ISBN 978-7-115-60429-3

Ⅰ. ①全… Ⅱ. ①凯… ②南… ③曹… ④陈… Ⅲ.
①人体运动 Ⅳ. ①G804.62
　　中国版本图书馆 CIP 数据核字 (2022) 第 218429 号

版权声明

免责声明

本书内容旨在为大众提供有用的信息。所有材料（包括文本、图形和图像）仅供参考，不能用于对特定疾病或症状的医疗诊断、建议或治疗。所有读者在针对任何一般性或特定的健康问题开始某项锻炼之前，均应向专业的医疗保健机构或医生进行咨询。作者和出版商都已尽可能确保本书技术上的准确性以及合理性，且并不特别推崇任何治疗方法、方案、建议或本书中的其他信息，并特别声明，不会承担由于使用本出版物中的材料而遭受的任何损伤所直接或间接产生的与个人或团体相关的一切责任、损失或风险。

内 容 提 要

本书主要讲解人一生中动作的发展和动作技能的变化。

本书共 6 部分。第 1 部分是动作发展导论，重点介绍纽厄尔限制模型，并围绕该模型进行相应论述；第 2 部分描述人一生中动作技能的发展，介绍动作技能发展过程中具体变化发生的序列；第 3 部分讲解身体的发育和衰老；第 4 部分讲解健康体能的发展，包括心肺耐力、力量、柔韧性的发展，以及体重、健康体能和动作能力发展相互影响的方式；第 5 部分讲解知觉-动作的发展，包括感觉-知觉的发展以及知觉和动作的关系；第 6 部分讲解动作发展中的功能性限制，包括社会、文化和社会心理限制，以及动作学习和限制之间的相互作用，并鼓励读者将改变限制的方法应用于实际。

本书可以帮助体育教师了解学生动作的发展和动作技能的变化，从而完善教学活动；也可以为物理治疗师等健康科学领域的人士提供观察动作模式的工具；还可以让父母了解促进儿童动作健康发展的方法。

◆ 著　　　 [美] 凯瑟琳·M. 海伍德（Kathleen M. Haywood）
　　　　　　 南希·格彻尔（Nancy Getchell）
　　译　　　 曹晓捷　陈 璐
　　责任编辑　刘日红
　　责任印制　周昇亮
◆ 人民邮电出版社出版发行　　北京市丰台区成寿寺路 11 号
　　邮编　100164　电子邮件　315@ptpress.com.cn
　　网址　https://www.ptpress.com.cn
　　北京九天鸿程印刷有限责任公司印刷
◆ 开本：700×1000　1/16
　　印张：26.75　　　　　　　　　　2025 年 8 月第 1 版
　　字数：732 千字　　　　　　　　 2025 年 8 月北京第 1 次印刷
　　　　著作权合同登记号　图字：01-2019-6877 号

定价：248.00 元
读者服务热线：(010)81055296　印装质量热线：(010)81055316
反盗版热线：(010)81055315

致动作发展的研究人员（过去、现在、将来），你们的努力使该领域
不断取得长足的进步。感谢你们的工作赋予了我们灵感。

前言

大多数人一生中都会与身边的人共同见证彼此发生的变化。我们可能见证过儿女、侄女或侄子从蹒跚学步的幼儿成长为学龄前儿童，他们学会了无数新技能，获取了丰富的知识，也懂得了如何与人交流。不经意间，他们从初中生变成了高中生，开始自己独立生活，并且可能成为才华横溢的音乐家或者天赋异禀的运动员。我们可能也见证了父母或祖父母的改变，或许他们不再去做自己喜欢的事情，又或许他们能够适应变化，继续做自己喜欢的事情。因此，每个人都是发展学者。本书主要研究动作的发展，观察人一生中动作技能的变化，并试图找出这些变化发生的原因及方式。不管你有没有想过，你都见证了某些个体在一生中不断改变其动作技能。现在，当你成为自己职业领域的专业人士，甚至为人父母时，你将有机会进一步了解并思考人生中的这些变化。

本书重点关注纽厄尔限制模型，并以此为指南，方便读者理解动作技能的变化。该模型包含3个因素：个体（或做动作者）、个体所处的环境及正在进行的任务。该模型强调三者之间的相互作用导致了动作的发生。我们知道，人一生都在不断经历身体的变化，从成长到发育成熟，再到老去。对发展学者而言，纽厄尔限制模型对观察个体变化产生的动作结果，以及个体限制、环境限制和任务限制之间的相互作用具有指导意义。该模型有助于我们预测环境限制、任务限制或两者改变后动作模式的变化（这对体育教师、物理治疗师、职业治疗师以及其他相关专业人士非常有用），更全面地观察个体一生中的动作发展，并在课程结束后，帮助我们解决在动作发展中遇到的实际问题。事实上，了解一生中的动作发展会让人在所有动作相关领域取得进步。你可以了解动作发展的定义以及该领域的理论和历史渊源，并观察到许多与动作技能发展相关的因素，如成长、衰老和认知。此外，你还会发现限制和其他因素是如何对各种动作产生正面或负面影响的——也许是你从没想到过的影响方式。

谁能从本书中受益？事实上，众多运动爱好者都会从本书中受益。无论是早期儿童教育工作者还是老年学家，各阶段的教育工作者都可以通过了解身体的各个系统及其随时间变化的方式来完善自己的教学工作。物理治疗师和职业治疗师等健康科学领域的人士也能从本书中找到帮助自己观察动作模式的工具。运动科学领域的读者将从本书对体能及其变化过程的描述和解释中获得指导。大多数个体在一生中都会经历本书提到的这些发展变化，因此，更加全面、深入地了解动作发展，会让你受益匪浅。事实上，所有父母或将要成为父母的人都应了解自己孩子的动作发展情况，并掌握引导儿童动作健康发展的方法。因此，无论读者属于何种群体，他们大都能够亲自实践本书中的信息（本书数据截至英文版图书成稿时）。

第7版新增内容

本书延续了此前版本的特点，将个体经验与动作发展相结合。在每章的开头，我们试图把动作发展的某个方面放到现实世界中来展示，这样你就可以看到它对不同人的真正意义。每章的应用问题可以促使读者思考父母或不同角色的专业人士会如何使用书中所提供的材料。

第7版更新的内容反映了动作发展领域的最新研究成果。我们也变更了内容的呈现方式，使其贯穿人的一生，同时呈现出动作发展对人生具有重要意义的各个方面。第12章的新增内容反映了当下的研究前沿——动作能力对身体健康，包括提高健康体能水平和达到理想体重状态的作用。新增的第17章展现了动作发展研究和动作学习研究的共同之处，这对那些期望成为教师、指导者或教练的人非常有用。我们也对书中所呈现的内容进行了重新组织，使关于动作技能发展的核心内容更早呈现出来。关于身体的发育和衰老的内容现在直接衔接健康体能的发展部分。

本书特点

本书延续了此前版本的几个重要特点。

- 章节目标。章节目标列出了每章应该学习和理解的十分重要的概念。
- 现实世界中的动作发展。每个人都会经历动作技能的发展，本书每章开头均结合真实的生活经验进行介绍，这些经验对于很多人来说都是司空见惯的，或者是媒体经常报道的。
- 滚动术语词汇表。每章某些页面一侧的空白处有一个**滚动术语词汇表**，表中的术语在书中以彩色突出显示，方便读者查看其定义。书中已给出准确定义的一些术语不再在页面空白处出现。
- 应用问题。我们在每章都设定了如下所示的应用问题。要回答这些问题，就需要考虑到父母或不同角色的专业人士如何在现实世界中运用书中的内容。

这是一个**滚动术语词汇表**的示例；表中术语在书中以彩色突出显示，并在页面空白处给出其定义。

? 谁能从动作发展的学习过程中获益呢？

- 要点。几乎每章都会呈现不同的要点，以点明本章详细讨论的主题或概括的结论。这些要点由如下要点图标标出。

▶ **要点** 示例，学习的重要内容。

- 评估要素。大部分章节都包含一个评估要素，这些评估要素可以帮助你观察并评估动作发展的某些方面，以及了解研究者和其他专业人士如何衡量动作发展的某些方面。
- 总结与综述。每章末尾的总结与综述概述了本章所介绍的内容。
- 巩固已学知识。为了帮助你将每章学到的概念整合成一个关于限制的观点，每章末尾均有一小节内容，名为"巩固已学知识"。这部分内容会帮助你：
  - 再次回顾本章所提供的真实生活经验；
  - 通过回答与本章内容相关的问题，测试自己对所学知识的掌握程度；
  - 运用所学知识，完成练习。
- 协助学生达到美国国家标准。第7版将继续帮助学生达到美国国家标准。本书内容及其中提到的方法与美国国家运动和体育教育协会的动作发展学会（Motor Development Academy of the National Association for Sport and Physical Education）制定的最低能力标准准则之修订版相一致，该协会是美国健康和体育教育协会研究联盟［SHAPE America，前身为美国健康、体育教育、娱乐和舞蹈联盟（AAHPERD）］的一部分。对教师而言，第7版提供了适合动作发展的活动和设计活动的指南，可帮助其学生达到不同年级的相应水平。

内容框架

第1部分包含3章，为动作发展导论，重点介绍了纽厄尔限制模型，并围绕该模型进行了相应的论述。第1章介绍了动作发展的基本概念。第2章回顾了动作发展的理论观点。第3章介绍了运动和稳定性原理，这是所有动作和动作发展的基础。

第2部分描述了人一生中动作技能的发展。第4章探讨了早期动作发展。第5章研究了人类移动能力的发展。第6章聚焦弹道式技能的发展，第7章则关注操控性技能的发展。这4章详细介绍了动作技能发展过程中具体变化发生的序列。

第3部分探究了身体的发育和衰老，主要关注个体限制如何影响整个身体和特定的身体系统，及个体限制在人一生中的变化方式。这直接引出了第4部分，该部分研究了影响健康体能的几个重要因素及其与动作技能发展相互影响的方式。许多专业人士在未了解特定群体的特有限制的情况下，就将一般成人的训练原则应用于儿童和老年人，第4部分则提供了适合不同群体动作发展的指导原则。对那些关注儿童和青少年肥胖问题的人而言，这一部分包含了很多非常有用的内容。

其余部分则重点关注因不同限制之间的相互作用而产生的动作和那些影响动作产生的其他限制及其在人的一生中发生的变化。第5部分关注感觉-知觉的发展，以及知觉和动作的关系。第6部分首先介绍了动作发展中的社会和文化限制，接着论述了动作发展中的社会心理限制。最后两章鼓励读者将学到的关于改变限制及其相互作用的知识应用于实际。书中提供了多种学习工具，来帮助读者回顾所学到的终生动作发展知识，并将之应用于具体案例。

辅助材料

本书的辅助材料包括教学用视频短片和演示软件包。

教学用视频短片包括婴儿和学步幼儿的视频片段，执行基本动作技能的补充视频片段，以及针对第1章~第18章、涵盖众多特定背景下的限制的视频。

演示软件包包含每章的演示文稿（PPT）。教师可根据每章的具体重点或者学生的背景和专业知识，对PPT进行完善。

如需获取以上辅助材料，请按"资源访问说明"的步骤观看和下载。

资源访问说明

本书的免费资源分为两大类：一类是在线资源，是指可以在指定平台上浏览的视频资源；另一类是下载资源，是指可以在指定平台上下载使用的资源。

一、在线资源

本书的在线资源是教学用视频短片，您可以按照以下步骤，免费观看本书在线视频。

步骤1：点击微信聊天界面右上角的"+"，弹出功能菜单（图1）。点击"扫一扫"，扫描右侧二维码。

步骤2：添加"阿育"为好友（图2），然后进入聊天界面。

· 首次添加企业微信，即可观看在线视频。

· 非首次添加企业微信，请先回复"60429"，而后根据操作提醒观看在线视频。

图1

图2

二、下载资源

本书的下载资源是演示软件包，包含每章的PPT，下载后可根据需要直接使用。您可以通过以下方式获取资源。

步骤1：打开微信"扫一扫"，扫描本页右侧的二维码，关注"人邮体育"公众号。

步骤2：关注后，用微信"扫一扫"，扫描右侧的二维码，在图3
的登录界面内输入手机号、图片验证码和验证码，然后点击"登录"。

步骤3：登录后，请根据提示回答一个与图书相关的问题，将答
案输入图4的方框位置，并点击"确定"。

步骤4：回答完毕且答案正确，页面跳转到下载地址页，请点击图5中的"复制"
键复制地址。

步骤5：将复制后的地址粘贴到浏览器（推荐使用电脑端浏览器），即可进入资
源下载页面。请根据页面提示进行资源下载。

图3

图4

图5

致谢

本书第1版的编写工作始于1983年。每一版和每一次补充都促使本书成为内容越来越全面的教学指导用书，书中内容得益于许多人的贡献。在此，我们对致力于本书编写的一些人士表示感谢。正是在这些贡献出自己的专业知识和才能的人士的帮助和支持下，我们才得以完成这项雄心勃勃的工作。第7版在前几版的基础上继续扩展了相关内容。以各种方式为今天这项工作成果作出贡献的人士，我们希望他们能够知道，我们多么感激他们的帮助。

首先，我们要感谢这些年来出现在照片或视频片段中的人士：珍妮弗（Jennifer）、道格拉斯（Douglas）和迈克尔·伊默古特（Michael Imergoot）；劳拉（Laura）、克里斯蒂娜（Christina）和马修·海伍德（Matthew Haywood）；安娜·特拉梅利（Anna Tramelli）；凯西·刘易斯（Cathy Lewis）；朱尔斯·莫马茨（Jules Mommaerts）；康纳·米勒（Connor Miller）；富兰克林·麦克法兰（Franklin McFarland）；雷切尔·哈蒙（Rachel Harmon）；杰茜卡·加利（Jessica Galli）；查明·欧雷奥（Charmin Olion）；查德·霍夫曼（Chad Hoffman）；斯蒂芬妮·科兹洛夫斯基（Stephanie Kozlowski）；朱莉娅（Julia）和马德琳·布莱克利（Madeleine Blakely）；瓦莱里娅·罗德（Valeria Rohde）；伊恩·斯塔尔（Ian Stahl）；阿梅莉亚·艾萨克斯（Amelia Isaacs）；里斯（Reese）和尼古拉斯·拉普森（Nicholas Rapson）；贾尼娅·贝尔（Janiyah Bell）；帕克·莱恩（Parker Lehn）；洛根·艾伦（Logan Allen）；简·拉斯科夫斯基（Jane Laskowski）；雷切尔（Rachel）和杰茜卡·威利（Jessica Wiley）；黛安娜·沃尔特迈尔（Diane Waltermire）；杰斯·埃利奥特（Jase Elliott）；苏珊·艾伦（Susan Allen）；苏珊（Susan）和莉萨·米勒（Lisa Miller）；埃米莉（Emily）和杰里米·法尔肯纳姆（Jeremy Falkenham）；萨拉·波（Sarah Poe）；亚历克斯·米茨达费尔（Alex Mitsdarfer）；利纳·巴扎德（Lyna Buzzard）；布莱尔·马西斯（Blair Mathis）；帕克（Parker）、艾迪生（Addison）、赞德（Zander）和威洛·伯克（Willow Burk）；罗伯特（Robert）、詹姆斯（James）和莉莲·霍尔（Lillian Hall）；苏珊·奥特洛（Susan Outlaw）；朱莉（Julie）和乔纳森·莱昂斯（Johnathan Lyons）；格雷丝（Grace）和迪伦·泰勒（Dylan Taylor）；艾米莉（Emily）和艾布拉姆·乔治（Abram George）；里德（Reid）和马迪·亨尼斯（Madi Henness）；卡莱布·柯里（Kaleb Curry）；凯利·泰勒（Kelly Taylor）；卢奇（Luci）和莱内特·莫里斯（Lynette

Morris）；托尼（Tony）和玛丽·格雷厄姆（Mary Graham）；威廉·金戈尔德（William Gingold）；安娜·克拉克（Anna Clark）；萨拉（Sarah）、玛丽（Mary）和格雷丝·怀特（Grace White）；尼尔·霍尔韦德尔（Neil Hollwedel）；丹尼尔·菲谢尔（Daniel Fishel）；科尔（Cole）和洛根·黑斯蒂（Logan Hasty）；马西娅·西伯特（Marcia Siebert）；乔舒亚（Joshua）、沙格拉（Shagra）和霍尔登·斯通（Holden Stone）等。

　　我们还要感谢那些在此版本和先前版本中提供了照片的人士：布赖恩·斯派克（Brian Speicher）、威廉·朗（William Long）、罗莎·安古洛－巴罗索（Rosa Angulo-Barroso）、苏珊·米勒（Susan Miller）、戴尔·乌尔里克（Dale Ulrich）、玛丽·安·罗伯顿（Mary Ann Roberton）、安·万森特（Ann VanSant）、约翰·赫本斯蒂克（John Haubenstricker）。此外，我们要感谢B.D.乌尔里克（B.D. Ulrich）和吉尔·惠特尔（Jill Whitall）为本书临摹了一些电影插图，感谢玛丽·安·罗伯顿（Mary Ann Roberton）提供了许多哈尔（Hal）正在运动的照片。

　　本书的内容涉及多个学科和专业领域的研究。我们向约翰·施特鲁佩尔（John Strupel）、已故的伊丽莎白·斯威尼（Elizabeth Sweeney）、布鲁斯·克拉克（Bruce Clark）、简·克拉克（Jane Clark）、莫琳·韦斯（Maureen Weiss）、凯瑟琳·威廉斯（Kathleen Williams）、安·万森特（Ann VanSant）和玛丽·安·罗伯顿（Mary Ann Roberton）表示感谢，感谢他们阅读本书时提供额外的相关信息。感谢高级骨关节科的保罗·M.斯佩齐亚（Paul M. Spezia）教授为实验骨龄测试拍摄腕部X光片。

　　感谢安·瓦格纳（Ann Wagner）和辛西娅·海伍德·克尔凯梅耶（Cynthia Haywood Kerkemeyer）帮助输入并检查早期版本的部分内容，感谢已故的林恩·伊默古特（Lynn Imergoot）、琳达·哈根（Linda Gagen）、帕特里夏·汉娜（Patricia Hanna）和凯西·刘易斯（Cathy Lewis）帮助编写早期版本的索引。

　　我们要特别感谢从事动作发展研究的许多同事为本书提出建议，他们致力于帮助动作发展专业的学生正确理解这一领域的研究。感谢莉萨·巴尼特（Lisa Barnett）、戴尔·乌尔里克（Dale Ulrich）和基普·韦伯斯特（Kip Webster）为第7版提供了新的材料。最后，我们要感谢人体运动出版社的耐心支持，为我们团队付出的精力，让我们得以在紧迫的日程下完成第7版的许多工作。

　　我们也要感谢我们的家人和朋友，他们对本书的多次修订表示支持。多年来，正是他们的支持使我们的工作成为可能。

目录

动作发展导论

开始学习并研究一个新的领域时，必须先了解该领域专业人士所使用的术语。动作发展领域的专业人士涉及很多职业，包括体育教师、运动防护师、教练、物理治疗师、教授等。因此，本书第 1 部分旨在为读者提供全面的信息基础，包括术语、概念和重要的历史发展理论，读者可由此建构自己的动作发展知识框架。要想了解有关动作发展的知识并与他人探讨该领域的相关研究，就必须先学习基本的术语。你必须了解该领域的研究范围，及其从发育角度研究动作行为的方式。学习该领域中信息的说明和呈现方式非常有益。本书将在第 1 章对这些主题进行讨论。

你也需要了解一些不同的观点，动作发展领域的专业人士正是基于不同的观点观察动作行为并解释其研究成果的。学科研究中通常为人所知的就是该领域研究者所采用的观点。本书将在第 2 章介绍这些观点。

第 3 章介绍了运动和稳定性原理，这些原理始终影响着人们的动作，理解这些原理可帮助你了解动作技能随时间变化的模式。第 3 章旨在帮助你全面理解这些原理的作用方式。

最重要的是，第 1 部分引入了一个指导动作发展研究的模型：纽厄尔限制模型（Newell, 1986）。第 1 章介绍了该模型的各个组成部分及其内容。纽厄尔限制模型提供了一种组织新信息的方法。该模型展示了一个非常重要的观念，即动作发展的重点并不仅仅是个体，还需要验证个体所处的环境以及个体正在试图完成的任务。这一模型还提供了一种分析并思考动作发展领域中相关观点和问题的方法。因此，纽厄尔限制模型不仅有益于动作发展的短期学习，而且有助于长期的专业研究，以及与家人或朋友进行关于动作技能的互动。

推荐阅读

Adolph, K.E. (2018). Motor development. In M. Bornstein & M. Arterberry (Eds.). *The SAGE encyclopedia of lifespan human development* (pp. 1450–1453). Thousand Oaks, CA: Sage.

Adolph, K.E., & Franchak, J.M. (2016). The development of motor behavior. *WIREs Cognitive Science*, 8, 1–18.

Clark, J.E. (2017). Pentimento: A 21st century view on the canvas of motor development. *Kinesiology Review*, 6, 232–239.

Gagen, L., & Getchell, N. (2008). Applying Newton's apple to elementary physical education: An interdisciplinary approach. *Journal of Physical Education, Recreation, and Dance*, 79, 43–51.

Gagen, L., & Getchell, N. (2018). Using 'constraints' to design developmentally appropriate movement activities for early childhood education. In H. Brewer & M. Ranck Jalongo (Eds.), *Physical activity and health promotion in the early years: Effective strategies for early childhood educators* (pp. 57–74). Springer: Champ, Switzerland.

Jensen, J. (2005). The puzzles of motor development: How the study of developmental biomechanics contributes to the puzzle solutions. *Infant and Child Development*, 14(5), 501–511.

基本概念

▶ 明确动作发展的定义；

▶ 区分发展性问题与其他问题；

▶ 介绍研究者在动作发展领域所使用的一些基本工具；

▶ 解释动作发展会伴随个体一生的原因；

▶ 介绍一种指导动作发展研究的模型。

"成长"系列（The *Up* Series）

1964年，保罗·阿尔蒙德（Paul Almond）导演拍摄了一部关于14名年龄均为7岁，且具有不同社会经济背景的英国儿童的生活的纪录片《人生7年》（*7 Up*）。1971年，迈克尔·艾普特（Michael Apted）接手创作了《人生又7年》（*7 Up+ 7*）系列纪录片。之后，他每隔7年拍摄一次，跟踪记录同一群人的童年、青年、壮年及中年生活。系列纪录片《人生56年》（*56 Up*）于2012年5月14日在英国播出，并于2013年1月在美国上映。"成长"系列展现了参与者从童年到老年的生活，为人们观察群体和个体的发展提供了机会。

如果我们制作了有关动作发展的系列纪录片，谁有可能会观看呢？许多专业人士可能会有兴趣，还有教育工作者，特别是从事体育教育和幼儿教育的工作者可能会关注哪些实践方法最好用以及它们从发育角度讲是否合适。治疗师可能想从中了解影响动作能力的因素。工程师和设计师可能更关注参与者在成年期发生的变化，以便设计出大小和结构适当的生活空间、控制面板、工作设备、运动器械及车辆。健康护理人员则可能想从中了解个体早期的运动和锻炼将如何影响他之后的健康状况。显然，许多人因不同原因而对动作发展充满兴趣。事实上，通过研究个体从出生到衰老的动作模式变化及其原因，我们可以学到很多东西。动作是我们生活中不可或缺的一部分，其变化也是不可避免的。

动作发展的定义

我们虚构的系列纪录片可能让你对动作发展有一个大致的了解。现在我们将对动作发展做出更准确的定义，并规定该领域的研究范围，就像制片人确定某些片段是否适合用在与动作发展相关的系列纪录片中一样。

发展可通过以下几个特征进行定义。

第一，发展是功能性能力连续不断变化的过程。功能性能力是人存在于现实世界中生活、运动、工作的能力。发展是一个不断累积的过程。所有活着的生物体都在不断发展中。但在一生中的不同阶段，其变化程度可能不同，有时变化比较明显，有时则并不显著。

第二，发展与年龄有关，但不取决于年龄。随着年龄的增长，发展也在进行。然而，不同时期的发展速度可能不同，有的时期发展较快，有的时期则较慢，而且处于同一年龄段的不同个体的发展速度可能也各不相同。个体的年龄增长和发展不一定同步。发展也不会止于特定的年龄，而是持续终生。

第三，发展涉及变化的序列。变化的每个步骤依次进行，不可逆转。这种变化是由个体内部以及个体和环境之间的相互作用造成的。同物种个体所经历的发展模式都是可预测的，但是最后总会发展成为独特的个体。

个体在很多方面发挥功能，包括身体、社会、认知和心理。因此，我们使用认知发展或社会发展等术语来描述特定领域的变化过程。社会科学家往往专门研究发展的某个方面。

我们用**动作发展**这一术语表示动作能力的发展。动作发展的研究者主要探究动作能力的发展变化以及影响这些变化的因素。这类研究既涉及变化的过程，也涉及由此产生的动作结果，但并非所有的动作变化都会构成发展。例如，一位网球教师通过改变学生的握拍方式，改变了学生正手击球的方式，我们并不会将这种变化视为动作发展。但是，我们会使用**动作学习**这一术语，它是指相对长久但与经验或练习而非年龄相关的动作变化。当我们不必特别区分动作发展和动作学习，想用一个概念同时表示两者时，可以使用动作行为这一术语。

动作控制指神经系统控制肌肉熟练地完成协调的动作。近年来，动作发展和动作控制领域的研究者发现了二者的许多共同点。了解神经系统和动作能力如何随着年龄的增长而变化，可以扩展我们对动作控制的认识，帮助我们了解动作发展和动作控制研究中许多重合的内容。

❓ 浏览新闻网站上有关动作发展的报道。除了动作和发展之外，针对这个主题你还搜索到了哪些关键词？

想必你已经听说过"身体发育"与"身体发展"两个术语的搭配。**身体发育**指身体体形或重量的增大。所有生物都会经历体形增大的时期。对人类而言，这个发育期从胚胎开始，到青春期后期或20岁左右结束。身体发育期之后体内组织大小的变化（如抗阻训练后肌肉质量的增加）会用其他术语来表示。因此，"身体发育"与"身体发展"指身体体形大小和功能性能力的变化。

"成熟"一词也可能与"发育"成对出现，但它与身体发展不同。**成熟**意味着个体的身体系统达到最佳整合状态，以及具有生育的能力。在身体成熟后很长一段时间，发展仍在继续。

生理变化不会随身体发育期的结束而停止，相反，它会持续一生。发育期结束后，生理变化趋缓，但仍然显著。**衰老**一词在广义上可以用来指变老的过程，但与实际年龄无关；它也可以特指导致适应能力或功能丧失，最终导致死亡的变化（Spirduso, Francis & MacRae, 2005）。

发育和衰老这两个生理过程会持续终生。多年来，研究者针对动作发展的研究主要集中于幼儿期到青春期。然而，全球人口已经开始步入老龄化阶段。到2030年，在美国、俄罗斯、澳大利亚、加拿大和大多数欧盟国家中，至少13%的人口的年龄将为65岁或以上（Kinsella & Velkoff, 2001）。这一变化急切地要求我们对人生后期的动作发展有更全面的了解。虽然一些动作发展专业的学生可能会特别关注这一连续过程中的某一阶段，但作为一个研究领域，动作发展更关注一生中持续的动作变化。了解人生的某个时期导致变化的影响因素，往往有助于我们理解其他时期的变化。观察变化的过程也是发展性观点的一部分。

动作发展指与年龄相关的、持续的动作变化过程，以及导致这些变化的个体限制、环境限制及任务限制之间的相互影响。

动作学习指与实践和经验相关的，相对长久的动作技能提升（Schmidt & Lee, 2014）。

动作控制研究的是动作的神经、身体和行为方面的内容（Schmidt & Lee, 2014）。

身体发育是指已经形成的身体部分的生长而导致的体形的增大或体重的增长（Timiras, 1972）。

生理**成熟**是指生理结构上质的进步，可指细胞、器官或系统在生物化学成分方面的进步，而不仅仅是体积的增大（Teeple, 1978）。

衰老是随时间推移而发生的变化过程，会导致适应能力或功能的丧失，最终导致死亡（Spirduso, Francis & MacRae, 2005）。

限制：动作发展的研究模型

借助一种研究模型或计划来研究个体一生中的动作变化非常有用。研究模型有助于我们考虑观察动作行为时的所有相关因素。特别是当我们考虑动作技能的复杂性以及动作技能在一生中的变化方式时，研究模型将非常有用。本书采用的研究模型与当代的理论研究方法相关，即生态学观点（见第2章）。我们发现，该模型为观察动作技能的变化提供了一个框架，有助于我们理解其发展变化。我们认为纽厄尔限制模型可以帮助你更好地理解人一生中的动作发展。

纽厄尔限制模型

卡尔·纽厄尔（Karl Newell）在1986年提出，动作产生于有机体、动作发生的环境以及正在进行的任务之间的相互作用。其中任何一个因素的变化都会导致动作的变化。我们可以用三角形的3个角表示这3个因素，箭头表示它们之间的相互作用（图1.1）。在此我们只关注人类的动作，因此用"个体"一词代替"有机体"。简而言之，要理解动作，就必须考虑个体、环境及任务这三者之间的关系。这些特征的相互作用产生了特定的动作。该模型强调，我们必须将这3个因素全部考虑在内，才能理解动作的发展。

试想人们不同的行走方式，例如，迈出第一步的蹒跚学步的婴儿，在沙地里行走的儿童，在冰上行走的成人，或者试图赶上公交车的老人。上述个体都必须以某种方式改变自己的行走方式。上述示例表明，改变其中一个因素往往会改变其与另一个或两个因素的相互作用，而相互作用产生了不同的行走方式。例如，当你走过干燥的铺装地面时，赤脚和穿着胶底鞋走可能没有什么差别，但如果地面湿滑，那么你的行走方式可能就会发生明显的变化。个体、环境和任务的相互作用改变了动作，而随着时间的推移，相互作用的模型将导致动作发展的变化。

为什么纽厄尔限制模型对研究动作发展的帮助如此之大？因为该模型反映了动作发展中动态的、不断变化的相互作用，使我们开始关注个体和身体系统随年龄变化而变化的情况。该模型同时强调了个体运动的地点（环境）及个体运动内容（任务）

图 1.1　纽厄尔限制模型

对个体动作的影响。个体的变化使其与环境和任务的相互作用发生了变化，继而改变了个体的动作模式。例如，一个儿童可能会享受在学前班的垫子上翻滚，他的父母可能会让他上体操课（环境改变）；课堂上，体育教师可能会更加关注特定器械而不是翻滚技术（任务改变）。随着时间的推移，儿童通过在体操课上专注于特定器械的训练，可能会成为鞍马高手。再如，一个老年人因为髋关节炎选择只有在不得已的情况下才步行，并退出了散步小组。社会环境的变化使锻炼不易继续，从而导致他的力量、柔韧性和活动度水平的降低，最终加剧了髋部疼痛。在这两个示例中，个人、环境和任务相互影响。

纽厄尔将三角形 3 个角上的因素称为**限制**。限制和约束有些类似，在某种情况下，二者都起到了制约或阻碍动作发展的作用，但是在其他情况下，同时也促进了其他动作的产生。重点在于，我们不应断定限制就是消极或不利的，因为它们只是提供了最容易产生动作的渠道。河床就是一种限制，河床使河水不会四处流动，但同时也引导河水按照特定的路线流动。动作限制是动作形成的特征，它们约束了动作，并将其引导至特定的时间和空间，也就是说，它们赋予了动作一种特殊的形式。

位于纽厄尔限制模型三角形顶点的**个体限制**是指一个人独有的身心特征。例如，身高、肢体长度、力量和动机，这些都可以影响个体的动作模式。残疾运动员面临的只是限制，但这些限制并没有影响其游泳能力，只是改变了其划水的模式。个体限制可以是结构性的，也可以是功能性的。

- 结构性限制与个体的身体结构有关。它们随发育和衰老的过程而变化，但随着时间的推移，变化速度会放缓。个体的身高、体重、肌肉质量和腿长都属于结构性限制。通过书中对这些变化的讨论，你可以了解结构性因素如何限制动作。
- 功能性限制是与身体结构无关，而与行为功能有关的限制因素，例如动机、恐惧、经验和注意力集中程度。这些限制可以在较短的时间内发生变化。例如，与炎热潮湿的天气相比，你可能更倾向于在凉爽的天气里跑步。这种功能性限制决定了你跑步、行走甚至坐下的动作。

对许多专业人士来说，了解学生或客户的动作是否受到结构性或功能性限制的影响非常重要。这些信息可以帮助他们了解个体动作在短时间内的可变化程度，以及是否需要通过改变环境或任务限制来改变个体产生的动作。例如，青少年运动的组织者如果了解到青少年排球运动员由于身高限制无法在网前拦网，便会使用较低的球网来改变任务限制。

环境限制存在于身体之外，是我们周围世界的属性。这种限制在全世界都存在，和特定的活动无关，它可能是物理环境或社会文化环境。物理环境指环境的特征，如温度、亮度、湿度、重力以及地板和墙壁表面材质。例如，跑者在潮湿环境里缺乏跑步动力，体现了驱动力的个体限制与两种环境限制（温度和湿度）的相互作用，它们共同限制了动作。

社会文化环境也会在较大程度上促进或阻碍各种行为，包括动作行为。例如，在过去30年中，涉及女性参与体育运动的社会文化环境发生了根本性的变化。

任务限制也是来自身体外部的限制。首先，它包括动作或任务的目标。这些限制与

限制是个体、环境或任务的一种特征，它在促进某些动作的同时限制了其他动作。

个体限制是一个人独有的身心特征。

结构性限制是与身体结构相关的个体限制。

功能性限制是与行为功能相关的个体限制。

环境限制是与周围环境有关的限制。

任务限制包括特定动作或任务的目标和规则。

个体动机或目标的不同之处在于其专属性。例如，首先对于所有篮球球员来说，目标都是把球投进篮筐。其次，任务限制包括和动作或任务有关的规则。再以篮球为例，如果球员直接抱球跑，而不是运球，那他们就能更快地结束比赛。然而，按照规则，球员必须在带球前进的同时保持运球，这意味着由此产生的动作受到了限制，包括要让球从地面上弹起。最后，我们使用的设备也是一种任务限制。例如，使用线网类球拍而不是木质球拍，就改变了封闭球场（壁球运动）上的比赛方式。回顾此前提到的青少年运动组织者的案例，通过降低排球球网的高度，青少年运动组织者利用结构性限制（身高）和任务限制的相互作用，让青少年排球运动员能够在比赛中做出某个动作（拦网）。你还可以想象所述情况中的许多任务限制，如篮球球员必须把球传给队友，同时阻止对方防守球员的抢断。

本书关于动作发展的讨论，展示了通过改变个体限制、环境限制和任务限制之间的相互作用来产生动作的方式。纽厄尔限制模型指导我们识别影响动作发展的因素，帮助我们创建适合动作发展的任务和环境，以及了解与群体规范或平均水平不同的个体。

对限制条件的观念转变

在动作发展的研究史中，某些研究者和从业者主要关注个体因素，而没有考虑其他因素。例如，在20世纪40年代，人们假设个体限制，特别是神经系统的结构性限制，促成了婴儿和儿童的动作（见第2章）。到了20世纪60年代，发展学者普遍认为，与个体限制相比，环境限制和任务限制对动作的影响更显著。直到最近，发展学者才开始同时关注这3种类型的限制，并仔细研究限制是如何随时间推移而相互作用和影响的。

限制条件的相互作用共同塑造动作行为。因此，这种做法限制了对动作产生的全面认知。我们在对动作发展的调查中确定了这些不同观点对3种限制重要性的影响。我们对动作发展某个方面的了解，有时会受到该行为研究者观点的影响。这就如同我们在试戴镜片颜色不同的太阳镜时，看到的同一朵花的颜色是不同的。当我们强调某种类型的限制，而忽视了其他类型时，我们关于动作发展的结论可能是"有色"的。

? 请想象，你是一名体育教师或教练。在了解身高和体形如何随着发育而变化后，你将如何调整篮球比赛（尤其是通过器材来改变任务），使成长中的学生在不同年龄段都能保持基本相同的投篮、运球和传球动作模式？

与此前动作发展研究中使用的大多数模型相比，纽厄尔限制模型更加全面。该模型通过研究个体、环境和任务之间的相互作用，更好地解释了与年龄相关的动作变化的复杂性。在动作发展研究过程中，请将此模型牢记于心。

限制与非典型发展

要理解限制的基本概念，就必须使用典型的动作发展特点来加以解释。也就是说，我们需要用一些示例来描述那些我们期望具有平均水平的个体限制（力量、身高、动机）的人士，在典型环境（体育馆、操场、杂货店）中进行正常活动（运动、日常生活活动）的情况。从本质上讲，这是动作发展的"平均水平"。人们可以以不同方式发展，并且仍被认为处在一个平均水平的范围内。然而，个体可能通过多种方式偏离这种平均的发展过程。在某些情况下，发展可能会提前（动作技能的出现早于预期）或延迟（动作技能的出现晚于预期）。在其他情况下，发展方式实际上是不同的（个体以独特的方式做动作）。我们在讨论限制和非典型发展时所关注的是延迟的和不同的发展方式，特别是残疾人。限制之间的相互作用导致个体生活中的动作发生变化。因此，我们认为个体在结构性限制和功能性限制上的差异可能导致非典型的发展轨迹。例如，由于肌肉痉挛，脑瘫患儿获得基础动作技能的时间可能会延迟，或者由于大脑和脊髓髓鞘退化，成人多发性硬化症患者的动作熟练程度会下降。在某些情况下，人们可能会出现动作协调能力的延迟，这种延迟可以通过强化练习或经验积累来克服。用限制来解释，强化练习表示任务限制发生了变化。动作专家（或动作技师）必须牢记动作如何因限制的改变而变化，从而调整环境限制和任务限制，以使其适应个体限制。我们在书中提供了非典型发展的相关研究实例。

如何确认变化

我们已经确定，与年龄相关的变化是动作发展研究和发展性观点的基础。发展学者非常重视变化。然而，我们如何知道变化与年龄相关，而非受行为波动或测量仪器（雷达枪与视频动作分析）的结果影响呢？辨别发展变化的一种方法是仔细观察个体的动作，然后描述不同年龄组或不同观察对象之间的差异。

此外，行为学家用统计技术来识别显著的变化，我们有时会在科研场合中讨论这些技术。现在，我们通过一种直白的技术说明动作发展随时间的变化，并绘制相应的变化图像，我们可以从图像中看到是否形成了某种变化趋势。

绘制变化

我们在绘制与年龄相关的测量结果图像时，通常会把时间或年龄放在横轴上。根据参照系，时间的单位可以是天、周、月、1年或10年。婴儿期的兴趣测量可以用天或周为单位，而对一生的兴趣测量可以用1年或10年为单位。

纵轴表示测量结果。我们通常采用一定的比例整理测量值，以呈现"更多""更快"或"更高水平"

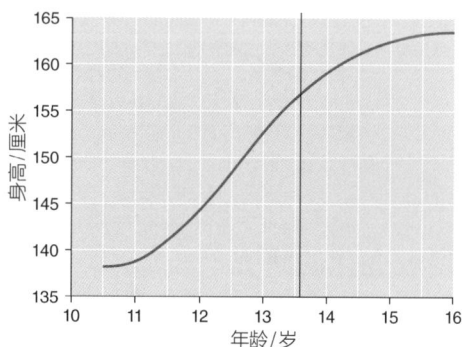

图1.2 儿童期发育测量结果的典型图像

的结果。图1.2为儿童期发育测量结果的典型图像。定期进行测量并在选定年龄段绘制测量发展曲线是常见的测量方式。我们假设在几次测量间变化是连续发生的，因此通常将数据点连线。用发展性观点来绘制变化图像时，我们并不应假定变化越多越好。个体的动作模式在性质上各有不同，有些动作模式可能使投掷的距离更远或奔跑的速度更快，但这并不意味着其他动作模式是错误的或不好的，这只是意味着其处于不同或较低的发展水平。

描绘发展变化的曲线可称作**发展轨迹**。这一概念有助于我们思考某些发展方面的早期限制，以及它们如何影响个体此后的发展。图1.3中，假设行为被绘制为一条红线，那么我们可以看到在3岁时，儿童的行为受到了某种限制。如果这种限制约束了行为，那么行为的发展轨迹就会发生改变，从而影响儿童此后的发展，如蓝线所示。如果这种限制反过来促进了行为的进步，那么发展轨迹会以一种积极的方式发生改变，如绿线所示。因此我们可以看到，发展过程中一个很小的变化便可以使一个人步入非常不同的发展轨迹。

注意，严重的负面影响或限制可能导致**发展停滞**，如图1.3中的紫线所示。真正的发展停滞罕见，而泽费尔特（Seefeldt）在1980年提出了有关儿童动作发展的熟练度障碍概念。他假设，如果个体在童年中期没有达到一定水平的动作技能熟练度，那么随着年龄的增长，该个体很难成为一名熟练的动作使用者。如果儿童在3岁时表现出行为熟练度障碍，那么他可能无法跨越该障碍，其发展轨迹便会如图1.3中的紫线所示。

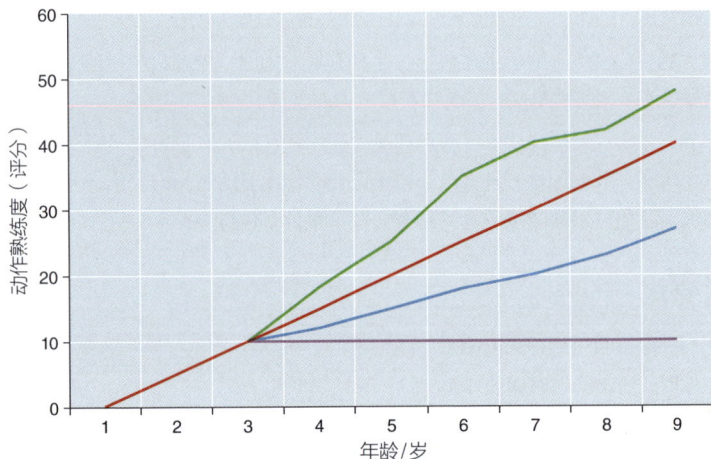

图1.3 发展轨迹

发展变化的研究

最理想的发展研究是观察个体或群体在我们感兴趣的完整时期内随年龄增长发生的变化，这被称为**纵向研究**。但当时间单位是数年或数十年时，纵向研究会变得比较困难。例如，教师可能会对学生童年期移动技能的变化感兴趣。研究者可能一生只能做几个这样的研究，而且这种研究方法不能让他们很快了解动作发展的情况。

研究者可通过几种研究方法在更短的时间内了解更多的情况，其中一种被称为**横向研究**。在横向研究中，研究者可以在其感兴趣的年龄段中选定一些时间点上的个体或群体。例如，对青春期变化感兴趣的研究者可以测量3组分别为13岁、15岁、17岁或青春期内其他年龄的青少年。在绘制每组的测量结果图像时，我们假设所观察到的任何变化均反映了整个时间段内单组观察到的相同变化。该方法的优点在于，研究者可以在短时间内研究发展变化的情况。但缺点在于，研究者并没有观察到真正的变化，只是根据年龄组的差异推断出变化。如果是其他原因导致年龄组出现差异，我们可能会误认为这些差异是由发展变化引起的。

以三轮车为例，某个时期，所有的三轮车都是金属的，座位距离地面较远，3岁以下的儿童很难上车。然后，有人发明了"大轮三轮车"，其大前轮和距离地面很近的座位，让儿童可以轻松上车。

假设一名研究者分别对1.5岁、2岁、2.5岁和3岁的儿童进行一项关于腿部骑车动作协调性的横向研究。这项研究在"大轮三轮车"上市一年后进行（注："大轮三轮车"作为一件设备，在此研究中为任务限制）。研究者观察到，2.5和3岁儿童能够协调这个动作，因此得出结论，2.5岁大约为能够协调腿部骑车动作的年龄。但是，如果研究者在一年前，儿童都没有骑过"大轮三轮车"时进行这项研究，结果又会怎样呢？研究者可能会观察到没有儿童能够协调骑车动作，因为没有人能骑上高座的三轮车。然后研究者就会得出这样的结论：这种动作协调性是在3岁之后发展起来的。

"大轮三轮车"的发明让早期练习骑车动作协调性的儿童自成一个**队列**，或迷你世代。年龄稍大一点的队列直到自己能骑上更高的三轮车时才会练习这种动作。因此，前一队拥有后一队没有的经验。在横向研究中，这种队列差异可能会误导研究者，让他们将不同年龄组之间的表现差异仅与年龄相关联，忽略了出现新发明的因素。随着科学技术的日新月异，研究者在研究老年群体时必须特别注意这种队列差异。例如，许多老年人可能没有计算机，或不常使用计算机。假设研究者想要研究不同年龄组的驾驶员在驾驶技术上的差异，并使用计算机模拟驾车，由操纵杆控制汽车，那么老年人可能会因为不熟悉计算机操纵杆而产生不同的表现水平，但并非体现驾驶技术的真实差异（事实上，那些还没有资格开车的儿童，可能会因为自己玩过相关的驾驶游戏而表现得更好）。因此，研究者必须注意队列差异的控制。

然而，研究者已经设计出一种明智的方法来辨别队列的影响，同时在比纵向研究的规定时间更短的时间内进行发展研究：将纵向研究和横向研究结合在一起。实际上，他们对不同时期、不同年龄段的研究对象进行了几项小规模的纵向研究。

例如，在第一年对3组年龄分别为4岁、6岁和8岁的儿童进行测量。请注意，如果研究到此为止，则为横向研究。一年后，再次对所有的儿童进行测量，儿童的年龄分别为5岁、7岁和9岁。再过一年，进行第3次测量，儿童的年龄分别为6岁、8岁和10岁。最后，研究者做了3个小型纵向研究：一组对比最初4岁的儿童在4岁、5岁和6岁时的数据，一组对比最初6岁的儿童在6岁、7岁和8岁时的数据，另外一组对比最初8岁的儿童在8岁、9岁和10岁时的数据。

因此，只需两年便可获得4~10岁儿童的信息，这时队列又会存在怎样的差异呢？请注意，在小型纵向研究中，年龄出现了重叠，研究测量了两组6岁和8岁儿童。如果

队列指成员具有共同特征（如年龄、经验）的群体。

你能说明它的发展情况吗？石蕊测试

了解动作发展和动作学习的定义之后，你仍然很难区分一个特定的行为是动作学习还是动作发展。玛丽·安·罗伯顿（Mary Ann Roberton, 1988）认为，以下3个问题的答案有助于我们区分这两者。

- 我们是否对目前的行为方式及其原因感兴趣？
- 我们是否对过去观察到的行为感兴趣？为什么？
- 我们是否对目前的行为在未来可能发生的变化感兴趣，为什么？

对于第一个问题，动作学习和动作发展的学生的回答都是肯定的，但对于后2个问题，只有发展学者的回答是肯定的。动作学习专家关心的是在短时间内的哪些变化使行为发生相对持久的改变。发展学者关注的则是较长时期内发生的序列变化。发展学者可能会改变任务或环境限制，使两种限制或其一都与年龄相匹配，并意识到，任务或环境将随着个体的年龄和变化而不断改变。

混合纵向研究或**顺序研究**是指在一个时间或在较短的时间内对几个年龄组进行观察，并允许观察的年龄跨度长于观察期。

不同队列在给定年龄的表现相同，那么可能不存在队列差异。如果相同年龄队列的表现不同，那么很可能存在队列影响。这种类型的研究设计被称为**混合纵向研究**或**顺序研究**。

动作发展专业的新生可以通过考虑研究设计来判断研究是不是发展研究。如果设计为纵向、横向或顺序研究，那么即为发展研究（图1.4）。仅关注某一年龄组在某一时间点的研究并非发展研究。

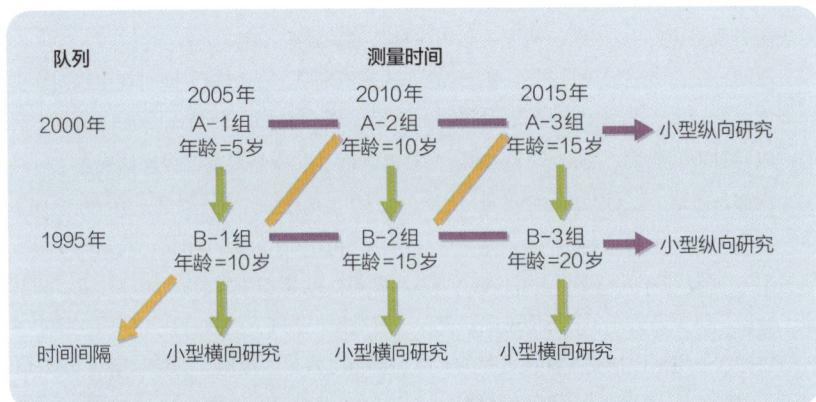

图1.4 顺序研究设计模式。注意，每行均为一个短期的纵向研究，每列均为一个小型横向研究。顺序研究设计的时间间隔如斜线所示，允许对实际年龄相同的不同队列进行比较，从而辨别队列差异。可对5~20岁的对象进行跨度10年的研究（2005—2015）

荟萃分析与综述

荟萃分析与综述是两种已发表和实施的研究分析方法，为研究者们所常用。要想将参与者有限的研究结果应用至更大的群体中，重要的是对不同的参与者或用不同的方式进行重复研究。荟萃分析是一种分析方法，允许研究者对多个小型研究的结果进行整合。研究者在设定研究标准后，使用统计方法将各项研究中观察到的结果整合为一个更具概括性的估计结果。通过该分析方法，研究者可以强化我们对发展结果的认知，即使只是通过独立的横向研究。

综述是研究者所使用的另一种方法。研究者选择与一个主题相关的多项研究，然后对研究进行分组，对参与者、研究方法和结果进行对比。研究者可指出其中解释矛盾结果的因素，或强调研究中的共同发现。有时，研究者会将综述与荟萃分析相结合。动作发展专业的学生非常重视综述和荟萃分析这两种方法，与单项研究相比，综述和荟萃分析的结果更适于向人数更多的学生、客户或患者群体进行推广。

发展的悖论：普遍性与差异性

想象自己在一个体育馆里，周围都是学龄前儿童。许多儿童的动作都类似：他们开始展现基本的接球和投掷动作；他们能熟练地行走和跑步，不过不能很好地完成跳步。整体来说，这些儿童具备很多相同的动作技能。然而，如果你重点观察一名儿童，你会发现，他的动作水平可能或多或少地不同于旁边的儿童。这种差异突出了发展普遍性与个体差异性的悖论（Thelen & Ulrich, 1991）。同一物种中的个体在发展过程中会表现出极大的相似性，这是因为他们经历了许多相同的（模式化的）变化。你肯定听说过"发展阶段"这一说法。当然，此处的"阶段"表示普遍行为出现的阶段。那些期望对特定年龄范围内的个体进行研究的人士，往往对个体在该年龄范围内的典型行为很感兴趣。

但是，发展水平确实存在个体差异。我们所观察的所有个体都很有可能高于或低于平均水平，或者比平均水平更早或更晚地达到下一个阶段。此外，儿童可以通过明显不同的路径达到同一发展阶段（Siegler & Jenkins, 1989）。所有个体（甚至同卵双胞胎）都会有不同的经历，而那些对同一发展阶段的群体进行研究的人士，往往也会对同组内的个体差异感到惊讶。

因此，发展学者、教育工作者、家长及专业医护人士必须在普遍行为和个体差异的背景下考虑个体的行为，并且要认识到其他人的观点是关注行为的普遍性还是差异性。研究是一种可控的、系统的观察，它可以帮助我们区分人类的普遍行为和差异行为，并帮助我们识别限制的角色，如环境限制和个体限制在差异行为产生时起到的作用。

本书将尽可能根据研究结果呈现观点，相关信息的来源也非常客观。但请记住，这并不表示任何一两份研究就能为我们提供所需的所有答案。单独的研究结果并不总是排除所有其他可能的解释，为此，我们可能需要进一步的研究。

从研究中得出能指导教育和医疗保健实践的原则和理论是一个过程。虽然从业者有时会感到沮丧，因为他们看到研究者只是处于这一过程的中间阶段。但是，与其把所有的研究结果当作最终定论，不如认清这一事实。我们的目标不仅是利用现有的研究结果对个体动作发展给出有见地的结论和决定，也要学习当进一步的研究信息出现时如何获取和分析。

? 思考我们是如何概括人的，例如"高个子的人都较瘦"，再至少想出一个你所认识的、不在这个"规则"内的人。如果想让学生或患者遵循一个一般的规律，那么会产生怎样的结果？

总结与综述

理解了发展视角之后，我们便可以知道为什么一部横跨几十年的动作发展系列纪录片会引起这么多观众的兴趣。现在的每个人都从"我们过去的样子"变化而来，每个人也将在未来发生显著的变化。每个人都是发展的个体，与此同时，我们的个体限制也在不断发生变化。不断变化的个体限制、环境限制和任务限制将为你带来一个与动作发展相关的有趣组合。

许多职业都需要与身处人生关键点的人们建立关系，在这些关键时刻发生的变化会影响人以后的生活，特别是在身体和身体技能方面。因此，了解动作发展以及相关限制将终生有利于你和周围的人。如果你选择去当体育教师、教练或者治疗师，你可以运用这些知识，为他人提供"与发展阶段相匹配"的活动，从而帮助他们。

掌握一些基本的工具，会让动作发展的研究变得更容易。但更为重要的是建立一个可以让你关联新信息的框架或模型，本书使用了纽厄尔限制模型。另一个重要的工具是如何设计动作发展研究的知识，这将有助于你理解研究者处理发展性问题的方式。

还有一个没有谈到的重要工具是发展学者在进行研究时所采用的各种观点。因为同一个问题可以通过多种观点解决，所以了解人们所采用的观点是有价值的。下一章将对不同的方法以及动作发展的理论根基进行探讨。

巩固已学知识

回顾

本章从介绍风靡英美的"成长"系列纪录片开始。其中参与者随时间发生的变化、保持不变的原因以及影响他们人生轨迹的因素（我们现在称之为限制）等内容，都令观众非常感兴趣。换言之，他们想知道这些儿童（以及长大后的成人）的生活会如何发展。本书读者将和这些观众一样，以互动的方式研究动作发展，并充分考虑个体限制、环境限制及任务限制对个体一生中动作技能的影响。重要的是，这部纪录片不会止于童年期的结束（也不会因此变得无趣），因为个体在一生中会不断地发展和变化。因此，本书采用了动作发展的终生观点。

知识测验

1. 动作发展领域与动作学习领域有何不同？哪种关键观点能够区分二者？

2. 身体发育和生理成熟有何区别？

3. 试想一项你最喜欢的体育运动或锻炼。描述该活动中的个体限制（结构性和功能性）、环境限制和任务限制。

4. 为什么计划从事儿童教学工作的人也会对老年人进行研究？

5. 纵向研究和横向研究有何区别？混合纵向研究或顺序研究的特点是什么？

6. 体育教师提供的"与发展阶段相符"的活动是什么意思？给出一些使用限制的示例。

学后练习

在网上搜索有关动作发展的信息

互联网为所有从业者提供了宝贵的资源。任何有计算机的人都可以上网获取许多与动作发展有关的信息。然而，你必须提醒自己，网络上的信息几乎无规章制度可循，每个人都可以提供任何信息（无论是基于研究、个人观点还是其他）。一名明智的研究者在了解这些之后，必须像在图书馆里做研究一样，仔细审查各个网站，确定其信息的实用性和准确性。在这个学习活动中，你将对各种网站的理论假设和基础做出判断。

1. 在你所选择的搜索引擎中输入术语"动作发展"。这个词的相关结果有多少？有没有什么网站让你受益匪浅？为什么？

2. 找一个销售动作发展产品的网站，选择一个产品。这是什么产品？它有什么作用？广告商如何宣称其具有发展性？结合你所学到的知识，它真的具有发展性吗？

3. 再次搜索，在"动作发展"中加上"婴儿期"一词。对搜索结果中至少3种类型的网站（例如学术、销售、医疗）进行审查，找出一些不寻常或特别有趣的网站。如果你是一个正在搜索信息的家长，你能从这些网站学到什么？

第2章

动作发展的理论观点

重新理解限制

章节目标

- ▶ 描述目前用于研究动作发展的理论；
- ▶ 说明各种理论是如何解释动作行为变化的；
- ▶ 阐述动作发展领域的历史。

第一个侄子的出生

想象一下，你去看望自己的姐姐，她刚生完第一个孩子。新生儿（即出生以后不满28天的婴儿）刚满一周，只有在你把奶嘴放在他嘴里或者把手指放在他手里时，他才会对你做出回应。他随意摆动手臂和双腿，饿的时候便会挥舞四肢，大声哭泣。你离开的时候心想："他看起来手脚不大协调，身体也非常虚弱。"然而，当你9个月后再次看望你的姐姐和侄子时，你会发现他发生了明显的变化。他可以自己坐起来，伸手拿玩具，并且开始爬行，甚至能够在你的帮助下站起来。他开始协调自己的动作，这样便能有目的地移动。再过9个月，再次拜访时你会发现，他已经变成了蹒跚学步的婴儿。他可以走动，并能伸手抓住物品。他开始对语言做出回应，特别是"不"这个词。他看起来和你18个月前见到的那个新生儿完全不一样。

在这种情况下，人们自然想要知道他在过去的18个月里究竟发生了什么，才出现这些变化。换言之，你（或其他人）要如何解释婴儿在整个发展过程中的变化。我们知道，不同的人的发展似乎有相似之处（即第1章中所述的普遍性），那么我们要如何整理并理解这些变化，以便对此做出解释并预测其未来的发展呢？我们怎样才能解释某些事实呢？我们必须以不同的理论观点看待动作发展，因为理论为发展变化的研究和解释提供了系统的方法。

动作发展理论起源于其他学科，例如实验和发展心理学、胚胎学和生物学。当代动作发展研究往往会采用所谓的生态学观点来描述、解释和预测变化。要想理解发展中的"事实"，就必须理解生成假设事实的不同理论观点。了解这些理论观点有助于我们理解动作发展，并辨别几种相对冲突的释义。

成熟论观点

简而言之，成熟论观点将发展变化解释为对动作发展的成熟过程（特别是通过中枢神经系统）进行控制或支配的功能。根据该理论提出的假设，动作发展是一个由生物或遗传驱动的内在或先天的过程。环境可能会加速或减缓变化的过程，但无法改变其生物性的决定进程。

▶ **要点** 成熟论者认为，基因和遗传是动作发展的主要原因，而环境产生的影响甚微。

20世纪30年代，在阿诺德·格塞尔（Arnold Gesell）的引领下，动作发展的成熟论观点开始流行（Gesell, 1928, 1954; Salkind, 1981）。格塞尔认为，人类的生物史和进化史决定了其有序且不变的发展序列（即每一发展阶段对应一个进化阶段）。然而，不同个体通过该序列发展的速度可能不同，因此个体的发展有所不同。格塞尔将成熟解释为一个由内部（遗传）因素而非外部（环境）因素控制的过程。他认为，遗传因素最终将控制动作发展，而环境因素只会暂时影响动作发展。

格塞尔和同事以同卵双胞胎为研究对象，将双胞胎控制策略引入发展研究（图 2.1）。观察双胞胎是研究遗传和环境因素对动作发展产生何种影响十分有效的方法。在此研究中，一对双胞胎接受了特定的训练（实验性的、特定环境），另一则不做特定的训练（作为对照组）。对照组的双胞胎像任何未接受特殊训练的儿童一样自然发展。格塞尔以这种方式研究环境对动作发展的影响。

一段时间后对双胞胎进行测试，并与先前确定的动作发展标准进行比较，观察经验水平的提高是否对实验组产生了影响。双胞胎研究对动作发展研究具有重要意义。尤其是这些研究使发展学者开始确定技能发展的序列，并注意到技能出现速度的不同。格塞尔从研究中得出结论：儿童的发展是有序的，即童年时期的发展变化是可以预测的。

默特尔·麦格劳（Myrtle McGraw）是当时另一位著名的研究者，她也选择以双胞胎作为对象来研究经验水平的提高对动作发展的影响（Bergenn, et al., 1992; McGraw, 1935）。在她的经典研究《成长：约翰尼和吉米的研究》（*Growth：A Study of Johnny and Jimmy*）中，麦格劳在双胞胎出生几个月后便开始对他们进行观察。在双胞胎 12 个月大的时候，她让其中一名婴儿（约翰尼）在具有挑战性的环境下进行特定的活动，如攀爬逐渐升高的坡道和玩轮滑。这些活动通常需要动作技能和解决问题的技能。约翰尼确实在某些动作技能方面表现出色，但在其他方面却并非如此，因此不能解决当时心理学中有关"先天"与"后天"的争论。麦格劳的研究结果模棱两可，这可能（至少部分）是因为这对双胞胎是异卵双胞胎，而非同卵双胞胎。

图 2.1 选择双胞胎进行研究可使格塞尔和麦格劳等研究者在控制环境因素的同时"控制"遗传因素

本图由作者提供。

除了描述动作发展的过程之外，许多成熟论者也对潜在的发展过程感兴趣。例如，麦格劳在1943年将动作行为的变化与神经系统的发育相关联。她认为，中枢神经系统成熟可触发新技能的出现。由于麦格劳也对动作学习感兴趣，因此她并非严格意义上的成熟论者，但那些从事发展研究的人往往忽略了她这一方面的工作内容（Clark & Whitall, 1989a）。

到了20世纪50年代，使用成熟论观点研究动作发展的情况开始减少，但该理论的影响至今仍然存在。例如，研究者和非专业人士认为成熟是主要的发展过程，从而断定基本的动作技能是自动产生的。因此，即使在今天，许多研究者、教师和从业者仍然认为没有必要去促进基本技能的发展。此外，成熟论者起初强调中枢神经系统是触发行为发展的一个系统，后来则执着于该观点，这使人们忽视了其他系统的重要性，人们开始认为心血管系统、骨骼系统、内分泌系统甚至肌肉系统对动作发展没有重要作用。到了20世纪40年代中期，发展心理学家开始改变研究重点，他们对动作发展的兴趣逐渐减弱。在那个时期，体育教师开始在成熟论观点的影响下研究动作发展。直到1970年左右，人们开始通过描述动作和区分不同年龄组的相应标准来研究动作发展（Clark & Whitall, 1989a）。在此期间，体育教育学科发展学者们将目光聚焦于学龄儿童。研究者仍然使用成熟论观点，因此他们致力于确定自然发生的变化顺序。

▶ **要点** 人们将成熟论观点解释为，动作技能会自然出现，和任何环境无关。这种假设影响了20世纪和21世纪的许多教学、育儿及研究观念。

规范描述期

安娜·埃斯彭沙德（Anna Espenschade）、露丝·格拉斯洛（Ruth Glasslow）和劳伦斯·拉里克（Lawrence Rarick）在这一时期主导了规范描述运动。20世纪50年代，教育领域开始关注标准化的测试和规范。与此一致的是，发展学者也开始用动作表现测试的量化分数来描述儿童的平均表现水平。例如，他们描述了儿童在特定年龄的平均跑步速度、跳跃和投掷距离。虽然发展学者受到了成熟论观点的影响，但他们的关注点依旧是发展的产物（分数、结果），而非取得这些产物的发展过程。

生物力学描述时期

露丝·格拉斯洛也在这一时期主导了另一场描述运动。她从生物力学的角度详细描述了儿童在运用诸如跳跃等基本技能时使用的动作模式。罗拉丝·霍尔沃森（Lolas Halverson）（图2.2）和其他人则通过对儿童的纵向观察来继续运用这些生物力学描述。因此，发展学者能够确定儿童在获得具有生物力学机制的有效动作模式时，所遵循的循序渐进的过程。从规范描述时期和生物力学描述时期获得的知识，为教育工作者提供了动作发展与年龄相关变化的重要信息。因为规范描述在这期间是研究者使用的主要工具，所以动作发展被认为是描述性的，与年龄相关的潜在变化过程逐渐失去了研究者的青睐，而在此之前，相关记录非常详细。

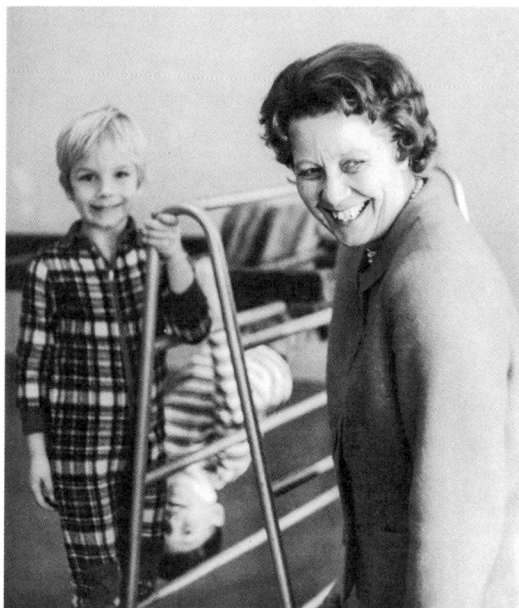

图2.2　20世纪60年代和70年代，罗拉丝·霍尔沃森为现代动作发展研究奠定了基础
本图由作者提供。

信息处理观点

　　另一种理论观点主要关注发展的行为或环境原因，例如，班杜拉的社会学习（Bandura, 1986）和斯金纳的行为主义（Skinner, 1938）等。20世纪60年代到80年代，信息处理是研究动作行为和发展最常见的观点。该观点认为，大脑像计算机一样不断接收信息、处理信息和输出动作，而动作学习和动作发展的过程被描述为像计算机操作一样由外部或环境输入信息而产生结果的过程。

　　信息处理观点在1970年左右出现，并在20世纪70年代至80年代被专门从事体育教育的实验心理学家、发展心理学家以及动作学习学家广泛应用（Schmidt & Lee, 2014）。该观点强调刺激−反应机制的形成、反馈以及结果（更多信息见Pick, 1989）等概念。虽然一些发展学者继续使用规范描述和生物力学描述的观点，来开展以结果为导向的工作，但仍有许多人采用了信息处理观点。研究者研究了人们在不同年龄水平表现的许多方面，如注意力、记忆以及反馈效果（French & Thomas, 1987; Thomas, 1984）。动作学习研究者和实验心理学家更倾向于首先研究年轻人的知觉−认知机制。之后，发展学者对儿童和老人进行研究，并将他们与年轻人相比较。由此，研究者可以确定控制动作和发展变化的过程（Clark & Whitall, 1989a）。信息处理观点在今天仍然是研究动作发展的一个可行观点。

一些发展学者继续在信息处理观点的理论框架下研究儿童的知觉-动作发展。20世纪70年代，研究者开始关注感觉和知觉能力的发展，并采用信息处理观点的研究策略（Clark & Whitall, 1989a）。因此，我们所了解的知觉-动作发展的大部分内容，是研究者在信息处理观点和力学机制的理论框架下得出的结论。

生态学观点

20世纪80年代出现了一种处于发展中的新观点，并逐渐成为当今动作发展研究者广泛使用的理论。由于该观点强调个体、环境和任务之间的相互关系，因此被概括为**生态学观点**，这也是本书所采用的观点。我们采用这一观点是因为它可以更好地描述、解释并预测动作的发展。生态学观点认为，为了理解一种动作技术，如踢球动作的出现，必须考虑所有限制条件的相互作用，例如踢球者的体形、动机和温度、球的大小（Roberton, 1989）。虽然一种限制条件或系统可能在其中发挥较重要的作用，或者可能在任何时候都产生更大的影响，但所有的限制条件或系统都会对动作的产生发挥作用。这使生态学观点非常具有吸引力，因为在任何特定时刻，你的动作模式不仅与身体和环境有关，而且与许多内部和外部限制条件或系统之间复杂的相互作用有关。

▶ **要点**　在观察个体一生中的动作技能发展时，生态学观点会考虑许多存在于身体内部（如心血管、肌肉）和身体外部（如生态系统、社会、文化）的限制条件或系统。

生态学观点包括两个分支，一个涉及动作控制和协调（动态系统法），另一个有关感知（知觉-行动法）。二者通过几个与成熟论观点和信息处理观点明显不同的基本假设联系在一起。与成熟论观点相反，生态学观点认为动作发展涉及多个系统的发展，并非只涉及一个系统（中枢神经系统）。换言之，许多限制会随着时间的推移发生变化，并影响动作的发展。由于这些限制或系统在人的一生中都会变化，所以动作发展被认为是一个持续终生的过程。这与成熟论者的观点形成了鲜明对比，他们认为发展随着青春期的结束（或成年）而终止。信息处理观点认为执行功能决定着所有的动作，因为该功能在对感知信息进行计算后产生了数百个控制个体肌肉的命令。也就是说，执行功能决定着所有的动作及其产生的变化。但根据生态学观点，执行功能无法决定所有动作及其产生的变化。此外，生态学观点认为这是一种非常低效的动作模式。人们对环境的感知是直接的，肌肉自动形成肌肉群，以减少更高水平的大脑中枢所需的决策数量（Konczak, 1990）。现在让我们进一步研究生态学观点的每个分支。

动态系统法

动态系统法是生态学观点的一个分支。20世纪80年代初，美国康涅狄格州纽黑文市哈斯金斯实验室的科学家（他们的工作是研究言语和书写语言）以及康涅狄格大学心理学系的科学家，开始质疑通过当时占主导地位的信息处理观点理解动作控制的有效性。彼得·库格勒（Peter Kugler）、斯科特·凯尔索（Scott Kelso）和迈克尔·特维（Michael Turvey）（1980, 1982）与康涅狄格大学和哈斯金斯实验室的其他人共同提出了一种称为动态系统的新方法，以替代现有的动作控制和协调理论。他们根据苏联生理学家尼古拉·伯恩斯坦（Nikolai Bernstein）的著作，认为物理和化学系统的组织结构对行为产生了限制。试想，你的身体能够以多种不同的方式做动作。然而作为成人，你的髋关节和腿（骨骼系统的一部分）的结构使你更倾向于将行走（而不是爬行、滑行或扭动）作为主要的动作方式。因此，你身体的组织结构既促进又限制了你的行走。换言之，它排除了中枢神经系统可能做出的一些动作选择（例如爬行、滑行、扭动或行走）。你做出行走的动作并不表示你无法完成其他动作，而是因为你的身体结构使你更容易选择（或被限制）行走。行走使你可以进行长时间的快速动作。

> **?** 想象一下，一名婴儿在月球上的空间站出生，月球的引力小于地球。试着预测这个婴儿两岁之前的运动方式，你认为他会如何四处移动呢？

动态系统法不同于成熟论和信息处理观点，它认为协调行为是软装配的，而非固定的，这就意味着你体内相互作用的限制条件作为一个功能单元共同作用，使你能够在需要时行走。由于没有固定的方案，你行走时有更多的自由度，从而可以适应多种不同情况。这一过程被称为身体系统的自组织。正如第1章所述，动作产生于限制因素（个体、环境、任务）之间的相互作用，而行为从这些相互关系中产生或自组织。其中任何一种限制因素发生改变，动作都可能改变（Clark, 1995）。这便是动态系统法中限制的概念。

动态系统法产生了一个重要的动作发展概念，即**速率限制因子（或控制因子）**。身体各系统的发展速度不同，有些可能成熟较快，有些则较慢。因此，每个系统都应被视为一种限制条件。参考图2.3中的假设示例，系统1~4分别表示了4个假设系统的发展。随着时间的推移，系统1的发展保持不变；系统2的发展由平稳到骤升，再到平稳；系统3连续发展，逐步上升；而系统4则呈现阶梯式发展。大图表示了由此产生的行为，该行为受到所有单独系统的影响，因为它们之间是相互作用的，并且任务和环境也是相互作用的。

个体只有在动作技能所需系统中发展最慢的系统达到一定的水平，才会开始学习新技能，如行走。所有这些系统或系统集合都被视为该技能的速率限制因子，因为该系统的发展控制了个体当时的发展速率。换言之，这个系统就像限制一样限制了动作技能，直到其达到一个特定的关键水平。假设图2.3中的系统4是肌肉系统，婴儿的肌肉力量就必须达到一定的水平，他的腿部才能强壮到足以单腿支撑身体，从而让他开始行走。因此，肌肉力量将是行走的速率限制因子，它在婴儿腿部力量达到关键水平（足以单腿支撑身体）前会限制行走，并促进婴儿其他动作模式的出现，如匍匐爬行、手膝爬行或滚动。速率限制因子的概念非常适用于限制模型。

动态系统法的原理与成熟论观点的原理存在明显的不同。成熟论观点更关注中枢神经系统，认为它是唯一与发展相关的系统，也是唯一的速率限制因子。动态系统法则侧重于多个系统，并认为不同的系统可能在不同的时间成为不同技能的速率限制因子（Thelen, 1998）。

速率限制因子是一种个体限制，或者是比其他系统发展得更慢的一个系统，阻碍或减缓了动作技能的出现。在生命发展后期，个体限制或系统可通过比其他系统更快地改变或衰老，来充当**速率控制因子**。

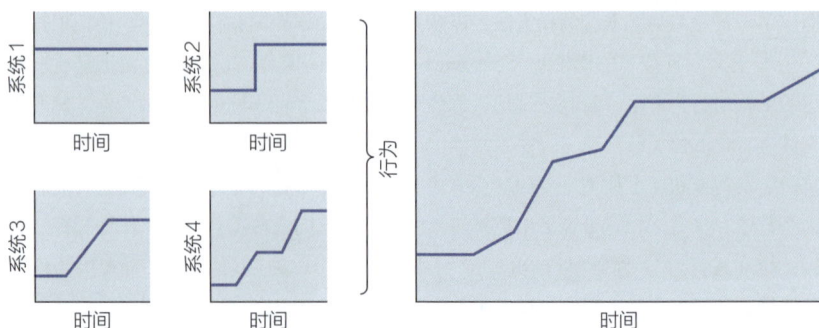

图2.3 图中的4个发展系统表示在一个特定环境和一些特定任务中所产生的行为。横轴表示时间，纵轴表示以不同方式发展的多个平行系统（作为限制）

源自：Adapted by permission from Thelen, Ulrich and Jensen (1989)。

? 根据你的经验，哪些速率限制因子影响了你的动作行为？这些速率限制因子在你生命的不同时期发生了怎样的变化？

动态系统法的特点在于，它可以用来研究个体一生的发展。系统作为速率限制因子也可以用来研究老年人的动作行为。成熟论观点并没有解决衰老后出现的问题，因为动作发展的结果是成熟，而人们早在人生的最初几十年就已经达到了这一阶段。相反，动态系统法既考虑了老年人的变化，也涉及年轻人的进步。当个体的一个或多个系统退化到关键点时，他的行为可能发生改变。系统便是一个速率限制因子，因为它会首先退化到某个关键点，促使动作重组形成更低效的模式。例如，如果一个人患上了关节炎，他的肩关节不再那么灵活，那么在某些时候，他可能必须做出不同的上手投掷甚至下手投掷动作。动态系统法可以用来解释发展性变化，因为系统不一定会在整个老年时期都发生变化。疾病或损伤，甚至生活方式都可能对系统产生影响。例如，与久坐不动的同龄人相比，保持规律、适度锻炼计划的老年人，其许多系统的退化程度更低。

知觉-行动法

生态学观点的第二个分支是知觉-行动法。詹姆斯·吉布森（James Gibson）在其1966年和1979年发表的著作中提出了这一观点，但该观点几十年后才开始被研究者采用。吉布森提出，感知系统和动作系统之间存在密切的相互关系。他强调，人和动物的这些系统都是共同进化的。知觉-行动法认为，如果我们的发现在生态学上是有效的（即适用于现实世界的动作行为），那么我们就不能脱离动作研究感知。同样，感知发展和动作发展也必须一同研究。

此外，我们也不能仅研究个体，而忽略了周边环境。吉布森用"功能可见性"这一术语来形容环境中的物体提供给个体的功能，该功能与物体的大小、形状以及特定环境中的个体有关。例如，一个水平表面可以为人提供坐的地方，但垂直表面不可以，而松鼠可以在垂直的树干上休息，因此，垂直表面给松鼠提供了一个休息的地方。再例如，沉重的棒球棒可供成人使用，但婴儿无法使用。因此，个体与环境之间

人们看到物体时，会根据自己的体形或该物体的大小、形状、质地等，直接感知其功能，这一功能被称作**功能可见性**。

的关系往往错综复杂，个体的特性决定了物体的意义，这意味着人们是根据自身情况而非客观标准来评估环境特性的（Konczak, 1990）。例如，个体想要判断自己是否可以双脚交替走上楼梯，就要考虑每个台阶的高度以及这一高度与自身身形的关系。让成人和幼儿感到舒适的台阶高度是不同的。使用内在维度（与身形相关）而非外在维度被称为**身体比例**。

上述观点指出，对动作发展而言，功能可见性会随个体的变化而发生变化，从而产生新的动作模式。例如，身形变大或动作能力增强都可能让个体产生不同于以往的动作。当婴儿第一次看到楼梯时，他对自身功能的感知不可能是"攀爬能力"，因为他身形较小，力量相对较弱。但当他学会走路后，他的身形便可使他轻而易举地双腿交替爬上楼梯。人们会用自己的身形来衡量环境及物体，并据此设想似乎不可能做出的动作。身体比例同样适用于其他年龄段。例如，适合大多数年轻人的台阶对患有关节炎的老人来说可能太高，他们不能顺利地双脚交替走上楼梯；适合大多数成人的墙上开关，其高度对坐在轮椅上的人来说也可能太高。动作目标的实现在任何年龄段都与个体（特定的身形）和环境物体（为个体提供了一定的动作）有关。

▶ **要点** 身体比例意味着，具有绝对大小和形状的物体，会为使用者提供适合其身形的功能。如果依照一个人的身体尺寸改变设备尺寸，那么活动的难易度也将发生改变。

从另一个角度来看，身体比例是一个非常典型的示例，表示个体限制和任务限制之间的相互作用。个体在上楼梯时必须将自己的腿长、力量和动态活动范围（个体限制）与即将踏上的台阶高度（任务限制）相联系。脚踝扭伤、穿高跟鞋或楼梯结冰等限制的变化都会导致个体改变上楼梯的方式。体育教师往往会为学生提供适合他们身形的小型设备，以适应他们的身体比例。这样，教师便可控制个体限制和任务限制之间的相互作用，从而令学生采取更高水平的动作模式（Gagen & Getchell, 2004）。

❓ 自行车能让婴儿、健康成人、截瘫者或者黑猩猩进行哪些活动？哪些个体限制会影响他们的活动？

吉布森同时否定了"中枢神经系统对刺激信息进行几乎无限的计算，从而决定人和运动物体的速度和方向"这一观点。根据信息处理观点，这种计算多用来预测运动物体将要达到的位置，这样我们便可伸手接住扔过来的球。与此相反，吉布森认为，个体可直接通过不断移动眼睛、头部和躯干感知自己所处的环境。这些动作形成了一个视觉流，其中包含空间和时间信息。例如，棒球接近击球手的画面不仅指明了球的位置，还会在其视网膜上进行扩展，这样击球手便可利用画面的扩展速度来决定挥杆的时间——扩展速度为击球者的中枢神经系统提供了直接信息，让他感知球出现在击球范围内的时间。同样，迎面驶来的汽车图像在驾驶员视网膜上的扩展速度，也会让他直接感知碰撞的时间。吉布森认为，个体不需对速度和距离进行复杂的计算，就能预测挥杆和发生碰撞的地点和时间。

生态学观点被广泛接受后，发展学者便开始提出不同类型的问题：婴儿的周边环境如何影响他的动作行为？是什么限制了儿童的投掷速度？如何在康复治疗中改变特

身体比例是指根据动作者个体结构特征，改变相关的环境维度或环境中物体尺寸的过程。

定的个体限制，以改变动作模式？为了回答上述问题，发展学者进行了一些研究，例如研究婴儿反射与成人动作之间的关系（Thelen & Ulrich, 1991）。生态学观点鼓励专业人士以一种新的方式看待发展中的个体。这些观点既激励了该领域的学生，也给他们带来了挑战。本书许多部分都讨论了特定问题下的成熟论观点和动态系统法，并强调了这些观点之间的差异。

当前研究领域

自20世纪80年代生态学观点出现以来，动作发展的研究范式尚未发生重大的转变。然而，研究者往往因理论观点而产生了新的研究领域。最近的研究领域在于了解动作技能的发展对健康状态的作用。随着全世界超重和肥胖人数的增加，研究者开始考虑肥胖的原因及治疗方法。超重和肥胖与许多健康问题及生活质量有关。21世纪以来，大部分研究都集中于肥胖和体育运动之间的关系。然而，越来越多的研究者开始探究更广泛的决定因素，如动作技能。他们认为，虽然运动可以通过消耗热量来帮助个体保持理想的体重，但动作技能的熟练程度同样会影响体育运动的数量和质量。无论年龄多大，与动作效率低的人相比，动作技能熟练程度高的人更易于坚持运动。低效率的动作者因为低效率动作模式浪费了能量，会认为运动既困难又低效。此外，由于动作技能随发展而变化，任何关系都必须从发展的角度来看待。

一些动作发展的领军人物（Stodden & Goodway, 2007; Stodden et al., 2008）提出了一个模型，以此证明童年期实际和感知的动作技能、活动水平、与健康相关的体能、身体成分或体重状态之间的相互关系。该模型阐明了动作技能不足的儿童可能无法达到所需的活动水平，也就不能在发育过程中保持适度的健康体能水平以及最佳的体重状态，从而形成一种恶性循环：他越来越不愿意运动，肥胖风险也越来越大。在该模型下，研究者针对这些相关因素进行了大量的研究，并发表了研究报告（综述见Figueroa & An, 2017; Logan et al., 2015）以及该模型部分观点的初始有效性（Robinson et al., 2015）。动作发展研究者对这一主题的兴趣基于一种生态学观点，该观点考虑到了有利于健康的众多因素。本书第12章将进一步探讨这一模型。

? 如果你是一名小学体育教师，班上学生的动作技能水平各不相同，这一模型将如何影响你的课堂学习目标？

总结与综述

本章回顾了动作发展的理论观点，包括成熟论、信息处理和生态学观点。成熟论观点强调生物的发展，特别是中枢神经系统的成熟。信息处理观点将环境视为促进动作发展的主要动力。和之前各种观点不同的是，生态学观点强调所有身体系统（即组尼尔提出的限制模型）之间的相互作用，以及个体、环境和任务这3种不可分割的限制因素。生态学观点存在两种相关的研究方法：动态系统法和知觉–行动法。本书采用生态学观点，重点关注个体限制、环境限制和任务限制如何相互影响，以促进或阻碍动作发展。速率限制因子和身体比例的概念例证了发展学者必须考虑个体在特定环境和任务中的表现水平，在特定环境下考虑个体执行任务的过程，以便充分理解个体一生中的动作发展。最近的研究均采用生态学观点，因为其考虑到了许多促进健康的因素，包括个体的感知动作能力如何影响体育运动水平。

在此无法一并讨论大相径庭的观点，但动作发展专业的学生可以从不同的角度来看待个体行为。重要的是必须牢记，这些理论观点往往只关注发展的特定方面，也就是说，采用特定观点的发展学者往往只研究某些行为或某个年龄段。成熟论者关注婴儿期，而描述论的发展学者关注儿童晚期和青春期。信息处理论者关注年龄差异，而持生态学观点的研究者则关注从一种技能到另一种技能的转变（例如从爬行到行走）。

巩固已学知识

回顾

让我们采用生态学观点回顾此前的假设：在侄子生命的第一周，以及出生后的18个月，哪些限制对他动作行为的影响最大？换言之，什么速率限制因子让他采用何种移动方式？理解发展变化需要思考个体在动作前、动作中和动作后所处的环境。因此，上述示例的第一个重大变化是从一个多水环境（母亲的子宫）转移到一个可以感受到重力的环境。请记住，你的侄子可能以一种看似不协调的方式移动他的手臂，这可能与他的力量（或力量不足）有关。环境发生变化后，他便需要更大的力量来移动手臂（个体限制与环境限制之间的相互作用）。久而久之，他建立起了与其他发展系统相互作用的力量。9个月大时，他身体的所有系统便可以共同帮助他更有效地使用手臂。他的力量速率限制因子已经达到了一个关键水平，使他能够进行功能水平更高的动作。他有足够的力量坐起来，伸出手臂抓住玩具，并将它放到嘴里。他甚至有足够的力量用双腿站立，并支撑自己的身体重量（在你的协助下）。

试想他的下一个目标：在周边环境中独立移动。他可能会看到一把椅子（你坐在上面），对比座位的高度和自己的身高，然后拉着椅子站起来。他能行走了吗？也许不能，因为另一个速率限制因子——平衡性使他无法在没有支撑的情况下独自行走。接下来，我们可以研究你的侄子如何使用可供性和身体比例调整，你也应思考其他示例。希望你对各种限制之间相互作用的理解越来越清晰，并在读完本书后可以自然而然地评估不同限制对动作发展的影响。

知识测验

1. 分别列出动作发展领域内代表成熟论、信息处理和生态学观点的主要研究人员。
2. 体育教师或物理治疗师如何运用身体比例的概念帮助个体发展动作技能？
3. 体育教师为何对功能可见性感兴趣？
4. 基于不同的理论，解释婴儿是如何学会走路的。根据各项观点，对婴儿最重要的影响因素是什么？
5. 为什么关于动作技能熟练度对健康的影响作用的研究符合生态学观点？

学后练习 2.1

根据身体比例设计运动器械

你任职于某网球用品公司，现在需要设计一系列符合身体比例的网球拍。该公司希望该系列产品可以同市场上的其他产品有所区分，因此，你必须撰写一份初步报告，阐述新球拍的重要性能、其他公司的现有产品系列以及你设计的球拍的不同之处。你可以使用以下问题作为指导来撰写报告。

1. 在依照身体比例设计网球拍时要考虑哪些重要的个体限制？
2. 是否有其他公司根据身体比例设计了球拍？如果有，他们是如何设计的？他们是根据哪些个体限制或其他限制进行标度的？
3. 你设计的新球拍有哪些新颖之处？其他公司忽略了什么？

学后练习 2.2

寻找日常生活中的速率限制因子

体育教师、物理治疗师、家长及其他许多人都希望与自己进行互动的人可以熟练掌握动作技能。为了提高动作技能的表现水平，需要重点考虑是什么因素阻碍或者限制了一个人获得技能。在本练习中，你将根据给出的限制确定特定技能的主要速率限制因子。

1. 一名 11 个月大的婴儿可以借助家具站起来，他可以单手扶着沙发的边沿行走，也可以把玩具购物车从楼梯上推下去。然而，当你让他处在房间的中央时，他并不能行走，而是四肢着地爬行。在此情景下，他行走的主要速率限制因子是什么？
2. 一名中风患者可以控制自己的四肢，行走也几乎没有困难，能用铅笔写清单和信件，也可以梳头刷牙。然而，她的问题是不能高举罐头和将罐头放到头顶的架子上。在此情景下，她高举手臂的主要速率限制因子是什么？
3. 一名 5 岁的儿童可以轻松地行走、跑步、跳跃（双脚和单脚）。他可以在操场上和其他儿童玩游戏，也会认真上体育课。然而，她在垫步跳和跳步上存在困难，她似乎无法掌握这些技能的不均衡节奏。在此情景下，她在垫步跳和跳步上的主要速率限制因子是什么？

第 3 章

运动和稳定性原理

指导限制相互作用的力学原理

章节目标

- ▶ 概述引导熟练动作表现的运动和稳定性原理；
- ▶ 讨论这些原理与不同动作技能水平个体的动作行为之间的关系；
- ▶ 解释熟练的动作者如何利用特定的原理。

现实世界中的动作发展

竭尽全力奔跑

艾梅·马林斯（Aimee Mullins）出生于1975年，她天生患有腓侧半肢畸形，这是一种先天性疾病，特征是腓骨畸形或缺失。一岁时，她被截掉了双腿膝盖以下的部分，医生认为她将永远无法行走。对一些人来说，在这种情况下进行运动应该很难，甚至是不可能的，但艾梅不这样认为。她从小就用假肢行走，并在高中参加了各种运动，包括垒球、高山滑雪和田径。事实上，她在全美大学体育协会第一分区的乔治城大学就读时，就成为有史以来首个与健全运动员比赛的截肢运动员。艾梅还参加了1996年的亚特兰大残奥会，创下了3项田径世界纪录。对于她来说，只要竭尽全力奔跑，就能跑得非常快。

艾梅·马林斯是世界一流的运动员、模特和演员。她从来没有让身体差异成为成功的障碍，而是在竞技运动中找到了一种战胜极端困难的方法，颠覆了人们的传统观念。在2009年艾梅参加了TED（Technology, Entertainment and Design）演讲，演讲主题为"我的十二双腿"。在演讲中，长相美丽、口才绝佳的艾梅讲述了她不同假肢的设计。她在1996年亚特兰大残奥会上使用的假肢采用了一种高效的设计，彻底革新了"猎豹"聚碳酸酯纤维短跑假肢的使用方法，这种假肢的生物力学机制比其他假肢更高效，是当今运动员的生物力学黄金标准。该设计利用了运动和稳定性原理，以提高跑步者的能效。

正如第1章所述，许多动作发展的元素常常会在不同的人身上产生相似的情况。换言之，人类改变动作行为的模式是可预测的。当你看到大多数人都有相似的个体限制（双臂、双腿和直立姿势）时，你会发现这种相似不足为奇。个体之所以存在相似性，因为人类生活在规则和原理的体系之下，这些规则和原理决定了地球生命环境中限制的相互作用方式。地球上的人类生活在一个具有某些可预测特征的环境中，如重力。发展动作技能的部分过程，就是学习人体在这些物理定律下的运作方式的过程。在生命早期，这并不是一项简单的任务，因为个体必须在身体参数发生变化时调整自己的动作。此外，他们还必须学会在根据这些原理进行活动时校准自己的动作，以适应环境［例如，拿起一个你以为已经装满东西（实际上是空的）的箱子，你必须迅速重新校准动作，保持身体姿态，否则就会摔倒］。对于非典型发展或在受伤后必须重新学习技能的个体来说，根据身体与力学原理调整动作以适应任务和环境也是困难的。本章讨论了人体运动的物理和力学原理，这些原理在动作发展中被称为运动和稳定性原理。

你将如何描述早期缺乏经验的人做出的动作？通常，他们第一次做出的动作看起来是低效的、笨拙的。他们可能以零散且不连续的步子来移动身体，而非通过整体动作。他们往往在优化动作一个方面（如平衡）的同时牺牲了动作的另一个方面（如速度），并以此提高成功率。但随着个体技能熟练度的提高，他们的动作开始变得更加流畅、更有效率。事实上，他们的动作模式经常会完全改变。许多儿童的进步是由于体形的增大和力量的增加，产生力量的能力也随之增强。然而，仅凭体形和力量的变化并不能解释儿童的动作如何从不熟练变得熟练。变化过程的另一部分包含了对运动和稳定性原理的掌握和利用。事实上，每个人都可以在运动表现和日常生活中利用这些原理，发挥自己的优势。

理解运动和稳定性原理

动作的产生受制于运动和稳定性原理。换言之，一定的物理运动定律限制了你的动作。试将重力看作一个规则，决定限制因素间的相互作用和物体的移动方式。重力可以简单理解为，所有的物体都相互吸引，而吸引力取决于物体的质量。由于地球的质量非常大，其表面上的物体都被它的中心所吸引。这样，你向上跳起后并不会一直上升，相反，由于重力作用，你会回到地面上。所有上升的物体都会降落（图3.1）。重力时刻存在，每个人在起跳后最终都会回到地面上。现在，让我们看看这条规则对限制因素的应用。鉴于所有的物体最终都会返回到地面上，人们必须根据自己的个体限制（例如总体重和力量）校准自己的动作，从而在受特定活动规则支配的环境中行动。在这种情况下，限制的相互作用在促进某些特定动作模式的同时消除了其他动作模式。重力促进了哪些动作行为呢？即使在做出熟练动作时，个体要想做出或保持一个姿势，就必须激活特定的姿势肌肉以保持身体姿态。此外，他必须克服重力才能腾空。如果一个人将自己或一个物体以一个角度（而不是直上直下）抛出，那么重力将使其运动轨迹呈抛物线。由此可见，运动的原理影响着限制因素间的相互作用。

图3.1　由于重力对跳远运动员的作用始终相同，因此，运动员跳跃后的运动轨迹类似于抛物线或半圆

▶ **要点**　运动和稳定性原理作用于所有的人和动作。随着技能掌握得越来越熟练，人们经常会借助这些原理发挥自身优势。

同时，一个人的个体限制或特性也会影响其所采取的动作模式。人们在投掷时使用的动作模式是由躯干和四肢的形状和结构决定的，参照肩部骨骼的形状和结构（图3.2）。肌肉有特定的功能形状和大小，它们将骨骼连接在一起，而神经系统协调肌肉的收缩。此外，个体利用自己的身体做出动作，以实现一个特定的任务目标，这也会对动作产生限制。限制之间存在着一种相互关联性：有任务目标的个体在环境中执行一项技能。因此，个体、环境和任务通过相互作用形成或限制了一种动作模式。

▶ **要点**　儿童可根据自己的体形、力量、姿势和经验来执行最有效的动作模式，但这种模式可能随其中一个限制的改变而发生变化。

　　显然，一些动作模式优化了动作技能表现的结果，而有些则没有。例如，要把一块石头尽可能扔远，个体可以产生各种动作模式来扔石头，但只有一种模式会将石头扔得最远。为了发展技能，儿童和成人都必须学会使用能够优化自己运动表现的动作模式。儿童在成长中体形和比例的不断变化也使这一过程变得更加复杂。

　　随着儿童的成长和成熟，他们的骨骼、肌肉和神经系统开始允许他们产生更大的力量。身体变化意味着个体限制也发生了变化，因此个体必须重新校准个体限制与环境限制之间的相互作用。运用运动和稳定性原理，儿童会采用性

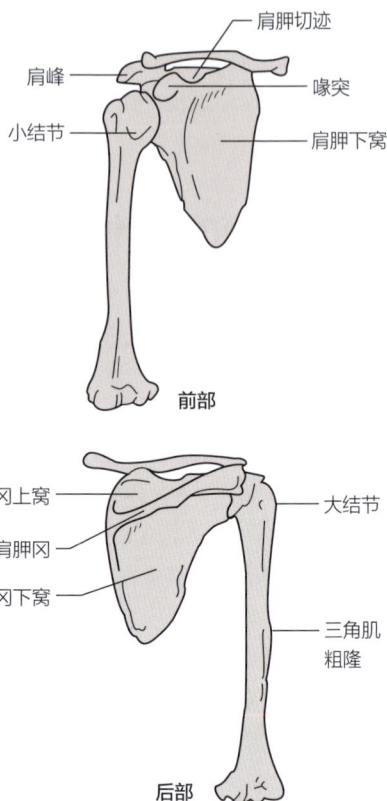

图3.2　肩关节的关节骨性结构促进了某些方向的运动，同时也阻止了其他方向的运动。例如，肩峰会阻止上臂在肩胛骨不移动的情况下进行超过90度的活动
源自：Donnelly (1990)。

质不同的动作模式来提高自己的技能表现结果（Jensen, 2005; Jensen & Korff, 2005）。因此，儿童可能会根据自己的体形和力量来执行最成功或最有效的动作模式。然而，随着他们逐渐成长、生理上变得成熟并获得了相关经验，他们可能会选择其他动作模式来更熟练地执行技能（Gagen & Getchell, 2008, 2018）。

　　受伤或残疾可能会短期或长期改变个体限制（例如Pope et al., 2012）。受到影响的个体必须重新学习如何根据自己特殊的身体结构和功能来运用动作的力学机制。成人也可以像儿童一样利用这些运动和稳定性原理。一个成人可能会执行最成功的动作模式，但是随着时间的推移和经验的积累（在某些情况下，借助先进的技术设备），可能会出现新的动作模式，使其达到更熟练的运动表现（Getchell & Gagen, 2006）。

▶ **要点**　应用运动和稳定性原理，观察基本技能表现水平的发展性变化。

　　了解运动和稳定性原理是观察动作表现的关键。这些原理能帮助我们确定哪些动作模式有可能产生最佳结果。了解这些原理还有助于我们将注意力集中在动作的关键

方面，从而区分熟练和不熟练的动作模式，帮助我们更好地了解自己的动作。基于上述原因，本章对运动和稳定性原理，即适用于动作的物理特性进行了回顾和评估。此处仅讨论一些较重要的原理。对运动物理学更全面的分析属于生物力学范畴，即肌肉活动的力学机制，该研究领域超出了本书范围。有关上述原理的详细解释可以参见其他生物力学著作（Hall, 2019; Knudson, 2013; McGinnis, 2013）。

反重力运动：力的作用

个体要移动自身或物体就必须产生力，静止物体或个体必须被施加了某种力才能发生移动（McGinnis, 2013）。这便是**牛顿第一定律**：一切物体在没有受力时，总保持静止状态或匀速直线运动状态（McGinnis, 2013）。你可能轻而易举就理解了这一定律，或者，如果你是一个邋遢的年轻人，你的父母会告诉你："如果你把袜子放在地上不去收拾，当你回来的时候，它们不会自己凭空消失。"这个示例很好地解释了牛顿第一定律。简而言之，要移动某物，就必须对它施加力。

> ❓ 仰卧在地板上，然后站起来。你可以通过哪些不同的方式来实现这一活动目标？是否有些动作看起来比其他动作更舒适或更有效？为什么？

根据牛顿第一运动定律，你必须对静止的物体施加力才能移动它，也必须对运动的物体施加力才能改变其运动轨迹。牛顿第一定律相对简单直接：移动静止的物体需要力，改变物体的运动方向也需要力。**牛顿第二定律**与力的产生、加速度和质量有关：如果你对一个物体施加力，那么这个物体就会沿着力的方向加速；此外，当你对一个物体施加力时，它的加速度与力成正比，与该物体的质量成反比。举例说明这一关系更容易理解：以同样的速度推铅球（质量更大）比投掷棒球（质量更小）需要更大的力；此外，如果你更用力地踢球，球会加速得更快，从而滚得更远。理解牛顿第二定律对进行熟练做出动作很重要。

你可以将这些定律与其他力学定律结合使用，从而了解如何最大限度地提高运动表现水平（Gagen & Getchell, 2008）。施加的力与施力距离之间存在一种关系，你可以通过在更长的距离上施加力来提高运动表现。例如，儿童扔球时可能会保持双腿不动，虽然双脚保持在原地可以保持身体平衡，但这样不会把球扔得很远。有经验的投球者会向前迈出一步，从而增加施力的线性（即直线）距离。尝试在上述两种情况下投球，你会发现向前迈一步能显著提高你的运动表现。

除了直线距离，我们还可以考虑旋转距离或角距离。当你扔球时手臂会绕着关节旋转，转动一定的角度，或者一定的角距离。通过增加身体的活动范围，个体可以增加施力的旋转距离，从而最大化地提高运动表现水平。使用准备动作可以让施力者位于最大化的施力距离与角距离；同时，准备动作也可以拉伸目标肌肉，以便进行最大化收缩。这样的动作与无准备动作或无完整活动范围的动作相比，能够获得更大的速度。

牛顿第一定律指出，一切物体在没有受力时，总保持静止状态或匀速直线运动状态。

牛顿第二定律指出，人或物体加速度的大小跟作用力成正比，跟物体的质量成反比。

?　想象一下，你是一名体育教师。在分别进行和不进行对侧腿迈步的情况下投球，得到的几个量化指标（如距离、准确度）有何不同？动作形式有何不同？产生这些变化的原因可能是什么？

需要注意，在大多数动作技能中，力和距离之间都存在最佳关系。换言之，仅仅增加给定力的线距离或角距离并不会自动提高运动表现水平。你必须认识到，什么是该项技术的完整活动范围。观察运动中的儿童，你会发现他们开始探索力和距离之间的关系（Gagen & Getchell, 2008）。与力相关的动作模式的改变，可以使物体达到更快的速度，但可能以降低稳定性为代价。试想，当足球运动员大力踢球的时候（图3.3），另一个人不需要花多大力气就能轻易将其推倒。

▶ **要点**　个体要提高动作表现水平就必须找到给定动作中力和距离的最佳关系。该过程中的两个重要因素是准备（预备动作）和完整活动范围内施力。

?　请想象，你是轮椅篮球队的一名教练，坐轮椅的运动员在打球时要如何利用牛顿第一定律和第二定律以及相关的运动原理？

反重力运动：作用力与反作用力

牛顿第三定律，即作用力与反作用力定律：对一个物体施加力，物体也会对你施加一个大小相等、方向相反的力。

我们在观察人们一生中动作行为的变化时也会注意到**牛顿第三定律**：每一个作用力都有一个大小相等、方向相反的反作用力。这意味着，如果你对一个物体施加力，它也会对你施加一个大小相等、方向相反的力。这可能听起来会让人有些不解，但我们可以举例说明：你在行走的时候对地板或者地面施加了一个向下的推力，如果地板不对你施加一个向上的反推力，那么会发生什么呢？答案是，你的脚会穿过地板。在薄冰或不牢固的地板上行走时，你可能会出现这种情况。

牛顿第三定律如何影响动作模式呢？个体要想在行走时向前移动，就必须施加一个向后的推力，这样地面才能向你施加一个向前的推力。观察刚学会行走的婴儿的动作模式，你会发现，他们施加的力大部分是直接向下的，而不是向后的。这使他们能够在不影响平衡的情况下移动，但向前移动缓慢。逐渐积累行走经验之后，婴儿便开始向后施加更多的力，因此可以快速向前行走。

试想牛顿第三定律的含义：如果动作者的每一个动作都会产生大小相等、方向相反的反作用力，那么施加在运动平面之外的任何作用力都会产生人们不希望的反作用力。这些力将反过来降低你的运动表现水平（Gagen & Getchell, 2008）。例如，你想往前走，那么任何施加在其他方向的力都会降低你的行走效率。运动员想要获得最佳运动表现，如用最大的力踢球，就要在一个运动平面上施加尽可能大的力。在踢球这一项技能中，充分伸展（伸直）踢球腿便可产生尽可能大的力。

我们还可以看到牛顿第三定律在身体各部分的应用。例如，在跑步等移动技巧中，上肢和下肢分别向不同的方向扭转，一侧腿向前摆动，对侧手臂向后摆动，这样，身体一侧的腿和对侧的手臂同时向前和向后摆动。这种熟悉的模式被称为手臂和腿的相对运动，是熟练移动技巧的一个特征。

请想象，如果牛顿第三定律不存在，那么日常动作会产生怎样的结果？你是否经历过这样一种情况：你预期在做动作时会有反作用力，而实际上却没有，这是为什么？

肢体旋转与抛射物体的关系

正如之前的讨论内容，当一个人的四肢围绕一个或几个关节旋转时，便会做出动作，这称为旋转运动。从本质上讲，在抛射物体（如投掷或踢球）时，个体的四肢会进行弧线运动：手臂在投掷时呈弧线运动，腿在踢球时也是如此。物体被释放或受到撞击后，也会从释放点或撞击点沿直线飞离这条弯曲路径。旋转手臂的速度和被抛射物体的速度之间存在关系。例如，一个棒球运动员从外场投球，球离开球员的手时的速度取决于球员手臂的移动速度和在释放点时手臂的长度。用专业术语来说，物体的线速度是旋转速度和旋转半径的乘积。

这对优化运动表现有何意义呢？首先，随着儿童的成长，其肢体长度会增加，从而带来抛射速度的改变，这一变化即便在没有动作形态改变的情况下也可能出现。旋转速度的增加也可以带来同样的变化。然而，人体在任何特定的时间点都无法增加其绝对肢体长度或旋转速度。如果运动员已经用最快速度旋转肢体了，该怎么办呢？还有一种方法可以加快被抛射物体的运动速度：运动员必须在即将松开或接触物体之前伸展肢体（增加旋转半径）。假设一个网球运动员试图在首次发球时获得最大速度（图3.3），在击球时她应该尽可能伸展手臂，以加快球的释放速度。

▶ **要点** 个体可以通过在释放点尽可能地伸展旋转的肢体，加快抛射（投掷、踢、击打）物体的速度。

想象一下，如果你是一名体育教师，除了网球之外，在哪些体育运动中，运动员会通过伸展四肢来加快抛射物体的速度呢？试举出3个明显的示例和3个不明显的示例。

现在你可能会想知道，为什么有经验的运动员并不会在整个运动过程中尽量伸展四肢呢？如果伸展四肢会带来更快的速度，那么为什么运动员的起始动作经常是弯腰或弓背，而不是完全伸展四肢呢？答案与另一个运动定律有关，那就是惯性定律。你可能听说过惯性这个词，指的是物体抵抗运动的能力，这与物体本身的质量有关。对体育运动中的旋转物体（例如

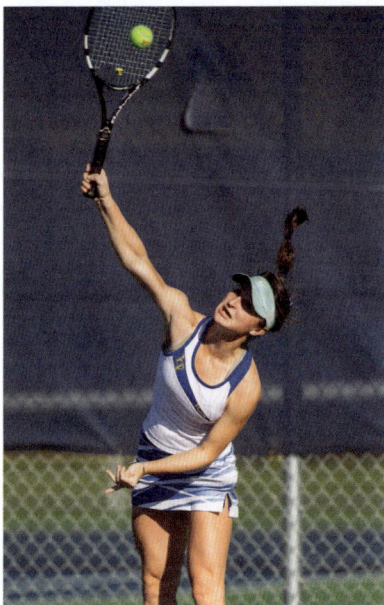

图3.3 为了加快网球的释放速度，网球运动员在接触球的瞬间应尽可能地伸展手臂（从而增加旋转半径）

手臂和腿）而言，运动的阻力不仅取决于质量，还取决于长度。在质量一定的情况下，随着长度的增加，阻力也会增加，如此一来，移动物体所需的能量也会增加。简言之，弯曲肢体减少了移动肢体所需的能量。

让我们想想运动员利用这两个原理最大限度地提高运动表现的几种技巧。首先，看一下短跑运动员。在接触地面前，短跑运动员通过完全伸展腿部以最大化抛射速度。然而，在步伐恢复和向前摆动阶段又会弯曲下肢，这样可以节省能量和发力。另一个示例是棒球选手的挥棒击球。击球手在挥棒起始位置时会保持肘部弯曲以保存能量，并在接触点之前尽可能地伸展手臂。

开放动力链

人们可以通过轻扬手腕或轻点脚趾，将物体抛出或踢出一小段距离。但最大化的弹道式动作不仅需要动用更多的身体部位，还要求这些部位进行有序的运动。动作者必须控制动作时序，这样才能在前一个动作完成之后及时为后续动作施加力，使该物体加速。例如，回想一下，一个动作有效的投掷者向前迈步，旋转骨盆，然后随着投掷臂向前伸展和向内旋转，他的上身也进行了旋转。我们将这种动作顺序命名为**开放动力链**（Jensen, 2005）。

开放动力链是指个体为成功执行某项技能而采用的正确时序动作序列。

▶ **要点** 儿童和初学者技能发展的最显著的变化之一，是从最初使用单一动作，到后来使用有效的、正确的连续动作来执行技能。

❓ 想象一下，你是一名物理治疗师，对日常生活中的活动来说，确定动作的顺序和时间重要吗？改变特定动作的顺序或时间会产生怎样的结果？

开放动力链运动需要具备两个关键因素：最佳动作顺序以及该顺序下动作的时间安排。例如，人们在进行投掷动作前迈出一步可以增加所做的功。然而，为了增强动作效果，迈步动作必须恰好在投掷前做出。你可能观察过一些个体，特别是正在学习投掷的儿童，他们向前迈出了一步，但没有很好地掌握时机。事实上，初学者在执行动作技能时往往使用单一动作。但在不断执行这些技能时，他们会开始将这些单一动作联系在一起并调整其时机。结果就是他们可以更熟练地做出这些动作。

力的吸收

你是否曾经在跳跃落地时没有屈膝？如果是，你就会理解作用力–反作用力的概念，即在你落地的同时地球立刻把力返还给了你。显然，你并不想每次跳跃都这样落地，因为这样一定会受伤。为了减少落地带来的冲击力，你只需弯曲膝盖，因为落地时弯曲膝盖增加了落地的时间和距离。这便引出了下一个与力的吸收有关的运动原理，简而言之，为了减少反作用力的影响，你必须延长缓冲的时间或增大缓冲的面积（Carr, 1997）。

你会观察到个体在很多不同运动中都会使用这一原理来减少冲击力。垒球运动员在接球时将手臂伸到身体前方，然后逐渐收回手套、手和手臂，这种动作顺序有助于吸收垒球的冲击力。体操运动员们是落地的"专家",他们在落地时会尽量弯曲自己的髋部、膝盖和脚踝。练习柔道的人会延长跌倒的时间和增大落地的面积,先用手臂着地,再通过滚动将动作延伸至背部(Gagen & Getchell, 2008)。人们运用这一运动原理可以在尝试获得最大运动表现的同时避免受伤。

▶ **要点** 为了吸收传递到身体的力,个体必须通过弯曲肢体来延长受到冲击力的时间,或增大力吸收冲击力的面积。

稳定性与平衡性

运动原理与稳定性原理同样重要。大多数人很难在身体不稳时做出最佳动作。也就是说,稳定性和平衡性是许多运动和其他体力活动的基本要素。有些活动(如力量举和高尔夫球)需要最大化的稳定性,有些活动(如柔道和摔跤)的运动员要试图在维持自己稳定性的同时破坏对手的稳定性,而有些活动(如体操和滑冰)则要求运动员在相对不稳定的位置上保持平衡。

从先前的示例可以看出,稳定性和平衡性并非完全相同的概念。一个稳定的物体或人指的是其在抗拒运动。你很难去翻倒一个又大又宽又重的箱子,因为它非常稳定。另一方面,平衡关系到物体或人维持稳态的能力。如果你可以在闭眼的情况下单脚站立,那么你表现出的是在不稳定情况下的良好平衡能力。

平衡性与物体或人维持平衡的能力有关。

在大多数情况下,提高稳定性有助于保持平衡,但保持平衡并不能保证稳定性。事实上,人们可能不希望过于保持稳定,因为这样会影响灵活性。人们可以通过增大支撑面而立刻变得更加稳定,例如,站立时张开双腿,或倒立时张开手指。个体可以通过在支撑面之上保持较低的重心,从而提高自己的稳定性。在上述手倒立的例子中,个体必须让双腿位于躯干正上方从而保持最佳稳定性,否则就会晃动或跌倒。

重心是指地球的引力在个体上的作用点。

▶ **要点** 个体的稳定性与抵抗运动或干扰的能力有关。你可以通过增大支撑面、降低重心及保持重心在支撑面之内来提高稳定性。

在一些活动中,最佳运动表现需要动作者通过降低稳定性来提高灵活性。在移动技能中,人通过暂时牺牲稳定性(双脚支撑)并交替地失去和获得平衡(单脚支撑)来实现移动。身体的重心被推向前,超过了支撑面,然后迈另一条腿向前恢复平衡。

▶ **要点** 虽然提高稳定性会改善平衡性,但同时也会降低灵活性。因此,熟练的动作者会用合理宽度的支撑面来为活动提供足够的稳定性。

儿童、残疾人、老年人和学习新技能的人往往试图通过提高稳定性来改善平衡性。在移动中,他们会通过伸展脚掌或伸出脚趾来增大自己的支撑面;通过避免躯干的过度旋转和肢体运动,将重心保持在支撑面内;在做出接球等动作时也要通过增大支撑面、降低重心的方式。在许多情况下,他们如果能更好地控制肌肉,拥有更多经验,适当的训练或信心,就会缩小支撑面,并因此提高活动度并更加快速地移动。

> 想象一下，你是一名物理治疗师，试想4项日常生活中的活动，这些活动从需要最大的稳定性到需要最大的活动性，在每项活动中失去平衡会导致什么样的后果？

动作发展中稳定性–活动性的权衡

保持平衡的能力（如保持身体姿态）对精通许多技能至关重要。例如，如果动作者无法在支撑面上转移重心时应对自身动作产生的反作用力并保持直立姿态，那么他就无法行走。事实上，不论动作者是在走、跑、跳还是冲刺，他为了成功移动位置而采取的策略具有共同的发展要素。动作者最初采用稳定性移动策略可以最大限度地稳定和平衡身体，但以牺牲快速移动的能力为代价。随着在移动时逐渐增强自己保持直立姿势的能力，他们开始采取活动性移动策略，以牺牲稳定性为代价实现更快的移动。这些活动性策略提供了一种更熟练高效的动作解决方案（Brian et al., 2018）。

以行走为例，初学行走者最大的挑战是在身体前倾的同时保持直立姿势。行走时需要单脚保持平衡，同时向前移动整个身体，将重心转移到另一只脚上。初学行走者通过最大限度地提高整体稳定性来实现这一目标（见第5章对初学行走者的完整描述），这可以将跌倒的概率降至最低。在独立行走之前，婴儿会利用家具或其他物体来支撑自己，以便重复迈步。从生物力学的角度来说，前几个独立的步骤优化了稳定性：增加双脚间距、增大支撑面、减少身体旋转和缩小腿部活动范围以降低运动过程中产生的反作用力。此外，抬高双臂是一种保持身体平衡的辅助姿势。在四肢和躯干的共同协作下，初学行走的人开始缓慢移动。行走的人使用稳定性移动策略作为一种运动方法，可以确保在移动时保持直立，但同时也限制了移动的速度。

然而，婴儿很快开始适应他们的环境。随着练习，会发生两件事情：婴儿的经历使他们潜移默化地理解肢体内部和肢体之间的重要关系；他们的经历也会导致一些生理变化，例如力量的增加。再加上最初几周行走时由稳定性移动策略改善的平衡，这些变化开始为婴儿提供替代方案。在独立行走的几个月内，年幼的婴儿会探索更快移动的方法。换言之，随着身体结构的不断变化，他们开始用活动性代替稳定性：开始使用重复、交替的步态模式，转动躯干并有力地挥动手臂。

运用运动和稳定性原理检测并纠正错误

一旦理解了人类运动的基本原理，你就可以用它们来检测和纠正人们在动作技能中出现的力学错误。起初，信息量过大导致该流程十分复杂。然而，卡尔（Carr）在1997年提出了一个简易的5步流程，用于系统地观察和分析技能表现。这个流程可以让你关注身体的力学机制，并解决问题。

- 第1步：观察完整的技能。虽然这个方法的有效性似乎是不言而喻的，但令人惊讶的是，没有经验的教师和教练站的位置往往不能看到学生或运动员的完整动作。在技能开始执行前做好计划是非常重要的，你应该关注几个要点。如果你只能观察一两次动作，那么只需关注几个要素。可以对动作进行录像，以便将来进行分析。应确保动作者在运动前进行热身，并在自然环境中做动作，始终确保动作者和附近其他人的安全。

- 第2步：分析每个阶段及其关键要素。首先应掌握技能的特定阶段及其关键要素，将技能分解成几个阶段。例如，过肩投掷可以分为预备后摆、发力和跟随/随摆3个动作阶段。接下来，观察一个人在这些阶段的运动表现水平。卡尔提出了两种方法。一是从结果入手，向前推导。例如如果一个人试图将网球发球过网，但每次都打到网上，那么你要注意他在击球时的动作，然后从那个点开始向前推导，以确定哪一部分的表现可能会导致发球下网。二是从始至终观察动作，即观察动作者在运动前的预备姿势、平衡状态和重心变化，然后集中关注技能的每个阶段。

- 第3步：运用力学知识进行分析。你已经学到了很多与力学相关的知识，现在是时候使用它们了。观察者必须关注动作者使用肌肉力量产生的动作。卡尔提出了一系列问题来指导你的分析。

  - 动作者在施力或受力时是否具有最佳稳定性？
  - 动作者是否动用了所有有助于动作技能的肌肉？
  - 动作者的肌肉是否按正确的顺序施力？
  - 动作者是否在适当的时间范围内施加了适当的力？动作者施力的方向是否正确？
  - 动作者是否正确施加了扭矩和动量传递？
  - 动作者是否正确控制了线性惯性与旋转惯性？

  你可以用以上问题评估技能表现。记住，你并非要判断动作技能的方式是否正确，而是寻找可以调整的动作要素，从而使动作者技能更加熟练。

- 第4步：选择要纠正的错误。许多初学动作者并非依照有效的力学机制来做动作。这并不能断定其动作的对错，因为这只是人们表现技能的一种方式。作为一名体育教师，你可以挑选出动作中可以改进的部分，让学生更加熟练地掌握技能。请记住，人们可以通过许多不同的方式成功执行一项技能。但是，在技能的几个阶段中改善其力学机制，可以提高动作表现。要关注最关键的错误（第3步中提出的一些不足方面），并忽略次要问题，一次只关注一个方面。在许多情况下，改善一个方面也会引起其他方面的改善。

- 第5步：决定纠正错误的适当方法。体育教师对如何教授或指导动作技能可能有不同的看法，比较好的办法是参加培训，或者去学习针对各种专项活动的不同教学方法。不管你使用哪种方法，都必须记住以下关键点。首先，在试图纠正错误时保证安全。如果动作者的注意力从执行技能转移到试图纠错上，那么高复杂度的技能和涉及腾空的技能可能会变得比较危险。其次，与学生交流时要使用通俗易懂的语言，不要使用力学术语，同时考虑你与学生有多少时间来纠错，这将影响你们能够纠正的错误的数量。最后，利用外部资源，如教科书或互联网，帮助自己找到教授动作技能的新方法。

总结与综述

力学原理支配着我们做所有的动作。这些原理本身作为限制，规定了个体在进行活动时与环境相互作用的方式。例如，重力是一种环境限制，它影响我们在地球上的动作模式。上述原理包括牛顿的惯性定律、加速度定律和作用力与反作用力定律，以及这些定律与力的产生和吸收、开放动力链、稳定性和平衡性之间的关系。这些原理定义了个体动作模式之间的关系。

随着时间的推移，个体开始理解这些原理（无论是否明确其意义），并学会去控制某些因素，让自己更熟练地执行技能。童年期动作能力的质变，反映了成长中的儿童因环境限制和不断变化的个体限制之间的相互作用而发生的变化。儿童、初学者和再学习者之所以取得进步，是因为他们选择的动作模式符合运动和稳定性原理，并逐步优化动作技能。高效、熟练动作涉及的主要力学原理包括力的施加和吸收、作用力和反作用力、线速度和旋转速度、连续定时运动以及稳定性和平衡性。了解这些原理可以帮助我们概括不同的基本动作技能。我们不需要把每一种基本技能的发展变化看作一项全新的研究，因为技能变化在某些方面相互重合，特别是移动技能、弹道式技能、接球技能和平衡技能。

巩固已学知识

回顾

艾梅·马林斯终其一生都在挑战世间那些对于健全人和残疾人的先入为主的观念。上大学时，她便在田径场上成功地与健全的运动员竞争。近年来，一些人认为使用"猎豹"腿为个体提供了不公平的优势。艾梅·马林斯在她运动生涯的期间和结束后，都曾表示，无论有没有假肢，所有田径运动员都应该在各种舞台上相互竞争。如果仅仅关注"猎豹"腿的力学效应，那么便会忽视这样一个事实，即动作产生于许多限制之间的相互作用。换言之，每个运动员都必须掌握与其自身个体限制相关的各种不同运动和稳定性原理。

知识测验

1. 描述两种不同动作技能的特征，举出个体最大限度地提高稳定性，而非灵活性的例子。
2. 列出牛顿的3个运动定律，并解释它们与运动的关系。
3. 棒球运动员如何增加自己的投掷力量？
4. 儿童的成长如何促进某些动作技能的熟练程度提高？

学后练习3.1

理解力与平衡的关系

单腿站立对平衡有什么影响？首先，单腿站立，保持平衡。现在，移动你的支撑脚，这对平衡有何影响，理想的平衡姿势是什么？其次，将你的活动腿移动到不同的位置，这对平衡有何影响，理想的平衡姿势又是什么？最后，移动你的手臂和头部，重复上述过程，直到找到理想的平衡姿势。完成之后，将你的理想姿势与同伴（或小组成员）的理想姿势进行比较。

学后练习3.2

观察专项运动技能中的运动和稳定性原理

你将在本次练习中研究某些动作技能中力和平衡的相互作用。从过肩掷球开始，尽可能用力地扔球。

1. 你的平衡从何而来？研究能够带来更好平衡性的具体动作。

2. 你的力量从何而来？研究能够产生更大作用力的具体动作。

3. 考虑力与平衡的关系。描述你将如何改变动作来产生更大的力。为了在动作改变产生更大的力时保持平衡，你必须改变什么？

4. 试着在进行动作时做出这些改变，会发生什么？

在练习中尝试不同的动作技能，如排球中的扣球、美式橄榄球的弃踢，以及足球中的射门。

人一生中动作技能的发展

在第2部分里，当我们考虑影响发展进程的相关限制并研究个体一生的动作发展时，动作发展的各种难题开始尽数体现。也就是说，本书这一部分讨论了人从出生到老年在动作技能表现方面出现的变化，并确定了可能导致这些变化的个体限制、环境限制和任务限制。

第4章讨论早期动作发展。出生后的第一年，婴儿（即从出生到36个月的儿童）迅速获得新的动作技能，逐步形成适应环境的动作能力。考虑到婴儿发展变化的范围和速度，本章将重点讨论从出生到开始行走（大约11~15个月）的时期。这也是非典型发展的关键时期，因为早期个体限制的微小差异会演变成后期的巨大差异。

第5章讨论从大约1岁到整个一生中的移动技能的发展变化，包括常用的移动技能（行走和跑步），也包括玩耍和体育项目中使用的技能，如双脚跳、单脚跳和垫步跳等。考虑到个体限制以及指导运动和稳定性原理具有相似性，你会注意到发展的轨迹也具有相似性，我们称之为发展序列。你还将了解特定的个体限制的发展会对发展序列产生怎样的影响。

第6章讨论了过肩投掷、击打和踢击等弹道式动作技能。你将再一次在各种不同的弹道式动作的发展序列中发现许多相似之处。最后，第7章涵盖了操控性技能，包括伸够和抓握等精细动作技能，以及捕捉等粗大动作技能。

推荐阅读

Adolph, K.E., Rachwani, J., & Hoch, J.E. (2018). Motor and physical development: Locomotion. In *Neuroscience and biobehavioral psychology*. Elsevier (pgs 1–17).

Corbetta, D., DiMercurio, A., Weiner, R.F., Connell, J.P., & Clark, M. (2018). How perception and action fosters exploration and selection in infant skill acquisition. *Advances in Child Development and Behavior*, 55, 1–29.

Gagen, L.M., Haywood, K.M., & Spaner, S.D. (2005). Predicting the scale of tennis rackets for optimal striking from body dimensions. *Pediatric Exercise Science*, 17, 190–200.

Hall, M.L, & Lobo, M.A. (2017). Design and development of the first exoskeletal garment to enhance arm mobility for children with movement impairments. *Assistive Technology*, 30(5), 251–258.

Lane, A.P., Molina, S.L., Tolleson, D.A., Langendorfer, S.J., Goodway, J.D., & Stodden, D.F. (2018). Developmental sequences for the standing long jump landing: A pre-longitudinal screening. *Journal of Motor Learning and Development*, 6, 114–129.

Lobo, M.A., Kokkoni, E., de Campos, A.C., & Galloway, J.C. (2014). Not just playing around: Infants' object behaviors reflect ability, constraints, and object properties. *Infant Behavior and Development*, 37(3), 334–351.

Logan, S.W., Barnett, L.M., Goodway, J.D., & Stodden, D.F. (2017). Comparison of performance on process- and product-oriented assessments of fundamental motor skills across childhood. *Journal of Sports Sciences*, 35(7), 634–641.

早期动作发展

基本个体限制

- ▶ 介绍婴儿的动作类型;
- ▶ 列举婴儿的反射和姿势反应;
- ▶ 解释婴儿早期和后期动作之间的关系;
- ▶ 描述动作发展里程碑;
- ▶ 解释在各种限制下,早期动作的形成方式;
- ▶ 研究婴儿的姿势发展和平衡状态。

为什么婴儿学会爬行之后就不再爬行了呢?

在婴儿快满一岁的最后几个月里,他们已经可以非常熟练地爬行了。他们可以灵活地从一个地方爬到另一个地方,有时候父母都跟不上。婴儿可以依靠手脚进行有效的移动,却为什么要站起来直立行走呢?刚学会行走的婴儿行动缓慢、步伐不稳,走一两步就很容易摔倒。是什么促使婴儿改变自己的移动方式呢?他们又是如何学会这样移动的呢?

与大多数在限定的实验中进行的婴儿研究不同,来自美国纽约大学的卡伦·阿道夫(Karen Adolph)及其同事(Adolph et al., 2012)为了回答这一问题,对处于自然环境中的婴儿进行了相应的研究。研究者对150多名年龄为11~19个月的婴儿(包括只会爬行的婴儿和会行走的婴儿)进行1小时的观察,观察他们与父母或看护人进行互动的情况。研究者通过视频分析并确定婴儿跌倒的频率以及他们在移动时如何协调肢体。在这60分钟的时间里,只会爬行的婴儿平均有20分钟短暂而活跃的运动。在此期间,参与研究的婴儿平均移动约2300英尺(1英尺约为0.3米)(包括行走和爬行的距离),迈出近2400步的同时平均摔倒17次。通过这些指标,我们可以估计,一个健康的婴儿在6小时内大约行走14 000步,摔倒100次。这是将一组婴儿作为一个整体而得出的结论,当你将只会爬行的婴儿和刚刚学会行走的婴儿放在一起进行比较时,又会发现什么呢?如前所述,刚刚学会行走的婴儿往往看起来更不稳定,关键是“看起来”。事实上,刚学会行走的婴儿跌倒的频率并不比只会爬行的婴儿高,即他们跌倒的相对频率大致相同。这表明学习行走的回报是最终能在更短的时间内移动更远的距离,而不会带来额外的跌倒风险。这就可以解释只会爬行的婴儿放弃一种熟练使用的移动方法的原因。研究者称,对于“为什么要行走?”这一问题,部分答案应该是“为什么不行走呢?”

在过去的几年里,研究者仔细研究了婴儿的动作与其大脑发育程度之间的联系。这种联系似乎比人们原先认为的要更加紧密。换言之,要了解婴儿的认知发展,我们必须了解婴儿的动作发展,并确定这两者之间的相互作用和影响。这种方法既符合生态学观点,也符合限制模型。本章介绍了婴儿表现出的动作行为,这是了解婴儿动作发展与认知和知觉发展之间的联系的第一步。了解婴儿的动作发展也有很重要的现实原因。对于正常发育的婴儿,许多动作发生的顺序和时间是可以预测的。因此,了解并理解典型的发展特征至关重要,这可以帮助我们从典型的发展模式中识别婴儿是否存在偏差,即进步或退步。

在动作发展方面,大多数新生儿表现出本能的和反射性的动作。随着婴儿逐渐成长为学步期幼儿,他们开始达到动作发展里程碑。婴儿和幼儿的粗大动作技能慢慢变得更加精细。此外,婴儿还能在最小的支撑力下抬头、坐起来以及最终能站起来。过去,父母和教育工作者都认为这是婴儿身体发育成熟的过程,换言之,中枢神经系统的成熟是引导早期动作行为的唯一一种个体限制。这个概念在第2章有所讨论,起源于成熟论观点。然而，目前根据生态学观点进行的研究表明，许多系统（如认知、感知和运动系统）之间的相互作用会导致婴儿的动作适应。因此，本章提出了一个观点，即除了身体成熟以外，许多限制会促进或阻碍婴儿早期的动作行为。

婴儿如何运动

观察婴儿，你会注意到他们的某些动作似乎没有方向性，也没有目的性。例如，婴儿仰卧时常常会踢腿，这种本能动作似乎是在没有任何明显刺激的情况下出现的。在其他时间，只要触摸婴儿的一个特定部位，他们就会以特定的方式运动。你能阻止婴儿握住你的手吗？也就是说，在你触摸他的手掌时，他会抓住你的手指。婴儿天生会产生各种反射（即反射性动作），而随着年龄的增长，这些反射似乎会逐渐消失。婴儿的动作似乎是离散且无目的的，看似与其日后的自主动作关系不大。然而，婴儿的动作行为比人们肉眼看到的要复杂。婴儿那些看似随意的动作与其日后出现的有意动作之间有着重要的联系。在生命的最初几个月后，婴儿将开始达到不同的动作发展里程碑，里程碑就是最终引导身体完成移动、伸够和直立姿态的特定动作技能。

婴儿的动作通常可以分为两类：本能动作、婴儿反射（Clark, 1995）。这两种动作之间有明显的不同。

本能动作

人们非常重视对于婴儿反射的研究。然而，婴儿反射仅仅是其早期动作行为的一小部分。除了婴儿反射，婴儿是如何运动的呢？如果不吃饭不睡觉，婴儿可能会扭动、伸腿或伸手臂、张开或紧握手指，以及表现出其他**本能动作**。这些本能动作似乎与行走或伸够完全不同。过去，儿科医生、父母以及其他一些人认为婴儿的这些动作没有特定的目的，与孩子未来自主选择做的动作之间也没有特定的联系，但事实并非如此。

本能动作是指婴儿在没有任何明显刺激的情况下进行的动作。

仰卧踢腿和行走

如果婴儿躺着（呈仰卧姿势），他很可能会不由自主地伸腿，这个动作称为仰卧踢腿。西伦（Thelen）和她的同事（Thelen, 1985, 1995; Thelen & Fisher, 1983; Thelen, Ridley-Johnson & Fisher, 1983）对婴儿仰卧踢腿的本质进行了研究。他们在分析了婴儿进行仰卧踢腿时的腿部姿势、踢腿时间以及腿部肌肉的活动后，发现了一些令人惊讶的结果。婴儿的仰卧踢腿动作并不是随意产生的，而是有节奏的，且具有协调模式。踝、膝、髋关节相互协同运动，并非相互独立。婴儿的仰卧踢腿动作具有协调模式令人惊讶，但更引人注目的是，这些踢腿动作就像成人行走的姿势和时间一样具有协调性（图4.1）。婴儿仰卧踢腿时肌肉的使用方式也很协调。有时婴儿只踢一条腿，有时会交替踢腿，就像成人使用双腿交替行走一样。甚至就连早产儿也会产生协调的仰卧踢腿动作（Geerdink et al., 1996; Heriza, 1986; Piek & Gasson, 1999）。

? 什么原因导致了婴儿仰卧踢腿和成人行走的区别？对于这个问题，可以考虑个体限制、环境限制和任务限制之间的相互作用。

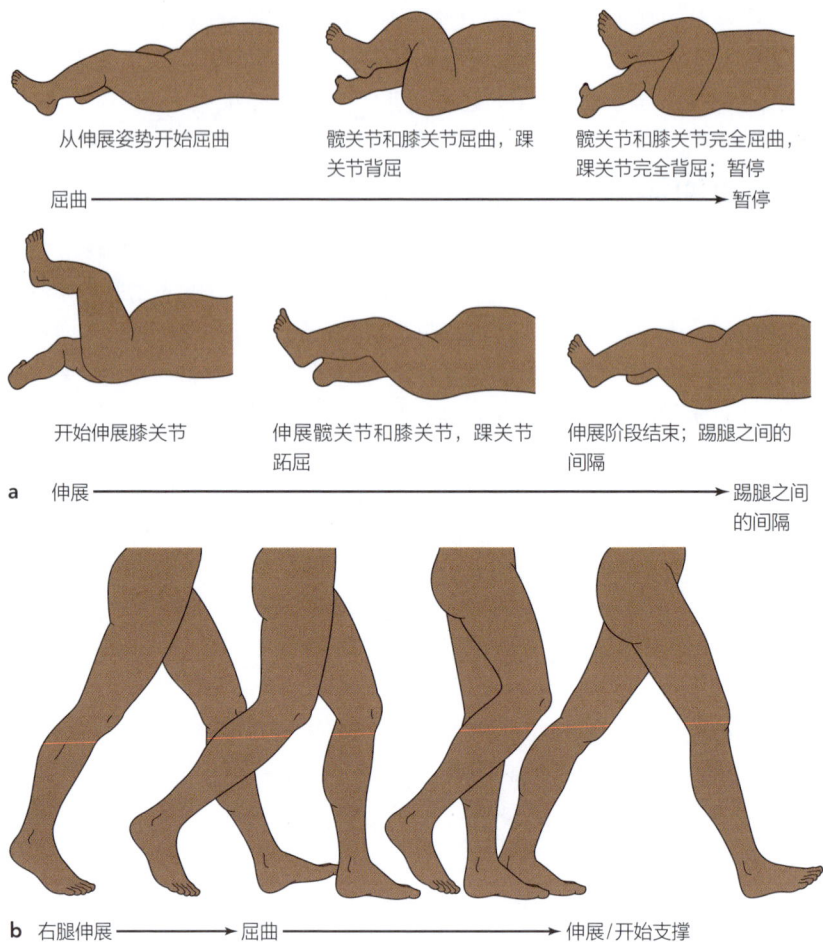

从伸展姿势开始屈曲　　髋关节和膝关节屈曲，踝　　髋关节和膝关节完全屈曲，
　　　　　　　　　　　　关节背屈　　　　　　　　踝关节完全背屈；暂停

屈曲 ⟶　　　　　　　　　　　　　　　　　　　　　　　　暂停

开始伸展膝关节　　　　　伸展髋关节和膝关节，踝关节　　伸展阶段结束；踢腿之间的
　　　　　　　　　　　　跖屈　　　　　　　　　　　　间隔

a　伸展 ⟶　　　　　　　　　　　　　　　　　　　　　　踢腿之间
　　　　　　　　　　　　　　　　　　　　　　　　　　　的间隔

b　右腿伸展 ⟶ 屈曲 ⟶ 伸展/开始支撑

图4.1　踢腿：a. 婴儿仰卧踢腿；b. 成人行走

　　婴儿的仰卧踢腿与成人的行走相似，但并不完全相同。婴儿仰卧踢腿的时间间隔
不定，他们倾向于共同地活动关节而不是按顺序活动关节。婴儿也倾向于同时激活用
来屈曲肢体的肌肉（屈肌）和用来伸展肢体的肌肉（伸肌），这称为共同收缩。与之相
反，成人是通过交替激活屈肌和伸肌来运动的。然而，婴儿将满1周岁时，他们开始有
序地移动髋、膝、踝关节，而非一致地进行共同动作。6个月大的婴儿出现明显的交替
和共同（双腿同时）踢腿现象，这表明婴儿正在发展更多的方式来协调双腿（Thelen,
1985, 1995; Thelen & Fisher, 1983; Thelen et al., 1983）。

手臂的本能动作

　　婴儿也会活动他们的手臂。婴儿进行手臂的本能动作时，肘关节、腕关节和手指
关节的伸展也表现出较好的协调性。换言之，婴儿的手指不是独立伸展的，也不是一
次伸展一根，而是与手掌、手腕和肘部协调运动的（就像仰卧踢腿一样）。手臂动作
不像仰卧踢腿那样有节奏性和重复性（Thelen, 1981; Thelen, Kelso & Fogel, 1987）。与

仰卧踢腿一样，婴儿的手臂伸展动作与成人的伸够动作并不完全相同。婴儿会学着像成人那样抓握物体，而他们需要花几个月的时间才能在不动用其他关节的情况下独立地伸展手指（Trevarthen, 1984; von Hofsten, 1982, 1984）。此外，这些本能动作似乎会受到环境限制的影响。卡瓦伊、萨维尔斯伯格和威默（Kawai, Savelsbergh & Wimmers, 1999）发现，当他们将婴儿置于4种不同的环境中时，婴儿进行手臂动作的频率和运动模式存在差异。

▶ **要点** 尽管婴儿的动作不一定总是以目标为导向（为了达成某个目标），但婴儿可以进行协调的动作，协调模式可能类似于成人的动作模式。

有节奏地拍打手臂和踢腿的动作被称为模式化动作，因为这些动作有潜在的、固定不变的时间结构（Thelen, 1979, 1981）。西伦根据身体的特定部位来识别其他模式化动作，例如通过腿和脚（双腿交替动作）、头和脸（撞头）和手指（屈曲手指）进行识别。模式化动作的存在有什么意义呢？首先，婴儿可能软弱无力，无法进行有目的的、精确的、具有目标导向的动作，但即使在很小的时候，他们的四肢仍具有潜在的节奏协调性（Piek et al., 2002）。其次，这些协调模式与婴儿后期自主动作的协调模式相似，这表明本能动作与自主动作之间存在某种关联。也许，本能动作是自主动作和功能性动作的基本组成部分（Jensen et al., 1995）。

婴儿反射

婴儿早期经常会出现反射。与本能动作不同，反射是个体对特定刺激做出的无意识动作。有时这些反应只在身体处于特定姿势时才会发生。婴儿不需要思考就会做出反射，这种动作是自动发生的。某些反射（如眨眼）在人的一生中都会出现，但另一些反射则仅在婴儿期出现，即**婴儿反射**。我们可以把婴儿期的反射分为3种类型：原始反射、姿势反应和移动反射（表4.1）。接下来让我们定义每一种类型并讨论它们的用途。

原始反射：从出生就具有的反射

当婴儿抓住放在他手中的物体时，他是自动地、无意识地进行这样的动作的，这是原始反射的一个示例。原始反射是婴儿对特定刺激做出的无意识反应，通常由低级脑中枢介导（Peiper, 1963）。通常，婴儿在出生时就会表现出明显的原始反射，这些反射随着时间的推移往往会减弱，直到第4个月左右时消失。那么，应如何区分原始反射和本能动作？

- 原始反射是对特定外界刺激做出的反应，而本能动作不是由任何明显的外部刺激引起的。
- 原始反射是特定的，通常是局部的，而本能动作往往是非特定的和普遍的。
- 同样的刺激会反复引发特定的反射（McGraw, 1943）。

迷路翻正反射和踏步反射如图4.2所示。

婴儿反射是对特定刺激做出的一种无意识、模式化的动作反应，该术语特指仅见于婴儿期的这类反应。婴儿反射有3种类型：原始反射、姿势反应和移动反射。

表4.1　婴儿反射

反射或反应	起始姿势（若重要）	刺激	反应	时间	警告信号
原始反射					
非对称紧张性颈反射	仰卧	把婴儿的头转向一侧	伸展同侧手臂和腿	产前至4个月	6个月后仍持续
对称紧张性颈反射	有支撑地坐着	伸展婴儿的头部和颈部；屈曲婴儿的头部和颈部	胳膊伸展，腿弯曲；胳膊弯曲，腿伸展	6~7个月	
玩偶眼		屈曲婴儿的头部	眼睛朝上看	产前至2周	出生几天后仍持续
手掌抓握		用手指或物体触碰婴儿的手掌	手紧紧握住手指或物体	产前至4个月	1岁仍持续；不对称反射
拥抱	仰卧	摇头并敲打枕头	四肢伸展，手指张开，然后弯曲胳膊和腿	产前至3个月	6个月后仍持续；不对称反射
吮吸		触摸婴儿的脸部、上下唇	开始吮吸	出生后至3个月	
巴宾斯基（Babinski，足底反射）		从足底外侧向前轻划至小趾根部再转向内侧	脚趾屈曲	出生后到4个月	6个月后仍持续
觅食		用光滑的物体触碰婴儿的脸颊	头转向受刺激的一侧	出生后到12个月	反射消失；1岁后仍持续
手掌-下颌（掌颌）		向婴儿的两个手掌施加力	张开嘴；闭上眼睛；头部屈曲	1~3个月	
足底握持反射		触摸脚掌	脚趾收缩	出生后到12个月	
惊跳	仰卧	轻拍腹部惊吓婴儿	手臂和腿屈曲	7~12个月	
姿势反应					
翻滚翻正	仰卧	将婴儿的腿和骨盆转向另一侧	身体和头部跟着翻滚	从4个月开始	
	仰卧	让婴儿歪着头	身体跟随头部翻滚	从4个月开始	
迷路翻正	有支撑地直立	让婴儿倾斜	移动头部以保持直立	2~12个月	
上拉	坐直，用一只或两只手握住婴儿的手	使婴儿前后倾斜	手臂伸展	3~12个月	
降落伞	保持直立	迅速地让婴儿往地面降落	腿部伸展	从4个月开始	
	保持直立	向前倾斜	手臂伸展	从7个月开始	
	保持直立	向侧面倾斜	手臂伸展	从6个月开始	
	保持直立	向后倾斜	手臂伸展	从9个月开始	
移动反射					
爬行	俯卧	交替按压婴儿的单脚或双脚	手臂和腿部呈爬行姿势	出生后到4个月	
踏步	保持直立	把婴儿放在光滑的表面上	腿部呈行走姿势	出生后到5个月	
游泳	俯卧	把婴儿放在水中或水面上	手臂和腿部做游泳运动	11天~5个月	

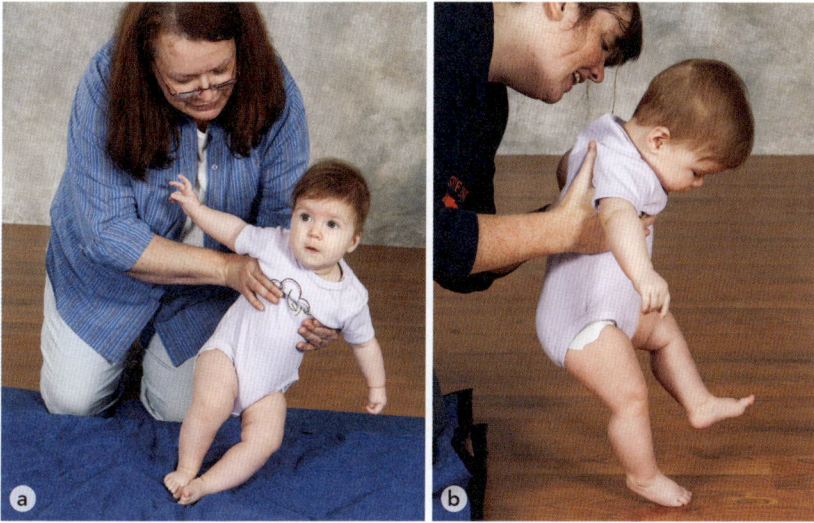

图4.2　a. 迷路翻正反射，即婴儿向后倾斜时，头部保持平直；b. 踏步反射

姿势反应：在世界上直立移动

顾名思义，姿势反应或重力反射指婴儿能在不断变化的环境中自动保持某种姿势（Peiper, 1963）。其中，有些反应能让婴儿头部保持直立，从而保持呼吸道畅通；另一些反应能帮助婴儿翻身，最终达到垂直的姿势。姿势反应一般出现在婴儿2个月大以后。例如，婴儿只有在出生4个月后能翻滚翻正之后才会翻身。在婴儿2岁左右时，这些需要特定姿势和刺激产生的独立反应会从婴儿的动作技能中退出。然而，这些反应并没有真正消失，儿童和成人失去平衡时仍会产生特定的肌肉反应，目的是让身体恢复平衡。在你第一次尝试滑冰或单板滑雪时，你可能会对此深有体会。当你跌倒时，你会自动伸展双臂，这种自动反应会导致腕关节骨折——但是头骨不会受伤。

移动反射：在空间中移动

20世纪末，婴儿游泳课程风靡一时。上这些课程时，父母们把婴儿放在水里，会发现婴儿竟然可以游泳。这是婴儿早熟？或许如此，但更有可能的是婴儿表现出了游泳反射。与其他移动反射一样，游泳反射之所以得名，是因为它看起来与自主动作（在本例中是游泳）类似且相关联。移动反射比相应的自主行为出现得更早，且通常在婴儿尝试获得自主动作技能数月前消失。移动反射有3种：行走、游泳和爬行。

反射的出现和消失

对于正常发育的婴儿，婴儿反射会随着时间的推移逐渐表现出较少的特定反应，最终，刺激将不再导致这些反射。事实上，原始反射在婴儿约2岁大后开始减弱或有所改变（Clark, 1995）。婴儿出生2周后学会适应反射，以便改变运动结果，例如加快吸吮使自己能喝到更多的奶。研究婴儿的研究者有时会利用反射出现和消失的模式来评估个别婴儿的发育情况。如果反射出现和消失的年龄接近平均年龄，那么婴儿的发育就是正常的，而偏离典型模式和典型反应表明婴儿可能存在问题。个体可能以以下两种方式偏离典型：

- 个体在不应该表现反射时表现反射；
- 个体在应该表现反射时没有表现反射。

如果一名婴儿超过反射的平均消失年龄后还持续存在反射，可能暗示该婴儿存在某种病理性脑部疾病（Gieysztor et al., 2018; Peiper, 1963）。婴儿身体一侧与另一侧相比反应不存在或反应非常弱，这也反映了一种病理状态。

在热门电视剧《实习医生格蕾》（Grey's Anatomy）中，急救室的医生经常用探针沿着患者脚底部滑动来检查患者是否患有创伤性脑损伤。这是一项真实存在的技术，称为巴宾斯基征或测试（关于巴宾斯基反射的描述参见表4.1）。该测试用于检查头部损伤患者的神经系统问题。巴宾斯基征呈阳性表明婴儿期表现出的巴宾斯基征反射再次出现，患者的中枢神经系统极有可能出现损伤。

尝试评估婴儿的神经状态时要格外小心（Bartlett, 1997）。记住，每个个体的发展都是个体限制、环境限制和任务限制相互作用的结果。这意味着一名婴儿可能会在另一同龄婴儿停止进行反射后继续进行反射，但不涉及任何病理状况，大多数婴儿会提前或落后于标准数据或量表中给出的平均年龄。此外，反射消失的确切时间很难确定，只有当反射持续时间超过平均水平几个月时，才可能构成病理状况的警告信号（Gieysztor et al., 2018）。同时，还应意识到反射反应对于身体的姿势和环境条件非常敏感（Adolph & Hoch, 2019）。如果你改变婴儿的身体姿势或给他提供不同于表4.1中的刺激，婴儿可能不会表现出模式化反应。一个未经培训的人很容易忽视环境中的某些方面，从而无法让婴儿出现预期的反应，他可能会因此得出婴儿存在病理状态的错误结论。因此，应由经过培训的专业人士来进行此类评估。

▶ **要点**　父母、教师和其他非医疗专业的人士应将可能存在问题的婴儿交给经过培训的专业人员进行评估。

婴儿为什么运动？反射的目的

任意询问一位母亲，她都会告诉你婴儿在出生前就已经开始运动了。事实上，婴儿在子宫内2~3个月时就会出现一些反射。为什么婴儿天生就会有反射呢？一些反射，如觅食反射，似乎有一个明确的目的，即帮助婴儿存活。其他反射，如非对称紧张性颈反射或游泳反射似乎与刚出生的婴儿没有明显的相关性，也许一些反射在婴儿出生前就很重要。

研究者从3个方面解释了反射的作用，即结构、功能和应用方面。结构性解释表明，反射是人类神经系统的副产品。也就是说，一些研究者认为，反射仅反映了神经系统的结构，换言之，反映了人类的组织方式。功能性解释表明，反射的存在意义是帮助婴儿生存，即帮助婴儿进食、呼吸和抓握（Clark, 1995）。米拉尼（1981; Milani-Comparetti & Gidoni, 1967）认为，分娩时胎儿会利用反射给自己定位，以此协助分娩。

结构性和功能性解释都考虑到了婴儿出生时的反射，但并没有说明这些反射在出生后的目的。相反，应用性解释涉及了反射在未来有意动作中的作用（我们根据研究者的理论观点再次看到一些截然不同的想法）。另一些人认为，反射能让肢体进行协调的运动（Peiper, 1963），从而使婴儿能在高级大脑中枢准备协调这些动作之前练习协调动作。

?　参见表4.1，你认为每种反射在未来的动作中有什么作用？

反射和自主动作之间的关系

在过去50年里，由于一些独特的实验，人们对于反射和后期动作的关系的观点发生了很大变化。早期的研究者如麦格劳（McGraw, 1943）认为，在中枢神经系统抑制反射之前，婴儿不能进行自主动作，这一理论被称为动作干扰。随着时间的推移，研究者开始对这一观点产生怀疑。泽拉佐和科尔布（Zelazo & Kolb, 1972a, 1972b）做了一个相对简单的实验，他们对反射和自主动作无关这一理论提出了挑战。这些研究者在婴儿出生后的8周内，每天对一小部分婴儿进行踏步反射练习。与不练习的婴儿相比，参与练习的婴儿迈步的反射次数增加，而且更早开始自主行走。研究者得出结论，无意识行走反射可以转变为自主行走（Zelazo, 1983）。他们提出，反射消失是由于其不被使用，婴儿开始获得自主动作技能前无须抑制反射，动作反射的系统性刺激可以促进婴儿获得自主移动。

埃丝特·西伦（Esther Thelen, 1983, 1995; Thelen & Ulrich, 1991）也质疑是否必须先抑制反射，才能产生自主动作。她和同事们提出，其他的限制（不是严格意义上的身体成熟）可能与踏步反射的消失有关。西伦对儿童早期不断变化的个体限制进行了研究，她注意到婴儿在出生后的前2个月，腿部重量的显著增加主要来自脂肪。她推理认为，婴儿没有足够的力量抬起相比之前更重的腿，腿部重量大幅度增加而肌肉力量没有相应增加，可能会导致踏步反射消失。换言之，重量可能是婴儿出生2个月左右时进行迈步的速率限制因子。

为了验证这一观点，西伦和她的同事们选择了一组4~6周大的婴儿，这些婴儿仍在进行反射踢腿。他们在婴儿的脚踝上增加重量，这个重量相当于婴儿要经历的体重增加量。结果显示婴儿的迈步反射次数减少，说明体重增加可能会导致反射消失。然而，对这些婴儿的研究只能说明部分情况。西伦必须论证，如果是出于重量限制的原因，年龄大一点儿的婴儿会表现出踏步反射。为了证明这一点，她把年龄大一点儿的婴儿（不再表现迈步反射的婴儿）放进一个小水箱里，水漫到婴儿胸前，起到使腿上浮的作用（模拟力量的增强）。这些婴儿开始以更高的频率迈步。这与泽拉佐的研究结果相似，尽管体重在增长，这些训练可以使婴儿的腿部有足够的力量去踏步。最后，西伦（Thelen, 1985; Thelen & Ulrich, 1991; Vereijken & Thelen, 1997）发现，在出生7个月时没有进行踏步反射的婴儿，在握住跑步机的移动皮带时却会行走。总之，这些研究表明，在婴儿期的动作模式中，一些个体限制（而不是简单的身体成熟）对于速率限制因子有重要的影响。这些研究对其他一些利用跑步机进行的婴儿研究有所启发。图4.3展示了正在进行的一项研究，即利用跑步机促使患有唐氏综合征的婴儿做出踏步动作。

▶ **要点**　随着环境限制和任务限制的变化（例如，使婴儿握住跑步机的皮带、控制婴儿腿部的重量），踏步的增加和减少表明除神经系统外，其他系统必须参与这一方面的动作发展。

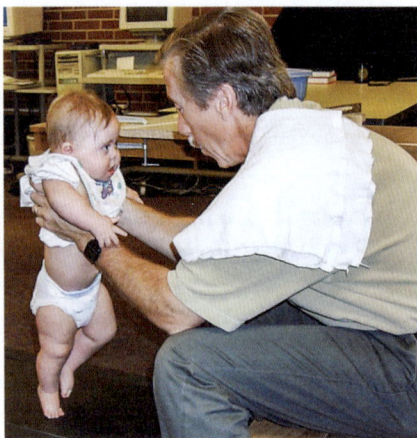

图4.3　为促进独立行走、改善独立行走的质量，一名患有唐氏综合征的婴儿在跑步机上进行训练

源自：Photo courtesy of Dale Ulrich。

动作发展里程碑：自主动作的发展

将新生儿的动作与他们12个月后的动作进行比较，不知为何，那些本能动作、婴儿反射都让位给了复杂的、协调的、有目的的动作，如行走、伸够和抓握。婴儿在中间这几个月经历了什么呢？显然，婴儿不会突然习得一种复杂的技能，相反，他必须学会如何协调和控制身体上许多相互作用的部分。他必须掌握某些基本的技能，才能有熟练的表现。我们将这些基本技能称为**动作发展里程碑**（图4.4），其中每一项都代表个体动作发展的标志或转折点。这样想来，要行走就必须能站起来，要站立就必须能躯干直立，要躯干直立就必须能头部直立，每项技能都与之前的动作发展里程碑相关联。每个婴儿达到动作发展里程碑的时间有所不同，但他们获得这些基本技能的顺序是相对一致的。表4.2给出了部分动作发展里程碑的时间和顺序。

动作发展里程碑是一种基本的动作技能，它的获得与后期自主动作的获得有关。尽管个体在获得时间上有所不同，但是婴儿达到这些里程碑的顺序是相对一致的。

贝利（Bayley, 1936, 1969）、雪莉（Shirley, 1931, 1963）和其他研究者对婴儿进行观察，确定了一系列的动作发展里程碑，以及婴儿达到这些动作发展里程碑的平均年龄。这种渐进式的技能习得模式可能与正常发育婴儿的个体限制发生的可预测的变化有关，包括：

- 中枢神经系统的成熟；
- 肌肉力量和耐力的发展；
- 姿势控制和平衡能力的发展；
- 感觉信息处理能力的改善。

读完本章，读者可能想知道贝利与雪莉对于动作发展里程碑的研究是否存在关联。营养和育儿方法的改进，以及婴儿玩具和设备的革新，难道不会加快动作发展里程碑的实现吗？或者是实验方法和观察手段的改进带来了更精确的年龄范围？世界卫生组

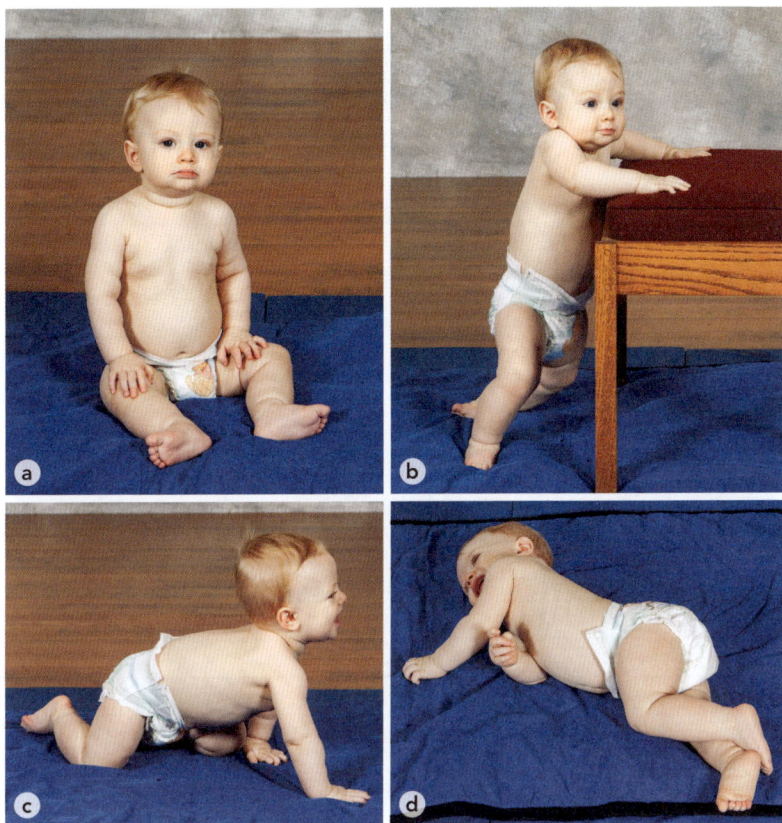

图4.4　一些动作发展里程碑：a. 独自稳定地坐着；b. 借助家具站立；c. 爬行；d. 翻身（从仰卧到俯卧）

织（World Health Organization，WHO）通过其多中心发育参考标准研究（Multicentre Growth Reference Study, MGRS; de Onis et al., 2004, 2007; Wijnhoven et al., 2006; WHO Multicentre Growth Reference Study Group, 2006）回答了这些问题。整个研究涵盖6个国家的数千名儿童。其中，为了评估粗大动作发展，该小组共观察了来自5个国家（加纳、印度、挪威、阿曼和美国）的816名儿童。小组集中讨论了6个动作发展里程碑：独立坐起、爬行、辅助站起、辅助行走、独立站起和独立行走。小组对4个月大的婴儿至其能独立行走期间进行纵向观察。进行观察的工作人员都经过了严格的培训，可靠性强，以确保现场所有工作人员能识别出正确、类似的动作发展里程碑。

在获得动作技能的年龄方面，WHO的多中心发育参考标准研究发现了什么？MGRS研究结果的50%中位数与1936年贝利发现的结果非常相似，此结果也处于1963年雪莉发现的结果范围内。这些研究在最早的动作发展里程碑方面出现了较大的差异，但是，贝利研究得出的平均年龄与MGRS得出的年龄相差不超过3周。例如，MGRS认为50%的婴儿在5.9个月时可以无支撑坐起，而贝利认为是6.6个月左右，雪莉则认为是7.0个月。同样，据MGRS报告，50%的婴儿在7.4个月时能在辅助下站立，而雪莉认为是8.0个月，贝利认为是8.1个月。从这一点看来，MGRS得出的数据和贝利得

表4.2　部分动作发展里程碑的时间和顺序

平均年龄 /月	年龄范围 /月	动作发展里程碑 （贝利量表）	动作发展里程碑 （雪莉量表）
0.1		抱起靠肩时抬头	
0.1		侧头	
0.8	0.3~2.0	伸臂玩耍	
0.8	0.3~2.0	伸腿玩耍	抬起下巴（俯卧抬头）
0.8	0.3~3.0	闭合紧握（即抓握）	
1.6	0.7~4.0	头部稳定地竖起	
1.8	0.7~5.0	由侧卧转向仰卧	
2.0			挺胸（俯卧抬头挺胸）
2.3	1.0~5.0	借助微小支撑坐起	
4.0			有支撑坐起
4.4	2.0~7.0	由侧卧转向仰卧	
4.9	4.0~8.0	部分的拇指相对	
5.0			坐在成人的腿上；抓住物体
5.3	4.0~8.0	独立坐起	
5.4	4.0~8.0	单手伸够	
5.7	4.0~8.0	转腕	
6.0			坐在椅子上；抓住摇晃的物体
6.4	4.0~10.0	从后向前翻滚	
6.6	5.0~9.0	稳定地独坐	
7.0			独立坐起
7.1	5.0~11.0	早期的向前行走	
7.4	6.0~10.0	部分手指抓握	
8.0			辅助站起
8.1	5.0~12.0	借助拉力慢慢站起	
8.6	6.0~12.0	借助家具站起	
8.8	6.0~12.0	踏步运动	
9.0			借助家具站起
9.6	7.0~12.0	辅助行走	
12.0			借助拉力站起
14.0			独立站起
14.6	11.0~20.0	倒退走	
15.0			独立行走
16.1	12.0~23.0	辅助上楼梯	
16.4	13.0~23.0	辅助下楼梯	
23.4	17.0~30.0+	双脚跳离地面	
24.8	19.0~30.0	从底部台阶跳上台阶	

出的数据非常接近。在雪莉得出的数据中，平均年龄变化较大且大都晚于MGRS给出的年龄，但是，雪莉给出的年龄范围仍然在MGRS给出年龄的同时期范围内。达拉等（Darrah et al., 2014）使用阿尔伯特婴儿动作量表（Alberta Infant Motor Scale，AIMS）得出了相似的结果。AIMS是加拿大的一种常模参照工具，用于评估婴儿的粗大动作技能（58项）（Piper & Darrah, 1994）。他们使用AIMS评估了650名在原年龄区间内的婴儿，来确定在20年的时间里动作里程碑的顺序和时间是否发生了改变。他们发现原先的百分比排名与新测试群组的结果保持一致，因而得出1994年的标准值依然有效的结论。

我们从中能得出什么结论？首先，根据MGRS和达拉的研究，动作发展里程碑没有一个长期趋势。也就是说，目前婴儿达到动作发展里程碑的年龄与80多年前的婴儿基本相同。其次，贝利和雪莉使用的观察技术有效且可靠。因此，我们仍然可以借鉴贝利和雪莉的量表，其中列出的年龄范围表明正常发育的婴儿应该达到动作发展里程碑的平均年龄。

动作发展里程碑的限制和实现

记住，个体限制也会阻碍动作发展里程碑的实现。也就是说，一名婴儿要表现出某种技能，他的某种系统就要发展到特定的水平。例如，要在俯卧时抬起头部，婴儿的颈部和肩部必须有足够的力量（图4.5）。因为不同的婴儿的系统发展不同，动作发展里程碑的实现速度会有所不同。经验和环境限制也会导致个体差异（Adolph & Hoch, 2019; Adolph, Cole & Vereijken, 2015）。婴儿发育也受到文化的影响，即文化规范形成婴儿与他人之间的社会交往模式，并对父母的育儿实践有指导作用（Adolph & Hoch, 2019）。事实上，文化定义的父母育儿实践可以改变婴儿达到动作发展里程碑的速度（Clark, 1995）。例如，为减少婴儿猝死综合征（Sudden Infant Death Syndrome, SIDS），1992年，美国儿科学会（American Academy of Pediatrics）建议婴儿睡眠时采

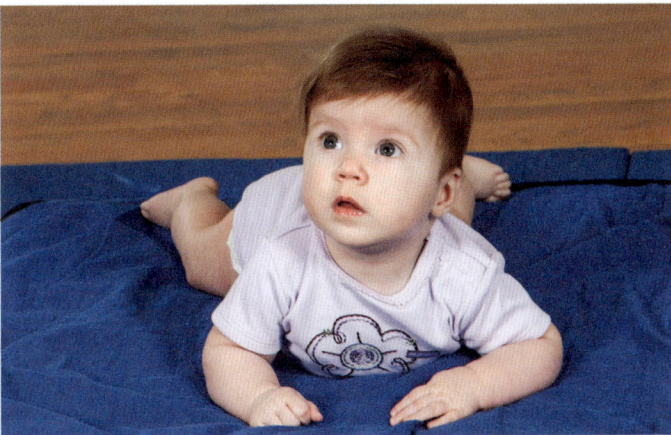

图4.5 为了爬行，婴儿必须首先能在俯卧时抬起头部和肩部，这需要颈部和肩部有足够的力量。俯卧有助于这个动作发展里程碑的实现

用侧卧或仰卧姿势。尽管这一建议降低了婴儿猝死综合征的发病率，但让人没有预料到的是，它导致了动作发展里程碑实现的时间有所延迟（Jantz, Blosser & Fruechting, 1997; Davis et al., 1998; Pin, Eldridge & Galea, 2007）。在这种情况下，延迟不是由疾病或受伤引起，而是由于婴儿睡眠姿势的文化习俗发生了变化。研究表明，让婴儿在清醒时间俯卧可以防止这种时间上的延迟。美国尤尼斯·肯尼迪·施莱佛国家儿童健康与人类发育研究所（The Eunice Kennedy Shriver National Institute of Child Health and Human Development）建议，健康的婴儿每天应有2~3次短时间（3~5分钟）的俯卧。俯卧是有效的，清醒时呈卧姿的婴儿比那些没有采取卧姿的婴儿能更快达到特定的卧姿动作发展里程碑（Kuo et al., 2008）。

最近的研究表明，达到某些动作发展里程碑本身会限制其他技能的习得速度。科尔贝塔和博伊奇克（Corbetta & Bojczyk, 2002）研究了9名婴儿（3周大至能够独立行走）的伸够和不伸够动作以及手部偏好。最引人注目的是，婴儿达到某些动作发展里程碑时（如坐、爬行或行走），他们的手部偏好会发生改变，甚至会恢复到早期的伸够形式（双手伸手）。在行走时，转变为双手伸手可能对于婴儿学会平衡起到了速率限制因子的作用，这种伸手几乎不会影响婴儿新获得的行走能力。手部偏好的改变为我们提供了更多的证据，表明限制的相互作用会影响动作技能的发展。

动作发展里程碑和非典型发展

动作发展里程碑具有顺序性，因而可以为医生和治疗师等受过专业培训的人提供关于婴儿神经系统健康或提示未来疾病或障碍（如孤独症谱系障碍）的线索（Hata-kenaka et al., 2016）。例如，在一项涉及173例高危早产儿的研究中，艾伦和亚历山大（Allen & Alexander, 1994）按顺序评估了6个动作发展里程碑以筛查脑瘫。他们发现，在随后的评估中，在这6个动作发展里程碑中，若个体在每个指标上都出现了37.5%以上的延迟，就可以准确地预测出该早产儿患有脑瘫。这一发现强调了两点：首先，正常发育的婴儿的动作发展里程碑实现顺序是可以预测的；其次，尽管动作发展里程碑的实现时间存在差异，但几个动作发展里程碑的大幅延迟实现表明婴儿可能存在发育问题。问题的类型不一定局限于动作领域。费拉托娃等人（Filatova et al., 2018）在对婴儿的动作发展里程碑和成人后患有精神分裂症的关系的系统性综述中发现，独立行走、独立站起和独立坐起的延迟实现均与成人后患有精神分裂症显著相关。

其他情况也会导致动作发展里程碑的实现差异。例如，在发育早期，患有唐氏综合征的婴儿经常会出现肌张力减退症状，这是一种肌肉张力不足的表现。事实上，患有唐氏综合征婴儿的特点是"软弱无力"。肌肉张力不足通常在发育后期得到改善。然而，这种肌肉张力不足通常导致整个婴儿期动作发展里程碑的实现延迟，如抓握、坐起、翻滚和借助拉力慢慢站起（Jobling & Virji-Babul, 2004）。由于这些动作发展里程碑的实现需要一定的力量，肌肉张力不足是限制这些动作发展里程碑实现的因素。此外，婴儿需要按顺序实现动作发展里程碑，最终才能保持直立。因此，动作发展里程碑的实现延迟会导致基本移动技能（如行走）和日常生活技能（如进食）的获得延迟（Reid & Block, 1996; Ulrich, Ulrich & Collier, 1992）。

常模参照量表与标准参照量表

评估个别婴儿和婴儿群体是有必要的也是有益的。例如，这种评估可以帮助专业人士确定需要特别关注的婴儿，记录个体和群体的进步，并选择适当的教育活动。但是，专业人士必须认识到，检测工具具有特定用途，最好在有特定需要时使用。例如，我们可以将测试量表大致分为常模参照量表或标准参照量表。

常模参照量表用于将个体或群体与先前确立的标准进行比较。这种比较表明一个人在具有类似性的群体中所处的位置，这一群体匹配有相关因素，如年龄和性别。常模参照量表在确定婴儿发育缓慢方面的价值是显而易见的，然而，这种量表没有向专业人士提供关于延迟的本质或出现该现象的原因的相关信息，也没有提供为促进未来发展应提供何种教育经验的信息。

标准参照量表表明婴儿在一系列按顺序习得的技能中所处的位置。发展学者定期管理标准参照量表，将个体与他们自己以前的表现进行比较，而不是与群体指标进行比较。通常，标准参照量表表明个体已经掌握哪些技能，以及开始掌握哪些技能。教育工作者可以根据这些开始掌握的技能开展教育和实践活动，从而保证教育活动适合个人发展。

为婴儿制订的量表大多为常模参照量表（通常情况下，管理标准参照量表比管理常模参照量表需要更多的专业知识）。本章讨论的贝利量表是参照常模参照量表制订的（Bayley, 1969），完整的贝利量表包括心理量表（163项）、动作量表（81项）以及对社交和注意力行为的记录。这些量表的使用者可以将2~30个月的婴儿与其心理和动作标准进行比较。

另一个著名的常模参照量表是丹佛发育筛查测试（Denver Developmental Screening Test）（Frankenburg & Dodds, 1967）。该测试可从以下4个方面评估0~6岁的儿童：

- 粗大动作表现（31项）；
- 精细动作表现（30项）；
- 语言发展（21项）；
- 个人社交技能（代表适龄的社交技能；22项）。

还有一个著名的常模参照量表是格塞尔发育量表（Gesell Developmental Schedules）（Gesell & Amatruda, 1949）。所有的数据都是标准化的，但动作量表的可靠性和有效性不如预期。从这个意义上讲，这些量表的确有用，但它们提供的与动作发展相关的信息有限。

婴儿的活动对早期发育很重要，因此任何延迟或阻碍婴儿活动的情况都可能对认知和感知发育产生不良影响（Galloway, Rhu & Agrawal, 2008）。动作发育和早期动作影响社会、感知和认知发育（Babik, Galloway & Lobo, 2017）。例如，婴儿通过伸够和抓握物体来探索他所处的环境，这就让这种人−物交互涉及多个感觉系统，包括视觉、触觉，如果把物体放在婴儿口中，还涉及味觉（Lobo et al., 2015）。这种动作有助于婴儿在大脑中创建神经通路，这在出生后3年内至关重要（Kail & Cavanaugh, 2017; Ulrich et al., 1992）。如果婴儿的这些体验明显延迟，那么他们将错过学习整合所有感觉信息的部分或全部机会（Babik et al., 2017; Ulrich et al., 2008）。这种学习的部分内容是发现所处环境中的因果关系。此外，独立移动为婴儿提供了控制和探索其所处环境的方法，并提供了社交的机会（Adolph, Rachwani & Hoch, 2018; Adolph & Robinson, 2015; Lynch et al., 2009）。因此，动作技能延迟获得的影响远比单纯的不能动作带来的影响更为深远，动作技能的延迟获得会影响婴儿的整个发育过程，与有运动机会的同龄人相比，延迟获得的婴儿存在更大的认知障碍（Ulrich et al., 2008）。

> ? 如果你是一个物理治疗师，治疗肌肉张力低下或肌肉痉挛的婴儿时，你会看到哪种类型的延迟？一个动作发展里程碑的延迟实现会对后续的动作发展里程碑产生怎样的影响？

婴儿期姿势控制和平衡能力的发展

1岁内达到的很多动作发展里程碑，代表婴儿已经习得某些特定动作，其中坐和站是最明显的示例。婴儿如果能保持一个姿势不动，他们就能保持身体平衡。因此，发展科学家们一直对以下两点感兴趣：一是姿势控制和平衡是否对某些动作发展里程碑的实现有所限制，二是婴儿是否像成人一样依赖于同样的平衡。

一些证据表明，婴儿会根据光流的视觉显示或移动时发生的光学图案的变化来调整头部的姿势（Jouen, 1990; Jouen et al., 2000）。这一发现表明，控制发展速度的因子不是对光线的感知能力，而是能够做出恰当的姿势反应。研究者通过移动空间技术研究了这个问题（图4.6）。波普（Pope, 1984）将婴儿放在一个固定的平台上，让他们坐起，当周围的墙壁和天花板移动时，通过肌电图观察记录婴儿的肌肉反应。这样做的目的是为婴儿提供视觉信息，使之认为好像是身体在移动，而不是空间在移动，而来自前庭和躯体感觉感受器的动觉信息表明身体没有移动。因此，视觉信息和动觉信息之间存在冲突。2个月大的婴儿对视觉信息的反应大于对动觉信息的反应。也就是说，他们会认为他们的身体在摇摆，由此会激活肌肉以恢复初始姿势。

贝滕塔尔、罗丝和鲍伊（Bertenthal, Rose & Bai, 1997）对坐在一个移动房间中的5个月、7个月、9个月和13个月大的婴儿进行观察，空间以两种不同的速度移动。这个年龄范围的婴儿包括可以独立坐起的婴儿和不能独立坐起的婴儿。研究者发现，所有的婴儿，甚至那些还不能独立坐起的婴儿，对空间运动都有反应（比起动觉信息，他们更相信视觉信息），他们的动作与空间运动的速度有关。研究者还观察到，坐姿

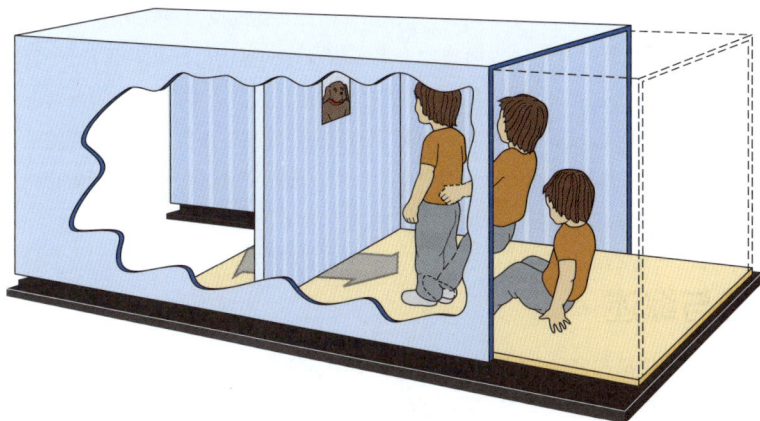

图4.6　一个移动的房间。房间中的一面墙向着婴儿移动，婴儿向后跌倒。如果婴儿认为这种光流是房间向前运动产生的，就会产生这种反应
源自：Reprinted from Bertenthal, Rose, and Bai (1997)。

经验多的婴儿反应更快，他们能更快、更准确、更一致地做出姿势反应。

把刚学会站立的婴儿安置在一个移动的空间里，他们常常会摇晃、蹒跚或跌倒，不像成人那样可以保持平衡（Bertenthal & Bai, 1989; Butterworth & Hicks, 1977; Lee & Aronson, 1974; Woollacott & Sveistrup, 1994）。刚学会站立的婴儿在失去平衡时使用姿势肌的时间比成人长，在达到稳定之前身体会摇摆得更久（Forssberg & Nashner, 1982）。婴儿学会站立1年后，这种活动空间效应会减弱。

陈、耶卡和克拉克（Chen, Jeka & Clark, 2016）使用虚拟移动空间来研究整个婴儿期视觉和姿势之间的动态关系。他们对20名婴儿进行观察，根据婴儿的发育状况（开始坐起、独立站立、开始行走和学会行走1年后）将他们分为4组，并安置在一个虚拟移动空间的环境中，该空间以不同频率和距离移动。开始坐起的婴儿（发育最不成熟的一组）面对不断变化的视觉信息时会难以控制地摆动身体。观察其他小组，发现他们的姿势能够与视觉信息相匹配，这表明婴儿获得坐起能力后不久，感觉的权重就会发生变化。这样看来，对自我运动的视觉感知并不是婴儿身体姿势与平衡的等级控制因子。相反，等级控制因子可能是感觉信息与恰当动作反应之间的耦合关系。这种耦合的细化在每个活动中都会有所体现，如坐和站。这一观点与神经系统的研究结果一致，即表明视觉必须与特定的运动反应点相联系（Goodale, 1988; Milner & Goodale, 1995）。一旦细化，这些感觉运动耦合能针对环境提供非常敏感且快速的调整。婴儿移动时，周围环境发生变化。随着环境的变化，婴儿必须根据连续的感觉信息来调节和改善他们的运动。换言之，婴儿必须不断校准其感觉运动耦合（Chen et al., 2007; Metcalfe et al., 2005）。随着系统的发展和变化，感觉运动耦合也必须改变，需要根据环境重新进行校准。

巴雷拉、耶卡和克拉克（Barela, Jeka & Clark, 1999）观察了婴儿的触觉控制达到4个重要阶段时的表现，这4个阶段是借助拉力慢慢站起、独立站起、开始行走和具有1.5个月的行走经验。随着婴儿获得站立经验，他们身体的摇摆程度会降低，他们

对附近物体的表面施加的力也会减弱。在前3个阶段（借助拉力慢慢站起、独立站起、开始行走），婴儿通过对物体表面施加力来控制身体的摇摆。婴儿获得行走经验后，他们利用触觉信息来控制姿势，而不只是对摇摆做出反应。躯体感觉信息对人体控制姿势和保持平衡起到重要的作用；对婴儿的研究已发现，来自各种动作系统的知觉信息在控制姿势和保持平衡中也具有重要的作用。而如何对这些信息进行整合，以控制姿势和保持平衡，还需要进行更多的研究。

总结与综述

　　婴儿的动作模式多种多样。他可能会看似随意地踢腿和挥舞手臂，我们将这种行为称为本能动作。他也可能以一种特殊的动作模式对触摸做出反应，这些反应称为婴儿反射。一周岁以内，他将开始抬头并独立坐起。这些以明确的顺序相继出现的技能被称为动作发展里程碑。他会开始坐起、爬行、站立，这都需要进行姿势控制。对于一个正常发育的婴儿，由于迅速变化的个体限制（包括结构性和功能性限制），这些行为的出现有一定的可预测时间和顺序范围。然而，不同婴儿出现这些行为的时间和顺序确有不同。这种差异只是表明了特定婴儿的个体限制、环境限制和任务限制之间的相互作用，以独特的方式促进了动作行为的发展。另外，一些婴儿可能存在一些潜在的疾病，如脑瘫或唐氏综合征，从而导致其实现动作发展里程碑的时间出现延迟。

　　婴儿期的动作给我们提供婴儿本身的哪些信息呢？发展学者对于本能动作和婴儿反射的目的仍有争论。然而，以下两点是越来越清晰的。第一，这些动作模式不是随意的，而是协调的（如果没有目的）。第二，早期动作模式对未来的动作发展具有一定的作用，很可能为未来的动作奠定了基础。无论如何，我们不能将早期的动作和后期的技能相隔离。婴儿的经验及其身体特征、环境、父母的照顾，以及其他在婴儿期起作用的各种限制，在动作技能的发展过程中都存在相互影响。

巩固已学知识

回顾

　　回到本章的开始，在我们提到婴儿及其行走时，有人会问："这不是很自然的事吗？"还有人可能想知道，为什么从事幼儿园教育到高中教育或成人康复的人会去学习婴儿期的知识。其中有两个重要原因。第一，婴儿的动作行为可能会构成后来自主行为的基础，许多研究者，如西伦和她的同事都认同这个观点。第二，动作和认知行为之间似乎存在着一种积极的联系。正如研究婴儿活动能力的研究员科尔·加洛韦（Cole Galloway）的解释："伸够和行走，意味着认知能力的爆发。"（Wolf, 2007）对于非典型发育的婴儿，在早期观察到发育延迟就能进行早期干预，降低后期出现缺陷的概率。因此，了解婴儿的发展过程是很重要的，因为婴儿期是人类动作发展过程中的重要组成部分。

知识测验

1. 对于表4.1中列出的3种婴儿反射，请描述其生存功能或日后的作用。
2. 考虑婴儿个体限制、环境限制和任务限制之间的相互作用，给出几个婴儿延迟实现动作发展里程碑的原因。
3. 描述任务限制和环境限制是如何对动作技能的出现产生深远影响的。
4. 婴儿依赖什么感知系统获取平衡信息？

学后练习

确定婴儿期的限制

动作发展里程碑的实现是各种限制相互作用的结果，实现后特定行为才得以出现。对于不同的婴儿，实现动作发展里程碑的速度（在一定程度上，即指动作发展里程碑的类型）有所不同。这表明特定的限制类似于速率限制因子，并且在最后达到临界值时，婴儿将实现一定的动作发展里程碑或习得某种技能。

观察动作限制的最佳方法之一是观察一组年龄不等的婴儿。访问当地的婴儿看护中心，并在看护人与婴儿互动时仔细观察婴儿。根据本章介绍的婴儿发展知识，列出影响婴儿动作行为的限制。在婴儿看护中心这样的环境中，寻找个体限制、环境限制和任务限制。对于个体限制，解释哪些是可能促使动作发展里程碑实现的速率限制因子。对于环境限制和任务限制，解释这些限制如何促进或阻碍不同动作行为形成。

第5章

人类移动能力的发展

章节目标

- ▶ 定义人类移动能力的概念；
- ▶ 描述移动的类型；
- ▶ 讨论特定移动技能的发展；
- ▶ 解释影响移动技能发展的个体限制。

资深跑步者说:"有本事就追上来!"

2018 年年初,美国大师室内田径锦标赛在马里兰州的兰德夫举行,该赛事邀请了年龄在 30 岁以上的各类运动员。尽管任何这样的赛事都有可能创造新的纪录,但该赛事的 60 米短跑比赛有两项世界纪录值得注意,因为两位纪录创造者的年龄加起来是 202 岁。在 100 岁以上的女子组中,102 岁的朱莉娅·霍金斯(Julia Hawkins)以 24.79 秒的成绩打破世界纪录(Boren, 2018)。2017 年,朱莉娅·霍金斯在她的故乡美国路易斯安那州巴吞鲁日举行的 100 米短跑比赛中,也创造了世界纪录。这对于一个 100 岁才开始竞技生涯的跑步运动员来说是非常大的成就。年龄稍小的 100 岁运动员奥维尔·罗杰斯(Orville Rogers),以 19.30 秒的成绩打破了 100 岁以上男子组 60 米短跑比赛的世界纪录(遥遥领先对手几秒)。除此之外,罗杰斯还以 4 分 16 秒 90 的时间打破了 400 米的纪录。罗杰斯曾是一名轰炸机飞行员,与霍金斯相比,罗杰斯在 50 岁时开始这项运动,拥有整整 50 年的跑步经验。100 岁之前,罗杰斯曾在 95~99 岁年龄组保持了 7 项世界纪录。这些运动员和其他大师级运动员证明了变老并不意味着跑步速度会减慢,对于某些运动员而言,步入老年反而意味着自己可以成为同年龄段中跑得最快的。

对动作发展感兴趣的人通常会注重移动技能的早期习得。但是,本书认为移动是一项终身活动。当然,随着个体限制、环境限制和任务限制的变化,行走、跑步、垫步跳和其他动作技能也会发生变化。本章研究了人一生中的各种移动技能,这些移动技能如何进行系统的变化,以及个体限制如何作为速率限制因子。

移动是指从一个地方移动到另一个地方的动作或能力。

移动是指从一个地方移动到另一个地方的动作或能力,即四处移动,从这里到那里。移动是我们每天都要做的事。这种看似简单的定义可能掩盖了一个事实,即从一个地方移动到另一个地方实际上是一项复杂的活动,其中涉及许多相互作用的系统和限制。对于移动的研究涉及医学及心理学等诸多领域,也涉及扭动等诸多动作。人们在一生中会使用各种各样的方法移动。当然,他们所使用的移动类型取决于各种限制之间的相互作用。童年时期,人的身高、体重和肢体长度会发生明显的变化,这可能会起到速率限制因子的作用。在人生的大部分时间里,其他类型的限制,例如动机或与技能相关的性别意识可能会促进或阻碍移动技能的产生。随着年龄的增长,临近老年时,例如体质特征的结构性限制可能成为重要的速率限制因子。但是,功能性限制如担心摔倒或失去平衡能力,可能与环境限制如天气变化(如下雪和结冰)一样,严重阻碍移动技能的产生。因此,我们必须研究许多变化的限制,以了解人一生中的各种移动技能。

第一次自主移动：手膝爬行和匍匐爬行

　　婴儿第一次从一个地方移动到另一个地方需要些什么呢？答案是他必须达到一定的动作发展里程碑，例如俯卧抬头。婴儿还必须具有足够的力量来支撑自己并进行移动，此外他必须操控四肢，一致地操同一方向移动。除了这些个体限制外，还必须有能让婴儿移动的环境，婴儿会评估环境以发现环境与个体限制的匹配程度。阿道夫（Adolph, 1997）认为合适的环境必须具有以下条件：

> 移动表面必须具有连续的路径来支撑婴儿的身体，面积必须足够大以让婴儿前进时身体得以通过，必须足够坚固以支撑婴儿的体重，必须具有足够的摩擦力使身体重心在四肢间转换时婴儿能保持平衡。

　　某些系统会起着速率限制因子的作用，从而阻止婴儿开始移动。当这些系统发展到临界值时，婴儿就可以开始移动。婴儿表现出的第一种移动方式通常是**手膝爬行**（移动手和膝盖来爬行）（图5.1）和**匍匐爬行**（移动手和腹部，类似士兵的匍匐前进动作）。以下技能的发展会让婴儿进行手膝爬行和匍匐爬行：

- 利用胸部和腹部在地上爬行；
- 腹部离地低位爬行，双腿动作协调（对称）；
- 在高位爬行时可以翻身；
- 双腿和双臂交替爬行。

　　尽管不常见，但在婴儿中还存在一些四足动物的步态，即用手和脚行走。伯顿（Burton, 1999）回顾了赫尔德利卡（Hrdlicka）的研究，赫尔德利卡在1931年出版了一本名为《四肢行走的儿童》（*Children Who Run on All Fours*）的书，并使用动态系统法对这种步态模式的出现进行了解释。他认为出现的原因是限制之间很少发生相互作用。首先，与爬行表面相关的环境限制（例如碎石、沥青等）可能使支撑膝盖不舒适，因此，婴儿更换为用脚支撑。其次，父母或看护人的鼓励或积极反应可能进一步促进婴儿使用这种步态。最后，一些婴儿的力量或健康状况已经达到或高于平均水平，必须与这些环境因素相互作用，才会出现这种步态模式。因为这些因素（也许还有其他未被探究过的因素）通常不存在，且它们之间的相互作用会促进这种步态的出现，所以我们很少看到婴儿用四肢行走。

图5.1　婴儿手膝爬行。婴儿必须有足够的平衡性和力量来支撑自己，首先需要四肢中的三个来支撑，最终发展为用一只手臂和对侧的腿支撑

> **手膝爬行**和**匍匐爬行**均为四肢接触支撑面。匍匐爬行时婴儿的胸部和腹部也会接触表面。手膝爬行时，婴儿只有手和膝盖接触表面。

从匍匐爬行过渡到行走

　　快满1岁时，婴儿具备了熟练的爬行能力，能够快速有效地探索他们所处的环境

（Kretch & Adolph, 2013; Adolph & Tamis-LeMonda, 2014）。熟练爬行的婴儿通过这种熟悉的移动技能开始学习行走。研究表明，爬行的功能可见性不会让婴儿自动过渡到行走。例如，在实验室环境中，初学行走的婴儿会将自己置于危险的境地，试图小心翼翼地走过容易跌落的地方，而这是他们在爬行时小心避开的地方（Adolph & Tamis-LeMonda, 2014）。尽管如此，他们还是坚持着，因为行走会让他们走、看、玩和互动得更多。这能够为婴儿提供丰富的身体、认知和社会经验，从而进一步促进了婴儿的总体发育（Adolph & Robinson, 2013）。

伴随一生的行走

通常情况下，一个处于动作发展中的人类会期望行走能成为自己的一项终身技能。可以假设，人们学会行走后，此后一生中就不会改变自己的行走技能。然而，就像其他的动作行为一样，随着限制的改变，人们会不断地改变自己行走的方式。在一生中保持不变的是**步行**的时机，即双腿各占50%的步态相位。换言之，身体会交替运动双腿，在左腿动作完成一半的时候，右腿就开始运动了。此外，还有一段双侧支撑的时间，即双脚同时接触地面，然后紧跟着的是单侧支撑的时间。这些就是生命早期出现的相对时机关系（协调性），在一生中都不会有太大改变（Clark, 1995）。然而，随着个体的身体与环境的变化，绝对时机（例如变慢或变快）和步态位置（例如步幅高度或步幅长度）会发生明显的变化。

> **步行**是双腿之间存在50%的相位关系，同时伴随着双足支撑期（即双脚同时接触地面的阶段）和随后的单足支撑期。

❓ 如果你是家长，你认为哪些速率限制因子会阻碍匍匐爬行的婴儿进行手膝爬行？

▶ **要点** 婴儿期后，多数人类将通过直立的双脚移动方式从一个地方到另一个地方。步态是其中一种特定的移动方式。直立的双脚步态模式包括步行、跑动、垫步跳、跳步和单脚跳。

早期行走的特点

大多数人，尤其是父母都知道婴儿蹒跚学步的时候是什么样的。事实上，研究者对此早有研究和描述（Adolph, Vereijken & Shrout, 2003; Burnett & Johnson, 1971; Clark et al., 1988; Sutherland et al., 1980）。刚开始学习行走时，婴儿迈出的步子往往相互独立，且迈出的步伐很小，腿部和髋部的伸展幅度小。他们的脚平放于地上，脚趾朝外。婴儿站稳时会分开双脚以维持横向的平衡，但不会扭转身体。婴儿会抬高手臂保持高度防护状态，即抬高手和手臂呈屈曲姿势（Adolph, Rachwani & Hoch, 2018）。早期行走的特点使得学习行走的婴儿的平衡性得以改善（图5.2a和图5.2b）。随着婴儿不断成长，他会把手臂下降至腰部上下（中度防护状态），之后会放在身体两侧（低度防护状态，图5.2c）呈伸展姿势，但双臂仍然不会摆动。当婴儿开始学会摆动手臂时，手臂的摆动方式通常是不规律的，即双手可能会一起向前摆动（Roberton, 1978b, 1984）。

▶ **要点** 早期行走的速率限制因子是肌肉力量及平衡能力。

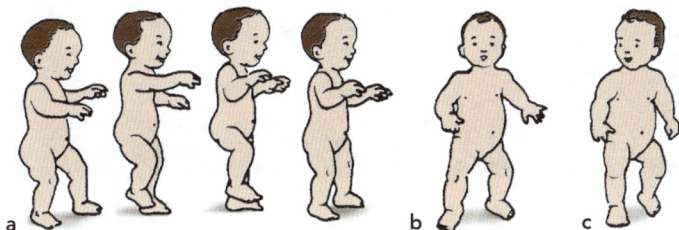

图5.2　a. 初学行走的婴儿，注意他们的小步幅和处于高度防护状态的手臂姿势；b. 为保持平衡，初学行走的婴儿通常将双脚分开，间距较宽，脚趾向外；c. 初学行走的婴儿通常双臂处于高、中或低度防护的位置，不会随着双腿的动作摆动

源自：Mary Ann Roberton和Kate R. Barrett。

早期行走的速率限制因子

　　婴儿出生时就有交替活动双腿的能力，但他们在出生后至少7个月内不会行走。显然，在婴儿能够支撑自己的身体并移动之前，一些个体限制必须要达到一定的临界值。婴儿的双腿必须能交替运动，他们还要有足够的力量用单腿支撑自己。婴儿必须学会用一条腿保持平衡的同时将重心转移到另一条腿上。这些要求代表特定的速率限制因子。西伦、乌尔里克和詹森（Thelen, Ulrich & Jensen, 1989）认为婴儿的躯干和伸肌必须有足够的力量，才能使他们在窄的支撑基础面上保持直立姿势。婴儿必须能增强平衡能力，或形成一个直立的姿势或体态，使重心从一条腿转移到另一条腿（Adolph et al., 2018; Adolph et al., 2003; Clark & Phillips, 1993; Clark et al., 1988）。

唐氏综合征患儿行走的非典型发展

　　我们在第4章中提到，唐氏综合征患儿动作发展里程碑的实现会出现延迟。早期动作发展里程碑延迟实现带来的级联效应导致这类婴儿开始行走的时间延迟，有时这种影响会非常明显。乌尔里克、安古洛-金茨勒和尤恩（Ulrich, Angulo-Kinzler & Yun, 2001）对使用跑步机进行干预促进婴儿更早开始行走进行了一系列观察研究，作为研究的一部分，他们对一组唐氏综合征患儿进行了观察。这组婴儿在研究开始时的平均年龄为10个月（±1.5个月），他们在可以独立坐起30秒后参与到这项研究中。所有参与的婴儿都接受了唐氏综合征患儿通常会接受的身体治疗。此外，接受干预组的婴儿在家中练习脚踩跑步机。在干预期间，父母扶着婴儿将其放在跑步机上，跑步机以每小时0.46英里（1英里约为1600米）的速度移动。如果婴儿没有迈步，父母会重新调整他们的姿势。该过程每天持续8分钟（干预1分钟，然后休息1分钟），每周5天，直至婴儿开始独立行走。此外，研究小组每两周对参与研究的婴儿进行一次访问，并仔细监测这些婴儿的动作发展和成长情况。

　　研究结果表明，该实验方案取得了成功。独立行走之前，相比于对照组的婴儿，接受干预组的婴儿可以更快地站立并在辅助下行走（接受干预组在$p=0.09$时差异不显著，而对照组在$p=0.03$时差异显著）。此外，接受干预组相比于对照组能更快地在辅助下学会行走，并且更快地学会独立行走（接受干预组和对照组学会行走的时间分

观察动作技能的表现水平

动作技能指导者必须能仔细地观察学生的动作技能模式，并给予学生反馈，为其提供进一步的实践经验，并正式评估学生的动作技能。观察需要有条理地、系统地关注动作技能的关键特征，而不是关注技能的结果或产物。指导者必须学习观察技巧，并像学习其他技能一样学习这些观察技巧，使自己用起来游刃有余。

巴雷特（Barrett, 1979）基于以下3个原则为指导者提供了提高观察技巧的指南：

- 分析；
- 规划；
- 定位。

第一个原则是分析。要分析动作技能，指导者首先必须了解技能的发展序列，包括描述既定发展步骤的关键特征以及熟练动作所涉及的力学原理。

第二个原则是规划。指导者的观察必须有组织有计划，以防活动开始后指导者的注意力分散。指导者会发现书面的观察指南能有所帮助，其中许多指南是基于研究者建议的发展序列制订的。指导者可以通过简单地列出待观察技能的关键特征来设计合适的观察指南。对于指导者来说，多次（2~3次或更多次）观察某一技能的某一特定特点可能也是个好方法。

第三个原则是定位。许多新手指导者将自己固定到一个位置，并试图从这一位置观察所发生的一切。但是，动作技能的一些关键特征只能从侧面观察到，其他一些技能最好从正面或背面观察。因此，指导者必须四处走动，从多个角度进行观察，这非常重要。

要重点关注动作技能的观察过程。新手指导者必须提前制订计划，了解待观察动作技能的关键特征，合理寻找自己的位置并不断练习观察技巧。

你可以通过简单观察动作技能的表现水平来找到区分发展水平的关键特点，但通常需要进行更正式的评估。动作技能指导者，如教师、治疗师和研究者通常需要记录个体发展水平，以便跟踪进度、设计活动或进行比较。进行更正式的评估需要用到以下几种工具：

- 用发展序列表描述发展序列中每个步骤特有的动作和姿势；
- 制订观察的计划，以便快速准确地确定发展阶段或发展水平；
- 制订记录表，以便迅速记录观察结果以备将来使用。

介绍这些工具是因为接下来几章会讨论许多基本动作技能。发展序列表列出了发展步骤且描述了每个步骤的动作或姿势。该表由身体部位（例如腿或手臂）或技能阶段（例如后摆）组成。之后再制订观察计划，对于每个部分，观察计划都会通过一个问题指导你一次观察一个特定的动作或姿势。通过指出观察到的内容，你可以逐步完成观察计划。这些信息可以放在记录表中，就像在第5~7章的实验室活动中使用的记录表一样。

别为19.9个月和23.9个月）。研究者得出结论，在这个唐氏综合征患儿的样本中，利用跑步机进行干预，成功地促进了这些婴儿的独立行走行为的出现。

> ❓ 如果你是父母，你认为哪些环境限制或任务限制可能会对婴儿行走的发展速度起到限制作用？

熟练的行走模式

熟练掌握行走方式会涉及第3章讨论的运动和稳定性原理的使用，例如，刚学会行走的人会通过站得更宽、扩大支撑基础面来改善平衡。然而，有时候我们并不想要稳定，尤其是要牺牲灵活性的时候。因此，婴儿在平衡性得到改善后，必须缩小支撑基础面，变得更为灵活。熟练行走时的许多特点与身体维度变化时对生物力学原理的运用有关。换言之，重新调节身体对环境的适应方式。要达到熟练水平，行走方式会发生以下变化。

- 步长明显增加，这说明脚蹬地时施加的力增强且腿部更好地伸展；此外，随着婴儿的成长，腿长的增加有助于步幅的增加。
- 脚掌平放在地面上变为从脚跟到前脚掌着地的方式，这可以扩大移动范围。
- 脚趾向外的情况减少，且横向支撑基础面缩小，以保持力施加在前后平面。
- 熟练的步行者会采用膝关节两次锁定的模式以辅助腿部完成完整的动作范围。通过这种模式，膝关节在足跟着地的时候伸展，当身体重量前移过支撑腿时微微弯曲，然后在足部蹬地的时候再一次伸展。因为同侧膝关节在一个步态周期中完成两次伸展，我们把这种模式称为膝关节两次锁定。
- 旋转骨盆，使腿部进行全部范围运动且上肢和下肢做反向动作。
- 平衡性得到改善，并且上身向前倾斜的程度降低。
- 通过腿部动作来协调两侧手臂摆动（手臂在身体两侧伸展），这种方式与作用力与反作用力的原理是一致的；也就是说，手臂和其处于对侧的腿协调地前后移动；手臂在摆动时必须放松，并从肩部开始移动，同时伴随轻微的肘部运动。

儿童行走过程中的发展变化

儿童（即0~14岁的未成年人）通常在很小的时候就会在行走方面出现发展变化，大多数儿童到4岁时就已经具备了熟练行走的基本要素（Sutherland, 1997）。阿道夫和她的同事在2003年的一篇论文中对儿童行走的发展进行了很好的概述，这篇论文的题目很贴切，为"儿童在走路时发生了什么变化？为什么会发生这样的变化？"儿童在平均年龄13.8个月时出现骨盆旋转，16.3个月时能在半支撑下出现膝关节屈曲，17.0个月时脚能在处于身体宽度的位置给予身体支撑，18.0个月时出现手臂同步摆动，18.5个月时出现先脚跟后前脚掌着地（Burnett & Johnson, 1971）。单腿支撑时间逐渐延长，特别是在1.0~2.5岁（Sutherland et al., 1980）。

儿童在1~3.5岁期间，步长会增加，这其中的一部分原因是髋关节、膝关节和踝关节的活动范围更大，另外一部分原因则是腿长的增加；行走的速度也会增加（Sutherland et al., 1980）。5岁左右时，儿童行走的节奏和协调性都有明显的改善，但5岁以后，儿童行走方式的改善就不明显了，新手指导者可能察觉不到。

成年期行走过程的发展变化

我们不想暗示人在婴儿期和成年期之间的行走没有发展变化。然而，正如第1章所讨论的，这期间所发生的变化只是个别的（而不是普遍的）差异。随着时间的推移，人们可能会因为体重的增加或减少，力量或平衡性发生变化，而受伤或步态训练会改变他们的行走方式。这些变化中的任何一个都将改变行走期间限制的相互作用。因此，我们不能一概而论地认为青春期晚期或20岁早期的行走具有任何特定的发展趋势。至于成年中期，我们不能像预测童年早期的行走变化那样预测这几年的行走变化，因为变化因人而异，随个体限制的变化而变化。迈入成年晚期（即老年期，60岁以上）时，个体将再次趋向于以一种更可预测的方式发生变化，某些个体限制趋向于改变得更多。同样，老年人行走模式的变化表明其行走方式重新适应了环境限制及个体限制的变化。

许多研究都关注60岁以上的成人的行走模式。默里和他的同事（Murray, Drought & Kory, 1964; Murray, Kory, Clarkson & Sepic, 1966; Murray, Kory & Sepic, 1970）对老年男性和女性的行走模式进行了一系列研究，他们测量了研究对象在行走过程中的线性和旋转位移以及四肢的速度。他们发现，老年人的行走方式与年轻人的行走方式相似，但也存在以下差异：

- 与年轻男性相比，老年男性的步长大约短3厘米；
- 与年轻男性相比，老年男性的脚趾外翻角度大约多3度；
- 与年轻男性相比，老年男性的脚踝伸展程度较低；
- 骨盆旋转在老年男性中出现的次数较少。

同样，老年女性与年轻女性相比脚趾外翻更多、步长更短、骨盆旋转更少。这些结果在其他研究中也有发现（Jerome et al., 2015; Ko et al., 2009, 2012）。另一个常见的发现是老年人比年轻人走得更慢（Drillis, 1961; Gabel, Johnston & Crowninshield, 1979; Jerome et al., 2015; Molen, 1973）。施万达（Schwanda, 1978）证实了老年男性的步长更短，并进一步证明了老年男性行走方式的许多方面（如步频、恢复期腿的摆动时间、支撑时间和重心的垂直位移）与中年男性相似。

你可能还记得，刚学行走的人通过外撇脚趾且采用更短的步长来保持平衡。平衡能力是老年人表现出相似动作特征的原因吗？这种可能性存在是因为平衡能力可能会受到衰老过程的影响。另外，研究者认为这些变化与行走速度的差异有关。当年轻人走得慢时，他们会缩短步幅、减少关节旋转（Craik, 1989; Winter, 1983）。加贝尔和纳亚克（Gabell & Nayak, 1984）观察了32名年龄为66~84岁的老年人的行走情况，他们是从1187名老年人中挑选出来的（研究者反复筛选大组成员的各种病理类型，以选择健康的老年人构成一组）。他们发现这32名老年人的行走模式和年轻人的行走模式没有显著差异。因此，老年人动作技能发生的一些变化可能与各种身体组织的疾病和损伤有关，特别是那些导致肌肉力量丧失的。尽管如此，这些研究及其他一些研究

（Adrian，1982）均表明老年人行走模式的变化是轻微的。

▶ **要点**　老年人行走的速率限制因子可能是避免和害怕跌倒等造成的，因此老年人的行走技能可能会发生改变并可以得到改善。

后期行走的速率限制因子

任何与衰老过程相关的变化都可以视作行走的速率限制因子。结构性限制可能是由关节处产生的骨关节炎或肌肉质量下降引起的。然而，老年人的步态不一定会发生明显的改变，因为疾病状态必须发展到一个临界值才会阻碍行走。更常见的是，老年人会调整步态以适应疼痛或平衡的变化。功能性限制，如平衡和恐惧，也会影响行走模式。通常，两种类型的个体限制会相互作用，它们会结合起来限制行走速度。如果老年人曾经摔倒，他们可能会对摔倒产生恐惧。这种对摔倒的恐惧会带来一种旨在帮助平衡的步态（支撑基础面加宽、步长变短）。如果这些因素与骨关节炎引起的疼痛同时产生，可能会使老年人不太愿意走太长的路。不幸的是，行走（和其他身体活动）的减少会导致肌肉质量和柔韧性变差，从而影响行走模式。这一系列事件产生的最终结果是行走受到阻碍，如果主动调节一个或多个个体限制，就可以改变最终结果。

伴随一生的跑步

想象一下这样的情景，你今天出门比平时晚，还必须赶时间去学校。在将要到达公交站时，你发现公共汽车正要驶离站点。此时你会做什么呢？这不是一个刁钻的问题，答案当然是跑着去赶公交车。当人们需要快速地从一个地方到另一个地方时通常会跑起来。跑步是一种比行走更高水平的动作技能，这两种动作模式有许多相似的特征。例如，在这两种动作模式中，腿不是对称移动，而是相互交替移动的。行走和跑步也有明显的区别。行走有一段双支撑期，即双脚与地面接触；而这在跑步中是不会出现的。事实上，跑步有一个腾空阶段，在这个阶段，双脚都不在地面上。

跑步和步行一样，在双腿间有着 50% 的相位关系。不同于步行的是，跑步有一个腾空阶段，在此阶段，双脚都不会与地面接触。

儿童一般在学会行走后的 6~7 个月开始跑步（Clark & Whitall，1989b；Whitall & Getchell，1995）。记住，一个步态能被视为跑步的标准是，必须具有一个腾空阶段。这意味着婴儿最早尝试的跑步实际上是快走。第一次跑步的儿童可能会表现出早期行走的一些特征，即使儿童在行走时不再出现这些特征（Burnett & Johnson，1971）。刚开始学习跑步时，儿童可能会采用较宽的支撑基础面，且采用高度防护的姿势，用整只脚着地，腿在支撑中部处于伸展状态。这种倒退反映了儿童在熟练跑步前试图简化动作。当儿童练习连续跑步并适应其平衡要求时，他将恢复手臂摆动。

早期跑步的特点

想象一下初学行走的儿童第一次尝试跑步的情景。之前所有的直立运动在任何时候都至少有一个肢体在地上，现在他们必须把一条腿抬起，用另一条腿支撑身体。对于一个蹒跚学步的儿童而言，这一动作需要很大的力量和保持平衡。

跑步的早期特征反映了行走和跑步之间的速度变化（任务限制）（假设的发展序列见表5.1）。其中一些特征如图5.3a所示。在这张图中你会看到短暂的腾空阶段，但是腿的活动范围仍然有限。蹬离地面时，后腿没有完全伸展。当摆动腿向前时，支撑侧的大腿以足够的加速度运动，让膝关节在没有明显加速的情况下屈曲，从而使摆动侧的大腿在摆动结束时接近与地面平行。因此，关节活动范围是有限的，且步长短。

表5.1　假设的跑步发展序列

顺序	动作
腿部动作	
第1步	最少的腾空。跑动步幅短且足底压平。在恢复向前摆动时，腿部有些许僵直
第2步	交叉摆动。步幅变长，恢复侧腿的膝盖至少屈曲成直角。尽管腿部在恢复阶段仍然有向外或向内摆动的侧向动作
第3步	直线跑动。步幅变长，恢复侧腿会收起以便向前摆动。腿在离地前直接向后发力，且直接向前运动完成落地
手臂动作	
第1步	高度或中度防护。双臂保持在腰部和肩部之间，在双腿前后踏步时，双臂很少移动
第2步	两侧手臂摆动。双臂摆动但又相互耦合，一起前后移动
第3步	双臂相对，与身体形成斜面。双臂向前运动，手臂与对侧的腿同时前后运动，使一只手臂向前运动，而另一只手臂向后运动。双臂横过胸部或在一个与运动平面成斜角的平面上向一侧摆动
第4步	双臂相对，前后移动。双臂以相对的方式前后摆动，动作几乎保持在矢状面（即前后方向）内

图5.3　开始学跑步的儿童：a. 腿的活动范围有限，手臂在肘部伸展，轻微地向一侧摆动，而不是前后摆动；b. 大腿和手臂向外摆动，而不是前后摆动
源自：Mary Ann Roberton和Kate R. Barrett。

接下来研究手臂的摆动，注意手臂和腿的位置相对。手臂随着身体转动而摆动，而不是像熟练的短跑运动员跑步时那样前后摆动。肘部在向后摆动时伸展，这是不必要的动作。手臂稍微向一侧摆动会额外消耗能量。刚开始跑步的人有时会横向摆动手臂，而不是前后摆动，这可能是为了帮助他们保持平衡。

图5.3b展示了从儿童身后方向可以观察到的早期跑步的一些特征。当儿童恢复中的腿向前摆动时，它会低效地转向一侧，而不是笔直地向前移动。手臂向一侧摆动，远离身体，可能是为了帮助身体保持平衡，但是这种动作浪费了本可以用来向前跑的能量。

早期跑步的速率限制因子

为理解早期跑步的速率限制因子，我们必须回顾行走和跑步之间的异同。首先，这两者的协调模式非常相似，都包括双腿间各占50%的相位关系。因此，协调不太可能成为跑步的速率限制因子。然而，跑步有一个腾空阶段。为了呈腾空姿势，幼儿的每条腿都必须有足够的力量使身体离地。显然，在跑步中，力量是一个非常重要的速率限制因子（Clark & Whitall, 1989b）。此外，呈腾空姿势时，儿童必须用另一条腿支撑自己，然后在取得平衡的同时把身体重心向前移动。因此，平衡能力是跑步的另一个重要的速率限制因子。

熟练的跑步模式

像行走一样，熟练的跑步需要有效地运用第3章所讨论的生物力学原理。跑步时，你必须优化动作形式，使你在降低平衡性的情况下快速移动。记住这一点，我们可以识别出刚会跑步的人为了优化他们的表现所产生的发展变化（图5.4）。

- 步长增加，表明跑步的人正在施加更大的力；当施加更大的力时，会出现熟练跑步的特点——后腿在蹬离地面时完全伸展；脚跟紧贴臀部，大腿以更快的速度向前摆动；在脚着地之前，大腿与地面平行；当恢复中的腿以抱膝姿势向前摆动时，跑步者的力量得到保留。
- 消除了腿部的横向移动，这样力就会保持在向前-向后的平面上。
- 对于更长时间的跑步，每只脚落地的方式都是先足跟、后前足的顺序，或是采用全脚掌的方式落地。
- 避免了脚趾外翻，缩小了支撑基础面。
- 当身体重心的位置超过腿时，支撑腿在膝盖处屈曲。
- 增加身体旋转，使步幅加长且手臂和腿完全相对，身体微微前倾。
- 双臂前后摆动，肘部接近直角，与双腿相对移动。

图5.4　高水平跑步者的动作，注意其腿部运动的全部范围
源自：Mary Ann Roberton和Kate R. Barrett。

如果你是一名奥运会田径比赛的观众，你会发现大多数优秀的短跑运动员看起来都很相似，即他们的跑步方式几乎相同。然而，马拉松运动员的跑步方式有明显的不同。你能推测出为什么短跑运动员具有相似的跑步方式，而长跑运动员有不同的跑步方式吗？

早期跑步的发展变化

随着儿童的成长，其跑步方式发生质的变化，体形变大、力量增加与协调性提高，通常会让跑步速度和腾空时间发生很大改善。美国威斯康星大学对1.5~10岁儿童的研究（Branta, Haubenstricker & Seefeldt, 1984; Roberton, 1984）充分证明了这种变化（Beck, 1966; Clouse, 1959; Dittmer, 1962）。因此，随着儿童的成长，我们可以看到其跑步过程和结果的改善，结果的改善如速度的加快，会贯穿儿童的整个青春期。然而，并不是每个人都能在儿童期实现跑步方式的改善。大多数青少年会继续完善他们的跑步方式，但成人跑步时低效率的特征也不少见，特别是脚趾外翻、腿部向侧面发力和步幅过小。也许这些趋势反映了跑步者骨骼和肌肉的不平衡。因此，年龄并不是影响跑步的唯一因素，青少年和成人也可能会使用低效的跑步模式。

后期跑步的发展变化

有些研究是关于人随着年龄的增长而发生的发展变化。纳尔逊（Nelson, 1981）研究了年长女性（58~80岁）的行走和跑步模式。她要求研究中的受试者正常行走，尽可能地快走、慢跑，然后尽可能地快跑。在这个过程中受试者的平均速度加快、步长增加、步频提高，但是个体在从行走到慢跑过程中发生的变化有很大的不同。年长女性通常通过增加步幅来加快行走速度，但她们和年轻女性一样通过提高步频来加快跑步速度。然而，主要的差异出现在年轻女性和年长女性的快跑方式上：

- 年长女性没有完全收起她们的恢复中的腿；
- 年长女性的步长较短；
- 年长女性的步幅比年轻女性要短。

不同年龄组之间慢跑和快跑的绝对速度也不同。相比于年龄为20岁的这一组女性而言，年长女性的慢跑速度更慢（1.85米/秒，年轻女性为3.93米/秒），快跑速度也更慢（2.60米/秒，年轻女性为6.69米/秒）（Nelson, 1981）。

后期跑步的速率限制因子

后期行走的速度限制器也会影响跑步。然而，因为跑步需要更大的力和更强的平衡能力，这些限制中相当小的变化就可能会导致跑步技能的消失。此外，一个人可能有能力跑，但是他可能不想跑或没有机会跑，换言之，老年人可能只会在紧急情况下跑，例如逃离着火的房子。然而，随着越来越多的老年人发现保持健康体能水平可以推迟与年龄相关的消极变化，他们变得更愿意跑步。过去10年里（截至本书成稿），老年人运动会（前身为老年奥林匹克运动会）得到了极大的发展，美国的许多州都有全州比赛，而亨斯曼世界中老年运动会每年都在美国的犹他州举行。这些比赛的跑步项目包括100米短跑、半程马拉松，甚至还有铁人三项。跑步运动员的年龄为50~85岁或90岁以上，男女不限。虽然老年人运动会的参与者只占50岁以上人口中的一小部分，但老年人参加体育运动还是很引人注目的。

> 并不是所有阻碍老年人跑步的限制都是结构性限制。假设你是一名物理治疗师，在每个限制分类里想出至少两个限制条件。

跑步评估：观察计划

对一个新手指导者来说，用发展序列评估动作技能似乎是一项艰巨的任务。幸运的是，观察计划（图5.5）可以让这一任务更加简单。简而言之，观察计划能让你通过完成一个检查点流程图来快速判断一个特定跑步者的发展水平。通过观察跑步者并对

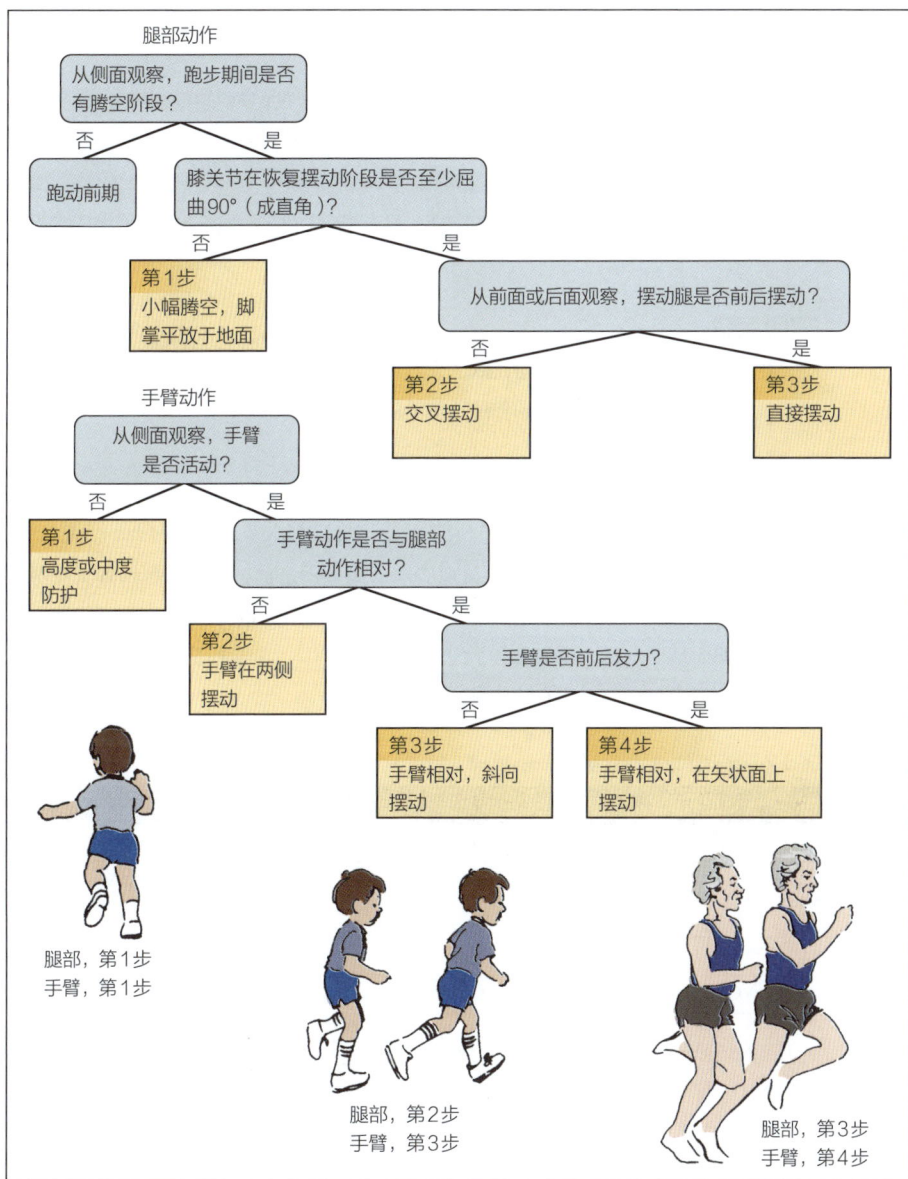

图5.5 跑步的观察计划

他的动作做出判定，你就可以非常有效地确定他的发展水平。

其他移动技能

人们对于大多数其他移动技能的重视程度没有对于行走和跑步那样高。然而，许多研究者、体育教师和物理治疗师已经观察过这些技能，我们可以从他们的观察中获得有价值的见解。我们这里讨论的移动技能是跳跃、单脚跳、垫步跳、滑步和跳步。和许多指导者一样，我们主要关注儿童期的个体。

跳跃

一般来说，儿童在很小的时候就会尝试跳跃，通常在2岁前能进行最简单的跳跃。**跳跃**时，个体用单脚或双脚起跳，使身体离地，然后用双脚落地。个体在儿童期也会习得特殊的跳跃形式，如单脚跳和换脚跳。**单脚跳**需要用同一条腿起跳、落地。**换脚跳**指单脚向前跳出，另一只脚落地的动作（延长腾空时间）。表5.2列出了难度递增的跳跃类型。

早期跳跃的特点

我们可以通过以下方式衡量跳跃的发展变化：

* 儿童可以进行某种跳跃的年龄（年龄标准）；
* 跳跃的距离或高度；
* 跳跃的方式。

早期的发展学者确定了学龄前儿童跳跃的年龄标准（Wickstrom, 1983）。表5.3中的标准数据显示，儿童在学会从高处双脚跳落到地面之前，会先掌握两脚交替落地（即一只脚先落地，另一只脚再落地）的方式。然后，儿童学会从越来越高的地方往下跳，双脚着地。此后，他们掌握了向前跳、跳过物体、单脚跳跃几次。到了上学的年龄，儿童通常可以完成所有这些跳跃动作。

跳跃是指用单脚或双脚蹬地起跳，然后双脚落地。

单脚跳是指用单脚蹬地起跳，然后用同一只脚落地。

换脚跳是指用单脚蹬地起跳，然后用另一只脚落地。

表5.2　难度递增的跳跃类型

难度级别	跳跃类型
1	单脚跳下，另一只脚落地
2	双脚起跳，双脚落地
3	单脚跳下，双脚落地
4	双脚跳下，双脚落地
5	双脚交替向前跑跳
6	双脚向前跳，双脚落地
7	单脚起跳，向前跑跳，双脚落地
8	双脚起跳，跳过一个物体，双脚落地
9	有节奏地用同一只脚起跳落地

源自：Mary Ann Roberton和Kate R. Barrett。

表5.3 儿童的跳跃成绩

成绩	运动年龄/月	来源
单脚从12英寸（1英寸约为2.5厘米）处跳下	24	McCaskill & Wellman, 1938
双脚从地面起跳	28	Bayley, 1936
单脚从18英寸处跳下	31	McCaskill & Wellman, 1938
双脚从10英寸的椅子上跳下	32	Bayley, 1936
双脚从8英寸处跳下	33	McCaskill & Wellman, 1938
双脚从12英寸处跳下	34	McCaskill & Wellman, 1938
双脚从18英寸处跳下	37	McCaskill & Wellman, 1938
双脚从12英寸处跳下	37.1	Bayley, 1936
双脚向前跳4~40英寸；高度12英寸	37.3	Bayley, 1936
双脚连续跳1~3次	38	McCaskill & Wellman, 1938
双脚跳过高度为8英寸的绳	41.5	Bayley, 1936
单脚连续跳1~3次	43	Bayley, 1936

源自：Mary Ann Roberton和Kate R. Barrett。

　　出于长期发展趋势，今天的儿童进行各种跳跃的确切年龄可能要小于表5.3中的年龄，但这些技能的获得顺序是相同的。发展学者经常使用结果评估，也就是说，他们会测量水平或垂直的跳跃距离，以此评估儿童在完善动作过程后的跳跃技能。我们在此关注的是动作模式，因为跳跃距离的测量可以清晰展现，无须赘述。

　　儿童基本技能的发展是技能逐步完善的过程。通常，这一过程包括技能上发生的质的变化，例如投掷时向前迈一步。我们基于技能关键特征发生的质的变化，通过连续的步骤或发展序列描述了一个特定技能的发展序列。发展序列有两种类型：全身法是通过一个步骤描述不同身体部位的所有特征姿势（表5.4）；部位法是通过任意数量的步骤来观察每个单独的身体部位，以解释随时间而观察到的质的变化（表5.5）。

表5.4 立定跳远的全身发展序列

顺序	动作
第1步	垂直方向的力可能大于水平方向的力，由此产生的跳跃是向上而不是向前的。双臂向后移动，使双腿在重心前方伸展时起到刹车的作用，阻止身体的前冲
第2步	在准备阶段，手臂前后移动，但在腾空阶段，手臂向侧面移动（腾空动作）。膝、髋的屈伸比第1步更充分，起跳角度明显大于45度。落地时重心高于支撑基础面，大腿垂直于地面，而不是像第4步的落地姿势那样平行于地面
第3步	在准备阶段，手臂前后摆动。起跳前膝、髋充分屈曲。起跳时双臂向前伸展，但没有超过头部的高度。膝关节的伸展动作可以完成，但是起跳角度仍然大于45度。在落地时，大腿仍然没有与地面平行，从正面看，重心靠近支撑基础面
第4步	起跳前手臂有力地向前方和上方伸展，起跳时在头部以上完全伸展。髋、膝完全伸展，起跳角度为45度或小于45度。在准备落地时，双臂向下，双腿向前，直至大腿与地面平行。重心在脚接触地面时远远后于支撑基础面，但在触地的瞬间膝关节是屈曲的，手臂向前，以保持动力，使重心超出脚

注：角度是从水平方向测量的。
源自：Vern D. Seedfeldt。

表5.5　立定跳远起跳时身体各个部位的发展序列

顺序	动作
腿部动作	
第1步	单脚起跳。从起跳位置开始，跳远者单脚起跳。通常很少预先屈曲腿部
第2步	先伸展膝关节。跳远者在脚跟着地之前开始伸展膝关节，这导致跳跃垂直度较高而无法达到最大的水平距离
第3步	同时伸展。跳远者在脚跟离地的同时伸膝
第4步	脚跟先离地。跳远者的脚跟先离地然后伸膝，起跳时身体前倾
手臂动作	
第1步	无动作，手臂是固定不动的。起跳后，手臂可能呈"腾空"状（肩部后缩）
第2步	手臂向前摆动。双臂从肩部两侧的起始位置向前摆动，也可能向一侧摆动（肩部外展）
第3步	手臂伸展，然后部分屈曲。双臂在腿部屈曲时一起向后伸展，然后在起跳时一起向前摆动。手臂摆动不超过头顶位置
第4步	手臂伸展，然后完全屈曲。在腿部屈曲时，手臂向后伸展，然后向前摆动到头顶的位置

源自：Adapted by permission from Clark and Phillips (1985)。

一些已发表的发展序列能帮助我们研究跳跃动作中发生的变化。这些顺序确定了儿童从低效的动作模式向熟练的动作模式转变过程中完成的步骤。这些进步反映了儿童采用了符合运动原理的动作。我们可以看到立定跳远和垂直跳跃技能已有所改善。不过到目前为止，研究者提出的发展序列是基于立定跳远的（Clark & Phillips, 1985; Roberton, 1978b, 1984; tables 5.4 and 5.5）。

下面我们先确定初学跳远的人立定跳远和垂直跳跃时的一些特点。多数初学跳远的人即使想立定跳远也会先进行垂直跳跃。垂直跳跃如图5.6所示，立定跳远如图5.7和图5.8所示。注意，图中的3个由跳跃动作延伸而来的动作都是轻微地做预备蹲，腿在起跳时没有完全伸展。事实上，图5.6中的垂直跳跃者在起跳时屈起双腿离开地面，而不是在起跳时伸展双腿以使身体向上。在这个示例中，跳跃者达到顶点时头部的位置没有起跳时头部的位置高。

刚开始学跳远的人的特点是他们不使用双脚同时（对称）起跳或落地，如图5.6所示，即使他们想要这样做。在立定跳远起跳的发展序列中，单脚起跳是腿部动作的第1步。腿在腾空时也可能是不对称的。为了改善腿部动作，跳远者需要做一个对称的双脚起跳、腾空和落地动作；深蹲后，在起跳时充分伸展踝关节、膝关节和髋关节；起跳时，双腿充分有力地伸展，之后在腾空阶段，膝关节和髋关节一起屈曲。

要想跳得更远，熟练的跳远者会从竖直方向前倾至少30度。3岁的儿童就可以在起跳时改变身体的角度，进行垂直跳跃或立定跳远（Clark, Phillips & Petersen, 1989）。然而，刚开始学跳远的人在起跳时身体往往过于挺直。当一个熟练的跳远者前倾以跳远时，他的脚跟通常在膝关节开始伸展之前离地（Clark & Phillips, 1985）。"脚跟抬起"是水平跳远腿部动作的发展序列中的第4步。

图5.6　垂直跳跃的连续视图。这种动作模式效率很低，双腿都缩在身体下面，而没有完全伸展使身体离地。注意单脚落地的情况。双臂没有辅助跳跃动作，跳远者在腾空时双腿屈曲
源自：Mary Ann Roberton和Kate R. Barrett。

图5.7　刚开始学习立定跳远的人。当跳远者的重心向前移动时，脚趾会被拉离地面，以便在着地时"支撑"身体。起跳时上身与垂直方向形成的倾斜角度小于30度。在起跳时摆动双臂，但双臂处于外展姿势，腾空时侧向旋转，落地时呈下落姿势
源自：Mary Ann Roberton。

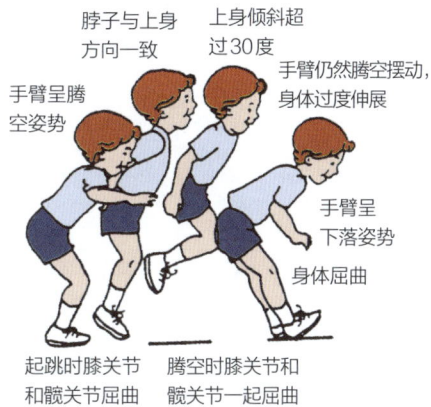

图5.8　刚开始学习立定跳远的人。腿部动作处于起跳时的第3步（表5.5），膝关节伸展的同时，脚跟离地。腾空时膝关节和髋关节一起屈曲，然后膝关节在落地前伸展。身体在起跳时比较挺直，在腾空时过度伸展，然后在落地时屈曲。双臂在起跳时腾空摆动（第1步），落地时呈下落姿势

手臂动作不协调也是刚开始学垂直跳跃和立定跳远的人的普遍特点。为了防止跌倒，他们可能会不对称地使用手臂，将手臂固定在身体两侧，或将其保持在高度防护的姿势，而不是使用手臂来协助跳远。手臂在腾空过程中可能会无效挥动（图5.6），或在降落过程中呈下落姿势（向下并向一侧伸展）（图5.7）。为了熟练地进行跳远，跳远者必须对称地使用手臂，使其从预备的伸展姿势到摆动位置超过头部来引导跳远。立定跳远手臂动作的发展序列是从没有手臂动作到手臂摆动受限、伸展、部分屈曲、伸展，再到手臂的摆动位置超过头部。

立定跳远发展序列的筛选

莱恩等人（Lane et al., 2017）使用了一种名为纵向前筛选的技术来验证与立定跳远

相关的发展序列。这涉及对年龄范围较大的个体进行横向调查，以筛选假设的顺序（随后在未来进行纵向研究）。他们观察了395名4~12岁的儿童和48名成人，让他们进行立定跳远。通过视频确定研究对象小腿、脚和手臂在落地时的动作后，研究者发现，每个部位都表现出一种发展趋势（表5.6）。由于在不同的肢体动作中发展趋势都表现得足够充分，作者认为这些顺序得到了强有力的支持，在未来可以据此进行纵向研究，以达到研究的目的。

表5.6　立定跳远落地的发展序列

顺序	动作
小腿动作	
第1步	锐角或垂直。接触地面时小腿前线与地面呈锐角或近似垂直
第2步	钝角。接触地面时小腿前线与地面呈明显的钝角
脚部动作	
第1步	不对称的接触。一只脚明显比另一只脚先着地，腾空时腿的形态通常是不对称的
第2步	对称持平或脚底屈曲。双脚落地；在接触地面前脚底屈曲或平直，导致前脚掌或整只脚着地
第3步	对称背屈。双脚着地；触地时踝关节主动背屈，导致脚跟明显着地
手臂动作	
第1步	无伸展。在腾空过程中双臂呈腾空状，并且在落地过程中起到"降落伞"的作用（即保持平衡）
第2步	轻微前伸。在腾空过程中，肩关节屈曲以使手臂位于身体前方，但是落地时手臂会因肩关节降落伞样的外展而放弃前伸，通常落在身体两侧
第3步	完整前伸。在足部触地时，肩关节相对躯干的屈曲角度≥90度
第4步	中立或超伸。手臂用力向下、向后让肩关节完全伸展，或在髋曲的同时达到超伸角度

源自：Reprinted by permission from Lane et al. (2018)。

熟练的跳跃

通过这些发展变化，跳跃者可以形成一个熟练的跳跃模式，如图5.9和图5.10所示。要进行熟练的跳跃，他们会做以下动作。

- 做预备蹲，伸展肌肉，让双腿在起跳时充分伸展，并发挥最大的力量。
- 起跳时，脚跟离地，双脚同时离地。
- 向后伸展手臂，起跳时手臂有力地向前摆动到头顶的位置。

有跳跃高度要求（即垂直跳跃）时，熟练的跳跃者会做以下动作。

- 直接向下用力，在整个腾空过程中伸展身体；如果要击打或触摸头顶上的一个物体，优势臂向上伸展，另一只手臂向下摆动；通过肩部的侧向倾斜来增加跳跃高度。
- 在整个跳跃过程中身体保持相对直立。
- 落地时踝关节、膝关节和髋关节屈曲，以吸收冲击力。

在跳跃有长度要求（即立定跳远）时，熟练的跳跃者会做以下动作。

一只手臂向下摆动，另
一只手臂向上伸展

手臂摆动辅助起跳

蹲起时上身直立

腿部完全伸展

预蹲

图5.9 为到达更高的高度而进行的垂直跳跃。这位篮球运动员从预蹲开始，手臂向前向上摆动以辅助跳跃。起跳时髋关节、膝关节和踝关节完全伸展。在跳跃的最高点，单手继续向上，另一只手向下，倾斜肩带以辅助跳得更高。注意躯干始终保持直立
源自：Mary Ann Roberton和Kate R. Barrett。

起跳时手臂
伸展过头顶

脖子与上身
成一条直线

身体屈曲

落地时手臂
向前伸展

深蹲准备

髋关节和
膝关节充
分伸展

手臂向前

双脚同时离地

双脚同时
落地

膝关节屈曲引
导髋关节屈曲 膝关节伸展

图5.10 为到达更远的距离而进行的立定跳远。双脚同时离地，同时落地。起跳时双腿完全伸展，脚跟抬起。腾空时屈膝，接着屈曲髋关节，最后向前伸展膝关节。起跳时上身倾斜大于30度，腾空时保持这一角度，直到身体屈曲落地。手臂引导起跳，起跳时手臂伸展到头顶上方，落地时向前伸展

- 在膝关节伸展之前，脚跟离地，开始起跳，直接向下和向后用力；上身微微向前倾斜。
- 腾空时屈膝，然后将大腿向前移动到与地面平行的位置。

- 向前摆动小腿，双脚落地。
- 上身前伸，以应对大腿屈曲，让身体处于折叠姿势。
- 脚跟触地时屈曲踝关节和膝关节，在身体继续向前移动时吸收跳远产生的动力。

跳跃的发展变化

通过练习，儿童最终可以像本书中描述的那样改进跳跃模式。体形变大和力量的不断增长也有助于儿童跳跃能力的增强。小学期间儿童立定跳远的水平距离平均每年增加3~5英寸，垂直跳跃距离平均每年增加约2英寸（DeOreo & Keogh, 1980）。不同的儿童在跳跃方面发生的质的变化是不同的。例如，克拉克和菲利普斯（Clark & Phillips, 1985）观察到他们拍摄的3~7岁儿童中，只有不到30%的儿童的腿部和手臂动作处于相同水平。大多数人的腿部动作比手臂动作水平高，但也有些人的手臂动作比腿部动作水平高。如果一个部位比一个部位动作水平高，通常发展会快一步，但有些儿童的一个部位比另一个儿童的部位发展快两步。因此，发展中的儿童中会有许多动作模式。

立定跳远和垂直跳跃的区别在于位置和动作速度。例如，在立定跳远中，当跳跃者从预蹲过渡到起跳时，髋关节的屈曲程度比垂直跳跃时的更大。在立定跳远中，髋关节伸展得更快，而在垂直跳跃中，膝关节和踝关节伸展得更快。跳远的其他特征在发展过程和不同跳远类型中保持一致。克拉克等人（Clark et al., 1989）发现3岁、5岁、7岁和9岁的儿童和成人的腿部协调模式相同。具体来说，所有年龄组在起跳时髋关节、膝关节和踝关节的伸展时间是相似的。也许这种相似性反映了一种推动身体离地的机制。神经肌肉系统必须使用协调的腿部动作使身体离地，但是肢体位置和动作速度会随着跳跃者能够更好地增加跳远距离或适应特定的活动而改变，例如篮球运动中的跳投。

很明显，不是所有人都能在童年时期甚至青春期学会跳跃动作。齐默尔曼（Zimmerman, 1956）发现，女大学生在跳跃方面存在许多低效的特点，例如在起跳时手臂摆动受限、腿部没有完全伸展。为了帮助儿童和青少年获得一种高水平的跳跃模式，教练必须能够批判性地观察和分析其跳跃的表现。可以利用图5.11展示的立定跳远观察计划，评价立定跳远起跳的发展水平。

跳跃的速率限制因子

要双脚起跳，儿童必须能产生足够的力使他们的身体能从静止到起跳。与行走和跑步不同的是，跳跃不能利用"下降并支撑"的动作，而是整个身体必须腾空。

单脚跳

成人很少使用单脚跳来跳去，然而要成为一个熟练的运动者，个体在童年时期就要培养单脚跳的技能。要单脚跳，尤其是反复单脚跳，必须要用单脚来承受身体的重量，并在单脚提供的支撑点上保持平衡。复杂的运动和舞蹈技能往往包含这一动作技能。

早期单脚跳的特点

儿童可以以不同的速度通过不同程度的手臂动作和腿部动作进行单脚跳。两个

腿部动作

双脚是否同时离地？

否 | 是

第1步
单脚起跳

膝关节是否在脚跟离地的同时屈曲？

否 | 是

第2步
膝关节先屈曲

是否在膝关节伸展之前脚跟离地，上身微微前倾？

否 | 是

第3步
同时伸展

第4步
先抬起脚跟

手臂向前摆动

手臂伸展，再充分屈曲

上身前倾

双脚同时离地
同时伸展
双腿，第3步
手臂，第2步

双脚同时离地
先抬起脚跟
双腿，第4步
手臂，第4步

手臂动作

起跳时手臂是否摆动？

否 | 是

第1步
手臂没有
动作

起跳时双臂是否先向后摆动，再向前摆动？

否 | 是

第2步
双臂向前
摆动

伸展后，起跳时手臂是否向前摆动到高于头部的位置？

否 | 是

第3步
手臂伸展，然后
部分屈曲

第4步
手臂伸展，然后
完全屈曲

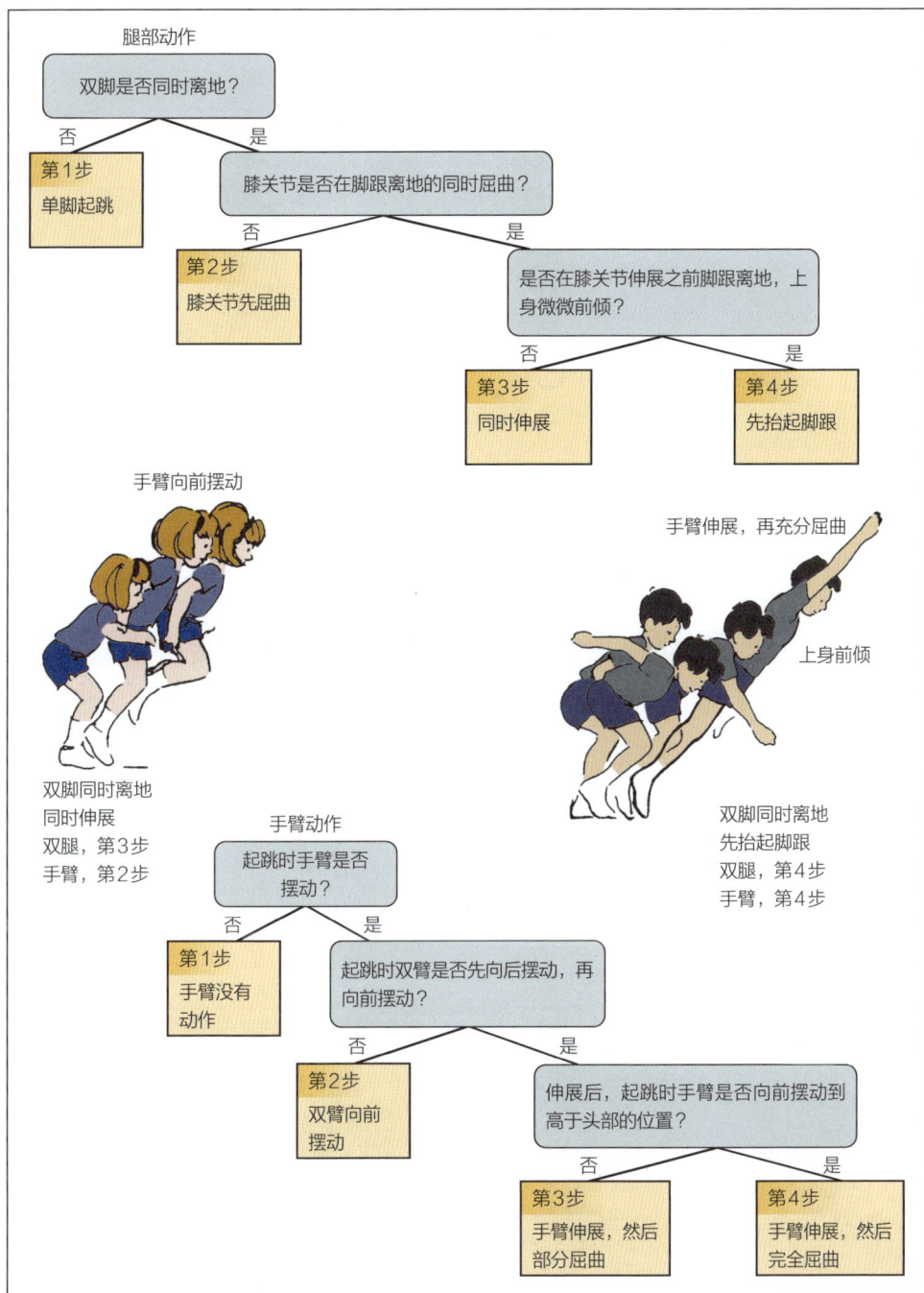

图5.11　立定跳远观察计划

早期的单脚跳者如图5.12和图5.13所示。图5.12所示的单脚跳者的腿部动作产生的力是无效的。他短暂地将支撑腿从地面抬起，是通过屈曲而不是伸展支撑腿让身体向上的。摆动腿没有活动，手臂也没有活动，他的腿部和手臂的动作发展属于第1步（发展序列见表5.7）。图5.13中的单脚跳者实现了一定程度的腿部伸展，她的腿部动作处于第2步，但手臂动作仍然处于第1步。

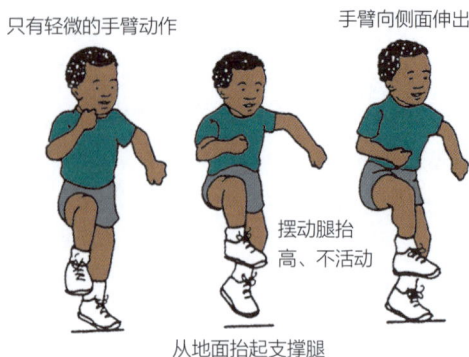

图5.12　早期单脚跳的一个示例，展示了表5.7中腿部动作的第1步和手臂动作的第1步。支撑腿被抬离地面，腾空时间较短。手臂抬高，没有做相对运动

源自：Mary Ann Roberton。

表5.7　单脚跳的发展序列

顺序	动作
腿部动作	
第1步	短暂腾空。支撑腿的膝关节和髋关节迅速屈曲，将脚从地面上拉起（而不是摆动出脚）。腾空时间短，只能做一两次单脚跳。摆动腿被抬得很高，保持在身体的侧面或前面且不活动
第2步	落地和支撑，摆动腿不活动。上身前倾使膝关节和踝关节微微伸展以帮助身体"下降"到支撑脚的前面，然后迅速支撑住身体。摆动腿不活动。到这一步可以进行重复的单脚跳
第3步	跳跃启动，摆动腿辅助起跳。起跳前支撑腿的髋关节、膝关节和踝关节明显伸展。落地时膝关节和踝关节屈曲到起跳前伸展，这中间几乎没有延迟。到这一步，摆动腿上下摆动以辅助起跳。从侧面观察，摆动腿的摆动范围不足以将其移至支撑腿后方
第4步	跳跃延迟，摆动腿引导。可以将落地时的重量顺利地从整个足部过渡到前脚掌，以完成下一次的伸膝伸踝起跳。支撑腿在起跳时几乎达到完全伸展。当支撑腿仍在通过前脚掌旋转时，摆动腿向上向前引导了起跳动作。从侧面观察，摆动腿会加大泵式运动的动作幅度，从支撑腿后方通过
手臂动作	
第1步	两只手臂都不活动。手臂从身体两侧举起，通常会高高地向外侧伸出，但也会出现在身体后面或身体前面等位置。手臂的所有动作都是轻微的、不连贯的
第2步	两只手臂都活动。手臂短暂地向上摆动，然后在起跳前以腾空动作在肩部中位旋转。这个动作看似是为应对身体失去平衡而做出的
第3步	两只手臂辅助起跳。手臂一起上下摆动，通常在身体前面摆动。任何手臂向下和向后的动作都在起跳后发生。手臂可以彼此平行地移动，也可以在上下移动时处于不同的位置
第4步	两只手臂半相对。与摆动腿相对的另一侧的手臂随着摆动腿向前摆动，且当腿向下运动时向后摆动。另一只手臂的位置是可变的，通常在身体的前面或侧面

续表

顺序	动作
第5步	两只手臂相对辅助起跳。与摆动腿相对的手臂向前和向上运动，与摆动腿的向前和向上动作同步。另一只手臂的运动方向与摆动腿的动作方向相反。手臂的运动范围可能很小，除非对速度或距离有较高要求

注：这个顺序已经被霍尔沃森和威廉斯（Halverson & Williams, 1985）进行了部分验证。

源自：Mary Ann Roberton。

熟练的单脚跳

要想进行熟练的单脚跳，儿童需要做出以下改进：

- 摆动腿必须带动臀部；
- 支撑腿必须充分伸展；
- 手臂动作必须与腿部动作相对；
- 支撑腿在落地时必须屈曲，以吸收落地时的冲击力，并为下一次起跳伸展做准备。

图5.14中的单脚跳是通过移动与摆动腿相对的手臂，使其进行相对运动，实现了上述之一的改进的，但另一只手臂并没有以一致的方式移动。图5.15中的

起跳时伸展幅度小　　摆动腿不活动

图5.13 腿部部分伸展离地，但是摆动腿仍然不活动。腿部动作处于发展序列中的第2步

源自：Mary Ann Roberton。

单脚跳是通过双臂与双腿的相对移动来辅助的。在腿部运动方面，图5.14在起跳时伸展支撑腿，体现了良好的运用力的能力，并使用了摆动腿，但力度不够；图5.15中的单脚跳做了改进，即用摆动腿引导起跳，使身体多个部位的动力结合在一起，摆动腿摆动之后回到支撑腿后面，以引导下一次起跳。

与摆动腿相对的手臂在摆动腿前面

摆动腿的活动范围较大　　起跳时腿部伸展　　摆动腿上下摆动

图5.14 更高水平的单脚跳。腿部动作处于发展序列中的第3步，手臂动作处于发展序列中的第4步。使用摆动腿引导单脚跳。虽然摆动腿的活动范围较大，但是还可以更大

源自：Mary Ann Roberton。

起跳时支撑
腿完全伸展

摆动腿完
全在支撑
腿的后面

—— 摆动腿引导

图5.15　图中男孩展示了腿部动作的第4步，因为摆动范围足以使摆动腿完全位于支撑腿的后面。双臂的动作均与双腿的动作相对

源自：Mary Ann Roberton。

单脚跳的发展变化

　　3岁以下的儿童很少能进行重复的单脚跳（Bayley, 1969; McCaskill & Wellman, 1938）。发展学者经常将学龄前阶段作为儿童成为熟练单脚跳者的时间（Gutteridge, 1939; Sinclair, 1973; Williams, 1983）。然而，霍尔沃森和威廉斯（Halverson & Williams, 1985）发现，63名儿童（包括3岁、4岁和5岁儿童）中，超过一半的儿童的手臂和腿部动作处于发展序列中的第2步。他们观察到的单脚跳很少可以归类为高水平。他们发现，用非优势腿进行单脚跳是在用优势腿进行单脚跳之后发展而来的。比起用优势腿进行单脚跳，用非优势腿进行单脚跳时，处于发展最低阶段的儿童要更多，如图5.16所示。当用任意一条腿单脚跳时，很少有儿童会超过发展序列的第2步的水平。如果本研究中的儿童能代表这个年龄段（3~5岁），那么5岁之后他们的单脚跳还会继续发展。

　　为什么儿童会从单脚跳的一个发展阶段进阶到另一个发展阶段？一些研究者试图通过研究单脚跳落地时的力度和硬度来回答这一问题（Getchell & Roberton, 1989; Roberton & Halverson, 1988）。注意在发展序列的第2步中，单脚跳者整只脚着地并保持摆动腿静止不动。在发展序列的第3步，单脚跳者使用软落地（加大腿部屈曲以进行缓冲，然后伸展腿部进行下一次起跳），摆动非优势腿。研究者证实，在发展序列第2步的单脚跳中，冲击力在落地时的增加是急剧的，而在发展序列第3步的单脚跳中冲击力的增加是逐渐的。为了实现软落地，神经肌肉系统可能会提前准备（在落地前），通过让腿屈曲来吸收落地的冲击力。也许，儿童们只要能完成发展序列第2步的单脚跳，就能跳得更高、跳得更快。也许在这个过程中他们的体重会增加，这也会增加落地的冲击力。这种力达到一个临界值，可能就会产生破坏性的、不协调的落地姿势，神经肌肉系统就会改变儿童的单脚跳动作，实现更具缓冲性的落地姿势。因此，儿童就进入了下一个发展阶段。

　　?　下肢受伤后的部分康复过程会涉及使用受伤的腿进行单脚跳（一般在康复过程的后期）。如果你是一位物理治疗师，患者问道："如果成人不经常单脚跳，为什么在康复治疗中单脚跳这么重要呢？"你从限制的角度可以怎么回答？

理解单脚跳的综合方法

　　如果我们更深入地了解单脚跳发展水平的变化，就会发现在躯干和运动原理框架内的个体限制有显著的相互作用。思考处于发展序列第2步的儿童的单脚跳，他们的摆动腿在前，因此，摆动腿只是对单脚跳做出反应而没有辅助单脚跳。体重较轻的儿童移动时需要的力小，固定的摆动腿不会阻碍单脚跳。儿童通过站立腿向下产生力。随着儿童的成长，他的体重会增加、体形会变大，这导致他的惯性增大（克服惯性所需的力也增大）。通过站立腿向下屈曲产生的力无法满足单脚跳的需求，因此他要通过增加摆动腿的动作来提供额外的力，因为摆动腿的动作有助于推动躯干向下和向后发力，地面的反作用力推动躯干向上和向前运动（牛顿第三定律）且帮助儿童起跳。然而，上升的物体必然会下降，与发展序列第2步的单脚跳相比，儿童返回地面时受到的冲击力更大（由于体重增加，单脚跳的高度也增加了）。为了防止摔倒，儿童的腿必须要有"弹性"才能轻轻地落地。这说明重新调整躯干和改变动作模式，能适应不断变化的个体限制。在发展序列的第3步中，摆动腿的变化与站立腿的变化相辅相成，这两者都能带来更高、更安全的单脚跳。

观察单脚跳的动作模式

与其他移动技能一样，新手指导者必须练习对个体的单脚跳状态进行评估。霍尔沃森（Halverson, 1983; see also Roberton & Halverson, 1984）提出了一个系统的观察方式，即一次只关注身体的一个部位。作为新手指导者，你应该从个体的侧面观察其腿部动作。注意他的摆动腿，产生动作了吗？如果有所动作，是上下移动，还是摆动经过支撑腿？接下来观察支撑腿，它在起跳时伸展吗？它在落地时是否屈曲，在下一次单脚跳时是否伸展？从侧面和前面观察个体的手臂动作。先观察手臂的动作是

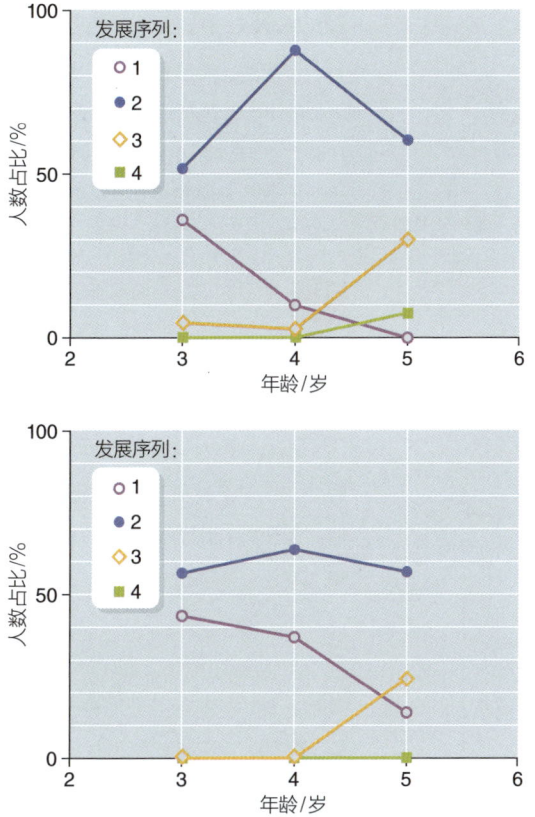

图5.16 3岁、4岁和5岁儿童的优势腿（上图）和非优势腿（下图）腿部动作发展水平。注意，相比于用优势腿进行单脚跳的儿童，用非优势腿进行单脚跳的儿童中，腿部动作处于发展序列第1步的人更多。只有到5岁时，发展序列处于第3步的儿童人数才会比较多

源自：Reprinted by permission from Halverson and Williams (1985).

同向的还是相对的。如果是同向的，你可以把手臂的动作归为被动的、反应性的，或者向后的。如果是相对的，注意单手臂或双手臂的动作与双腿是否同步。你可以使用图5.17展示的单脚跳的观察计划，评估单脚跳者的发展水平。

单脚跳的速率控制因子

单脚跳可能依赖姿势系统使躯干在一个肢体上保持平衡，并进行连续起跳。同样，要连续单脚跳，必须能够产生足够的力用一个肢体支撑躯干，然后恢复，并迅速产生足够的力再次起跳。跑步也需要用一个肢体来推动和支撑重量，然而，在跑步时，双腿是交替的，当它们以屈曲的姿势摆动时，能够重新获得能量。但在单脚跳时腿部保持伸展，因此，单脚跳比跑步需要更多的力。所以，产生力的能力可以视作速率控制因子。

垫步跳、滑步和跳步

垫步跳、滑步和跳步涉及基本的迈步、单脚跳或换脚跳动作。垫步跳和滑步都是不对称的步态，包括单脚跨一步，另一只脚跳一步（Roberton & Halverson, 1984; Whitall, 1988），总是同一条腿引导迈步。垫步跳和滑步的区别在于动作方向。垫步跳是向前跨，而滑步是向侧面移动。跳步是在同一只脚上进行的踏步和跳跃，脚是交替的，即右脚跳一下，左脚跳一下，再右脚跳一下等，通常是向前的（图5.18a和图5.18b）。

思考一下行走和跑步以外其他可以被社会接受的移动技能应用场景或情形，不要局限在体育运动或舞蹈项目中。

早期垫步跳、滑步和跳步的特点

儿童早期对这些技能的尝试通常是没有节奏且僵硬的，如图5.19所示。从地面跳起的动作中手臂很少进行辅助，儿童可能会以高度防护的姿势僵硬地抱着手臂，或者向一侧伸出手臂以保持平衡。儿童的步幅或步长很短，落地时整只脚着地，躯干旋转较

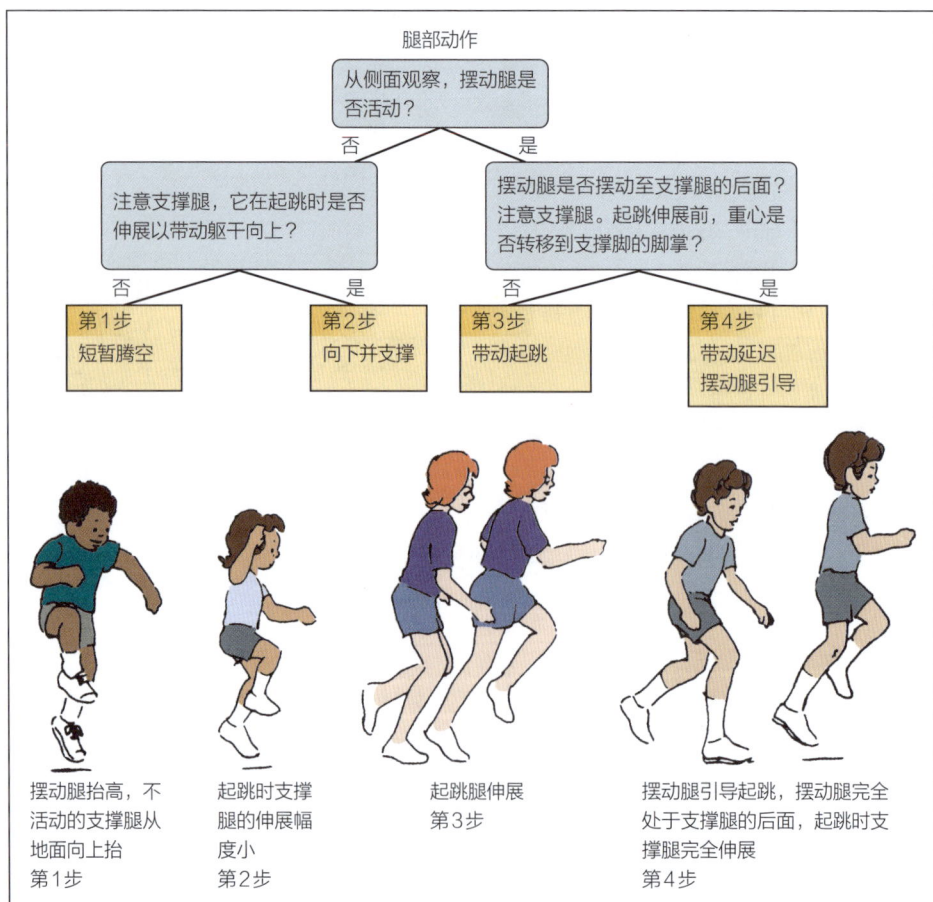

图5.17 单脚跳的观察计划

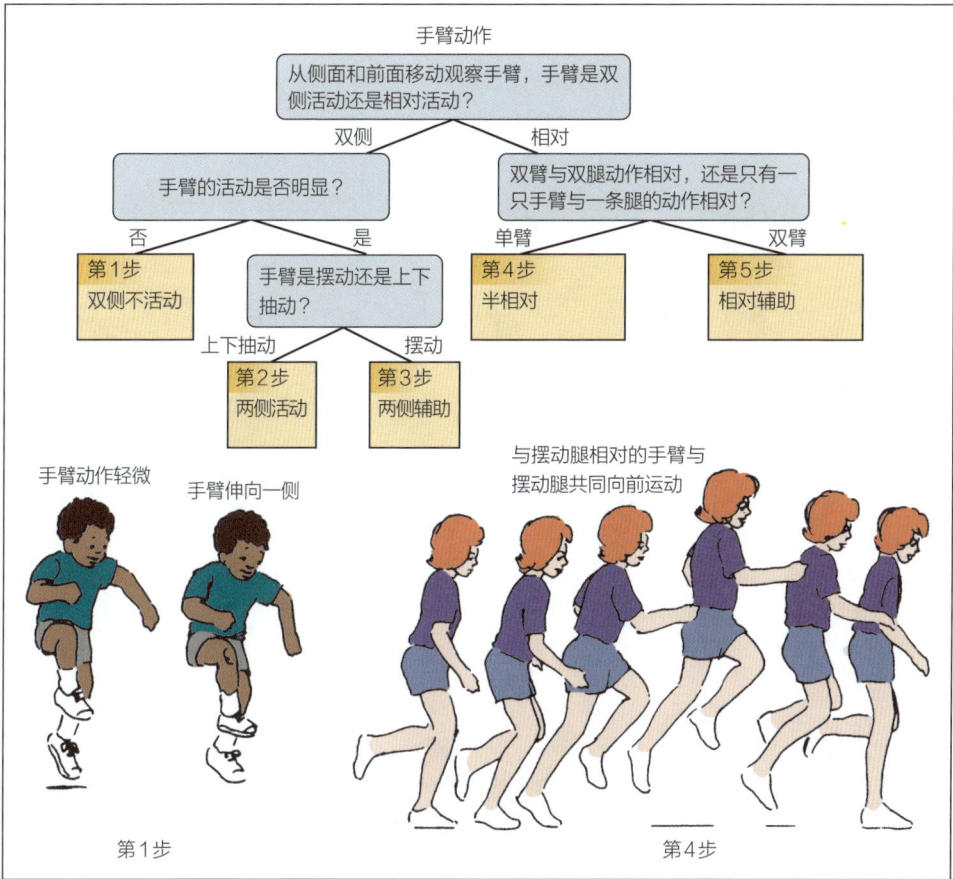

图5.17（续）　单脚跳的观察计划

少，过于关注垂直升降状态。在早期的垫步跳尝试中，儿童的后腿可能比前腿先着地。

熟练的垫步跳、滑步和跳步

相比之下，擅长垫步跳、滑步和跳步的儿童，他们的动作是有节奏且放松的，如图5.20所示。熟练掌握这些技能的儿童有以下特点：

- 不再需要用手臂来保持平衡；
- 跳步时，手臂与腿部的动作相反，且有节奏地摆动，以提供动力；
- 在垫步跳和滑步时，可以用手臂做其他动作，例如鼓掌；
- 以前脚或脚跟到前脚着地为准；
- 膝关节在着地时屈曲，在支撑躯干重量时保持屈曲，然后在起跳时，特别是快速腾空时伸展。

垫步跳、滑步和跳步的发展变化

垫步跳是这3种双脚运动中第一个出现的动作模式。这种动作模式在2~3岁时发展，即儿童形成稳定的跑步模式之后（大约2岁），出现单脚跳之前（3或4岁）。垫

图5.18 a. 垫步跳是前腿跨一步，引导后腿跳一步；b. 跳步是单脚迈步，然后一次单脚跳，然后再另一只脚迈步，再一次单脚跳，连续地交替进行（例如，左脚迈步＋单脚跳，右脚迈步＋单脚跳，等等）

源自：Adapted by permission from Clark and Whitall (1989)。

图5.19 刚开始学习垫步跳的儿童。手臂僵硬、步长较短、垂直运动非常明显

源自：Adapted by permission from Clark and Whitall (1989)。

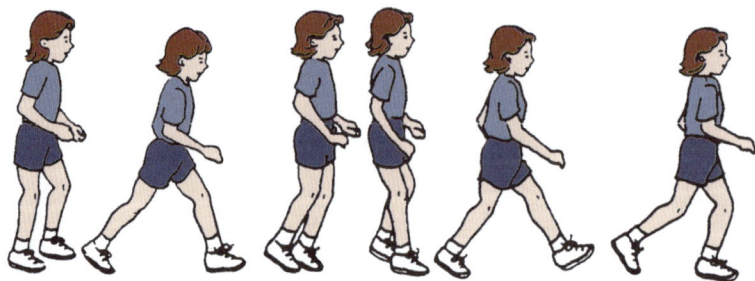

图5.20 高水平垫步跳者。手臂动作与腿部动作相对。动作是有节奏的，落地时不是整只脚着地

步跳是儿童学习的第一种非对称的移动模式。正如前面提到的，行走和跑步相似，双腿在做同样的动作，但是一条腿的动作周期比另一条腿要慢一半。相比之下，垫步跳是不平衡的，步幅比跳跃的步幅要长。无论年龄大小，垫步跳者会倾向于使用下述两种时机间隔模式中的一种：步长约是引导步的两倍（66%~33%的相位差）或者三倍（75%~25%的相位差）（Clark & Whitall, 1989b; Whitall, 1988）。学会垫步跳后，儿童接下来就会学会滑步。在垫步跳和滑步中，他们使用非优势腿引导的能力比使用优势腿要晚出现很多。

跳步通常是最后出现的移动模式，在4~7岁时出现，一半以上的5岁儿童会进行跳步（Branta et al., 1984）。

儿童会先进行单侧迈步+单脚跳，即优势腿跳步，另一侧腿跨一步。儿童刚开始能够双腿跳步时，偶尔会短暂休息，移动时垫步跳和跨步交叉也比较常见（Gutteridge, 1939; Wickstrom, 1987）。

虽然没有人验证过跳步的发展序列，但是其中有几个明显的变化。初学跳步的儿童要做单脚高跳和提膝。这时跳步的动作显得有些突兀，这说明需要付出很大的努力才能让身体从地面跳起来。最终，儿童在起跳时将腿部分伸展，并在较低位置进行更顺畅的提膝动作，使垫步跳更加流畅且更有节奏性。或许，腿部力量的增强可以让儿童只需部分伸展腿部就能让身体离开地面。

手臂动作会发生几个变化。初学跳步的儿童的手臂动作不协调，经常一侧手臂或双臂向一侧摆动。之后，开始使用双臂，双臂有时前后成圆形摆动，有时向前向下摆动。熟练进行跳步的儿童的双臂动作和腿部动作相对（Wickstrom, 1987）。

跳步是儿童发展的最后一项基本移动技能，其原因很容易推测得出：双腿之间的协调是对称的，但每条腿的动作模式是不对称的。相比于男孩，女孩通常更早表现出这些移动技能，这也许反映了女孩的生理发育年龄相对于实际年龄更大，她们会模仿其他女孩，或者受到家人和朋友的鼓励。

观察垫步跳、滑步和跳步的动作模式

在观察儿童进行垫步跳时，先从侧面观察，并注意后脚相对于前脚的着地位置。从侧面也能清楚地看到儿童垂直起跳的程度。手臂可以从任何角度进行观察。熟练进行的垫步跳中，后脚在前脚的旁边或后面着地，腾空高度很低，手臂有节奏地摆动、拍手，或进行其他活动。注意儿童是否可以只用优势腿或用任何一条腿带动进行垫步跳。

最好从正面观察儿童进行滑步。重点观察膝关节，例如观察初学滑步的儿童的膝关节是否僵硬或放松，步伐是否具有熟练滑步者的弹跳特征。注意手臂是处于低度防护姿势，还是为放松姿势且可以自如地完成其他活动。就像垫步跳一样，你应该观察儿童是只能向优势侧滑步，还是向两侧都能滑步。

观察儿童进行跳步时，注意儿童是用一条腿跳步，另一条腿跑，还是双腿都跳步。如果儿童用双腿跳步，观察起跳的高度和从一侧抬起的膝盖。腾空高度较低和提膝能够使跳步进行得更熟练、更流畅。最后，观察手臂是同向运动，还是像一个能更熟练进行跳步的人一样，手臂动作与腿部动作相对。

垫步跳、滑步和跳步的速率限制因子

在移动技能的发展过程中，垫步跳一般在跑步之后出现。垫步跳的速率限制因子是什么？要想进行垫步跳，就要使双腿动作区别于行走和跑步。要做到这一点，需要改变动作的节奏和协调性。同时，双腿要进行不同的活动（踏步和跳步），因此，双腿需要大小不同的力，改变力的协调性（Clark & Whitall, 1989b）。可见，协调性似乎是跨跳的速率限制因子。滑步时，身体必须转向一侧。神经肌肉系统可能会限制垫步跳

评估动作技能：粗大动作发展测试

对于任何运动练习者来说，评估运动熟练程度并确定它如何随时间变化至关重要。一种专门用来研究基本动作技能的评估工具是粗大动作发展测试（Test of Gross Motor Development, TGMD; Ulrich, 1985, 2000, 2013）。TGMD最初是由戴尔·乌尔里克（Dale Ulrich）于1981年研发的，这是他在美国密歇根州立大学发表的文章中的一部分成果，并在1985年成为一种评估工具（Ulrich, 1985, 2017）。乌尔里克设计的TGMD与典型的小学课程相对应，侧重于各种基本动作技能的掌握。该测试基于在儿童中观察到的特定技能的基本动作模式，提供了标准化的参考评估，可以用来确定儿童在任何时间的粗大动作发展水平，并绘制随时间变化的发展图表。自研发成果发表以来，乌尔里克修订了两个后续版本（TGMD-2: Ulrich, 2000; TGMD-3: Ulrich, 2013）。TGMD-3的效度和信度较好（Webster & Ulrich, 2017），已被用于测试正常发展的儿童与有视觉障碍（Brian et al., 2018）、唐氏综合征（Bouquet, 2016）和孤独症谱系障碍（Allen et al., 2017）的儿童，以及有其他特殊情况的儿童。此外，TGMD-3已经在许多国家使用（如Mohammadi et al., 2017; Rintala, Saakslahti & Iivonen, 2017），并被翻译成葡萄牙语（Valentini, Zanella & Webster, 2017）、西班牙语（Estevan et al., 2017）和德语（Wagner, Webster & Ulrich, 2017）。

TGMD-3包括13项技能，分为两个分量表：移动技能（6项）和球类技能（7项）。此处回顾了移动技能部分，第6章介绍了使用TGMD-3进行球类技能评估的方法。在移动技能分量表中，评估的技能包括跑步、垫步跳、单脚跳、跳步、立定跳远和滑步。正如韦伯斯特和乌尔里克（Webster & Ulrich, 2017）所描述的，经过培训的专业人士向被测试的儿童展示即将测试的技能，然后允许儿童进行一次试测。试测后，儿童要进行两项技能的测试，这两项测试将依次被编码。每种技能的每种动作模式有3~5个表现标准，例如，跑步、垫步跳、单脚跳和立定跳远有4个表现标准（见表5.8）。

注意，移动技能表现标准与本章所提供的移动发展的顺序一致。随着儿童在移动技

和滑步这两种技能的发展速度。

跳步的出现似乎不受跳跃时产生力的限制，因为儿童在跳步之前就已经能进行单脚跳了。平衡能力也不是一个可能的速率限制因子，因为与跳步相比，单脚跳时更难保持平衡。跳步是最复杂的基本动作模式之一，个体直到神经肌肉系统可以协调双腿时才能进行垫步跳，此时双腿可以交替完成不对称的活动。

能方面的发展水平越来越高，他们将表现出更高的发展水平以及获得更高的TGMD-3评分。如果一个儿童的表现符合移动技能的表现标准，他在测试中会得到1分。另外，如果他没有达到相应的表现标准，则记0分。将两项正式测试的得分相加，得到原始技能评分。对于表5.8中的移动技能表现标准，原始评分范围为0（未观察到任何表现标准）~8（在两项测试中均观察到所有表现标准）。可以将技能评分相加以得到移动技能测试的总原始评分，或者可以与球类技能分量表结合以得到TGMD-3总原始评分。移动技能分量表的最高原始评分为46分。评分越高，评估得出的表现结果越好（关于TGMD-3的更多信息，请参见 Ulrich, 2017; Webster & Ulrich, 2017）。

表5.8 部分TGMD-3移动技能表现标准

顺序	移动技能			
表现标准	跑步	跨跳	单脚跳	立定跳远
1	手臂与腿部动作相对，肘部屈曲	起跳时双臂屈曲并抬高至腰部	非跳跃腿以摆动的方式向前以产生力	起跳前，双臂屈曲，双臂前后伸展
2	双脚短暂离地	前脚向前一步，然后后脚脚跟在前脚旁或稍后方着地（不在前脚前面）	非跳跃腿在跳跃脚后面（没有在跳跃脚前面并与之交叉）	手臂有力地向前和向上伸展，伸展到头顶以上
3	脚的位移距离小，用脚跟或脚趾着地（不是用整只脚着地）	双脚短暂离地	手臂向前屈曲并摆动以产生力	双脚同时离地，同时着地
4	非支撑腿屈曲约90度，脚接近臀部	能进行连续4次有节奏的垫步跳	儿童在停下来之前，用优势腿连续跳4次	落地时双臂用力向下

源自：Adapted by permission from Ulrich (2013)。

总结与综述

从一个地方移动到另一个地方，是人类生活的重要部分。我们认为移动是婴儿独立的最初迹象之一。婴儿可能会手膝爬行、匍匐爬行或同时用手和脚移动，作为他们四处移动的最初方式。不久之后，他们掌握了行走的能力，这是基本的双脚直立移动技能。行走包括双腿的交替运动，单脚支撑后交替双脚支撑。接下来，儿童开始跑。跑步类似于行走，双脚交替着地，但有一段腾空阶段，而不是用双脚支撑。然后，儿童逐步掌握跳跃、单脚跳、垫步跳、滑步和跳步的能力。所有这些更复杂的移动模式都有不同的速率限制因子，会影响这些移动模式出现的时间和顺序。我们可以追踪这些移动技能在人一生中的变化，因为动作方式随着青春期、成年期速率限制因子的改变而改变。

从爬行到跳步，儿童随着身体及其周围世界的变化，获得了基本的移动技能。许多个体限制会成为这些新技能发展的速率限制因子。当个体获得这些技能后，技能的形式会随着儿童对技能越发熟练而发生改变。如果你观察一些移动技能的发展，你就会看到这些技能具有类似的变化轨迹。例如，在所有的移动技能中，个体会缩小他们的支撑基础面以提高灵活性，扩大支撑基础面（如在婴儿期和成年期）以提高稳定性。本章所描述的发展变化可以用来大致评估一个人的发展状况。当然，发展序列提供了这些变化的具体特征。

研究者在研究移动技能时往往倾向于关注儿童，这并不奇怪。儿童学习并获得技能的速度更快，而且会经常使用这些技能，但大多数成人不会这样。试着回想你最后一次跳步的情景，如果你能回想起来，你可能会记得是为了某些目的而跳步，比如为了表演舞蹈节目。成人一般不会使用所有的基本移动模式，至少在美国是这样。是什么限制了这些移动模式的出现？法利（Farley，1997）认为人类跳步的效率低下，因为跳步动作"缓慢、上下颠簸，而且还比较累"，它不太可能成为成人的备选移动技能。此外，社会文化观念表明，这些移动技能不适合成人。问题仍然是，成人和老年人跳跃、单脚跳、垫步跳、滑步和跳步的方式和儿童一样吗？

巩固已学知识

回顾

回想我们前面提到的朱莉娅·霍金斯，她是60米短跑和100米短跑的世界纪录保持者，她直到100岁才开始参加跑步比赛，但很长一段时间以来，移动一直是她动作技能的一部分。霍金斯出生于1916年，她一直靠双脚从一个地方移动到另一个地方。霍金斯和其他老年运动员证明了，人们可以在相当长的一段重要时期内防止或延缓与衰老相关的个体限制，如力量、耐力的衰退。此外，成人可以改善自身成年后的移动技能表现水平。

知识测验

1. 描述特定移动技能的速率限制因子。

2. 体育教师或物理治疗师如何控制任务限制来帮助儿童学习垫步跳技能？

3. 人类可以通过哪些移动技能从一个地方移动到另一个地方（在没有机械设备的情况下）？哪些是目前未在成人中观察到的移动技能？为什么成人很少使用这些移动技能？

4. 你在一名正在垫步跳的老年人身上可能发现什么动作特征？为什么？

学后练习

比较用优势腿和非优势腿进行单脚跳

在确定单脚跳的发展水平时，会发现有哪些个体限制？

1. 观察3个人（至少包括一名儿童）。要求每个人用他的优势腿（即他自然选择的那条腿）进行单脚跳。使用本章提供的单脚跳的观察计划来评估每个人的单脚跳发展水平。

2. 现在，让每个人用非优势腿，或对侧的那条腿进行单脚跳。这些人的发展水平会发生什么变化？

3. 使用优势腿和非优势腿时，动作技能的发展水平通常存在差异，尤其是儿童。列出这些差异可能的原因。

第**6**章

弹道式技能的发展

章节目标

- ▶ 识别过肩投掷、踢击、凌空踢和侧向打击等技能的发展变化；
- ▶ 比较各种弹道式技能早期表现的特点；
- ▶ 注意弹道式技能的熟练表现具有哪些类似特点。

网球"贵妇"以97岁高龄获胜

多萝西·切尼（Dorothy Cheney）是女子网球先驱梅·萨顿（May Sutton）和美国全国锦标赛网球双打冠军托马斯·邦迪（Thomas Bundy）的女儿，她自己也是一名网球运动员。1938年，她在澳大利亚网球公开赛中获胜，但她并没有就此停住脚步。事实上，截至1956年她40岁时，已经赢得了300多个高级头衔（根据美国网球协会的记录）。2004年，她入选国际网球名人堂（International Tennis Hall of Fame），2010年，她获得了圣迭戈冠军殿堂（San Diego Hall of Champions）颁发的终身成就奖。2011年，95岁的她赢得了第381届美国全国锦标赛网球冠军，她到98岁去世前又赢得了13个冠军。多萝西·切尼向世人证明了人在一生中都可以运用弹道式技能，并且可以运用得很好。

弹道式技能是指一个人为了投射物体而对其施力的技能。投掷、踢击和击打等弹道式技能具有相似的发展模式，因为其涉及的力学原理基本相同。研究者研究最多的弹道式技能是远距离过肩投掷。关于过肩投掷的许多讨论也适用于其他类型的投、踢和击打动作，我们将在本章后面对此进行研究。

过肩投掷

投掷有多种形式。双手低手抛投（在双腿之间预备）和单手低手投掷在儿童中很常见，体侧投掷和双手过肩投也很常见。一个人使用的投掷形式，尤其是儿童使用的投掷形式，通常取决于任务限制，特别是活动规则和球的大小。不过，我们重点关注单手过肩投掷，因为这是体育比赛中最常见的扔球形式之一，而且与其他形式相比，这种形式得到了更广泛的研究。过肩投掷涉及的许多力学原理适用于其他投掷形式。

研究者经常使用结果评估来衡量投掷技能的发展，也就是说，他们衡量的是投掷技能的最终结果，例如投掷的精确度、距离或球速。然而，结果评估有几个缺点。当研究不同年龄的儿童时，研究者必须经常改变任务的精准度要求。年幼的儿童需要在较短的距离投掷，而这对于大一点儿的儿童来说太过容易，他们可能总是获得满分。因此，研究者必须增加距离，或者缩小年龄稍大儿童组的目标大小。此外，投掷距离的得分往往不仅反映了儿童的投掷技能，还反映了其体形和力量大小等因素。两名儿童可能拥有相同的投掷技能，但由于其中一名儿童更高大、更强壮，他们的投掷距离得分也会截然不同。最后，测量释放时的速度需要专门的设备，这些设备可能不是很容易获得。因此，对体育教师、家长和教练来说，结果评估不如了解儿童的投掷动作有用。现在让我们把注意力转向投掷动作模式的质量上（以下以过肩投掷球为例进行讲解）。

早期过肩投掷的特点

将儿童早期的过肩投掷与高水平的过肩投掷进行对比是有帮助的。儿童的扔球模式，尤其是3岁以下的儿童，往往局限于单纯的手臂动作（Marques-Bruna & Grimshaw, 1997）。图6.1中的儿童扔球时没有垫步动作也没有明显的躯干动作。他只运用了上臂，通常是肘部抬起或前伸，然后仅通过肘部伸展来完成扔球动作。图6.2中的儿童动作更多，但力学效率几乎没有提高。这些儿童表现出了最低水平的扔球技能。

图6.1 开始学习过肩投掷的儿童只是将手收回，肘部抬起，然后在不迈步的情况下，通过伸展肘部将球扔出去

源自：Mary Ann Roberton。

图6.2 开始学习过肩投掷的儿童。注意是屈曲躯干而不是旋转躯干来扔球

源自：Mary Ann Roberton and Kate R. Barrett。

▶ **要点** 年龄较小的儿童在扔球时，往往局限于手臂动作。

熟练的过肩投掷

通过研究熟练过肩投掷的特点，我们可以看到早期过肩投掷的局限性。一个高水平的、有力的远距离过肩投掷涉及以下动作模式。

- 重心转移到后脚，躯干向后旋转，手臂成圆形向下向**后摆**动准备扔球。
- 与扔球手臂相对的腿向前跨出，以增加扔球者对球施力的距离，并使躯干进行完全的旋转。
- 躯干向前旋转，以增大投掷的力量；为了产生最大的力，躯干不同部分的旋转是"不同的"，即躯干下半部分带动上半部分，看起来像身体"打开"的动作。
- 躯干向侧向屈曲，远离扔球手臂的一侧。
- 上臂与躯干形成直角，当肩部旋转至面向前方的位置时，上臂向前跟上（或稍稍滞后），这意味着从侧面可以看到扔球者的上臂位于躯干轮廓之内。
- 手臂向前摆动时肘部形成直角，当肩部达到面向前方的位置时伸展手臂，在释放球的前点伸展手臂会延长扔球时形成的圆弧的半径。
- 在前摆动作中，前臂的动作延后于躯干和上臂。当上段躯干向前旋转时，前臂和手看起来可能是固定的，或向下、向后移动；前臂置后，直至上段躯干和肩部旋转到扔球的方向（面对前方的位置）。

后摆是手臂、腿或球拍在向前快速移动以投射一个物体之前，先向后做的挥摆动作。

101

- 随摆动作通过一段距离分散扔球的作用力，较大幅度的手腕弯曲发生在随摆过程中，也就是扔球者手释放球后的后续动作中。
- 释放后的力使球出手的移动速度达到最快。
- 扔球者依次进行躯干各部分的动作，逐步增加各部分对扔出的球所施加的力量，一般顺序为：向前迈一步，骨盆旋转；上段脊柱旋转，上臂摆动；上臂内旋，肘关节伸直；释放；随摆。

过肩投掷的发展变化

既然我们已经讨论了高水平的、有力的过肩投掷的特点，那么我们就可以研究一个人在从最初尝试过肩投掷到获得高水平投掷技能的过程中，是如何发展变化的。有人提出了过肩投掷的几种发展序列。1938年，怀尔德（Wild）最先对相应顺序进行概述。1972年，泽费尔特、瑞尤谢林和沃格尔（Seefeldt, Reuschlein & Vogel）在此基础上提出了新的顺序。后来，罗伯顿（Roberton）提出了躯干各部位在进行过肩投掷时的发展序列。手臂动作和躯干动作作为序列中的两个部分是**经过验证的发展序列**（Roberton, 1977, 1978a; Roberton & DiRocco, 1981; Roberton & Langendorfer, 1980）。事实上，罗伯顿和康恰克（Roberton & Konczak, 2001）确定了发展序列的变化（即从第2步到第3步的变化），他们在7年内研究了39名儿童，发展序列的变化解释了一半以上儿童过肩投掷的速度变化。仔细研究表6.1中概述的过肩投掷发展序列，这将有助于将这些步骤与图6.1和图6.2所示的早期过肩投掷者的特征，以及图6.3~图6.6所示的较高水平过肩投掷者的特征进行比较。与移动技能一样，使用观察计划能够更容易地评估过肩投掷的发展序列（参见图6.7）。

经过验证的发展序列是指通过纵向研究确定的技能表现的进阶顺序，也是适用于所有个体的相同的固定顺序。

图6.3 过肩投掷者的手臂动作处于发展序列的第2步。在肩部旋转至面向前方之前，前臂向后到达最远点，但上臂在肩部移动之前向前摆动，因此肘关节在躯干轮廓之外可见。注意上臂和躯干形成的直角
源自：Mary Ann Roberton。

❓如果你是一名体育教师，你认为对于正在发展的儿童来讲，哪些因素有利于其扔球时每个部位的动作都达到高水平？

表6.1　过肩投掷的发展序列

顺序	动作
	着重于力量的过肩投掷和击球时的躯干动作
第1步	无躯干动作或者躯干向前或向后运动，只有手臂活动以产生力。有时手臂向前的推力把躯干拉成被动左转（假设是右手过肩投掷），但在做这个动作之前没有扭旋动作。如果有躯干动作，就会有臀部的前屈伴随手臂的前推。准备性伸展有时先于髋关节屈曲发生

续表

顺序	动作
着重于力量的过肩投掷和击球时的躯干动作	
第2步	躯干上半部分旋转或整个躯干（以一个整体）旋转。脊柱和骨盆从球预定的飞行路线开始旋转，然后作为一个整体同时开始向前旋转。偶尔，只有脊柱上部用力方向扭转。骨盆面对球的飞行路线保持固定，或者在脊柱开始向前旋转后开始旋转
第3步	差异化躯干旋转。在开始向前旋转时，骨盆先于脊柱上部旋转。躯干扭转远离预定的球的飞行路线，然后骨盆开始向前旋转，而脊柱上部仍然处于扭转状态中
着重于力量的过肩投掷，手臂预备后摆时，上臂和前臂的动作	
第1步	无后摆。当手抓到球时，手中的球直接向前移动，在手臂的原始位置释放球
第2步	肘关节和上臂屈曲。通过上臂向上屈曲和肘关节屈曲，球从预定的飞行路线移动到头部后方或旁边的位置
第3步	成圆形，向上向后摆。通过伸肘、向后斜摆或从髋部垂直抬起成圆形高举过肩，球从预定的飞行路线移动到头部后方的位置
第4步	成圆形，向下向后摆。手放在腰部以下，进行向下向后的成圆形的运动，球从预定的飞行路线移动到头部后方的位置
向前摆动时的肱骨（上臂）动作	
第1步	肱骨倾斜。从上臂向前运动到球出手的过程中，动作处于肩部水平线上方或下方的一个斜向贯穿躯干的平面内。有时在后摆过程中，上臂也会与躯干呈直角，然后肘关节朝向目标，在投掷过程中保持固定的姿势
第2步	肱骨对线但动作独立。上臂向前摆动到球出手的动作位于一个与肩部水平的平面内，肱骨与躯干呈直角。当肩膀（即上段脊柱）朝向正前方时，上臂和肘部通过肩关节的水平内收动作，已经提前自行移动到了身体轮廓前方（从侧面看）
第3步	肱骨滞后。上臂向前摆动到球出手的动作水平对线，但是发生在肩膀（上段脊柱）朝向前方的瞬间，上臂保持在身体的轮廓内（从侧面看）。在完成身体朝前的动作前，上臂没有水平内收
向前摆动时的前臂动作	
第1步	前臂没有滞后。在整个过肩投掷动作中，前臂和球稳步向前移动，直到球离手为止
第2步	前臂滞后。前臂和球看起来是滞后的（即相对于儿童来说保持在身体后侧或向下或向后不动）。滞后的前臂在肩膀（上段脊柱）朝向正前方前，达到后侧最远点、下方最低点或最后一个静止点
第3步	延迟的前臂滞后动作。滞后的前臂延迟到达其滞后点，直到朝向前方
着重于力量的过肩投掷和击球时的脚部动作	
第1步	无迈步。从脚最初所处的位置进行扔球
第2步	同侧迈步。跨出的脚与扔球的手在同一侧
第3步	短距离向对侧迈步。跨出的脚处于扔球手的另一侧
第4步	长距离向对侧迈步。用对侧脚迈步，迈步距离超过站立高度的一半

注：验证研究支持躯干动作的发展序列（Langendorfer, 1982; Roberton, 1977, 1978a; Roberton & DiRocco, 1981; Roberton & Langendorfer, 1980）。验证研究也支持手臂动作的发展序列（Halverson, Roberton & Langendorfer, 1982; Roberton, 1977, 1978a; Roberton & DiRocco, 1981; Roberton & Langendorfer, 1980），预备手臂后摆顺序除外，这是由罗伯顿（Roberton, 1984）从兰根德夫（Langendorfer, 1980）的研究中得出的假设；兰德德夫（Langendorfer, 1982）认为关于过肩击打中的肱骨和前臂部分的描述是恰当的；罗伯顿（Roberton, 1984）从莱米和山伯（Leme & Shambes, 1978），泽费尔特、瑞尤谢林和沃格尔（Seefeldt, Reuschlein & Vogel, 1972），以及福格尔（Vogel, 1937）的研究中提出了脚部动作顺序的假设。

源自：Mary Ann Roberton。

图6.4 一个相对高水平的过肩投掷者。手臂、腿部动作处于发展序列的最高级（具体见表6.1），但是躯干动作处于发展序列的第2步，即整体旋转，而不是差异化的旋转
源自：Mary Ann Roberton。

图6.5 从过肩投掷者的后方可以看到，释放球时他的躯干向侧面弯曲
源自：Mary Ann Roberton。

图6.6 从图中可以发现，棒球投手的髋部在向前运动，但上身仍然向后倾。这被称为差异化躯干旋转，因为髋部和躯干上半部分并没有同时发生旋转
源自：Mary Ann Roberton。

下面通过关注躯干动作部位开始进行比较。在躯干动作发展序列的第1步，过肩投掷者释放球之前并不涉及躯干动作或躯干做向前或向后的动作（图6.1和图6.2）。在躯干动作发展序列的第2步，过肩投掷者进行躯干的**整体旋转**。整体旋转发生在图6.4中的第3和第4幅图之间。过肩投掷者通常会侧向弯曲躯干（图6.5）。在图6.6中我们可以看到最高水平的躯干动作——**差异化躯干旋转**。在图6.6中，棒球投手已经开始将躯干下半部分向过肩投掷方向旋转，而躯干上半部分仍在向后侧扭转。躯干的特定部位会在不同时间开始向前旋转。

为了分析投掷时手臂动作的复杂性，首先要研究预备后摆，然后是上臂动作，最后是前臂动作。不熟练的过肩投掷者通常不做后摆动作（图6.1）。在发展序列的下一步动作中，过肩投掷者在预备伸肘时屈曲肩部和肘关节，如图6.2所示。向上后摆是一个更高水平的准备动作，但是着重于距离的过肩投掷较理想的后摆动作是一个成圆形和向下的投掷动作。图6.4中的过肩投掷者使用的就是这种动作。

当不熟练的投掷者开始向前摆动上臂投掷时，手臂常与肩线形成斜角，即肘部向上或向下。理想的动作是让上臂与肩部水平对齐，与躯干成直角，如图6.3所示。即便如此，上臂的动作仍可能超出躯干的轮廓，这将导致过肩投掷者在连续用力扔球时失去按顺序移动躯干部位获得的部分动力。在最高级的动作模式中，当投掷者达到完全朝前时，上臂会延迟出现在身体后侧，从侧面看，肘部会保持在躯干的轮廓以内，如图6.4所示。

前臂滞后也是理想的动作。图6.3中的过肩投掷者的前臂有一些滞后，但滞后的最后点出现在朝向前方之前而不是朝向前方时。图6.4中的过肩投掷者展示了前臂滞后的高水平运动方式。

▶ **要点** 让远端身体部位滞后于更多的近端身体部位，使动能得以转移，能使远端身体部位获得更大的速度，前提是动作的时机良好。

大多数不熟练的过肩投掷者不迈步就开始扔球，如图6.1所示。当一个儿童学会迈步时，他经常迈同侧腿，即与扔球臂在同一侧的腿，这样就降低了躯干旋转的幅度并减小了发力的活动范围。当儿童获得了对侧迈步的高水平动作模式时，他最初可能只会迈出一小步，如图6.2所示。跨出一大步（步幅超过扔球者身高的一半）是比较理想的。

分析过肩投掷的身体部位的结果表明，个体的身体部位并非同时达到相同的发展阶段。例如，图6.2中的过肩投掷者的躯干、上臂和前臂动作处于发展序列的第1步，但脚部动作处于发展序列的第3步。图6.4中扔球者的上臂、前臂和脚部动作处于发展序列的第3步，但躯干动作处于发展序列的第2步。同龄儿童的身体部位的发展序列不同，因此，当他们在发展序列中进阶时会看起来彼此不同。

然而，并不是所有可能的发展序列组合都能观察到。考虑到躯干、上臂和前臂部位，兰根德夫和罗伯顿（Langendorfer & Roberton, 2002a）仅观察到这3个部位可能的27个发展序列组合中的14个。结构性约束很有可能会对动作产生限制，当某些身体部位能够完成既定动作时，其他部位则会采用特殊的方式完成动作。观察过肩投掷时，你可能会看到某些常见的组合，而不会看到其他组合。兰根德夫和罗伯顿（Langendorfer &

躯干的**整体旋转**是指躯干上半部分和下半部分作为一个整体旋转。

差异化躯干旋转是指躯干下半部分（髋部）向前旋转，上半部分（肩部）向后旋转的同时，仍预备向前旋转。

Roberton, 2002a）还研究了儿童发展过程中各部位常见的发展序列组合。他们发现，在上臂和前臂动作进阶到中等水平之前，儿童会表现出从无躯干旋转到有躯干旋转的趋势。上臂和前臂动作均进阶到中等水平后，上臂动作进阶到高级水平。这种发展趋势很可能是力学限制和神经发育的结果，也就是说，两者很可能是过肩投掷动作发展的速率限制因子。

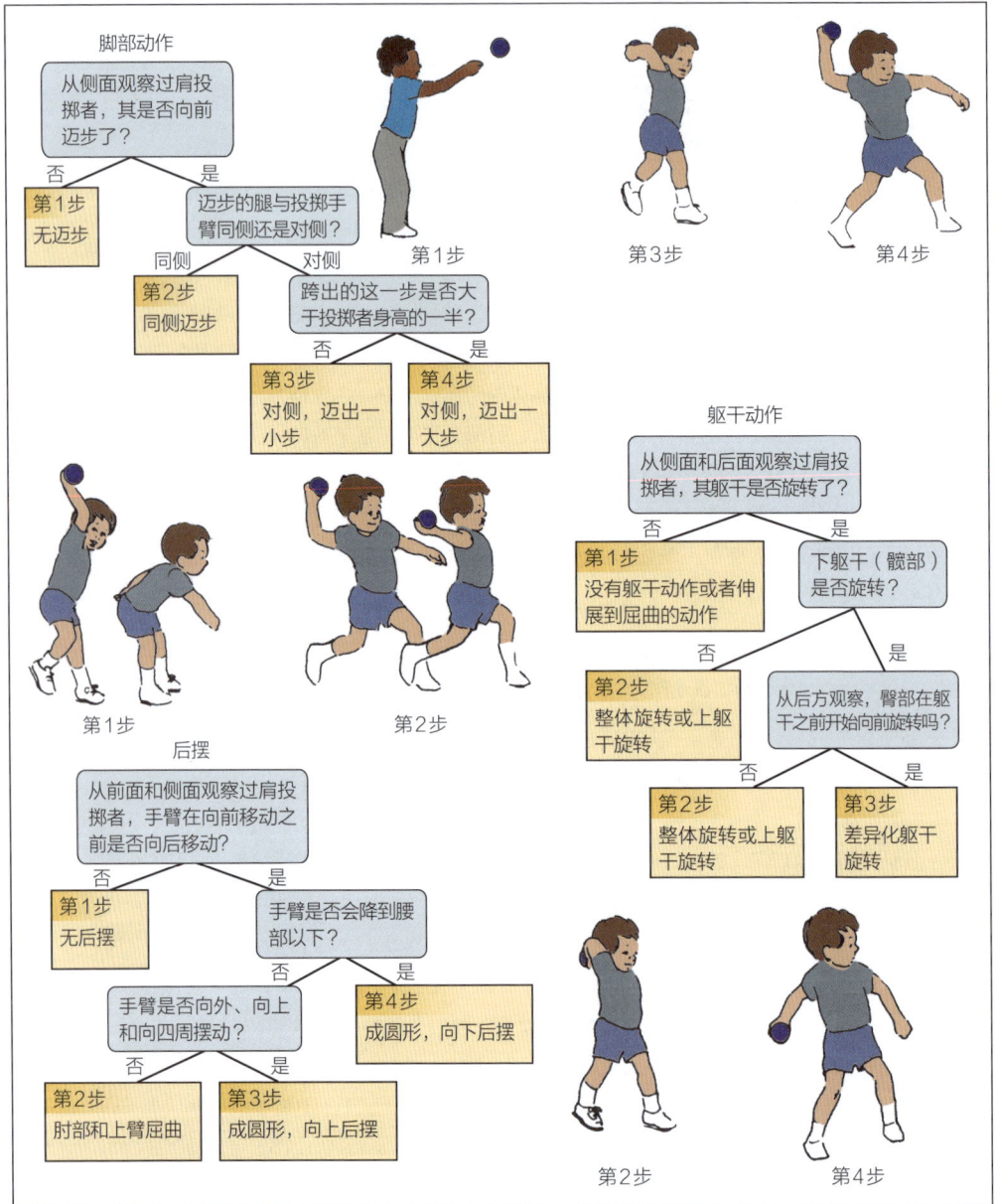

脚部动作

从侧面观察过肩投掷者，其是否向前迈步了？

否 → **第1步** 无迈步

是 → 迈步的腿与投掷手臂同侧还是对侧？

同侧 → **第2步** 同侧迈步

对侧 → 跨出的这一步是否大于投掷者身高的一半？

否 → **第3步** 对侧，迈出一小步

是 → **第4步** 对侧，迈出一大步

第1步　　第3步　　第4步

躯干动作

从侧面和后面观察过肩投掷者，其躯干是否旋转了？

否 → **第1步** 没有躯干动作或者伸展到屈曲的动作

是 → 下躯干（髋部）是否旋转？

否 → **第2步** 整体旋转或上躯干旋转

是 → 从后方观察，臀部在躯干之前开始向前旋转吗？

否 → **第2步** 整体旋转或上躯干旋转

是 → **第3步** 差异化躯干旋转

第1步　　第2步

后摆

从前面和侧面观察过肩投掷者，手臂在向前移动之前是否向后移动？

否 → **第1步** 无后摆

是 → 手臂是否会降到腰部以下？

否 → 手臂是否向外、向上和向四周摆动？

是 → **第4步** 成圆形，向下后摆

手臂是否向外、向上和向四周摆动？

否 → **第2步** 肘部和上臂屈曲

是 → **第3步** 成圆形，向上后摆

第2步　　第4步

图6.7　过肩投掷的观察计划

源自：Mary Ann Roberton。

肘部动作

从侧面观察过肩投掷者，其肘部和上臂是否与肩同高向前移动（上臂与躯干是否成直角）？

否　　　　　　　　　是

第1步
肘部倾斜

在正面时，过肩投掷者的手肘是指向侧面，还是在身体的轮廓之外？

身体的轮廓之外　　　　　　　　　侧面

第3步
上臂对齐但向外伸出

第3步
肘部滞后

第2步　　　　　　　　　　第3步

前臂动作

观察过肩投掷者手中的球。它是稳定地向前移动，还是向下，又或者在过肩投掷者向前旋转身体时保持不动？

稳定地向前移动　　　　　　　　向下/保持不动

第1步
前臂没有滞后

最低的延迟点出现在身体朝前时还是之前？（没有慢动作回放可能很难看到）

朝向前方之前　　　　　　　　　　　朝向前方时

第2步
前臂滞后

第2步
延迟的前臂滞后动作

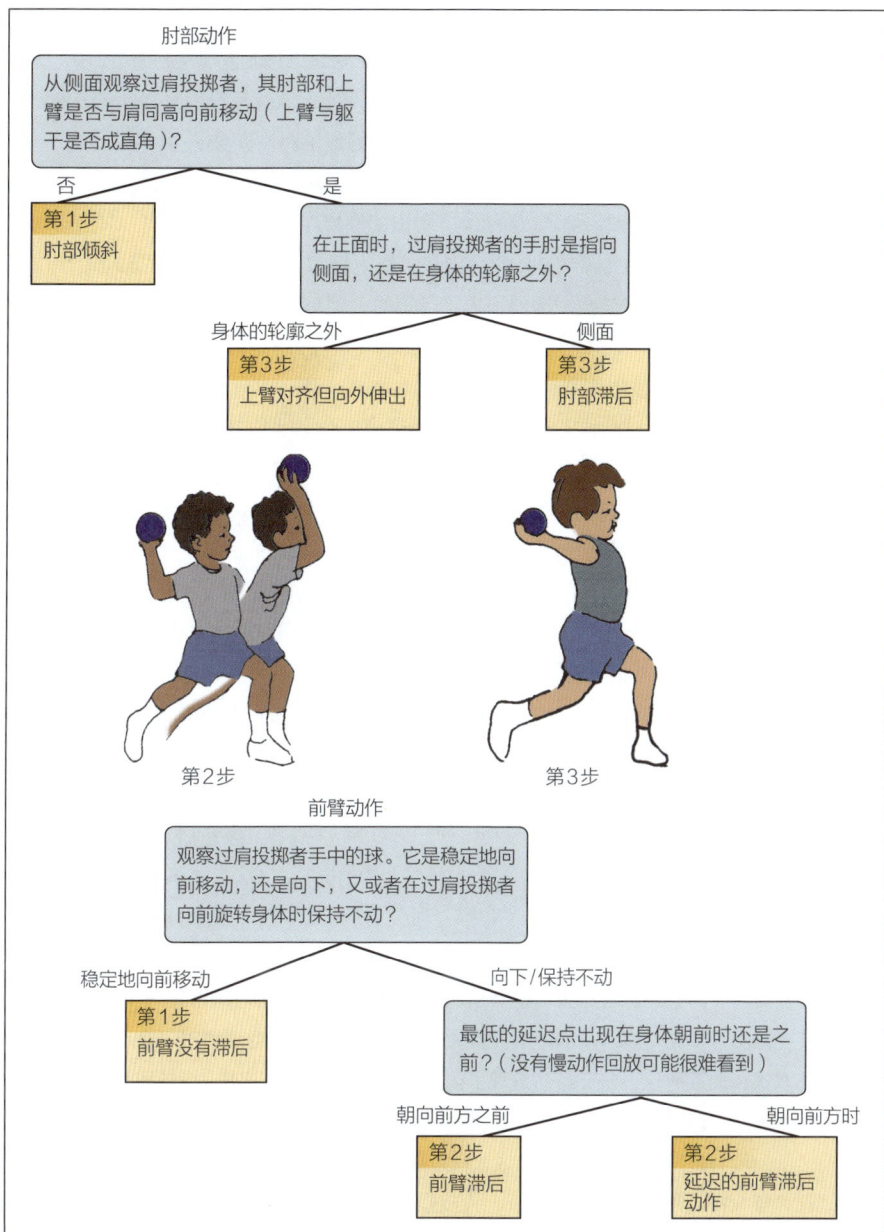

图6.7（续） 过肩投掷的观察计划

源自：Mary Ann Roberton。

　　最理想的是所有人都可以在童年时能经历不同的发展阶段，从而达到高水平的过肩投掷运动方式，他们可以在许多体育运动中使用这种技能，例如垒球、橄榄球和手球。然而，着重于力量的过肩投掷也是一项复杂的技能。扬、佩恩和托马斯（Yan, Payne & Thomas, 2000）记录了50名年龄分别为3岁、4岁和6岁的女孩，确定了每个女孩的脚部、躯干、上臂和前臂的发展水平。13名3岁儿童中，除了1名，其他儿童均处于发展序列的第1步。17名4岁儿童中有13名的身体各部位处于发展序列的第1步，其余4名处于发展序列的第2步。20名6岁儿童中有18名进入发展序列的第2步，即躯干整体旋转，上臂对齐但向外伸出。尽管如此，大多数人过肩投掷时并没有迈步。相比于年幼女孩，6岁的儿童能利用开放动力链更好地协调关节动作。

霍尔沃森和兰根德夫（Halverson & Langendorfer）曾拍摄过39名幼儿园和1、2、7年级的儿童，并按罗伯顿（Roberton）得出的发展序列对其进行分类。对上臂动作的分析表明，大多数年龄较小的男孩已经处于上臂动作的发展序列的第2步，到7年级时，超过80%的男孩已经达到了最高级别的上臂动作（第3步）。相比之下，在最初拍摄时，大约70%的女孩仍处于上臂动作的发展序列的第1步，到7年级时，只有29%的女孩达到了发展序列的第3步。

这种趋势在前臂动作中也很明显。在开始拍摄时，大约70%男孩的前臂动作处于发展序列的第2步。有些男孩到了7年级还处于这个水平，但总共41%的男孩已经达到了发展序列的第3步。超过70%的女孩开始时前臂动作处于第1步，而71%的女孩在7年级时只处于发展序列的第2步。过肩投掷发展序列中的性别差异更为明显地体现在躯干动作中。几乎所有的男孩都是从躯干动作发展序列的第2步开始的，到了7年级，46%的男孩已经进入了发展序列的第3步。同样，几乎90%的女孩刚开始时处于发展序列的第2步，但到了7年级，所有女孩却还停留在发展序列的第2步，没有一个人进入发展序列的第3步。21世纪初发表的另一项研究表明，并不是每个人都能达到过肩投掷的高水平步骤（Langendorfer & Roberton, 2002a, 2002b）。在过去20多年里，没有观察到有利于男孩的性别差异（Pulito Runion, Roberton & Langendorfer, 2003）。

这些研究展示了过肩投掷的发展序列。2008年，罗森和古德韦（Lorson & Goodway）记录了6~8岁儿童在玩球时运用过肩投掷技能的情况，在4次指导和实践练习开始前、结束后和结束后的10天内进行了记录。研究者利用改良版的发展水平分类发现，男孩比女孩更有可能采取对侧迈步，也更有可能进行躯干旋转；男孩比女孩更容易出现前臂滞后，而且在课程结束后也会出现前臂滞后；虽然在所有时间点上，男孩都比女孩更倾向于使用更高水平的过肩投掷方式，但女孩会在课后表现出更高水平的过肩投掷方式。最近的这项研究虽然发现了性别差异，但有迹象表明，指导和练习可能特别有助于女孩的过肩投掷技能的发展，有助于缩小性别差距。

最近有研究关注了青少年和成人在过肩投掷方面的性别差异（Lorson et al., 2013）。青少年投掷者的年龄为14~17岁，青年投掷者为18~25岁，中年投掷者为35~55岁。从3个年龄组和男女运动员的总体情况来看，多数过肩投掷者的脚部动作（对侧迈步）处于发展序列的第3步或第4步，躯干动作（整体旋转）处于发展序列的第2步，上臂动作（对齐但向外伸出）处于发展序列的第2步，前臂动作（前臂滞后）处于发展序列的第2步。处于青春期的男孩在脚部、躯干和前臂动作上明显比处于青春期的女孩的发展水平更高。青年男性在脚部、躯干、上臂和前臂动作方面的发展水平明显高于青年女性。在上臂动作方面，中年男性仅优于中年女性。尽管这些发现与早期研究记录的发展水平在性别差异方面的研究结果一致，但这是首次有研究观察到35~55岁群体中的性别差异缩小。此外，在成年早期和成年中期，无论男女，其身体各部位的发展水平都出现了倒退，需要进一步的研究来确定导致倒退的限制因子。

发展学者对用力过肩投掷性别差异的持久性进行了大量讨论，特别是在女孩有更多的机会参与球类运动，接受更多的指导，拥有想要在比赛中获得成功的动机（如获得奖学金、成为职业运动员）后。我们将在后文更全面地讨论社会文化对发展水平的限制。如今，研究者已经就这个问题展开了探讨。

首先，研究者试图验证生物因素（Nelson, Thomas & Nelson, 1991）或社会文化因素（Williams, Haywood & Painter, 1996）的作用。其次，研究者调查了其他文化中过肩投掷发展水平的性别差异。埃尔、罗伯顿和兰根德夫（Ehl, Roberton & Langendorfer, 2005）发现，德国女孩在后摆、上臂和前臂动作上落后于德国男孩，此外，女孩比男孩进行过肩投掷动作练习的次数更少。樱井、陈塔尼兹和埃利奥特（Sakurai, Chentanez & Elliott, 1998）在澳大利亚、日本和泰国发现，过肩投掷距离存在性别差异。托马斯、奥尔德森、托马斯、坎贝尔和埃利奥特（Thomas, Alderson, Thomas, Campbell & Elliott, 2010）研究了6岁、8岁和10岁的澳大利亚儿童，因为澳大利亚有依靠投掷武器捕猎的历史。研究者没有评估其发育水平，而是测量了球速和几个运动学变量。研究者发现，澳大利亚男孩和女孩仍然存在性别差异，但这种差异比美国儿童间的差异要小得多。此外，澳大利亚女孩比美国女孩更擅长过肩投掷。对过肩投掷性别差异的研究多数都包括了球速和动作发展水平，但球速的结果通常与动作发展水平一致。

过肩投掷的性别差异可能是生物和社会文化因素综合导致的结果。在漫长的研究历史中，性别差异的持续存在提醒我们，要提高女孩的过肩投掷水平，仅仅增加参与机会是远远不够的。练习对女孩来说是重要的（Petranek & Barton, 2011），但是需要进行更多的研究来设定任务目标以激发女孩的最大潜力。

▶ **要点** 不是每个人都能达到过肩投掷的最高发展水平。在过肩投掷方面的性别差异可能反映了大量的个体限制和环境限制因素。

观察过肩投掷的动作模式

过肩投掷是较复杂的动作技能，很难对其进行细致的观察。最好在一次过肩投掷中只关注几个部位，甚至只观察一个部位。有些特征需要从过肩投掷者的正面或背面观察：

- 躯干与上臂的角度；
- 肘部角度；
- 躯干的侧曲。

其他特征需要从过肩投掷者的侧面观察：

- 上步；
- 躯干旋转；
- 上臂和前臂滞后。

在你观察过肩投掷动作时录像十分有用。通过录像，你可以分别回顾过肩投掷者的手臂动作及其慢动作。

成年期的过肩投掷方式

正如我们所看到的，过肩投掷是一项复杂的动作技能，需要身体许多部位的协调。要想将球扔到最远，过肩投掷者必须在精确的时机下运用全身运动移动关节。如此一来，在老年人群体中，对于过肩投掷动作的研究便十分有趣。例如，我们可以探寻老年人是否会像年轻人一样在过肩投掷时使用协调的动作，还是会使用不同的动作模式。如果他们使用相同的动作模式，我们可以观察老年人是否会像年轻人那样控制这些动作，或者以不同于年轻人的方式改变动作的幅度或速度。

让我们从观察开始，观察老年人的动作模式。威廉斯、海伍德和万森特（Williams, Haywood & VanSant, 1990, 1991）使用表6.1中的发展序列，对年龄为63~78岁的活跃的老年男性和女性进行分类。虽然这些发展序列是用来监测儿童和青少年的变化的，但是可以用来描述任何年龄的过肩投掷者的动作模式。

▶ **要点** 比较年轻人和老年人的过肩投掷方式时，我们可以观察他们采用的动作模式以及他们是如何控制动作的。

参与研究的老年人积极参加体育运动，但没有练习过过肩投掷或没有参与过类似的过肩动作运动。研究者发现，他们的过肩投掷动作在发展序列上只有中等水平。年龄较大的过肩投掷者多采用短距离对侧迈步（脚部动作发展序列的第3步），上臂动作处于发展序列的第1步或第2步，前臂动作处于发展序列的第1步或第2步。几乎所有人都使用躯干整体旋转（发展序列的第2步）。与儿童相似的性别差异也存在，也就是说，男性的过肩投掷方式通常更好。然而，过肩投掷的定性状态也与童年期和青春期的经历有关，在较年轻时参加相关运动的人的过肩投掷方式更好。

老年人的球速适中（类似于8~9岁儿童的球速）。老年男性的平均球速为54.4英尺/秒，老年女性的平均球速为39.1英尺/秒。因此，在老年人中，也出现了年轻人在球速上出现的性别差异。

由于弹道式技能中的后摆动作通常与球速有关，海伍德、威廉姆斯和万森特（Haywood, Williams & VanSant, 1991）仔细研究了老年人的后摆动作。那些呈圆形、向下后摆的人比那些向上后摆的人抛出的球更快。许多老年人使用的后摆动作模式似乎与儿童使用的不同。例如，许多人做出了成圆形、向下的后摆动作（发展序列的第4步），但是没有继续这一步。相反，他们弯曲肘部把球举过头顶后面。这可能是由于肌肉骨骼系统发生变化，如肩部活动性下降或快缩型肌纤维的丧失。过肩投掷者可能无法继续手臂在肩关节处的动作，或在运动过程中感到疼痛，因此，他们重新组织了动作。

在这些研究中，我们无法观察老年人年轻时的状况，所以我们不知道他们中是否有人或所有人在年轻时达到了身体各部位的最高发展水平。我们只能假设，他们作为老年人的中度水平至少反映了他们年轻时动作模式的一些变化。

人们普遍认为，随着年龄的增长，技能表现水平会不断下降。为了观察过肩投掷水平与年龄的关系，威廉斯、海伍德和万森特（Williams, Haywood & VanSant, 1998）在7年的时间里观察了8位老年人，其中一位60多岁，其余几位都为70多岁。与许多人预测的相反，多年来他们的过肩投掷动作相对稳定。7年来，研究人员对参与者80%的身体部位进行了观察。结果表明，他们均处于相同的动作发展阶段。

个体身体状况的改变通常（虽然不总是）伴随着技能表现水平的下降。改变会使研究的变量增加，也就是说，如果参与者与前次训练相比，动作发展水平发生了改变，他们在5个测试中的表现往往不一致，表现出不同的发展水平。威廉斯和他的同事们还观察到，7年来发生的小变化并不一定会导致发展序列的变化，这些小变化包括动作活动范围缩小和运动速度减慢。这一纵向观察表明，老年期的过肩投掷表现是相对稳定的。小变化为常态，比大幅度的水平下降更为常见。此外，短期训练能够改善老年人投掷实心球的预期姿势调整（Aruin et al., 2015）。或许，可以通过训练来改善这些小变化。

▶ **要点**　老年人的过肩投掷动作特点更多集中在动作发展步骤中的稳定性变化，而非快速的能力衰退。改变更多表现在每次投掷间的可变性增加，动作速度的轻微变慢，又或者动作幅度的受限。

很明显，老年人协调过肩投掷动作的方式与投掷水平中等的年轻人相似。很少有老年人使用与处于最高水平的年轻人相同的动作模式，但这可能因为观察的老年人的数量有限，以及速率限制因子施加的限制。随着时间的推移，在成年晚期观察到的变化最有可能是动作控制的变化，特别是速度的减慢或动作幅度的缩小。

虽然我们需要对老年人进行更多的研究和纵向观察，但限制模型可以指导我们对老年人表现进行的研究。老年人的一个或多个身体系统可能会退化，导致运动变慢或受限，然后达到必须改变动作模式的临界值，例如，肩部关节炎的加重可能导致肌肉骨骼系统成为过肩投掷动作的速率限制因子。有些动作模式可能是成年晚期特有的，因为随着年龄增长而出现的各种身体系统的衰退可能与身体生长带来的进步并不完全相反。其他的动作模式则可能与我们在儿童和青少年发展过程中看到的相同。

过肩投掷动作的精准度

过肩投掷的发展序列仅仅针对过肩投掷的距离而不针对过肩投掷的精准度。限制模型会引导我们预测，从针对过肩投掷距离到针对过肩投掷精准度的改变会导致动作模式的改变，即把目标从"扔得更远"变为"扔得更准"会使动作模式发生改变，兰根德夫（Langendorfer, 1990）证明了这一点。他让成人和9~10岁的儿童进行远距离和精准度过肩投掷。精准度过肩投掷要求击中一个直径为8英尺的圆形目标，成人距离该目标11码（1码约为91厘米），儿童距离该目标6.6码。男性在精准度方面的发展水平明显低于距离方面的发展水平。女性整体处于较低的发展水平，但在两种任务下没有显著差异。兰根德夫认为，对于女性来说，精准投掷的距离要求其实导致了用力投掷的结果，这表明在真正的精准条件下，过肩投掷者使用的动作模式与在距离条件下使用的动作模式不同。

▶ **要点**　如果使用远距离过肩投掷的发展序列来描述短距离的精准过肩投掷，即使是最熟练的过肩投掷者也可能不会使用最高阶的动作模式。

? 想象三四种需要过肩投掷的运动。这些运动更强调距离、精确度还是两者兼而有之呢？哪些情况下适合使用动作发展序列进行分析，从而让最熟练的投掷者可以展现出更高级的发展阶段？

威廉斯、海伍德和万森特（Williams, Haywood & VanSant, 1993, 1996）重复了兰根德夫对老年人的研究，要求老年人向距离11码远的目标进行远距离过肩投掷和精准过肩投掷。对这两种情况的过肩投掷动作速度都进行测量，研究者发现在精准过肩投掷活动中，投掷者会使用较慢的动作速度。作为一个整体，老年人在这两种情况下的变化不大，但大多数人都至少调整了一个身体部位的动作。和兰根德研究的女性过肩投掷者一样，老年人可能会发现，对距离11码远的目标进行精确过肩投掷需要比年轻男性花更大的力气。较短距离的精准过肩投掷任务可能会导致动作产生更多差异。

当然，在运动和游戏中，对于过肩投掷，人们很少会为了扔得更远而不考虑精确度，反之亦然。这项研究表明，即使是同一个人在同一环境中，不同的任务限制会产生不同的动作模式。当我们比较动作模式时，通常使用发展序列分类或其他一些对动作模式的描述，我们必须认识到，只有任务限制相同时，比较才是有效的。即使这样，人体-任务的相互作用也会影响动作。例如，一个强壮的人不用在对侧脚迈步的情况下就可以扔出一定的距离，而一个较弱小的人需要迈步才能把球扔到相同的距离。父母、教练和体育教师在对过肩投掷者进行比较时必须牢记这些因素。

踢击

踢击是用脚对物体进行的弹道式打击。

　　踢击和过肩投掷一样，对象都是某一物体（例如球），然而与过肩投掷不同的是，踢击者要击中目标物体。因此，儿童必须具备足够的感知能力和眼脚协调能力，才能执行踢击的动作，并始终完成与物体的接触。体育教师和家长可以通过让儿童踢一个固定的球来简化踢击活动。

早期踢击的特点

　　和过肩投掷一样，不熟练的踢击者倾向于使用单一动作，而不是使用一系列的动作。以踢球为例，即不踢球的腿没有向前迈一步，而踢球的腿只是向前推球，如图6.8所示。推球腿的膝关节在接触球后会屈曲，不熟练的踢击者在踢到球时甚至会立即收回腿。躯干不会发生旋转，手臂固定在两侧。图6.9中儿童不踢球的脚向前迈一步，展示了更高水平的踢击技能，踢球的腿处于翘起或上翘的姿势。

图6.8　刚开始学踢球的儿童只是简单地将腿向前推

源自：Mary Ann Roberton。

▶ **要点**　就像年龄较小的儿童只通过手臂动作进行过肩投掷一样，刚开始学踢击的儿童也只会使用腿部动作。

图6.9 与刚开始学踢球的儿童相比，图中儿童的动作有了一些改进。他向前迈了一步，腿处于弯曲姿势，但是腿的摆动范围仍然很小。当脚接触球时，膝关节屈曲，丧失了部分踢球的动力

源自：Mary Ann Roberton。

熟练的踢击

将早期踢球者的特点与图6.10所示的高水平踢球者的关键特点进行比较。高水平踢球者会做出以下动作。

- 通过跳跃或跑向球来准备动作，预备踢球时躯干向后旋转，踢球腿向后扬起；由于采取了跑步的步态，躯干会自然向后旋转，踢球腿的膝关节在后腿蹬离地面后屈曲，因此能够在最大距离下施加最大的力，踢球的距离将达到最远；跑动有助于为踢球提供动力。
- 踢球腿进行连续的踢球动作；大腿向前旋转，然后在脚与球接触之前伸展小腿（伸直膝盖），从而增加踢球腿经过的弧线半径；伸直的腿在脚接触球后继续向前，以在后续动作中消散踢球的力。
- 踢球腿围绕髋关节进行大范围的摆动。
- 旋转躯干，最大限度地加大动作幅度；为整条腿在完整摆动时可以保持平衡，在脚接触球时身体后仰。
- 手臂动作与腿部动作相对，以协调躯干和腿部的动作。

图6.10 一名熟练的踢球者。注意腿部动作的完整活动范围，以及躯干旋转和手臂的相对动作

源自：Mary Ann Roberton。

踢击的发展变化

与教育家们期望的不同，对儿童踢击动作发展的研究并不多。尽管我们知道儿童做出高水平的踢击动作必须经历的大体变化，但是每个身体部位发生了哪些质的变化并没有被很好地记录下来。郝本斯蒂克、泽费尔特和布兰特（Haubenstricker, Seefeldt & Branta, 1983）发现，在他们研究的7.5~9岁的儿童中，只有10%的儿童能做出高水平的踢击动作。因此，我们有理由推测，与过肩投掷一样，儿童不会自动获得熟练的踢击动作。

还有哪些因素可以改变踢击的动作模式？玛莉、巴蒂斯塔和罗伯顿（Mally, Battista & Roberton, 2011）研究了距离对踢击动作的影响。他们利用动力系统的观点，假设距离是踢击的控制参数，就像按比例加快或减慢速度时，行走会变成跑步。按照这个逻辑，只要达到关键的踢击距离，个体就会改变他们的踢击动作。玛莉及其同事对19名平均年龄为8.1岁的儿童进行了测试。儿童们以5个随机指定的踢球距离（大约为1.5米、3米、6米、9米和12米）进行踢球，每个人踢3次，同时进行录像。研究者基于踢球的关键特点进行分析，如靠近球时脚的最终姿势、最后一步的手臂姿势，以及腿部向前摆动时腿部和手臂的动作等。在这些特点中，有4个特点随着距离的变化而产生了显著的变化（靠近球时前进的步数和类型、前腿摆动时小腿的位置、后续动作中腿部的动作）。这些显著的差异表明，距离可能是踢击的速率限制因子。这也为了解踢击发展变化基础提供了线索，其变化模式与其他技能纵向前筛查所观察到的情形相似。换言之，当儿童要把球踢得更远时，他们就会改变动作方式，这也是儿童在童年期提高动作熟练度的方式。这表明发力的能力可能是推动踢击发展水平变化的关键因素。

观察踢击的动作模式

为了给儿童充分的踢击动作指导，就要观察每个儿童的动作，体育教师或教练可以从侧面观察：

- 支撑脚的放置；
- 踢球腿的动作幅度和接触球前的伸展；
- 躯干的动作幅度；
- 手臂的反向运动。

下面让我们来看看凌空踢的动作发展，这是一种特殊的踢击形式，研究者对它的发展序列提出了假设。

凌空踢

凌空踢是踢击的一种形式，即目标物体从手中落下，然后与脚接触踢出。

凌空踢所涉及的弹道式技能在力学上类似于踢击，但对于儿童来说凌空踢往往更难学习。要完成凌空踢，儿童要松开手中的目标物体使其下落，与此同时抓住时机用脚踢目标物体（以下以接踢球为例进行讲解）。

凌空踢的早期特点

刚开始学习凌空踢的儿童倾向于把球向上抛，而不是向下扔，通常在支撑腿触地后释放球（无论是否垫步）。双臂下垂放于身体两侧。她可能会僵硬地伸直踢球腿的膝盖或让膝关节弯曲成直角，如图6.11所示。她的脚通常会与腿成直角，这样一来球接触到的是脚趾而不是脚背，导致产生错误的动作。

手臂下垂放于身体两侧

触球时踢球腿的膝关节弯曲成直角

迈出一小步

图6.11 刚开始学习凌空踢的儿童，只迈出一小步，踢球腿的膝关节弯曲90度。球从腰部高度落下，但接球时手臂下垂于身体两侧
源自：Mary Ann Roberton。

熟练的凌空踢

要做出如图6.12所示的高水平的凌空踢动作，必须做到以下几点：

- 把球放在手中，手臂向前伸展，然后在腿跨出最后一步前松手让球下落；
- 释放球后，双臂落于身体双侧，然后手臂和腿部做相对运动；
- 支撑腿腾空后落地，用力摆动踢球腿使之与球接触，身体随着支撑腿的跳跃离地；
- 在接触球时，踢球腿的膝关节几乎保持伸直，脚趾（脚背）绷直。

球开始下降

双腿与双臂动作相对

双臂外展

跳步

脚踝伸展

图6.12 高水平的凌空踢动作。最后一步是跳步，脚接触球时，脚踝伸展（跖屈），以支撑腿的单侧跳步完成凌空踢动作。球从胸部高度提前下落，手臂外展并与腿部做相对运动
源自：Mary Ann Roberton。

凌空踢的发展变化

罗伯顿（Roberton, 1978b, 1984）对凌空踢的发展序列提出了假设（表6.2）。手臂动作分为两个阶段：释放球阶段和接触球阶段。释放球阶段的发展序列包括凌空踢时把球向上抛，之后发展为延迟下放，最后发展为在适当时机扔球。接触球阶段的发展序列显示，开始时没有手臂参与，之后发展为手臂的双侧动作，然后发展为手臂的相对动作，其特点是手臂与腿部相对运动时会伴随有力的下段躯干旋转。

腿部的发展序列包括开始时非踢球腿向前迈出一小步，之后发展为迈出一大步，最后发展为跳步。接触球的时候，踢球腿的脚踝由屈曲变为伸展。

表6.2　凌空踢的发展序列

顺序	动作
手臂动作：释放球阶段	
第1步	向上抛球。手在球的两侧，用双手将球向上抛掷，球在支撑脚落地时或落地前被释放
第2步	稍晚，从胸部高度放球。手在球的两侧，球从胸部高度被向上、向前提起，球在支撑脚落地时或落地前被释放
第3步	稍晚，从腰部高度放球。手在球的两侧，球从腰部高度被向上、向前提起，球在支撑脚落地时或落地前被释放
第4步	提前，从胸部高度放球。一只手旋转体侧和球的下方，另一只手旋转体侧和球的上方。在接近过程中，手让球沿着向前向上的轨迹移动。在迈出接近球的最后一步时，将球从胸部的高度释放
手臂动作：接触球阶段	
第1步	手臂下垂。释放球时双手放在球的两边，脚接触球，手臂自然下垂于髋部两侧
第2步	手臂外展。释放球后手臂向两侧外展。踢球腿向前摆动时，踢球腿一侧的手臂向后拉
第3步	手臂和腿相对。释放球后，球在空中运动时双臂向两侧外展。在接触球时，与踢球腿相对的手臂随着踢球腿向前摆动。踢球腿一侧的手臂保持外展并向后摆动
腿部动作：接触球阶段	
第1步	不迈步或迈一小步，踝关节屈曲。踢球腿从与支撑脚平行或稍稍靠后的位置向前摆动。膝关节在踢出球时可能完全伸展，或更常见的，是仍然保持90度屈曲，接触点可能在膝关节上方或下方。大腿在发生接触时仍然保持向上的运动，踝关节则倾向于保持在足背屈的位置上
第2步	迈出一大步，踝关节伸展（跖屈）。支撑腿迈出的最后一步是一大步。踢球腿的大腿在接触球时减缓或停止向前移动。踝关节伸展（跖屈）。接触球的过程中，膝关节伸展20~30度
第3步	迈步和跳步。可能会迈出几步，但最后一步要将重心移至支撑腿上。接触球后，踢球腿的动力将踢球者拉离地面

注：该序列是罗伯顿（Roberton, 1984）提出的假设，尚未被证实。

源自：Mary Ann Roberton。

观察凌空踢的动作模式

从踢球者的侧面观察，可以看到球的下落状态、手臂姿势和脚部姿势（见图6.13）。你从侧面可以清楚地看到接触球时脚的伸展程度。

侧向击打

侧向击打是一种击打形式，击打时手臂处于或低于肩部位置。棒球中的挥动球棒击球就是侧向击打的一个示例。

虽然许多体育运动都包含了击打动作，但关于击打动作发展的研究资料却很少。击打涉及许多动作技能，可以用身体的不同部位来完成，例如手或脚。人们也可以借助多种工具在不同的方向上完成击打动作，如在体侧挥动球棒、在头顶挥动球拍，或低手挥动高尔夫球杆。此处我们重点聚焦借助工具下进行的**侧向击打**动作（以下以侧向击球为例进行讲解）。

手臂动作：释放球阶段

是否把球向上抛？

是 — 第1步 向上抛

否 — 球是在支撑脚着地之前、着地时还是之后被释放的？

着地时/之后 — 球是从腰部高度还是从胸部高度释放的？

之前 — 第4步 提早从胸部高度释放

胸部高度 — 第2步 稍晚从胸部高度释放

腰部高度 — 第3步 稍晚从腰部高度释放

手臂动作 第4步

手臂动作 第3步

手臂动作 第1步

手臂动作：接触球阶段

释放球后手臂是否下垂于身体两侧？

是 — 第1步 手臂下垂

否 — 释放球后手臂同时同向移动，还是向相反方向移动？

同向 — 第2步 手臂外展

相反方向 — 第3步 手臂向相反方向移动

腿部动作：接触球阶段

是否迈步？踝关节是否伸展（跖屈）？

否 — 第1步 没有迈步/迈出一小步，踝关节屈曲

是 — 最后一步的步幅很大或者是一个跳步？

大步幅 — 第2步 长步幅，踝关节伸展（跖屈）

跳步 — 第3步 起跳且单脚跳

腿部动作 第1步

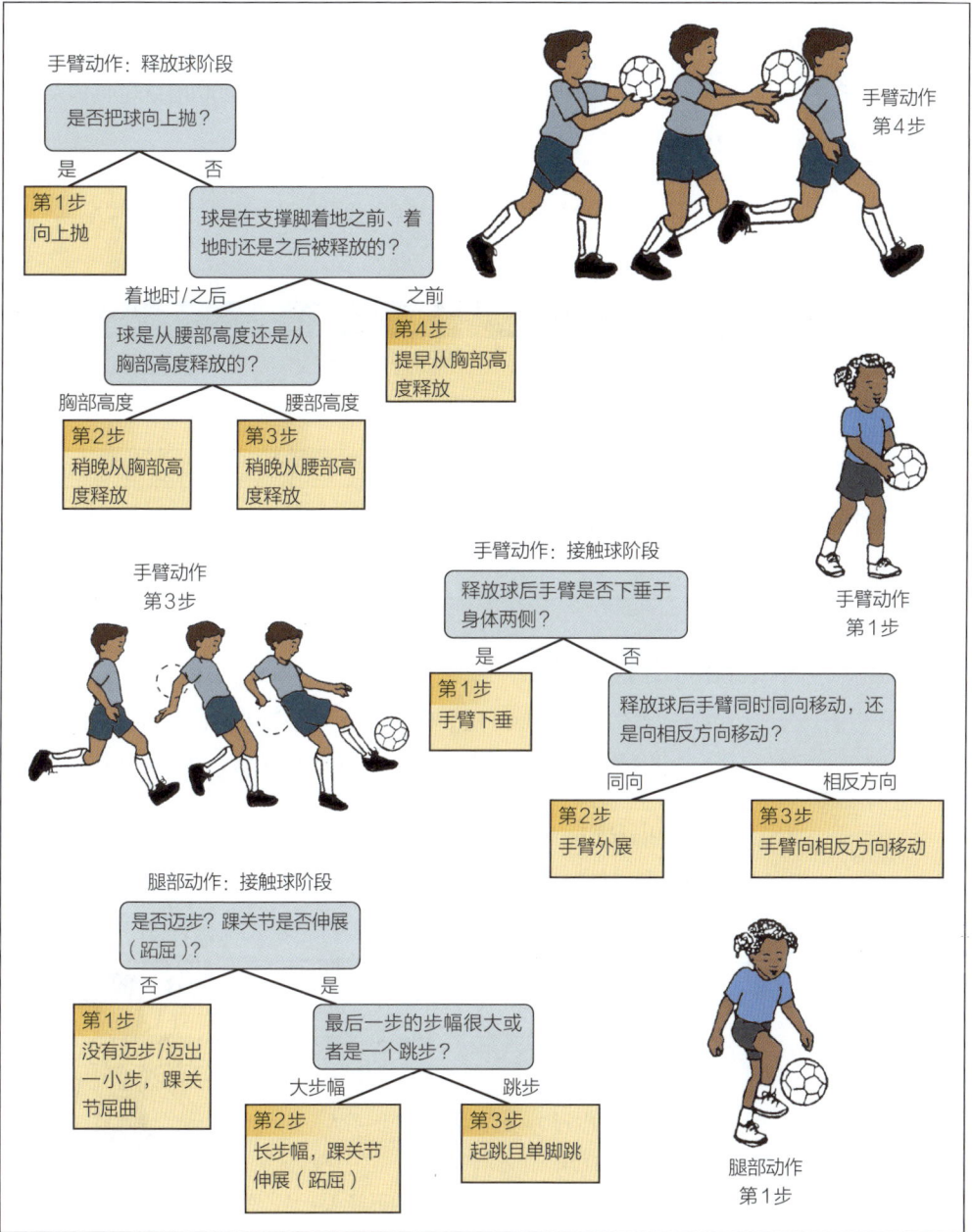

图6.13　凌空踢的观察计划

目前为止，我们讨论的基本技能中，击打所牵涉的感知判断最难。在童年期，成功击打物体的概率较小，因此，很难评估儿童击打移动物体的情况。出于这个原因，体育教师经常使用静止的球来调整儿童的击球活动。研究者通常利用击打静止的球来记录发展序列，这样他们就可以描述儿童动作模式的变化。

我们可以将单手击打静止物体的力学原理及其发展应用到其他类型的击打活动中。当我们研究击打模式的发展时，请记住这一点。表6.3列出了侧向击打的发展序列。

表6.3　侧向击打的发展序列

顺序	动作
	球拍/击球动作
第1步	下劈。球拍在垂直面内挥动
第2步	只有手臂摆动。球拍在躯干前面挥动
第3步	球拍滞后。先旋转躯干后挥动球拍，但身体朝向前方时球拍位于躯干前面
第4步	延迟的球拍滞后。身体朝向正面时，球拍仍然在躯干后面
	脚部、躯干和上臂动作
参见表6.1中的脚部、躯干和上臂动作	

早期侧向击打的特点

儿童第一次尝试侧向击打时，通常看起来像在进行不熟练的过肩投掷。她会伸展肘部，几乎不使用小腿和躯干的动作，通常会面向迎面而来的球，如图6.14所示。

熟练的侧向击打

高水平的侧向击打动作会融合许多过肩投掷的动作特点，这些特点如下所示。

- 迈步击球，从而对球施加线性力；迈步的长度应该超过身高的一半（Roberton, 1978b, 1984）；预备姿势应该是侧身，能做出迈步动作和单侧摆动动作。
- 使用差异化躯干旋转，使手臂摆动范围更大从而贡献更多的力。
- 摆动手臂的幅度最大化，以施加尽可能大的力。
- 在一个大致水平的平面内摆动手臂，在接触球前伸展手臂。
- 连续完成所有动作，以产生尽可能大的力，动作顺序为后摆、向前迈步、旋转骨盆、旋转脊柱、摆动手臂、伸展手臂、接触球、随球。

图6.14　图中的儿童仅用手臂动作完成击球。她面向球，向下挥拍，而不是侧身转体挥拍
源自：Mary Ann Roberton。

118

侧向击打的发展变化

研究者还没有对侧向击打的完整发展序列进行验证，但我们可以将过肩投掷中脚部和躯干动作的发展序列应用到侧向击打中（见图6.15，侧向击打的观察计划）。此外，我们还知道一些人在手臂动作上发生的定性变化。侧向击打的手臂动作不同于过肩投掷中的手臂动作（如挥动高尔夫球杆），但这几种动作涉及许多相同的力学原理。我们首先讨论侧向击打，但请记住，侧向击打的手臂动作发生的许多动作变化，以及其中涉及的力学原理，也适用于过肩投掷。

图6.14展示的侧向击打发生的第一个明显的变化是击球者侧身面对迎面而来的球。他通过把身体的重心转移到后脚，再向前跨出一步，在接触球时把身体的重心转移到前脚来提高击球效率。图6.16展示的儿童会侧身，但还没有学会在击球时迈步。

图6.15 侧向击打的观察计划（脚部、躯干和上臂动作，参见过肩投掷的观察计划）

第二个明显的变化是使用躯干旋转。在类似于过肩投掷的发展序列中，个体首先使用的是整体旋转，然后进阶到差异化（先臀部后肩部）躯干旋转。图6.17中熟练的击球者使用了差异化躯干旋转。

击球者也会渐进式地改变挥拍动作的平面，从图6.14所示的垂直下劈到斜向平面，并最终过渡到图6.16中所示的水平面。最后，他们通过在接触球前将肘部远离身体两侧并伸展手臂，来获得更大的挥拍范围。刚开始学击球的人经常用力抓握球拍手柄，其实将手柄握在手掌中即可（图6.18a和图6.18b）。紧握球拍时，击球者容易在

图6.16 与刚开始学击球的人相比，图中的女孩有了进步，她侧身站立进行侧向击球。但是，她的下肢仍然很僵硬

源自：Mary Ann Roberton。

图6.17 高水平击球者。手臂在整个活动范围内挥摆。击球者迈步挥臂击球，使用了差异化躯干旋转

源自：Mary Ann Roberton。

挥拍时肘部弯曲、前臂旋后，造成从下方切球的动作。儿童倾向于用力握住任何击球工具，尤其是给他们太大、太重的工具时。体育教师可以通过给儿童提供大小和重量适当的击球工具来促进他们使用合适的抓握方式（Roberton & Halverson, 1984）。也就是说，要根据儿童的体形和力量来调整工具的大小和重量。

观察侧向击打的动作模式

与我们到目前对许多技能的研究一样，从多个方向研究儿童的挥摆动作能了解更多信息。从发球位置（即儿童正前方，一个可以指导发球动作的安全距离和位置），你可以观察击球者迈步的方向、挥摆的平面和手臂的伸展。从击球者的侧面，你可以研究其迈步、躯干旋转和挥拍的范围。

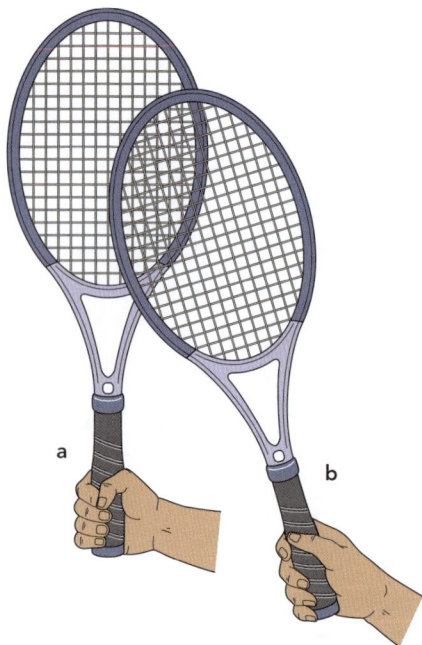

图6.18 a. 刚开始学击球的人经常会用力抓握球拍，造成从下面切球的动作；b. 侧向击打时，"握手式"抓握比较理想

过肩击打

在没有工具的情况下也可以完成**过肩击打**，如排球中的高手发球以及网球中的高手发球。但此处我们讨论的重点是用工具进行的过肩击打（以下以过肩击球为例进行讲解）。

过肩击打是手臂在肩部以上移动的一种击打形式，例如网球中发球的挥拍动作。

早期过肩击打的特点

早期过肩击打的特点是骨盆和脊柱的运动范围有限，摆动身体时肘部收缩，手臂和球拍一起向前挥摆，如图6.19所示。如果击球者接到投球，肘部的收缩会让球拍和球的接触点降低。因此，早期过肩击打的动作模式与早期过肩投掷和早期侧向击打的动作模式相似。

熟练的过肩击打

过肩击打水平较高的人会做以下动作，如图6.20所示：

- 骨盆和脊柱侧身的旋转角度均在90度以上；
- 手臂开始向前移动时，肘关节保持在90~119度；
- 向前摆动时球拍滞后于手臂。

图6.19 刚开始学习过肩击打的人。躯干动作很小。肘部收缩，手臂和球拍一起移动

图6.20 高水平的过肩击打。躯干的旋转动作明显。挥拍时球拍滞后于手臂

球拍的延迟与开放动力链的原理是一致的，力量是由一系列时序正确的动作组合产生的。上臂和前臂的滞后就是开放动力链的示例。上臂滞后于躯干旋转，前臂滞后于上臂，球拍滞后于前臂，从而形成连续动力链。

过肩击打的发展变化

兰根德夫（Langendorfer, 1987）和梅西克（Messick, 1991）都提出了过肩击打的发展序列。这两个发展序列都是基于横向研究的，没有经过纵向研究的验证。

过肩击打类似于过肩投掷和侧向击打，但也有其独特的特点。兰根德夫通过对1~10岁儿童的研究确定了8个部位的发展序列。躯干、上臂、前臂和腿部的发展序列与过肩投掷中这些部位的发展序列相似（表6.1）。过肩击打的发展序列还包括骨盆活动范围、脊柱活动范围、肘部动作和球拍动作（表6.4）。梅西克观察了9~19岁的青少年网球发球的动作。她发现前臂和球拍向上伸展以接触球是其网球发球的特点，除此之外，肘部动作和球拍动作的发展序列与兰根德夫发现的顺序相似。她还记录了网球高手击球预备阶段躯干动作的发展序列（表6.4）。

尽管兰根德夫和梅西克都观察到了重心变化的年龄差异——年长的运动员比年轻的运动员有更多的重心转移，但是他们都没有发现过肩投掷的脚部动作发展序列适用

表6.4　过肩击打的发展序列

顺序	动作
预备阶段：躯干动作	
第1步	无躯干动作或无躯干屈曲和伸展动作
第2步	最小程度的躯干旋转（小于180度）
第3步	躯干完全旋转（大于180度）
接触球阶段：肘部动作	
第1步	弯曲角度为20度或小于20度，或者大于120度
第2步	弯曲角度为21~89度
第3步	弯曲角度为90~119度
接触球阶段：脊柱活动范围	
第1步	脊柱（肩部）旋转角度小于45度
第2步	脊柱旋转角度为45~89度
第3步	脊柱旋转角度超过90度
接触球阶段：骨盆活动范围	
第1步	骨盆（腰部以下）旋转角度小于45度
第2步	骨盆旋转角度为45~89度
第3步	骨盆旋转角度超过90度
接触球阶段：球拍动作	
第1步	球拍没有滞后
第2步	球拍滞后
第3步	球拍充分滞后（和向上伸展）

预备阶段的躯干动作和球拍动作第3步括号中附加说明的信息经梅西克（Messick, 1991）许可转载，其余的信息经兰根德夫（Langendorfer, 1987）许可改编。

于过肩击打。也许过肩击打涉及不同的发展序列，但这尚未得到验证。尤其是在网球比赛中，有规则规定，发球者在击球前不能踏到发球线或超过发球线。

观察过肩击打动作模式

观察过肩击打动作模式与观察侧向击打时类似。除了从侧面观察外，你可能更愿意从后侧而不是"击打者"的角度观察。

老年人的击打方式

由于多萝西·切尼等这样一些活跃的老年人能在体育比赛中取得很好的成绩，我们看到弹道式技能可以在人的一生中保持。目前对活跃老年人进行弹道式运动技能的研究有限，但随着越来越多的老年人保持了积极的生活方式，其中就会涉及需要弹道式技能的运动，未来对于老年人的研究可能会增加。网球和高尔夫球是老年人研究中涉及的两项主要运动，这并不奇怪，因为这两项运动都有大量的老年人参加，并有着成熟的老年组织。

在有高尔夫球经验的年轻男性（19~25岁）和年长男性（60~69岁）中，对其高尔夫球中短铁杆击球的速度和节奏进行比较（Jagacinski, Greenberg & Liao, 1997）。当然，这项运动强调的是精准度而不是距离。年长组高尔夫球手的击球速度略快一些，击球的节点也存在差异。年长组高尔夫球手在挥杆的较早时候达到力量峰值，而年轻组高尔夫球手在仅击球前达到力量峰值。年长组高尔夫球手在挥杆后期的力量会发生较大的变化。这可能表明，年长组高尔夫球手比年轻组高尔夫球手在执行短球杆击球动作时施加了更多的力。在精准度方面，12名年长组的高尔夫球手中有3人的命中率低于10%，但其他人的命中率与年轻组的高尔夫球手一样高。但年长组的肘部动作在一定程度上发展层级更高。研究者在持续运用击打技能的人群中，并没有发现能力显著下降的证据。我们应该记住，这项运动对于力量和柔韧性的要求相对较低，因此，随着年龄的增长，力量和柔韧性的丧失不会对年长的高尔夫球手产生限制。

❓老年人为了击球而改变他们的动作模式是出于哪些速率控制因子？与那些久坐不动的人相比，在"击打"运动中保持活跃的人，速率限制因子有何不同？

海伍德和威廉姆斯（Haywood & Williams, 1995）观察了年长的网球运动员在进行过肩击打时的动作。这些老年人平均每周打2.7次网球。他们被分为两组，一组相对较年轻（62~68岁），另一组相对较年长（69~81岁）。前文描述过的准备性躯干动作、肘部动作、前臂和球拍等发育步骤被用来划分发球者的动作模式分类。此外，还测量了球的冲击速度。在这些测量中，相对年轻和年长的运动员没有任何区别，男性和女性运动员也没有区别。大多数运动员的躯干动作和球拍动作处于中等水平，但相对年长的网球运动员在肘部动作上水平较高。因此，研究者发现，持续使用击打技能的人数没有显著下降。

▶ **要点**　当对于力量和柔韧性要求不高时，许多年长击球者和年轻击球者的精准度相同，但有些年长击球者的击球精准度也可能不如年轻击球者。

▶ **要点**　经足够练习的动作模式有可能在一生中保持良好。

研究者对年长网球运动员的静态肩部柔韧性进行测量，以确定柔韧性的下降是否可以视作过肩击球的速率控制因子。然而，不同年龄的两个组在柔韧性方面没有差异。当然，与前面对年长过肩投掷者的观察相似，研究者没有对这些网球运动员进行纵向观察，因而不知道他们是否曾经使用过更高水平的动作模式。其中两名运动员，一名男性和一名女性，他们身体各部位的发展被列为最高水平，两人以前都是专业的网球教练。因此，这项研究表明，久经练习的动作模式更易于在年老时保持，尤其是年轻时获得的技能。

评估弹道式技能：粗大动作发展测试

可以用过肩投掷、踢击、凌空踢、侧向击打和过肩击打的发展序列来评估动作者的发展水平，但也可以使用评估工具进行评估。第 5 章概述了粗大动作发展测试（TGMD）及其演变，并描述了评估的移动技能部分，本章给出了 TGMD-3 的球类技能分量表。分量表中评估的技能如下：双手击静止球、正手击反弹球、单手静态控球、双手接球、踢静止球、上手投球、低手投球。TGMD-3 为量表提供了详细的说明，并为击球者提供了具体的指导（Ulrich, 2013）。管理每个测试项目的过程与管理移动技能测试项目的过程相同：由受过培训的人演示该技能，然后被测试者进行一次试测，接着对该技能进行两次编码测试（Webster & Ulrich, 2017）。评分程序也相同，不过在移动技能中，每项技能都有4 个表现标准。7 项球类技能中的 3 项技能的标准见表 6.5。请注意，许多表现标准与本章中描述的技能的发展序列相似。

表 6.5　部分 TGMD-3 球类技能表现标准

顺序	球类技能		
表现标准	正手击反弹球	踢球	上手投球
1	球弹起时，儿童用球拍向后挥拍	靠近球的动作快速且连续	预备开始时，手和手臂向下运动
2	儿童用非优势腿向球的方向迈步	儿童在触球前要迈出一大步或跳出一步	臀部和肩部旋转一定角度，使非扔球侧朝向墙壁的方向
3	儿童把球向前击向墙壁	非踢球脚放在离球很近的地方	与扔球手相对的腿朝墙跨出一步
4	球拍向非优势侧肩的方向跟随	儿童用脚背（不是脚趾）踢球	扔球的手在抛球后经过身体，顺势甩向非扔球一侧

源自：Reprinted by permission from Ulrich (2013)。

干预措施

最近，人们对促进学龄前和小学早期儿童基本动作技能发展的干预措施产生了兴趣。儿童必须跨越障碍才能获得高水平的、和体育运动相关的技能。正如我们将在第12章讨论的，掌握良好的动作技能，对于实现终身健康和幸福是很重要的。最近的研究显示了成功的干预措施的优势和特点。

荟萃分析和综述对干预措施的多项研究进行了验证。范·卡佩尔、布罗德里克、范·多恩、沃德和帕门特（Van Capelle, Broderick, Van Doorn, Ward & Parmenter, 2017）的研究重点是3~5岁的儿童。他们分析了20项研究，其中13项是体育教师引导的干预，6项是以儿童为中心的干预，1项是家长引导的干预。专家对实施干预措施的负责人进行培训。不同研究的干预时间差别很大，但平均时间为21周，每周3次，每次35分钟。荟萃分析得出的证据表明，与没有参与干预的儿童相比，参与体育教师引导的干预的儿童明显改善了整体的基本动作技能，以及对物体控制技能（弹道式技能和操控性技能）和移动技能。

威克等人（Wick et al., 2017）分析了针对2~6岁儿童的干预研究。对26项研究进行荟萃分析得出的结论是，对基本动作技能的干预有益于提高整体技能、物体控制技能和移动技能的熟练程度。动作技能发展中有专家参与的干预往往比没有专家参与的干预对儿童的影响更大。研究者指出，需要进行质量更高的研究，对研究参与者进行更合理的随机化，并研究儿童在干预中获得的技能优势能否在整个童年和青春期得到保持。

此外，一项针对3~8岁儿童的研究表明，与没有接受补充干预的儿童相比，常规体育课外接受补充干预的儿童，其移动技能和物体控制技能都有更大的改善（Bardid et al., 2017）。这扩大了已发现的干预措施的有效年龄范围。

早些时候有人注意到，在相同年龄，女孩达到更高过肩投掷动作水平的人数没有男孩多。万德曼、帕尔默、奥克利和鲁滨逊（Veldman, Palmer, Okley & Robinson, 2017）实施了一项以熟练度为基础、高自主性的干预项目，该项目为期9周，重点关注学龄前女孩的球类技能。研究证实，实施干预项目后，女孩的球类技能在短期和长期内都有了改善。这种干预项目对于提高女性球类技能表现水平特别重要。

虽然还需要对这一主题进行进一步的研究，但是有证据表明，基础动作技能的指导和实践对儿童大有裨益，因为这些技能不会自发改善。童年期作为发展技能熟练程度的重要时期，可能会对人的一生产生重要影响。我们将在第12章进一步探讨这种可能性。

总结与综述

要想精通弹道式技能所要求的动作，就必须遵循最大化力和速度的力学原理。随着儿童和青少年弹道式技能的提高，他们的动作变化越来越符合这些力学原理。例如，向前迈步将动力转移到扔球或击球的方向；躯干旋转运动的顺序变为手臂扔球和击球时下肢先旋转，上肢随机旋转；投射肢体的顺序动作，使身体末端和击球工具滞后于整体躯干或身体近端，从而便于传递动力、加快速度。我们知道，向最有效的动作模式的转变不会自动发生。一些成人继续使用的动作模式，只能达到中等水平而无法带来所期望的最好结果。由于很少有对终生击打动作表现的观察，我们难以了解老年人投掷和击打表现的下降程度。然而，活跃的老年人似乎能很好地保持动作模式，在不断练习的情况下更是如此。

任务条件以及人与任务之间的相互作用，对于决定动作模式的表现非常重要。在评估年轻人的进步或老年人的退步时，我们不仅要考虑可能影响这些变化的速率控制因子，还要考虑观察动作的特定任务条件。一个人在进行短距离精准过肩投掷时，不一定会使用身体各部位的最高水平动作。

巩固已学知识

回顾

多萝西·切尼在80多年的网球运动生涯中，为保持自己的冠军地位，对不断变化的限制因素进行了整合。她适应了自己身体的变化，在每个年龄组的比赛中都能获胜。她不管在哪里参加比赛（环境限制），不管参加何种比赛，如单打、双打、混合双打（任务限制），大多都能获胜。

知识测验

1. 踢击和凌空踢有什么区别？
2. 确定以下弹道式球类技能发展中发生的4个主要质变：过肩投掷、凌空踢和过肩击打。
3. 过肩投掷和过肩击打的发展变化上有什么共同之处？为什么这两种技能都会以这种方式改变？
4. 干预项目的哪些特点能改善儿童的表现水平？

学后练习

过肩投掷：投掷手臂发生的变化所带来的动作姿势改变

确定用力过肩投掷的发展水平时，涉及哪些个体限制？

1. 观察3个人（至少包括1名儿童），要求每个人用他的优势臂投掷（他自然选择使用的手臂），使用本章提供的过肩投掷的观察计划来评估每个投掷者的发展水平。
2. 现在，要求每个人用非优势臂投掷。他们的发展水平发生了什么变化？
3. 用优势臂和非优势臂投掷时，通常至少会有一层发展水平上的差别，列出可能导致变化的各种原因。

第 7 章

操控性技能的发展

章节目标

- ▶ 记录婴儿从用力抓握到拿起物体，再到精确抓握的转变过程；
- ▶ 相对于手的大小，论证物体的大小怎样影响抓握物体的方式；
- ▶ 研究视力在学习伸手拿物体时的作用；
- ▶ 确认抓握的发展变化；
- ▶ 探讨抓握者如何能够拦截物体。

援助之手

2018年1月，马修·斯科特（Matthew Scott）接受手部移植手术已经19年了，这是美国首例手部移植手术。斯科特是左撇子，1985年在一次燃放鞭炮事故中失去了左手。在15个小时的手术中，斯科特接受了一位离世之人的手部进行移植。一年半以后，斯科特能够感觉到移植手的温度、压力和带来的疼痛感，他还能用这只手翻书、系鞋带和扔棒球。8年后检查时，他可以用移植手握住约6.8千克重的东西并捡起一些小件物体。

在手臂或手腕处打过石膏的人，可以了解用单手或不能用手时，尝试完成某些任务或运动的情况。手能帮助我们完成各种各样的事情，既能用于处理小而精致的物体，也能用于驾驶大型船只。

与其他任何动作一样，我们认为肢体的动作来自个体限制、任务限制和环境限制的相互作用。思考从桌子上拿起一个水晶碗的过程，并考虑应该用单手还是双手拿起它。其中，环境限制发挥了作用，因为重力作用于物体，而水晶碗比普通玻璃碗重。这项任务受多方面因素影响。考虑碗的形状，碗的形状和重量，也就是环境限制和任务限制的相互作用。是否能够用单手举起碗，还是需要用双手？考虑人的力量，个体的结构性限制是否与任务限制和环境限制相互作用，从而能够用单手或双手拿起物体？

随着身体的发育成长和老龄化，许多个体的结构性限制发生了变化。四肢的长度和大小随着发育而变化，力量也是如此。另外，随着年龄的增长，关节炎等疾病会让使用操控性技能变得困难甚至痛苦。因此，就像其他类型的技能一样，操控性技能的表现水平也会随着身体发育和年龄增长而变化。

抓握和伸够

当一个技能发展成熟的成人想要拿到一个小物体时，他会向前伸出手臂，然后用手抓住物体。伸够和抓握会形成一个流畅的动作单元。为了简化对婴儿伸够和抓握发展序列的研究，我们将首先了解**抓握**。

抓握是指用单手或双手去掌控物体。

抓握

1931年，霍尔沃森发表了关于抓握发展的经典描述，其中对6个阶段的总结如图7.1所示。霍尔沃森对16~52周的婴儿抓握边长为1英寸的立方体的过程进行拍摄。在早期的抓握过程中，婴儿用手掌挤压物体，而拇指不从反方向发力。最终，婴儿的拇指同样发力，但仍然将物体放在手掌上。这类抓握统称为强力抓握。霍尔沃森观察到，大约出生9个月后，婴儿开始用拇指和一根或多根其他手指拿东西，这被称为精确抓握。因此，婴儿出生第一年的特点是从强力抓握过渡到精确抓握。

霍尔斯坦（Hohlstein, 1982）后来重复了霍尔沃森的研究，除了原始研究中使用

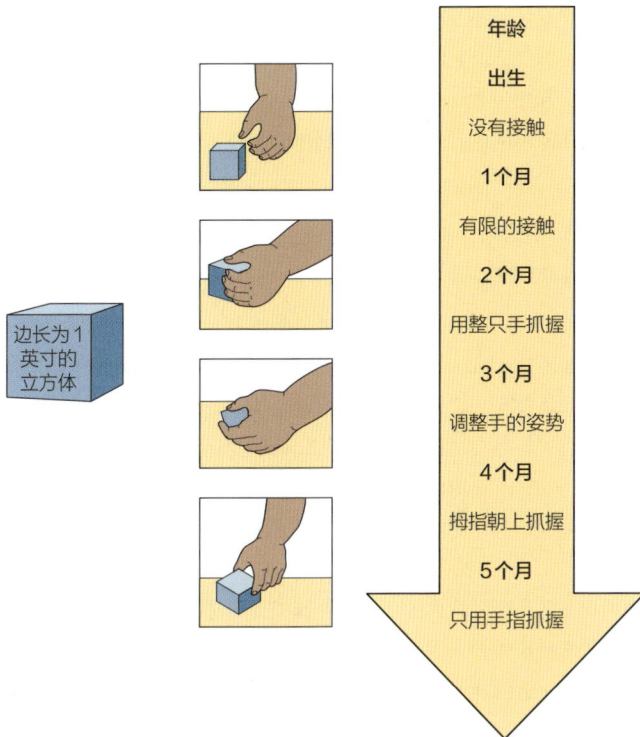

图7.1 抓握的发展序列

源自：Illustration by Nancy Getchell。

的边长为1英寸的立方体外，她还为婴儿提供了不同大小和形状的物体。从强力抓握到精确抓握的过渡仍然很明显，但是物体的大小和形状对婴儿采用何种具体的抓握方式也有所影响。事实上，在9个月大时，婴儿会根据物体的形状来确定采用哪种手形（Lockman, Ashmead & Bushnell, 1984; Piéraut-Le Bonniec, 1985）。

▶ **要点** 婴儿在出生第一年内会发生从强力抓握到精确抓握的过渡，但使用何种抓握类型取决于物体的大小和形状。

通过霍尔沃森早期的工作，发展学者认为抓握是一种逐步习得的行为。霍尔沃森同时代的成熟论者把这些与年龄有关的变化看作动作发展里程碑。他们把每次向新阶段的进步与神经运动成熟，尤其是大脑运动皮层的成熟联系起来。然而，研究发现，被抓握物体的大小和形状会对抓握类型产生影响，这表明了个体限制、环境限制和任务限制在抓握动作中的相互作用。霍尔沃森只研究了一组环境限制和任务限制的特征。在婴儿几个月大时，随着环境限制和任务限制特征的变化，可以观察到其更多不同的抓握动作。

例如，纽厄尔、斯库利、麦克唐纳和巴亚热昂（Newell, Scully, McDonald & Bail-largeon, 1989）对4~8个月大的婴儿抓握一个立方体和3个不同直径的杯子进行观察。他们发现婴儿95%的时间使用5种类型的抓握动作，具体的抓握类型似乎取决于物体的大小和形状。研究者甚至观察到，婴儿在比霍尔沃森观察到的年龄更小的时候就能使用精确抓握握住直径最小的杯子。既然我们观察到婴儿在这么小的年龄就能进行精确抓握，很明显，神经运动系统在这么小的年龄也足够成熟，这样才能控制精确抓握的动作。李、利乌和纽厄尔（Lee, Liu & Newell, 2006）对9~37周的婴儿进行纵向观察时还发现，婴儿使用的抓握类型取决于物体的属性。显然，神经运动成熟并不是抓握过程中唯一的结构性限制。

▶ **要点** 视觉信息和身体大小似乎会限制婴儿进行抓握时手的形状，以及抓握特定物体时用手的数量（单手或双手）。

基于对年龄稍大儿童的观察，纽厄尔、斯库利、特南鲍姆和哈迪曼（Newell, Scully, Tenenbaum & Hardiman, 1989）认为，抓取任何特定物体时使用何种抓握类型，取决于手的大小和物体大小之间的关系。也就是说，个体所选择的抓握动作与物体的大小和手的比例有关，或者动作反映了身体比例的变化。巴特沃思、韦尔维和霍普金斯（Butterworth, Verweij & Hopkins, 1997）通过让6~20个月大的婴儿捡起不同大小的立方体和球体来验证这个想法。他们证实了霍尔沃森提出的从强力抓握到精确抓握的总体趋势。2岁初，精确抓握占主导地位。年龄较小的婴儿比年龄较大的婴儿倾向于用更多的手指来抓东西。物体的大小对抓握类型的选择有很大的影响，而物体的形状对抓握类型的选择影响较小。巴特沃思和他的同事观察了6~8个月大的婴儿，他们观察到霍尔沃森提出的除年龄最小的婴儿使用食指指腹抓握以外的全部抓握类型，所以婴儿使用的抓握方式比我们从霍尔沃森的研究中推测得出的要多。因此，抓握动作神经运动发展一定比霍尔沃森及其同时代的人认为的水平更高。任务限制和环境限制显然在婴儿的动作适应中起着重要的作用。

回想在早上做早餐吃时，你抓握了多少个物体？抓握每一个物体时你的手形发生了怎样的变化？如果手腕受伤是否会让任务变得困难呢？

巧合的是，在巴特沃思及其同事的研究中，男孩比女孩的手长。纽厄尔、斯库利、特南鲍姆和哈迪曼提出的假说预测这些男孩和女孩会使用不同的抓握类型，但事实并非如此。物体大小对选择何种类型进行抓握有很大的影响的理论支撑了这一观点，即手的大小和物体的大小之间的关系很重要，但是男孩和女孩没有区别。因此，婴儿在选择抓握方式时是否真的会使用身体比例进行调节，还需要更多的研究。尽管如此，这项工作证实了即使在早期抓握中，个体限制、环境限制和任务限制之间的相互作用很重要，不断变化的结构性限制会使动作模式发生变化，这种现象甚至在婴儿时期就出现了。

身体比例会对年龄更大的人群也适用吗？年龄稍大的儿童和成人在选择抓握类型时，也会参考手与物体之间的尺寸比例吗？纽厄尔、斯库利、特南鲍姆和哈迪曼（Newell, Scully, Tenenbaum & Hardiman, 1989）观察了3~5岁的儿童和成人。他们发现，无论年龄多大，一个相对恒定的"手与物体的尺寸比例"决定了抓握选择双手而不是单手。尽管成人的手更大，但这一比例是一致的。5岁、7岁和9岁的儿童也同样具有这一比例（van der Kamp, Savelsbergh & Davis, 1998）。个体的结构性限制与环境限制和任务限制的相互作用，决定了是选择单手还是双手进行抓握。

在这类活动中，视觉信息也发挥着作用。在很小的时候，我们就会根据物体的大小、重量和形状来选择抓握类型（图7.2）。巴特沃思和他的同事（Butterworth et al., 1997）观察到，婴儿在真正抓住一个物体之前，经常会先把它碰倒。相比之下，成人在接触某个特定物体之前，会先调整手形和方式，也会想好是用单手还是双手去抓握。也就是说，视觉信息会为抓握做好准备。在童年期，个体获得了精确调整手形抓握物体的经验。库尔茨－布什贝克等人（Kuhtz-Buschbeck et al., 1998）指出，6岁和7岁的儿童在伸手时比成人更依赖视觉信息反馈来调整手形。同样，普里德、罗伊和坎贝尔（Pryde, Roy & Campbell, 1998）观察到9~10岁的儿童在快要拿到物体时比成人速度慢，这大概是由于他们花了更多的时间利用视觉信息来抓握物体。5~10岁儿童和成人似乎都是利用视觉信息来预测抓握，并优化抓握准确性的（Smyth, Katamba & Peacock, 2004; Smyth, Peacock & Katamba, 2004）。

如果从童年期开始，身体比例就真的决定了抓握的类型，那么考虑到身体比例中的手掌大小和手臂长度，抓握应快速变成一项熟练的技巧。人不需要随着成长而重新学习抓握，因此，我们可以认为抓握可能是一种非常稳定的技能。只有患有关节炎或年老丧失力量的情况才会影响手的形态。卡纳汉、范德沃特、斯旺森（Carnahan, Vandervoort & Swanson, 1998）发现年轻人（平均年龄26岁）和老年人（平均年龄70岁）能准确地把手张开来抓住大小不同的移动物体。当然，大多数操控性技能并不仅仅是抓住一个物体那么简单，而是伸手，够到物体并抓住它。现在我们来看看人的一生中伸够动作是如何发展的。

❓ 回想你抓物体的经历，你有没有说过"这个物体比看起来更重"或者"这个物体比看起来更轻"？这些经历告诉你，视觉信息对抓握动作具有什么作用？

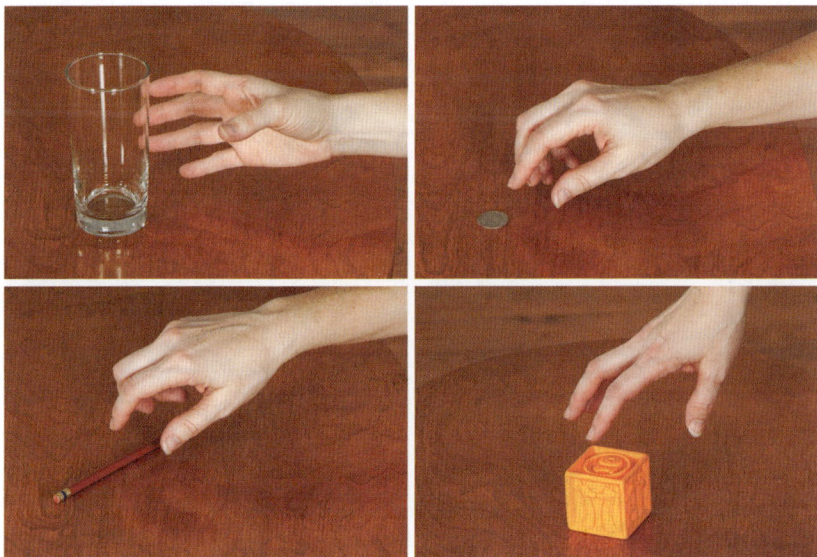

图7.2 拾起物体所采取的抓握类型，部分类型取决于物体的大小和形状。成人在接触物体之前会先调整手形和握持方式

伸够

　　婴儿1岁时会从随机手臂动作过渡到伸够从而抓握物体。在伸够的发展过程中，出生后最初几个月，是什么驱动了婴儿从随机的反射性手臂动作（预伸手）到最终成功伸手拿到物体的变化？从皮亚杰（Piaget, 1952）开始，许多发展学者提出，人要伸手和抓握需要同时看到物体和手，从而使视觉信息和本体感觉相匹配。布鲁纳（1973; Bruner & Koslowski, 1972）进一步提出，婴儿从最初的不协调的动作建立起视觉引导手臂动作的系统。其他一些人认为伸够的发展是一个已经存在但能力逐步精细化的过程（Bower, Broughton & Moore, 1970; Trevarthen, 1974, 1984; von Hofsten, 1982）。

　　然而现在看来，从预伸手到伸手并没有一个持续的变化，也就是说，婴儿没有学会将手与手臂的视觉信息与动作的本体感觉相匹配（von Hofsten, 1984）。婴儿从一开始就很擅长在看不见手的黑暗中伸手（Clifton et al., 1993; McCarty & Ashmead, 1999）。这并不是说视觉信息对活动不重要，婴儿后期会依靠视觉信息来细化伸手的路径，正如我们前面所说的，调整手形以抓握物体（图7.3）。更有可能的情况是，学习如何伸够就是学习如何控制手臂。

　　西伦等人（Thelen et al., 1993）对这一问题进行了研究，他们对3周~1岁的4名婴儿的手臂动作进行了纵向研究。研究者观察到，婴儿在3~4个月大时从预伸手阶段过渡到伸手阶段。婴儿一开始会有大致的伸手动作（探索和发现的动作），但每个婴儿都能根据自己已经使用过的动作找到控制伸够的方式。其中两名婴儿更偏向于做出快速、震荡的试探动作，当他们靠近玩具时，他们必须抑制自己做出这种动作。另外两名婴儿通过肌肉发力控制他们选择的缓慢动作去伸向玩具。经过几个月的练习，这些婴儿都非常擅长伸手拿玩具了，但每个人都有不同的解决方案，从最初的试探性伸手过渡到稳定的成功伸手。动作提高期的特征是：伸够动作进步，然后下一次进步前出现些许退步。

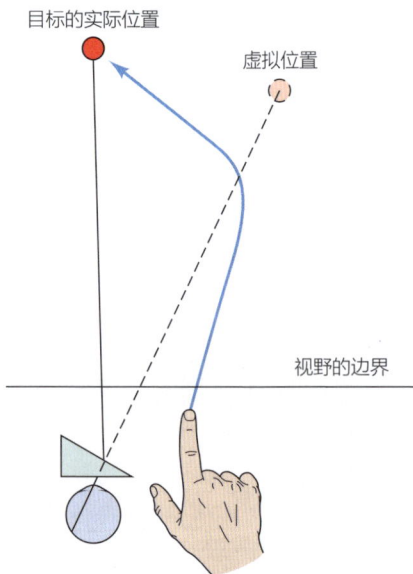

图7.3 移位视觉活动显示了视觉信息在伸手时的作用。放在眼睛前面的棱镜会改变个体看到的物体的位置。个体伸手却什么也抓不到，这是因为他们直接伸手触碰的是通过视觉信息确定的位置。他们不会在视野中等着看到自己的手，然后引导它到那个位置
源自：Reprinted by permission from Hay (1990).

▶ **要点**　想要伸手拿到物体，婴儿必须学会控制手臂，他们会在实践中学习。

　　西伦等人认为，他们对婴儿伸手的纵向研究表明，婴儿是通过实践来学习的。婴儿并非用中枢神经系统来规划手臂的动作轨迹，并没有一个把手指向玩具的神经策略，婴儿通过调整手臂张力，并运用肌肉力量把手伸向玩具。通过重复伸够，婴儿会找到

越来越有效且连贯的伸手方式，但他们发现的这些动作解决方案是个性化的，是根据他们对自己产生的动作的感知来调整的。

科尔贝塔和她的同事（Corbetta et al., 2014）进一步探索了这种具体化的解释，他们关注婴儿在学习伸手的过程中，是根据视觉信息调整动作，还是将动作施加到自己看到的物体上。通过每周追踪婴儿在学习伸手过程中的眼部动作，他们发现婴儿通过学习将目光对准他们伸手的地方。因此，婴儿自主产生的动作为学习如何引导伸手动作提供了本体始感受和触摸反馈。在这个过程中，婴儿学会了用视觉信息调整动作。这种早期的视觉运动映射是运动控制中重要的一步。

虽然很多关于婴儿伸手的研究使用的都是固定物体，但用移动物体进行的研究表明，婴儿在大致相同的年龄开始伸够固定物体和移动物体（在水平面上），且有相似的成功率（von Hofsten & Lindhagen, 1979; von Hofsten, 1980）。在6~10个月大的时候，婴儿在伸够移动物体时开始采取多种不同的策略。他们开始用双手去拿物体，以及用物体所在同侧的手完成伸够（Fagard, Spelke & von Hofsten, 2009）。

手－嘴动作

另一种类型的手臂动作将手（无论手中是否有物体）放到嘴边。在3~4个月大时，婴儿更连贯地把手放到嘴边而不是面部的其他部位。5个月大时，他们开始张嘴等待手的到达（Lew & Butterworth, 1997）。视觉信息在这些动作中的作用尚未得到研究，同一婴儿的手－嘴动作和伸够物体之间的关系也未得到研究。

▶ **要点** 婴儿在1岁时能够完成双手伸够，但直到2岁时才能完成双手的配合活动。

双手伸够和控制

到目前为止，我们讨论的是单手伸够，但婴儿也会掌握用双手伸够和抓握的能力（Corbetta & Mounoud, 1990; Fagard, 1990）。动作熟练后他们知道当用单手无法抓住太大的物体时，可以用另一只手来进行配合。例如，人们可能用单手握住容器，用另一只手打开容器的盖子。

▶ **要点** 1岁的婴儿处于用单手伸够主导和用双手伸够主导的交替时期。

婴儿的随机手臂动作是不对称的（Cobb, Goodwin & Saelens, 1966）。最开始的双侧动作，即伸展和举起手臂，大约在婴儿2个月大的时候会出现（White, Castle & Held, 1964）。出生几个月之内，婴儿就可以在身体的中线上扣握双手。在大约4.5个月大的时候，婴儿通常使用双臂去伸够物体，虽然是双手开始，但结果通常是一只手首先够到并握住物体。科尔贝塔和西伦（Corbetta & Thelen, 1996）研究了前面描述的婴儿的双手伸够动作（Thelen et al., 1993）。婴儿1岁时，是在用单手伸够和用双手伸够之间交替的（图7.4）。在婴儿双侧伸够期间，非伸够侧手臂会做出同步动作，但在单侧伸够期间则不会。上述研究中的4名婴儿并没有在同样年龄时经历这两种伸够方式的转变。手的活动可能受到姿势控制的影响，但也可能没有单一因素影响是单手或双手伸够。不过，改变限制可以促进婴儿出现特定的动作模式。

出生8个月后，婴儿开始分离同步的手臂活动，这样他们就可以用双手协同地操控一个物体（Goldfield & Michel, 1986; Ruff, 1984）。快到1岁时，婴儿学会拿两个物体，每只手拿各一个，并经常让两个物体相撞（Ramsay, 1985）。1岁大时，他们就可以把东西拆开，然后把一个物体插入另一个物体。不久，婴儿可以同时用不同的手臂去接触两个物体。然而，直到快2岁，婴儿才可以用手进行配合运动，例如单手握住打开盖子的容器，用另一只手从容器中取出物体（Bruner, 1970）。

刚满2岁的婴儿可以使用物体作为工具。巴雷特、戴维斯和尼达姆（Barrett, Davis & Needham, 2007）指出，有使用工具（如勺子）经验的婴儿，即使在拿碗可以更好地完成任务的情况下，仍会坚持握住勺柄。不过，婴儿可以灵活地使用全新的工具，而且可以通过训练掌握应握住工具的哪一端。

图7.4 要拿到较大的物体需要伸出双手。年龄较小的婴儿的一只手可能比另一只手先拿到物体。出生7个月以后的婴儿会根据物体的特性，确定伸出单手或双手拿到物体

▶ **要点** 在出生第2年的前期，婴儿可以使用物体作为工具。

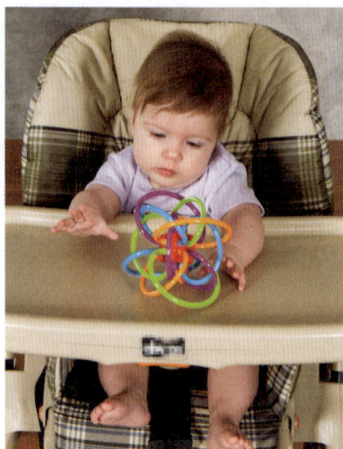

姿势的作用

姿势控制对伸够很重要。作为成人，我们在伸够东西时常常会前倾或扭转身体。婴儿通常在6~7个月大时能独立坐着。在此之前，他们的躯干必须得到支撑，才能成功地伸够。当婴儿能够保持姿势控制时，伸够能力就会增强（Bertenthal & von Hofsten, 1998）。即使在4个月大的时候，他们伸够时也会调整姿势，并且出生1年以内这些调整会得以改善，继续促进伸够动作的发展（Van der Fits & Hadders-Algra, 1998）。从7个月大时对婴儿进行纵向研究发现，1岁后期婴儿切换到两手伸够被认为与开始行走有关（Atun-Einy et al., 2014）。

成年期的手部动作表现

伸够和抓握在人的一生中是重要的动作技能，许多职业都与操控性技能有关。而老年人是否具备利用这些技能进行一些日常生活活动的能力，如洗澡、穿衣、做饭和打电话，将决定一个人的独立生活能力。我们之前讨论了伴随衰老发生的个体限制的一些变化。很容易看出，其中一些变化可能是大体动作表现的重要影响因素，但它们也会影响操控性技能吗？在一生中，精细动作技能会比粗大动作技能维持得更好吗？让我们看看关于成年阶段的操控性技能研究。

考拉宁和万哈兰塔（Kauranen & Vanharanta, 1996）对21~70岁的男性和女性进行了一项横向研究，测试项目包括反应时间、动作速度、敲击速度及手脚的协调性。50岁以上的人在有关手部的测量项目中分数都下降了，即反应时间变长、动作速度和敲

击速度变慢、协调性得分下降。

那么老年人的操控性技能表现如何呢？休斯等人（Hughes et al., 1997）在6年内对平均年龄为78岁的老年人进行了观察，每两年对这些人进行计时手部操作表现测试和握力测量。计时手部操作表现测试包括22项操控性测试，17项来自威廉姆斯委员会的手动能力测试，5项来自杰布森的手部技能测试。每个受试者的分数由完成测试所需的总时间组成。整体上看，年龄较大的老年人在测试中超过了时间阈值，表明握力随着年龄的增长而下降。手部操作表现的下降与肌肉骨骼疾病导致的力量丧失和上肢关节损伤有关。此外，在伸够东西的时候，老年人在动作末端比年轻人要慢，这可能是因为他们需要调整运动轨迹（Roy et al., 1993）。

孔特雷拉斯-维达尔、特林格和施特尔马赫（Contreras-Vidal, Teulings & Stelmach, 1998）观察了年轻人（20多岁）和老年人（60~70岁）的写字动作。当然，这一动作不需要较快的速度，也不需要非常精确。与年轻人相比，老年人可以很好地控制力量，但他们手指手腕的协调性不是很好。

随着身体的衰老，粗大动作和精细动作中速度的丧失很常见。此外，综述性研究表明，随着年龄的增长，人的动作协调性可能下降。我们可以看到，动作废用和患有疾病等原因对丧失操控性技能产生了重要影响，这与移动能力和弹道式技能的丧失相同。随着年龄的增长，那些减少手部活动的人的技能可能会下降得更明显，进而导致力量的丧失，从而进一步影响动作表现。康奈特、克里斯托和伊诺卡（Kornatz, Christou & Enoka, 2005）为10名老年人提供了为期6周的非惯用手稳定性训练项目，结果显示，在进行普度钉板测试（Purdue Pegboard Test），即对手动控制的功能性评估时，力量和手的灵巧度有所改善。因此，在一生中持续使用或练习操控性技能，可能会减慢操控性技能的丧失速度。

很明显，个体限制、任务限制和环境限制的相互作用在精细动作技能中，与在粗大动作技能中一样重要。随着年龄的增长，个体限制的改变会带来环境限制和任务限制相互作用的改变，从而引起动作的变化。

▶ **要点** 老年人伸够动作的减慢，使他们在做连续的动作时处于劣势地位，但手部技能的准确性是稳定的，特别是在做一些他们熟悉的活动时。

❓ 现如今，人们常常会使用计算机发电子邮件或用手机发短信，前者需要在键盘上打字，后者需要在非常小的手机键盘上打字。某一特定年龄段的人对于这两种方式有偏好吗？为什么？偏好与经验或其他因素有关吗？

快速瞄准动作

在一些复杂的动作技能中，人们能做出快速瞄准动作。这种手臂动作包括运动开始阶段和加速阶段，手臂动作达到最快速度，然后从最快速度到运动结束的减速和终止阶段。

年轻人倾向于对称地完成这类动作，也就是说，加速阶段和减速阶段是相等的。相比之下，老年人在动作开始时没有那么有力，也可能在加速阶段没有产生同样的位移。他们往往有一个较长的减速阶段以进行补偿，因为他们在最后阶段需要做出更多的调整，特别是当快速瞄准动作对准确性的要求非常高的时候（Vercruyssen, 1997）。

快速瞄准动作需要监控和操作复杂的显示设备（如驾驶舱）。在关键性的任务中，这样的许多动作是需要依次进行的，任何减速效应都会累积起来。因此，年龄差异在单个、简单的或自定节奏的手臂动作中可能不重要，但在短时间内需要进行多个连续动作时可能就会变得很关键。在这种类型的技能中，个体限制和任务限制的相互作用是显而易见的。练习对老年人很重要，当他们非常了解按钮或控制杆的位置时，就可以弥补速度减慢带来的问题。

接球

某些操控性技能是运动表现的基础。在这些技能中，人们必须通过伸手拦截一个移动的物体或者用工具停止它的移动来获得控制权。最常见的操控性技能之一是接球。在曲棍球比赛中，球员可以控制球，使其保持在自己的控制范围内，而不会到处反弹或滚动。在这些接收性技能中，我们对接球的发展了解最多。

棒球爱好者谈到出色的外线接球时总会滔滔不绝。也许最令人难忘的是威利·梅斯（Willie Mays）在1954年世界职业棒球大赛中展现的过肩接球。当时比分是2比2平，有两名运动员上垒，没有出局。维克·沃茨（Vic Wertz）打出一记右中场长击。梅斯转身全速跑回本垒。距离围墙只有几英尺（位于纽约波罗球场非常远的位置），他伸直手臂并接住球，然后用尽全力把球投回内场。克利夫兰印第安人队没能在那局得分，纽约巨人队赢得比赛，横扫系列赛。

作为一项发展性任务，接球是相对困难的。即使儿童们的动作模式还不熟练，他们也会扔球和踢腿。但是，如果儿童接住了球，这通常反映的是扔球者的技巧，即让球落到儿童伸出的手臂中。正是由于接球中涉及拦截技术，才让其变得困难。考虑到这一点，让我们考虑接球是如何发展的，然后研究接球中的拦截动作。

接球的目的是控制接住的物体。用手接住物体比用身体接住或对侧手臂接住更好。用手接住有助于后续动作，通常是把它扔出去。儿童最初的接球动作几乎不涉及力的吸收。图7.5所示的儿童的手和手臂姿势很僵硬，他用胸部接球。通常儿童会转过头，闭上眼睛，等待着球的到来。下文将讨论熟练接球的特点，然后研究儿童是如何发展出熟练的接球动作。

图7.5 刚开始学习接球动作的儿童。图中儿童双臂和双手动作僵硬，没有缓冲吸收球到来所产生的力

源自：Mary Ann Roberton。

熟练的接球

要从初学者转变成熟练的接球者（图7.6），儿童必须：

- 学会用手接球和缓冲，从而逐渐吸收球的力；
- 学会向左或向右、向前或向后移动来拦截球；
- 接高位球时手指朝上，接低位球时手指朝下。

接球动作的发展变化

与大多数移动技能或弹道式技能相比，接球技能的发展序列更难确定，因其需要针对个体表现该技能的条件而定。在接球过程中，许多因素是可变的，例如球的大小、形状（如圆形的篮球和椭圆形的橄榄球）、速度、轨迹和到达点。郝

图7.6 熟练的接球动作。用双手接球，双手和双臂随球一同运动

本斯蒂克、布兰特和泽费尔特（Haubenstricker, Branta & Seefeldt, 1983）对双手接球中手臂动作的发展序列进行了初步验证。随着儿童表现出更好的技巧，他们逐渐改用更小的球。表7.1包括对该顺序的总结，这一顺序最初是由泽费尔特、瑞尤谢林和沃格尔（Seefeldt, Reuschlein & Vogel, 1972）提出的。接受测试的大多数男孩和近一半女孩在8岁时手臂动作处于最高水平。此时几乎所有的儿童都经过了手臂动作从第1步到第2步的发展。总体来说，这一组儿童在8岁时表现出了发展良好的手臂动作。性别差异可能反映了这项研究进行的时候，男孩和女孩对球类运动的参加模式不同。表7.1还列出了观察中的一些关键点，这些关键点有助于确定接球者的发展水平。

表7.1 双手接球的发展序列

顺序	动作
手臂动作	
第1步	手臂做出的反应小。双臂向前伸展，但几乎没有做出动作来适应飞行中的球；球通常贴在胸前
第2步	抱球。手臂向侧面伸展以环绕球（抱球）；球通常贴在胸前
第3步	接球。手臂向前伸展，但在球下移动；球通常贴在胸前
第4步	手臂伸展。双臂伸开，用手接球；手臂和身体伸展；用手抓住球
手部动作	
第1步	掌心向上。手掌朝上，滚动的球会引发自然的向内抱球（掌心向下）的动作
第2步	掌心向里。双手的掌心相对
第3步	调整手掌。根据迎面而来的球的飞行情况和其大小调整手掌，拇指或小指并拢，这取决于球飞行路线的高度
身体动作	
第1步	没有调整身体。没有根据球的飞行路线调整身体
第2步	笨拙地调整身体。手臂和躯干根据球的飞行路线移动，但头部保持直立，形成一种笨拙的接球动作。接球者努力保持平衡
第3步	适当调整。脚、躯干和手臂进行移动以适应迎面而来的球的飞行路线

源自：Reprinted by permission from Wtrohmeyer, Williams, and Schaub-George (1991).

▶ **要点** 接球特定于环境和任务限制。

施特罗迈尔、威廉斯和肖布-乔治（Strohmeyer, Williams & Schaub-George）（1991）提出了接小球时手部动作和身体动作的发展序列（表7.1）。这项研究一个独特的特点是，它基于把球直接扔向接球者以及扔向接球者的高处或一侧的动作。这一发展序列表明，随着接球者的进步，他们应该能做出以下动作：

- 更好地移动身体来应对迎面而来的球；
- 调整双手到更理想的接球位置；
- 用手接住球。

研究人员通过对5~12岁的儿童进行横向研究，确定其发展序列。8岁以上的儿童在面对迎面而来的球时，都进行了某种程度的身体姿势调整，11~12岁的儿童在80%的时间里成功地调整了身体姿势。相比之下，11~12岁的儿童在面对直接扔给他们的球时，只在40%的时间里能恰当地调整自己的手部姿势，而面对扔向他们周围不同位置的球时，只在不到10%的时间里能正确调整自己的手部姿势。

厄特利和阿斯蒂尔（Utley & Astill, 2007）对表7.1中的发展序列进行了前纵向筛选，然后评估了10名7~8岁的儿童。所有儿童的手臂动作处于第2步、第3步或第4步，手部动作处于第2步或第3步，身体动作处于第2步或第3步。该组的模态分布为手臂动作3级、手部动作3级和身体动作3级，在观察的300个试验中，该分布占63.3%。厄特利和阿斯蒂尔还观察了10名患有发展性协调障碍的儿童，这些儿童的**发展概况**处于低级水平，且发展不稳定。因为他们观察到了更多不同的状况，所以认为正常发展的儿童在童年期中期能达到中等水平。

发展概况指涉及受试者所有身体部位发展序列的综合情况。例如，接球动作的发展概况可以是手臂动作处于第2步，手部动作处于第3步。

❓ 回想你自己的接球水平，你觉得什么样的接球比较容易？有没有你觉得很难完成的接球？

就像击球一样，人在接球的过程中要预测球在哪个位置适合被拦截，并要在这一位置用手完成接球。正如我们所认为的那样，儿童随着年龄的增长，能够更好地预测球的飞行路线，特别是当观察时间（球的路径）很短的时候（Lefebvre & Reid, 1998）。操控性技能涉及预测的方面在本章的其他部分有更详细的讨论。

观察接球动作模式

可以从正面或从侧面观察接球者的接球状态。接球任务的结果很容易评估，你只需记录成功接球的百分比，还要注意环境限制和任务限制，包括使用的球的大小和类型、投掷距离和球的运动路线。

▶ **要点**　为了评估接球技能，必须要追踪和重复环境限制和任务限制，例如球的大小和运动路线。

家长、体育教师和教练通常想知道接球中涉及的动作过程。图7.7展示的接球的观察计划列出了建议的发展序列，指出接球者每个身体部位的动作发展序列。例如，如果你观察的儿童伸展手臂、掌心向上，接起球，把球抱向胸前，但脚部没有动作，其发展水平即为手臂动作处于第3步，手部动作和身体动作处于第1步。

手臂动作

是否移动手臂接球？

否 → 第1步 很少反应

是 → 球抱在胸前还是用手抓住球？

抱在胸前 → 手臂是向侧面伸展抱球还是向前伸展接球？

用手抓住球 → 第4步 伸展手臂

侧面 → 第2步 抱球

向前 → 第3步 接球

手臂动作，第3步
手部动作，第1步
身体动作，第1步

手部动作

掌心是否向里？

否 → 第1步 掌心向上/向下

是 → 手是否根据球的大小和运动轨迹进行调整（面对高水平飞行的球手指向上，面对低水平飞行的球手指向下）？

否 → 第2步 掌心向里

是 → 第3步 会调整手部动作

身体动作

是否会根据球的运动轨迹调整身体？

否 → 第1步 无调整

是 → 为准确地接住球，身体的调整是否会有延迟？

否 → 第2步 提前调整

是 → 第3步 延迟调整

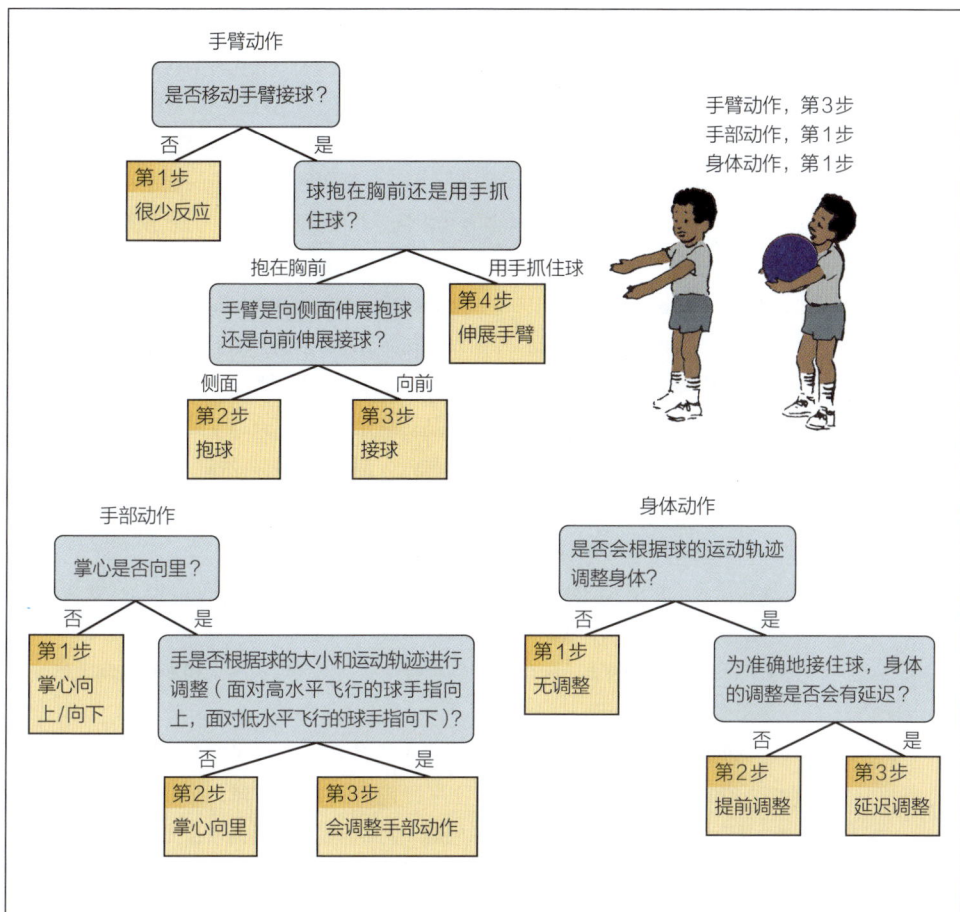

图7.7 接球的观察计划

源自：Mary Ann Roberton。

预判

很明显，许多操控性技能和拦截技能都涉及预判。球或其他移动物体可以以不同速度、从不同方向、沿不同轨迹运动，并且这些物体可能具有不同的大小和形状。要想成功接住物体，人必须在拦截物体之前就开始做出动作，这样当物体到达时，身体和手（或工具，如曲棍球棒）才能处于合适的位置。事实上，个体具备在正确时间出现在正确位置的能力之前，接收技能的操控性部分（如定位和握住球）通常是完善的。

一些发展学者通过一致性预期任务来研究这种接收技能里的操控性部分。这种方法很容易改变任务特征并观察其对表现的影响。任务特征的变化不仅影响表现的结果——击中或抓住或失败——还影响过程即任务中使用的动作模式。例如，能够用手接住小球的儿童可能会选择用手臂接住非常大的球，作为一种更可靠的接球方式。因

一致性预期是指一个人可以使预期的动作完成与移动物体的到达相一致的动作技能。

139

此，可以通过完成动作所需的更简单或更复杂的动作反应来定义任务，也可以通过球的特性变化来进一步强化动作的限制。然而，许多关于一致性预期任务的研究都是在实验室环境下进行的，使用的仪器可以改变球的速度、飞行路线和方向等因素，这与现实世界中接球的活动不太相同。因此，我们要认识到，这些研究告诉我们更多的是关于特定拦截活动中受试者的感知限制，而不是真实世界中接球的情况。

让我们回想一致性预期任务中的任务限制。几项研究发现，一致性预期表现在童年期到青少年时期会有所改善（Bard et al., 1981; Dorfman, 1977; Dunham, 1977; Haywood, 1977, 1980; Lefebvre & Reid, 1998; Stadulis, 1971; Thomas, Gallagher & Purvis, 1981）。然而，随着年龄的增长，确切的改善方式取决于任务限制，如下所示。

- 随着儿童做出的动作越来越复杂，动作的准确性会降低（Bard et al., 1981; Haywood, 1977）。因此，反应复杂性是影响儿童拦截任务表现的一个任务特征。
- 拦截点越远，儿童的动作准确性越低。例如，麦康奈尔和韦德（McConnell & Wade, 1990）发现，如果6~11岁儿童向左或向右移动2英尺，而不是1英尺，那么接球的成功率以及使用的动作模式的效率就会下降。
- 年幼儿童拦截大的球比拦截小的球成功率更高（Isaacs, 1980; McCaskill & Wellman, 1938; Payne, 1982; Payne & Koslow, 1981）。
- 球的运动轨迹越高，年幼儿童越难接住球，因为球在水平和垂直方向上都改变了位置（DuRandt, 1985）。
- 球的颜色及其与背景的组合会影响儿童的表现。莫里斯（Morris, 1976）认为，7岁的儿童能更好地接到在白色背景下移动的蓝色的球，而很难接住在白色背景下移动的白色的球；不同颜色造成的影响随着年龄的增长而减弱。
- 移动物体的速度会影响一致性预期的准确性，但并没有清晰的模式。速度越快，拦截物体的难度越大，特别是当物体飞行距离较短的时候；但是，研究者经常注意到，物体的移动速度较慢时，儿童做出的动作准确性也不高，这是因为他们过早做出了反应（Bard et al., 1981; Haywood, 1977; Haywood, Greenwald & Lewis, 1981; Isaacs, 1983; Wade, 1980）；也许儿童为物体可能以最快速度移动做好了准备，但如果速度很慢，他们就很难延后反应（Bard, Fleury & Gagnon, 1990）。此外，前置速度对于年幼儿童的影响要比对年长儿童的影响更大。如果前一个物体移动得很快，儿童就会认为下一个物体比实际移动得更快（Haywood et al., 1981），就像棒球运动员会被投手的变速球或慢速球迷惑。因此，体育教师应该意识到，当拦截活动中物体的速度在一次又一次的重复中发生很大变化时，儿童很难对此调整自己的反应，如果物体的飞行时间很短或者需要人们做出的反应很复杂时，这一点就会尤为明显。

金、瑙豪斯、格兰克、永恩和林恩（Kim, Nauhaus, Glazek, Young & Lin, 2013）观察了11~18岁的青少年，在他们参与的一致性预期任务中设置了较快的速度。不同年龄的受试者在运动表现上没有差异，他们开始做出动作的时间和动作持续的时间相似。所有的受试者都能适应不同的目标物体位置和速度。这表明青少年的一致性预期行为发展得很好。年轻人和中年人遇到的挑战可能是要跑到较远的拦截点，这将在本章后面进行讨论。

? 如果你是一名小学体育教师，回想哪些运动会涉及移动的物体，找出这些运动中投手和发球者为提高拦截球的难度而改变投球或发球动作的方式。相反，你怎样向儿童扔球以提高他们接住球的可能性呢？

▶ **要点** 能否成功拦截球往往与球的大小、飞行路线、速度及其他任务限制和环境限制有关。

一致性预期中存在与年龄相关的趋势，这背后的原因是什么？对这些技能的早期研究是从信息处理的角度出发的。也就是说，受试者会像电脑一样接收视觉信息和动觉信息，并对这些数据进行计算，预测运动物体未来的位置从而进行拦截。

相反，从知觉–行动的角度来看，所有需要的信息都在环境中，不需要计算。环境中有意义的信息说明了环境和特定事件中行动或动作的可能性，这种关系称为**可供性**。对于接球，人–环境系统中两个重要的特征是固定的变化模式（称为**不变量**）和逐渐变大的**光学阵列**。光学阵列是指当我们接近一个物体或当一个移动的物体接近我们时，落到我们视网膜上的视觉图像。这个图像在视网膜上随着物体接近而放大，随着物体后退而缩小。

从知觉–行动的角度来看，我们可以利用视网膜上图像的放大率来判断到达或碰撞时间（Lyons, Fontaine & Elliott, 1997）。拦截猎物的昆虫和在潜入水之前收起翅膀的鸟类都展现了拦截的最佳时机把握，而且，由于它们的大脑很小，因此它们更有可能直接感知环境的各个方面，而不会进行复杂的计算来预测到达时间。范霍夫、范德坎珀和萨维尔斯伯格（Van Hof, Van der Kamp & Savelsbergh, 2008）对3~9个月大的婴儿能否对逐渐靠近的球做出反应进行了研究。他们把球放在机械装置上，这样球就能以不同的速度直接落到坐着的婴儿的右肩。3~5个月大的婴儿常常不会伸手拿球，即使能伸手拿球动作也不是很准确。随着年龄的增长会出现个体差异，但是8~9个月大的婴儿的动作是相对准确的。对于不太可能拦截住的快速移动的球，他们更有可能选择不去接球。

▶ **要点** 为了拿到物体，视网膜上出现直接接近的球的图像，图像的放大率可以用来确定拦截的时间。

有几个研究团队利用知觉–行动观点来研究"真实世界"中的任务，即接住飞行轨迹很高的球，就像打棒球时外场手所面临的接球任务一样。这些研究人员可以通过视频技术追踪球和接球手的位置。麦克劳德和迪恩斯（McLeod & Dienes, 1993, 1996）证明了接球手可以通过将视线角的比率保持在零或接近零，来接住正向接近的高轨迹球（有数学背景的人知道这一比率是视线角正切的二阶导数）。如果比率值为正，球将落在接球手后面；如果比率值为负，球就会落在接球手的前面。通过将比率保持为接近于零，接球手就知道是选择前进还是后退，以及应该采取怎样的移动速度（图7.8）。

可供性是环境中的地点、物体和事件为参与者提供或允许参与者进行的行动或行为，它通常与参与者和物体的相对大小有关。

不变量指一组动作具有稳定性的运动学数值（保持环境中的变化方式恒定）。

光学阵列由环境中某种表面上反射的光波组成，换言之，就是视觉感知的刺激。当物体或观察者在环境中发生"相向"运动时，光学阵列扩大；发生"远离"运动时，光学阵列缩小。

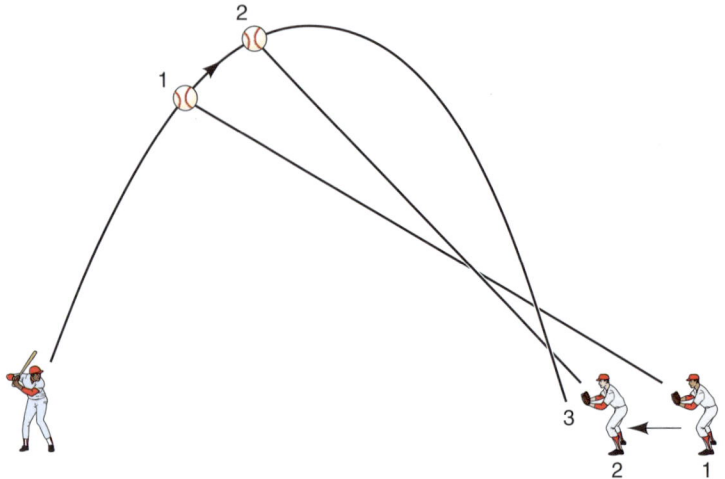

图7.8　接球手可以通过将视线角的比率保持在零或接近零，来拦截正在靠近的球。当球和接球手在位置1时，这个比率是负数。接球手必须向前移动，使比率接近于零。到达位置2，比率接近于零，但仍然不是零。接球手继续移动直到比率为零，接球手和球都到达位置3
源自：Adapted by permission from McLeod and Dienes (1996, pg. 541).

欧德杰斯及其同事（Michaels & Oudejans, 1992; Oudejans et al., 1996）同样证明了接球者可以将球的垂直光学加速度保持接近于零，这被称为光学加速度抵消（Optical Acceleration Cancellation，OAC）策略。不同于麦克劳德和迪恩斯提出的概念（接球手关注的是注视的角度），在这种方法中，接球手关注的是注视球时球在垂直平面上的加速度。接球手通过这两种方法都能判断出是要向前还是向后移动。

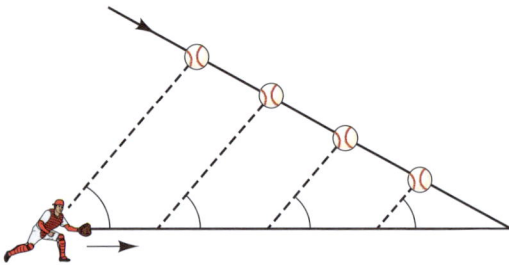

图7.9　接球手通过保持虚线形成的方位角不变，向侧面移动来拦截球
源自：Redrawn from Lenoir et al. (1999).

当然，许多接球手需要侧向移动。针对这种情况提出的一个策略为相对于接球手，保持球的横向位置不变，这被称为恒定方位角策略（图7.9）（Lenoir et al., 1999）。例如，足球守门员通过向侧面移动来拦截球，从而保持这个角度不变。研究者（McBeath, Shaffer & Kaiser, 1995; Shaffer, 1999; Shaffer & McBeath, 2002）发现了结合注视高度和注视水平角的关系，这对接球手接住投到他侧面的高轨迹的球来说很重要。如果能保持这种关系不变，接球手就可以到达正确的接球位置。具体的数学关系在这里并不重要，对我们来说重要的是，接球手可以利用环境中不变的关系，不需要大脑根据开始时的轨迹来计算球的着陆点，就可以到达正确的位置。实际上，守场员（只要他的动作够快）可以采用一种无意识的策略不断移动，保持处于所观察球的飞行路线下方。如果球的飞行路线成弧线上升并越过接球手，球将落在接球手的后面。如果球的飞行路线看起来是向下的弧线，那么球就会落在接球手的前面。因此，接球手可以调整动作以保持适当的视觉景象，并针对球的旋转、空气阻力或风造成球的路线变化而做出调整，从而到达正确的接球位置。

科技的进步使研究者能对接球者采取何种策略接住飞行的球进行验证。研究者利用虚拟现实技术对飞行途中的球进行干扰，并观察接球者的反应，确定其采取了哪种策略进而出现这种反应。他们的发现支持OAC策略（Fink, Foo & Warrant, 2009; Khomut & Warren, 2007）。另外，波斯特玛、史密斯、佩普、范安德尔和扎尔（Postma, Smith, Pepping, van Andel & Zaal, 2017）发现，当球超过可接球范围时，OAC策略无法解释对着陆点的预测。当然我们还需要进行更多的调查来研究可接球性的感知。

▶ **要点** 接球者通过让自己与球保持恒定关系来拦截球。

❓ 如果你是棒球或垒球教练，在了解了知觉–行动法后，你会怎样帮助年轻守场员接住球？

儿童如何学习到达正确的位置

从信息处理的角度来看，儿童必须学会进行更精确的计算，才能成为熟练的接球者。早期接球所犯的错误可以作为改进计算过程的信息反馈。然而，从知觉–行动的角度来看，儿童需要的是下意识地发现一个不变量。例如，麦克劳德和迪恩斯认为当儿童静止站立接球时，当球落在手臂上时，视线角的比率是零，而没有落在手臂上时，比率则为其他数值。通过多次接球，儿童能找到视角比率和球的可接性之间的关系，并最终在开始移动接球时利用到这种关系。

▶ **要点** 儿童从过往的接球经验中学习如何接住球。不管是成功还是失败的接球都有助于儿童学习视觉呈现和身体位置之间的关系。

从知觉–行动的角度来看，父母、体育教师和教练的任务之一，是帮助儿童发现拦截任务中限制动作的各种感知信息来源。他们可以通过在探索的实践过程中控制信息性限制来做到这一点。本内特、巴顿、金斯伯里和戴维斯（Bennett, Button, Kingsbury & Davids, 1999）的研究表明，先让9岁和10岁的儿童在有限的视角下练习单手接球，后来在新的条件下学习接球活动时，他们会从单手接球的练习中受益。因此，在实践中通过改变任务限制来突出有用的信息来源是有帮助的。

一些尝试提高成人新手运动预测技能的训练是无效的（Wood & Abernethy, 1997）。阿伯内西、伍德和帕克斯（Abernethy, Wood & Parks, 1999）认为，训练必须要有运动针对性（针对环境限制和任务限制），并且必须关注一些已知的限制新手表现的因素。他们论证了成人新手可以从这种训练中受益，在接受训练后，成人新手在实验室运动任务中的表现与专家的表现接近。识别限制动作的感知信息是很重要的。这项研究表明，无论儿童还是成人新手，通过控制限制条件来帮助受试者在潜意识中识别环境中的重要信息，有助于他们成功地做出动作。然而，关于简单探索性实践和教学的优缺点，还需要更多的信息来帮助研究者进行确认。

❓ 假设你是一名体育教师，设计一项活动来帮助儿童学习如何接住飞来的球。

143

成年晚期的接球

在老年人接球方面，基于研究的信息很少。我们可能会假设，有接球经验的老年人知道接球时的不变信息的出现模式。然而，可能发生变化的因素包括：动作开始时的速度、向球靠近时所能达到的最快速度，以及在接近个体移动速度极限时的伸够能力范围。所有这些因素都可能造成老年人的接球成功率低于年轻人。

一致性预期研究提供了一些关于接球等技能的预判方面的信息。与年轻受试者相比，老年受试者表现出的准确性和可变性要差一些，当移动的物体移动得更快时，或者老年人经常久坐时，这种表现的差异更大（Haywood, 1980, 1982; Wiegand & Ramella, 1983）。威甘德和拉梅拉（Wiegand & Ramella, 1983）观察到，老年人通过练习获得改进的速度与年轻人相同。在7年的时间里，从平均年龄66.9岁到平均年龄73.5岁的受试者在一致性预期任务中得到改善（Haywood, 1989）。因此，重复这些技能可能对维持技能水平很重要。然而，在一致性预期任务中，任务限制对动作反应的影响是很小的。当任务限制需要做出更大更复杂的动作或在短时间内做出远距离动作时，由于老年人的个体限制，能成功做出这些动作的老年人数量减少。塞斯基、拉索、拉奎尼蒂和阿韦拉（Cesqui, Russo, Lacquaniti & d'avella, 2016）认为腕部动作速度和握紧手部的速度与接球表现有关，因此保持精细动作的速度也可能与老年人的接球表现有关。

汽车和飞行驾驶

虽然只有一部分老年人会参加涉及拦截或接球的体育运动，但很大一部分老年人会驾驶汽车。事实上，老年人是否应该继续开车往往是感性的问题，因为驾驶代表了一定程度的独立和自由。驾驶是一项涉及操控的、复杂的知觉–动作技能。熟练的驾驶技术取决于视觉（有时是听觉）、注意力、经验、速度和协调性，所有这些都是在时常有压力的情况下进行的。

比起年轻人，老年人更难在驾驶的情况下分散注意力同时完成两项活动（Brouwer et al., 1991; Ponds, Brouwer & Van Wolffelaar, 1988）。老年人也需要更长的时间来规划动作，执行动作时速度较慢，特别是需要快速移动时（Goggin & Stelmach, 1990; Olson & Sivak, 1986）。戈金和凯勒（Goggin & Keller, 1996）研究了衰老是否会对驾驶中的感觉认知功能或运动功能产生不同的影响。他们让老年司机参加一项涉及15种驾驶情况录像的笔试。老年驾驶员要在驾驶模拟器上对同样的录像情况做出驾驶反应。戈金和凯勒推断，如果老年人仅在笔试中存在困难，那么表明衰老很可能会影响感觉认知技能；但如果他们只在使用驾驶模拟器中存在困难，表明衰老可能会影响动作功能。受试者在笔试中表现较差，但在模拟测试中表现较好。因此，注意力和决策等感觉认知因素可能是导致与驾驶相关的动作技能表现较差的更重要的因素。

? 回想家中的老年人，他们的驾驶技术如何？他们会如何代偿失去的驾驶技能呢？

关于衰老对驾驶飞机表现的影响也有研究（参见 Morrow 和 Leirer 1997 年的综述）。

评估接球：粗大动作发展测试

在前两章中，我们将TGMD-3作为基本动作技能的评估工具。球类技能分量表中有双手接球测试项目。该项目有3个表现标准：儿童双手置于身体前方，肘部弯曲；手臂伸展，当球到达时伸手去接球；只能用手接住球。注意，这些表现标准与表7.1中手臂动作和手部动作的一些发展序列相似。TGMD-3评估的年龄最小的对象是3岁儿童。表7.1中最低水平的发展步骤可能出现在小于这个年龄的儿童身上，因此，TGMD表现标准覆盖了更高水平的发展步骤。此外，TGMD项目要求测试管理人员以低手将球抛向儿童的胸部区域，因此不需要儿童进行身体的调整。

商业飞行器驾驶员的法定退休年龄对相关人员来说也是一个感性问题。与驾驶一样，随着任务复杂性的提高，飞行也会受到很大的影响。注意力和工作记忆的知觉方面尤其受到年龄的影响。然而，如果在熟悉的活动中具备专业技能，可以抵消衰老的影响，高度熟练的技能也能得到很好的保持。

通过限制模型可以看到，任务中限制数量的增加提高了其复杂性，当个体限制随着衰老而发生变化时，限制之间的相互作用会迅速导致驾驶和飞行活动的难度达到临界值。正如前面提到的快速瞄准动作，对环境和任务限制的经验能够弥补老年人操控性技能的减缓。因此，不管是体育运动还是驾驶活动，持续的练习对于保持技能水平都很重要。然而最终，感觉–认知系统的衰退及动作速度的减慢会导致动作技能的丧失。

总结与综述

人类拥有操控性技能，这是人类和其他物种的区别。无论是执行动作技能还是进行日常生活活动，人们都需要伸够、抓握和操控物体。尽管双手协同工作的方式出现得较晚，但是婴儿在1岁时就能熟练地够到和抓住静止或移动的物体。

儿童在11或12岁的时候就可以成为熟练的抓握者，但在任何年龄段的各种捕捉任务中，接球者的移动距离越远，就越难抓到球。相比知道接球位置的能力，衰老对接球者的移动能力影响可能更大。结构性限制的改变会影响操控性动作与移动开始和完成的速度。当任务对于速度要求很高时，老年人与年轻人相比就会处于劣势。

即使是在潜意识里，儿童也需要通过练习来学习环境中可获取的重要信息，以成功接球。成人需要通过练习来保持他们的技能水平，特别是在相对吃力的情况下。因此，在任何年龄段，完成具有挑战性的操控性任务所涉及的技能通常反映了个体处理个体限制、任务限制和环境限制的过往经验与练习。

巩固已学知识

回顾

就像我们从马修·斯科特的例子中认识到的，在日常生活中用双手操控物体非常重要。许多活动是人类独有的，也是令人愉快的。面对操控性技能的丧失，恢复这些技能的能力是非常重要的。操控性技能的发展强调了任务限制和环境限制对表现的重要性。当马修·斯科特开始使用他的移植手时，他接受了环境限制和任务限制的挑战，而这是我们很多人都习以为常的。通过持续的治疗，他已经能够在使用移植手的同时处理越来越多的环境限制和任务限制。

操控性技能是基本动作技能之一。尤其是知觉-行动观点认为，环境为个体能拦截物体提供了大量所需的信息。因此，接球这样的操控性技能不会只因为个体限制的改变而提高。个体限制、任务限制和环境限制之间不断变化的相互作用是操控性技能发展的一个重要方面。这种相互作用对于老年人操控性技能的保持也同样重要。即使我们没有提前看到球的飞行路线和速度，在个体限制、环境限制和任务限制之间大量的相互作用方面，我们已有的经验最终使我们有能力成功地操控物体。

知识测验

1. 物体的大小会对婴儿的抓握类型产生怎样的影响？这些影响会对婴儿在霍尔沃森提出的抓取发展序列中所处的位置产生怎样的影响？物体形状会对抓握类型的选择产生怎样的影响？

2. 婴儿是通过更好地匹配手的位置和看到物体的位置来学习接触物体的，还是首先学习控制手臂？

3. 比较婴儿伸手拿静止物体和移动物体的动作。

4. 操控性技能在成年期是如何变化的，老年人如何适应这些变化？

5. 当儿童越来越擅长接球时，他们身上出现的主要发展趋势是什么？

6. 当球没有直接扔向接球者时，什么情况（环境限制和任务限制）会导致儿童接球者很难成功接球？对于成人接球者又是如何呢？

7. 从信息处理的角度和知觉-行动的角度解释儿童对不是直接飞向他们的球是如何跑到正确接球位置的。

8. 哪些不断变化的个体的结构性限制可能会影响老年人的驾驶或飞行技能？

9. 回想"一致性预期"这个术语，解释为什么有些偏好知觉-行动法的人会认为这一术语是对拦截技能的误称。

学后练习

研究婴儿的伸够方式

将6~12个月大的婴儿放在桌子或托盘前，让其坐直。在婴儿面前一次放一个小物体，共放6个，物体的大小、重量和形状应该有所不同（所有的物体都应该很小，使婴儿能用一只手拿起，但又不能太小以防被婴儿吞下去）。注意婴儿对每个物体的抓握方式，注意不要让婴儿把小物体放进嘴里，这可能会有窒息的危险。接下来，重复这一过程，看看婴儿是否会像第一轮那样采取同样的方式抓每个物体。最后，根据你观察到的婴儿抓握不同物体的不同方式，写一份报告，注意一定要区分强力抓握和精确抓握。讨论抓握是否或如何随着物体的重量或形状的改变而改变。如果婴儿父母同意，你可以用视频记录婴儿的抓握方式，以便更好地进行研究和评估。

第3部分

身体的发育和衰老

    对于研究动作发展的人来说，限制模型非常有用的原因之一就是其展示了身体发育和衰老的方式。身体的发育和衰老改变了个体的结构性限制，反过来又改变了个体限制与环境限制、任务限制之间的相互作用，最终改变了动作。在身体发育的过程中，无论是在整体层面还是在身体系统层面，个体结构性限制的变化尤为显著。换言之，身体在发育过程中，不仅仅是体形大小和身体比例发生变化，各个身体系统（例如骨骼、肌肉、内分泌系统）也发生了变化。身体系统的变化更加微妙，但随着年龄的增长一直持续变化。

    第8章将身体的发育、成熟和衰老的典型模式视为一个整体，着重介绍体形大小、身体比例和生理成熟状况。第9章研究了出生前、童年期、青春期、成年期身体五大系统的变化方式。这五大系统都与动作技能表现紧密相关。总而言之，动作技能的表现与个体年龄相关，这些整体和特定的身体系统的变化，能够对这些动作技能起到非常重要的作用，所以读者必须掌握详尽的身体发育和衰老方面的知识，以便有效研究动作发展。从后文可知，影响动作的因素还有体形、体重等。

推荐阅读

Coupé, P., Catheline, G., Lanuza, E., & Manjón, J.V., for the Alzheimer's Disease Neuroimaging Initiative. (2017). Towards a unified analysis of brain maturation and aging across the entire lifespan: A MRI analysis. *Human Brain Mapping*, 38, 5501–5518.

Freitas, D.L., Lausen, B., Maia, J.A., Gouveia, E.R., Antunes, A.M., Thomis, M., et al. (2018). Skeletal maturation, fundamental motor skills, and motor performance in preschool children. *Scandinavian Journal of Medicine and Science in Sports*, 28(11), 2358–2368.

Freitas, D.L., Lausen, B., Maia, J.A., Lefevre, J., Gouveia, E.R., Thomis, M., et al. (2015). Skeletal maturation, fundamental motor skills and motor coordination in children 7–10 years. *Journal of Sports Sciences*, 33(9), 924–934.

Malina, R.M., Bouchard, C., & Bar-Or, O. (2004). *Growth, maturation, and physical activity* (2nd ed.). Champaign, IL: Human Kinetics.

Malina, R.M., Rogol, A.D., Cumming, S.P., Coelho e Silva, M.J., & Figueiredo, A.J. (2015). Biological maturation of youth athletes: Assessment and implications. *British Journal of Sports Medicine*, 49, 852–859.

Naaktgeboren, K., Dorgo, S., & Boyle, J.B. (2017). Growth plate injuries in children in sports. *Strength and Conditioning Journal*, 39(2), 59–68.

身体的发育、成熟和衰老

一生中个体限制的变化

快速发育会影响动作技能吗？

你可能听说过类似的笑话：十几岁的青春期男孩会被自己的脚绊倒。这种短暂性的笨拙动作究竟只是一个笑话，还是有其科学依据呢？意大利博洛尼亚大学的玛丽亚·克里斯蒂娜·比西（Maria Cristina Bisi）和丽塔·斯塔尼（Rita Stagni）决定对此展开研究。她们挑选了许多处于快速发育期（即3个月内身高至少增长3厘米）和平稳发育期（即3个月内身高增长小于1厘米）的15岁男孩，将受试者随机分为两组，其中一组只进行行走活动，而另一组需要一边行走一边完成倒数的认知活动，最后对比两组受试者的行走步态特征。研究结果发现，与平稳发育期的男孩相比，一边行走一边做认知活动，对快速发育期男孩步态的变化、流畅性和规律性影响更大，但是他们行走的稳定性未受影响。人处于快速发育期时，躯干和四肢长度变化迅速，这无疑给行走动作的控制带来了额外的挑战，从行走步态的细微特征能看出这一点。但是，身体系统能很好地应对这些变化，使处于快速发育期的青少年稳定行走（Bisi & Stagni, 2016）。

身体发育、成熟和衰老的过程奇妙无比。人类身为同一物种，在发育、成熟和衰老过程中会经历许多共同的步骤和过程，例如青少年的快速发育期。遗传因素带来了高度有序的发育、成熟和衰老模式，因此在许多方面我们都能预测下一步会发生的变化（Bisi & Stagni, 2016）。另外，每个人都有独特的潜力和各自的发育时机。观察青春期前的同龄儿童，就会发现他们的体形差异显著。发育、成熟和衰老也受许多外部因素的影响，例如营养摄入和疾病。

因此，遗传因素和外部因素共同影响人类身体的发育、成熟和衰老。我们可以确定发育、成熟和衰老的模式和关系（普遍性），但同时也会反复强调个体的差异性（特殊性）。了解预期模式和差异范围对我们非常重要。

人们可能会疑惑，动作发展的研究者为什么对身体发育、成熟和衰老感兴趣。因为我们采用的限制模型描述了个体限制、环境限制和任务限制之间的相互关系，而且帮助研究者探究了这个模型具有实用价值的一个原因。随着个体的发育、成熟和衰老（换言之，即与身体结构相关的个体限制发生改变），3种限制的相互作用会发生改变，从而使人们能完成不同的动作。如果我们的目标是让人在一生中都能做同样的动作，那么我们必须不断改变环境限制或任务限制，以使其适应不断变化的个体限制。例如，如果我们想让不同年龄的球员都能进行扣篮，由于球员的身高或跳跃能力不断变化，我们必须要调整篮筐的高度，即任务限制。我们需要不断改变环境和任务限制，以尽可能帮助每个人实现理想的动作目标。

请想象，如果你是一位青少年篮球队的教练，队员是6年级学生。你认为队员的身高和年龄会有多大的差异？你会根据队员的体型安排场上位置（前锋、中锋或后卫）吗？在下一个赛季，这些位置安排会发生改变吗？为什么会改变？

了解发育、成熟和衰老的模式和差异是帮助每个人发展动作技能的基础。教育工作者和健康护理人员的目标之一是发展惠及大众的活动，也就是任何年龄阶段、任何动作能力水平的人都能完成的活动。如果不了解身体的发育、成熟和衰老，这一目标将无法实现。

即使对于有志从事与婴儿相关的行业的学生，充分了解身体的发育、成熟和衰老同样始于了解出生前的发育和发展研究。对于每项活动，每个人的天赋或限制，通常受到出生前的发育和发展状况的影响。因此，我们将首先介绍人在出生前的发育过程。下文简短的论述强调了外部因素影响个体敏感程度的方式，即使是在相对安全的子宫中胎儿也存在敏感反应。

出生前的发育

卵子与精子结合形成受精卵，发育过程开始。早期发育是在基因控制下进行的，发育过程非常精确，令人惊叹。接下来，基因决定了正常发育和遗传变异发育。同时，成长中的胚胎（和后来的胎儿）对外部因素非常敏感。外部因素包括胎儿发育的环境，即子宫内的羊膜囊以及通过母体的血液循环和胎盘输送给胎儿的营养物质。胎儿发育过程中，包括在子宫内，遗传因素和外部因素共同发挥作用。一些外部因素，如母体腹部受到异常的外部压力或母体血液中存在某些病毒和药物，会对胎儿非常不利。还有一些因素，如输送适当的营养物质能促进胎儿发育。

▶ **要点**　遗传因素和外部因素均会影响正常或异常的胚胎或胎儿发育。

出生前的发育分为两个阶段：胚胎发育，从受孕到第8周；胎儿发育，从第8周到出生。下面我们来探讨每个阶段的关键特征。

胚胎发育

胚胎发育始于两个性细胞的结合：来自女性的卵子和来自男性的精子（图8.1）。基因控制胚胎的持续发育，发育模式精确并且可以预测。

这时细胞数量增加，细胞分化形成特定的身体组织和器官。这个过程的时间节点可以预见，如表8.1所示。第4周时，肢体初步成形，心跳开始。大约第8周时，眼睛、耳朵、鼻子、嘴巴、四肢成形。到了这个时候，胎儿已基本成形。

细胞分化指细胞形成身体特定组织和器官的过程。

胎儿发育

胎儿发育为从第8周到出生的过程，特征是细胞进一步分化和胎儿进一步发育并逐渐具备身体机能。这种身体组织和器官的持续发育分为两种方式：细胞增殖和细胞增大。如果仔细研究胎儿的发育标志，就会发现胎儿发育倾向于两个方向。其中一个

细胞增殖指细胞绝对数量的增加。

细胞增大指单个细胞相对体积的增大。

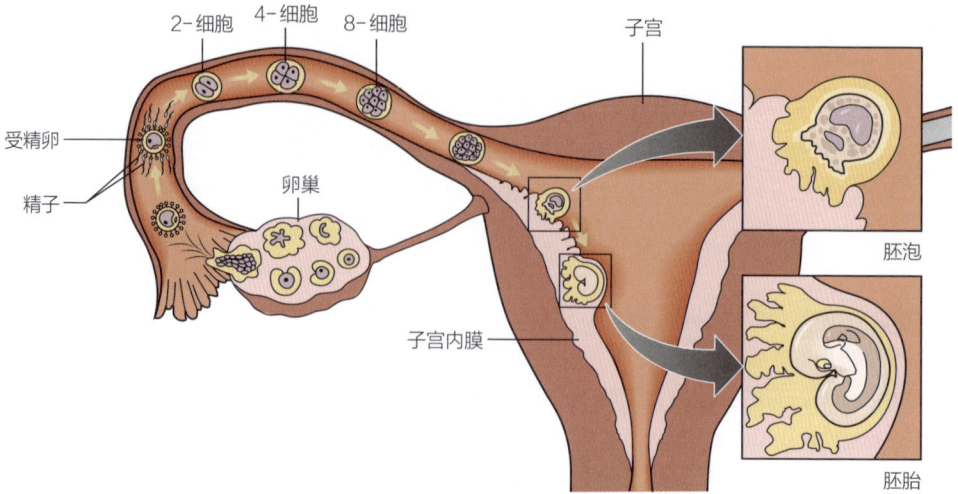

图8.1 受精卵通过输卵管时，细胞进行分裂和增殖。受精卵植入子宫内膜时，已发育为几百个细胞，接着便嵌入滋养它的滋养细胞之中。胚泡表面的糖分子隆起，有利于受精卵在子宫内着床

表8.1 胚胎和胎儿发育的标志

年龄/周	长度	重量	外表	内部发育
3	3毫米		头、尾褶成形	视泡、头清晰可辨
4	4毫米	0.4克	肢体初步成形	心跳开始；器官清晰可辨
8	3.5厘米	2克	眼睛、耳朵、鼻子、嘴巴、四肢成形	感官发育；骨化开始
12	11.5厘米	19克	头部比例非常大	脑构造基本形成；骨髓内形成血液
16	19厘米	100克	开始运动；头皮上生成毛发；躯干随头部增大	心肌发育；感官形成
20	22厘米	300克	双腿明显生长	骨髓髓鞘开始形成
24	32厘米	600克	类呼吸运动开始	大脑皮层形成
28	36厘米	1.1千克	脂肪组织不断发育	视网膜分层和光感形成
32	41厘米	1.8千克	体重增长速度超过身长增长速度	味觉形成
36	46厘米	2.2千克	身体更圆	股骨远端开始骨化
40	52厘米	3.2千克	皮肤光滑，略带粉红色；毛发适度	胫骨近端开始骨化；脑髓鞘形成；肺动脉分支形成2/3

源自：Timiras (1972)。

发育方向是**从头至脚**，即头部和面部结构最先发育，其次是上半身，下半身最后发育，下半身的发育速度相对缓慢。另一个发育方向是**近端−远端**，即躯干最先发育，其次是四肢近端发育，四肢的远端最后发育。3个月大的胎儿如图8.2所示。之后体重增加，身体组织稳定发育，5个月左右时胎儿的发育速度加快，并一直持续到出生。

虽然在发育过程中细胞分化形成具有特定功能的组成，但是有一些细胞的**可塑性**极强，它们能够具备新的功能。例如，如果身体系统的一些细胞受损，剩余的细胞在刺激下能够执行受损细胞的功能。中枢神经系统的细胞具有高度可塑性，其结构、化学物质和功能在出生前和出生后均可发生改变（Ratey, 2001）。

从头至脚指发育从头部开始，延伸至下半身。

近端−远端指发育从躯干向四肢进行。

可塑性指修正性或延展性，即在发育过程中，某些身体组织的功能可以由其他组织代替执行。

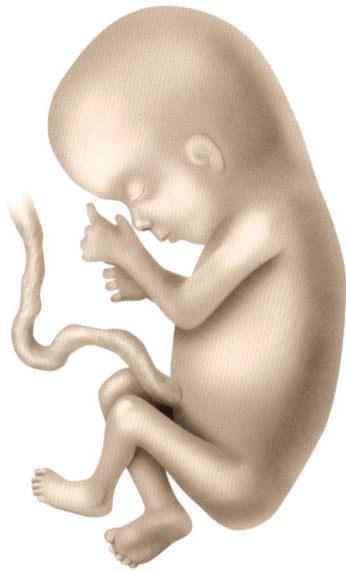

图8.2 3个月大的胎儿

胎儿营养

胎儿生长环境的许多特征都有可能对胎儿发育产生正面或负面影响，而营养系统是对胎儿发育影响最大的外部因素。胎盘（图8.3）中的胎儿血液和母体血液通过交换氧气和营养物质，给胎儿输送营养，二氧化碳和排泄物也经由母体血液交换并排出。

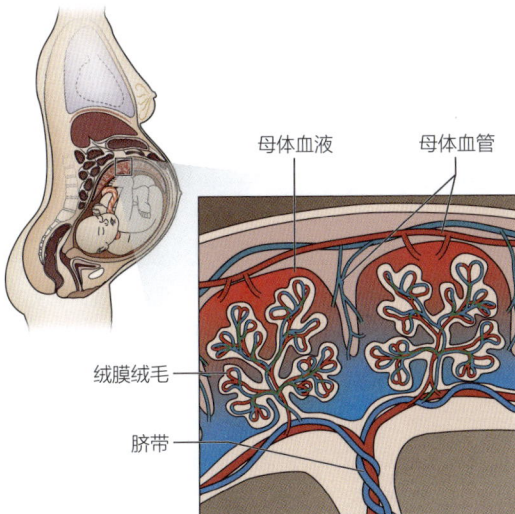

母体血液　　母体血管

绒膜绒毛

脐带

图8.3 胎盘的示意图，展示了母体血液循环和胎儿血液循环。虽然两者血流不会混合，但因为两者间的距离非常近，因此能够发生物质交换

胎儿发育需要营养物质和氧气。如果这些供应不足，母体和胎儿就会争夺有限的资源，胎儿的需求可能得不到满足。显然，母体的健康状况在胎儿出生前的发育过程中扮演着重要角色。

与生活条件较差的孕妇相比，生活条件较好（食物供应充足、环境安全且干净）和接受早期产检的孕妇更有可能满足胎儿的需求。她们面临的风险也更低，包括自己或胎儿患病、发生危及胎儿的感染、胎儿出生时体重轻等情况出现的风险。因此，与正常体重的婴儿相比，体重轻的婴儿在出生后数周内患上疾病、感染和死亡的风险更大。婴儿出生时的体重在很大程度上受到遗传因素的影响（Troe et al., 2007）。要想在出生后早期促进婴儿发育，还需通过进一步研究来区分基因和环境对出生体重的影响。

❓ 如果你是一名医生，你会去生活条件落后的国家治疗健康状况不佳的孕妇吗？或者你愿意在富裕国家治疗一些贫穷的孕妇吗？富裕国家的哪些孕妇群体可能会面临身体健康状况不佳的风险？

出生前的异常发育

遗传因素或外部因素可能引起出生前的异常发育。基因异常是遗传而来的，可能会立即显现出来，也可能直到婴儿出生后还未被发现。许多外部因素也会对胎儿产生负面影响，例如，母体血液中的药物和化学物质、母体血液中的病毒以及母体腹部承受过大压力。下面我们来更详细地探讨一些**先天性缺陷**的示例。

先天性缺陷指婴儿出生时就存在异常，无论病因是遗传因素还是外部因素。

导致出生前异常发育的遗传因素

个体所遗传的基因异常可能有显性或隐性（包括与性别相关的）形式。显性遗传疾病是由于遗传了父母一方有缺陷的基因。隐性遗传疾病是由于从父母双方遗传了有缺陷的基因。

基因异常也可能是因为基因突变，即在卵子或精子形成过程中基因发生改变或缺失。研究者怀疑辐射和某些危险的环境、化学物质会引起基因突变，而且随着母体年龄的增长，性细胞遗传基因突变的可能性会提高（Nyhan, 1990）。基因突变也可自然发生，原因不明。

常见的基因异常如唐氏综合征。卵子或精子分裂时，46条染色体分裂成两半。精子和卵子各具有23条染色体，形成受精卵后，胚胎最终具备一套完整的46条染色体。有时，卵子或精子同时有21号染色体，这样胚胎中的每一个细胞都多了一个21号染色体，就会导致各种先天性缺陷，包括智力障碍、独特的面部特征、视觉和听觉障碍及心脏缺陷。

基因突变和遗传性疾病均可导致单个或多个器官、肢体或身体部位畸形，身体部位变形，正常身体组织坏死使发育中断。它们可以影响一个或多个身体系统。其中许多基因异常在婴儿出生时就很明显，也有一些在婴儿成长过程中才显现。各种基因异常的严重程度差异很大。

导致出生前异常发育的外部因素

之前，我们关于胎儿营养的论述揭示了胎儿对母体摄入的氧气和营养物质的依赖程度。遗憾的是，胎儿营养系统也会向胎儿输送有害物质，其他各种因素都可能影响胎儿的发育环境，从而影响其生长发育。

▶ **要点** 外部因素引起的先天性疾病会影响胎儿出生后发育和发展的潜力。如果专业医护人士和父母能意识到负面影响，他们可以管控这些影响因素，尽量减少给胎儿带来的风险。

致畸因素

除了胎儿生长发育必需的氧气和营养物质之外，其他有害物质也能通过胎盘进行交换，包括病毒、药物等，对胎儿造成伤害。即便是必需的维生素、营养物质和激素，含量过高或过低时，都对胎儿有害。这种情况下，这些物质就是致畸媒介，又称**致畸因素**。致畸因素对胎儿的具体影响取决于胎儿接触致畸物质的时间，以及致畸物质的剂量。

组织和器官在生长和发育的过程中，在一些关键时期极易受伤害。如果在这些关键时期接触致畸因素，相比其他时期，影响会更加显著。例如，胚胎如果在4周龄时接触风疹病毒，就会受到伤害。感染时间越早，异常发育越严重。极早期接触病毒可能会导致孕妇流产。

哪怕母体内只有一种有害物质都会导致胎儿出现多种先天性缺陷。胎儿是否会接触有害物质，取决于有害物质的分子量。例如，母体血液中的微小病毒颗粒能通过胎盘伤害胎儿；分子量1000以下的药物也能轻松通过胎盘，而分子量1000以上的药物则不易通过。

父母应尽可能避免接触潜在的致畸物质，以最大限度地促进胎儿健康生长和发育。母亲充分摄入营养即可，不宜过多，否则胎儿可能发育畸形或发育迟缓，甚至早产。这些情况会影响出生后婴儿的生长和发育，导致婴儿出生时体重过轻等情况，所以认识到这一点非常重要。例如，孕妇在怀孕期间饮酒会导致胎儿患上酒精综合征，造成先天性缺陷，常见缺陷包括智力发育迟缓，心脏缺陷，面部、关节和肢体畸形，发育缓慢，脑容量小，注意力不集中和多动症。虽然目前尚不清楚少量饮酒是否会达到危害胎儿的剂量，但是孕妇不饮酒，完全可以避免类似的先天性缺陷。

出生前影响胎儿发育的其他外部因素

影响胎儿生长环境的外部因素也会导致畸形、发育缓慢和其他一些致命情况，包括以下示例：

- 对胎儿形成外部或内部的压力，包括子宫内另一个胎儿对他的压力；
- 极端的内部环境温度，例如母体高烧或体温过低；
- 暴露在X射线或伽马射线下；
- 大气压的变化，尤其是导致胎儿缺氧的气压变化；
- 环境污染物。

这些因素的确切影响还取决于胎儿的发育阶段。与致畸因素一样，外部因素也有

致畸因素 指胎儿接触的任何导致出生前异常发育的药物或化学物质。

157

可能影响胎儿目前和将来的发育。表8.2列出了部分与出生前发育异常风险增加相关的外部因素（Feldkamp, Botto & Carey, 2015）。

表8.2 部分与出生前发育异常风险增加相关的外部因素

药物	环境	健康状况和疾病
哮喘药物	空气污染	哮喘
高血压药物	咖啡因	细菌感染
吗啡类药物	孕妇的职业	母体受伤
他汀类药物	植物性雌激素	肥胖
减肥产品	二手烟	病毒感染

源自：Adapted by permission from Feldkamp, Botto and Carey (2015)。

出生前发育总结

遗传因素和外部因素共同影响出生前的发育。基因控制了有序而精确的发育过程，外部因素对发育过程既有正面影响，也有负面影响。许多外部因素通过胎儿营养系统产生影响。如果胎儿接触适量氧气和营养物质，就能最大限度地实现全部遗传潜力，包括动作技能的潜力。

遗传因素和外部因素都有可能导致出生前发育异常。有些异常情况是基因遗传和环境共同作用的结果，也就是说，遗传因素引起某些疾病的征兆，随后在特定环境条件作用下产生疾病（Timiras, 1972）。因此，我们应当把身体发育看作从受孕开始的连续过程。从某种程度上讲，个体是其出生前发育因素作用的产物。因此，体育教师和医生在为个体制订运动规划时，考虑到的个体结构性限制反映了出生前发育的过程。婴儿出生后的发育过程是出生前发育的延续。

出生后的发育

11岁的孩子能长跑吗？60岁的老年人呢？因为了解发育的普遍性和特殊性并存，所以我们知道，没有单一的答案能适用于所有11岁或60岁的人。了解出生后发育和生理成熟的普遍模式以及成人衰老的典型模式，使体育教师和医生备受启迪。然而，我们经常能遇到有不同潜力和发育时间的人。因此，我们必须具备评估个体健康状况和潜力的能力，以帮助他们制订合理的个人目标。我们还要对比个体水平与平均水平，并相应地调整对个体运动表现的预期。

整体发育

出生后的整体发育是出生前发育的延续。无论我们选择研究整体发育的哪个指标，发育模式都可预测且前后一致，但是呈非线性。例如，研究身高（图8.4a和b）和体重（图8.5a和b）的发育曲线，特点是婴儿出生后发育迅速，随后在童年期不断发育并保持稳定速度，接着在青春期早期发育迅速，最后趋于平稳。因此，曲线大致为S形。我们以"S"命名身体的整体发育模式，所以它被称为S形曲线。

▶ **要点**　出生后的发育模式精确有序，但随着个体逐步进入婴儿期、童年期、青春期前和青春期，个体差异越加明显，尤其是发育标志性事件的发生时间。

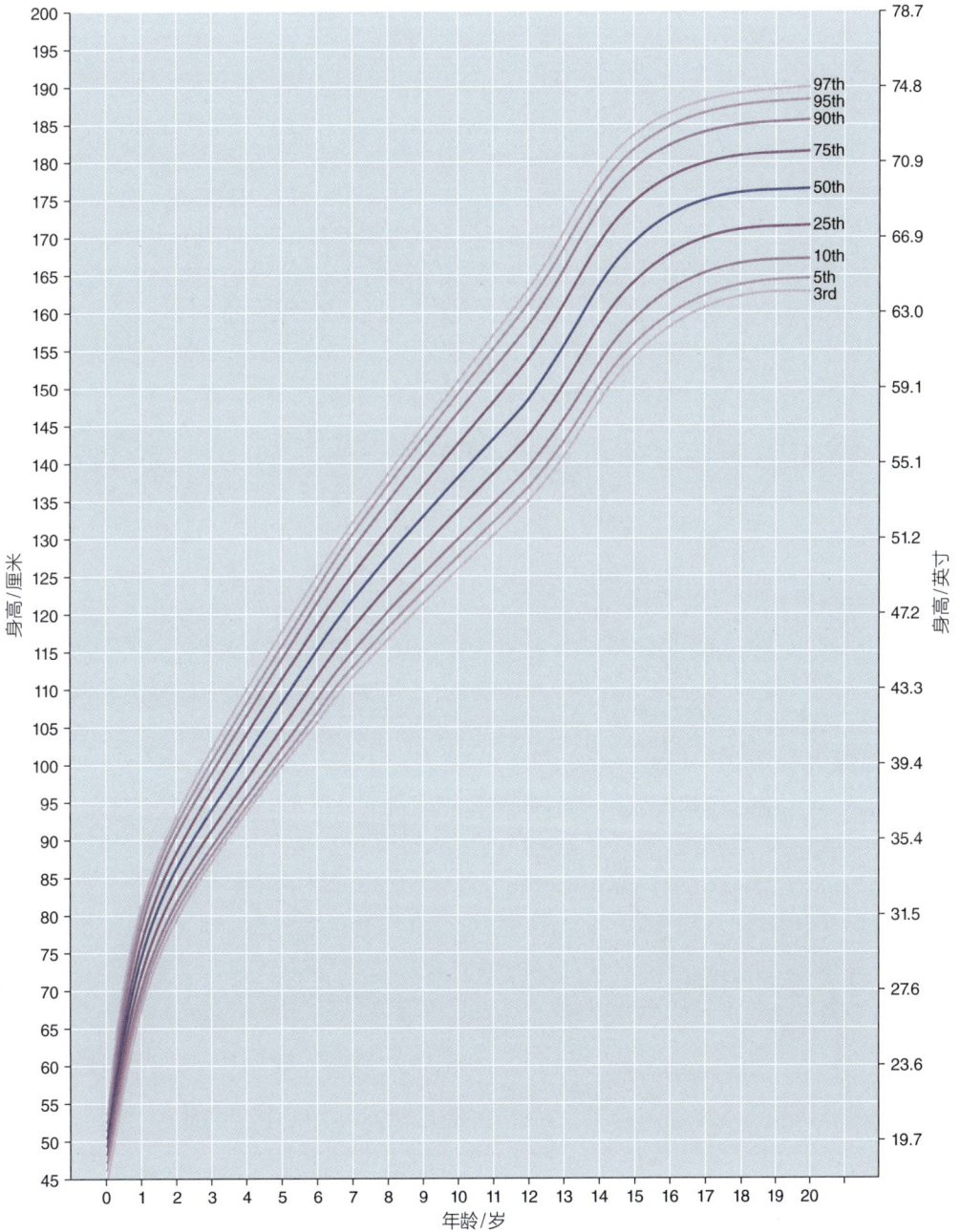

图8.4a　按照年龄百分位数列出的男孩身高（站立高度），注意曲线呈S形
源自：the National Center for Health Statistics (2000)。

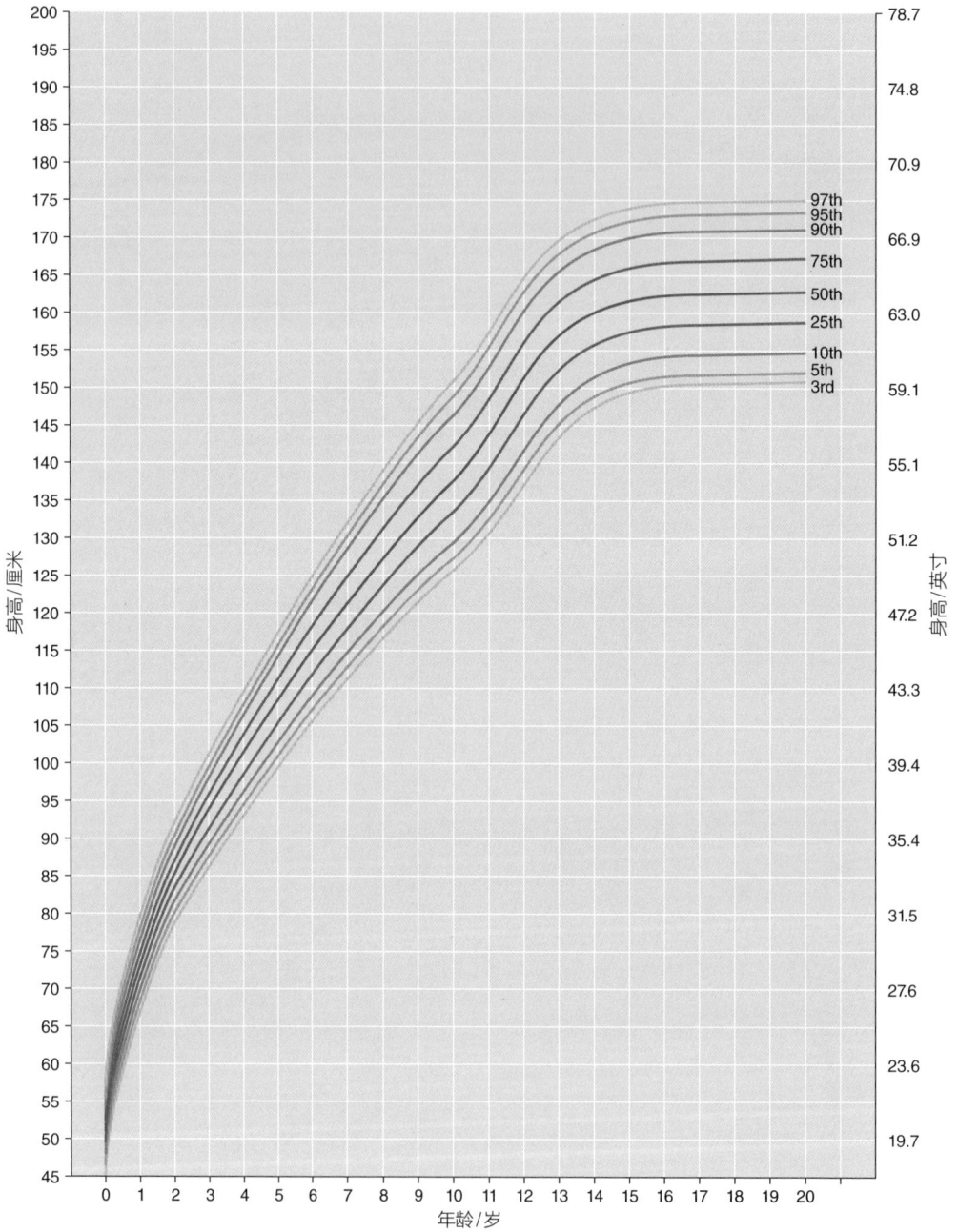

图8.4b 按照年龄百分位数列出的女孩身高

源自：the National Center for Health Statistics (2000)。

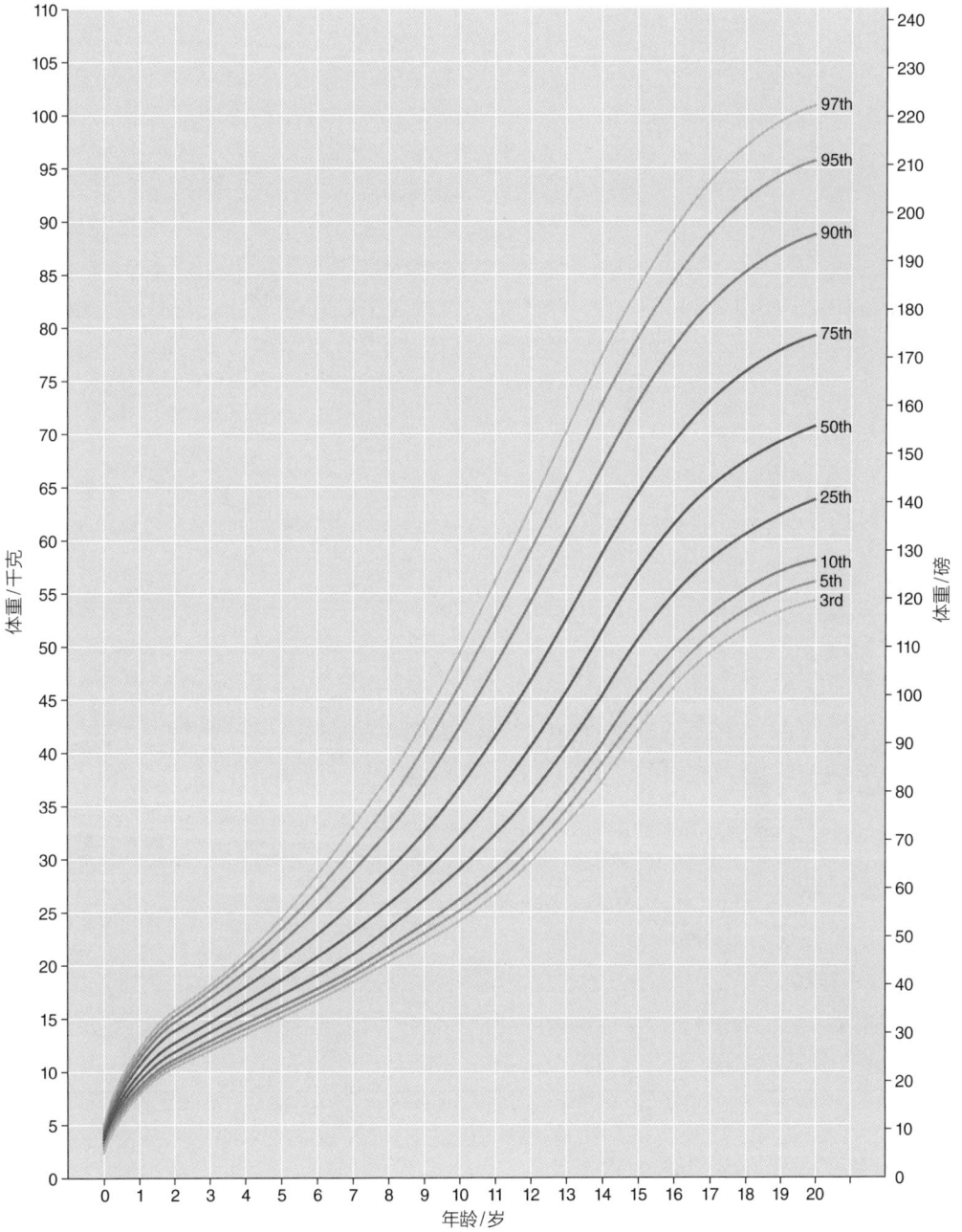

图8.5a 按照年龄百分位数列出的男孩体重

源自：the National Center for Health Statistics (2000)。

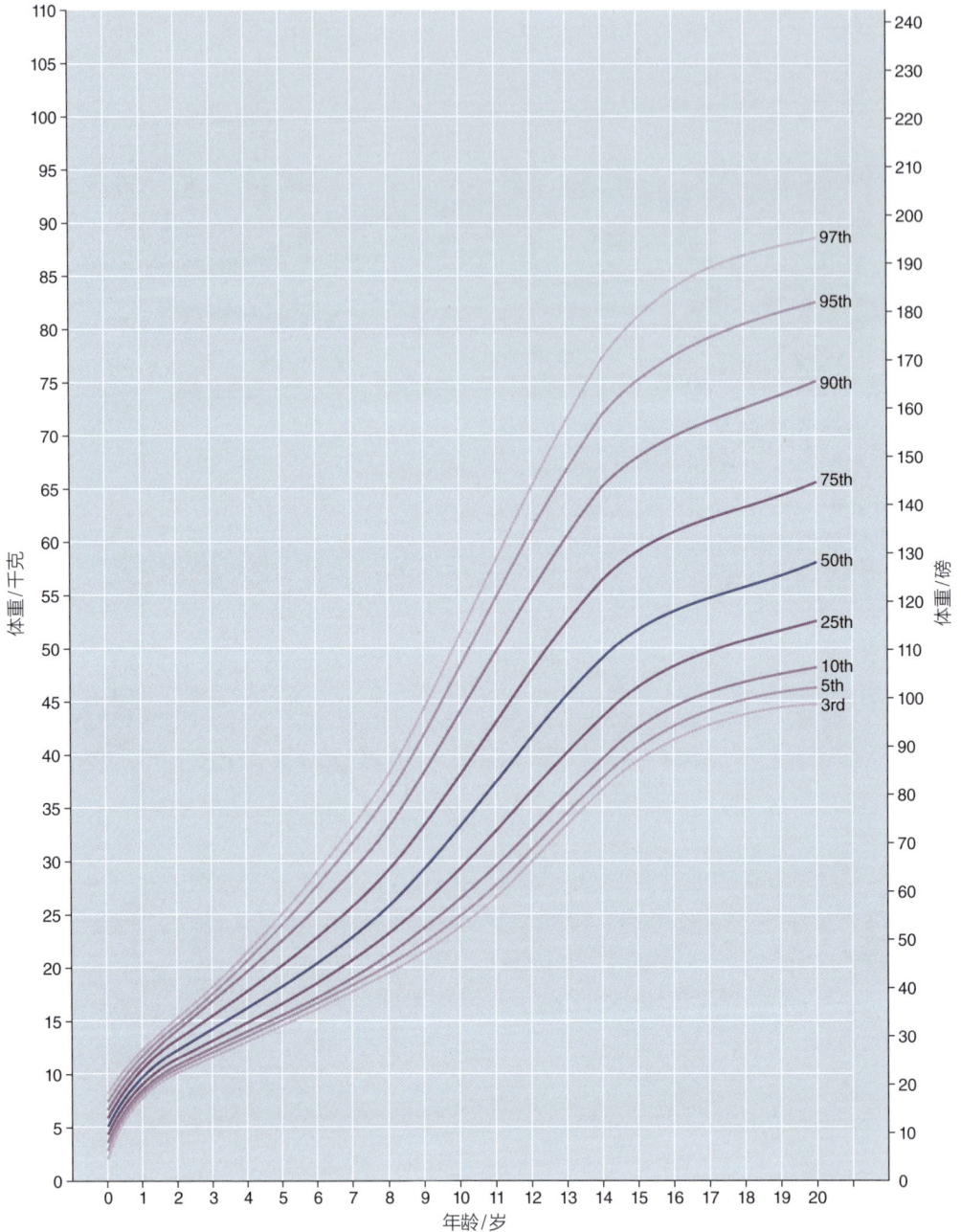

图8.5b　按照年龄百分位数列出的女孩体重

源自：the National Center for Health Statistics (2000)。

　　虽然正常的发育曲线呈S形，但个体的快速发育期和平稳发育期的时间可能与平均值不同。例如，一个女孩可能在8岁便开始青春期快速发育，而另一个女孩可能在10岁时开始青春期快速发育。曲线的斜率也可能与平均值不同，如一个女孩可能比另一个女孩发育速度更快（即发育曲线更陡峭）。请注意，发育曲线图显示，个体差异范围（例如第3个和第97个百分位数的差异）随着年龄的增长而扩大，尤其是体重（Malina, Bouchard & Bar Or, 2004）。这是发育的普遍性和特殊性的一个示例。S形曲线遵循普遍性规律，但曲线各段的时间和斜率因人而异，随着年龄的增长，环境因素的影响会进一步扩大个体之间的差异。

性别

性别是使身体发育时间和发育程度产生差异的主要因素。童年早期时，性别差异较小，男孩只是比女孩稍高、稍重。然而，整个童年期间，女孩往往比男孩发育成熟得更快，因此此任何特定年龄段的女孩在生理上都比男孩成熟得多。发育过程中的性别差异在青春期尤为明显。女孩在9岁左右（因为发育速度开始加快，通常被称为**开始年龄**）就开始了青春期的快速发育，而男孩则在11岁左右才开始青春期的快速发育。请注意，此处说的年龄都是平均值。大约2/3的青少年会在平均年龄前一年或后一年开始快速发育，这意味着大约有1/3的青少年甚至会更早或更晚地开始快速发育。

开始年龄是指发育速度开始加快的年龄段。

身高

身高遵循S形曲线发育模式：婴儿期发育速度快，童年期发育速度逐渐降低并趋于稳定，随后在青春期再次快速发育，最后发育速度逐渐降低直至青春期结束。个体的身高可以与群组平均值进行比较，比较方式通常是绘制一系列身高与年龄曲线。个体的曲线代表各种百分位数，通常为第3、5、10、25、50、75、90、95、97百分位数（图8.4a和b）。这种方法使我们能预估特定年龄或发育期的个体的身高百分位数，以及该个体是否一直在某群组或时期内保持同等水平。例如，我们可能会发现，一个人在大部分发育期内都保持在第40百分位数，而另一个人的青春期快速发育时间早，8岁时处于第60百分位数，10岁时便处于第90百分位数。

与群组平均标准相比，儿童在两三岁后倾向于保持同等相对百分位数，也就是说，身高处于第75百分位数的3岁儿童在整个童年期内有可能一直处于约第75百分位数。如果个体在群组内的相对位置大幅波动，表明一些外部因素可能影响其发育，需进行专业医疗检查（Martorell et al., 1988）。

除了检查发育程度，还要检查发育速度（即个体快速或缓慢发育的时间）。绘制发育速度图，可以得出一个人发育速度最快的年龄（峰值速度）或一个人从缓慢发育到快速发育的年龄（开始年龄）。

女生一般在11.5~12.0岁快速发育，身高达到发育的峰值速度（图8.6）。接着，约14岁时，女孩的身高发育速度放缓，16岁左右身高快速发育期结束。男孩一般在13.5~14.0岁时，身高达到发育的峰值速度。男孩的身高发育速度比女孩的稍快——男孩身高每年增长约8厘米，而女孩的身高每年增长约7厘米（Beunen & Malina, 1988; Brown, Patel & Darmawan, 2017）。17岁时，男孩的身高增长速度逐渐放缓，18岁时身高快速发育期结束。值得注意的是，男孩的快速发育期比女孩多2年。男女身高差距达11~13厘米，男

评估发育程度与速度

第1章中，我们了解到通常用图表来描绘身体的生长和发育。用图表描述体形发育很常见，我们能从中得知身高、体重的测量值或其与年龄增长的关系。因为这些曲线只表示发育的程度，所以被称为距离曲线，示例如图8.4和图8.5。要想知道某特定年龄段的发育距离，我们只需解读出该年龄段对应的数值。例如，根据身高曲线，我们可以确定个体在任何年龄的身高（如使用个体身高图表），或者任何年龄的平均身高（如使用群组身高平均值图表）。

如果随着年龄的增长，绘制的曲线也相应增长，而且图表的轴线由低（原点）至高，就能得知身体正在发育。发育期间，预估将随年龄的增加而增加。成人期内，由于外部因素影响测量值，测量值可能上升或下降，体重就是一个很好的示例。如果距离曲线的斜率逐渐变化，说明该年龄段发育速度适中。如果曲线陡峭，则说明该年龄段发育速度过快。因此，距离曲线的斜率可以显示发育速度的变化。

发育速度曲线能更明显地表示发育速度。要想绘制该曲线，首先，选择的发育周期年龄跨度要小，如8~9岁、9~10岁、11~12岁。其次，在每一个年龄跨度期间，根据距离曲线所示，我们能研究发育过程的变化。例如，根据身高距离曲线，可知8~9岁身高增加5厘米。最后，我们可以绘制出8.5岁时，对应的年身高增长是5厘米（代表该年龄跨度期间身高增长的中位数）的点。这样做可以将各个年龄跨度对应的点连接成平滑的曲线，由此形成发育速度曲线。

速度曲线与距离曲线完全不同。速度曲线经常有部分呈下降趋势，表示发育速度正在放缓或减速。速度曲线也有高峰（即增长速度由快变慢的点）。人类在青春期早期的整体发育测量值中有速度高峰（称为身高发育速度高峰、体重发育速度高峰等）。一生中，这个年龄段的发育速度是最快的。从高峰下降的过程中，发育速度放缓，但其实这个阶段的发育速度仍然很快。例如，常见的女孩身高发育速度高峰是每年约7厘米（图8.6），一般发生在12岁左右。12岁之前，身高发育速度从每年增加5~6厘米到约7厘米。12岁之后，发育速度放缓，每年身高增加从约7厘米到6厘米，逐年递减。10.5~13岁期间，身高的增长速度相当快。

解读速度曲线时，我们必须记住，我们解读的是较短年龄跨度内的发育速度，而不是发育程度。我们可以从身高的距离曲线而非速度曲线判断一个女孩的身高。另外，根据速度曲线，我们很容易能确定她成长速度最快的年龄段。

学过微积分的读者都知道，速度曲线是距离曲线的一阶导数。而二阶导数是加速曲线，表示发育加速或减速的年龄。

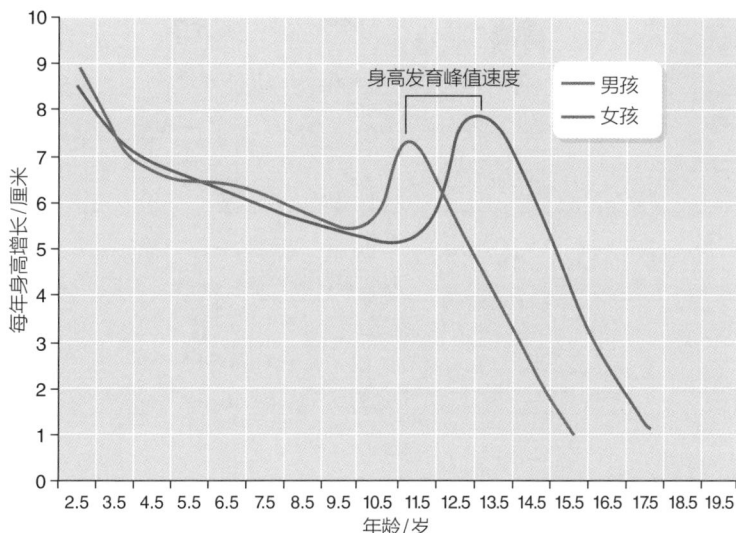

图8.6 根据图8.4a和图8.4b绘制的身高发育速度曲线。2岁以后，发育速度放缓，直至进入青春期快速发育。注意男孩和女孩身高发育达到峰值速度的年龄

性发育期相对较长是成年男性和成年女性平均绝对身高存在差异的主要原因。

体重

体重也遵循S形曲线发育模式：婴儿期迅速发育，童年期适度发育，青春期快速发育，发育期结束时体重的增加逐渐减少。然而，外部因素能轻易影响体重，体重可以反映出运动条件下的肌肉量变化以及饮食和运动共同作用下的脂肪含量变化。另外，疾病也会影响体重。

青春期快速发育时的体重增速高峰随青少年身高增速高峰的变化而变化，男孩是2.5~5个月，女孩是3.5~10.5个月（Brown et al., 2017）。不同节段的长度和宽度生长会出现在个体达到身高增长速度峰值之前或之后，但所有生长都会在体重增长高峰时或之前达到峰值（Beunen et al., 1988）。这就是人们普遍观察到的先纵向发育，再横向发育的事实依据。

相对发育

整体层面讲，身体遵循S形曲线发育模式，但特定身体部位、组织和器官的发育速度不同。换言之，发育期内，身体各部位的发育速度都精确有序。各部位发育速度不同，导致身体整个外表发生显著变化。整个一生中身体比例发生的显著变化如图8.7所示。出生时的身体比例反映了出生前从头到脚和近端-远端（从近到远）的发育方向。因此，新生儿的体形与成人的大不相同。出生时头部长度占身高的1/4，但成年后，头部长度只占身高的1/8。出生时，腿部长度占身高的3/8，但成年后，腿部长度几乎占身高的一半。

新生儿要想达到成人的身体比例，在发育过程中，某些身体部位的发育速度必须比其他部位快。例如，在婴儿期和童年期，腿部的发育速度比躯干和头部的发育速度

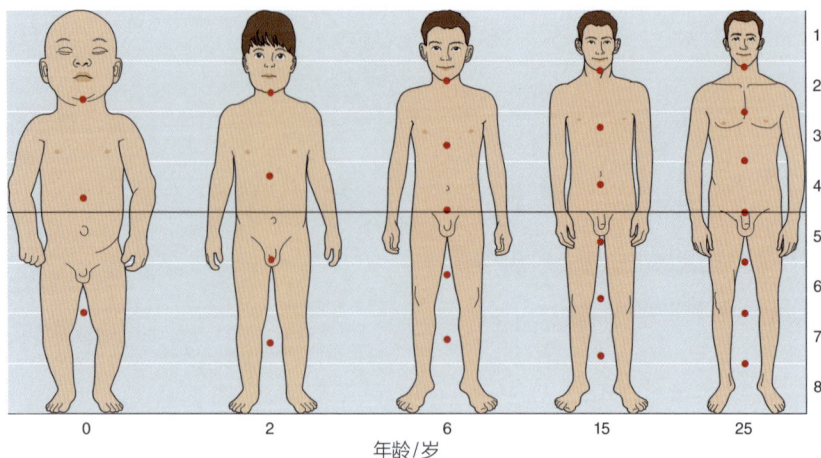

图8.7　在相同标尺下，个体出生后处于不同发育期的身体比例变化（以男性为例）
源自：Adapted by permission from Timiras (1972).

快，并且在青春期早期进入快速发育期。身高增长主要是由于在青春期后期和成年早期，躯干长度的增加。男孩和女孩在童年期的身体比例相似，但成年后，某些身体部位的相对增长会带来明显的性别差异。女孩肩宽和臀宽的增长速度大致相同，所以她们的肩臀比例在成长过程中相当稳定。处于快速发育期时，男孩的肩宽明显增加，因此他们步入青春期并发育为典型的成年男性宽肩时，他们的身体比例会发生变化。

▶ **要点**　虽然发育成熟越早的女孩早期会长得越高，但发育成熟较晚的女孩发育期更长，因此成年后往往更高。同样的结论在男孩身上并不明显，但似乎也有相同的趋势。

　　体育教师、物理治疗师、医生、研究者和许多其他专业人士都可以测量个体身体的各项指标。如果测量值要与平均值或其后的测量值进行对比，测量值必须高度精确。
　　身体形态可能对儿童早期的技能表现有影响，例如，从神经学理论上讲，即使5个月大的婴儿也具备协调、可控制的行走模式，但是他们头重脚轻、双腿瘦小，不太可能保持身体平衡。不同的肢体长度和重量可以影响各种活动的平衡、动力和潜在速度。回顾第1章的限制模型，我们意识到与身体形态和比例相关的个体限制无疑能与任务限制和环境限制相互影响，从而使身体完成不同的运动。
　　特定组织和器官的发育也存在差异。虽然它们的出生前发育是随着体重的增加而进行的，但一些组织和系统的出生后发育遵循特定的模式。例如，4岁时，大脑达到其成年后重量的80%以上。由于身体出生后各种组织的发育具有差异性，因此研究个体身体系统，能使我们对个体结构性限制有更加完整的认识。身体各个相关系统的发育和衰老参见第9章。

生理成熟

生理成熟指身体各种功能状态完全发育的过程。

　　身体处于发育期时，身体组织也在同时发育，但其体积不一定增大。细胞、器官和系统的生化成分高效发育，这个过程被称为生理成熟。随着儿童和青少年年龄增长，他们体形增大，生理逐渐成熟，所以年龄增长、体形增大和生理成熟之间相互关联。

然而，这三者的发育也有各自特定的时间。例如，相同年龄的两名儿童的生理成熟状况可能差异显著，一个成熟较早，另一个成熟较晚；或者体形一样的两名儿童可能年龄不同，他们的生理成熟状况相似或差异显著。因此，单从年龄、体形，甚至综合考虑年龄和体形，很难推断个体的生理成熟状况。一个儿童外表上看可能体形较小，但就他的实际年龄而言，可能相对成熟。

生理成熟的另一个指标是青春期快速发育时**第二性征**的显现。第二性征在早熟的男孩和女孩中出现的年龄较小，而在晚熟的男孩和女孩中出现的年龄较大。女孩整体比男孩生理成熟速度更快，她们进入青春期的速度更快，第二性征出现的时间更早。女孩乳房增大，长出阴毛，出现月经初潮，即第一个月经周期。如果不考虑女孩开始快速发育的确切年龄，月经初潮通常出现在身高增长达到峰值速度之后的第11~12个月。在过去的几十年中，月经初潮的平均年龄降低，据报告在12~12.5岁（Biro et al., 2018）。青春期女孩身高增长、身高增长速度和加速曲线如图8.8所示，其中提供了第二性征开始出现和完全发育以及月经初潮的平均年龄。男孩睾丸和阴囊增大，长出阴毛。与女孩月经初潮相比，男孩进入青春期没有明显特征，有活力的精子的产生是一个渐进的过程。

> ❓ 请想象，如果你是一名小学体育教师，因为你假设班级里长得高的儿童生理最成熟，所以期望他们的运动表现最好，请问这种想法对吗？你认为5年级班级中身体最协调的儿童会成为6年后活跃于高中校队的佼佼者，请问这样的假设正确吗？

生理成熟状况是结构性限制之一，与动作技能息息相关。即使处于同一年龄段，生理更成熟的个体可能更强壮、更协调。因此父母、体育教师和物理治疗师在为青少年制订活动、运动目标和治疗方案时，必须考虑到青少年的生理成熟状况。单从体形或年龄推断运动表现潜力不够全面，生理成熟状况也是预测运动表现潜力的一项重要指标。身体青春期发育和生理成熟过程会明显影响运动表现。快速发育期间，个体也可能出现动作不协调期或"青春期的笨拙期"（Brown et al., 2017）。尽管目前的相关研究尚未有明确结论，但这种周期是暂时的（持续约6个月），与任何潜在的功能障碍无关，但可能会增加受伤的风险（Quatman-Yates et al., 2012）。表8.3总结了童年早期到青春期发育和生理成熟的发育变化。

▶ **要点** 出生后的生长模型因身体各个部位和系统的发育存在差异。

出生后影响发育的外部因素

如前文所述，即使在子宫这样相对受到保护的环境中，外部因素也会对出生前个体的发育产生很大影响。因此，外部因素对出生后个体发育的影响越来越大也就不足为奇。遗传因素控制着个体发育和成熟的时间和速度，而外部因素也会对个体产生很大的影响，尤其是影响身体新陈代谢的外部因素。在快速发育期，如刚出生和青春期早期，身体发育对环境特别敏感。

第二性征指男性或女性的身体形态和组织结构特征，通常用于评估青少年的生理成熟状况。

青春期月经初潮

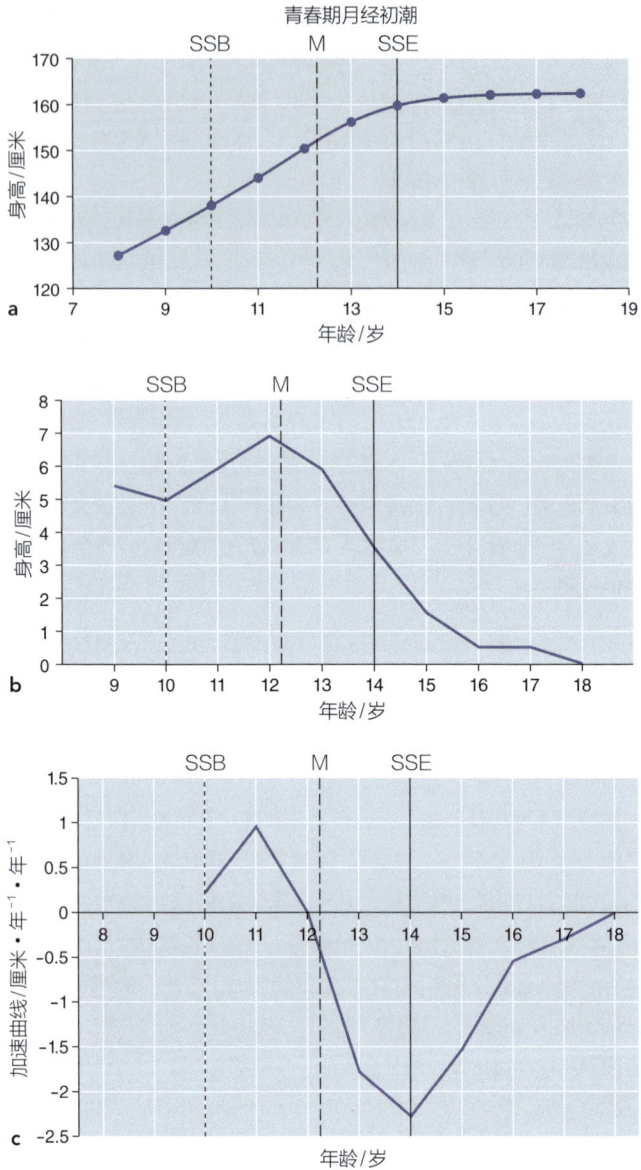

图8.8 a. 青春期女孩身高的增长数据，b. 青春期女孩身高的增长速度，c. 青春期女孩身高的增长加速曲线。注意月经初潮（M）出现在身高发育达到峰值速度之后。约10岁时第二性征开始出现（SSB），约14岁时第二性征发育完全（SSE），达到成人水平

源自：Biro & Keiss (2016), Susman et al. (2010), and the National Health and Nutrition Examination Survey (NHANES): Fryar, Gu, and Ogden (2012)。

　　研究影响个体一生发育状态的外部因素的方法是开展大规模前瞻性群组研究，例如在荷兰鹿特丹进行的R代婴儿研究（Kooijman et al., 2016）。自2002年以来，研究者对大规模婴儿群组进行跟踪访问，研究周期从婴儿时期一直持续到童年期，再到青春期。研究者测量这些样本接触的不同影响因素（例如环境、营养物质、生活方式相关

表8.3 身体发育和成熟的发展变化总结

发育变化	童年早期 （0~5岁）	童年晚期 （6~9岁）	青春期早期 （10~14岁）	青春期晚期 （15~19岁）
身高变化	前两年快速增长	稳定增长	快速增长；11~14岁，身高发育达到峰值速度，女孩比男孩更早进入快速发育期	女孩14岁后发育速度放缓；男孩17岁后发育速度放缓
体重变化	婴儿期快速增加	稳定增加	快速增加；身高快速发育期持续2~5个月后体重发育出现峰值速度	饮食和运动等外部因素影响体重
相关发育	头部长度占身高较大比例；腿部的发育速度比躯干和头部快	腿部发育速度依然比躯干和头部快	肩臀比例出现性别差异	成人身体比例
性特征成熟	没有生理成熟的迹象	女孩青春期发育引起的身体变化最早可能在9岁时开始	出现第二性征	生理完全成熟

因素）以及由此产生的身体健康状况（例如身体成分、认知、感染、疾病、免疫）。

　　早期饮食是非常重要的外部因素。杜伊兹、加多、霍夫曼和莫尔（Duijts, Jaddoe, Hofman & Moll, 2010）观察到，与出生后纯母乳喂养6个月的R代婴儿相比，出生后纯母乳喂养4个月的R代婴儿的感染风险更高。

▶ **要点** 个体成年后，外部因素的影响作用进一步增大，导致成年后个体之间有非常明显的差异。

　　追赶性发育现象说明了身体整体发育对外部因素的敏感程度。儿童严重营养不良或患上严重疾病（如慢性肾衰竭）一段时间后，可能会出现追赶性发育（图8.9）。营

追赶性发育是指在负面外部因素作用期间，部分或全部潜在的发育速度会减慢，身体为了恢复发育速度而表现出相对较快的发育过程。负面影响一旦消除，身体就开始进行追赶性发育。

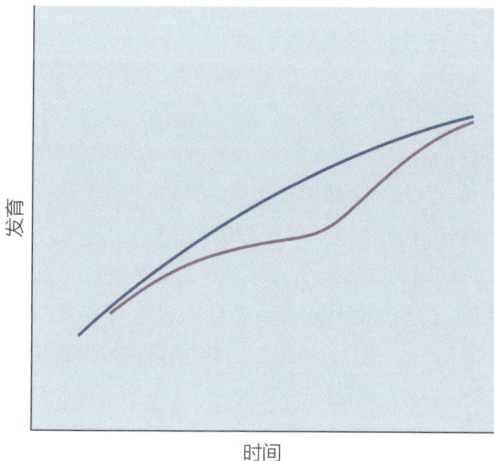

图8.9 假设的追赶性发育图示，其中蓝线代表假设的正常发育过程，紫线代表负面外部因素下的实际发育过程。负面外部因素发挥作用时，发育速度放缓。然而，一旦负面外部因素消除，发育速度就会加快，追赶原本应当达到的正常水平。实际发育情况什么时候能接近正常发育线，取决于负面外部因素起作用的初始时间、产生影响的时长及其严重程度

养不良或患病期间，身体发育迟缓。饮食改善或疾病痊愈后（即恢复良好的发育环境后），儿童发育速度加快，直至接近或赶上同时期正常发育程度（Prader, Tanner & von Harnack, 1963）。患儿是否恢复部分或全部发育速度取决于不良环境条件的起始时间、持续时间和严重程度。

R 代婴儿的一项研究结果（Ay et al., 2008）表明，产前体重增长较慢的儿童，尤其是在孕晚期体重增长较慢的儿童，出生后前几个月表现出追赶性发育。与没有经历这一追赶性发育阶段的儿童相比，经历过追赶性发育阶段的儿童在 6 个月时的脂肪含量占体重百分比往往较高。"R 代婴儿"研究项目将继续在这些儿童进入青春期后进行追踪访问，以确定这种早期追赶性发育是否会导致个体后期脂肪含量较高。

身高、肢体长度、身体宽度测量

经常测量儿童的发育情况，并与特定年龄的平均值进行比较，有助于发现发育异常。这样可以辨别引起发育异常的医药或环境因素，并及时调整或纠正。当然，这种发育测量值反映了个体的身高和体形（通常与父母的身高和体形相对应）的遗传潜力以及个体特定的发育时间。因此，筛查发育测量值时，测量值高于其年龄段第 90 百分位数或低于第 10 百分位数的儿童和青少年，尤其是那些父母身高正常的儿童和青少年，应转诊给医师进行专业医疗检查（Lowrey, 1986）。

要想筛选出有效数据，必须采用相同的测量技术，准确测量群体的标准值或平均值。标准值的测量技术适用范围较广。例如，世界卫生组织（WHO）在 2008 年公开了评估儿童发育的培训课程（Onyango, De Onis & WHO, 2008），如果决定进行筛选，应当参考课程中的标准。对标准值的测量技术进行详细论述超出了本书的讨论范围，但让我们简单地考虑用于评估身体发育和体形的各种测量值。

人体测量学是关于人类身体形态测量的科学。

用于评估身体发育和体形的测量值，又名**人体测量学**指标，包括身高、体重、肢体长度、身体宽度和围度。测量技术有时用于测量身体比例，显示体形的各项数据。站立身高是最常见的发育指标之一，但坐起身高是发育期值得观察的有趣指标。站高减去坐高，可得下肢长度的功能性指标。婴儿躯干相对较长、腿较短，因此在发育期内，腿长相对站立身高比例发生变化，直至达到典型的成人比例。

测量技术也可用于测量身体其他部位的长度，例如上臂和大腿的长度，还可测量身体特定部位的宽度。人们通常在骨骼标志位置上测量长度和宽度，因此测量值反映的是骨骼结构，而不是随着饮食和运动而发生改变的软组织，如脂肪和肌肉。最常见宽度测

? 请想象你是一位家长，请设身处地地进行以下思考。同一年龄段，早熟儿童的运动表现可能优于晚熟的儿童，如果你忽视了这一点，并期望你早熟的孩子在进入成年期后持续保持其运动表现优势，那么当晚熟儿童追赶上来时，这对你的孩子会有什么影响呢？如果你有一个晚熟的孩子，过早地认为他不太可能成为运动员会对他有什么影响？

量位置是肩部和臀部，肩宽除以臀宽是肩臀比例。男性要想达到宽肩窄臀的典型体形，肩臀比例在青春期快速发育期会发生明显的变化，因此肩臀比例也是整个发育期值得关注的观察指标。

身体许多部位的围度都能测量，通常测量软组织、脂肪和肌肉及骨骼结构的围度。我们预计，围度测量值将随着体形增大而增加，但单靠围度测量值无法反映脂肪组织相对于身体瘦组织的相关信息。儿科医生密切监测婴儿的头围，头围偏大可能与脑积水（脑脊液过多，可能导致脑损伤）有关。

体重是评估身体发育和体形的另一个常用指标。体重增长反映了身体瘦组织的增加，大多受遗传因素影响；而脂肪组织增长，很容易受到运动和营养物质等外部因素的影响。本书后文论述的方法，能用于平衡体重比例中的瘦组织和脂肪组织。最终测量值通常表示为"脂肪百分比"。

另一个值得关注的指标是，体重（千克）除以身高（米）的平方。这个指标被称为身体质量指数（Body Mass Index，BMI），用于衡量身体是否肥胖或超重，尤其是成人肥胖程度。BMI的正常或健康范围为18.5~24.9，BMI大于30.0属于肥胖（肌肉量很大的运动员除外）。

测量身体发育和体形的方法很多，每次测量都会获得特定的信息。将多种测量方法结合，所得测量值会显示体形增大的大量信息。医生可用这些测量值筛查或纠正异常状况，从而使个体在发育期后实现其发育潜力或保持良好的健康状态。同时，这些信息也可用于帮助儿童和青少年了解其身体发生的变化，特别是青少年快速发育期的身体变化。

成年和衰老

青春期后期或20岁左右，身体发育期逐渐结束，但在发育期达到的身体状态和体形在成年后并非一成不变。一些体形测量值在成年后可能会有所改变。这些变化显示了身体组织的衰老，更显示出外部因素的影响。例如，缺乏负重运动以及饮食缺钙可能会导致成年个体患有骨质疏松症，身高可能因此降低。整个一生中，影响身体发育的外部因素和其出现的时间差异巨大。当然，我们预计随着年龄增长，个体的体形变化差异会越来越大。

20岁左右，个体的身高会略微增长。躯干的略微增长甚至会一直延续到45岁左右。除了这些略微的增长，整个成年期内的身高一直保持相对稳定。然而，个体的身高在成年后略微降低也很常见（图8.10）。身高降低的一大原因是身体结缔组织受压迫而变得扁平，尤其是椎骨之间的软骨垫受压迫，导致躯干缩短。骨骼的蛋白质基质的逐步变化，也会导致骨密度降低（Timiras，1972）。对于骨质疏松症患者来说，后者情况更为严重，可能会导致一个或多个椎骨塌陷。这种情况一旦发生，身高就会明显降低（图8.11）。近年来，人们更加了解骨质疏松症对健康的危害，也对骨质疏松症的预防和治疗产生了更多兴趣，这在某种程度上会减少老年人身高降低的情况。

评估生理成熟

直接或间接测量都可用于评估生理成熟。直接测量是理想的评估方法，但整个发育期内的直接测量值不易获得，或者即便最终获得数据，也不能广泛适用于整个发育期。例如，长出牙齿（长出新牙）是生理成熟的标志，但限于两个年龄范围：6个月～3岁时，乳牙首次出现，以及6～13岁时，恒牙出现。乳牙和恒牙长出的时间遵循严格的顺序。早熟的儿童牙齿长出的年龄比晚熟的儿童小。

第二性征的出现也可用于评估生理成熟。坦纳（Marshall & Tanner, 1969, 1970; Tanner, 1975）设计了一套评估生理成熟的体系，该体系根据乳房、阴毛和生殖器发育过程，分别将女生和男生的发育分为5个阶段。第1个阶段是生理尚未成熟的前青春期，第5个阶段是生理完全成熟期。个体经历这5个发育阶段平均花费约4年时间，因此即使这期间个体的生理发育有差异，该评估体系也仅适用于约6年的发育期。此外，发育过程中许多个体都会出现例外。尽管声音变化和面部毛发变化是生理发育成熟的明显特征，

⦿ 请想象，如果你是一名医生，你会采取哪些措施，尽可能帮助50岁的患者降低髋部骨折的概率？其中部分原因是骨密度的下降。

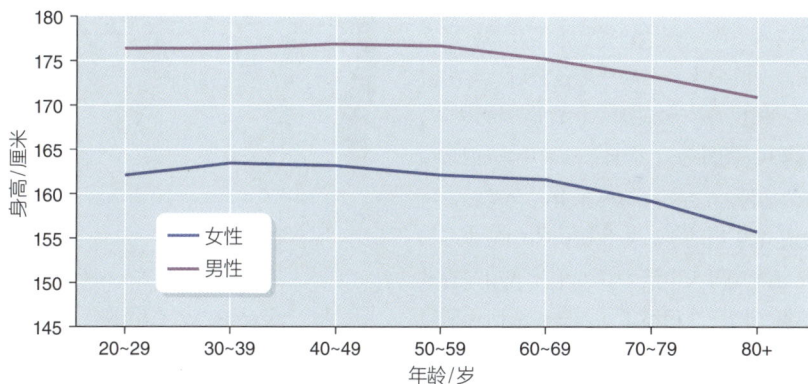

图8.10 成年后个体的身高变化

源自：the National Health and Nutrition Examination Survey (NHANES): Fryar, Gu, and Ogden (2012)。

但其不足以用于评估生理成熟状况。

评估骨骼成熟程度，是一种相对精确的生理成熟评估方法。发育学专家通过对比个体的骨骼成熟程度X线片和标准值，可以确定个体的骨龄。早熟的儿童骨龄大于实足年龄，晚熟的儿童骨龄小于实足年龄。生理成熟评估的详细内容请参见第9章。

鉴于直接评估生理成熟的种种缺点和困难，许多体育教师和医生通过对比个体发育测量值与群体标准值，推断个体的生理成熟状况。换言之，如果一个女孩的身高处于第75百分位数，体重处于第70百分位数，肩宽处于第80百分位数等，我们可以推断她属于早熟。当然，如果她受遗传因素影响很大，我们的推断可能会出错。因为受遗传因素影响较大时，她的生理成熟状况可能正常，且本就高于同龄人的平均水平。我们必须始终牢记用发育测量值推断生理成熟状况的局限性，然而，如果考虑到个别儿童或青少年的运动表现潜力，这种推断依然有用。

成人通常在20岁时，开始增加多余的脂肪（图8.12），这种情况很常见（Stenholm et al., 2015）。脂肪的增加可能与生活方式发生改变有关。年轻人刚开始成家立业，一般很少有运动或准备健康饮食的时间。相反，经常锻炼、饮食健康的成人，体重保持得很好，而且很有可能增加肌肉、减少脂肪。老年人的体重有时会减轻，可能是由于运动少，导致肌肉组织减少。另外可能是因为生活方式发生改变引起食欲不振。同样，积极运动的老年人肌肉质量不太可能减少。

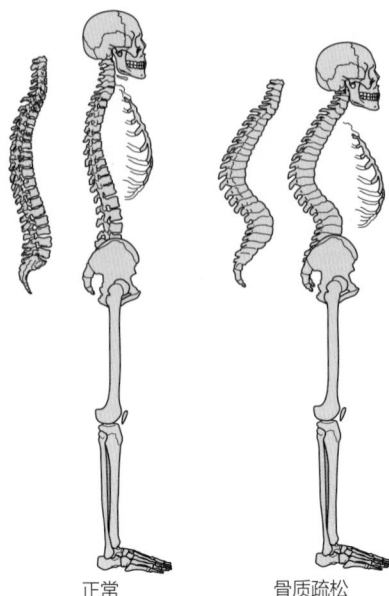

正常　　　　　　骨质疏松

图8.11 骨质疏松患者的身高下降明显。椎骨的压缩性骨折使脊柱后凸（"驼背"）并压迫内脏，导致腹胀

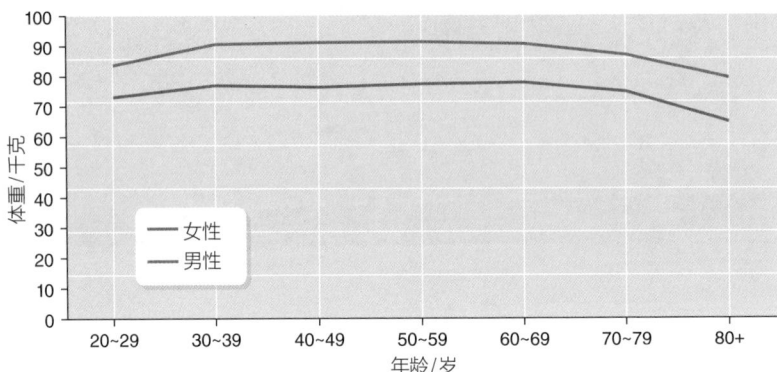

图8.12 成年后个体的体重变化

源自：the National Health and Nutrition Examination Survey (NHANES): Fryar, Gu, and Ogden (2012)。

总结与综述

了解出生后的整体发育过程，有助于父母、体育教师和物理治疗师了解个体不断变化的结构性限制，以及个体限制、任务限制和环境限制影响动作的方式。身体整体发育呈特定模式，即S形曲线发育模式，但不同性别的个体的生理成熟速度有所不同。了解个体发育的正常过程和差异有助于专业人士检测异常发育或发育迟缓。

个体进入发育期及成年期后，外部因素对个体的影响越来越大。由于某些外部因素可控（即加强、最小化或消除），所以大家都想知道哪些因素对个体发育有影响及其相应的影响方式。

影响动作的个体结构性限制通常指身体系统，而不是身体全身。例如，肌肉增加影响操控性技能所运用的力量。要想了解不断变化的结构性限制的作用，就需要研究一生中动作涉及的身体系统的发育过程。详情请参见下一章内容。

巩固已学知识

回顾

回想本章开始描述的青少年。请想象，一个人童年时因学习动作技能而产生挫败感，在青春期的快速发育期又变得行动笨拙，好消息是"青春期的笨拙期"很快就会过去。体育教师、教练、家长应耐心地鼓励所有个体练习动作技能并享受运动，这才是明智之举。根据个体童年早期的体形和生理成熟状况，人们很难预测谁会在将来的运动中成为佼佼者，或者他们会对哪些活动感兴趣并取得好成绩。

知识测验

1. 请论述发育测量法和生理成熟直接测量法之间的区别。两种测量方法的内容是什么？有哪些示例？
2. 距离曲线和速度曲线的区别是什么？各个曲线表示了发育的哪些方面？为什么要注意速度曲线的峰值？
3. 胎儿的哪些身体部位先发育？发育方向是什么？
4. 请描述致畸因素对胎儿的影响方式。由哪些因素决定了致畸因素对胎儿的影响方式？
5. 请描述从婴儿期到成年期整体发育过程中的性别差异，包括进入青少年生长高峰、身高增速高峰、青春期、身高增长减速的平均年龄。
6. 进入老年期后，身体哪些测量指标会发生改变？改变的方式是什么？
7. 有哪些环境因素会影响中老年人的健康及其影响方式是什么？是否有可能改变这些因素？改变方法有哪些？

学后练习

长期趋势

长期趋势指好几代人连续发育的趋势，通常是外部因素影响的结果。一些研究者假设目前的长期趋势是早熟、身高增长、体重增加。请上网搜索，找出这些潜在长期趋势的信息。请将找到的信息进行分类：对大量受试者进行的客观研究、关于单个案例的相关信息、作者的假设和观点。综合考虑这些信息，你能找到可信的证据来证明这3个发展指标中的任何一个存在长期趋势吗？请举例说明。

第9章

身体系统的发育和衰老

个体限制：身体系统

▶ 确定骨骼、肌肉、脂肪、内分泌和神经系统在一生中的变化；

▶ 注意各个身体系统在发育和衰老期间的相互作用；

▶ 论述身体系统快速变化时对外部因素特别敏感的时期；

▶ 确定随着个体一生的发展，外部因素的影响越来越大，遗传因素的影响越来越小。

现实世界中的动作发展

身体系统发育的早期研究

诺伦斯·诺埃尔（Nerlens Noel），1994年出生于美国马萨诸塞州的莫尔登，是一名出色的高中篮球运动员，立志成为一名美国职业篮球联赛（National Basketball Association，NBA）的球员。尽管诺埃尔高二时左膝骨折，但他在整个高中期间的篮球比赛中一直表现优异。2012年，多项球探调查结果显示，诺埃尔在全美高中篮球运动员中排名前列。因此，顶尖球队纷纷向诺埃尔抛出橄榄枝。而诺埃尔最终选择加入野猫队，为肯塔基大学篮球队效力。肯塔基大学篮球队在全美大学生篮球联赛（National Collegiate Athletic Association，NCAA）中有过无比辉煌的历史，曾拿下8个全国冠军。大一赛季，诺埃尔的防守能力令肯塔基大学篮球队的球迷惊叹不已，他不停地刷新队伍在一场比赛中的盖帽纪录。那个赛季很快结束，2013年2月中旬，他在对阵佛罗里达大学的比赛中，不幸遭遇了前交叉韧带撕裂。

对于篮球运动员来说，前交叉韧带撕裂很常见。然而，在诺埃尔受伤后，很多医学专家认为这与常见的前交叉韧带撕裂有很大不同，并非意外受伤。相反，他们推断，诺埃尔高中时曾经生长板断裂，伤还没好便很快重返赛场，这有可能导致他后来在大学时期因膝关节错位而产生前交叉韧带撕裂。罗宾·韦斯特（Robin West）医生是匹兹堡钢人队的一名骨科医生，他认为如果诺埃尔的腿愈合不良，并且膝关节错位，未来这条腿会更容易受伤（Coleman，2013）。和很多年轻球员一样，诺埃尔也想要参加NBA选秀，尽管腿部有伤，但2013年他还是宣布参赛。但是，生长板曾经断裂过，容易导致膝盖受伤，这似乎会影响他在选秀中的排名。所以尽管他是当时最受欢迎的球员之一，他的最终选秀排名仅为第6，他随后转会至费城76人队。从那时起，他开始了职业篮球生涯，先后效力多个球队。

第8章讨论了身体的发育、成熟和衰老，说明了体形和生理成熟状况是结构性限制。例如，考虑到限制模型和身高，我们能够得知，篮球运动中的扣篮动作确实是任务限制（扣篮）、环境限制（篮筐高度以及篮球大小和重量）和个体限制（身高）这一结构性限制相互作用的结果。每个人的身高都有差异，扣篮的成功率因人而异。然而，对于这个任务，我们很快就明白，不仅要考虑身体的整体发育，还需考虑特定的身体系统。一个人能跳多高，身高是其中一个影响因素，但同时骨骼系统的发育状态也是影响因素。肌肉更发达的人比肌肉不发达的人跳得更高，所以我们还应该考虑肌肉系统。此外，脂肪量会影响体重，从而影响跳跃的困难程度。最后，要想完成跳跃动作，神经系统与肌肉系统必须协调运作。所以研究个体结构性限制与动作的关系时，经常需要考虑一个或多个身体系统，以及身体系统之间的相互作用。

为了理解身体系统作为结构性限制对动作起到的作用，我们必须了解身体系统正常发育的方式，哪些因素会影响发育，以及这些因素对运动的影响和发生的时间。为了研究这些限制如何影响运动的各个方面，对各个身体系统影响动作的相关论述将贯穿全书。我们将按时间顺序，从出生前发育开始，一直到老年，探讨以下与动作相关的身体系统的发育。

- **骨骼系统**。骨骼系统决定了身体结构。然而，骨骼系统并不是坚硬且静态的结构，而是活的组织。在整个一生中，骨骼系统变化显著，反映出遗传因素和外部因素的共同影响。

- **肌肉系统**。骨骼系统决定了身体结构，肌肉系统让身体产生动作。超过200块的肌肉让人体可以完成大量的动作和姿势。和骨骼系统一样，肌肉系统在遗传因素和外部因素的影响下，在整个生命周期都会发生变化。

- **脂肪系统**。人们对脂肪系统的常见误解是，无论脂肪量多少，其存在都不受欢迎。事实上，它在能量储存、保持体温、提供缓冲方面起到了非常关键的作用。

- **内分泌系统**。内分泌系统释放各种化学物质类的**激素**，控制特定细胞的功能。大脑中的下丘脑分泌的激素调节脑垂体，而脑垂体又调节肾上腺素、甲状腺激素和性激素的释放。

> **激素**指由腺体分泌到血液的化学物质，这些化学物质对靶细胞、组织或器官发挥特定的作用。

- **神经系统**。神经系统是身体的根本，除此之外，再没有哪一个系统能与之相提并论。我们只需观察严重脑损伤的患者，便可得出这个结论。神经系统控制身体的动作和语言能力。它是思维、分析和记忆的场所，神经系统的发展对社交、认知、动作技能的发展至关重要。

出生前身体系统的发育

在身体发育过程中，出生前指从受精（卵子和精子结合时）到出生，共计约40周。在第8章中，我们介绍了出生前身体的整体发育，现在我们将更详细地介绍在此期间每个身体系统的变化。

骨骼系统

胚胎早期，骨骼系统以软骨形式存在。软骨模型中，骨沉积的位置逐渐出现骨化中心。出生时约有400个骨化中心，出生后又增加400个。骨化中心有两类，一类是**初级骨化中心**，出现在长骨的中部，如肱骨（上臂）和股骨（大腿），并从胎儿2个月大时开始形成骨细胞；另一类是次级骨化中心。约18周大的胎儿的骨骼如图9.1所示。骨干从初级骨化中心沿着两个方向向外骨化，直到出生时，整个骨干完全骨化。

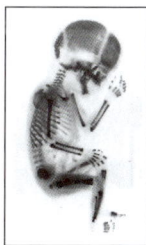

图9.1　约18周大的胎儿的骨骼。黑色部位表示骨骼发育的骨化部位。黑色部位之间的是软骨模型

源自：Carolina Biological Supply Company。

> **初级骨化中心**指长骨骨干中部形成骨细胞的部位，胎儿骨骼的软骨模型由此开始骨化，从中心向外侧形成骨干。

肌肉系统

出生前，肌纤维（细胞）的发育方式主要是细胞增殖（肌细胞数量增加）和细胞发育（肌细胞体积增大）。出生时，肌肉质量约占体重的23%~25%。出生后短期内，细胞增殖依然存在，但此后，肌肉发育方式主要是细胞发育（Malina, Bouchard & Bar-Or, 2004）。体重增长的S形曲线发育模式也反映了肌肉组织的发育模式（关于S形曲线发育模式，参见第8章。）

发育过程中，肌细胞的直径和长度都在增长。肌细胞直径的增长与发育过程中肌肉活动的强度有关。当然，肌肉长度也随着骨骼的发育而增长，这是因为肌节（肌细胞的收缩单位）延长以及肌肉和肌腱连接处的肌节增加。肌肉结构如图9.2所示（Malina et al., 2004）。

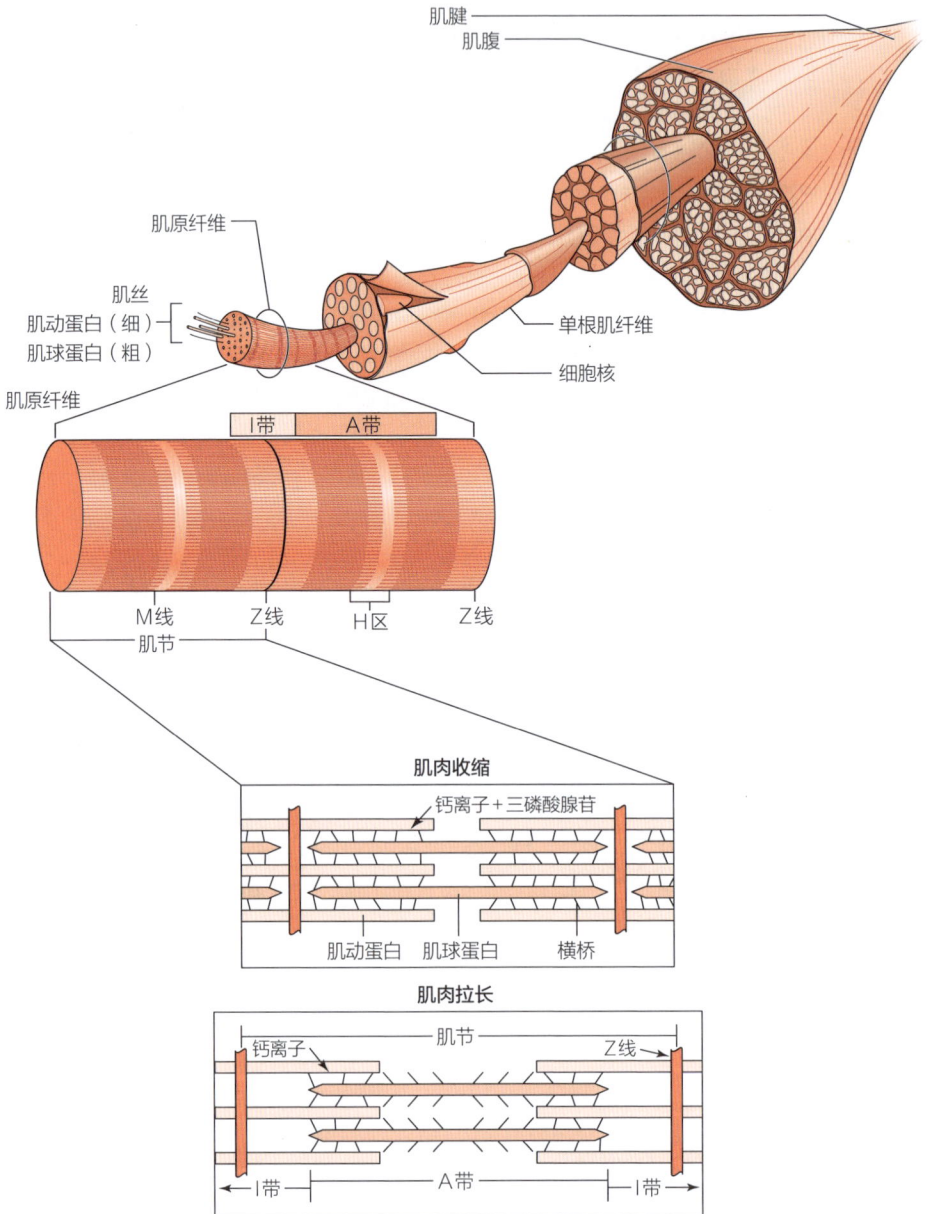

图9.2 肌肉结构。肌节或收缩单位组成肌原纤维，肌原纤维又组成肌纤维，成束的肌纤维组成肌肉

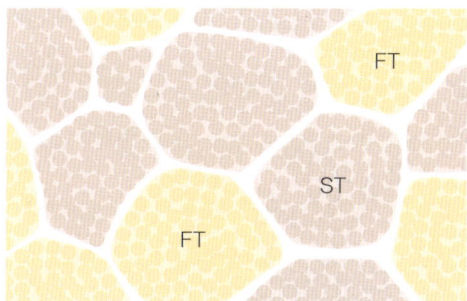

图9.3 快缩型肌纤维和慢缩型肌纤维混合的肌肉横截面

人体肌肉主要由两类肌纤维组成：适于耐力活动的**慢缩型肌纤维**（Slow-Twitch muscle fiber, ST）（Ⅰ型）和适于短时间、大强度、剧烈活动的**快缩型肌纤维**（Fast-Twitch muscle fiber, FT）（Ⅱa、Ⅱx和Ⅱb型）（图9.3）。出生时，身体约15%的肌纤维尚未分化为慢缩型肌纤维和快缩型肌纤维（Baldwin, 1984; Colling-Saltin, 1980），还有15%的Ⅱ型肌纤维不能进一步细分。根据这些结果，人们推测婴儿的早期活动可能影响不同类型纤维的最终比例，但这一观点有待进一步研究。

> 肌肉可分为**慢缩型肌纤维**和**快缩型肌纤维**，慢缩型肌纤维的收缩－放松周期较长，持续时间和耐力优于快缩型肌纤维。

脂肪系统

生命早期，脂肪组织量增加。胎儿3.5个月大时，首次生成脂肪组织，出生前最后两个月脂肪组织量迅速增加。尽管出生前晚期有所增长，但婴儿出生时脂肪组织仅占0.5千克。

内分泌系统

内分泌系统对身体发育起作用是从子宫开始的，是激素、基因、营养物质和环境因素共同作用的结果，过程复杂而精细。大量不同的激素影响出生前发育，全面论述此话题超出了本书的范围。内分泌系统调节是通过母体、胎儿和胎盘内分泌系统之间复杂的协作进行的。令人惊讶的是，胎盘自身能产生激素，并生成屏障，使孕妇的激素不影响胎儿的身体系统。

神经系统

生命早期，神经系统开始发育。神经系统的发育过程是遗传因素和外部因素相互作用的最好例子。基因控制神经系统结构和主要神经回路的发育。然而，神经系统细胞之间连接的突触数以亿计，其发育主要受外部因素的影响。下面让我们来更详细地研究神经系统的发育，包括外部因素的作用。

一般情况下，出生前未成熟的**神经元**形成并分化为一般类型，迁移至神经系统的最终位置。出生前胚胎期，神经元每分钟增殖25万个，速度令人惊叹。最终形成的神经元多达2000亿个。胎儿期3~4个月，胎儿大脑中的所有神经元几乎全部形成。但这似乎是基因控制下的细胞生产过剩，以便神经内系统以后精简（Ratey, 2001）。神经元包含细胞体、树突和轴突（图9.4）。细胞体维持细胞存活；树突多达10万个，用于接收其他神经元轴突传来的神经冲动并传给细胞体；轴突再将神经冲动传递给其他神经元、腺体、器官或肌肉。

> **神经元**指神经系统的细胞，能接收信息并传递信息。

出生前，新生神经元也会到达最终目的地。有些神经元形成脑干，控制心跳和呼

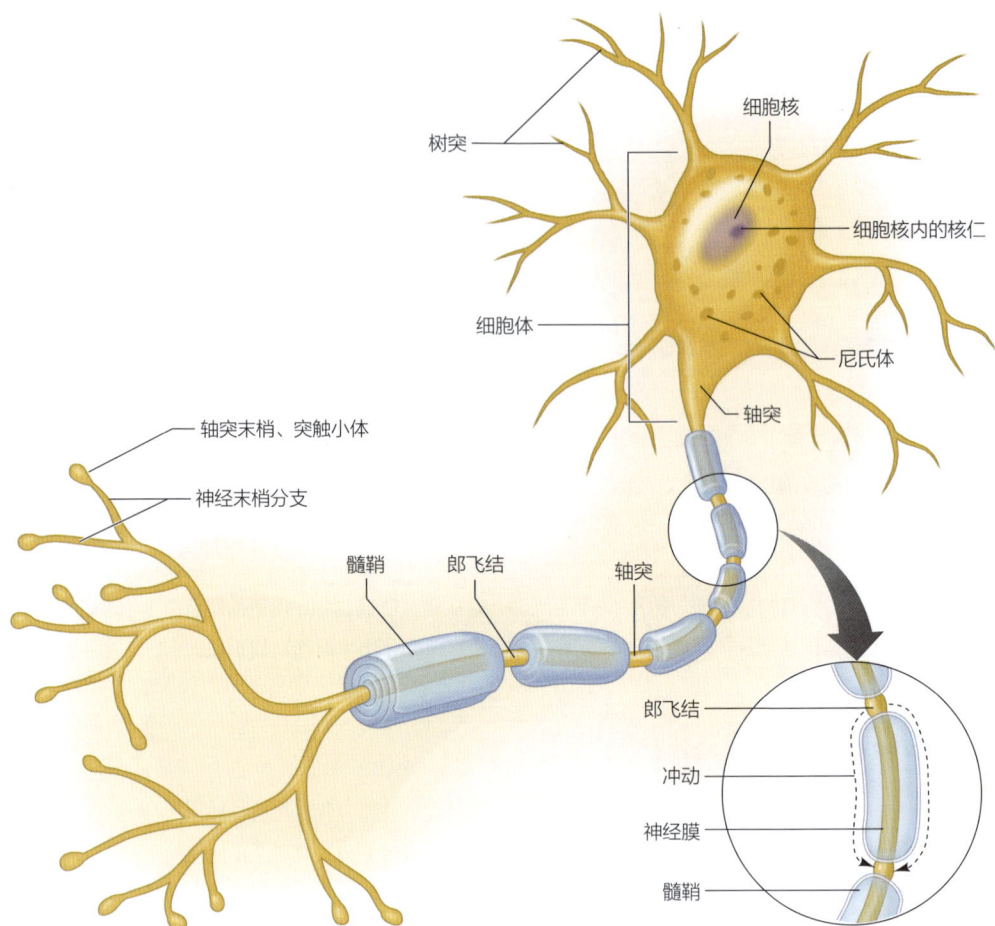

树突

细胞核

细胞核内的核仁

细胞体

尼氏体

轴突

轴突末梢、突触小体

神经末梢分支

髓鞘   郎飞结   轴突

郎飞结

冲动

神经膜

髓鞘

图9.4 神经细胞或神经元的结构。请注意，有多个树突将神经冲动传递到细胞体，但只有一个轴突将神经冲动传递给其他神经元、腺体、器官或肌肉。然而，轴突分布广泛

吸；有些形成小脑，控制身体姿势；还有一些形成大脑皮层，而大脑皮层是感知活动的场所。一般情况下，神经元在胎儿期6个月就处于各自的最终位置。接着，神经元进行分化。例如，视觉神经元分化是基因控制的结果，也是最终迁移位置影响下的结果，共同作用下，它成为大脑中接收视觉信息的部分。神经元的迁移过程对大脑正常发育至关重要（Ratey, 2001）。

神经突触指两个神经元之间相互连接的部位，由轴突释放的化学物质，即神经递质构成。神经递质穿过神经元之间的间隔，在接收信息的神经元的树突或细胞体处渗透细胞壁，触发神经冲动。

一旦神经元就位，它们就会沿着一条化学路径长出轴突，以便与其他神经元连接，形成大脑回路，而大脑回路由100万亿个连接，即**神经突触**组成。由于神经元的数量过剩，轴突竞争化学路径，导致一些轴突及其神经元消亡。神经元触发的电冲动，加强了神经元之间的某些连接。出生前，电冲动随机触发，但在胎儿时期和婴儿时期，外界刺激更加有序（Ratey, 2001）。因此，神经元（出生时减少到大约1000亿个）及其分支和突触都会自然精简。弱的突触或错误的突触将会消亡，使神经网络更有效。

❓ 请想象，如果你发现自己怀孕了，宝宝出生之前，你会避免摄入哪些物质？为什么？

神经元的迁移及其迁移过程中突起的分支易受外部因素的影响，而这些外部因素正是第8章中介绍过的，能通过胎儿营养系统传输。越来越多的证据表明，癫痫、孤独症和阅读障碍等疾病产生的部分原因是神经元迁移出错（Ratey, 2001）。孕妇吸烟导致胎儿接触尼古丁，可能会影响胎儿神经元的迁移、分支和精简。众所周知，如果孕妇在怀孕期间吸烟，胎儿患智力障碍的风险会增加。孕妇饮酒导致胎儿接触酒精，会导致胎儿神经元不正常的迁移。众所周知，与其他儿童相比，患有胎儿酒精综合征的婴儿在后期智商普遍更低，患阅读障碍和计算障碍的风险更高。许多示例表明，胎儿接触非法药物和毒素或营养不良，会影响其神经系统的发育。很显然，在出生前，神经系统是最易接触致畸因素的系统之一。

童年期和青春期身体系统的发育

婴儿出生后，出生后发育便开始了。我们把婴儿从出生后一直到约20岁的阶段，分为童年期和青春期。受性成熟的影响，当个体进入青春期时，驱使身体系统变化的因素也有很大转变。

骨骼系统

婴儿出生后，骨骼长度增长的位置是骨干末端的次级骨化中心。次级骨化中心又称为骺板、生长板或压力骨骺（图9.5）。骺板有许多细胞层（图9.6），软骨细胞在这里形成、发育、排列，最后侵蚀并将新骨留在原位。因此，骨骼在骺板处形成，骨骼的长度增加。形成新骨的过程受血液供应影响，任何影响血液供应的情况都会威胁到骨骼的正常生长。与长骨不同的是，小圆骨从中心向外骨化，如手腕和脚踝的小圆骨。

不同骨骼的骨化中心停止生长的时间不同。在骺板处，骨骼的软骨带最终会消失，骨干与骨骺融合。一旦长骨的骺板融合，骨骼长度将固定不变。18、19岁时，几乎所有的骺板全部闭合。

前文提到，女孩比男孩成熟得更快。因此，各种骨化中心出现时，女孩的实际年龄比男孩小，这一点并不意外。同样，女孩骺板闭合的年龄比男孩小。例如，女孩肱骨头的骨骺平均在12~16岁闭合，而男孩在14~19岁闭合（Crowder & Austin, 2005; Hansman, 1962）。当然，每个人都有各自的发育时间。同一年龄段的儿童，骨龄有很大概率相差3岁或3岁以上，这表明生理成熟状况与生长期的实际年龄相比有很大差异。

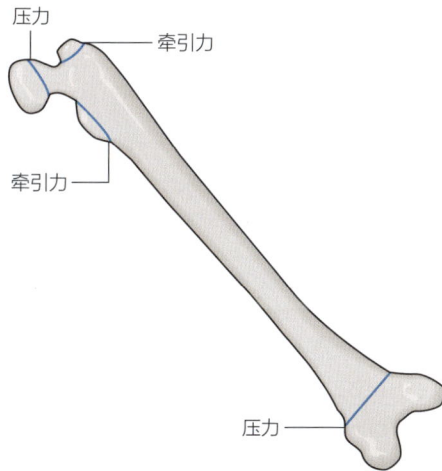

压力
牵引力
牵引力
压力

图9.5 压力骨骺位于长骨末端，如股骨（大腿骨）。肌腱附着处也有骨骺，被称为牵引性骨骺

次级骨化中心，又称骺板，位置靠近长骨的末端，新的骨细胞在此形成并沉积，导致骨骼的长度增长。X线片上显示，活跃的次级骨化中心是一层软骨细胞线（不透明区域），特别是处于承重骨末端的不透明区域，此区域又称为压力骨骺。

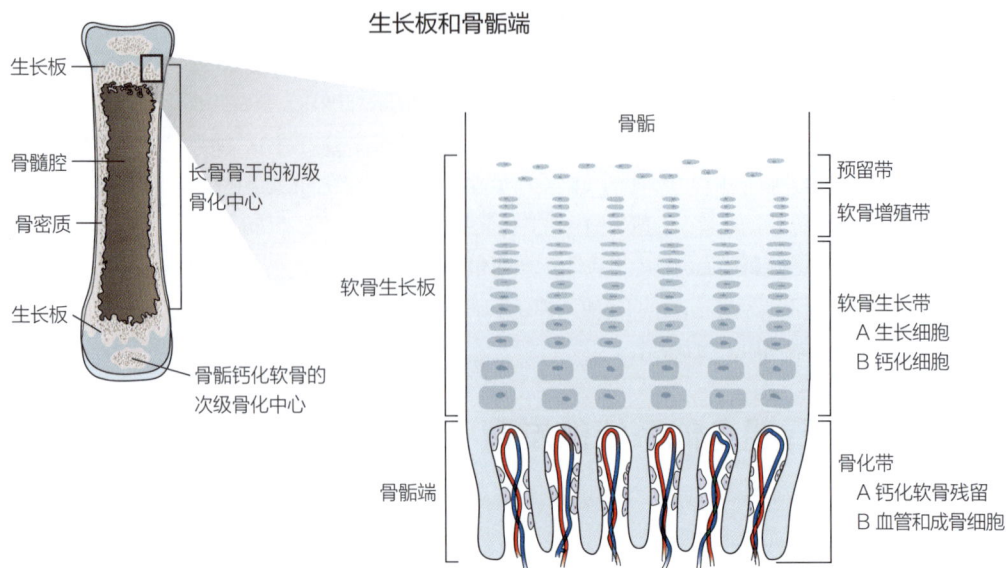

生长板和骨骺端

生长板
骨髓腔
骨密质
生长板

长骨骨干的初级
骨化中心

骨骺钙化软骨的
次级骨化中心

骨骺

软骨生长板

骨骺端

预留带
软骨增殖带

软骨生长带
　A 生长细胞
　B 钙化细胞

骨化带
　A 钙化软骨残留
　B 血管和成骨细胞

图9.6　童年期的长骨发育。右图所示骨骺与骨干之间的生长板面积扩大，显示新细胞骨化的区域

附加性骨生长指先前生成的组织层上长出新的组织层，使骨骼的围度增加（变粗）。

　　长骨长度和围度增加的过程称为**附加性骨生长**。骨膜附着在骨上，是一层非常薄的结缔组织包膜。骨膜下，新的组织层增加，使长骨长粗。这个过程就像是新的树皮长出，树干变得更粗。

　　肌肉肌腱与骨骼相连的部位也有骨骺，被称为牵引性骨骺。你可能听说过一些青少年在生长发育期易患一种常见疾病——胫骨粗隆骨软骨病（Osgood-Schlatter disease）。该病病因主要是髌韧带的胫骨结节附着处的牵引性骨骺发炎。儿科医生通常让患有这种疾病的青少年减少剧烈活动（特别是负重和跳跃运动），以防止进一步刺激该部位。生长发育期因过度损耗而引起的骨骺牵拉伤，会使结节处产生一定程度的撕脱，动起来很疼。例如，反复用力摆动前臂（如投掷动作）可能使靠近肘部的牵拉性骨骺受伤。

　　艾伊等人（Ay et al., 2011）发现，R代婴儿中，出生时体重较轻的婴儿以及出生6个月时体重最轻的婴儿在6个月时的骨密度测量值往往较低。出生后的体重增长与骨密度和骨骼矿物质含量成正相关。即使在出生后最初6周内体重呈追赶性增长的婴儿，其骨密度较低的可能性也较小。随着继续研究R代婴儿，观察骨密度和骨骼矿物质含量的早期水平与后期水平之间的关系将会非常有趣，这样我们就可以根据他们早期的生长模式了解他们成年后是否有骨折的风险。

▶ **要点**　因为身体的线性发育几乎全是骨骼生长发育的结果，所以身高测量值的变化反映了骨骼长度的变化。

❓ 请想象，如果你的孩子是青少年棒球队的投手。他每周训练一次、比赛两次。他的教练想让他加入第二个棒球队，进行更多的投球训练。你同意吗？同意或不同意的理由是什么？

测量骨龄

骨骼的发育状态可用于评估生理成熟状况，评估方法是将个体的发育状态与标准发育图谱进行对比。换言之，该图谱描绘了骨骼发育的许多方面，每一个阶段都对应着确切的骨龄。测量骨龄最常用的骨骼是手骨和腕骨（图9.7）。因此，根据某人手骨和腕骨的X线片，我们可以在标准发育图谱中找到与之最接近的X线片，以此来确定骨龄。例如，一个男孩的手骨和腕骨的X线片呈现的骨化程度与标准发育图谱中8.5岁对应的程度最相似，那么这个男孩的骨龄可能是8.5岁。如果他的实足年龄小于8.5岁，那么他的生理成熟状况是早熟；如果他的实足年龄大于8.5岁，那么他的生理成熟状况就是晚熟。骨龄有很大概率大于或小于实足年龄1岁，所以即使是同一天出生的婴儿，他们的生理成熟状况也可能会有很大差异。

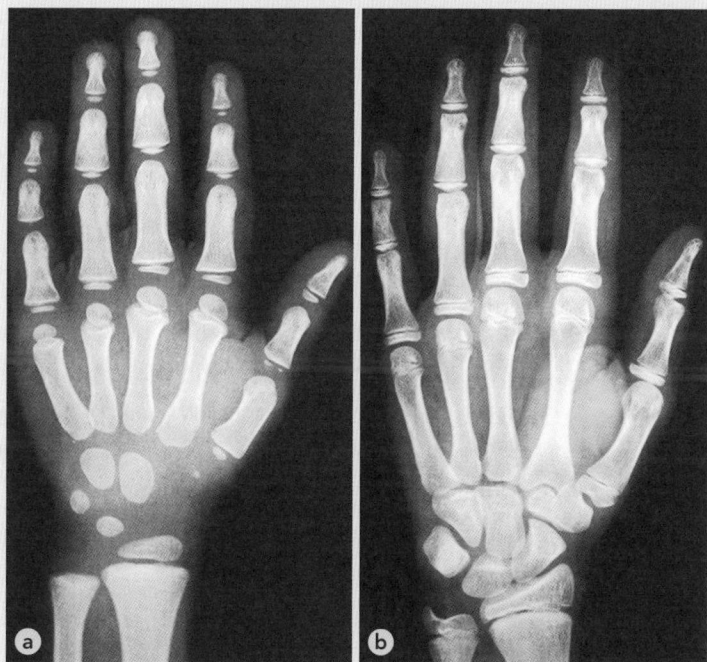

图9.7 手骨和腕骨的X线片，常用于测量骨龄。手骨和腕骨多处位置的X线片都能用于与个体标准发育图谱中的X线片进行比对。上方是标准发育图谱中的两张X线片：a. 48个月大的男孩和37个月大的女孩的标准发育图谱；b. 156个月大的男孩和128个月大的女孩的标准发育图谱。请注意，在图b中，手腕小骨骨化（硬化）程度较高，手骨、前臂骨骺板的骨化区域较大
源自：Copyright Bolton-Brush Growth Study—B.H. Broadbent D.D.S.

肌肉系统

出生后第一年，未分化的肌纤维数量减少，到1岁时各类肌纤维的分布与成人相似（Malina et al., 2004）。各类肌纤维的确切比例因人而异（Simoneau & Bouchard, 1989）。

童年期，身体肌肉质量的性别差异非常小，男孩的肌肉质量占体重比例稍大。然而，进入青春期后，性别差异逐渐显著。男孩在不到17岁时，肌肉质量迅速增加，达到了男性体重的54%。与此形成鲜明对比的是，女孩平均13岁时肌肉质量增加，达到了女性体重的45%（Malina, 1978）。肌肉质量的性别差异主要体现在上半身肌肉组织，而不是腿部肌肉组织。例如，男性手臂肌肉的发育速度几乎是女性的两倍，但小腿肌肉的发育速度差异相对较小。肌肉质量的性别差异还与相关激素水平有关。

心脏也是肌肉组织。和骨骼肌一样，它的发育方式主要是细胞增殖和细胞发育。人类出生时，右心室（下腔室）比左心室大，但出生后左心室的发育速度比右心室的快，心脏比例很快达到成人心脏比例（图9.8）。一般情况下，心脏遵循全身整体发育的S形曲线发育模式，也有青春期的快速发育期。因此在整个发育过程中，心脏重量占体重的比例大致不变。R代婴儿的一项研究结果表明（de Jonge et al., 2011），2岁大的超重和肥胖儿童的左心室重量大于年龄相同的正常体重儿童的左心室重量。相关研究将围绕此问题进一步展开，研究婴儿心脏重量大是否与老年时期患心血管疾病风险正相关。

20世纪初，一些研究者认为心脏周围的血管比心脏发育得更慢，这意味着儿童如果剧烈活动，可能有危险。后来，人们发现这是对19世纪晚期的测量值的误解。事实上，血管发育与心脏发育同步进行（Karpovich, 1937）。

脂肪系统

出生后的前6个月，身体脂肪量迅速增加，出生后第1个月体重增速达到峰值。R代婴儿的研究表明，如果婴儿的体重增速峰值大于平均值，那么其4岁时超重和肥胖风险更大（Mook-Kanamori et al., 2011）。出生后的前6个月，脂肪量快速增加后增速放缓，平稳增长，一直持续到8岁。2岁时，女孩的脂肪量往往略高于男孩的脂肪量（Ay et al., 2008）。在R代婴儿的研究中，个体在出生后的前2年内，其皮下脂肪，特别是躯干的皮下脂肪，在群组中的相对位置不会发生太大变动。整个青春期内，男孩的脂肪量持续稳定增长，但女孩的脂肪量迅速增加。因此，成年女性的脂肪量多于成年男性的脂肪量，成年女性的脂肪量平均为14千克，成年男性的脂肪量平均为10千克。发育过程中，脂肪量增加的主要方式是细胞增殖和细胞发育，但细胞体积直到青春期才明显增大。

婴儿时期，个体肥胖程度差异很大。肥胖的婴儿长大后不一定会变成肥胖的儿童。然而，七八岁之后，个体的相对肥胖程度可能会保持不变。超重的8岁儿童成年后依然超重的风险很大。

发育过程中，脂肪在身体内的分布会发生变化。儿童时期，内脏脂肪（内脏周围的脂肪）的增长速度比皮下脂肪（皮下的脂肪组织）的增长速度快，实际上，6~7岁时，身体皮下脂肪减少。再到12~13岁时，身体皮下脂肪增多。此后，女孩的皮下脂

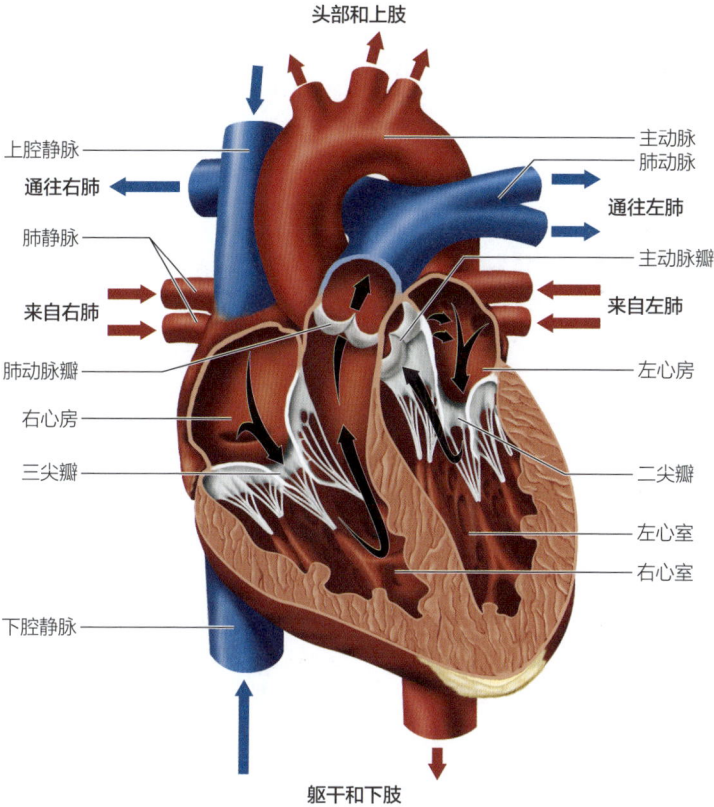

图9.8 人的心脏。出生时左心室相对较小，出生后前几周，左心室快速发育

肪量仍在增长，但在青春期中期，男孩的皮下脂肪量通常会减少。青春期，男孩躯干的皮下脂肪增加量比四肢的多，而女孩躯干和四肢的皮下脂肪量差不多。请注意，在图9.9中，除了快速发育期，男孩四肢的皮褶厚度（上方的蓝线）实际上降低了，而躯干皮褶厚度在快速发育期趋于稳定，缓慢增长；女孩躯干和四肢的皮褶厚度（紫线）整体稳步增长，尤其是7岁以后。女孩腿部的皮下脂肪增加量通常比手臂的多。

❓ 脂肪组织增长期间，如果个体的脂肪量增加过多，这对他的一生有哪些深远影响？

　　关于脂肪组织发育和肥胖问题，还有许多未解之谜。研究者目前的研究围绕许多课题展开，包括孕妇孕期体重增加、婴儿早期喂养和遗传因素。人们最感兴趣的是脂肪细胞数量增加的两个

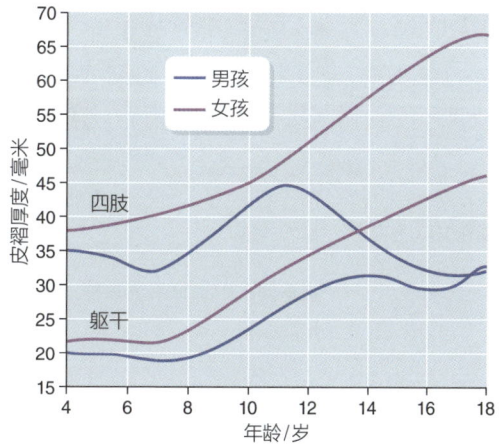

图9.9 图中包括5个人的躯干皮褶厚度测量值和四肢皮褶厚度测量值，说明发育过程中脂肪分布的变化。请注意，女孩的两项测量值都在增加，而男孩在青春期四肢的皮下脂肪量有所减少

源自：Malina and Bouchard (1988)。

时期——出生后前6个月和青春期前后。脂肪细胞一旦形成，数量不会减少，即使营养不良亦是如此，因此这两个时期的脂肪细胞数量增加意义重大。换言之，细胞内可能不含脂肪，但细胞数量不会发生改变。因此，这两个时期可能对控制体重至关重要。

内分泌系统

内分泌系统调控发育的过程复杂而精细，是激素、基因、营养物质和环境因素相互作用的结果。实际上，个体必须精确地控制激素水平，激素过多或不足都可能扰乱个体正常的生长和发育过程。详细论述激素如何影响发育和生理成熟超出了本书的讨论范围，所以在此只提及激素的3种类型。3种激素促进发育的方式相同：刺激蛋白质合成代谢（合成性代谢），将形成身体组织所需的物质保留下来。在发育过程中，总有一些特定时期，这些激素会发挥关键作用。

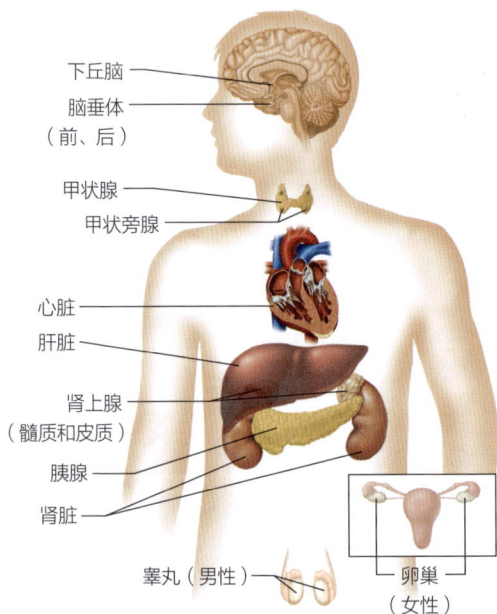

下丘脑
脑垂体
（前、后）
甲状腺
甲状旁腺
心脏
肝脏
肾上腺
（髓质和皮质）
胰腺
肾脏
睾丸（男性）
卵巢
（女性）

图9.10　各内分泌腺体的位置

生长激素

在童年期和青春期，生长激素影响身体发育的方式是刺激蛋白质合成代谢，从而生成新的组织。生长激素受中枢神经系统控制，由脑垂体前叶分泌，各内分泌腺体的位置如图9.10所示。出生后，生长激素是身体发育必需的激素。生长激素过多或不足都会导致发育异常，甚至会导致线性发育停止。

甲状腺激素

甲状腺激素由甲状腺分泌，甲状腺位于颈前部。出生后，有两种甲状腺激素会影响全身的发育，还有一种甲状腺激素会促进骨骼发育。

其中一种甲状腺激素是由脑垂体分泌的促甲状腺激素，促进甲状腺激素的合成和分泌。而促甲状腺激素的分泌又受下丘脑分泌的促甲状腺激素释放激素的调节。因此，两个系统共同作用：脑垂体、甲状腺系统和神经系统、甲状腺系统。这就是神经系统和内分泌系统共同作用的示例。

性激素

性激素调节身体发育和性成熟，尤其是在青春期促进第二性征和性器官的发育。男性的睾丸分泌以睾酮为主的雄激素，还有肾上腺皮层分泌的雄激素，加速骨骺生长板的闭合。但是这些激素促进骨骼成熟（闭合），往往以减缓线性发育为代价，这是早熟的人通常比晚熟的人身材矮小的原因。

雄激素通过增加氮保存与蛋白质的合成，对青少年期肌肉质量的快速增长起到了重要的作用。相比年轻女性，这一激增在年轻男性中更加显著，因为男性可以同时分泌睾酮与肾上腺素，而女性只分泌肾上腺素，所以年轻男性的快速发育比年轻女性更明显。女性的卵巢和肾上腺皮质分泌雌激素，青春期雌激素分泌增加。与雄激素同理，它能加快骨骺生长板的闭合，但也能促进脂肪堆积，主要堆积在胸部和髋部。男性和女性都会分泌雌激素和睾酮，但比例完全不同。

胰岛素

到目前为止，我们探讨过的各种激素在身体生长和发育过程中全都直接影响身体，作用显著。而胰岛素则是间接影响身体的激素。胰岛素由胰腺产生，是机体中唯一能促进碳水化合物代谢的激素，它能刺激葡萄糖和氨基酸的跨膜运输。胰岛素也是让生长激素充分发挥作用的必要激素。缺乏胰岛素，蛋白质的合成会减少，这在任何时期对身体都有危害，特别是发育时期。

神经系统

出生时，大脑重量约占体重的25%。出生后，大脑迅速发育，4岁时达到体重的80%。进入青春期后，大脑发育速度稳定，成年时，大脑重约1.4千克。大脑早期的迅速发育说明了神经元体积增大，进一步形成突触，以及神经胶质细胞和髓磷脂的增加。出生后第一年是突触大量形成的时期之一，每个神经元能形成1000~100 000个突触。尽管轴突通常在出生后早期开始发育，但大脑的发育将从整个童年期持续到青春期，甚至一直持续到成年以后（Arain et al., 2013; Stiles & Jernigan, 2010）。

> **神经胶质细胞**指神经系统中给神经元输送营养的细胞。

> **髓磷脂**指轴突周围的一层隔离鞘。

同时，在童年期和青春期，身体构造和功能变化显著（Arain et al., 2013; Giedd et al., 1999）。在此期间，不仅生理成熟状况会发生变化，神经精简也会发生变化。

▶ **要点** 在个体一生中的所有发育阶段，大脑都显示出极强的可塑性，大脑中的100万亿个神经突触在不断发生变化。

出生后早期的快速发育，使神经系统发育易受外部因素的影响。例如，营养不良可能会影响大脑发育，而个体发育不良可能永远无法恢复。出生后早期左侧大脑皮层的损伤会导致个体出现语言能力障碍（Witelson, 1987）。人类的大脑如图9.11所示。越来越多的证据还表明，婴儿早期的生活经历会影响其神经系统的发育。格里诺及其同事（Comery, Shah & Greenough, 1995; Comery et al., 1996; Greenough et al., 1993; Wallace et al., 1992）研究发现，与没有受到刺激的老鼠相比，受到大量刺激的老鼠的突触明显增多。人类也遵循同样的模式（Tierney & Nelson, 2009）。人类出生后，大脑是影响神经系统发育最重要的因素之一。现在我们已经得知，大脑通过学习进行重组。磁共振成像（Magnetic Resonance Imaging，MRI）结果显示，身体部位如果频繁运动，与之对应的大脑区域就会随着区域中突触的扩大而扩大。从出生后数周开始，这种变化一直贯穿一生，受到刺激的神经突触和通路会增强，而未受刺激的神经突触和通路会减弱。

> **大脑皮层**指大脑表层的褶皱，含有上百万个神经元，能调节身体许多功能和行为。

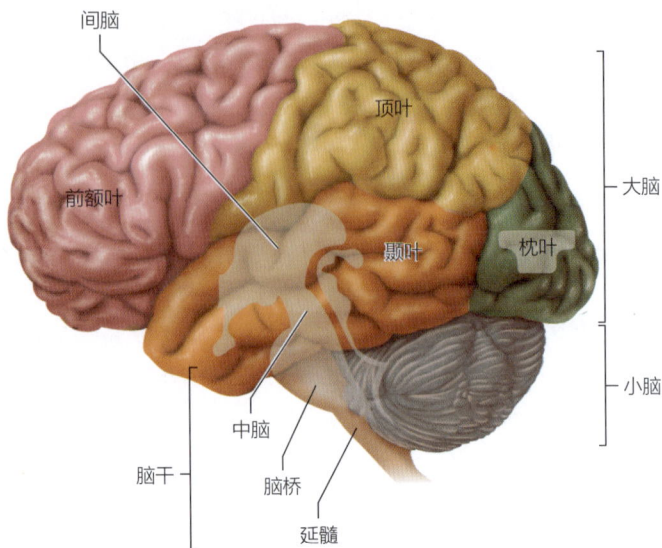

图9.11　人类的大脑。大脑皮层包括额叶、顶叶、颞叶和枕叶

　　尽管很大一部分神经发育出现在出生后早期，但会一直持续到童年期和青春期
（Stiles & Jernigan, 2010）。实际上，有几项纵向MRI研究表明，第二次神经元发育高
峰期在青春期之前（Baird et al., 1999; Giedd et al., 1999）。新的神经元产生后，一直到
约25岁，大脑的突触，尤其是前额叶皮层的突触一直在调整，主要方式是神经精简
（去除未使用的突触）和不断形成髓鞘（Arain et al., 2013; Stiles & Jernigan, 2010）。

　　基因组计划的结果早就显示出，人体基因组有10万个基因，其中3万~5万个基
因都在大脑中。大脑中的基因数量即便如此之多，也不能完全控制大脑内100万亿
个神经突触。人生经历还可能导致基因变异，人类大多数特质都是遗传因素和环境因
素相互作用的结果。

大脑构造

　　出生时，人的脊髓和大脑下部构造比大脑上部构造发育得更成熟。大脑下部的中
枢控制重要的活动（如呼吸和进食），相对比较成熟。大脑下部的中枢也调节身体的
许多反射和反应。这些自发的动作反应支配着胎儿和婴儿的动作，因此在此期间，大
脑下部的中枢比大脑上部的中枢发育更快符合常理。

　　多年来，研究者将婴儿能完成目标导向动作视为大脑上部中枢趋于成熟的证据。大
脑皮层能调节目标导向动作。婴儿有意识地完成目标导向动作的首个明确迹象出现在
出生后的3~5个月（Bushnell, 1982; Corbetta et al., 2014; Williams & Corbetta, 2016）。
因此，虽然大脑半球在出生时就已经形成，但早期的研究者认为这标志着约4个月大
的婴儿大脑皮层的功能首次起作用。

　　20世纪，研究者运用正电子发射体层成像（Positron Emission Tomography，PET）
扫描婴儿大脑。扫描结果显示，婴儿5天大时额叶皮层活动很少，11周大时活动增加，
7~8个月大时达到成人水平（Chugani & Phelps, 1986）。最近，研究者运用功能性近红

外光谱（functional Near Infrared Spectroscopy，fNIRS）等无创脑成像技术检测婴儿大脑前额叶皮层的活动（fNIRS；Pinti et al., 2018）。婴儿大脑活动时，可以用fNIRS扫描成像，所以它是一个了解婴儿大脑发育状况的好工具。最近，美国布朗大学的研究者支持婴儿期个体前额叶皮层活跃这一观点，说明婴儿能够利用这一大脑区域学习关于面孔、声音、玩具和单词等的等级规则（Werchan et al., 2016）。同时，在整个童年期和青春期，大脑持续发育，直到约25岁时才会完全成熟（Arain et al., 2013; Sowell et al., 2003）。

神经系统的髓鞘发育有助于快速传导神经冲动。髓鞘细胞主要由脂肪组成，包裹在神经元轴突外侧（图9.4）。与没有髓鞘的神经元轴突相比，有髓鞘的神经元轴突传导神经冲动的频率更高、时间更长（Kuffler, Nicholls & Martin, 1984）。

新生儿的轴突尚未形成髓鞘，或许能发挥部分功能，但是髓鞘形成加快并提高了传导的速度和频率。神经系统要想发挥功能，快速传导神经冲动是必要条件，这一必要条件甚至能优化神经系统的功能，例如一系列快速运动或姿势反应可能得益于发育过程中的髓鞘形成。髓鞘还与多发性硬化症密切相关。多发性硬化症多发于年轻人，这一疾病会破坏髓鞘，导致震颤、协调能力丧失，甚至瘫痪。髓鞘形成从童年期持续到青春期。

出生时，脊髓相对较小、较短。脊髓横截面由中央管角区的灰质和周围的白质组成，如图9.12所示。中央管神经元胞体聚集。请注意，神经根位于脊髓外，包含脊髓神经元的轴突，而脊髓后根包含神经元胞体。脊髓背根和腹根的纤维在脊髓外闭合，形成外周（脊髓）神经。出生后2~3周，外周脊髓神经髓鞘形成明显增多，这一过程一直持续到出生后第2年或第3年。

髓鞘形成是指施万细胞（Schwann Cell）（神经胶质）将自己包裹在轴突周围时，其形成绝缘的髓鞘使神经细胞的轴突绝缘的过程。

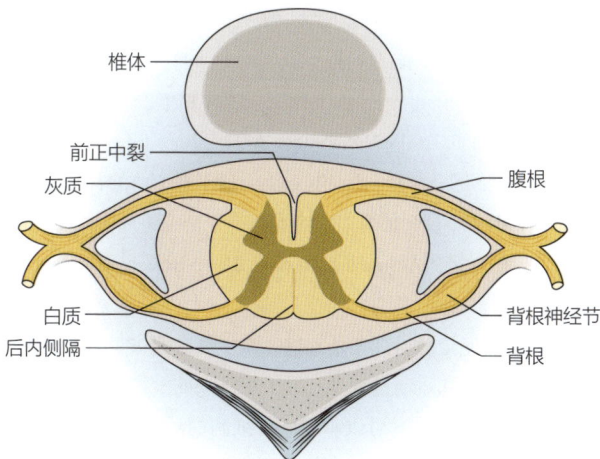

图9.12 脊髓横截面图

神经束指主要的运
动神经通路，主要
有两种：锥体外束
和锥体束。

有两种主要的运动神经通路，统称神经束，它们将神经冲动从大脑沿脊髓传导至身体的各个部位。其中一种是锥体外束，它也许能传导婴儿出生后最初儿天的本能运动和姿势的指令。另一种是锥体束，出生后髓鞘形成，在婴儿4~5个月大时开始发挥作用，用于控制手指肌肉的运动。

脊髓和神经通路的髓鞘形成模式可能对动作发展有影响。髓鞘在脊髓中向两个方向发展：首先是颈部，接着向下面的部位发展；然后是运动通路（腹侧），接着发展感觉通路（背侧）。运动束髓鞘的形成方向往往是远离大脑的方向；相反，感觉束髓鞘的形成方向往往是朝向大脑的方向。首先是触觉和嗅觉通路，其次是视觉通路，最后是听觉通路。除了运动通路和大脑半球，感官通路的成熟速度快于运动通路。只有与动作相关的神经元开始髓鞘化，身体才能发挥更高水平的功能，从而更快、更频繁地传导神经冲动。

成年期和老年期身体系统的发育

青春期过后，身体在生理上完全成熟。因此，此后的身体系统发育速度较慢。此外，成年后大部分时期身体系统的发育受环境因素（如饮食、运动）的影响。随着个体进入老年期（即成年晚期，60岁以上），与衰老过程相关的激素水平变化（例如女性进入更年期导致雌激素水平下降）与身体其他系统的变化（例如骨骼变薄）息息相关。

骨骼系统

在青春期，个体骨骼结构变化不大，但放眼整个生命期，骨骼经过了重塑，新骨取代了老骨。在青春期，个体新骨形成的速度快于老骨再吸收的速度，从而促进发育。然而，到了成年期，个体新骨形成的速度放缓，最终无法跟上老骨再吸收的速度，导致骨质流失。从25岁左右开始，身体平均每年流失约1%的骨质（Boskey & Coleman, 2010; Smith, Sempos & Purvis, 1981），这导致了骨组织或骨骼形态发生改变，骨折的风险进一步增加（Tommasini et al., 2005; Yates et al., 2007）。

随着年龄的增长，骨骼成分也会发生变化。童年期个体的骨组织中无机和有机成分的含量基本相当，但老年期个体骨组织的无机成分是童年期个体的7倍，这使得骨骼更加脆弱，容易发生微骨折（Acstrand & Rodahl, 1986; Boskey & Coleman, 2010; Exton-Smith, 1985）。

随着年龄的增长，无论是男性还是女性，骨质都会流失，原因是某些激素水平有所改变、膳食配比不科学和运动量减少。处于更年期的女性，雌激素的减少表现在更明显的骨量流失上，因为雌激素可以刺激成骨细胞的活动（形成骨骼）。饮食长期缺少钙、维生素、矿物质是骨质流失的另一主要原因（Borer, 2005; Boskey & Coleman, 2010; Ritchie et al., 2002）。女性进入更年期前，摄入补钙的营养品或药物似乎不会改变骨密度（Uusi-Rasi et al., 1998）；但进入更年期后，摄入充足的钙越来越重要（Borer, 2005）。例如，卡明（Cumming, 1990）的研究发现，更年期早期的女性摄入补钙的营养品或药物后，骨质流失不到未补钙女性的一半，从而证明了膳食中钙的重要性。

负重和非负重运动都能促进骨骼形成，保持骨骼形态，而补充钙和雌激素可降低骨吸收水平（Borer, 2005）。运动时，身体对骨骼施加的力有助于保持骨厚度和骨密度（Borer, 2005; Iwamoto, 2017）。实际上，老年人开始执行运动计划后，骨量会显著增加。回顾大量研究后，沃伯顿、尼科尔和布雷丁（Warburton, Nicol & Bredin, 2006）得出结论：运动可以使女性预防或恢复更年期前后体内重要骨骼每年约1%的骨质流失。

许多老年人常患骨骼矿物质障碍症，即骨质疏松症，病症是骨密度明显低于年轻人的平均水平，并因此引起骨强度降低。由于骨管扩大或形成骨间隙，骨骼异常多孔。这种情况大大增加了骨折的风险，尤其是髋部骨折，骨折后痊愈的难度随之提高（Pesce et al., 2009; NIH Osteoporosis and Related Bone Diseases National Resource Center, 2017）。骨质疏松症也可能引起脊柱椎体轻微骨折。最后，椎骨甚至会塌陷，骨骼结构发生显著变化（图8.11），肋骨向前塌陷，下端倾向于骨盆，导致弯腰驼背，站立高度明显降低。老年女性骨质疏松症的发病率高于老年男性。

激素水平、饮食和运动等外部因素很可能共同发挥作用，影响骨质流失的程度。我们尚未完全了解这些因素共同作用的原理，但是，我们显然可以采用策略，尽量减少成年后的骨质流失。例如，女性成年后摄入足量的钙，这样进入更年期时，骨密度会较平均水平更高。广泛关注可控因素、早期检测和治疗骨质疏松症可有效改善余生骨组织状况。

肌肉系统

身体成分在青春期就开始发生变化。瘦组织比例下降，最常见的原因是脂肪重量增加。成年后肌肉质量变化较小，从25岁左右到50岁期间，身体平均只有约10%的骨骼肌减少。身体成分的这些变化可能是由于饮食和运动发生了变化，不良的饮食会导致脂肪重量增加，缺乏运动会导致肌肉质量减少。

50岁以后，身体肌肉减少的速度更快，但减少的程度差异很大。保持健康饮食、进行抗阻训练的人减少的肌肉比其他同龄人少得多。到了老年期，久坐且营养不良的人可能会减少约50%的肌肉质量。

肌纤维的数量和直径（大小）似乎都会减少或缩小（Green, 1986; Lexell et al., 1983）。50岁之前，肌纤维减少的量较小，仅占成人肌纤维数量的5%（Arabadjis, Heffner & Pendergast, 1990），但过了50岁以后，肌纤维减少的速度加快，减少的量约为成人肌纤维数量的35%（Lexell, Taylor & Sjostrom, 1988）。直到70岁以后，肌纤维的体积才开始缩小（McComas, 1996）。最近的研究围绕肌肉萎缩与肌纤维的大小和类型的关系展开。2013年，尼威克（Nilwik）和同事们展开研究，受试对象分为两组，一组是25名年轻男性（平均年龄23.1岁），另一组是25名老年男性（平均年龄70岁）。研究团队测量受试对象的股四头肌横截面及I型和II型肌纤维的大小。老年组股四头肌横截面积明显较小（$p<0.001$），II型肌纤维比年轻组小29%（$p<0.001$），I型肌纤维则更小。研究团队对老年组进行为期6个月的运动干预，运动以抗阻训练为主，训练结束后再次对两组受试对象进行测量。研究者得出结论，经过训练后，老年组II型肌纤维的大小提高了将近25%，这也是老年组肌肉横截面积增大以及两组对象肌肉横截面积有差异的原因。

就心肌而言，到了老年，心脏适应高负荷的能力减弱。这可能是由于心肌退化、弹性降低和心脏瓣膜纤维变化（Lakatta & Levy, 2003a, 2003b; Strait & Lakatta, 2012）。同时，主血管的弹性也降低了（Strait & Lakatta, 2012）。

整个一生中，骨骼和肌肉息息相关。调动肌肉可能会刺激骨骼反应，促进骨骼形成，但其他许多因素无疑也促进了骨骼和肌肉的相互关系。骨骼和肌肉质量减少是制约老年人运动的一个因素：随着年龄增长，肌肉质量减少，肌力也随之降低，从而制约老年人运动。而运动是保持心血管健康的重要因素，也能使个体保持愉悦。老年人肌力降低，更易跌倒，骨折的风险增加。探讨肌力的详细内容参见第11章。

▶ **要点**　研究者很难确定老年人的身体系统发生变化究竟是年龄增长的必然结果，还是老年人缺乏锻炼或饮食不健康的结果。

脂肪系统

成年后，男性和女性的脂肪量都有增加的趋势，这反映了饮食和运动的变化。这已成为世界范围内备受关注的问题。截至2016年，世界卫生组织表明，全球有超过19亿成人超重，其中6.5亿人肥胖。从成年早期到中期，美国成人的脂肪量平均每年增加0.5~1千克，美国成年女性脂肪量平均累计增加10千克，男性累计增加8.6千克（Zheng et al., 2017）。50岁以后，总体重开始下降，但这说明了骨骼和肌肉随着身体脂肪的不断增加而流失和减少。

随着年龄增长，体脂会重新分布。四肢皮下脂肪量趋于减少，而腹部内脏脂肪量趋于增加（Kuk et al., 2009）。腹部肥胖引起心血管疾病和其他疾病的风险更大，所以体脂重新分布的模式意义重大（Cho et al., 2018; Kuk et al., 2009）。

虽然脂肪组织增加并非不可避免，但随着年龄增长，大多数老年人的脂肪量还是会增加（Gill, Bartels & Batsis, 2015）。与久坐的同龄人相比，活跃的老年人增加的脂肪量较少，表明运动干预对任何年龄阶段的人都有帮助（Gill et al., 2015）。对任何年龄阶段的人来说，超重和肥胖都会成为制约运动的条件。越重的人，如果要投入更多精力在运动上，关节的屈伸可能会受到限制。另外，因身体形象和自尊而承受的社会压力越大，人们可能越不愿意参与运动。

内分泌系统

前文提到过，神经系统和内分泌系统共同作用，调节细胞功能和身体系统。因此，整个一生中，这些身体系统的持续协作对健康举足轻重也就不足为奇。实际上，关于衰老的原因已经提出了一些有科学依据的理论，即渐进失衡理论，该理论表明随着时间的推移，神经系统、内分泌系统和免疫系统会逐渐丧失功能（Spirduso, Francis & MacRae, 2005）。这3个身体系统功能丧失的速度不一，导致了系统之间失衡。系统失衡以及无法发挥全部功能使老年人患病的风险增加。

例如甲状腺，随着年龄的增长，甲状腺功能往往会退化，甲状腺疾病在老年人中更普遍。甲状腺激素水平长期升高可能是由于充血性心力衰竭。因此，老年人进行甲亢筛查很重要。另外，甲状腺激素不足，又被称为甲状腺功能减退，可能与身体加速衰老有关。

性激素水平也随年龄的增长而降低。激素替代疗法可能会延缓衰老带来的诸多后果出现。例如，人们已经证实，雄激素处方药物能延缓肌肉萎缩和骨质疏松症。最终研究结果显示，曾经接受过激素替代疗法的更年期女性患特定类型癌症的风险有所增加，因此我们还需要更多有关激素替代疗法副作用的信息（Chlebowski et al., 2009）。

老年人分泌胰岛素的水平与年轻人相当，但2型糖尿病（非胰岛素依赖型糖尿病，由于胰岛素不足而引发）的发病率随年龄增长明显提高。老年人无法和年轻人一样有效地利用胰岛素促进糖原合成，因此延缓了运动所需的能量产生。这些示例都表明，神经系统、内分泌系统和免疫系统逐渐衰退或失衡导致残疾或患病的风险增加，而残疾或患病的风险增加反过来又会危害健康，并成为制约运动的因素。

神经系统

关于神经系统的传统观点认为，进入青春期后，神经系统的唯一变化是各种组织流失，包括神经元流失、树突分支变细、突触数量减少、神经递质和髓鞘减少。这种传统的观点主要通过观察行为得出，特别是随着年龄增长，身体对刺激的反应越来越慢。然而现今，研究者运用新的成像技术，能够更好地看到脑组织的变化，由此得知神经系统的变化不仅仅有组织流失。整个一生中，我们能够在大脑的一些区域观察到**神经发生**（Verret et al., 2007），同时神经元之间的100万亿个突触不断发生变化。

神经发生指神经元的分裂和增殖。

神经系统因年龄增长而产生的损伤，影响深远持久。反应迟钝会影响娱乐活动和日常生活，以及认知活动的表现。人们已经提出了几种理论来解释生理变化如何导致反应迟钝，其中一个理论是神经网络模型。在这个模型中，神经系统被视为神经网络，由链路和节点构成。为了对刺激做出反应，信号从个体神经系统的输入端开始，通过神经网络传导至输出端。随着年龄增长，神经网络中的链路随机中断，因此神经信号必须绕行，做出反应的时间变长。随着年龄进一步增长，更多的链路中断，信号处理时间越来越长（Cerella, 1990）。显然，神经元流失、树突分支变细、突触数量减少及神经递质减少等，都是导致神经网络中的链路中断的生理变化。虽然并非不可避免，但这些变化可能导致短期记忆丧失和痴呆等。随着人口老龄化程度加剧，这些病症的发病率在全球范围内将呈上升趋势（Brayne & Miller, 2017）。

▶ **要点** 有规律的高强度运动能有效降低因衰老而引发的神经元流失和突触数量减少。

无论是老年人还是年轻人，外部因素在神经系统变化中都起到了关键的作用，其中最重要的外部因素就是运动。对心肺系统有益的运动，对神经系统也有积极的作用，包括降低中风的风险，使树突的分支变粗，保持神经元的新陈代谢等。有规律的高强度运动可以保持大脑的血流量水平，刺激神经元和突触的产生。这些都能改善老年患者的认知功能（Weuve et al., 2004）。

总结与综述

本章关于身体系统的论述中，一大主题是身体系统并不能单独发育和衰退；相反，各个身体系统之间是协调发展的，一个系统的发育经常引发另一个系统的变化。例如，长骨发育可能刺激了肌肉长度的增加。此外，神经系统还直接控制了脑垂体激素的分泌，而脑垂体激素有自身的功能（例如降低雌激素水平、影响老年女性的骨强度）。因此，各个身体系统有自己的发育时间或模式，但在个体的整体发育方面，各个身体系统之间相互作用。即便我们想要研究单个身体系统的发育或衰老，我们也应该在其他身体系统变化的情况下进行研究。

此外，在一些特定时期，身体系统的变化速度更快。与逐步稳定的变化时期相比，因为我们期望在身体系统变化较大的时期，外部因素能发挥更大的作用，所以这些时期通常被称为敏感期。当然，外部因素可能带来积极影响（促进发育或延缓衰老），也可能带来消极影响（延缓发育或加速衰老）。

在整个一生中的任何节点，外部因素都能影响身体的发育，随着个体的发展，影响也越来越大。整个一生中，基因也影响身体发育，但基因的最大作用是将由几个细胞组成的胚胎转化为复杂的个体，整个过程不到20年。外部因素虽然能影响胎儿发育，但胎儿有子宫保护，可以避开许多外部因素。然而，出生后，许多外部因素能影响个体的细胞、身体系统等多个方面。这些外部因素能产生短暂或持久的影响。例如，抗阻运动能增强肌肉力量，但个体停止运动后，肌肉就会丧失力量。另外，青春期以前积极健康的生活方式可能会改善骨密度，令人终身受益。外部因素的累积效应是导致随着年龄增长，个体健康状况发生显著变化的原因，这与我们观察到的现象一致。

身体系统层面的结构性限制也能影响运动。因此，我们应考虑不断变化的个体限制、任务限制和环境限制之间相互作用影响动作的方式，这在大多数情况下，又成为身体系统发育变化的基础。现如今，我们更加了解构成个体身体结构的各个系统的变化。当然，随着发育和衰老，个体的其他特征也会随之改变，包括视力、听力和自信等。然而，了解结构性限制的变化，能够使我们更加了解动作发展的过程。

限制模型不仅简单描述了不断变化的个体限制、任务限制和环境限制之间的相互作用，而且让我们深入了解了动作发展。该模型也解释了动作出现的时机和原因，这通常是因为在生命的某一个节点，某个特定的结构性限制引发了动作。例如，4个月大的婴儿可以抬头，但不能独立坐下或站立。为什么不能呢？我们可能认为这个婴儿需要增强身体平衡能力、躯干肌力、腿部肌力等，以弥补上半身体形过大或身体的其他变化。哪个身体系统是婴儿的限制因素呢？平衡系统？肌肉系统？骨骼系统？换言之，哪个身体系统是速率限制因子，限制了身体系统的发育速度？

在深入了解发育和衰老带来的结构性变化方面，我们已经取得了很显著的进展，我们能够更好地预测身体系统的具体变化影响动作的方式。另外由于更加了解身体发育的过程，我们可以更好地预测身体结构的变化影响动作的时机。我们也能更加了解个体在哪些时期更易受到或更不易受到外部因素的影响。通过学习本章知识，我们能够了解外部因素的变化对动作产生的影响。

巩固已学知识

回顾

诺伦斯·诺埃尔的生长板断裂是否使他在后来的职业生涯中膝盖受伤的概率更高？一些医学专家推断确实如此，并预测他在以后的职业生涯中膝关节还会受伤。而瑞安·古德温医生等人持相反意见，"我认为生长板断裂在童年期非常常见，这里的儿童也指高中生这样的大孩子。好消息是，生长板断裂愈合后，大多数情况下都会痊愈，不会有任何不良后果。儿童痊愈后，身体会继续发育"（Silverman, 2013）。这场辩论并没有影响诺埃尔继续从事职业篮球运动。2013年以来，他已经参加了多场职业比赛，看来他并不打算退役。

知识测验

1. 什么是骨骺生长板？压力骨骺和牵拉性骨骺有哪些差别？为什么人们很重视青少年生长板受伤？

2. 什么是骨质疏松症？多发群体有哪些？它对身体健康和运动有哪些影响？

3. 请论述肌肉组织发育的性别差异。与骨骼肌发育相比，心肌发育情况如何？

4. 随着年龄增长，成人的脂肪量一定会增加吗？请用事实论证你的回答。

5. 身体发育期间，脂肪会如何分布？成年期脂肪含量和分布有哪些变化？成年期什么分配模式会增加患心血管疾病的风险？

6. 哪几类激素与身体发育息息相关？激素如何影响身体发育？

7. 出生后第一年，大脑重量快速增加的主要原因是什么？出生时，哪些大脑区域的发育程度最高？

8. 运用新的脑成像技术后，人们对神经系统随着年龄增长而变化持哪些观点？什么生活方式会成为激发神经系统变化的因素？变化的方式有哪些？

9. 选择一个外部因素，论述它是如何影响各个身体系统发育的。

学后练习

老年人的身体系统变化

在本章的论述中，我们介绍了各个身体系统常见或典型的衰老过程。考虑特定个体是否符合典型的衰老过程，是非常实用的方式。询问一位60岁或以上的老年人，了解他记忆中自己的骨骼结构、肌肉组织和脂肪组织的变化。那么，你应该会询问骨质疏松筛查、中年和老年时期的体重变化，以及体形变化时脂肪和肌肉重量的变化情况。请写一篇简短的论文，总结你的访谈，指出哪些内容与本章描述的标准匹配，哪些有差异。

第**4**部分

健康体能的发展

　　我们研究动作发展的一大主题是个体限制、环境限制和任务限制之间的相互作用产生了动作。我们也多次注意到，在每一种限制中，有多个身体系统相互作用。例如，第9章研究了身体系统的发育和衰老。在第4部分，我们将探讨健康体能是如何从身体活动与其他限制的相互作用中产生的。

　　健康体能涉及多个身体系统，由许多部分组成，例如力量和柔韧性。一个人某方面的健康体能很强，另外某个方面可能并非如此。例如，一个人可能非常强壮，但不是很灵活。本书的这一部分就将探讨健康体能的一些方面，如心肺耐力（第10章）、力量和柔韧性（第11章），之后探讨健康体能、活动水平、动作能力和身体成分之间的关系（第12章）。

　　一些人认为健康体能还包括敏捷性和爆发力等方面，但心肺耐力、力量、柔韧性和身体成分是4个组成健康体能最基本的要素。我们可以通过这4个方面制订系统性的运动计划，提升人们的健康体能水平。人的一生中，这4个方面的水平，还有与之相关的身体系统之间的相互作用会对身体动作产生促进或抑制的影响。一生中的每一个时期，健康体能都很重要，但老年期是健康体能对生活质量影响最大的时期，老年期个体能完成的动作以及其对所有身体系统的积极影响，决定了老年期个体的生活质量。

推荐阅读

Cattuzzo, M.T., dos Santos Henrique, R., Ré, A.H.N., de Oliveira, I.S., Melo, B.M., de Sousa Moura, M., et al. (2016). Motor competence and health related physical fitness in youth: A systematic review. *Journal of Science and Medicine in Sport*, 19(2), 123–129.

Leite, T., de Souza Teixeira, A., Saavedra, F., Leite, R.D., Rhea, M.R., & Simão, R. (2015). Influence of strength and flexibility training, combined or isolated, on strength and flexibility gains. *Journal of Strength and Conditioning Research*, 29(4), 1083–1088.

Rodrigues, L.P., Stodden, D.F., & Lopes, V.P. (2016). Developmental pathways of change in fitness and motor competence are related to overweight and obesity status at the end of primary school. *Journal of Science and Medicine in Sport*, 19(1), 87–92.

Sigmundsson, H., & Haga, M. (2016). Motor competence is associated with physical fitness in four- to six-year-old preschool children. *European Early Childhood Education Research Journal*, 24(3), 477–488.

VanVrancken-Tompkins, C., Sothern, M.S., & Bar-Or, O. (2016). Weaknesses and strengths in the response of the obese child to exercise. In M.S. Sothern, S.T. Gordon, & T.K von Almen (Eds.), *Handbook of pediatric obesity: Clinical management* (pp.67–75). Boca Raton, FL: Taylor and Francis.

第 10 章

心肺耐力的发展

章节目标

▶ 探究身体对短期剧烈运动的反应，以及这些反应在人的一生中会发生哪些变化；

▶ 综述人的一生中短期运动带来的影响；

▶ 研究身体对长期运动的反应，以及这些反应在人的一生中会发生哪些变化；

▶ 综述人的一生中耐力型训练带来的影响。

从不离开卧室

现在，人们经常看到价格合理、针对青少年和成人的虚拟现实设备的广告。这些电子设备模拟真实的活动场景和运动，如驾驶喷气式飞机、赛车或穿越史前森林。这让人们不禁问道："未来的人们是否会离开卧室，去参加真正的运动呢？"把人们玩电子游戏的时间叠加上看电视、平板电脑或者手机的时间就能轻易得知，为什么全世界的研究者会担心包括儿童在内的个体的健康体能水平。

健康体能的构成要素可以被视为多数活动里的个体限制因素，有些要素对某些特定身体活动的作用比其他要素更重要。健康状况差很容易成为动作技能和日常身体活动的速率限制因子。一个人的健康体能或身体健康水平与其生活质量确实息息相关。当然，身体及各个系统的发育和衰老（结构性限制）和健康体能要素紧密相关，功能性限制和训练有助于保持或提高健康体能。这些不同的结构性和功能性个体限制如何相互作用来影响动作技能的表现，了解这一点非常重要。

心肺耐力反映了一个人保持剧烈运动的能力。它之所以重要有两大原因：首先，许多体育运动都需要进行持续的剧烈运动；其次，心脏、血管和呼吸系统的健康状况与耐力水平息息相关，增强耐力的训练很大程度上能使这些身体系统运转得更加高效。

在健康体能的所有要素中，心肺耐力对终身健康的影响最大。人们很容易认为儿童自然会进行足够的运动来保持健康。然而，21世纪初期的几项研究表明，全世界儿童的健康体能水平不如从前（Tomkinson & Olds, 2007; Tomkinson et al., 2007）。现在许多成人有久坐、缺乏运动的生活习惯，这会对儿童有潜移默化的影响。有很大比例的儿童和青少年无法坚持剧烈运动，并且已经表现出多个冠心病的风险因素，其中更多人是肥胖的。身体不健康的儿童成年后可能依旧保持这种状态。体育教师和运动指导专家必须详尽了解心肺耐力在获得和保持剧烈运动所需的适量健康体能中所扮演的角色。本章将介绍身体对短期和长期运动的基本生理反应，还将探讨这些反应随着发育和衰老而发生的变化，以及训练产生的影响。

短期运动的生理反应

剧烈运动可以是短时间的高强度运动、长时间的次极限或极限运动，也可以是这些运动类型的组合。我们的身体对短期高强度运动和长期中等强度运动会产生不同的生理反应，以满足不同运动的需要。短期（10秒）高强度运动中，身体的反应是耗尽局部储存的氧气和储存在肌肉中的能量来源，造成缺氧，身体最终需要重新补足氧气和能量。这是高强度运动对身体无氧系统的影响。身体的无氧系统表现可以通过**无氧爆发力**和**无氧能力**来衡量。无氧爆发力可表示为爆发力的最大值，即峰值功率，或一项测试的平均输出功率，即平均爆发力。

无氧爆发力指身体满足短期高强度运动需求的能力。

无氧能力指个体能够容忍的最大氧债。

随着运动所需时间延长，身体做出生理反应时无氧系统发挥的作用越来越小。呼吸和血液循环增加，为肌肉提供氧气。在一组90秒的运动中，无氧和有氧系统发挥的作用基本相当。3分钟后，有氧系统负责满足运动的需求。因此，持续、短时、高强度的训练类型能提高人体无氧运动表现，而持续时间较长、强度较低的运动能提高人体有氧运动表现。

儿童和青少年无氧能力的发展和训练

对任何年龄段的人来说，无氧运动表现都与以下因素有关：

• 体形大小，尤其是去脂肌肉质量和肌肉大小；

• 肌肉能量来源的代谢能力；

• 快速调动氧气输送系统的能力。

以上一些因素随着个体年龄的增长而改变（Malina, Bouchard & Bar-Or, 2004）。我们从儿童和青少年的身体状态开始讲起。

儿童的肌肉质量较少，因此能量储备的绝对量低于成人（Eriksson, 1978；Shephard, 1982），所以儿童输出的绝对无氧爆发力低于成人。随着儿童肌肉质量的增长，他们的能量储备也在增加，他们能更好地承受代谢过程中产生的副产物。因此，随着年龄增长，无氧系统的平均爆发力和峰值爆发力稳步提升（Duche et al., 1992; Falgairette, Bedu et al., 1991; Inbar & Bar-Or, 1986）。整个青少年期，男孩的总爆发力输出值都在提升，但女孩的提升只持续到青春期，这或许表明了肌肉发育模式的性别差异（图10.1a和b）或男女典型生活方式的差异。

身体发育期间，尽管无氧爆发力的增长主要受体形大小和肌肉质量的影响，但也会受生理成熟状况的一些影响（Carvalho et al., 2011）。毫无疑问，随着儿童年龄增长，神经肌肉的协调性和技巧提升有助于改善无氧爆发力，同时产生能量的能力也有所增

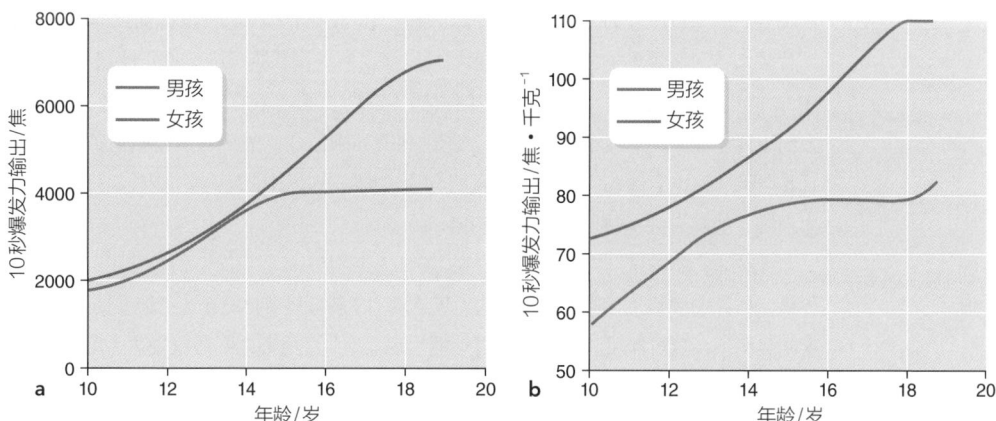

图10.1 无氧表现。a. 随着年龄增长，10秒自行车骑行的爆发力输出的变化。布查德和西莫努（未发表数据）测量一组法裔加拿大青年完成该活动的无氧能力。无氧表现得分按照体重划分，但依然随着年龄的增长而增长，如图b所示

源自：Reprinted by permission from Malina, Bouchard, and Bar-Or (2004, pg.259)。

强（Rowland, 1996）。即使体形大小相当，与生理不成熟的儿童相比，生理较成熟的儿童无氧爆发力更强（Armstrong, Welsman & Kirby, 1997; Tomkinson, Hamlin & Olds, 2006）。米库里克（Mikulic, 2011）得出结论：12 、13 岁时早熟和晚熟的男孩的无氧爆发力有差异，但等他们的年龄增长到17、18 岁时，无氧爆发力的差异将大大减小。

▶ **要点**　无氧运动表现随着年龄增长而提高，但年龄增长不是提高速率较快的唯一原因。

儿童和青少年的无氧训练

接受过无氧训练的儿童和青少年，无论是男性还是女性，训练后的峰值功率和平均功率均高于未经训练的同龄人（McNarry & Jones, 2014）。有一项研究甚至记录了训练停止后，青少年的身体峰值功率和平均功率有所下降，这进一步说明了无氧爆发力和训练之间的关系（Ingle, Sleap & Tolfrey, 2006）。经过训练和未经训练的儿童和青少年的无氧爆发力差异并非一成不变，这反映了无氧爆发力受许多因素影响，如训练时长、训练和测试的相似性、随着训练而改善的肌肉质量和神经系统适应能力（McNarry & Jones, 2014）。

❓ 请想象，如果你是体育教师，哪些训练有助于提升小学生的无氧爆发力？哪些训练适合提升中学生的无氧爆发力？

成人无氧能力的发展和训练

个体的体形一旦达到成年水平，他们的无氧爆发力在整个成年早期（即20~40岁）都保持稳定（Inbar & Bar-Or, 1986）。训练是提升无氧爆发力的唯一因素。从35岁左右开始，无氧爆发力平均每10年下降6%~8%，一直持续到大约70岁，之后的下降幅度更大。无论是经过训练还是未经训练的成人，这种下降趋势都存在。但是也有例外，研究者分析了优秀的短距离自行车男性大师赛（即35岁以上）运动员的最佳表现时间，发现他们的无氧爆发力开始下降的年龄较晚，在40岁左右（Capelli et al., 2016）。

成人的无氧爆发力受许多因素影响，包括肌肉质量和肌纤维类型、性别和训练等（Reaburn & Dascombe, 2009）。这些因素因年龄增长而产生的变化都会导致无氧爆发力的下降。事实上，随着年龄增长，经过训练和未经训练的成人肌肉质量都会下降，且Ⅱ型肌纤维也会萎缩。然而研究表明，力量训练，特别是大重量抗阻训练和高爆发力训练，能够有效保持肌肉质量（Korhonen et al., 2006）。

无论是实验测试结果还是在运动表现中，成年男性的无氧爆发力都比成年女性更有优势。尽管70岁以后，男性和女性的无氧爆发力下降幅度都比之前大，但女性的下降速度明显更快。这可能反映了女性更有可能出现Ⅱ型肌纤维萎缩和激素变化（Reaburn & Dascombe, 2009）。

▶ **要点**　老年人无氧爆发力的下降与肌肉质量下降和Ⅱ型肌纤维萎缩有关。

成人的无氧训练

很少有研究探讨无氧训练对久坐的老年人的影响，但马克里兹、海根豪斯尔和琼

评估无氧运动表现

目前还没有直接、无创的方法来测量无氧运动表现，所以通常采用短时间测试任务进行评估。常见的测试有魁北克10秒和温盖特30秒全速骑行测试，以及玛格丽亚台阶跑测试，这些测试能够测量个体的总输出功率、平均功率或峰值功率。总输出功率表示一个人在10秒或30秒内能完成的绝对功值。功率表示个体产生能量的速率（即特定时间单位内可以完成的功）。平均功率是个体在10秒或30秒内平均达到的功率，而峰值功率是达到的最高速率。常见的场地测试有50码短跑和楼梯冲刺。参与测试的人必须自愿并且用尽全力，以便测出无氧爆发力的准确数据。对于老年人，特别是缺乏锻炼的老年人来说，无氧爆发力测试难度过高，甚至有危险。

斯（Makrides, Heigenhauser & Jones, 1990）曾进行测试，让60~70岁的久坐男性接受高强度耐力训练，结果发现他们在30秒无氧能力测试中的爆发力输出有所增加。另外还有两项研究，让优秀运动员接受无氧训练或抗阻训练（Cristea et al., 2008; Reaburn, Logan & Mackinnon, 1994），结果表明，抗阻训练配合速度训练有助于提升他们的无氧爆发力。虽然人们通常认为，针对性训练的效果最好（例如专门提升无氧爆发力的无氧训练），但在成年期为增加肌肉质量而进行的抗阻训练也有助于提升无氧爆发力。抗阻训练的详细内容参见下一章。

▶ **要点** 无氧训练有助于提升青春期前儿童的无氧爆发力，抗阻训练有助于提升大师赛运动员的无氧爆发力。

长期运动的生理反应

我们的身体如何长时间维持次最大强度的运动？与短期运动不同的是，长期运动的能量来源于有氧系统——食物储备的氧化分解，还有运动刚开始几分钟消耗的局部储备。身体成功满足长期运动需求的能力可以用**有氧功率**和**有氧能力**来表明。

长时间的运动需要身体系统长期向运动肌肉传输充足的氧气。身体通过提高心率和呼吸频率，增加心输出量和摄氧量输送长期运动所需的氧气。提高呼吸频率能使更多的氧气进入肺部，使其能够扩散到血液中。增加心输出量（注入循环系统的血流

有氧功率指长时间运动中，身体满足长期氧气需求的速率。

有氧能力指满足长时间运动需求的总能量。

量）能给肌肉输送更多氧气。身体通过提高心率或增加每搏输出量来提高心输出量。运动时每搏输出量之间的变化相对较小，但训练的长期好处之一即是让每搏输出量比之前更大。

心脏能否泵出足够的血液，以提供运动时肌肉所需的氧气，是维持剧烈运动的限制因素。个体参与高强度运动时，心率提高，直到力竭结束运动。他们停止剧烈运动后，心率能在2~3分钟内迅速下降，取决于运动持续时间的长短和强度的高低。健康的人相比不健康的人，能更快地恢复至静息心率。

这些描述只是对运动生理反应的简要总结。相关细节详见与运动生理学相关的图书。

儿童和青少年有氧能力发展和训练

对于长期运动，儿童有哪些生理反应？儿童往往会出现较低的血液循环能力（Bar-Or, Shephard & Allen, 1971），即他们的心输出量少于成人（心输出量是每搏输出量和心率的乘积）。儿童的每搏输出量比成人少，说明他们的心脏较小。在某种程度上，儿童的心率高于成人是一种补偿方式，使心输出量达到运动所需水平，但儿童的心输出量仍然少于成人。儿童的**血红蛋白**浓度也比成人低，血红蛋白浓度与血液携带氧气的能力相关。

血红蛋白指血液中携带氧气的蛋白质。

你可能会认为，较低的血液循环能力和血红蛋白浓度导致了儿童氧气输送系统的效率低于成人。然而，儿童能比成人摄取更多的氧循环输送至运动肌肉，这一方式似乎弥补了这些不足（Malina & Bouchard, 1991; Shephard, 1982）。这说明了儿童体内的氧气运输系统相当有效。儿童调动有氧运动所需身体系统的速度也比成人更快（Bar-Or, 1983）。

▶ **要点**　儿童对耐力型运动的生理反应非常有效，但是持续时间短于成人。

与成人相比，儿童对长期运动的耐力确实更差，这可能是由于其肌肉中的能量储备较少。随着儿童年龄的增长，血液循环能力逐渐改善，生理反应越来越接近成人。

峰值摄氧量指在有氧运动中，肌肉消耗氧气的最快速度。

纵向和横向研究都表明，整个童年和青春期期间，绝对**峰值摄氧量**（$\dot{V}O_2$）呈线性增加（Armstrong & McManus, 2016; Armstrong & Welsman, 2007; Krahenbuhl, Skinner & Kohrt, 1985; Mirwald & Bailey, 1986; Shuleva et al., 1990）。女孩13岁以后，峰值摄氧量逐渐稳定。刚进入青春期时，男孩的峰值摄氧量比女孩稍高，在青春期拉大差异（图10.2a）。峰值摄氧量与体重密切相关，男孩的肌肉质量更多，肌肉质量越多摄入氧气的效率越高，所以产生了性别差异。峰值摄氧量是耐力型运动的常用测量指标。峰值摄氧量、最大耗氧量、最大摄氧量和最大有氧能力等术语通常可以互换，但也略有差别。本书中使用的术语是峰值摄氧量。测量最大摄氧量需要进行高强度运动测试，使氧气消耗达到平台期。许多针对青年和老年人的研究采用的是次极限测试。

▶ **要点**　男孩的峰值摄氧量在童年期和青春期期间一直增加，而女孩的峰值摄氧量一直增加到13岁，此后逐渐稳定。如果用体重表示峰值摄氧量，男孩的较为稳定，女孩的略有下降。

因为峰值摄氧量与体重紧密相关，研究者按照体重计算出峰值摄氧量，得出一个

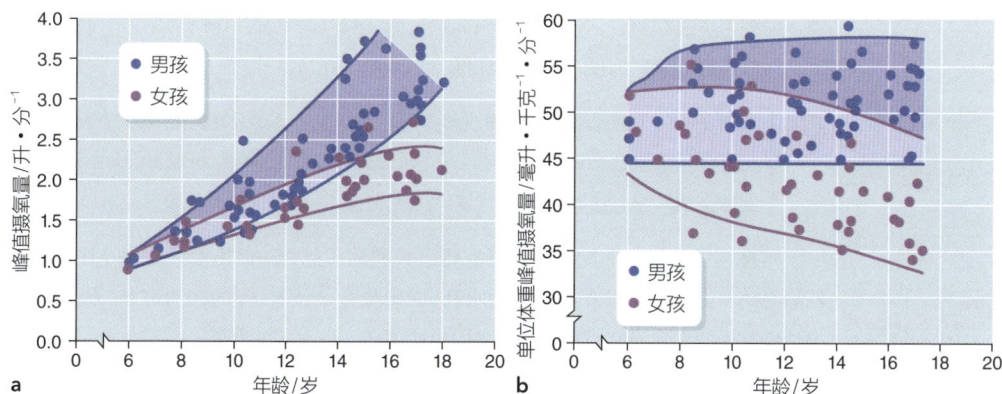

图 10.2　峰值摄氧量与年龄的关系。a. 绝对数值；b. 峰值摄氧量与体重（千克）的比率。所得男孩的数据集中于阴影区域，女孩数据集中于无阴影区域

源自：Reprinted by permission of Bar-Or (1983)。

比率。男孩在整个童年期和青春期期间，峰值摄氧量相对于体重的比率基本不变，如图 10.2b 所示。女孩的该比例呈下降趋势，可能是由于女孩的脂肪量有所增加。虽然峰值摄氧量与去脂体重有关，但数据显示在进入青春期和青春期后，去脂体重略有减少，同时微小的性别差异依然存在。峰值摄氧量和体重的比率说明了这两个因素之间的相互关系，但是对于生理更成熟或体重更重的人来说，这个比率似乎并不准确，因此该比率的适用范围有限。

青春期前后，体重的增长速度往往略快于峰值摄氧量的增长速度（Malina & Bouchard, 1991）。除了体重，峰值摄氧量还取决于生理成熟状况。对于不同年龄段但体形大小相当的青少年来说，年龄也是影响峰值摄氧量的因素之一（Sprynarova & Reisenauer, 1978）。两个体重相当的青少年，如果生理成熟状况不同，那么他们的峰值摄氧量就会有差异。

▶ **要点**　峰值摄氧量与体重有关，特别是去脂体重，但也与生理成熟状况有关。

生长发育过程中，儿童体形的不断发育与动作能力增强有关，认识到这一点非常重要。随着身体发育，肺容量、心率与每搏输出量、总血红蛋白和去脂体重也有所增加。这些因素有助于改善心输出量，从而增强动作能力。儿童即使处于同一年龄段，体形大小也会存在差异，因此评估儿童动作能力应当以体形来划分组别，而不仅是按照年龄划分。在此之前，教育工作者往往只根据年龄段评估儿童的动作能力。

儿童和青少年群体的平均动作能力和平均体形通常随着年龄增长而增长，但动作能力也与生理成熟速度有关。年龄和生理成熟状况并不是完全一一对应的。因此，评估儿童的耐力运动表现时，应考虑每个儿童独特的体形和生理成熟状况。

要想评估儿童的运动耐力，比起性别，体形是更准确的评估指标。青春期后，男孩的平均运动耐力比女孩更强，并且一生中有可能一直保持这种优势。这种性别差异有许多原因，其中一个原因是身体成分不同。青春期期间，男性的去脂体重一般比女性多，脂肪一般比女性少。男性和女性每千克去脂体重所对应的峰值摄氧量基本相

当，但如果算上脂肪，女性的峰值摄氧量较低。峰值摄氧量存在性别差异的另一个原因是女性的血红蛋白浓度往往比男性低（Åstrand, 1976）。

> ❓ 请想象，如果你是社区中心青少年体育项目的主管，假设峰值摄氧量与身体成分和生理成熟状况有关，这会给青少年分组带来哪些影响？将青少年分组进行接触类或搏击类运动的标准应当有哪些？分组进行非接触类运动的标准呢？

男性进入青春期后期之后，峰氧摄氧量和动作能力一般比女性更强（图10.3）。我们必须牢记，环境因素，特别是训练，影响着男女个体一生的运动耐力。因此，如果训练有素的女性峰值摄氧量比久坐的男性更高，也就不足为奇了。

儿童和青少年的有氧训练

成人进行有氧训练的结果是可以预测的。成人每周训练至少3次，每次至少20分钟，训练强度为最大心率的60%~90%，他的峰值摄氧量将会增加，每搏输出量增加，最大心输出量随之增加，让他能够更好地从肌肉的血液中摄取氧气，每分钟最大通气量上升。缺乏运动的成人开始训练时，峰值摄氧量通常会增加25%~50%（Hartley, 1992）。因此，适当的训练使人受益。让我们来研究儿童是否也是如此。

为了评估儿童和青少年能否通过训练增加峰值摄氧量，研究者必须考虑以下因素。首先，必须将因发育而增加的峰值摄氧量和因训练而增加的峰值摄氧量区分开。实验必须设立一个对照组，对照组不接受训练，但是在测量实验组（接受训练的组）数据的同时也要测量对照组的数据。其次，如第8章所述，儿童的生理成熟速度不同。研究者要将实验组再细分为两组，一组由早熟的儿童组成，另一组由晚熟的儿童组成，对比两组的数据，再得出有关训练效果的结论。事实上，有一个研究团队指出，他们尝试对积极运动组和少运动组的儿童进行比较，晚熟的儿童大多属于少运动组（Mirwald et al., 1981）。因此，研究中必须考虑儿童的生理成熟状况。

早年关于青春期前儿童的有氧训练的研究是模棱两可的。伊维瑞（Zwiren, 1989）

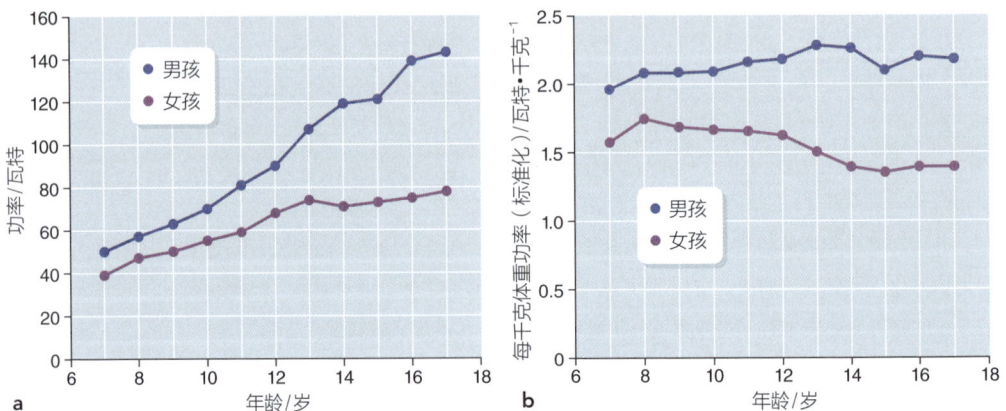

图10.3　随着年龄增长，儿童和青少年的身体动作能力逐渐增强。测试在学校的教室内进行，心率保持在每分钟170次。如果在进行温度控制（20~22℃）且熟悉实验流程的状况下，读数可能会提高10%
源自：Shephard (1982, pg.70)。

回顾了此领域的 7 项研究。其中有 3 项研究发现，经过训练的实验组的峰值摄氧量明显高于对照组，还有 4 项研究未发现实验组和对照组的峰值摄氧量有明显差异。一些纵向研究发现，青少年达到峰值身高增速后，训练才造成积极运动组与无运动组之间的峰值摄氧量差异（Kobayashi et al., 1978; Mirwald et al., 1981; Rutenfranz, 1986）。因此，吉列姆和弗里德森（Gilliam & Freedson, 1980）提出，青少年的生理成熟有一个阈值，在达到阈值之前，训练无法对青少年产生影响。后来，卡契（Katch, 1983）提出了触发假说，即在引发青春期的激素发挥效用之前，有氧训练对身体的峰值摄氧量的影响微乎其微。

截至目前，很少有实证支持生理成熟阈值或触发假说。训练强度似乎是解释早期研究混杂结果的一个考量。如果研究不考虑年龄、生理成熟状况或性别，足够强度的训练会引起身体峰值摄氧量增加（Armstrong & Barker, 2011）。麦克纳里、麦金托什和斯多德佛克（McNarry, Mackintosh & Stoedefalke, 2014）的一项研究支持这一结论，该研究持续 3 年，测量超过 10 岁的男孩的相关数据。该研究将受试者分为两组，一组参加游泳训练，一组不参加游泳训练。每年，实验组的受试者峰值摄氧量、心输出量明显更高。但是研究结果没有表明肺或心血管指标与生理成熟状况相关，因此无论生理成熟状况如何，训练似乎都对身体有积极作用。另外有研究采用恒定强度的运动训练，该研究结果表明，儿童的峰值摄氧量有所增加。而针对青少年的研究显示，高强度间歇式训练可以提高其峰值摄氧量，但是由于对该年龄阶段的研究较少，所以高强度间歇式训练对儿童有哪些益处尚不明确（Costigan et al., 2015）。哪些强度和类型的运动训练能增加儿童的峰值摄氧量还有待进一步的研究。

❓ 请想象，如果你是一名体育教师，任职于一个负责修订体育课程的委员会。从幼儿园到 12 年级，你认为每个年级的学生需要多少有氧训练？应该进行哪些无氧训练？你会提倡高中生在高中二年级就修完体育课程吗？

尽管峰值摄氧量应用范围较广，但可能不是衡量青少年训练效果的最佳指标（Armstrong & Welsman, 2007）。有许多研究成人的结果表明，如果采用恒定强度和高强度间歇训练，可改善肺摄氧量动力，但如果受试者是青少年，很少有研究使用这些指标，而且少数使用这些指标的研究都是横向研究。随着更多研究者考虑采用肺摄氧量指标，人们可以更加深入地了解青少年时期的训练效果。

▶ **要点**　发育和生理成熟对峰值摄氧量的影响必须与训练效果区分开来。

有氧训练对进入青春期的青少年和成人发挥的效用基本一致。对于接受训练的青少年来说，他们的心脏大小和容积、总血量、总血红蛋白浓度、每搏输出量和最大心输出量均有所改善（Costigan et al., 2015; Ekblom, 1969; Eriksson & Koch, 1973; Koch & Rocker, 1977; Lengyel & Gyarfas, 1979; Unnithan et al., 2015），而指定强度所对应的次最大心率则会下降（Brown, Harrower & Deeter, 1972）。小林等人（Kobayashi et al., 1978）的研究发现，训练 14~17 岁的青少年，其有氧能力增强 15.8%。一项长达 15 年的纵向研究中，受试者为 13~27 岁的男性和女性，研究结果显示，与不进行体育运动的人相比，那些表示自己保持活动但不一定是训练的人，其有氧能力相对强2%~5%（Kemper et al., 2001）。研究者发现，久坐的大学生如果经常使用手机，则他们的心肺健康水平较低（Lepp et al., 2013）。久坐的生活方式通常意味着较低的有氧能力，而积极的生活方式可以一定程度上增强有氧能力，耐力训练则能大幅增强有氧能力。

即便对于青少年，训练的效果也有例外。桑托斯、马里尼奥、科斯塔、伊斯基耶多和马克斯（Santos, Marinho, Costa, Izquierdo & Marques, 2012）指出，12~14岁的青春期男孩进行力量训练并不能改善有氧能力，但同时进行抗阻训练和耐力训练则能够同时提高力量与有氧能力。

成人有氧能力的发展和训练

个体每千克体重的峰值摄氧量在20~30岁达到最大值，之后便一直减少，每年

评估有氧运动表现

实验室中最常见的用于评估有氧运动表现的测试是在功率自行车上骑行或在跑步机上行走或跑步，要求个体要付出次最大或最大努力。有氧功率和有氧能力的测量往往针对特定的运动（例如骑行、跑步），因此必须谨慎地比较个体在不同运动中的评分。

有氧运动表现测试通常有分级，换言之，测试的负荷分阶段增加。对于任何年龄阶段均无标准方案，但测试强度应始终适合受试者的健康体能和体形。

受试者进行长期运动时，可以测量其许多生理反应。有氧能力最重要的指标之一是峰值摄氧量，即从开始进行剧烈运动到力竭，肌肉的最高摄氧速率。一个人摄氧的效率越高（即承载相同负荷所消耗的氧气越少），他的健康体能就越好。对个体的耐力型运动能力的评估过于复杂，无法用单一数值来衡量，但峰值摄氧量被视为最佳的测量指标之一，尤其对年轻人来说（Armstrong & McNarry, 2016）。

在评估峰值摄氧量的测试中，可以测量或估计受试者运动期间消耗的氧气量，即个体每分钟每千克体重的摄氧量。对于针对儿童和老年人的研究，峰值摄氧量是一种常用的测试指标，它可以通过次极限测试进行评估，从而避免了运动至力竭的状况。直接测量氧气消耗比次极限测试需要更复杂、更昂贵的设备。

长期运动的另一个生理反应指标是最大做功能力，也就是一个人在力竭之前能够承受的最大做功量或运动负荷（Adams, 1973）。因为这个测试需要测量最大值，所以它需要刺激个体运动至力竭。进行这样的测试，有人可能会突发心脏病，虽然这种可能性很小。基于这个原因，针对儿童或老年人的研究往往不会采用这一指标。

减少约1%。横向和纵向研究中都发现了这一下降趋势，并且有关运动、积极运动和久坐的成人的研究也佐证了这一发现（Spirduso, 1995）。与久坐的成人相比，积极运动的成人的峰值摄氧量较高。研究者分析了30~80岁的男性自行车运动员的骑行时间，发现他们的峰值摄氧量到45岁才开始下降（Capelli et al., 2016）。下面将论述导致峰值摄氧量下降的心血管和呼吸系统构造和功能的变化。

心血管构造和功能

　　心血管的构造和功能与心脏和血管的结构相关。随着年龄的增长，健康心脏的主要结构变化是心肌损失、心肌纤维失去弹性、左心室壁增厚（Lakatta & Levy, 2003b）和瓣膜纤维化（Pomerance, 1965），同时大血管增厚、变硬（Lakatta & Levy, 2003a）。目前尚不清楚这些变化究竟是由于衰老而不可避免，还是由于慢性缺氧产生的。这些

　　最近，备受关注的有氧运动表现的测试指标是运动开始时的肺摄氧量（p$\dot{V}O_2$）动力，又名为对特定代谢需求引发的呼吸气体交换速率和幅度（Armstrong & McNarry, 2016）。这个指标可能会更好地评估儿童的有氧运动表现，他们往往进行间歇性运动，运动强度变化很快。峰值摄氧量通常指一直运动到力竭的摄氧量，但很少有儿童能一直运动到力竭。相反，他们倾向于进行不同强度的起止运动。因此，肺摄氧量动力对运动强度阶段性变化的反应或许能更好地评估儿童的有氧运动表现（Armstrong & McNarry, 2016）。迄今为止，采用肺摄氧量动力且把控良好的研究的数量有限，但未来的研究更倾向于采用这种测试指标。

　　一些研究者试图为儿童设计评估耐力的实地测试，并且想让该实地测试与实验室的测试一样可靠。诸如此类的实地测试要求研究者能够在没有实验室设备的情况下评估受试者的有氧运动表现。研究者比较了实验室测试的峰值摄氧量与一、二、三年级83名儿童的800米、1200米和1600米的跑步成绩。无论是男孩还是女孩，与800米和1200的跑步成绩相比，1600米的跑步成绩是预测峰值摄氧量更好的指标。与总时间数值相比，1600米跑步的平均速度数值与峰值摄氧量的相关性较强。我们可以得出以下结论：比起短跑，1600米跑步成绩能更好地测量儿童的耐力。该测试证明实地测试具有较高的重测信度（Krahenbuhl et al., 1978）。对于接受过训练的青年跑步运动员来说，峰值摄氧量与竞赛时的跑步时间高度相关（Cunningham, 1990; Unnithan, 1993）。

结构发生的改变对心血管功能产生了许多影响。

- **最大心率。**老年人的静息心率与年轻人相当，随着年龄增长、体能衰退，身体可达到的最大心率逐渐下降（Lipsitz, 1989）。最大心率下降可能是峰值摄氧量随着年龄增长而减少的主要原因（Hagburg et al., 1985）。

- **每搏输出量。**随着年龄增长，老年人的每搏输出量可能会减少，也可能不会减少，这两种结果在许多研究中都有验证（见Stamford, 1988）。无症状的缺血性心脏病（影响心脏供血）可能导致模糊的研究结果。如果研究者严格筛查受试者是否有心脏病，那么可能不会发现老年人每搏输出量减少；而如果某些研究的受试者包括了未出现病症的老年人，则可能会发现老年人每搏输出量减少（Safar, 1990）。

- **心输出量。**回顾一下，心输出量是每搏输出量和心率的乘积。静态或次最大强度运动时的心输出量不随年龄增长而改变。健康的老年人在高强度运动时心输出量和峰值摄氧量减少。此外，缺血性心脏病患者峰值摄氧量的减少幅度更大，因为最大心率降低、每搏输出量减少。参加有氧训练的成人的心输出量比久坐的成人多得多。

- **血压。**与年轻人相比，老年人达到峰值心输出量所需的运动强度更低（Brand-fonbrener, Landowne & Shock, 1955; Shephard, 1978a）。老年人的动脉较为僵硬，阻挡着心脏输出的血液。如果老年人患有动脉粥样硬化（动脉壁上斑块积聚），这种阻力会更大。反过来，这种阻力提高了静态脉压差（收缩压和舒张压的差值）和收缩压。运动过程中的血压状态还取决于心肌纤维的健康程度及其适能，即承受增加的工作负荷的能力。如果一个人经常运动，则他的收缩压会较低（Reaven, Barrett-Connor & Edelstein, 1991）。

- **血流量和血红蛋白浓度。**为了维持运动，氧气必须通过血液输送到运动肌肉。运动过程中，老年人的外周血流量显然保持得很好，血红蛋白浓度也能尽量保持不变（Timiras & Brownstein, 1987）。但是老年人患贫血的概率提高了，这可能是由于血红蛋白浓度降低。

▶ **要点**　成人的峰值摄氧量随年龄增长而不断减少，这种趋势与最大心率下降、肌肉质量减少有关。与久坐的老年人相比，积极运动的老年人有较大的峰值摄氧量。

呼吸系统构造和功能

随着年龄增长，个体肺组织和胸腔壁的弹性下降（Turner, Mead & Wohl, 1968）。因此，老年人呼吸比年轻人更费力。备受人们关注是肺活量，尤其是<u>用力肺活量</u>。肺活量大反映了肺部的最大吸气量更大，因而肺泡通气量更大。由于大部分氧气向毛细血管的扩散发生于肺泡处（图10.4），肺泡通气量更大有助于增加血液中的氧气循环量和输送到运动肌肉的氧气量。

用力肺活量指肺部在最大吸气后，能够呼出的最大气量。

随着年龄增长，肺活量逐渐下降，平均每10年下降4%~5%（Norris et al., 1956; Shephard, 1987）。与不吸烟的人相比，吸烟的人肺活量下降得更加明显。经过训练的人在40多岁时依然能保持其20多岁时的肺活量（Shephard, 1987）。

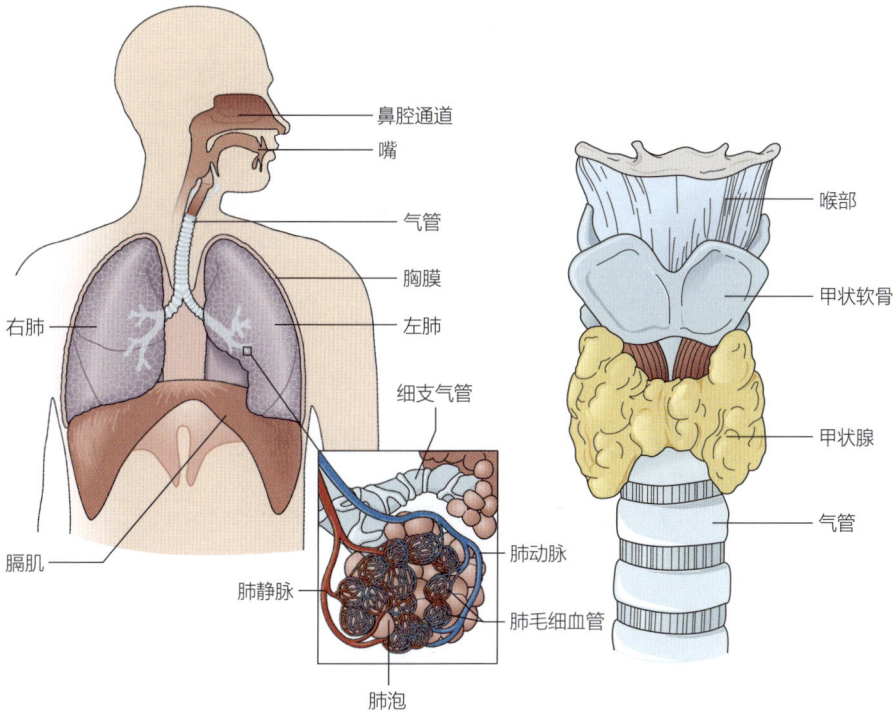

图 10.4　呼吸系统。大部分氧气向毛细血管的扩散发生于肺泡处（见放大图）

随着年龄增长，肺的呼吸效率下降，且不会因运动训练而恢复（Dempsey, Johnson & Saupe, 1990）。不过，一般情况下，老年人的肺部系统在休息和适度运动时表现良好。此外，呼吸系统不是动作能力的主要限制因素。

▶ **要点**　与呼吸系统相比，心血管系统对老年人有氧运动表现的限制更大。

肌肉质量的变化

峰值摄氧量减少可能是由于肌肉质量减少、肌肉耗氧能力以及心血管和呼吸系统发生改变。回想一下，峰值摄氧量是输送到肌肉并由肌肉消耗的氧气量。因此，肌肉越多，峰值摄氧量可能越大。实际上，如果只计算老年人每千克肌肉（而不是每千克体重）的峰值摄氧量，男性峰值摄氧量的减少幅度从60%到14%，而女性从50%到8%（Spirduso, 1995）。因此，保持肌肉质量是最大限度避免峰值摄氧量减少的方式。随着年龄增长，脂肪量的增加不利于保持峰值摄氧量。

心肺变化和肌肉质量减少最终导致成人的最大动作能力和峰值摄氧量（无论是绝对还是相对于体重）随年龄的增长而削弱和减少，剧烈运动后的恢复时间也更长。纵向和横向研究的结果都在图10.5中绘出，随着年龄增长而削弱和减少的趋势显而易见。人在一生中面对的负面环境因素，如吸烟或营养不良，可能导致或加速这种变化。相反，如果人的一生都处于正面的环境因素中，如定期运动或合理膳食，能更好地保持耐力水平。

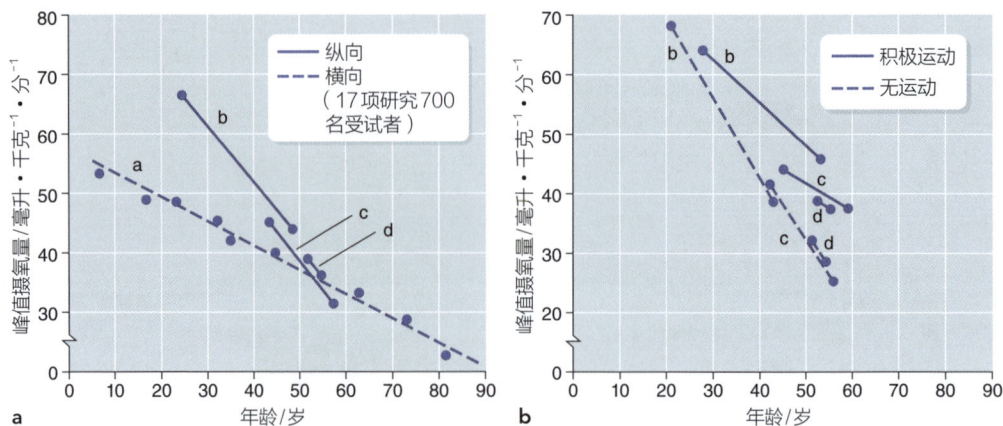

图10.5 峰值摄氧量随着年龄的增长而减少。a. 纵向研究和横向研究都表明了成人的减少趋势；b. 积极运动的成人减少较慢。虚线代表无运动成人的变化，实线代表积极运动的成人的变化

源自：a. Dehn and Bruce (1972); b. Dill et al. (1967); c. Hollman (1965), and d. Dehn and Bruce (1972) (all cited in Dehn & Bruce, 1972)。

经许可载转自 Stamford (1986, pg.344)。

?　如果你是老年人的私人教练，为了帮助他们提升有氧运动表现，你会设计什么类型的训练呢？

随着发育和衰老出现的变化会显著影响一生中的耐力表现。多个不同的身体系统会限制个体进行剧烈持续性运动的潜力。由于坚持有氧运动能促进身体健康，每个人都了解各种身体系统如何影响有氧运动很重要。此外，体育教师和物理治疗师必须全面了解这些影响，以促进健康的运动训练。

成人的训练计划

峰值摄氧量随年龄增长而减少，即使对于接受训练的人来说也是如此，但是接受训练、积极运动的成人的峰值摄氧量比久坐的成人更大（Hollenberg, Yang, Haight & Tager, 2006）（图10.6）。这一研究结果表明，为成人规划的训练使其受益良多。下面让我们来比较两个群体：保持积极运动的成人和久坐不动的成人。

首先，有证据表明（Dehn & Bruce, 1972; Drinkwater, Horvath & Wells, 1975; Kasch et al., 1990; Shephard, 1978b; Smith & Serfass, 1981），与保持积极运动的老年人相比，久坐的老年人的峰值摄氧量减少得更加明显。随着年龄增长，久坐不动的成人的峰值摄氧量折线（虚线）比积极运动的成人的峰值摄氧量折线（实线）更陡，如图10.5所示。高强度运动训练甚至能使老年人稳定保持峰值摄氧量，如图10.6所示（Kasch & Wallace, 1976）。长期训练大幅减缓峰值摄氧量的减少。在一项为期28年的纵向研究里，卡契等人（Kasch et al., 1995）观察到，43~71岁的男性，如果坚持运动，他们的峰值摄氧量每10年平均仅减少5%，而不运动的男性每10年平均减少19%。卡佩利等人（Capelli et al., 2016）记录了坚持运动的大师级骑行运动员的数据，他们的峰值摄氧量每10年平均减少约16%。

其次，老年人如果执行合理的训练计划，他们的峰值摄氧量会明显增加（Posner,

Gorman, Klein & Woldow, 1986; Shephard, 1978b），即使他们早年几乎没有接受过训练，或年龄已经超过70岁但从来没怎么运动过（Hagburg et al., 1989; Stamford, 1973），他们的峰值摄氧量能够增加10%~25%（Blumenthal et al., 1991; Shephard, 1987）。就绝对值而言，他们增加的幅度不如开始训练的年轻人高，但相对值增幅与年轻人相当。即使是低强度的训练，在老年人的早期训练计划中也会非常有效。之前无运动的老年人如果进行有氧训练，还能增强其他力量和活动度任务的表现能力（Kalapo-tharakos et al., 2006），并改善血脂状态（Ring-Dimitriou et al., 2007）。

▶ **要点**　成人从有氧训练中受益，是因为有氧训练最大限度地减少了年龄增长导致的峰值摄氧量减少。

老年人的峰值摄氧量因训练而增加，有哪些机制发挥了作用？毫无疑问，训练可以保持或改善肌肉质量，肌肉质量越多，峰值摄氧量越大。体能较好的老年人比久坐老年人的肺活量更大（Shephard, 1993）。至于心血管系统发挥的作用，以克拉伦斯·德马（Clarence DeMar）为案例的研究可以佐证。他一生中每天跑12英里，65岁时参加马拉松比赛，70岁时死于癌症。尸检报告显示，他的心肌发育良好，瓣膜正常，冠状动脉的大小是同龄人的2~3倍（Brandfonbrener et al., 1955）。

即使是低强度的耐力训练也会使老年人受益，但患心脏病的老年人仍可能承受不了高强度运动，应为患有心血管疾病的老年人群体设计专门的训练方案。为老年人和儿童设计训练计划时，应遵循逐渐增加运动强度和持续时间的原则。

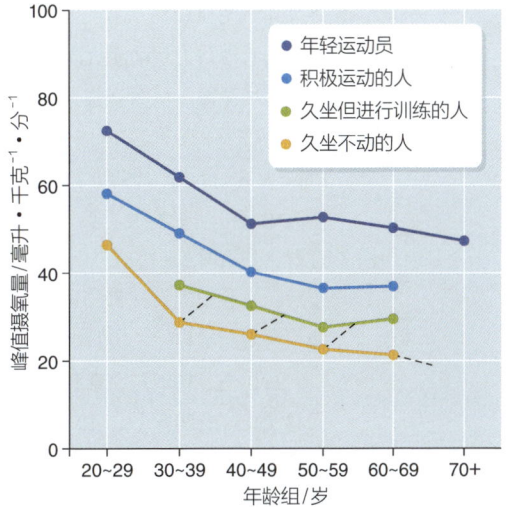

图10.6　不同年龄段个体的平均峰值摄氧量表明，运动有利于促进峰值摄氧量的增加，虽然所有组（积极运动或无运动组）的峰值摄氧量均有下降趋势。虚线表示久坐的个体训练后峰值摄氧量的增加趋势

源自：Spirduso, Francis, and MacRae (2005, pg.108)。

长期训练的效果

任何年龄阶段的人参加训练，身体都会产生良好的生理反应。但问题是进入老年期后，年轻时积极运动的人在保持耐力方面是否比久坐的同龄人更有优势。理想情况下，针对这一问题，研究者将会继续开展长期纵向研究；然而，获取纵向研究数据的难度很大（缺少必要的时间和费用以及受试者自然减少），因此这样的研究很少。

在缺乏纵向研究的情况下，我们应当思考一些解答上述问题的横向研究。特拉普等人（Trappe et al., 2013）研究了9名超过80岁的耐力运动员——越野滑雪运动员。为了符合这项研究的要求，这些80岁以上的老年人必须持续训练至少50年。另外还有一组同龄人，这组受试者身体健康，但从未接受过训练。所有受试者连续佩戴两周计步器，以验证耐力运动员每天的步数是否明显多于未经训练的受试者。所有受试者进行最大循环测试以评估有氧运动表现时，耐力运动员的有氧运动表现明显较好，最终工作量明显较高。事实上，这些测量值在当时是80岁以上老人的最高纪录。显然，这说明长期耐力运动能提高老年时的耐力水平，诸如此类的终身耐力运动能保持生理系统的可塑性，从而有益于身体健康，同时降低残疾和死亡的风险。

特鲁多、劳伦瑟尔、特伦布莱、拉吉克和谢泼德（Trudeau, Laurencelle, Tremblay, Rajic & Shephard, 1998）20年后对参与半纵向研究的受试者进行追踪访问。一开始的研究中有一个实验组，实验组中的受试者在小学期间的6年里，每周上5次特定的体育课，每次时长1小时。而对照组的受试者在这段时间内每周运动仅40分钟。结果成年后，实验组的女性每周运动3次或以上，运动频率高于对照组。而男性没有什么差异。与对照组相比，实验组中有更多受试者的健康状况良好或非常好。

特拉玛、杨、拉克索和维卡里（Telama, Yang, Laakso & Viikari, 1997）最初采用问卷调查了受试者（9、12、15和18岁）的休闲运动情况，9~12年后，他们再次对受试者进行追踪访问。结果显示，人们青春期和成年期进行的活动两者之间的相关性较低，但是很显著。一系列纵向研究还表明，持续参加有组织的青少年体育运动项目和竞赛可以影响青年期的身体活动水平（Telama et al., 2006）。

尽管这些研究存在局限性，但有证据表明，青少年定期运动能受益终身。提倡儿童和青少年选择积极的生活方式，成年后他们可能会更加积极（图10.7）。无论怎样，影响耐力最重要的因素是个体目前的活动水平。在任何年龄阶段，保持长时间剧烈动作能力都是暂时的。如果他们目前进行耐力训练，那么他们会保持（或提升）耐

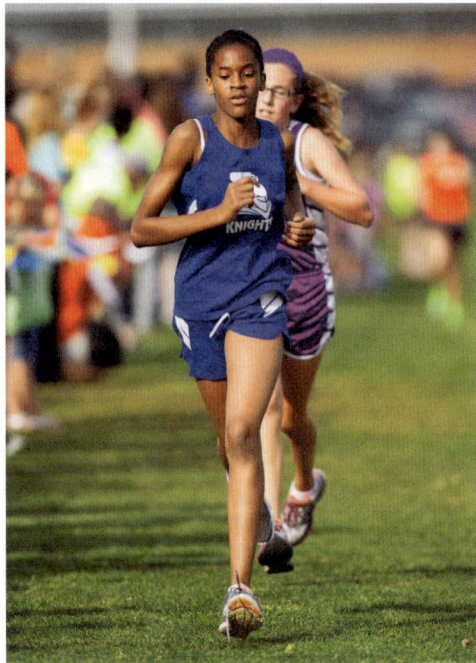

图10.7 耐力与训练成正相关，尤其是青春期后的训练。此外，如果人在童年期定期训练，成年后会更加积极地运动。这也许是因为功能上的限制，例如对运动的积极态度，会在一生中持续存在

力；相反，如果停止耐力训练，他们的耐力会下降。

❓ 想一想从现在起到 20 年后自己的潜在生活方式。你有什么计划来保持积极的生活状态？你打算坚持哪些运动？

总结与综述

　　身体进行剧烈运动的耐力，无论是短期还是长期，都会随着身体发育而提升。此外，虽然效果持续时间较短，但个体可以通过训练提升耐力。一个人必须坚持训练，才能保持较高的耐力水平并从中受益。

　　青春期快速发育之后，动作能力的性别差异比较明显。造成性别差异的因素仍有待进一步的研究，但至少包括体形、身体成分和血红蛋白浓度等因素。生活中有各种积极的生活方式的重要信息是否会促进不同年龄阶段的人变得更加积极地运动，或者虚拟现实等技术的进步是否会导致个体久坐时间更长，这些问题还有待进一步的研究。

巩固已学知识

回顾

　　本章对耐力的论述有助于我们了解健康体能各个要素与动作技能表现之间的相互作用。耐力是许多动作技能和日常活动的必要条件。此外，适当的耐力训练可促进身体各个系统的发育和功能保持，这些系统有助于改善整体健康状况和生活质量。然而，虚拟现实等技术的普及，诱使人们越来越习惯久坐不动。久坐的生活方式在任何年龄段都会导致心脏、呼吸和血管系统的衰退，最终导致动作技能表现的衰退，并且随着年龄增长，危害身体健康。神经系统等其他身体系统也会习惯久坐的生活方式，反过来会导致生活质量的下降。

　　健康体能的其他要素包括力量和柔韧性，许多运动和日常活动的表现均取决于最低限度的力量和柔韧性。第 11 章将论述这两个健康体能要素，以及它们在动作中与任务限制和环境限制之间的相互作用。

知识测验

1. 童年时期，随着身体发育，有氧耐力和无氧耐力发生了哪些变化？随着年龄增长又发生了哪些变化？

2. 青春期前的儿童能否通过训练提升有氧耐力和无氧耐力？请说明理由。

3. 一生中，有氧耐力和无氧耐力的性别差异是什么？哪些因素导致了性别差异？

4. 个体在一生中的哪些时期能通过训练提升有氧耐力？青少年时期耐力水平更高的人是否会受益终生？哪些研究是这个问题的最佳答案？为什么？

5. 无氧耐力是如何测量的？有氧耐力呢？在测量无氧耐力和有氧耐力时，功率测试和容量测试的区别又是什么呢？

6. 目前人们是否了解童年期或青春期时个体的积极运动会对成年期的健康体能水平产生影响？请给出答案并说明理由。

7. 青少年的生理成熟状况对有氧耐力和无氧耐力有哪些影响？

8. 如果你想预测某个青少年的耐力水平，你会根据他的年龄、体形、生理成熟状况或综合考虑这些因素来做出推断吗？为什么？

9. 哪些因素可能会限制老年人的有氧耐力和无氧耐力？

学后练习

儿童和青少年的耐力测试

请找出5篇关于儿童和青少年耐力或有氧运动的研究论文。你可以查找本书中引用的参考文献、上网检索，或查找《儿科运动科学》（*Pediatric Exercise Science*）等期刊。选定文章后，请阅读作者的研究方法（通常在标题为"方法"的章节中论述），记录受试者的年龄和性别，并总结测试耐力的方法。明确不同的研究团队是如何测试耐力的，有何相似之处，有何不同？如果可以，请了解他们确定受试者年龄的方式。

力量和柔韧性的发展

运动健将

　　力量和柔韧性对动作技能和任务的重要性已得到了广泛的认可，正如我们所见，为了改善力量和柔韧性，运动员必须付出艰苦的努力进行训练。

　　力量和柔韧性是熟练技能表现的限制因素。事实上，只有力量充足，动作技能才能表现出来。例如，腿部力量可能是婴儿站立的速率限制因子；一些老年人失去腿部力量后，上楼梯都十分困难。柔韧性也是许多运动的必要条件，体操运动员和跳高运动员依靠柔韧性来表现出动作技能。但即便是顶级高尔夫球手在挥杆时，也会表现出缺乏柔韧性。

　　如今，教练已经认识到力量和柔韧性的相互作用。运动员的最佳状态就是身体强壮，柔韧性也较好。以降低柔韧性为代价促进肌肉质量增加的训练，可能会增加运动员受伤的风险。肌肉平衡如今是训练目标之一，应当在关节的所有运动方向上建立肌肉力量，适当和完整活动范围的运动有助于提升柔韧性。本章将探究力量和柔韧性在人的一生中的变化，以及训练的影响效果。

肌肉质量和力量

　　肌肉的发育遵循S形曲线发育模式，主要是由于肌纤维直径的增加。直到青春期，肌肉发育的性别差异才开始显现，男孩增加的肌肉质量显著多于女孩，尤其是上半身。从成年后到50岁，肌肉减少很少，但50岁以后，身体平均减少的肌肉质量显著增加。营养不良且久坐不动的人会减少更多肌肉。

力量指施力的能力。

　　肌肉**力量**呢？它与肌肉质量的变化趋势一致吗？专家倡导任何年龄段的人都应该进行力量训练。特别是在青春期快速发育之前，抗阻训练会对肌肉质量和肌肉力量产生哪些影响？在老年人普遍出现肌肉质量减少时，应当如何应对？

　　这些重要问题都需要得到解答。许多动作技能都需要一定的力量，如双杠上的体操动作。对于另一些运动，如果力量更大则表现更好，如棒球击球。如果没有足够的力量，日常活动中的某些动作甚至也会难以完成。力量衰退的老年人很难完成一些日常动作，例如走出浴缸或上楼梯，而且他们跌倒的风险往往更大。

　　? 如果你是一名治疗师，你认为对于诊所中因疾病、残疾或衰老而失去力量的人来说，往往哪些日常活动是难以完成的，甚至是有风险的？

　　肌群的力量取决于神经激活的肌纤维（肌肉细胞）和杠杆作用（基于施加在旋转轴上的力量，肌纤维所获得的力学优势）。反过来，肌纤维的激活取决于肌肉的横截面积和被激活肌纤维的协调程度（神经系统刺激各种运动单位以完成所需运动的模式和时间）。随着青春期的发育，肌肉的横截面积增大，这意味着力量随着肌肉的发育而增强，但肌肉质量并不是决定力量大小的唯一因素。神经因素也对力量大小发挥了决定性的作用，一生中神经系统的改变也会影响肌肉力量。因此，我们不能假设力量的变化仅仅是由于肌肉质量的变化，请牢记这一点。下面让我们探究力量在一生中是如何变化的。

▶ **要点**　肌肉力量与肌肉质量有关，但是力量的变化不一定与肌肉质量的变化一致。

力量的发展

力量随着发育和衰老而变化，当然也是个体结构性限制因素之一。我们知道身体系统，特别是肌肉系统会随着发育和衰老而改变，所以我们研究了从童年期和青春期开始，一生中各个阶段的力量变化和训练对此产生的影响。

童年期和青春期的力量发展

儿童随着年龄增长，力量稳步增强（图11.1）。虽然童年期男孩的力量水平稍微高于相同身高的女孩，但13岁之前，男孩和女孩的力量水平相似。青春期时，与男孩力量水平相似的女孩数量开始下降。到了16岁，很少有女孩的力量能达到男孩的平均水平（Malina, Bouchard, & Bar-Or, 2004）。

我们知道，随着儿童年龄增长，肌肉质量也在稳步增加，那么童年期的力量与肌肉质量是否相关？伍德、狄克逊、格兰特和阿姆斯特朗（Wood, Dixon, Grant & Armstrong, 2006）测量了38名8~18岁的男孩和女孩的肘关节屈肌力量、肌肉大小和力臂长度（关节中心或旋转轴至肌腱在骨骼上的附着点之间的垂直距离）。研究者采用MRI测量受试者的肌肉大小和力臂长度，发现影响力量的最大因素是肘关节屈肌的横截面

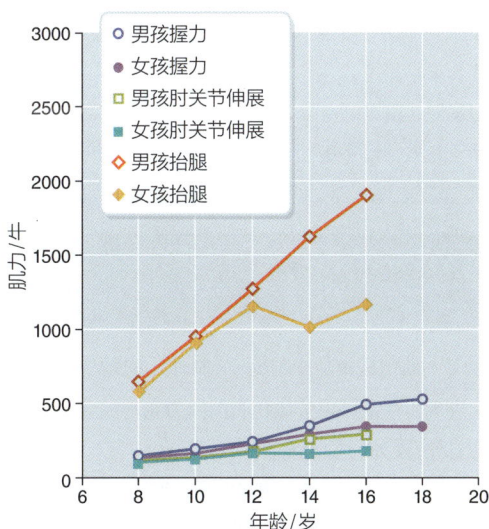

图11.1　等长肌力发展。整个青春期，男孩的等长肌力持续稳步提升，而女孩的等长肌力趋于平稳。本图表基于谢泼德（Shephard, 1978b）积累的握力数据和豪厄尔、卢瓦塞勒以及卢卡斯（Howell, Loiselle & Lucas, 1966）未发表的其他测量数据
源自：Shepard (1982)。

评估力量

评估力量时，个体往往会发挥出最大的力来对抗阻力，例如在**等张**测试（恒定阻力，如推举杠铃）或**等速**测试（恒定运动速度，如等速测力机）中移动肢体，又或者在**等长**测试中施力来对抗不移动的阻力。为了对比个体的测试结果，实施评估的研究者必须汇报受试者的以下信息：

- 肌群，例如膝关节屈肌群或肘关节伸展肌群；
- 动作，例如膝关节弯曲或肘关节伸展；
- 运动速度，通常以秒为单位。

因为肌群在不同关节角度下施加的力不同，所以等长测试还必须记录施力时关节的角度（单位：度）。

常见的等张测试是测量能举起1次的最大自由重量值，又称1RM测试，如举起杠铃。肢体在活动范围内运动时，在某一点产生的力最大，在其他点产生的力次之。因此，1RM测试暗示了在关节活动的较弱范围里所能维持的力量。如果运用等速训练设备，运动速度能保持恒定，设备自动产生可调节的反作用力。根据这些数据能绘制出力量–速度曲线，曲线上的峰值表示在最强的关节角度上所能达到的最大的力。因为对新手来说，1RM测试有难度（也有潜在的风险），所以人们已经发明出根据特定的较低重量的最大重复推举次数来估计1RM的方法。

有好几种设备都能用于评估等长肌力。弹簧测力计需要按压手柄，会自动记录力的大小。或者，可以拉住带有手柄的缆绳，将张力计放置在缆绳上，从而记录力的大小。测力计和张力计的单位通常是牛。

在学校里，应经常对儿童进行力量功能性测试。这些测试包括引体向上、屈臂悬垂和爬绳。请注意，体重在这些活动中被视为阻力，因此体重也是影响运动表现的一个因素。其中爬绳等活动还需要动作技能，因此在解读测试结果时必须考虑到动作技能这一因素。

积。因此，儿童的力量与肌肉质量高度相关。实际上，巴雷特和哈里森（Barrett & Harrison, 2002）的研究发现，儿童每单位体积肌肉的力量与成人相当，这意味着肌肉大小是造成儿童与成人力量有差异的主要因素。

影响力量大小的其他因素，包括个体肌肉质量和力量增速达到峰值的年龄。峰值增速（速度曲线中的峰值）指增长速度最快时对应的点。如果力量紧随肌肉质量发展，力量的峰值增速将与肌肉质量的峰值增速重叠。反过来，体育教师和教练可以通过简单测量儿童的肌肉质量来预测他们的力量水平。可通过测量体重，从体重中减去预估脂肪重量来估算肌肉质量。

　　然而，大多数青少年的峰值增速不一致。例如，拉斯穆森、福克纳、米尔瓦德和贝利（Rasmussen, Faulkner, Mirwald & Bailey, 1990）曾对男孩开展一项纵向研究，发现男孩在平均年龄14.3岁时，肌肉质量增速达到峰值，但力量增速峰值出现在14.7岁。肌肉质量增速先达到峰值，力量增速紧随其后，这可能反映了激素水平升高及其对肌纤维蛋白质结构和酶系统的影响。因此，内分泌系统在力量随着发育而增长的过程中也发挥了重要的作用。

　　另一种测量肌肉生长和力量发展的方法是将肌力测量与不同的儿童体型关联起来，从而判断力量增长是否与体型的变化保持同一速率。20世纪50年代有一项著名的研究，阿斯姆森和赫波尔–尼尔森（Asmussen & Heeboll-Nielsen, 1955, 1956）将身高相同的男孩根据年龄分为两组，一组年龄较小，另一组年龄约比前一组大1.5岁。年龄较大的组显示，年龄每增加1岁，手臂和腿部力量增加5%~10%。该研究还表明，影响力量大小的因素不仅仅有肌肉大小，随着生理成熟状况的变化，神经系统也会影响力量的大小。这些变化可能包括神经纤维髓鞘形成、肌肉更加协调（运动需要身体对侧的肌肉收缩和协调松弛）和运动单位激活程度更高（Blimkie, 1989; Kraemer et al., 1989; Sale, 1989）。其中只有运动单位激活程度受神经影响，这一点已经有实验证实。布利姆基（Blimkie, 1989）发现，一些研究证明年龄更大的儿童能激活更多运动单位来施加力。

　　截至目前提到的研究，通常直接运用测力计或张力计测量等长肌力。运用该设备测量力量的好处是能将技能、练习和经验等干扰因素减到最小。然而，这些因素确实影响了动作技能的表现，这意味着对功能性肌力的发展进行研究很有帮助。

▶ **要点** 功能性肌力任务包含力量和技能两个因素。

　　功能性肌力要有两项技能：垂直跳跃和冲刺跑。练习、经验和腿部力量都会影响儿童这两项技能的表现。阿斯姆森和赫波尔–尼尔森（Asmussen & Heeboll-Nielsen, 1955, 1956）测量了丹麦连续身高组的儿童这两种技能的表现。他们发现，功能性肌力和等长肌力一样，增速比人们根据肌肉生长预计的速度要快。此外，功能性肌力的增速甚至大于等长肌力的增速，这再次强调了随着儿童生理成熟，神经系统在改善肌力方面发挥着作用。一些研究证实了这些发现（Parker et al., 1990; Kanehisa et al., 1995; Froberg & Lammert, 1996）。

▶ **要点** 力量在整个童年期逐渐增加，男孩在青春期经历了力量的井喷式增长，而在此期间女孩的力量增长较为平缓。

　　如第9章所述，青春期时男孩的肌肉质量比女孩增加得更多，主要是由于男孩雄激素分泌水平更高。因此，男孩在13岁左右肌肉力量迅速增加也就不足为奇。青春期期间，女孩的肌肉力量稳步增加，直到达到平台期。弗雷泽等人（Fraser et al., 2017）重新测量了9、12或15岁青少年，以及部分个体在20岁后的力量和爆发力，这些个体的测量数据从青春期到成年初期都保持相对稳定。

儿童和青少年的力量训练

力量往往是个体在完成运动时的限制。个体的力量水平与任务限制和环境限制相互作用，要么促进或阻碍动作的完成，要么改变动作完成的方式。如果力量训练能够在相对较短的时间内提升个体的力量水平，那么它显然就成为一种能促进个体完成任务的方法。它可以改变力量对于特定任务或技能成为限制的临界值。体育教师和物理治疗师可以在数周内用力量训练来干预个体的运动表现。因此，我们应当更加深入地研究力量训练如何在一生中的各个阶段促进力量的增加。

研究表明，6~7岁的男孩和女孩能通过各种抗阻训练来增加力量（图11.2）（Faigenbaum, Lloyd & Myer, 2013; Shenouda, Wilson & Fletcher, 2016）。例如，法伊弗和弗朗西斯（Pfeiffer & Francis, 1986）对比了14名青春期前的男孩在训练前和训练后的力量，该训练计划为期9周，每周训练3天。男孩通过器械训练和自由重量训练，每次完成3组训练，每组重复10次。训练后，男孩的力量显著增加。事实上，法伊弗和弗朗西斯等人的研究也表明，青春期前的男孩力量增加的百分比要高于青春期男孩和青春期后男孩（图11.3）。其他研究已经证实，尽管个体成年后通过训练可以增加更多的绝对力量，但在青春期前增加的相比于初始力量水平的相对力量更多（Sale, 1989）。

弗里茨、罗森格伦、德科尔和卡尔松（Fritz, Rosengren, Dencker & Karlsson, 2016）研究了体育课程时长增加对力量的影响。他们从6~9岁的儿童开始，将他们的体育课时间增加到每周200分钟，持续7年。与每周仅上60分钟体育课的儿童相比，实验组

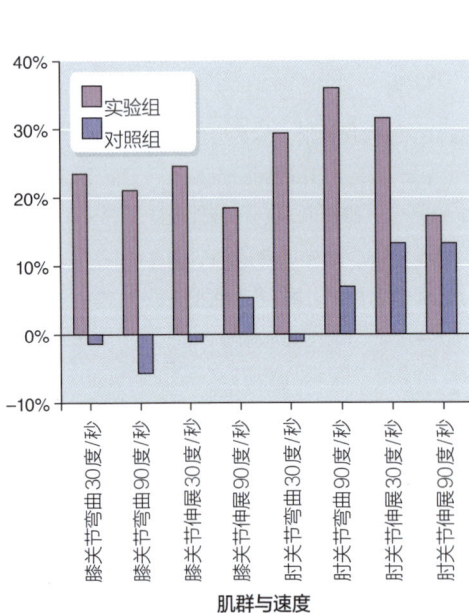

图11.2 力量随训练而增加。与未经训练的同龄人相比，青春期前的男孩在两种运动速度下，4个肌群的力量会相对增加更多

源自：Malina, Bouchard, O. Bar-O (2004, pg.495)。

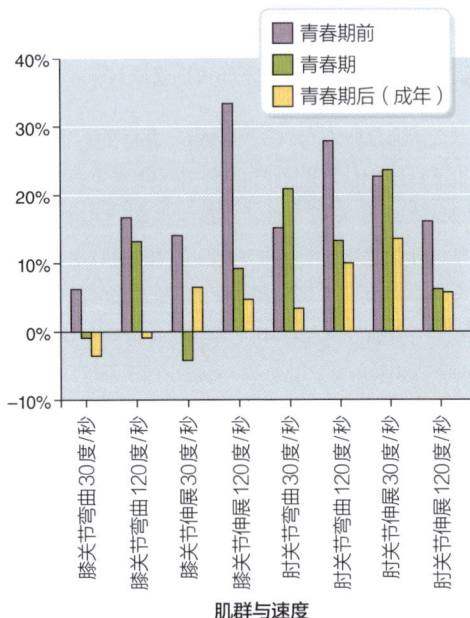

图11.3 力量随训练而增加的百分比。在为期9周的训练后，两种运动速度下，相比青春期男孩或成年男性，青春期前男孩4个肌群的力量会相对增加更多

源自：Malina, Bouchard, O. Bar-O (2004, pg.498)。

在为期7年的实验结束时膝关节屈曲的力量明显增加，胫骨皮质明显更厚，女孩的脊柱骨量更多。所以增加训练时间对儿童的力量和骨骼系统都会产生积极影响。

费根鲍姆、米利肯、莫尔顿和韦斯科特（Faigenbaum, Milliken, Moulton & Westcott, 2005）研究高重复和低重复最大阻力训练哪个效果更好。尽管实验组的男孩和女孩通过这两种训练方法增加的力量远远多于对照组，但进行高重复训练的受试者的肌肉耐力和柔韧性也增加和提高了。贝姆等人（Behm et al., 2017）综合分析了力量训练和爆发力训练的对比研究。有证据表明，两种训练都对相应能力的影响最大，即力量训练促进力量增加，爆发力训练促进爆发力提升。研究者注意到在爆发力训练前就开始力量训练的益处。在青春期前和青春期早期的男孩身上，研究者观察到了青少年坚持力量训练的重要性（Ingle, Sleap & Tolfrey, 2006）：青少年经过12周的训练后，力量明显增加，但是当青少年停止训练后，力量不再增加。

一些研究者发现，青春期前肌肉增大并不意味着力量也随之增加（Ramsay et al., 1990; Sale, 1989; Weltman et al., 1986）。那么，力量增加的原因有哪些？力量增加与肌肉大小和中枢神经系统完全激活肌肉的能力有关。青春期前儿童的改善可能是因为他们向预期方向施力的能力增强了，因为他们能够更好地激活主动肌（收缩肌）、协调拮抗肌（伸展肌）（Sale, 1989）。

▶ **要点**　青春期前的儿童可以通过训练来增加力量，即便没有伴随肌肉大小的增加。

即使青春期前的儿童能通过训练增加力量，这些训练是否会产生负面影响？儿童的骨骼仍在发育，牵拉性骨骺和压力骨骺很容易受伤。力量训练可能会导致创伤或因反复克服阻力而造成慢性损伤。此外，一些专家担心，力量训练可能会导致儿童的柔韧性下降，甚至身高受到影响。研究发现，训练不会给儿童的骨骼和肌肉造成创伤（Falk & Eliakim, 2003; Gunter, Almstedt & Janz, 2012），受伤的风险很小（Faigenbaum & Myer, 2010）。在一项研究中，受试者是27名青春期前的男孩，进行为期2年每周2次的抗阻力量训练，结果只有1人受过轻伤，且与未接受训练的对照组相比，身高没有差异（Sadres et al., 2001）。这些研究的所有受试者都受到了密切的关注，因此需要谨慎监督训练计划的执行，尤其是使用自由重量的训练计划。研究者发现，抗阻训练不会使个体丧失柔韧性（Rians, et al., 1987; Servedio et al., 1985; Sewall & Micheli, 1986; Siegel, Camaione & Manfredi, 1989）。随着人们越来越了解抗阻训练会给青春期前的儿童带来的益处，抗阻训练已成为小学体育课程中的常规内容（图11.4）。

❓ 请想象，如果你是一名小学体育教师，正在为学生规划抗阻训练。在实施抗阻训练时，需要考虑哪些重要的限制条件？思考个体的结构性限制和功能性限制，以及任务限制和环境限制。

发展学者普遍认为，力量训练对青少年也有益处。法伊弗和弗朗西斯（Pfeiffer & Francis, 1986）研究证明了青春期男孩和青春期后男孩通过训练增加了力量。其他训练方法也有同样的效果，例如等长训练（Nielsen et al., 1980）和快速伸缩复合训练（Steben & Steben, 1981）。与接受相同训练的成人相比，青少年在多个训练项目中表现出更强的组间恢复能力（Tibana et al., 2012）和爆发力（Pesta et al., 2014）。和儿童一样，青少年通过抗阻训练增加力量时，其训练计划的执行应该受到严格监督。因为他们的骨骼仍在发育，如果缺少监督，他们在训练中很容易发生肌肉和骨骼损伤（Risser & Preston, 1989）。

？ 请想象，如果你是一名体育教师，有哪些非典型抗阻训练也能增加腿部力量或上肢力量？

　　青春期后，定期的力量训练可能带来肌肉肥大。如前所述，在青春期快速发育时，男孩增加的肌肉质量比女孩更多。训练对性别不同的个体产生的效果是否也有差异？丘尔顿、科林斯、希尔和麦克汉农（Cureton, Collins, Hill & McElhannon, 1988）同时让青春期的男孩和女孩进行负重训练，而且训练

图 11.4　肌肉质量随着发育而增加，肌肉质量增加是结构性限制，会促使力量增加，不过抗阻训练也可以增加力量

的阻力水平达到个体最大值的70%~90%。就力量增加百分比而言，男性和女性相当，但在4项测试中，男性在其中2项增加的绝对力量更大。例如，男性和女性可能都增加了5%，但如果男性在测试开始时更强壮，他们增加的绝对力量就更大。男性和女性的上臂肌肉都有增大，增大的百分比相同，但是其中有一项指标，男性的绝对值增加得更多。青春期后，在激活肌肉单位以施加力量所需的协调性得到改善，以及因力量训练引发的肌肉增大这两个方面，男性和女性的相对提高情况基本相当。与女性相比，青春期男孩和成年男性的肌肉增大更明显，因为肌肉质量越大，肌肉的绝对尺寸越大。

▶ **要点**　青少年通过训练，能够增加力量和肌肉质量。

　　研究者每年都对7岁和17岁受试者的力量进行比较，结果表明最强壮的儿童长大后不一定是最强壮的青少年（Rarick & Smoll, 1967），这两者的相关性较低或一般（Malina, 1996）。力量最弱的7岁儿童可能只是发育迟缓，最终可能会赶上或超过同龄个体。此外，力量弱小的儿童坚持参加体力活动或抗阻训练能有效增加力量，并会超过缺乏锻炼的儿童。

成年期的力量发展

　　由于青春期肌肉质量的增加有差异，成年男性平均比成年女性更加强壮。成年女性的力量只能达到男性的60%~80%，但是这些差异大部分是手臂和肩部力量的差异，而不是躯干或腿部力量的差异（Asmussen, 1973）。手臂和肩部肌肉质量的性别差异比躯干和腿部的更明显。

然而，体形或肌肉大小差异仅仅是男女力量差异产生的部分原因。谢泼德（Shephard, 1982）注意到重复进行力量测试对从未接受过力量测试的男孩和女孩的影响。对男孩和女孩进行3次跟踪访问，男孩的力量没有增加的迹象，但对于女孩来说，在随后的每一次检查中力量均有增加，并且8项力量指标中有2项显著增加（图11.5）。有可能，随着女孩对活动越来越熟悉，她们越能接受这项活动。男孩也许更习惯于一开始就完全展示自己的力量。动机也不应该被视为测试力量的主要因素。当然，如果谢泼德只记录了第1组数据，那么在他所得出的结论中性别差异所带来的力量差距，要比在对比第3组数据后大得多。那些不想参加力量训练的成年女性，随着她们看到同龄个体对力量训练有着越来越高的认可度和参与度时，她们也会在不同年龄段开始训练。如果对她们的力量进行评估，这时这些女性可能更愿意全力以赴。

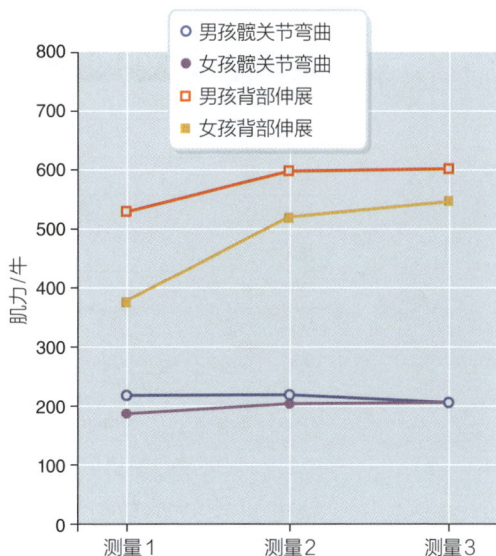

图11.5 重复测试对肌力的影响。重复测试肌力时，女孩的肌力测量值都会增加，而男孩变化不大或没有变化
源自：Shepard (1982)。

❓ 请想象，如果你是一名年轻女性的教练，你会怎样为力量训练正名，以帮助她增加力量？

一些研究表明，肌纤维的构成有性别差异，换言之，男性和女性的 I 型肌纤维（慢缩型肌纤维）和 II 型肌纤维（快缩型肌纤维）的比例不同。若果真如此，力量性别差异的部分原因可能是肌纤维构成的差异。动物实验表明，肌肉组成与等长肌力有关（见 Komi, 1984）。但是戴维斯、怀特和杨（Davies, White & Young, 1983）开展了一项研究，他们未在11~14岁男孩和女孩中发现力量与肌纤维构成有关。因此在这个问题上需要对各个年龄段的个体开展更多的研究。

20~30岁时力量水平通常能保持不变。30岁后，普通成人的等长和等张肌力均有所减少。麦凯等人（McKay et al., 2017）按照年龄组（分为3~9岁、10~19岁、20~59岁和60岁以上年龄组），发布了1000名健康儿童和成人的力量和柔韧性的标准参考值。随着儿童和青少年年龄的增长，12个肌群的等长肌力标准值不断增加。成年后，一些肌群的标准值减少，进入老年期后，所有肌群的标准值均有所减少。从10岁开始，男性肌群的标准值高于女性。

我们看到整体力量随着年龄的增长下降的几个趋势，表11.1引用谢泼德的数据，对这一趋势进行了简单的总结。左侧是肌肉力量保持较好的方面，右侧是肌肉力量下降幅度较大的方面。

因老年期肌肉质量的减少，肌肉力量下降是意料之中的，但肌肉力量下降程度多于肌肉质量的减少。杨、斯托克斯和克罗（Young, Stokes & Crowe, 1985）研究发现，

表11.1　力量随年龄增长变化趋势的总结

保持较好	大幅减少或下降
日常活动使用的肌肉	特定活动中频繁使用的肌肉
等长肌力	动态力量
离心收缩	向心收缩
慢速收缩	快速收缩
重复低水平收缩	爆发力
使用小关节角度的力量	使用大关节角度的力量
男性的力量	女性的力量

源自: Spirduso (1995, pg.127)。

与年轻男性相比，老年男性的股四头肌力量下降39%，但股四头肌的横截面积仅减少25%。安尼森、赫德伯格、亨宁和格林比（Aniansson, Hedberg, Henning & Grimby, 1986）开展了一项为期7年的研究，结果显示7年间相同肌群的力量下降了10%～22%（图11.6），但肌肉质量的减少仅为6%。

　　因此，成年后身体的肌肉减少和力量下降并不一致。斯皮杜索、弗朗西斯和麦克雷（Spirduso, Francis & MacRae, 2005）研究发现，除肌肉减少外，许多因素都能导致力量随着年龄增长而下降（图11.7）。运动减少、营养不良和患病风险增加都能直接或通过身体系统变化导致力量下降。

　　神经系统的变化也可能导致力量下降。随着年龄增长，脊髓的运动神经元流失，引起运动单位的减少（Green, 1986; Grimby, 1988）。其他单位重新支配流失的运动神经元的一些纤维，每个运动神经元的纤维数量因此增加（Campbell, McComas & Petito, 1973; Fitts, 1981）。结果导致肌肉协调能力丧失，尤其是精细动作协调能力。血管系统的变化也是力量下降的一个原因。随着年龄增长，每条肌纤维的毛细血管数量不断减少，

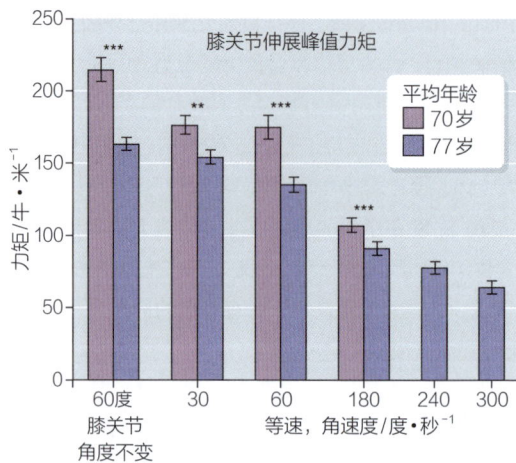

图11.6　力量随年龄增长而发生的变化。图中为7年间，23名男性膝关节特定位置不同屈伸速度的平均力量有所下降。置信区间$p < 0.01$（＊＊）或$p < 0.001$（＊＊＊），这些变化具有统计学意义

源自: Aniansson et al. (1986, pg.588)。

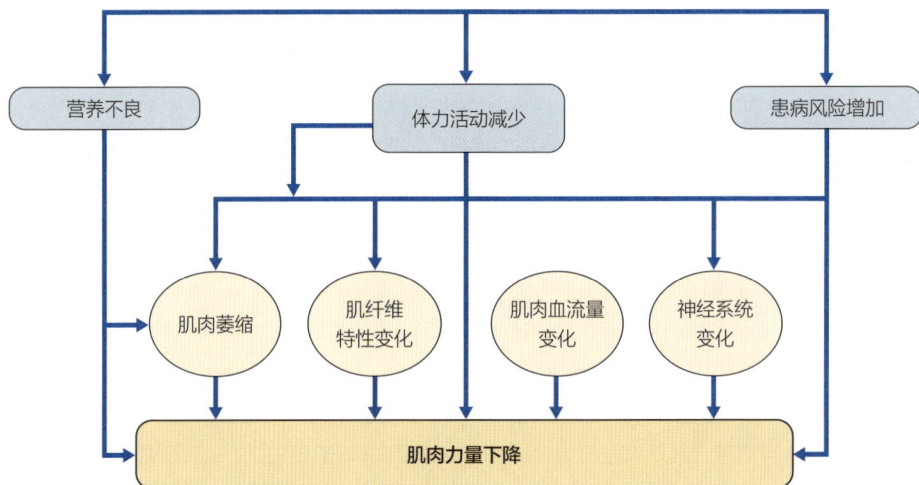

图11.7 随着年龄增长，引起肌肉力量下降的因素
源自：Spirduso, Francis, and MacRae (2005, pg.112)。

这似乎与缺乏运动有关（Cartee, 1994）。老年人如果坚持有氧运动，毛细血管的数量会增加，肌肉血流量也会增加。

▶ **要点** 由于缺乏训练，肌肉力量下降的速度快于严格按照肌肉质量的减少估算的速度。

和衰老带来的许多其他影响一样，目前很难区分老年人肌肉质量减少和力量下降是否与身体组织的老化或停止使用有关。我们知道，与不经常使用的肌肉相比，经常使用的肌肉能更好地保持力量（Kauffman, 1985; Wilmore, 1991）。卡尔曼、柏拉图和托宾（Kallman, Plato & Tobin, 1990）证明了老年人的力量下降受很多因素影响。他们开展了一项为期10年的研究，仔细观察了年轻人、中年人和老年人10年间的力量下降情况。10年里，许多老年人力量的下降比中年人和年轻人要少，有些人甚至没有力量下降。这很可能与影响这些成人的外部因素有关，尤其是锻炼与活动水平。这提醒我们随着年龄增长，力量明显下降并非必然。接下来，我们研究成年期的力量训练。

▶ **要点** 力量和肌肉质量也遵循整个生命周期的五大变化阶段（早期增加，稳定增加，青少年快速发育，成年期后保持，老年期潜在下降），然而个体出现这些变化的时间和程度不同。

成年期的力量训练

成人可以通过力量训练来增加肌肉力量，也能明显增加肌肉大小。这一效果在青春期后的男性中最明显，所以，睾酮最初被视为是刺激肌肉力量增加的因素。以前，这种观点可能导致许多人认为，抗阻训练或力量训练对其他群体的效果有限。现在人们的认知和思维已经发生了较大的变化，有许多文章和电视片段着重宣传老年人进行力量训练。康复计划重视个体受伤后力量的恢复，即使受伤的患者不是专业运动员。

❓ 如果你是一名治疗师，为什么帮助缺乏运动的个体恢复力量与帮助患病或受伤后的专业运动员恢复力量一样重要？

通过抗阻训练，中青年能够保持甚至增加力量。男性士兵进行仅通过12周的抗阻训练计划，就提高了俯卧撑成绩并增加了腿部爆发力（Kraemer et al., 2004）。即使是不节食的肥胖女性，坚持为期12周的抗阻训练也能增加肌肉力量（Sarsan et al., 2006）。刚进入更年期的女性进行抗阻训练计划，也同样如此（Asikainen et al., 2006）。

▶ **要点**　中年人和老年人可以通过训练增加肌肉力量和肌肉质量。

但是当老年人的力量水平下降时，健康状况会如何？老年人是否可以通过训练来预防或改善肌肉质量减少和力量下降？迈耶等人（Mayer et al., 2011）综述了2005—2010年发表的1500多篇论文，这些论文探讨了60岁以上的个体进行抗阻训练的效果，并得出结论——老年人能够通过训练增加力量。这种力量增加的现象表明了肌肉质量增加、运动单位募集改善以及运动单位放电频率提高。总体来说，这些论文证明，老年人可以通过其最大主动力量60%~85%的训练来增加肌肉质量。老年人如果想加快力量产生的速度，那么和年轻人一样，训练强度必须大于最大力量的85%，每周训练3~4次效果最好。

? 想象一下，如果你是一家健身中心的经理，想让更多老年人参加健身课程，特别是增加力量的健身课程。你会采取哪些措施提高该地居民的参与度？你会安排哪些运动？你会采取哪些措施将参与者的受伤风险降至最低？

另外，低运动量和高运动量训练均可改善老年人的肌肉质量（Radaelli et al., 2013），为期6周的短期训练也能改善老年人的肌肉质量（Scanlon et al., 2014）。席尔瓦、奥利维拉、弗莱克、利昂和法瑞纳提（Silva, Oliveira, Fleck, Leon & Farinatti, 2014）对剂量和反应的相关性研究的荟萃分析表明，许多训练变量组合都可以增加力量，老年人坚持训练的时间越长，增加的力量越大。迈耶等人（Mayer et al., 2011）研究发现，没有证据表明，为了避免受伤老年人的相对训练负荷要低于年轻人。经典的训练方案为3~4组，每组重复10次动作，训练负荷为1RM的80%，每周训练3次，持续8~12周，老年人能够承受并受益于此类训练方案。患心脏病、骨质疏松（骨骼萎缩）或关节炎风险较高的老年人，应在知识经验丰富的专业人员的监督下进行强度较低的抗阻训练。

发育期后，肌肉质量的增加与抗阻训练有关。一些药物与训练结合使用，能够大幅增加肌肉质量，增加速度超过了单凭训练而增加的速度，但大多数药物都有副作用。在力量训练的过程中，肌肉激活的肌电测量表明，坚持抗阻训练的成人力量的增加与神经激活改善和肌肉大小增加有关。事实上，在训练的前几周，由于这个阶段肌肉尚未增大，力量增加大多是因为神经系统发生变化（Moritani & DeVries, 1980）。

▶ **要点**　抗阻训练在人的一生中的任一时期都有利于力量的增加。

力量发展总结

在人的一生中，力量发展的典型模式分为以下5个阶段：童年期，力量稳步增加；青春期，女孩的力量保持稳定增加，男孩的力量增加非常迅速；20~30岁，力量相对稳定；在此之后，力量逐渐下降；50多岁以后，力量显著降低。

但是，个体能通过抗阻训练在一生中的任何时期改变这种典型模式。家长、体育教师和治疗师都可以让儿童或患者进行抗阻训练，改变个体限制、任务限制和环境限制相互作用产生的运动，从而改变个体的结构性限制。

力量发展往往与肌肉质量的变化同步。然而，肌肉质量增加并不是使力量增加的唯一因素，神经系统也发挥着显著作用。实际上，童年期通过抗阻训练增加力量主要是由于神经系统的发育。

柔韧性的发展

对于动作技能表现来说，肌肉力量很重要，柔韧性也很重要。肢体必须能达到体力活动、舞蹈和日常活动所需的完整活动范围。对于任何年龄的个体，良好的**柔韧性**对最大化运动表现都有帮助。另外，柔韧性受限会导致运动受伤和活动受限；换言之，柔韧性能成为限制因素。年轻运动员有时会忽视柔韧性对于健康体能的重要性，强调以降低柔韧性为代价训练耐力和力量。与此不同的是舞蹈演员和体操运动员，他们早就意识到柔韧性对于舞蹈和体操的重要性。人们通常认为，柔韧性差仅仅对老年人有影响，对老年人的限制更明显，特别是日常动作。本节将首先介绍柔韧性在人的一生中的典型变化模式，其次介绍训练的影响以及训练是如何改变其典型发展模式的。

柔韧性指使关节在全部活动范围内进行活动的能力。

关节的潜在活动范围取决于关节的骨结构和软组织的运动阻力。软组织包括肌肉、肌腱、关节囊、韧带和皮肤。人们认为柔韧性与肢体长度相关的观点是错误的。习惯性使用软组织运动会保持其弹性，而废用则会导致其弹性丧失。要想提升柔韧性，个体必须逐渐加大动作幅度，经常性、系统地活动关节，以调整软组织。因此，在运动过程中，运动员的关节柔韧性通常会提高，但是对于体力劳动者来说，在某个关节上长年累月地重复同样的动作会使该关节的柔韧性下降。不运动的个体因为日常动作很少包含大幅度运动，很可能完全失去柔韧性。因此，在任何年龄段，柔韧性都反映了个体的正常活动范围，但不同个体的柔韧性往往受制于各自特定的关节。

柔韧性的一大重要特征是每个关节的柔韧性都有特异性。个体的某个关节可能相对灵活，而另一个关节可能相对僵硬。此外，遗传因素也发挥了一定的作用。舒特、尼德伦德、胡扎克、格斯和巴特尔斯（Schutte, Nederend, Hudziak, de Geus & Bartels, 2016）开展了一项研究，对同卵和异卵双胞胎及其兄弟姐妹的柔韧性进行了荟萃分析。荟萃分析中主要涉及10岁至刚成年的人。舒特等人发现遗传因素在个体的柔韧性差异方面发挥了关键作用。

童年期和青春期柔韧性的发展

20世纪50年代、60年代和70年代是动作发展的常模化描述盛行的时期。该时期的研究者测量了儿童和青少年的柔韧性，以说明任何与年龄相关的个体差异。例如，胡普利西和西格瑟斯（Hupprich & Sigerseth, 1950）测量了300名6岁、9岁、12岁、15岁和18岁的女孩的12项柔韧性指标。6岁、9岁和12岁组的大多数女孩的柔韧性测量值不断提高，在年长的人群中出现降低。克拉克（Clarke, 1975）整理了当年能够获得的所有资料，得出结论：男孩往往在10岁以后柔韧性开始下降，女孩则在12岁以后。克拉恩布尔和马丁（Krahenbuhl & Martin, 1977）的研究发现，男孩和女孩在10~14岁时，柔韧性均有所下降，但米尔恩、泽费尔特和柔斯沙林（Milne, Seefeldt & Reuschlein, 1976）发表的研究报告称，他们研究的二年级学生的柔韧性已经低于幼儿园的儿童。女孩的柔韧性通常比男孩更好（Beunen et al., 1988; DiNucci, 1976; Phillips et al., 1955; Simons et al., 1990）。

常模化描述不再盛行后，与年龄相关的柔韧性综合性研究越来越少，但最近两组研究者试图给出人的一生中柔韧性测量的标准参考值（McKay et al., 2017; Soucie et al., 2011）。苏西（Soucie）及其同事确定了4个年龄组的平均活动范围：2~8岁、9~19岁、20~44岁和45~69岁。他们发现，一般情况下，他们测量的所有个体的所有关节中，年龄最小的组的活动范围大于年龄最大的组（图11.8）。尽管某些关节的柔韧性性别差异不大，但女性的柔韧性往往优于男性。

麦凯等人（McKay et al., 2017）测量了澳大利亚的1000例样本，他们将所有样本分为4个年龄组：3~9岁、10~19岁、20~59岁和60岁以上。他们发现，随着年龄增长，柔韧性逐渐降低。但与苏西等人的研究结果相反，他们发现男性和女性之间的差异非

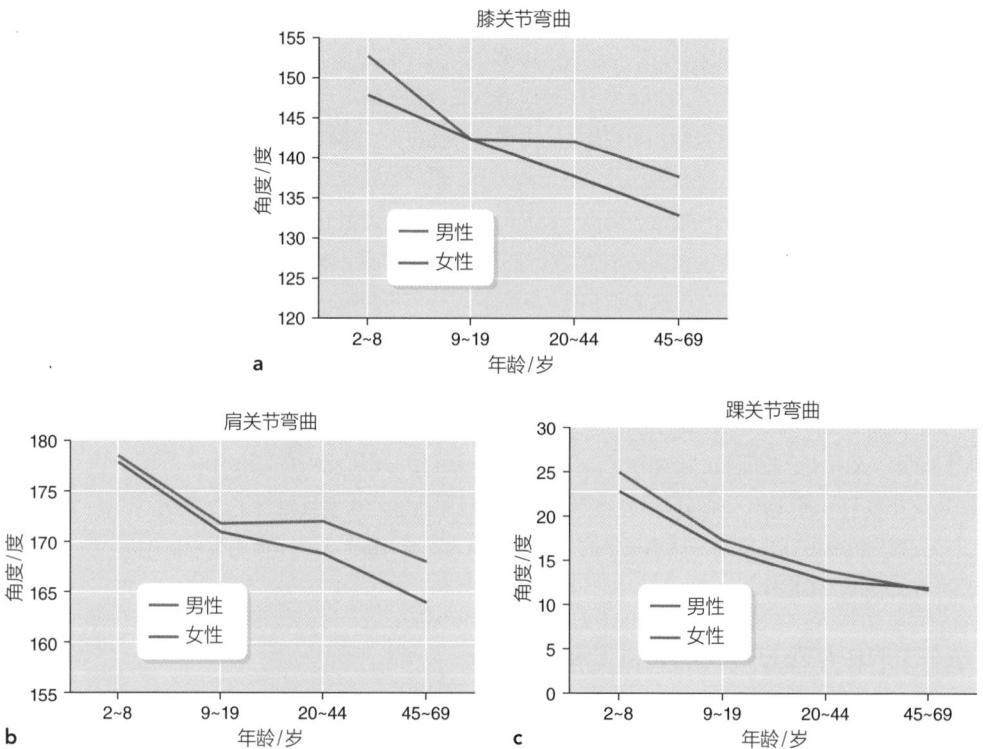

图11.8 根据一项针对人的一生中关节被动活动范围的横向研究获得的参考值（Soucie et al., 2011）。总体上，这3种关节的柔韧性在一生中均呈下降趋势，此外，女性的柔韧性优于男性

源自：Soucie et al. (2011)。

常小。这些模棱两可的结果表明，在某些文化背景下，女性进行拉伸练习的社会接受程度更高，从事体操和舞蹈这两项强调柔韧性运动的女孩也多过男孩。常模化描述时期，研究者发现的性别差异也可以反映这些因素。现今，与性别相比，是否参与锻炼柔韧性的运动项目影响更大（图11.9）。

苏西等人的研究结果与常模化描述时期的研究结果基本一致。研究者发现的青春期前后及成年后活动幅度的减少可能是因为体重出现变化。显然，脂肪重量增加会减小活动幅度，肌肉质量的增加也是如此（Bini et al., 2000; Parker & James, 1985）。与青春期男孩相比，青春期女孩柔韧性更好，可能是由于女孩进入青春期后关节更松弛（Quatman et al., 2008），但关节过度松弛可能会导致受伤。

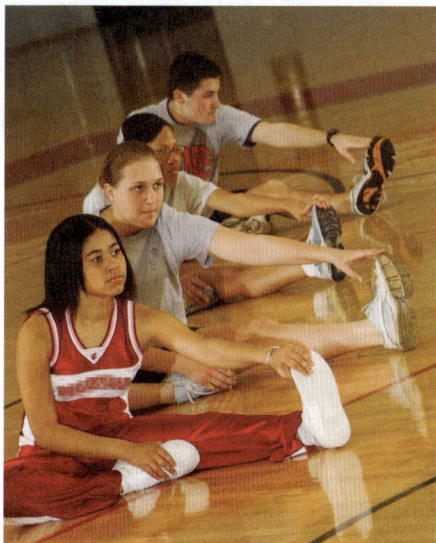

图11.9 由于一些人运动而另一些人久坐不动，柔韧性在青春期变得更加多变。目前尚不清楚变化中的骨骼系统发育和肌肉系统发育的结构约束是如何影响柔韧性的

▶ **要点** 从童年期到成年后，个体的柔韧性一直下降，这反映了关节松弛度和体重随年龄的增长而变化。

坐位体前屈测试（图11.10）尤其有趣，因为它一直被用作健康体能测试中的柔韧性测量标准，直到今天仍在被使用。一些研究者顾虑坐位体前屈测试同时反映了身体比例和柔韧性，因为测量的是相对于脚底平面的柔韧性。少数腿部超长或手臂过短或者两者兼有的个体，在测试中会处于不利的位置。一种改良版的坐位体前屈测试通过测量个体坐直时相对于指尖的柔韧性纠正了肢体长度引起的偏差（Hoeger et al., 1990）。

美国国家儿童和青少年体能研究中心（National Children and Youth Fitness Study）二级研究项目（Ross et al., 1987）制订了6～9岁儿童坐位体前屈的标准值，反映了童年期普遍稳定的坐位体前屈数值。有一项广泛的横向研究，研究对象为比利时6～18岁的女孩，显示高百分位数的女孩的坐位体前屈数值稳定，一直到12岁，12岁以后有所提升。较低百分位数的女孩的坐位体前屈数值在6～12岁呈下降趋势，在青春期中期有所提升，接着在17岁和18岁时再次下降（图11.11）。因此，年龄依次增加的组，坐位体前屈数值范围更广（Simons et al., 1990）。研究比利时男孩的纵向测量结果显示，12～18岁的男孩的坐位体前屈数值每年约提升1厘米（Beunen et al., 1988）。由于腹部肌肉强壮的个体能使躯干向前弯曲更大的角度，因此腹部力量可能是影响坐位体前屈数值的因素之一（Beunen et al., 1988）。

▶ **要点** 在青春期，随着年龄增长，个体间的柔韧性差异变大，较低百分位数的一些个体柔韧性的下降幅度更大。

　　由于柔韧性是指某个关节的柔韧性，所以测量一两个关节不能准确地表示整体的柔韧性。要了解特定个体特定关节的柔韧性，必须对其进行测量。大多数柔韧性测试需用到测角仪，测角仪是有两个长臂的量角器。将测角仪的轴放置于待测量关节的中心，肢体位于活动范围的一端，测角仪的一侧长臂与肢体对齐，等到肢体移动到活动范围的另一端，测角仪的另一侧长臂与肢体对齐，则测角仪上双臂之间的角度代表关节的活动范围。

　　测量多个关节的柔韧性往往是不切实际的，尤其是同时测量力量、耐力和身体成分时。例如美国青少年体质健康测评系统（Meredith & Welk, 1999）和美国国家儿童和青少年体能中心二级研究项目（Ross et al., 1987）等健康体能测试，均采用了单一的柔韧性代表性测量指标。选择坐位体前屈测试（图11.10），是因为人们认为躯干和髋关节的柔韧性在预防和护理成人腰痛方面很重要（Hoeger et al., 1990）。

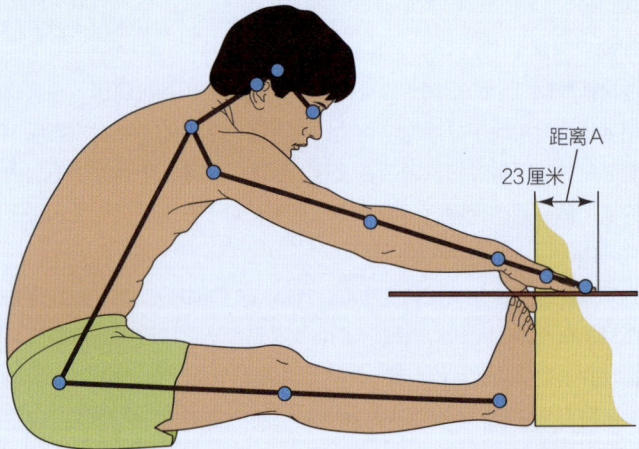

图 11.10　坐位体前屈测试。 个体保持坐姿，双脚抵住箱体，标尺上的游标滑动至23厘米处，上身尽力向前弯曲。该个体的坐位体前屈测试成绩为23厘米加上或减去指尖达到的最远距离（距离A）

源自：Hoeger et al. (1990)。

然后，研究人员记录了成长过程中柔韧性的下降和提高。由于骨骼长度增长可能刺激了肌肉长度增长，在发育过程中，特别是在青春期早期，因为肌肉生长滞后于骨骼生长，柔韧性会暂时下降（Micheli, 1984）。然而，目前尚不清楚这是否会导致柔韧性大幅下降，即便是在很短的时间里，也尚不清楚。

尽管一些变化可能对测量的一个或多个关节有显著影响，但总体而言，如果儿童和青少年没有进行保持或提高柔韧性的训练，他们的柔韧性可能会下降。在青少年群体中，柔韧性更容易变化，原因是有些青少年进行训练，而另一些青少年放弃进行训练和体力活动。大多数人认为关节炎是老年时期患的疾病，但是在美国，每250名儿童中大约有1名患有关节炎并伴有关节疼痛。由于传统的类固醇成人疗法会阻碍儿童发育，所以需要治疗儿童关节炎的专业知识。

> 回想自己的健身方案，其中包含的训练内容是否能在未来30或40年内保持你的柔韧性？在你的健身方案中是否需要添加新的内容呢？

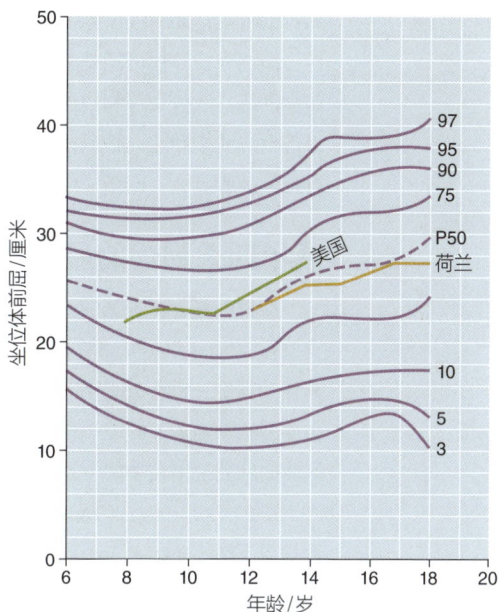

图11.11 坐位体前屈测试成绩随年龄的变化而变化。处于较高百分位的女孩保持了她们在孩童时期的柔韧性，青春期后又提高了成绩。处于低百分位的女孩成绩下降，然后在青春期中期略有提升。美国与荷兰女孩测试成绩的中位数在图中重叠
源自：Simons et al. (1990, pg.118)。

童年期和青春期的柔韧性训练

关于儿童或青少年柔韧性训练的研究很少，但罗德里格斯、桑通哈、洛佩斯·米纳罗、赛恩斯·布伦达和尤斯特（Rodríguez, Santonja, López Miñarro, Sáinz de Baranda & Yuste, 2008）开展了一项研究，研究对象是参加腘绳肌拉伸训练项目的小学生和中学生，他们在体育课上每周训练2次，为期32周。坐位体前屈测试的结果显示，两个年龄组的柔韧性均得到显著提升。未训练对照组的柔韧性倾向于下降。马约加·维加、梅里诺·马班、桑切斯·里瓦斯和比西亚纳（Mayorga Vega, Merino Marban, Sanchez Rivas & Viciana, 2014）证明，坐位体前屈测试结果显示，经过8周的拉伸训练，9~10岁儿童的柔韧性有所提升。然而，他们发现，停止训练5周后，这些儿童的柔韧性再次恢复到训练前的水平。这些研究结果表明，训练对于保持和提升柔韧性十分重要。

另一项研究（Notarnicola et al., 2017）为期5个月，研究对象为15~18岁的篮球运动员，研究采用了5种不同的拉伸动作，每个月的拉伸动作类型不同。研究者发现，实验结束时，受试者的柔韧性有所改善，但不同拉伸训练的效果取决于身体部位。动态拉伸似乎最有利于提升腘绳肌的柔韧性，体位控制拉伸似乎最有利于提升躯干的柔韧性。扎卡斯（Zakas, 2005）要求青少年足球运动员做1次30秒的伸展运动，或2次

15秒的伸展运动，或6次5秒的伸展运动。这3种动作模式没有差异性，均能提升柔韧性。训练的特异性可能是必要的，因为米拉诺维奇等人（Milanovic et al., 2014）发现速度训练、敏捷训练和快速训练对4种不同的柔韧性指标没有影响。一般而言，为了保持更好的柔韧性，必须要坚持柔韧性训练，并且所有需要提升柔韧性的关节都要进行拉伸训练。

成年期柔韧性的发展

遗憾的是，青春期的到来并不意味着身体柔韧性不会继续下降。霍兰德、田中、重松和中恒内（Holland, Tanaka, Shigematsu & Nakagaichi, 2002）综述了关于老年人柔韧性的研究文献。25岁左右的时候，身体关节的最大活动范围缩小，某些关节的活动范围比其他关节的缩小得快（Bell & Hoshizaki, 1981）。例如，髋关节伸展和膝关节屈曲的活动范围缩小幅度较小，脊柱伸展和肩关节屈曲的活动范围缩小幅度相对较大（Einkauf et al., 1987; Germain & Blair, 1983; Roach & Miles, 1991）。上肢和下肢的柔韧性均会下降（Rikli & Jones, 1999）。

前文提到了麦凯等人（McKay et al., 2017）的研究。他们除了发布力量标准参考值以外，还根据前文提到的1000名儿童和成人，发布了13个关节的柔韧性标准参考值。青春期和成年后，随着年龄增长，13个关节中有8个关节的柔韧性标准参考值降低；在老年期内，随着年龄增长，13个关节中有12个关节的柔韧性标准参考值降低。他们发现柔韧性标准参考值降低的性别差异很小。

造成柔韧性降低的因素有很多，包括肌肉骨骼、软组织退化和疾病，尤其是**骨关节炎**和骨质疏松症。随着年龄增长，胶原蛋白增加，弹性蛋白退化，这两者都导致关节硬度增加（Alnaqeeb, Al-Zaid & Goldspink, 1984; Gosline, 1976）。尽管我们尚不清楚关节运动不足对柔韧性下降速率的影响，但是运动不足加速了以上变化。有关成年后活动范围的研究采用了横向研究方法。为了研究有多少柔韧性降低与年龄增长相关，有多少柔韧性降低与关节停止活动相关，还需进一步纵向研究。本章末尾的学后练习为你提供了一些观察老年人柔韧性的建议。

骨关节炎是一种慢性退行性关节疾病。

▶ **要点**　成年后，柔韧性不断下降，尤其是很少使用的关节。

成年期的柔韧性训练

研究者普遍认同，专门的拉伸训练和一般运动干预都适度扩大了老年人（包括体弱的老年人）的活动范围。杰曼和布莱尔（Germain & Blair, 1983）的研究显示，20~60岁进行肩关节屈曲拉伸的成人，他们的肩关节柔韧性有所提升。杰曼、伊思基维奇、曼彻纳尔·莱嫩和莱嫩（Germain, Iskiewicz, Marchner Lehnen & Lehnen, 2015）在研究中运用了普拉提训练，研究对象为健康状况良好的老年人，年龄约70岁，训练为期10周。研究结果显示，受试者大约有20项关节柔韧性的测量值明显提升。卡内罗等人（Carneiro et al., 2015）研究了抗阻训练的效果，受试者为60岁及60岁以上的女性，两组受试者每周分别训练2天和3天。实验共测量3次，无论训练频率如何，其中2次测量均显示受试者的柔韧性有所提升。第3次测量时，每周3个训练日的受试者的柔韧性提升幅度更大。低强度有氧运动、太极拳、韵律拉伸和一般的健身干预都能提高身体的柔韧性（Hubley et al., 1995; Lan et al., 1998; McMurdo & Rennie, 1993; Rikli & Edwards, 1991）。

▶ **要点** 在人的一生中的任何时间点，如果不进行运动训练，身体的柔韧性均会降低，但是任何年龄段的个体进行特定训练，则会逆转柔韧性下降的趋势。

对于柔韧性发展的总结

相对年龄，关节的活动范围与个体的运动和训练更加密切相关。由于体重增加、日常活动有限和缺乏运动，青少年和成人的柔韧性都会下降。在任何年龄段，柔韧性训练均会扩大活动范围，但必须要坚持训练，一旦停止训练，效果就会消失。因此，对于许多人来说，如果柔韧性限制了某项运动，适当进行训练可以改善这类结构性限制。

总结与综述

本章分别探讨了肌肉力量和柔韧性，但应当注意这两者作为个体结构性限制的相互关系。在一生中的任何时间点，个体都可以通过适当的训练计划来改善力量或柔韧性。在理想情况下，训练能够同时改善力量和柔韧性。强壮的肌肉会驱使关节向一个方向运动，使关节不能在适当的范围内向相反方向移动，造成限制，这和缺乏力量对动作造成的后果一样。不仅仅是运动员需要进行力量训练和柔韧性训练，如果个体不能保持适当水平的力量和柔韧性，许多日常生活中的动作都难以完成。物理治疗师会定期帮助那些在事故后受伤、接受手术的人恢复力量和柔韧性。

我们应当牢记，耐力也与力量和柔韧性相关。许多运动能促进这三者的改善，例如，游泳训练可以同时改善耐力、力量和柔韧性。在生命周期的各个时间点考虑到健康体能的重要性时，应该综合考虑健康体能的所有要素。最重要的是，训练计划应当力求平衡。

体重是影响健康体能的另一个重要因素。去脂肌肉质量较高、体脂较少的身体成分能增强心肺耐力、增加力量，并且只要肌肉保持平衡，就能发挥柔韧性。相比之下，体脂比例高会使个体面临患病和死亡的风险。训练在控制合理体重方面发挥的作用，也是重要的研究领域。同时，研究者对动作技能发展和健康体能发展的相互作用很感兴趣。是否需要高水平的动作技能才能参与到足够激烈且能促进健康的活动中呢？我们将在下一章探讨这些问题。

巩固已学知识

回顾

强壮的身体和良好的柔韧性有利于动作表现，而身体虚弱无力、柔韧性欠佳则会限制动作表现。换言之，肌肉骨骼系统也是运动的速率限制因子。力量训练和柔韧性训练也是健康的锻炼方法，肌肉质量更大也有利于促进身体健康。例如，肌肉质量增大会使人消耗更多的热量，保持健康的身体成分。肌肉质量越大，心肺耐力也越强。然而，通常情况下，肌肉骨骼系统并非单独发挥其功能性作用。如果想在改善力量和柔韧性的训练中使用药物，势必会对身体其他系统造成损伤，尤其是使用合成代谢类固醇药物，会对内分泌系统造成损伤。这一事实提醒我们，研究不断变化的身体系统对特定运动的影响时，必须考虑所有系统的相互作用。

知识测验

1. 随着年龄增长，相比肌肉质量的增长速度，力量的增长速度如何？在衰老过程中，力量的下降和肌肉质量的减少率是如何比较的呢？

2. 训练能够改善力量和柔韧性吗？如果能，应该怎么训练呢？

3. 儿童和青少年的力量和柔韧性发展存在性别差异吗？

4. 回想你身边的老年人，你能想到哪些限制条件（个体限制、环境限制和任务限制）导致老年期力量的流失？

5. 儿童和青少年的生理成熟状况会如何影响力量发展？

6. 导致老年人力量流失的因素有哪些？抗阻训练对这些因素有哪些影响？

7. 评估力量和柔韧性时，应当考虑哪些重要因素？

8. 发育期间，与等长肌力相比，功能性肌力发生了哪些变化？

9. 文化规范如何在不同程度上影响男女两性的力量和柔韧性评估？

10. 柔韧性如何随着身体发育和衰老而变化？童年期引起柔韧性变化的因素有哪些？

学后练习

老年人的柔韧性

观察 2~3 名老年人的以下指标后，请说出你的发现。

1. 老年男性背靠墙坐在地面上，双腿伸直贴地，一条腿尽力蜷起靠近大腿后侧，他另一条腿的膝关节是否还能贴地？

2. 老年人是否能将手臂举过头顶，手指朝向天花板，并保持手臂与耳朵平齐或放置于耳朵后面？

3. 老年人面对你站立时，是否能保持肘部收拢，手掌转向你？

4. 站立时，老年人是否能把双手反扣在背后，并在背后抬起双臂与腰部平齐？

你观察的这些人是否通过或未通过以上 4 项指标？询问他们最喜欢的活动，看看你是否能通过将身体部位和这些活动相匹配来解释保持柔韧性的原因。

体重、健康体能和动作能力

- ▶ 综述运动在一生中对身体成分的影响；
- ▶ 探讨肥胖对健康的影响；
- ▶ 探索动作能力、体力活动、健康体能和身体成分之间的关系。

现实世界中的动作发展

许多知名人物都是进食障碍症患者中的一员。虽然引起进食障碍的因素有很多，但想要保持苗条身材的压力绝对难辞其咎。如果这些颇有成就的知名人物都感觉到了这种压力，那些想要像他们一样的年轻人似乎也在承担这种压力。矛盾的是，媒体在鼓吹这种难以企及的理想体重时，又在推广与之背道而驰的生活方式。营养不足的高热量快餐成为年轻人的盘中餐，电子设备占据了年轻人的生活，例如手机等会增加久坐的时间。这些活动取代了可以增强动作能力的运动，而这些运动恰恰可以消耗热量和促进心肺系统的健康。

过度消瘦的身材是广告里的主导形象。人们很容易从电视等媒体中得出结论：脂肪越少越好。尽管脂肪过多会引起许多健康风险，但适量脂肪组织能够保温、保护内脏器官和储存能量。相比一味地追求较低体重，更健康的观念是认识到身体是由去脂组织（骨骼、器官和肌肉）和适量脂肪组织构成的，重要的是应该了解动作能力和积极的生活方式对促进人体达到健康状态的积极作用。

身体成分和体重是健康体能的另外两个组成部分。与健康体能的其他部分相比，身体成分和体重显得更神秘。许多个体试图简化维持健康体重的方式。20世纪后期，跑步成为保持心肺耐力和去脂体重的重要方式。学校课程开始强调跑步和其他剧烈运动，却牺牲了技能培养。这一方式中有许多因素都发挥了作用，在决定如何帮助个体保持身体健康之前，了解这些因素之间的相互作用非常重要。

相互关系的模型

个人通过合理饮食和运动，能很好地控制身体成分和体重。对饮食的全面研究超出了本书的范围，但我们将研究体力活动对于维持健康**身体成分**和体重的作用。一般情况下，无论处于哪个年龄段，积极运动的个体其脂肪组织和去脂组织重量更有可能达到最佳比例，前提是不要过度运动导致脂肪含量过低。运动水平与身体成分的作用是相互的，身体成分也影响运动水平。超重或肥胖的个体会感到不舒服，很难进行体力活动。身体成分更接近最佳状态的个体更易坚持积极运动。

此外，一个人动作技能的熟练水平或**动作能力**，可能影响他们的体力活动水平。熟练的运动者在运动时能够有效地利用能量，使他们能够维持足够长的运动时间，发挥体力活动对健康的益处。效率低下的运动员实际上在浪费能量，难以长时间坚持体力活动。同时也能看出，超重使个体很难发挥应有的动作能力。超重要么成为影响个体进行足够练习以精熟动作的阻碍，要么就会妨碍某些特定运动。在这种情况下，身体成分是一种结构性限制。如果超重的人认为他们无法通过足够的运动达到减肥的目的，其也可能成为一种功能性限制。

多肌肉质量少脂肪含量的身体成分对达成最佳运动表现是有帮助的。肌肉质量多

身体成分指构成身体的组织成分，分为去脂组织和脂肪组织。

动作能力指掌握基本的动作技能，能够参与各种日常活动和运动的能力。

240

说明可以更好地施力，脂肪含量少意味着运动过程中没有额外的重量负担，对于许多体力活动而言，这两者均是优势。相比之下，如果个体的身体成分是脂肪含量多，其运动起来会有困难，尤其是长时间运动，并且难以完成特定的姿势。超重除了有碍健康，也是动作技能表现的速率限制因子，但这两者的作用是相互的。缺少动作技能的个体很难通过高强度运动来保持健康的身体成分和健康体能水平。动作能力既是身体成分的前因，也是身体成分的后果（Robinson et al., 2015）。

图 12.1 所示为本章论述的各种因素的相互关系，并在模型中增加了认知动作能力。对动作能力的认知会影响动作技能的选择，进而影响体力活动水平和健康体能。自我认知动作能力较差的个体可能会避免参加体力活动。另外，感知自己动作技能较好的人，进行体力活动时会更加愉快，也会因此创造更多机会来保持运动。有关认知动作能力的论述详见下一章，但这一点显然与其他因素相关。我们首先来论述目前已知的影响身体成分的各因素之间的相互作用，以及锻炼是如何影响身体成分的。

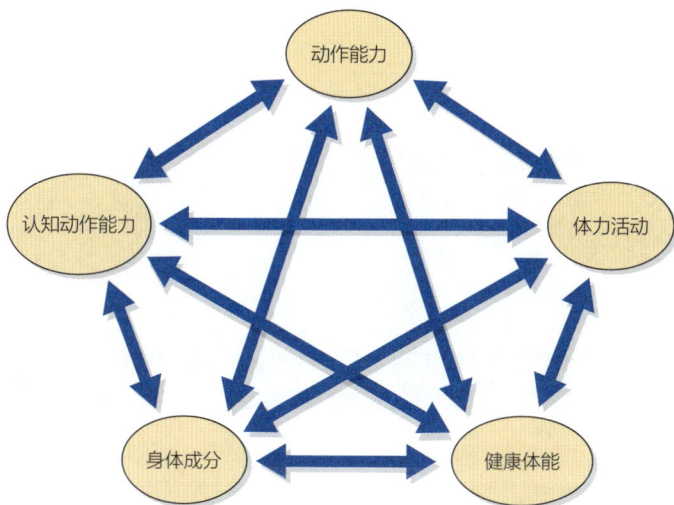

图 12.1 动作能力与健康相关的关系模型

身体成分

身体成分分为两种组织：去脂组织和脂肪组织。去脂组织包括肌肉、骨骼和器官。构成体重的去脂组织和脂肪组织的相对百分比是测量身体成分的指标。由于身体成分与外表息息相关，也会影响每个人的自我感知，所以很多人都非常关注自己身体外貌。许多人都喜欢比较苗条的身材，因为肥胖可能导致消极的身体观念和负面的自我感知。

不考虑外表，先了解身体成分对于保持身体健康的重要性：

- 较高比例的去脂组织与身体做功能力成正相关，较高比例的脂肪组织则与身体做功能力成负相关；
- 移动身体时，脂肪含量越多，运动负荷越大；
- 脂肪含量过多会限制个体的活动范围；

- 肥胖增加了个体患冠心病、动脉疾病、中风、糖尿病和高血压的风险。

　　如前文所述，个体都要有一定的脂肪组织，起到保温、保护内脏器官和储存能量的作用。女性要保持一定的脂肪组织（约占体重的12%）以维持生殖功能。只有过多的脂肪组织与健康体能和健康成负相关。同理，将脂肪组织减少到过低的含量水平也会产生健康隐患。

　　遗传和环境因素会影响身体成分。个体要想控制体内的去脂组织和脂肪组织的相对比例，可以控制饮食和运动这两个主要的环境因素。保持身体成分在一定程度上能平衡基础代谢率消耗的热量，保持身体功能所消耗的能量及体力。每个人的**基础代谢率**不同，有些人只是维持身体运转就需要比别人更多的热量。基础代谢率受各种激素控制，短期内不易改变，不过个体可以控制自己每天的运动水平。本章论述的重点是身体成分与运动的关系。

　　脂肪组织在两个时期内迅速增长：出生后的前6个月和青春期早期。对于女孩来讲，整个青春期内脂肪组织都会持续增长，而男孩的脂肪组织在青春期内会停止增长

基础代谢率指清醒状态下，维持身体基本生理活动所需的能量。

评估体内脂肪含量

　　测量体内脂肪含量的方法有很多。以下测量方法可直接用于追踪随着发育和衰老产生的变化，也可用于估算身体的脂肪含量百分比。还有多种测量身体去脂体重的方法，也可用于估算身体脂肪含量。

- 用皮褶卡尺测量皮肤和皮下脂肪的厚度。根据皮褶卡尺在特定位置的测量数值，能够估算出全身脂肪含量。这是估算脂肪含量最常见的方法之一，尤其是用于估算儿童的脂肪含量。
- 水下称重，并对比水下体重与正常体重。这种方法多用于估算身体密度，有了身体密度，就能推算出去脂组织和脂肪组织的比例。但对于怕水的儿童和成人来说，施行此方法有些困难。
- 用近红外线交互装置将红外线反射到肱二头肌上，分析肱二头肌上的探头再次反射的红外线强度。这是一种常用于测量儿童脂肪含量的简易方法，但可能没有其他方法准确（尤其是水下称重）（Smith et al., 1997）。

甚至减少。婴儿的肌肉组织也在迅速增长，增速随后在童年期趋于稳定；在青春期快速发育时又迅速增长，男孩的增长速度比女孩更快。如果饮食或运动发生变化，就会引起这种典型的模式发生变化。饮食过度会导致脂肪过多，饥饿则会导致脂肪过少，从而引起身体消耗肌肉（分解肌肉组织以获取能量）获取能量。运动当然会消耗热量，从而潜移默化地改变个体的身体成分。抗阻训练能够增加肌肉质量，尤其是青春期后进行的训练。

中年时，成年个体的去脂组织普遍减少而脂肪组织增加，致使体重增加，脂肪占体重比例增加。特别值得关注的是，上半身脂肪堆积可能会逐渐影响心血管健康（Lee et al., 2017）。到了老年，去脂体重和脂肪均减少。但我们应当牢记，这只是典型模式，每个人的差异显著。此外，肥胖群体在进入老年期之前死亡率更高（Faeh et al., 2011），这种情况可能对老年人的平均体重测量值产生影响。

如前文所述，饮食和运动都会影响身体成分。如果详细地探讨饮食则超出了本书的范围，但我们探讨动作发展时，运动对身体成分的影响是重要的研究领域。

- 用双能X射线吸收法（Dual Energy X-ray Absorptiometry, DEXA）测量身体软组织构造，此方法能直接测量身体密度，但设备昂贵（Steinberger et al., 2005; Sutton & Miller, 2006）。
- 用排气量容积仪器测量空气置换量（而不是水的置换量）。此方法要用到体成分测量舱（BodPod chamber），但可用于测量婴儿和过度肥胖的群体（Dioum et al., 2005）。

测量体脂的另一个常见指标是BMI，即体重（千克）与身高（米）的平方的比值。体重正常的个体，BMI范围为18.5~24.9。由于只需身高和体重就能计算出BMI，所以这一测量指标使用起来非常方便。但是，体重反映了去脂体重和脂肪重量，因此对于去脂体重高出平均水平的人来说，使用BMI测量脂肪含量并不完全准确。

身体成分和运动

在所有关于身体成分与体力活动水平的相互作用的研究中，纵向研究弥足珍贵。尽管帕里兹科娃（Parizkova）的纵向研究（1968a，1977）是多年前开展的，但提供了研究这两者之间的相互作用的视角，所以我们将从这个研究说起。

童年期和青春期

帕里兹科娃对受试者的身体成分和运动水平开展了一系列的研究。他把约100名男孩按运动水平分为4组。最活跃组（Ⅰ组）的男孩每周至少打篮球6小时或跑步6小时，最不活跃组（Ⅳ组）的男孩仅参加无组织、无系统性的活动，其他两组男孩的运动水平处于中等。

帕里兹科娃在男孩平均年龄为10.7岁时进行首次测量，之后的几年里持续追踪访问，直到他们的平均年龄达到14.7岁。在这4年期间，最活跃组的儿童体重显著增加，而脂肪的绝对水平保持不变；因此，身体的脂肪比例降低，体重增加只是因为去脂体重增加（图12.2a和b）。相比之下，最不活跃组的男孩的绝对脂肪重量显著增加。这说明体力活动对男孩的身体成分产生了积极影响。

▶ **要点**　发育期间，体力活动对男孩产生积极影响表现为去脂体重的增加，并且减少了脂肪重量的增加。

接下来的3年里，帕里兹科娃（Parizkova，1972）对其中41名男孩进行追踪访问，这些男孩的身体成分变化继续遵循前4年的趋势。平均年龄达到16.7岁时，最活跃组和最不活跃组的总体重存在差异。最活跃组男孩的去脂体重更重，因此总体重也更重。与最不活跃组的男孩相比，最活跃组男孩的总脂肪含量更少，实际上，他们的脂肪含量在这几年内均有所减少。帕里兹科娃确认各组受试者的平均骨龄不存在差异，因此研究观察到的身体成分差异不是因为生理成熟状况存在差异。他还指出，男孩皮下脂

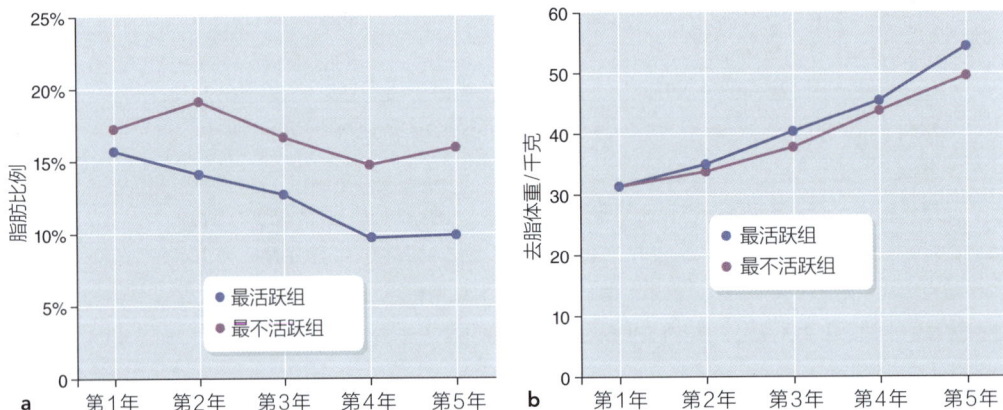

图12.2　a. 帕里兹科娃所追踪的平均年龄为10.7～14.7岁的男孩，最活跃组和最不活跃组的体脂百分比。b. 帕里兹科娃的实验中，同组男孩的去脂体重

源自：Parizkova（1977）。

肪的分布和绝对重量均在组别内保持相对位置不变。这意味着在研究期间，脂肪重量的相对量及其在体内的分布模式保持相对稳定。

▶ **要点**　由于最活跃组男孩的去脂体重更重，总脂肪重量更轻，所以他们的总体重大于最不活跃组的男孩。

　　接下来的6年里，帕里兹科娃对这41名受试者中的16人又进行了追踪访问。虽然这次研究样本不多，不能作为活动水平的可靠分析，但帕里兹科娃（Parizkova, 1977）指出，这些男性体内的脂肪比例一直呈下降趋势，直到平均年龄达到21.7岁，此后个体间差异很大，可能与生活方式变化有关。帕里兹科娃的研究表明，在成长过程中，体力活动对男孩的身体成分产生了积极影响。

❓ 如果你是一名高中校长，帕里兹科娃的研究对学校体育课程的设置有哪些启示？

　　在青春期期间，脂肪组织和去脂组织的发育有很大的性别差异。与男孩相比，女孩脂肪组织增长的比例比肌肉组织增长的比例更大。即便如此，运动对男孩的身体成分的有益影响，同样也对经常运动的女孩有影响。在另一项为期5年的研究里，帕里兹科娃（Parizkova, 1963, 1977）研究了32名体操学校的女孩和45名没有进行任何运动训练的女孩。在平均年龄12或13岁时，帕里兹科娃对她们进行了首次测量。这些体操学校的学生进行规律的年度周期训练，夏季时参加要求严格的训练营，初秋时停止训练，每年10~12月恢复高负荷的训练计划。

　　这些训练周期（关于11名体操运动员）在图12.3中表示为黑色描线的柱体，柱体越高，表示训练强度越大。帕里兹科娃对这些女孩脂肪的测量结果，与他从男孩身上得知的结论一致。这5年内，这些体操运动员的皮下脂肪保持不变，尽管短期内皮下脂肪有增减，但总皮脂厚度未见明显变化。相比之下，对照组成员的脂肪大幅增加。这5年内，实验组和对照组的身高和体重变化趋势相似，所以以身体成分确实存在差异。

▶ **要点**　保持训练的青春期女孩，即使由于训练而摄入更多热量，去脂体重也会增加且皮下脂肪减少。

　　体操运动员训练计划的周期性，为他们的体重和皮褶厚度变化提供了信息。在停训期间，体操运动员的总体重和皮褶厚度*（包括皮下脂肪组织）都会增加。但在训练期，他们的总体重增加，而皮褶厚度降低（注意图12.3，当训练强度上升时，总皮褶厚度降低，而当训练停止一段时间后，总皮褶厚度上升）。随着年龄增长，总身高和体重不断增加。因此，不同活动期间的体重增加是由于脂肪和去脂体重的比例发生变化。帕里兹科娃还记录了这些体操运动员摄入的热量，发现她们即使在运动期间摄入更多热量，她们堆积的脂肪量也减少，而去脂体重依然增加。

❓ 如果你是一名体育教师，要为青春期女学生的饮食和运动方面提出建议，帕里兹科娃的研究对你有哪些启示？

---

*译者注：这里的皮褶厚度指的是皮肤和脂肪的厚度。

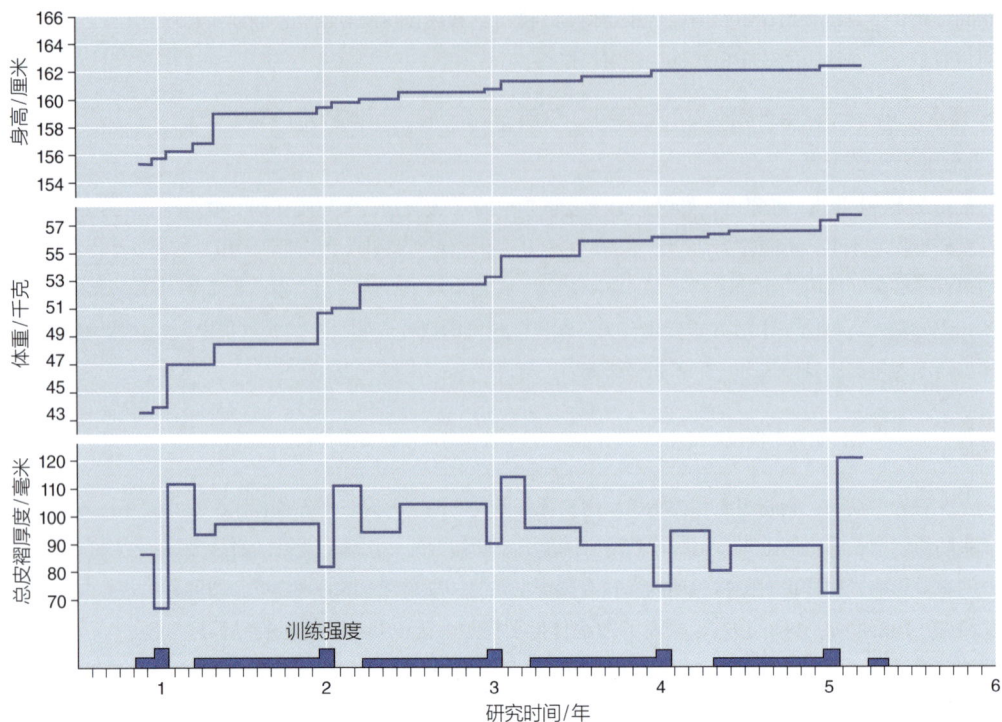

图12.3　一组女性体操运动员（*n*=11）在5年时间内，定期进行不同强度的训练，其身高、体重和皮下脂肪（10项皮褶厚度测量值的总和）的变化趋势
源自：Parizkova（1977）。

同时，帕里兹科娃（Parizkova, 1973, 1977）对12名男孩和12名女孩进行追踪访问，这24名受试者的年龄为12～16岁，一直进行游泳训练。12岁时，男女两组的平均身高、体重、去脂体重、脂肪重量大致相同。这些进行游泳训练的受试者，去脂体重高于未进行训练的青少年的平均水平。到15岁时，男孩明显比女孩更高、更重、更瘦，但随着训练时间的增加，男女两组去脂体重比例均有所提高，脂肪含量有所下降。

❓　在你的一生中，身体成分是如何变化的？你认为是什么造成了这些变化？你会如何用自己的经验来影响他人？

最近的研究证实了帕里兹科娃的许多研究结果。在一项关于心血管疾病致病风险因素的纵向研究中，受试者是美国艾奥瓦州马斯卡廷的居民，研究者测量了受试者青春期的健康体能、身体成分、血压、心脏质量和生理成熟状况。詹兹、伯恩斯和马奥尼（Janz, Burns & Mahoney, 1995）发布了2年跟踪实验期间内120名儿童的测量数据，这120名儿童接受首次测量时平均年龄是10岁。研究者发现，收缩压升高与脂肪增加和健康体能下降有关。受试者又接受了为期5年的跟踪访问，研究者得出结论，提升健康体能水平可以降低肥胖率（Janz, Dawson & Mahoney, 2002）。

美国艾奥瓦州骨发育研究的部分内容是对379名儿童开展为期3年的活动模式和身体成分的追踪访问，开始研究时这379名儿童的平均年龄是5.6岁，结束研究时这些儿童的平均年龄为8.6岁（Janz, Burns & Levy, 2005）。研究者采用加速度测定法和问卷调查来测量受试者的活动模式，用DEXA测量体脂含量。3年研究期间，保持高水平体力活动、看电子屏幕时间较少的儿童，其体脂百分比不太可能处于前1/4。令人担忧的是，在研究期间，久坐儿童的体脂在组内的百分位数保持稳定；换言之，5岁时有久坐习惯的孩子，在8岁时仍然倾向于久坐。

琼斯、欣克利、奥克利和萨蒙（Jones, Hinkley, Okely & Salmon, 2013）检索并研究了11个追踪数年内体力活动与久坐行为的文献。他们总结了这些文献的成果并且指出，从童年早期到中期，个体的体力活动水平趋于稳定，而从童年早期到中期，久坐的人保持久坐的趋势更加稳定。

总而言之，这些研究结果表明，进行运动训练会对身体成分产生积极影响。尽管进行训练的儿童和青少年通常体重增加，但与未进行训练的同龄人相比，这一体重增加意味着去脂体重增加、脂肪含量降低。童年期运动或久坐的生活方式在青春期会继续保持，因此童年早期要采取积极的生活方式。

▶ **要点**　青少年应坚持适当运动，促进身体成分更加健康。

成年期

无论是青壮年还是老年人，运动对身体成分的积极影响可能有两方面：增加去脂体重或减少脂肪。去脂体重增加可能是由于肌肉质量增加、骨密度增加或两者兼具。

多年前就有研究结果显示，经常运动的中老年运动员倾向于保持肌肉和脂肪量，与年轻人相比，他们之中的许多人保持肌肉和脂肪量的效果更好（Asano, Ogawa & Furuta, 1978; Kavanagh & Shephard, 1977; Pollock, 1974; Saltin & Grimby, 1968; Shephard, 1978b）。然而，根据这些研究成果，我们无法假设一般群体或刚开始参与运动训练的久坐的老年人也是如此。更健康的老年人可能更有能力保持运动，我们看到更多的是他们的健康状况，而不是运动带来的益处。因此，关于老年人运动益处的纵向研究非常重要。但是目前该领域的纵向研究很少，我们往往必须依靠短期研究来获取信息。

关于肌肉质量随运动而变化的研究，一般运用计算机断层扫描记录肌肉面积的变化。如果不运动，70多岁的老年人会丧失肌肉量、力量和肌肉质量（Goodpaster et al., 2006）。宾德等人（Binder et al., 2005）对比了70岁以上老年受试者实验组和对照组的数据，与对照组相比，实验组先进行了3个月的低强度训练，随后又进行了3个月的渐进式抗阻训练。与对照组相比，实验组受试者的膝关节伸展力量和去脂体重显著增加。然而，抗阻训练并没有改变他们的脂肪量。抗阻训练，即使是高强度间歇抗阻训练是否会减少脂肪的含量目前也尚无准确定论（Moro et al., 2017）。

针对年轻运动员的研究结果显示，经常运动会促进骨骼生长，但运动是否能改善老年人的骨量取决于运动的类型。戈麦斯·卡贝洛、阿拉、冈萨雷斯·阿奎罗、卡萨胡斯和维森特·罗德里格斯（Gomez Cabello, Ara, Gonzalez Aguero, Casajus & Vicente Rodriguez, 2012）综述了关于运动训练对老年人骨量影响的研究。他们得出的结论是，力量训练改善或保持了骨量，而行走训练则不是非常有效。如果能结合力量训练、有氧训练、高冲击训练、负重训练和全身振动训练，也能有效增加老年人的骨量，至少能预防骨量的进一步流失。这对更年期后的女性和这一骨折高风险人群同样适用。另一项荟萃分析（Marques, Mota & Carvalho, 2012）显示，大多数低冲击训练和抗阻训练的研究结果证明，这两种训练都能改善骨密度，尤其是改善老年人腰椎和股骨颈的骨密度。

施瓦茨等人（Schwartz et al., 1991）进行了为期 6 个月的耐力训练研究，受试者为 15 名 60~82 岁的男性。他们的训练强度逐渐提高，最终他们以 85% 的心率储备，每次行走或慢跑 45 分钟，每周训练 5 次。6 个月内，他们的体脂降低了 2.3%，腰围缩小了 3.4%。尽管整体脂肪量减少幅度较低，但躯干的脂肪减少较为显著，这很有意义，因为躯干脂肪与心血管风险的上升有关。帕亚尔、拉丰特、科斯特斯·萨隆、里维埃和杜普伊（Paillard, Lafont, Costes Salon, Riviere & Dupui, 2004）研究发现，63~72 岁的男性进行为期 12 周的短期行走训练会导致脂肪含量降低。然而，以这一运动干预的时期，没有发现去脂体重或骨密度增加。

▶ **要点**　虽然成人进行抗阻训练会增加肌肉质量和骨密度，进行耐力训练会降低脂肪含量，但每个人的变化都会各自不同。

❓ 回想你自己的饮食和健身习惯。随着年龄的增长，你有什么习惯会帮助你保持与现在相似的身体成分吗？还是一定会发生变化呢？

虽然关于成人身体成分和运动还需更多的纵向研究，但有明确证据表明，体力活动对身体成分会产生有利影响。对一生中进行高强度运动的个体进行研究，结果至少显示，去脂体重减少、脂肪量的增加并不是必然的结果。

❓ 如果你是一名体育教师或一名医生，你会采取哪些措施来改变现在年轻人身体素质下降的趋势？

肥胖

在过去的几十年里，全球范围内所有年龄段的人的肥胖发生概率显著提高，尤其是在工业化国家。根据世界卫生组织 2017 年的报告，肥胖的人数从 1975 年到 2016 年间翻了 3 倍（见表 12.1）。**肥胖**最常见的定义是 BMI 大于 30.0（Kotz, Billington & Levine, 1999; 见表 12.2），而 BMI 的正常范围为 18.5~24.9。由于儿童持续发育，定义儿童肥胖具有一定的难度，但常用的标准是身高体重测量值超过第 95 百分位，另一个标准是三头肌皮褶厚度超过第 95 百分位（Rudloff & Feldmann, 1999）。

肥胖最常见的定义是 BMI 大于 30.0。

童年期和青春期肥胖

在整个生命周期的任何时间点，肥胖都是一个值得关注的问题。肥胖儿童进入成年期后，仍然肥胖的概率很高，即肥胖在成年早期、中期和晚期趋于保持稳定。全美有 9%~13% 的儿童存在肥胖的问题（Flegal & Troiano, 2000; Fredriks et al., 2000）。因此，认识到儿童肥胖对任意年龄段的医学和社会影响的同时，解决儿童肥胖的问题迫在眉睫。

父母通常认为，孩子肥胖的原因是代谢或甲状腺疾病。事实上，只有不到1%的儿童的肥胖是上述疾病（Dietz & Robinson, 1993）引起的。那么，其常见原因有哪些呢？肥胖是遗传因素和环境因素相互作用的很好的例子。肥胖肯定与遗传因素有关。双胞胎即使被分开抚养，他们的BMI仍高度相关，但父母与领养的孩子的BMI的相关性不大。然而，没有哪个遗传因素可以导致所有个体肥胖。受遗传影响的各种因素包括基础代谢率、饮食**生热作用**、食欲控制、饱腹感、脂肪代谢和储存（Rudloff & Feldmann, 1999）。

生热作用指人体内产生热量的过程。

表12.1 全世界肥胖的流行情况

5岁以下儿童	5~19岁未成年人	成人	
超重或肥胖	超重或肥胖	超重	肥胖
4700万人	3.4亿人	19亿人（占比39%）	6.5亿人（占比13%）

源自：World Health Organization Fact Sheet, October 2017。

表12.2 超重和肥胖的标准

年龄段	超重	肥胖
成人	BMI≥25	BMI≥30
5~19岁未成年人	BMI超过世界卫生组织发育参考值的中位数1个标准差以上	BMI超过世界卫生组织发育参考值的中位数2个标准差以上
5岁以下儿童	身高对应的体重超过世界卫生组织儿童发育标准值中位数2个标准差以上	身高对应的体重超过世界卫生组织儿童发育标准值中位数3个标准差以上

源自：World Health Organization Fact Sheet, October 2017。

过去几十年里，肥胖率明显提高说明外部因素产生的巨大影响，因为遗传因素不能如此快速影响肥胖的发生率（Rosenbaum & Leibel, 1998）。随着工业化的发展，机器代替了部分人类的工作，人们坐在屏幕（电视、计算机、平板电脑和手机的屏幕）前的时间增加，降低了人体的热量消耗。饮食（高脂肪和高糖）也是引起肥胖的主要因素（Kotz et al., 1999）。整个人的一生中，由于个体的遗传倾向是固定的，控制热量摄入和提高热量消耗是应对肥胖最有效的方式之一。

▶ **要点** 引起肥胖的环境因素有两方面的趋势：人们的运动量越来越少，饮食中脂肪和糖的含量越来越高。

儿童必须摄入足够的能量来保持生长发育，因此，限制儿童的热量摄入具有一定的难度（Braet et al., 2003）。不同的营养因素（如水果和蔬菜摄入量、软饮料摄入和不吃早餐）与超重的相关性不一致（Haug et al., 2009）。适度调整热量、保持饮食营养平衡非常有效（Faith, Carnell & Kral, 2013）。但是，运动量越来越少是肥胖儿童的共同特征（Haug et al., 2009），通过运动增加热量消耗对于改变体脂有多方面的益处。首先，运动能抵消因控制热量引起的基础代谢率下降。其次，运动能促进肌肉组织的发育，而肌肉组织能比脂肪组织消耗更多热量（Bar-Or, 1993）。这个差异很重要。因为在没有运动的情况下，成年人通过热量限制带来的体重下降有30%~40%来自去脂体重（Harris，1999），这一趋势在儿童身上可能也存在。最后，施瓦茨、金、佩雷拉、布伦德尔和蒂韦尔（Schwartz, King, Perreira, Blundell & Thivel, 2017）对9项研究进行了荟萃分析，得出结论：运动干预与肥胖青少年食物摄入量减少相关。

赫斯基思和坎贝尔（Hesketh & Campbell, 2010）回顾了23项有关预防5岁以下儿童肥胖的干预措施的研究。其中大多数研究的干预措施在学前或儿童护理场所（不一定是幼儿园）和家庭中施行，约一半的研究中包含弱势受试者。研究者倾向于采用多种干预方式，如改善饮食、增加体力活动、减少久坐行为等。干预方案的本质各不相同，结果有成功也有失败，但总体而言，研究表明干预措施对童年早期的肥胖能产生积极影响，有父母参与的研究效果更好。

关于学龄儿童肥胖干预的综述和荟萃分析（Khambalia et al., 2012）均表明，相比短期干预方案，长期干预方案对儿童减重更为有效。如果辅以改善饮食、增加体力活动和提高家庭参与度，该干预方案往往会成功。亨斯等人（Hens et al., 2017）对饮食或运动干预期间脂肪组织类型的追踪研究进行了荟萃分析。他们发现，饮食和运动都会减少儿童和青少年骨骼肌和器官内部及其周围的脂肪组织。

另外，还有运动类型的相关研究。凯利和佩特（Kelley & Pate, 2017）对34个这类研究进行了荟萃分析，发现无论是有氧运动还是有氧运动结合力量训练，均能降低BMI；单纯的力量训练则没有这种效果。迄今为止，尽管有关干预计划的研究显示了其作用，但我们仍然需要更多的项目研究来同时衡量体重相关的结果和健康相关的结果。

▶ **要点**　因为运动能消耗热量，并且能抵消因控制热量而引起的基础代谢率下降，所以运动是改善肥胖的重要方法。

与体重正常的儿童相比，肥胖儿童在各项健康体能和动作技能测试中表现欠佳，这一点已经得到很好的证实。马利娜等人（Malina et al., 1995）的研究中，受试者是一组7~17岁的比利时女孩。对于相同年龄的受试者，在手臂力量、耐力、躯干力量、垂直跳跃、往返跑和平衡能力上，最瘦的5%的运动表现都超过了最胖的5%。青春期男孩在此方面也呈现出同样的差异（Beunen et al., 1983）。这证实了动作能力与体重、健康体能之间的双向关系。动作能力促进了健康体重和健康体能所需的积极生活方式。健康的体重让人们保持活跃并充分锻炼动作技能，从而使其达到熟练。

❓ | 如果你是中学体育教师，你会对肥胖的学生进行哪些干预使他们重回健康的正轨？

▶ **要点**　动作能力促进个体形成积极的生活方式，而积极的生活方式促进个体的体重和健康体能。

成年期肥胖

从成年早期到成年中期，男性和女性的肥胖率均有提高（图12.4）。肥胖使个体患高血压、心血管疾病、糖尿病、胆结石、骨关节炎和某些癌症的风险增加。因此，肥胖者的早期死亡率更高。实际上，超过60岁的人肥胖率下降可能是由于肥胖人群寿命缩短。对于脂肪集中在腹部的人群来说，肥胖与死亡的相关性更强（Kotz et al., 1999）。

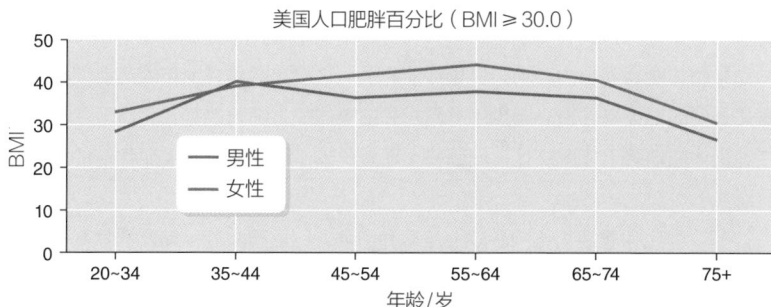

图12.4 2011—2014年，美国的成人肥胖现象非常普遍。老年期肥胖率的下降反映出肥胖者早期死亡的风险较大，即相比体重正常和超重的同龄人，许多肥胖者的死亡年龄更小
源自：Data from the U.S. Department of Health and Human Services (2016)。

与年少时一样，遗传因素和外部因素都会导致成年期的肥胖，但每种因素对于不同个体的影响在一生中效果不同（Rosenbaum & Leibel, 1998）。在美国，6岁及以上人群55%的清醒时间都在久坐（Matthews et al., 2008）。与儿童和青少年一样，控制热量和增加运动量是解决成人肥胖最有效的策略。研究表明，与单凭运动或单凭控制热量摄入相比，这两者结合的减肥效果更好。即使体重只减轻10%，胆固醇水平、空腹血糖水平和血压也会得到明显改善（Harris, 1999）。

身体成分是健康体能的重要元素，与运动表现有关。身体成分受遗传因素的影响，但饮食和运动等环境因素也会对个体的脂肪和去脂体重的相对比例产生显著影响。任何年龄的人，如果希望改善自身的肥胖状况，控制饮食和运动都能发挥作用。米勒等人（Miller et al., 2013）综述了14项干预研究，这14项研究当中都包含对照组，并将肥胖成人受试者随机分配至实验组和对照组。他们得出结论：与单凭控制饮食相比，控制饮食结合运动的干预方案对于改善心肺机能和肌力、促进脂肪减少和保持去脂体重的效果更好。经常运动促进肌肉量增加、提升基础代谢率，因此在改善身体成分方面发挥巨大作用。去脂体重较高、脂肪含量较低的身体组成使得个体运动更容易且运动表现得更好。

动作能力、活动、健康体能和身体成分

尽管2008年之前的一些出版物已提及动作能力、活动、健康体能和身体成分之间的相互关系，但正是这些动作发展领域的先驱——施托登、古德韦、兰根德夫、罗伯顿、鲁迪索尔、加西亚和加西亚（Stodden, Goodway, Langendorfer, Roberton, Rudisill, Garcia & Garcia, 2008）发表的一篇论文，才推动了对于这些因素的相互关系的研究。

施托登等人证明了熟练掌握通用的基础动作技能（通常称为动作能力）对体力活动、健康体能以及体重的重要性。他们建立的这些因素相互关系的概念化模型解释了儿童早期、儿童中期和儿童晚期这些因素的相互关系不断加强。此外，该模型还表明，如果个体缺乏足够的动作能力基础，可能无法完成充足体力活动，进而无法保证足够的健康体能、身体成分良好、体重正常。这会使个体整个一生中肥胖的风险更大，健康体能水平更低。

如果动作能力与体力活动、健康体能相关，这对儿童和青少年的运动训练具有重要意义。例如，如果你担心青少年有超重和健康体能下降的趋势，将体育项目的重点放在健康体能训练上能解决这一问题吗？还是关注于动作能力和健康体能的同时发展更有意义？

许多结构化和非结构化的游戏、运动和活动，包括舞蹈等，都要依赖基础动作技能。例如，打棒球要用到的技能有跑步、投球、接球和击球，舞蹈要用到的技能有走、跑、单脚跳、平衡和身体意识。具备基本技能使学生能够在体力活动中表现得更为熟练。正如我们前面提到的，一个人的动作熟练，效率就高，可以维持更长时间的剧烈活动。想象一下，有两个网球运动员，如果他们能熟练移动和击球，他们能持续对打很长时间，从而消耗更多能量。但是，如果他们击球不熟练，会经常重复捡球或者击球一两次之后运动就可能停止，因此运动量不足且消耗的能量有限。

儿童技能熟练程度不会自动提高。体育教学设计和练习的机会对于获得动作能力至关重要。显然，研究人员和从业者得知动作能力与体力活动、健康体能、体重之间是否存在关联非常重要。此外，年轻时如果获得足够的动作能力，则终身可以进行愉悦、高强度的运动。

动作能力和体力活动水平

鲁滨逊等人（Robinson et al., 2015）发表了一篇描述性综述论文，从发育的角度综述动作能力、体力活动、健康体能、认知动作能力和体重之间的关系。他们的综述中提到了两篇文章（Lubans et al., 2010; Holfelder & Schott, 2014），这两篇文章综述了动作能力与儿童和青少年体力活动之间关系的相关研究，而动作能力的评估方法是通过结果和过程性标准。第一篇论文中的13项研究，有12项研究表明动作能力与体力活动水平之间成正相关；第二篇论文中的23项研究，有12项研究表明两者成正相关，这些研究还测量了动作能力和协调能力；而13篇仅包括动作能力的过程性评估的综述论文（Logan et al., 2015），其中12项研究结果表明两者成正相关。他们发现儿童早期基本动作能力和体力活动之间的相关性从低度到中度（$r=0.16\sim0.48$; $R^2=3\%\sim23\%$，4项研究），童年期中后期两者的相关性从低度到高度（$R=0.24\sim0.55$; $R^2=6\%\sim30\%$，7项研究），青春期两者的相关性从低度到中度（$R=0.14\sim0.35$; $R^2=2\%\sim12.3\%$，2项研究）。

有两项纵向研究也证实了这一点。其中一项研究（Barnett et al., 2009）发现，儿童的物体控制能力为中到高度，身体活动提供了一小部分，但很重要的一部分。第二项研究（Lopes et al., 2012）发现，3年后的测量结果显示，高动作能力的6岁儿童自述的运动水平高于低中等动作能力的儿童。

菲格罗阿和安（Figueroa & An, 2017）还综述了关于学龄前儿童动作能力和体力活动水平的研究。有11项研究在5个国家进行，其中8项研究表明了动作能力与体力活动水平高度相关。亨尼克等人（Henrique et al., 2016）研究发现，根据3~5岁儿童的移动技能和运动参与度，可预测这些儿童2年后的运动参与度。越来越多的证据表明，动作能力和体力活动水平成正相关。

罗宾森等人想要得出儿童和青少年动作能力和体力活动水平之间的相关性变化的结论，但还需更多研究，特别是采用相同指标的研究。假设在生命早期，较高水平的体力活动是动作能力发育的驱动力，此后这两者的关系是相互作用。罗普林奇、戴维斯和傅（Loprinzi, Davis & Fu, 2015）提出了一个概念化模型，描述了动作能力在童年期和成年期调节体力活动水平的潜力，也许间接地通过提高体力活动的趣味性而实现。他们研究发现，众多证据一致表明，动作能力增强与童年期和青春期早期、中期和晚期的体力活动增加有关。劳埃德、桑德斯、布雷默和特伦布莱（Lloyd, Saunders, Bremer & Tremblay, 2014）分享了成年期这两者的初步信息。他们分析了17名受试者的动作能力调查问卷，这些受试者20年前，即6岁时进行过动作能力评估。研究结果发现，女性6岁时的动作能力与其20年间闲暇时间的体力活动量成正相关。为了解决罗普林奇等人的概念模型的这方面问题，还需更多与动作能力和体力活动水平相关的研究。

▶ **要点** 与动作能力不强的青少年相比，动作能力强的青少年运动更加活跃。

维杜尔·凯尔萨斯、西格蒙德森、斯泰兹托特和哈加（Vedul Kjelsås, Sigmundsson, Stendsdotter & Haga, 2011）的一项研究表明，儿童的自我认知与动作能力和健康体能相关。哈特的儿童自我认知量表测量的自我认知包括社会接受度、动作能力、外表和一般自我价值，而这几方面均表明了儿童的自我认知与动作能力和健康体能的相关性。作者认为，改善自我认知的这些方面有助于提升体力活动参与度。

动作能力和健康体能

动作能力和健康体能的关系如何？巴尼特、范·伯登、摩根、布鲁克斯和比尔德（Barnett, van Beurden, Morgan, Brooks & Beard, 2008）测量了8~12岁青少年的基本动作能力和往返跑心肺功能。紧接着，5年后他们对同样的受试者再次进行了这些测试。他们发现了一个有趣的现象：物体控制技能等基本动作技能，能够用于预测青少年的心肺机能，而不是移动技能，无论是男孩还是女孩都是如此。也许物体控制技能良好的青少年更有可能参加体力活动。汉兹（Hands, 2008）的研究采用了相似的方法，但受试者包含动作能力较弱或较强的儿童。接下来的5年里，她每年都会再次测量受试者。除BMI未发现差异外，强动作能力组和弱动作能力组在所有指标上均存在差异（强动作能力组的表现更好）。这些差异在接下来的5年里继续存在，但有氧折返跑测试结果的差异逐渐扩大，而短跑和平衡测试结果的差异逐渐缩小。动作能力弱的儿童在5年中有所改善，但从未赶上动作能力强的儿童。动作能力较强与心肺耐力较强有关。

卡托佐等人（Cattuzzo et al., 2016）综述了1990—2013年发表的44项针对儿童和青少年的纵向研究和横向研究。其中12项研究的内容涉及动作能力和心肺机能的相关性，而这12项研究全部表明动作能力与心肺机能成正相关。其中11项研究的内容涉及动作能力和肌肉骨骼机能，有7项研究表明动作能力与肌肉骨骼机能成正相关。其中有33项研究的内容涉及动作能力与体重的相关性，有27项研究表明体重较轻与动作能力较强有关。他们得出结论：动作能力与健康体能直接或间接相关。

有关成人动作能力及其对健康体能影响的研究极少，但施托登、兰根德夫和罗伯顿（Stodden, Langendorfer & Roberton, 2009）研究了18~25岁年轻人动作能力和健康体能的相关性。他们通过受试者的最大踢球速度、最大投球速度以及最大跳跃距离来评估其动作能力。他们还记录了受试者的体脂率、握力和最大腿举力量，以及12分钟跑步或步行和卷腹测试的成绩。成人的动作能力与健康体能高度相关，表明了成年后动作能力对达到和保持健康体能很重要。

▶ **要点**　动作能力与心肺机能、力量、体重密切相关。

动作能力和体重

下面让我们探讨一下动作能力和体重之间的相关性。超重有可能阻碍婴儿期个体的动作发育。动作能力弱使儿童做动作更困难，体力活动水平较低最终导致个体超重和肥胖的概率较高。鲁滨逊等人（Robinson et al., 2015）发现许多研究表明，动作能力与体重成负相关（动作能力强则体重轻，动作能力弱则体重重）（Logan et al., 2011; Nervik et al., 2011; Saraiva et al., 2013），这一关系在儿童期早期出现，在儿童期强化（D' Hondt et al., 2011; Lopes et al., 2012）。而在青春期和成年期，他们的研究结果并不统一。

有一项纵向研究揭示了动作能力与体重之间相关性的有趣信息。亨特博士等人（D' Hondt et al., 2014）根据儿童身体协调性测试（KTK），测量了2500多名5~13岁儿童的身高和体重，计算他们的BMI的Z分数和动作能力。两年后，他们对其中750名儿童再次进行测试，结果发现，动作能力低于基线的受试者，可以肯定预测其BMI的Z分数上升。同时，BMI高于基线的受试者，可以肯定地预测其动作能力的下降。因此，这个研究证明了动作能力和BMI之间成负相关。

▶ **要点**　动作能力和体重之间有某种相互关系。

我们关于动作能力、体力活动、健康体能、身体成分和体重的论述为这些因素之间的相互关系提供了许多证据。但还需更多的研究来进行证实，特别是长期纵向研究，而年纪小的时候动作能力发展的相关研究很多。动作能力不仅在童年期和青春期时与其他因素成正相关，而且在整个一生中，我们有理由推测动作能力与其他因素均成正相关。

总结与综述

强有力的证据表明，动作能力、健康体能、体力活动和身体成分之间相互关联。对于想要在一生中的任何时间点改善个体健康状况的教育工作者和健康专业人士来说，了解这些因素的相互关系至关重要。如果忽视了这些因素相互关系的复杂性，简单的干预不太可能成功。在促进动作能力和体力活动方面，这些方法普遍适用，均能有助于实现健康体能和健康的体重。

巩固已学知识

回顾

肥胖问题突出了人体结构性限制和动作之间相互作用的本质。随着时间的推移，体力活动能随时改变结构性限制，从而达到运动所需的健康体能水平。就肥胖而言，体力活动有助于减轻体重，从而使运动更轻松、更熟练。随着时间推移，体力活动不足也会改变结构性限制，其后果不仅是体重增加，而且对身体系统的最终影响是限制各种运动，特别是对健康体能有一定要求的运动。尽管对不同年龄段的人来说，训练的效果存在差异，但训练能够普遍改善个体的健康体能水平和身体成分。媒体信息呈现出错误的目标，迫使各行各业的人去追求过瘦的身材。与媒体大肆宣传的目标不同，人们追求的目标应当是身体健康和拥有适当的脂肪含量。众所周知，想要实现这一目标，就应该坚持积极运动的生活方式。动作能力使人们能精力充沛地享受各种体力活动，使热量的摄入和消耗达到一种平衡状态。

知识测验

1. 儿童和青少年经常参加体力活动会对身体成分产生哪些影响？
2. 身体成分的性别差异有哪些？运动对男性和女性身体成分的影响是相似的还是不同的？相似或不同之处有哪些？
3. 肥胖儿童的最佳体重管理策略有哪些？
4. 运动对老年人的身体成分有哪些积极的影响？
5. 肥胖对儿童有哪些负面影响？对中年人和老年人有哪些负面影响？
6. 评估身体成分的方法有哪些？一生中不同的阶段，这些技能的优势和劣势有哪些？
7. 动作能力对体力活动水平有哪些影响？对健康体能和身体成分有哪些影响？
8. 体力活动参与度对动作能力有哪些影响？
9. 请解释动作能力与体重之间的相互关系。
10. 选择本章提到的3项研究或文献综述，并确定其研究结果所证实的相互关系模型中的方向。

学后练习12.1

儿童和肥胖

全世界肥胖儿童的数量正在增加，这是我们所有人都非常关注的问题。过去的几年里，这一话题受到许多大众媒体的广泛关注。许多人尝试找出原因，提出干预措施，以便扭转这一趋势。在网络上搜索总结已经提出的3种解决方案。研究者是否提供了证据，能说服你认为该研究提出的解决方案确实有效？请详细说明。你是否认为其中一种解决方案有效？或者是你认为这些解决方案有无必要？为什么？

学后练习12.2

施托登模型

　　检索施托登等人（Stodden et al., 2008）论文的引文，并获取论文的副本。找到本章论述的模型图示，研究该模型，确定动作能力、体力活动、健康体能和体重等各因素之间的3种关系。确定该关系为单向还是双向（相互），举例说明每种关系。该模型如何代表发展？请详细说明。

第5部分

知觉－动作的发展

　　婴儿的知觉能力会经历显著的变化。例如，他们会学习各个身体部位的名称和位置，以及物体之间的相互关系，如"前面"或"后面"。这些变化对婴儿的知觉系统和身体动作技能具有重要的作用。毫无疑问，知觉系统是个体的结构性限制，与环境限制和任务限制相互作用，从而产生动作。事实上，知觉系统与环境限制之间的相互作用非常丰富。

　　一直以来，关于知觉及其与运动或动作关系的研究，与动作发展一样存有争议。当然，针对知觉在动作发展中的作用，专业人士的观点各不相同。最近一次重要的争论可能涉及这样一种观念：动作推动了知觉的发展，知觉的发展反过来也会推动新动作的产生。当前还有一种前沿研究观念为，动作和训练促进了人一生中神经系统的发育。对于上述两种观念，限制模型都是有用的，因为它强调了个体限制、环境限制和任务限制之间的相互作用，从而产生了动作。首先，让我们回顾视觉、动觉和听觉系统中与年龄相关的感觉和知觉变化。

推荐阅读

Bornstein, M.H. (2017). Perceptual development: Stability and change in feature perception. In M.H. Bornstein & W. Kessen (Eds.), *Psychological development from infancy* (pp. 37–81). New York: Routledge.

Corbetta, D., DiMercurio, A., Weiner, R.F., Connell, J.P., & Clark, M. (2018). How perception and action fosters exploration and selection in infant skill acquisition. *Advances in Child Development and Behavior*, 55, 1–29.

de Klerk, C.C., Johnson, M.H., Heyes, C.M., & Southgate, V. (2015). Baby steps: Investigating the development of perceptual-motor couplings in infancy. *Developmental Science*, 18(2), 270–280.

Kay, B.A., & Kelso, J.A.S. (2016). Information and control: A macroscopic analysis of perception-action coupling. In H. Heuer & A. Sanders (Eds.), *Perspectives on perception and action* (pp. 17–46). New York: Routledge.

Lynch, A., & Getchell, N. (2010). Using an ecological approach to understand perception, cognition, and action coupling in individuals with autism spectrum disorder. *International Public Health Journal*, 2(1), 7–16.

Witt, J.K., & Riley, M.A. (2014). Discovering your inner Gibson: Reconciling action-specific and ecological approaches to perception-action. *Psychonomic Bulletin & Review*, 21(6), 1353–1370.

第 13 章

感觉－知觉的发展

章节目标

章节目标

▶ 回顾视觉、动觉和听觉系统的发展变化；

▶ 讨论视觉、动觉和听觉随年龄增长而发生的变化；

▶ 追溯视觉的发展，特别是对空间、物体和运动的感知；

▶ 描述动觉的发展，特别是对触觉位置、身体、肢体运动、空间定向和方向的感知；

▶ 描述听觉的发展；

▶ 研究以不同的方式感知环境中的同一物体或事件的过程。

现实世界中的动作发展

你所处的环境

大多数人可能都在电影院中看过IMAX电影。近年来，IMAX 3D影院数量激增，好莱坞电影制作人也开始使用IMAX技术。大部分此类电影中，似乎都有人坐在飞机座舱里飞起来的镜头。这些镜头给了我们非常丰富的视觉信息，那些经常晕机或晕船的人一看到这类镜头，就会产生不适。这些电影提醒我们，当我们身处环境之中或与环境互动时，感觉信息和知觉信息，特别是视觉信息，具有至关重要的作用。然而，我们只生存在一种环境中。因此，我们如何与这样的环境交互，取决于我们对环境的感知方式。

从很多方面来说，几乎每一个动作都是一种知觉–动作技能。人的动作基于环境及人在环境中的位置或方位信息。例如，垒球内野手能够看到投手的位置、击球手击球及球在地上反弹，还能听到击球声，看到跑垒者，并感觉到自己身体的位置，他利用这些信息来决定何时何地拦截球、移动到哪里，以及如何定位自己的身体。似乎并不是所有的运动都如此依赖于对环境的感知。然而，即使是一个经验丰富的跳水运动员，蒙着眼睛、戴着耳塞，也必须感觉到重力对其身体的拉拽，知道躯干和四肢之间的相对位置，才能完成跳水。

3D电影给人带来的晕动症表明，感觉信息和知觉信息是高度整合的。我们通常在多个感觉系统中体验各类事件。如果来自一种感官的信息与另一种互相矛盾，就会引发不适，例如跟跄、跌倒或感到恶心。如果无法从一种感官中获取信息，我们可以从另一种感官中获取信息以进行补偿，但如此一来，信息可能不太准确。此外，自我的感觉–知觉和环境是相互作用的系统。我们不只是被动地从环境中获取信息，而且是采取行动主动从环境中获得信息。例如，我们把耳朵转向声音发出的地方，或用手触摸物体表面的纹理。因此，即使在讨论个别系统或知觉辨识的类型时，我们也必须意识到**感觉、知觉**和动作的高度整合。

感觉感受器功能正常的个体，可以对同一刺激赋予不同的含义，甚至同一个体也可以用不同的方式解释同一刺激。你可能在普通心理学课堂上看到过一些具有这种效果的视觉展示，如你可以将图13.1看作两个面部轮廓或一个花瓶。因此，知觉是我们将意义赋予感官刺激的过程。个体如何解释感官刺激，对知觉发展来说，非常有趣。个体想要在环境中移动或行动，就必须感知环境。事实上，一些观点认为，知觉和动作相互作用、不可分割。环境会影响可能或有效的动作，通过在环境中的移动，我们可以知道环境的本质，以及我们与环境之间的相互作用。如果不研究知觉和动作之间的关系，那么对动作发展的研究就不完整。

当然，感觉–知觉系统是对动作和其他活动，如阅读的个体结构性限制。前面的章节讨论了许多结构性系统的发展，如骨骼和肌肉系统。本章重点讨论感觉–知觉系统中视觉、动觉、听觉的发展。

感觉是由刺激触发的神经活动，刺激激活感觉感受器，导致感觉神经冲动沿感觉神经通路传递给大脑。

知觉是发生在大脑中的一个多阶段的过程，包括对从感官接收到的信息进行选择、加工、组织和整合。

视觉发展

视觉在大多数技能表现中起主要作用。为了更好地理解这一作用，我们需要研究视觉感觉和视觉知觉与年龄相关的变化。

视觉感觉

视觉的几个方面决定了一个人能看清物体的程度（图13.2）。在此，我们仅讨论视觉敏锐度。在出生后第一个月，视觉系统为婴儿提供视觉。婴儿具有功能上有用但不精确的视力，水平约为成人最终视力的5%或斯内伦视力表上的20/400（20/20为理想值）（图13.3）。婴儿对细节的分辨能力使其能够分辨20英寸距离内物体的特征。超过这个距离，婴儿很可能看不清物体（Kellman & Arterberry, 1998）。

婴儿在约6个月大时，运动系统开始自发地促进移动，此时，他们的视觉系统能够感知足够的细节，以帮助其完成各种活动。从生态学观点来看，视觉是另一个系统，必须发展到一定的水平，才能促进移动技能发展。

视觉在童年期持续发展。5岁儿童的视力约为20/30，到10岁时，视力正常的儿童会达到20/20的预期水平。视觉体验是视觉发展的必要条件，发展过程中的视觉障碍会导致个体出现屈光不正（Atkinson & Braddick, 1981）。

随着年龄的增长，个体的视觉系统会发生自然的变化，尤其是老年人，更易出现某些视力问题和疾病。这些变化会影响到达中枢神经系统的视觉信息的质量，并可能影响动作技能表现和日常生活中的活动。

视觉敏锐度是指视力的清晰度。

图13.1 这幅图可以看作两个面部轮廓或一个花瓶
源自：WikiCommons。

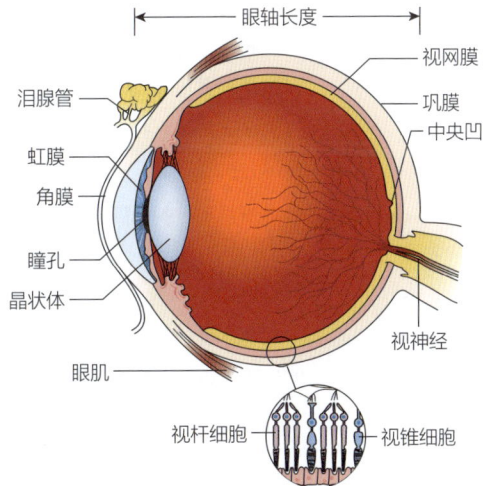

图13.2 人眼。眼轴太短或太长可能分别导致远视或近视。角膜有不完美的曲率也会导致视力模糊，这种现象称为散光

▶ **要点**　视力在10岁左右达到成人水平，眼轴长度不完美而导致的任何屈光不正，都可以通过配戴眼镜或隐形眼镜进行矫正。

老花眼指调节能力逐渐丧失，无法专注于观察近距离物体。老花眼的程度随着年龄的增长而加剧。

例如，**老花眼**在40岁左右会表现出较明显的临床症状。它会使人看不清附近的图像。瞳孔的静息直径也会随着年龄的增长而缩小，通常60岁时，个体的视网膜照度（到达视网膜的光量）是年轻人的1/3。随着年龄的增长，晶状体也会变黄，进一步降低视网膜照度，使眩光成为困扰老年人的问题。

老年人常见的视力障碍包括：

- 白内障；
- 青光眼；

老年性黄斑变性是一种影响视网膜中央区的疾病，正常的视网膜可带来良好的视力。

- **老年性黄斑变性**。

长期与儿童或老年人接触的人，可以发现某些视觉问题的迹象，包括：

- 斜视；
- 伸手接触物体时距离不足或超出；
- 进行反常的头部运动以使视线与特定物体对准。

相关人员应确保活动区域光线充足

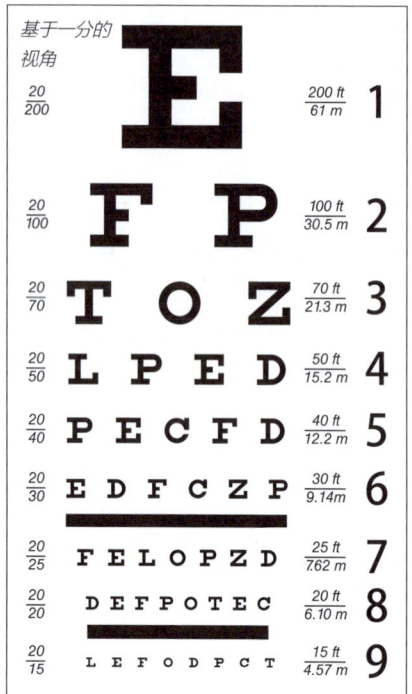

图13.3　斯内伦视力表，通过测试观察者是否能够辨别字母来测量视觉敏锐度。这些字母的区别在于是否有一小部分被填充，如F和P或C和O。儿童必须认识字母才能用这种方式进行测量。针对婴儿有其他检测方法

无眩光，并鼓励参与者佩戴规定的矫正镜片（Haywood & Trick, 1990）。视觉为身体提供了大量执行技能的知觉信息，因此，增强中枢神经系统接收视觉信息的能力，也会增强视觉知觉，从而提高技能表现。如果想知道自己对感官信息有多么依赖，可以在进行日常活动时闭上眼睛进行感受。

视觉知觉

在大多数技能表现中，人们主要依靠视觉知觉。视觉知觉的发展本身就是本小节的主题，因此，接下来将重点讨论视觉知觉。

空间知觉

空间知觉是基本视觉知觉之一。几乎所有的动作，如伸够和抓握、移动以及驾驶汽车或飞机等复杂技能，都依赖于对三维空间的感知。视网膜上的感觉感受器接收视觉的方式大致是二维的，那么人类如何从三维的角度解读世界呢？

要感知三维空间，个体必须感知深度和距离。视觉系统有许多关于距离和深度知觉的信息来源。视网膜像差是其中一个影响因素，由于一个人的双眼位于不同位置，因此，每只眼睛看到的视野角度略有不同（图13.4）。判断深度所需的信息来自对两只眼睛看到的稍有不同的图像的比较。深度知觉得益于良好的视觉敏锐度，因为每只眼睛看到的图像都更清晰，这为比较提供了更多的信息。

观察者还可以获得其他关于深度的信息来源。例如，移动头部或在空间中移动，可以帮助他们从运动视差中获得深度线索。空间中的物体在视网膜上的位置会发生改变，当头部移动时，较近的物体会与较远的物体重叠。吉布森（Gibson, 1966）认为，这种被他称为光流（视觉流）的光学阵列转变，提供了大量关于环境三维特质的信息。这种感知环境的直接方式可以指导移动、控制姿势，并帮助我们预计与物体及其表面的接触（Crowell & Banks, 1993; Johansson, von Hofsten & Jansson, 1980; Warren & Wertheim, 1990）。

有经验的观察者也会用物理平等的假设来判断深度。也就是说，当两个相似的物体大小相同，但在视网膜上投射出相对不同的大小时，我们假设视网膜上较大的物体离我们较近。同样，如果我们沿着一条马路往下看，即使路缘带看起来彼此更靠近（路缘带形成汇合线），我们也假设它的宽度是相同的。

? 如果你是体育教师，你会教授哪些需要深度知觉的活动？

婴儿具有功能性视觉，因此，视网膜像差和运动视差的机制是深度知觉的来源。大约从1个月大开始，婴儿看到一个似乎正在靠近的物体时，会比看到一个没有靠近的物体时更频繁地眨眼（Nanez & Yonas, 1994）。这表明，他们感觉到物体正向他们移动，而并不仅仅是尺寸上的变化。在吉布森和沃克（1961; Gibson & Walk, 1960; Walk, 1969）著名的视觉悬崖实验中，6~14个月大的婴儿，被放在跌落点的一侧（跌落点上方有一块玻璃，防止婴儿跌落）。尽管他们的母亲从另一边招手，但他们还是停在了跌落点边上。这些研究表明，即使是年幼的婴儿，也有一定程度的深度知觉。然而，儿童在判断深度时可能会出错，直到青春期早期才能接近成人的水平（Williams, 1968）。

▶ **要点** 在我们所处的环境中，关于深度和距离的线索，通常来自不同位置的双眼或头部的运动。

深度知觉的行为实验与大脑视觉皮层成熟状态相一致。婴儿出生时，大脑皮层第4层的细胞接收来自双眼的神经输入。到6个月大时，这些神经输入变成交替的柱状结

深度知觉是一个人对自己到空间中的物体或位置的距离所做的判断。

视网膜像差是双眼因其位置不同而接收到的图像差异。

运动视差是观察者在运动过程中，距离不同的物体其光学位置的变化。

光流是指当观察者在稳定的环境中向前或向后移动时，光学纹理模式的变化，也是光学阵列的变换。

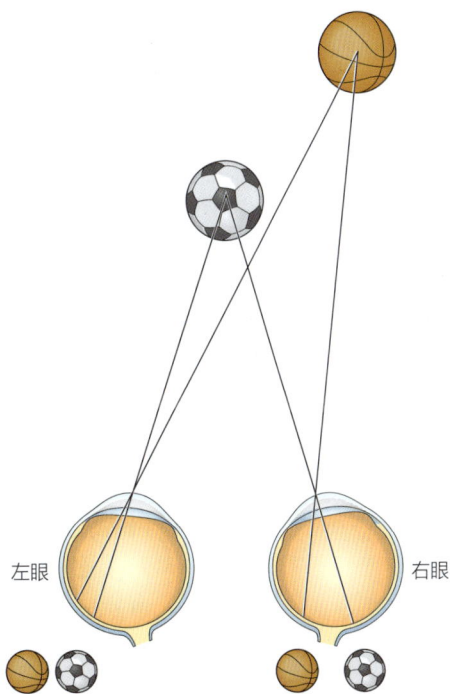

图13.4 视网膜像差：每只眼睛看到的视野角度略有不同

左眼　　　　　右眼

构，分别接收来自左眼和右眼的输入（Held, 1985, 1988; Hickey & Peduzzi, 1987）。视差信息取决于知道哪只眼睛正在发送什么信息，因此，神经在这一方面的成熟，很可能是视网膜像差形成深度知觉的关键。

与年轻人相比，未能通过深度知觉测试的老年人更多，但用于区分深度的阈值变化却很小（Wright & Wormald, 1992; Yekta, Pickwell & Jenkins, 1989）。较高的失败率表明，有视觉问题的人数会随着年龄的增长而增长。

虽然对空间的感知是视觉感知的一个重要方面，但我们的环境也包括物体。因此，感知物体及其属性，以及它们与自己和他人的关系也同样重要。

物体知觉

物体的重要属性包括大小、形状和运动状态。物体的概念是相对的，如飞机驾驶员可能会认为跑道是一种物体，而站在跑道上的人则认为它是一个平面。随着成长，婴儿最初感知到的平面可能会成为物体。例如，对婴儿来说，玩具护栏的地板是一个平面，而对成人来说，婴儿玩具护栏是一个物体，可以将它折叠并带走。成人在感知物体时，会使用各种不同的信息来源（Kellman & Arterberry, 1998）。例如，我们可能观察到边缘（视觉显示中的不连续性），并确定它们是否是物体的边界。如果看到一个人站在一辆车前，我们就会假设较近的物体（在这个示例中是人）具有边界，而车继续停在人的后面。我们认为，汽车不会在人的一端停下来，然后在另一侧重新启动。深度和动作线索在这些感知中非常有用。

边缘和边界的知觉帮助我们从背景环境中提取物体或图形（图13.5）。你可能还记得拼图，在这些拼图中，艺术家将一些人们熟悉的物体，如球或糖果棒，嵌入线条画中。借助图形－背景知觉，我们由此找到嵌入的物体。对边缘和边界的知觉，能够帮助我们区分物体的整体和部分，称为整体－局部知觉。例如，如果你在街上开车，看到半个自行车轮胎从一排停放的汽车中露出来，上面还露出一个儿童的头部，在此种情况下，你并不会感到困惑。随即你就会发现，前面有个骑自行车的儿童挡住了你的去路，于是你下意识减慢速度。

图形－背景知觉是将感兴趣的物体与背景区分开的能力。

整体－局部知觉指将一幅画或物体的部分从整体中分离出来，然后将这些部分整合成整体并感知的能力。

我们对婴儿关于边缘和边界的知觉知之甚少。一些研究表明，婴儿在感知物体时更依赖深度和动作线索，而不是边缘（Granrud et al., 1984; von Hofsten & Spelke, 1985）。儿童在4~6岁，在图形－背景知觉活动上有所改善（Williams, 1983），6~8岁再次改善（Temple, Williams & Bateman, 1979）。

非常幼小的儿童很难把物体整合成一个整体。例如，你可能看到过由熟悉的物体组成的雕塑，例如由螺母和螺栓组成的小人。图13.6所示的这种图片用于评估整体－局部知觉。9岁以下的儿童通常只能看到一个单独的人、单个的螺母和螺栓，或者看到两者，但感知的时间却有所不同。9岁以后，大部分儿童都能将部分和整体融入整个画面中（Elkind, 1975; Elkind, Koegler & Go, 1964）。然而，要认识到，成人对物体感知线索的敏感度，远远超过了在典型环境中感知物体所必需的水平（Kellman & Arterberry, 1998）。所以婴儿仍然可以很好地感知物体，即使无法达到成人的水平。

? 想象一下在繁华的城市里开车时，空间知觉和物体知觉何时以及以什么方式参与你的行动？

对距离的知觉影响着我们对环境中的物体及其性质的感知。我们必须认识到，一个物体的大小是恒定的，即使它离我们的距离可能不同（图13.7）。斯莱特、马托克和布朗（Slater, Mattock & Brown, 1990）提出，婴儿有**大小恒常性**。他们首先证明，婴儿更多的是注视视网膜上投影尺寸较大的物体。接着，他们让婴儿熟悉立方体（大的和小的），立方体的大小保持不变，但与婴儿的距离却各不相同。当同时向婴儿展示一个熟悉的、大小恒定的物体与一个新的物体（保持两个投影大小相等的距离）时，他们会更多地观察新的物体，这表明，他们发现了物体尺寸上的差异。

习惯化方法也能证明婴儿对形状或形态的敏感性（即**形状恒常性**）。如果婴儿已经习惯了一种形状，随后向他展示另一种形状，如果婴儿能够观察到形状差异，那么他会花更多的时间观察新形状。面部知觉是其中一种形式知觉，只有4天大的婴儿就会用更多的时间观察母亲的脸，而不是观察陌生女性的脸（Bushnell, 1998; Bushnell, Sai & Mullin, 1989）。他们会利用脸部的外部轮廓来感知明暗相间的人脸。为了感知形态，观察者必须关注或忽略物体的**空间定向**，这取决于这些信息是否与当前的活动相关。在某些情况下，重要的是要认识到两个物体是相同的，即使其中一个倒向一边或旋转。在其他情况下，物体或符号的不同方向会影响其含义，如字母d和b。

? 假设你是一名幼师，找出所有只要改变方向就能变成另一个字母的字母。

▶ **要点** 婴儿对物体的大小和形状很敏感。

儿童似乎更能注意到物体的空间定向（Gibson, 1966; Pick, 1979）。3岁和4岁的儿童可以学习如高和低、上和下、前和后等极端方向，但是他们通常把中间视为与

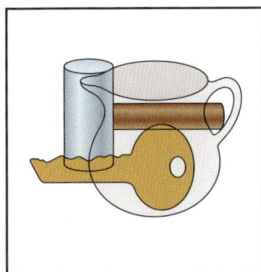

b

图13.5 来自美国南加州的感觉统合测试中图形−背景知觉测试的一个测试项目。儿童必须识别图b中的6个物体哪个是存在或嵌入在图a中
源自：Ayres (1972)。

大小恒常性是指无论物体在视网膜上的投影大小，都能感知实际物体尺寸的能力。

习惯化是对刺激的一种适应状态。

形状恒常性是指无论观察者所处的方向，都能感知实际物体形状的能力。

空间定向是物体在空间或二维图形中所处的方位或位置。

图13.6　可用于评估整体-局部知觉的典型图片。年龄较小的儿童通常会看到一张脸或一些碎片（如香蕉、草莓、南瓜），而年龄较大的儿童和成人一般会看到一张由水果组成的脸

检测阈值是连续体上的一个点，在该点上的能量水平正好足以记录刺激的存在。

最近一端相同的方向。8岁时，大多数儿童已经学会区分斜线（各种角度）和对角线（45度），但仍然可能混淆左右（Naus & Shillman, 1976; Williams, 1973）。

运动知觉

在动作发展研究中，运动知觉有着特殊的意义。我们知道，存在着专门检测运动的神经机制。具体来说，单个皮层细胞的激活取决于物体在视网膜上的方向、位置和速度反射信号，而视觉皮层的内侧颞区专门处理运动信号（Kellman & Arterberry, 1998）。因此，婴儿能够感知运动并不奇怪。

然而，婴儿早期缺乏成人对于运动的敏感性，直到8岁时，才能很好地感知运动方向（Wat-tam-Bell, 1996a, 1996b）。婴儿的速度检测阈值高于成人。然而，到6岁时，婴儿很难感知到附近物体的极慢速度（Aslin & Shea, 1990; von Hofsten, Kellman & Putaansuu, 1992）。老年人在**检测阈值**下难以感知运动（Elliott, Whitaker & Thompson, 1989; Kline et al., 1994）。在现实条件下这种情况是否具有实际意义还尚未可知，需进一步研究。

评估婴儿知觉

优先观察法是一种研究方法，给婴儿同时呈现两个刺激（物体或事件），婴儿会观察有兴趣的新鲜刺激（物体或事件）。

由于婴儿无法描述他们感知到的东西，研究者必须想出其他方法，通过观察婴儿的行动和反应，探究他们感知到的东西。**优先观察法**即是行之有效的方法之一。婴儿倾向于观望新鲜、令人惊讶或不熟悉的物体或事件。同样，婴儿的注意力往往会离开其不断或反复接触的物体和事件。后一种情况表明，婴儿已经习惯了该物体或事件。

为了探究在此种方法下，婴儿能够感知到什么。首先，研究者让婴儿在一定的时间或次数下，接触一种物体或事件。当婴儿习惯了这种刺激，并产生习惯，开始将注意力转向别处时，研究者就拿出另一个在某些方面不同的物体或事件。例如，如果婴儿对物体的大小感兴趣，研究者就改变物体的大小；如果婴儿对形状感兴趣，就改变物体的形状。如果婴儿感知到新刺激的不同，就会对其保持关注。如果该物体与婴儿熟悉的物体

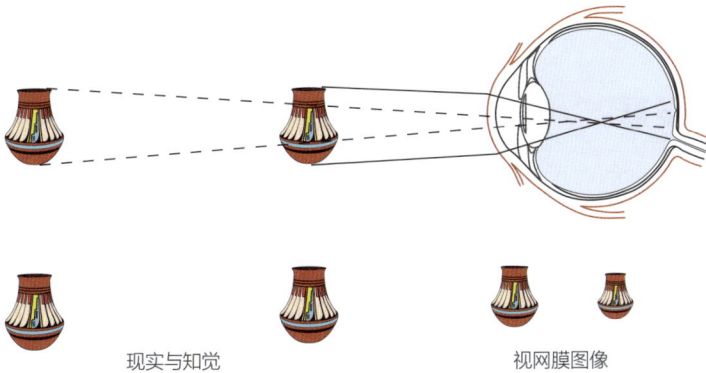

现实与知觉　　　　　　　　　　视网膜图像

图13.7 大小恒常性。物体与眼睛的距离每增加一倍，物体的图像就缩小一半，但物体实际并没有缩小。我们假设物体的大小恒定，只是距离发生了改变，而不是大小改变、距离恒定

　　关于视觉知觉的讨论非常简单。总体来说，这里讨论的结果表明，即使是婴儿，基本的视觉知觉也能为其提供大量的环境信息。随着个体的成长，在检测阈值的感知能力会与成人相同。注意力很可能在视觉知觉活动的表现中起作用，并且通过关注环境的重要部分来提高表现水平（Madden, Whiting & Huettel, 2005）。然而，在成年后，检测阈值的感知能力很可能会下降。在现实世界中，我们需要更多的信息，来了解检测阈值表现对日常活动的重要性。

相同，他就不会对该物体产生兴趣。研究者可以通过变化量的改变来观察婴儿感知程度的差异。

　　此外，研究者先让婴儿对一个物体产生习惯，随后拿出另一个新的物体，将两个物体分别放置在婴儿的左边和右边。研究者坐在婴儿面前，记录婴儿观察每个物体的时间。如果婴儿感知到了不同，那么他们可能会更多关注新的物体，这即称为优先选择。如果婴儿花更多的时间观察新的物体，那么就可以得出，婴儿能够感知到新物体与熟悉物体的不同之处。如果在观察时间上没有差异，则表明婴儿无法感知此种差异。欲了解更多关于此方法的信息，参见伯恩斯坦的研究（Bornstein, 1985）。

▶ **要点** 婴儿能够感知运动，随着年龄的增长，他们能更准确地感知运动的方向和速度。

动觉发展

动觉系统给我们带来"身体感觉"。这对我们在环境中定位、移动和识别我们接触的物体来说至关重要。动觉还让我们感受到力、重力和用力的感觉。想知道动觉的重要性，你只需回想在集市中的游乐场或马戏团里走过的场景，视觉系统和动觉系统接收到的信息会产生矛盾冲突。

动觉感觉

动觉系统对于技能表现非常重要，它可以产生以下相关信息：

- 身体各部分的相对位置；
- 身体在空间中的位置；
- 身体运动；
- 与身体接触的物体的性质。

与用眼睛作为感觉感受器的视觉系统不同，动觉信息来自全身各种类型的感觉感受器，称为**本体感受器**，本体感受器及其位置如表13.1所示。位于肌肉、肌腱的连接处、关节囊和韧带及皮下的本体感受器，又称为**躯体感受器**，位于内耳的本体感受器称为**前庭感受器**，内耳结构如图13.8所示。有时我们没有意识到本体感受器正在提供信息。例如，我们自动调整姿势，帮助保持直立姿势。

位于肌肉内的感受器称为肌梭，它在位置和运动感觉中有非常重要的作用，而皮肤感受器起次要作用（Proske & Gandevia, 2012）。肌肉肌腱连接处的感觉感受器感受力量和重量。动觉系统提供身体位置的反馈和前馈信息，当扰动（干扰）在该位置发生时，它帮助我们保持身体位置。

本体感受器是位于身体周围各种动觉感受器的统称，两种本体感受器是躯体感受器和前庭感受器。

躯体感受器是位于皮下、肌肉内部、肌腱连接处、关节囊和韧带中的本体感受器。

前庭感受器是位于内耳的感受器。

表13.1 本体感受器及其位置

本体感受器	位置
肌梭	肌肉
高尔基腱器	肌肉肌腱连接处
关节感受器 喷射性鲁菲尼小体 高尔基型感受器 改良环层小体	关节囊和韧带
前庭半规管	内耳
皮肤感受器	皮肤和皮下组织

许多婴儿反射是通过本体感受器加以刺激的。因此，反射的出现表明相应的本体感受器在起作用。在怀孕仅7.5周时，胎儿通过嘴周围的触觉刺激，可以引发其第一个产前对侧颈部屈曲反射。

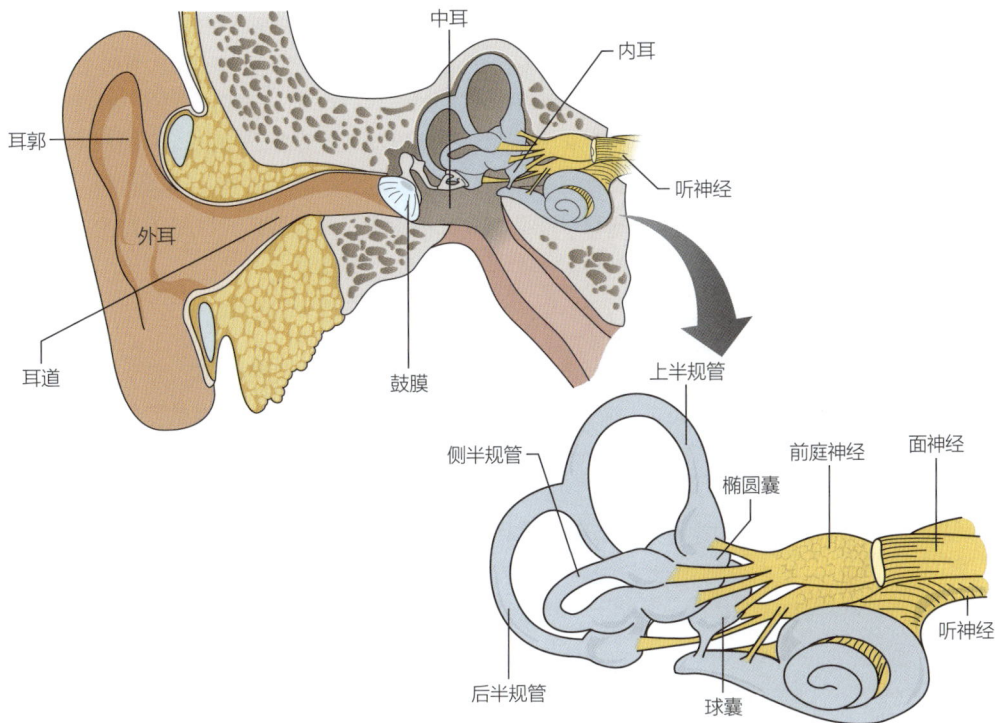

图 13.8 内耳结构。感觉感受器位于椭圆囊和球囊中

▶ **要点** 动觉来自全身的各种感觉感受器。

研究者使用身体其他部位的触觉刺激，证明了皮肤感受器的发育按以下顺序进行：口腔、生殖器（肛门）、手掌和脚底。这种发育顺序和我们在第8章中讨论的头尾和近端－远端生长方向一致。

出生时，婴儿对触摸有明显反应。他们还可以确定触摸的位置，特别是在嘴和面部区域的位置（Kisilevsky, Stach & Muir, 1991）。我们知道，前庭感受器以解剖结构在胎儿期的第9~12周左右发育完整，但它在出生前的功能状态尚不清楚。迷路翻正反射大约在出生后第2个月出现（Timiras, 1972），这一事实为前庭功能提供了一些证据。3岁时肌梭发育成熟，7岁时躯体感觉系统的脊神经环路发育成熟。因此，动觉系统在生命早期是起作用的，至少系统的某些部分在童年中期发育成熟。

❓ 父母用触摸与婴儿交流的方式有哪些？

动觉知觉

尽管本体感受器在生命早期具有功能性，但动觉知觉的发展会持续到青春期和成年早期（Cignetti et al., 2017），检测本体感觉刺激（敏感度）和辨别刺激（精确度或敏锐度）的能力均有所增强。儿童在6~7岁时动觉敏感度显著提高，在7~11岁时逐渐完善（Li et al., 2015）。然而，12.5岁左右的青少年对被动肢体活动的敏感性尚未达到成人水平（Pickett & Konczak, 2009）。维瑟和戈兹（Visser & Geuze, 2000）使用了一种序贯研究设计来观察青少年的动觉敏锐度。11.5~16.5岁时，青少年的视力得以发展。一般而言，敏感度和敏锐度在童年期出现较大发展，在青春期前和青春期期间逐渐完善，变异性随年龄的增加而降低（Holst-Wolf, Yeh & Konczak, 2016）。在动觉知觉的特定方面，这种模式可能会有所不同。动觉知觉的类型可分为几种方式，这里我们先讨论触觉定位、操作和运动，然后讨论身体知觉。

触觉定位、操控和动作

触觉定位指在看不见的情况下辨别触碰的身体确切部位的能力。

虽然新生儿有触觉，但他必须知道触觉发生在身体的什么部位及其性质，这种能力称为**触觉定位**。准确辨别触碰的部位，不用视觉就判断触碰是否涉及一点还是两点，是儿童时期发展的一种能力。儿童4岁时对手和前臂触觉的定位不如6~8岁时准确，在6~8岁时，这类活动的表现没有得到显著发展（Ayres, 1972; Temple et al., 1979）。基于这些有限的数据可得出，手和手臂上触觉定位的知觉在6岁时相对成熟。

阈值辨别检测了接触皮肤两点之间的最小间隙，在不同的身体部位上表现出不同的阈值（图13.9），然而，它是否也会随年龄的变化而变化，还尚未可知（Van Duyne, 1973; Williams, 1983）。埃尔斯（Ayres, 1966）认为，在一组5岁的儿童中，只有一半的人能够始终辨别不同手指的触觉，尽管在7.5岁时平均表现有所改善。

▶ **要点**　儿童触觉定位的能力有所增强，但对触摸的阈值辨别知之甚少。

通过操控来识别看不见的物体及其特征，是与物体的视觉知觉平行的动觉知觉。对于婴儿来说，这种操纵往往是偶然的，而不是有目的的。然而，到4岁时，普通的儿童可以有目的地处理物体。到5岁时，儿童可以探究物体的主要特征。大约6岁时，人工探究变得系统化，也就是说，儿童变得更有条理性（Van Duyne, 1973）。在接下来的2年中，触觉（皮肤）记忆和物体识别水平也有所提高（Northman & Black, 1976）。

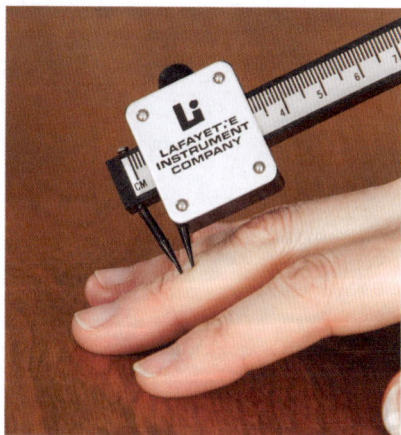

图13.9　触觉定位包括准确判断同时接触皮肤的点。随着两个触点的距离越来越近，要区分一个触点和两个触点就变得更加困难

坦普尔等人（Temple et al., 1979）的研究表明，在这段时间里，儿童的触觉识别速度也有所加快。

动作知觉是动觉知觉的另一种形式。你可以通过要求儿童准确再现肢体动作，或不用观察就能重新定位肢体位置，来评估儿童对关节处动作程度的感知。儿童在5~8岁时，上述能力有所增强，8岁后增强得不明显（Ayres, 1972; Williams, 1983）。

身体知觉

要进行日常活动或复杂的技能训练，就必须对身体、身体的各个部位和各个方面都有感觉。**身体知觉**是对身体各部位和关节的位置、动作以及相互关系的认识、识别和区分，也指一个人对身体在环境中的空间定向和知觉位置的认识。

身体部位识别

随着儿童年龄的增长，他们中更多的人能够正确标记身体的主要部位（DeOreo & Williams, 1980），能够说出更详细的身体部位（Cratty, 1979）。儿童正确标记身体部位的速度，主要取决于父母或其他成人与儿童一起练习的时间。大概有2/3的6岁儿童能够辨别出身体的主要部位，9岁以后发育正常的儿童很少在辨别时出错。

? 想象你是一位青少年体育教练。运动中的哪些技能至少部分依赖于身体知觉？你能用什么线索来吸引初学者对身体位置的注意？

儿童还需要对身体的空间维度有一种感觉，例如上下。他们通常先掌握上下维度，然后是前后维度，最后是侧面。2.5~3岁的儿童中，有很高比例的人能将物体放在身体前面或后面，但更多的人在将物体放在其他东西前面或后面时会有困难。大约4岁时，大多数儿童可以完成后一项任务，也可以将物体放在某物的侧面（Kuczaj & Maratsos, 1975）。

自我意识

出生第2年时，婴儿的客观自我意识得以发展（Moore et al., 2007），镜像识别活动就能证明这一点。但到30个月时，婴儿往往会出现"比例错误"，例如，试图将自己的身体放入过小的空间（DeLoache, Uttal & Rosengren, 2004）。虽然这些错误在逐渐减少，但自我意识的某些方面仍在童年时期不断发展。橡胶手错觉就是一个典型示例，在这个示例中，一个人会看到一只假手与自己隐藏的真手同时被抚摸。这种错觉甚至会让成人觉得假手就是他们的手。4~9岁儿童产生的错觉比成人多，但10~11岁的早期青少年会表现出成人水平（Cowie, Sterling & Bremner, 2016）。

偏侧化

儿童通常在3岁前就能掌握上下和前后意识，但他们在大约4~5岁时才知道身体具有两个截然不同的侧面或**偏侧化**（Hecaen & de Ajuriaguerra, 1964）。儿童逐渐意识到，虽然双手、双腿等都具有一样的大小和形状，但自己可以将其定位在不同的位置，并独立地移动它们。最终，儿童能够辨别左右两侧。

年龄相关的左右辨别能力的增强发生在4~5岁和10岁。大多数儿童在10岁时反应几乎完美（Ayres, 1969; Swanson & Benton, 1955; Williams, 1973）。然而，也可以在年

身体知觉包括身体部位识别、自我意识、偏侧化、偏侧优势、侧向偏好、空间定向感和方向感。

偏侧化是身体知觉的一个组成部分，具体说就是意识到一个人的身体有两个不同的侧面，可以独立运动。

龄更小时，甚至在5岁时，教会儿童辨别左右两侧（Hecaen & de Ajuriaguerra, 1964）。儿童很难完成一侧肢体必须越过身体中线的活动，如在黑板上从左到右书写。奥夫特和哈格代尔（Ofte & Hugdahl, 2002）要求7~8岁、12~13岁的儿童和成人，在人的前后视图上标记右手和左手。在一些照片中，手臂交叉越过了身体中线。随着年龄的增长，该能力逐渐增强。

? 想象你是一名幼师，你会用什么活动来教会儿童学会区分左右？

偏侧优势

偏侧优势是偏爱使用某一侧的眼睛、耳朵、手或脚，另一侧使用较少，对不同解剖单位的偏好并不一定总在同一侧。

对**偏侧优势**，尤其对惯用手的研究，可以追溯到亚里士多德（Aristotle）。在20世纪60年代，对于惯用手的争论一直存在，行为科学家认为，手的优势可能反映了在与手相对的身体一侧，大脑自然发生变化，而手的优势变成了大脑的优势，以及环境的影响是否会干扰大脑的支配能力。

在婴儿中能看到许多手部使用的不对称性。出生未满3个月的婴儿抓握物体的时间更长，握拳的时间更长，一只手比另一只手更活跃（Hawn & Harris, 1983; Michel & Goodwin, 1979; Michel & Harkins, 1986）。这些不对称并不总能用于预测成人的惯用手（Michel, 1983, 1988），但早期的不对称和后期的惯用手之间可能存在联系，因为不对称往往遵循方向性。喜欢向右转头的婴儿似乎更喜欢用右手伸手，反之亦然。这些自我产生的经验可能比用另一只手更有利于眼手的协调（Bushnell, 1985; Michel, 1988）。

婴儿满3个月后，他们也开始表现出手部偏好（Hawn & Harris, 1983）。单手操作出现在大约5个月大时，到7个月大时婴儿表现出操作特定手的偏好（Ramsay, 1980; 表13.2）。操作特定手开始出现大约1个月内，婴儿开始使用双手操作，即使双手握住一个物体，手部偏好也很明显（Ramsay, Campos & Fenson, 1979）。在单手和双手操作中，婴儿通常喜欢用同一只手。也就是说，在这两种操作中，他们都使用右手或左手（Ramsay, 1980）。虽然这些早期偏好可能会发生改变，但通常在4岁时出现的手部偏好，会成为青春期和成年后的惯用手（Sinclair, 1971）。重要的是要记住，在某些特定的环境情况下，儿童可能会发现使用他们的非偏好肢体是很方便的（Connolly & Elliott, 1972）。成年后，个体通常会使用自己的惯用肢体，即使这样做不太方便。

表13.2 婴儿的手部偏好

手部偏好的特质	大致年龄
更长时间的抓握和握拳	3个月前
单手伸够	5个月大时
特定手操作	7个月大时
双手操作	特定手操作出现后1个月内
惯用手	4岁

? 回想你在日常活动中，有没有偏爱右手或左手的情况。

侧向偏好

除了对手的偏好，我们也会对眼睛、耳朵和脚产生偏好。如果所偏爱的部位都在身体的同侧，则认为这种偏好是纯粹的，反之，则认为是混合的。在过去，发展学者认为，纯粹的支配是值得提倡的，这意味着大脑的一侧明显处于支配地位（Delacato，1966）。然而，从未有研究证明这一点。没有任何研究表明，大脑更偏向一侧的个体有任何真正的认知优势（Kinsbourne, 1988, 1997）。

▶ **要点** 虽然一些发展学者认为，纯粹的支配意味着大脑的一侧明显处于支配地位，但没有客观证据表明这一观点是正确的。

空间定向

空间定向涉及对身体在空间中的位置和方向的感知，与视觉无关。坦普尔等人（Temple et al., 1979）通过让儿童在蒙眼时走直线，并测量他们偏离直线的路径来测试这种感知。6~8 岁儿童的表现有所提高，8 岁是本研究中年龄最大的年龄组。在空间定向的研究中，有必要涉及更广的年龄范围。

方向感

方向感通常与偏侧化有关，即对身体两个不同侧面的感知。偏侧化感觉不良的儿童通常方向感知也不好。从直觉上看，这种关系似乎是合理的，但偏侧化缺陷并不会造成方向感知方面的缺陷（Kephart, 1964）。

人们通过视觉获得大量信息来判断方向，因此，这些判断依赖于视觉和动觉信息的统合。朗和卢夫特（Long & Looft, 1972）认为，6~12 岁儿童的方向感会有所提高。到 8 岁时，他们可以将身体作为参照物来指示方向，能够正确地说出"球在我的右边"。9 岁时，当儿童走到物体的另一边时，他们可以把说法改为"球在球棒的左边"。同时，他们也能辨别对面人的左右。这种方向性参考的发展会一直持续到 12 岁。朗和卢夫特指出，一定要在青春期提高儿童的方向感，因为许多 12 岁的儿童不能从新的角度（例如看镜子时）改变左右方向。

> **方向感**是指将身体的空间维度投射到周围的空间中，并掌握环境中物体运动或位置的空间概念的能力。例如，知道身体的空间维度中"左"的概念，就可以将其投射到周围的空间中，如"那个物体在我的左边"或者"汽车正从我的左边经过"。

动觉随年龄增长的变化

我们知道，部分老年人会失去皮肤敏感性、振动敏感性和对温度和疼痛的敏感性（Kenshalo, 1977）。研究表明，老年人的静态姿势和运动本体感觉敏锐度都有所下降。值得注意的是下肢本体感觉障碍，因为它在老年人失去平衡方面起着重要作用。随着位置匹配活动复杂性的提高和活动范围的扩大，当涉及对侧肢体时，年轻人和老年人之间的年龄差异也会扩大（Schaap et al., 2015）。然而，电噪声刺激和快速、重复的被动关节运动的干预，可以达到改善本体感觉的目的（Ju et al., 2013; Toledo, Barela & Kohn, 2017）。

另外，在使用动态触觉（主动感觉）而不是静态触觉时，老年人可以不用视觉辨别触摸表面的曲率，达到年轻人的水平。这表明，当额外的本体感觉信息被添加到皮肤信息中时，老年人可以做出更准确的判断（Norman et al., 2013）。随着年龄的增长，需要更多研究运动知觉的变化，尤其是下肢的本体感觉，因为它起着维持平衡、避免跌倒的作用。

听觉发展

虽然听觉信息对技能表现的重要性不如视觉或动觉信息，但它对表现的准确性来说仍然颇具价值。人们经常将声音作为关键的线索来启动动作或为动作计时。

听觉感觉

听力涉及外耳、中耳和内耳。内耳先发育，到胎儿期第3个月已接近成人状态。胎儿发育中期时，外耳和中耳形成（Timiras, 1972）。据报道，胎儿对响亮的声音有所反应，但这种反应可能实际上是对触觉刺激（即振动）的反应（Kidd & Kidd, 1966）。

绝对阈值是听者在信号响起至少一半的时间可以感知到的最小的声音。

婴儿的听力是不完善的，部分是因为充满内耳的胶状组织。婴儿的绝对阈值比成人高约60分贝。因此，当成人能察觉到耳语时，婴儿只能察觉到普通音量的说话声（Kellman & Arterberry, 1998）。婴儿也不会像成人那样能够辨别声音强度（差异阈值）或声音频率的变化。

差异阈值是最接近的两个声音，但仍然允许听者能在至少75%的时间内加以区分。

在出生后的第1周，内耳中的胶状组织被重新吸收，从而使听力迅速提高（Hecox, 1975; Timiras, 1972）。3个月大时，婴儿能够听到低频声音（500~1000赫兹），但无法听到高频声音（4000赫兹）。由于人类的说话声通常在5000赫兹以下，所以这种程度的听力使婴儿能够感知到声音。事实上，婴儿可能更倾向于听说话声（Vouloumanos & Werker, 2007），并在4个月大时比其他人更快地辨别自己母亲的声音（Purhonen et al., 2005）。相对于高音调，婴儿更易听到中低音调的声音。然而，到6个月大时，婴儿的听力几乎达到了成人水平，能够听到高频声音（Spetner & Olsho, 1990）。

▶ **要点** 婴儿可以听到人们的说话声。

老年性耳聋指听力敏感度的丧失。

患老年性耳聋的老年人要多于年轻人，但这种疾病的来源因人而异。有些人听力的丧失可能是由于生理退化，但大部分情况下，都是暴露于环境噪声中造成的。事实上，童年期暴露于嘈杂和慢性噪声中可导致终生听力丧失（Harrison, 2008）。人类出生时耳蜗毛细胞数量是固定的，不会再生。在任何时候，过度地暴露于噪声中都会导致毛细胞的永久性损伤。

老年人听到纯音和讲话的绝对阈值增加，这意味着老年人听到的声音必须更大。对于音调和语音辨别，差异阈值也会增加（Corso, 1977）。随着年龄的增长，听到高频声音的能力会受到更大的影响。其中一个结果是老年人不能听清楚某些辅音。他们表示，虽然可以听到说话的声音，但不能理解说话的内容。老年人在不利于听力的环境中表现出明显的劣势，例如，试图在一个人声嘈杂的房间里听一个人讲话（Stine, Wingfield & Poon, 1989）。

❓ 回想你的年长亲戚和熟人中，老年性耳聋患者进行哪些日常活动会较为困难？

听觉知觉

人们很容易忽视从声音中获得的信息。例如，我们可以通过声音来确定某一物体的位置，如确定某物正在离开还是靠近，或什么东西发出了声音，甚至是确定制造物体的材料。虽然我们认为，视觉和运动对技能表现更重要，但听觉给我们提供了很多关于所处环境的信息。这里，我们讨论的听觉感知，包括位置、相似的声音、模式，以及听觉图形与背景之间的差异。需要注意的是，其中有几点与视觉和动觉知觉的类型是相似的。

位置

我们通过确定声音的方向和距离来确定声音的位置（图13.10）。婴儿会转向声音的方向，在出生后的第1年，他们定位声音的能力会迅速增强。当两种声音分别出现在不同的位置时，6个月和7个月大的婴儿，与成人的1~2度相比，能够发现两个位置之间的最小角度范围是12~19度（Ashmead, Clifton & Perris, 1987）。婴儿对附近声音的方向的判断要优于对远处声音的方向的判断，但这种增强是持续的，到3岁时，儿童甚至可以判断远处声音传来的方向（Dekaban, 1970）。4~10个月大的婴儿能够区分声音的时间模式（Lewkowicz & Marcovitch, 2006）。

❓ 思考在日常生活中，哪些活动涉及声音的位置？

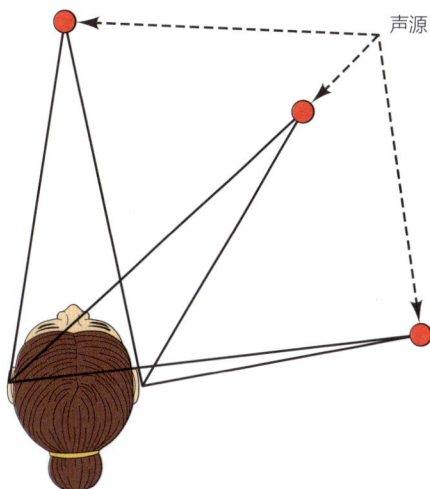

图13.10　声音定位。声音偏离正前方位置越多，声音到达耳朵的时间差就越大
源自：Reprinted from Bower (1977).

很难确定婴儿感知声音距离的程度。克利夫顿、佩里斯和布林格（Clifton, Perris & Bullinger, 1991）发现，7个月大的婴儿伸手去触碰可触及范围内声源物体的次数，明显多于可触及范围外的物体。他们也有可能选择不去触碰，因为他们知道，那些物体都遥不可及。似乎从出生开始，人们就对声音在环境中的位置有一定的感觉，并能迅速地确定声音的方向和自己的距离。

患有老年性耳聋的老年人，其声音定位能力会显著减弱（Nordlund, 1964）。这并不奇怪，因为定位取决于声音到达耳朵的时间差，以及声音的强度差。事实上，表现出良好的言语识别能力的老年人也表现出正常的声音定位能力，而那些表现出较差的言语识别能力的老年人，则表现出较差的声音定位能力（Hausler, Colburn & Marr, 1983）。

▶ **要点**　婴儿的听觉敏锐度不如成人。

相似的声音

儿童对相似的声音的感知往往是通过识别任务来研究的，例如，要求儿童区分音调、响度或语音相似的两个声音，如d和t或b和p。婴儿只要成长1~4个月就可以区分基本语音，如p、b和m（Doty, 1974），3~5岁儿童识别相似的声音的准确性有所提高（Di-Simoni, 1975）。坦普尔等人（Temple et al., 1979）发现，在听觉匹配活动中，6~8岁儿童的听觉识别能力有了进一步的改善，伯奇（Birch, 1976）也发现，7~10岁儿童的听觉识别能力进一步改善。音高辨别明显存在类似趋势（Kidd & Kidd, 1966）。一般情况下，到8~10岁时，儿童对相似的声音的识别能力有了很大的改善，但他们仍在不断地完善自己的听觉识别能力，直到至少13岁。

如果不考虑与年龄相关的纯音听力敏感性变化，那么老年人的听力语音缺陷将是最小的（Helfer, 1992; Lutman, 1991; van Rooij & Plomp, 1992）。因此，言语感知的年龄缺陷在很大程度上是纯音听力敏感性下降的产物。有趣的是，老年人通常比年轻人能更好地使用语境线索来帮助他们识别语言（Craig et al., 1993; Holtzman et al., 1986）。

模式

要使语音和音乐不仅仅是杂音，我们必须要感知声音之间的关联。当然，我们可以从其他感官上感知到模式。长期以来，视觉模式知觉引起了发展学者的兴趣，然而，最近才出现了对听觉模式知觉的关注。

听觉模式是非随机的、短时间内有序的声音顺序。声音的3种特性决定听觉模式：时间、强度、频率（Morrongiello, 1988a）。

语音和音乐同时具有时间模式、强度（响度或柔和度）模式和频率（高音调或低音调）模式。发展学者通常一次只研究其中一个特征。

2~3个月大的婴儿能够对音调顺序的时间模式变化做出反应，这表明，他们可以感知到时间模式（Demany, McKenzie & Vurpillot, 1977）。然而，年幼的婴儿只能感知到涉及音调组数量的模式变化（例如将3个组的9个音调变为2个组，1个为5个，1个为4个）（Morrongiello, 1984）。12个月大时，婴儿可感知到组数和每组的音调数的变化（图13.11）。因此，出生1年后，婴儿可以根据时间模式感知声音，这可能是语言发展的先决条件。

5~11个月大的婴儿可以识别一个音节中元音的强度变化（Bull, Eilers & Oller, 1984），但我们对婴儿的强度模式知之甚少。出生未满6个月的婴儿可以通过一个简短的顺序识别频率关系。然而，出生1年后，婴儿才能感知到长而复杂的音调之间的频率关系

3组共9个音调，每组3个音调

变更组数

变更每组的音调数

图13.11 呈现给婴儿的听觉模式。婴儿可以从他们熟悉的音调中检测到组数的变化，但直到12个月大时，他们才能发现组数和每组的音调数的变化。一组音调之间的时间间隔为0.2秒，两组之间的时间间隔为0.6秒

源自：Based on B.A. Morrongiello (1988a)。

（Morrongiello, 1986; Trehub, Bull & Thorpe, 1984）。言语模式也是如此，4~6岁的儿童可以识别在正常速度下演奏的六音旋律的频率特征（Morrongiello et al., 1985）。婴儿在出生第1年的听觉模式发育迅速，这些进步可能是语言发展的先决条件。学龄前儿童在越来越长和越来越复杂的音调环境下，知觉模式会取得进一步的发展。

哪些系统可能限制对听觉模式的感知发展呢？显而易见的是，听觉系统必须得到发展，如同前面提到过的，听觉感知在出生后的几天里就已经比较成熟了。然后，在生命的最初几年中，大脑的感觉皮层仍在快速成熟中。随着不断发展，大脑可能会允许听觉模式的概念化和变形模式的识别（Morrongiello, 1988a）。例如，在不同拍子下播放相同的节奏模式。认知也必须向前推进，因为为了感知模式，个体必须能够记忆和处理信息，特别是对于漫长而复杂的顺序。

此外，婴儿所处的环境可能会"调节"发育中的听觉系统，以识别语言和音乐的某些特征。通过这种方式，我们可能会更喜欢母语中流行的感知模式和我们熟悉的文化中的音乐（Morrongiello, 1988a; Swingley, 2005; Trehub & Hannon, 2006）。

听觉图形与背景

通常，一个人必须通过注意某些声音，才能忽略其他无关的背景音。与视觉图形和地面感知相似，在听觉场景里，需要关注的声音就相当于图形，背景的无关噪声就是地面。例如，尝试在有音乐播放和室内多个人声（背景音）的情况下，在电话上和人交谈（图形音）。年幼的婴儿可以在环境噪声中探测到声音（Morrongiello & Clifton, 1984），但有些儿童在将听觉图形与背景分离方面比其他儿童要困难。基于这些差异，我们将进行更多的研究，以了解其背后的过程。

? 想象你正在开车，如果音乐声音很大，你会错过哪些安全驾驶的提示线索呢？

在充满噪声的环境中，老年人通常很难听到别人的说话声（Tun & Wingfield, 1993）。这可能反映了感觉系统或与听觉有关的神经系统部分的变化，也可能反映了注意力机制的变化，也就是说，老年人在其他声音中很难注意到特定的声音来源。

如前所述，听觉的发展非常迅速。出生后不久，婴儿就能感知声音的位置和差别。一个人识别事物的能力在童年期就增强了。只有与年龄相关的感觉发生变化（包括损伤和疾病）影响到对声音的探测时，成人对环境中听觉事件的感知才可能受到干扰。

感觉、知觉和知觉－动作发展的总结

很明显，视觉、动觉和听觉的某些方面在婴儿期就已经存在了。其发展趋势贯穿整个童年，特别是在更细微的区别上。在8~12岁时，儿童的视觉感知能力已经发展到接近成人的水平。一般情况下，动觉发展到接近成人的水平要稍早一些，通常在8岁左右，尽管这种结论是基于有限的研究。婴儿可以感知声音的位置，到10岁时，他们在许多听觉识别活动中表现出接近成人的水平。听觉感知能力的增强一直持续到青春期早期。其他方面的听觉研究还未涉及儿童。

一般情况下，在许多知觉活动上，8~12岁儿童的表现已接近成人水平，但在知觉感知能力方面还需要一些细微的改进。我们已经设计出对知觉－动作发展的评估，以帮助教育工作者和治疗师筛选知觉－动作发展有缺陷的个体。

知觉发展的某些方面还没有很好的文献记载，需要做进一步研究。此外，随着年龄的增长，到底是什么导致了知觉过程的变化，我们所知甚少，但已知的是，感觉系统的衰退变化降低了到达中枢神经系统的感觉信息的质量，可能会对知觉产生影响。在任何年龄段，有限的感官信息都会影响我们对所需信息的感知，进而限制表现。

知觉系统并不是彼此孤立运作的。为了完成对知觉发展的讨论，下一节将探讨从一种感觉或模式，是如何与其他模式下的信息感知相联系的。

知觉统合

通常，事件在环境中发生并被感受到，因此，感知的模式或感觉有所不同。当我们试图打开罐子的时候，如果罐子从手中滑落，我们能感觉到它滑落，看到它滑落，并听到它撞到地板上摔碎的声音，甚至可能闻到罐子里摔出的东西的气味。这一事件通过视觉、动觉和听觉甚至是嗅觉来感知。发展学者从两个截然不同的角度，用不同的模式来考虑该问题。从第一种或称为统合的角度来看，到达不同感觉系统的能量有不同的形式，如光、声音、温度等，每个感觉系统产生一种独特的感觉。因此，对正在发育的婴儿来说，其活动是学习如何统合单独的系统（即学习这些独特的感觉是如何相互关联的）。

第2种或称为统一的观点认为，感官在带来有关事件的信息方面是统一的，但采用了不同的模式。神经系统是多模式知觉结构，因此从一开始，知觉就在时间和空间上是连贯的（Damasio, 1989; Stein & Meredith, 1993）。知觉系统提取模式，模态之间的许多模式又是相似的。例如，事件发生在某个时间点，因此事件的时间属性不是任何一种模式所独有的。从某种意义上说，这些模式是**模态不变量**。我们看到鼓手击鼓，听到鼓声，同时也觉察到在视觉和听觉上存在的节奏模式。在这个模型中，发展的中心活动是通过各种感觉系统的信息，了解世界上的事件（Kellman & Arterberry, 1998）。在20世纪80年代和90年代，神经生理学研究确定了大脑中包含神经元的区域，这些神经元接受不同形式的输入（Stein, Meredith & Wallace, 1994），这使研究者承认了知觉统合的观点。在世纪之交后，感觉－知觉系统的独立观点逐渐消亡，知觉统合的观点逐渐成为主流。统一的视角更符合知觉和动作的生态视角。统合的观点与信息处理的观点更加一致。许多关于知觉的研究都是从信息处理的角度进行的。请记住以下关于知觉统合领域的回顾性研究：

模态不变量是空间或时间上的模式，在感觉、知觉、模态之间没有差异。

- 听觉－视觉；
- 视觉－动觉；
- 听觉－动觉；
- 空间－时间。

▶ **要点**　关于知觉统合的观点，其中一种强调了婴儿统合独立知觉系统的能力的发展，而另一种则强调对跨系统统一环境的模式的感知。

听觉-视觉的知觉统合

据观察，刚出生的婴儿，眼睛会朝着声音的方向移动。莫罗杰洛、芬威克、希利尔和钱斯（Morrongiello, Fenwick, Hillier & Chance, 1994）为婴儿播放了一段20秒的拨浪鼓录音。基于每个婴儿的中线位置，研究者将扬声器放在不同的角度。扬声器距离中线越远，婴儿扭头的角度越大。在一些测试中，研究者还将声音从一个扬声器切换到另一个扬声器，婴儿的头部也相应地进行了调整。虽然这是一个初步的反应，但说明即使是婴儿，也会将视觉注视与声音的空间来源联系起来。

研究发现，婴儿能对视觉信息、听觉信息进行统合的前提是声音和谐（悦耳的声音组合）。给婴儿听成人认为是一种声音的音调，或者听年人认为是两种声音的失谐音调，并观看一个弹跳球或两个弹跳球的视频，视频音画有时同步，有时不同步。在测量注视时间时，研究者发现，婴儿观看与音轨不匹配或不一致的视频时间更长（Smith et al., 2017）。此外，5个月大的婴儿会将其他婴儿的声音表情与他们的面部表情相匹配（Vaillant-Molina, Bahrick & Flom, 2013），6个月大的婴儿可以将声音中物体数量与看到的物体数量大致匹配（Feigenson, 2011）。因此，在1岁早期，婴儿会在一定程度上对听觉和视觉进行统合。

▶ **要点** 婴儿将听觉和视觉事件联系起来，在更细微的听觉-视觉的知觉统合识别中，儿童的听觉和视觉得到提高。

在童年期，听觉-视觉知觉呈现出不断发展的趋势，这是更具挑战的（图13.12）。古德诺（Goodnow, 1971b）敲出了一个顺序"* ***"，然后让儿童用点和空格来描绘出敲击发生的顺序。她还设计了反向的听觉-视觉（A-V）转换任务，即让儿童根据图形序列（V-A）敲出对应的节奏。5岁左右儿童的A-V顺序表现不如7岁的儿童好，

图13.12 音乐演奏者按照乐谱中的节奏演奏音符，以创造出与音符模式相对应的声音
来源：Jose Luis Pelaez Inc/DigitalVision/Getty。

6.9~8.5岁儿童的V-A表现有所改善。这项研究和类似的研究表明，听觉－视觉的知觉统合在5~12岁时得到发展（Williams, 1983）。婴儿发现A-V比V-A更困难，然而，这种困难在7岁以后就消失了（Rudel & Teuber, 1971）。

? 想象你是一名年轻的教练，正从事你最喜欢的体育项目。在这项体育项目的任何环节中，是否涉及听觉和视觉信息的统合？是否涉及有关动觉和视觉的信息？你可以做些什么来帮助初学者使用这些信息来提高运动表现呢？

视觉－动觉的知觉统合

视觉和动觉是物体的视觉特性与感觉特性之间的协调。由于婴儿在4~5个月时不能触及和操控物体，因此，对其视觉－动觉知觉的研究，主要集中在把物体放入嘴里的过程。梅尔佐夫和博顿（Meltzoff & Borton, 1979）发现，1个月大的婴儿会用更长时间观察其曾经含过但却没看到过的奶嘴，无论是方形带凸起的，还是平滑的球面奶嘴。在某种程度上，婴儿将嘴部信息和视觉信息联系起来。

涉及操控物体的视觉－动觉知觉，已经在婴儿期后期进行了探索，研究结果也各不相同。古德诺（Goodnow, 1971a）研究了儿童视觉－动觉的知觉统合。她向3个年龄组（5.0~5.5岁、5.6~6.8岁、9.0~10.0岁）的儿童分别通过视觉或动觉的方式呈现5种形状（希腊字母和俄罗斯字母）。然后，同样是通过视觉或动觉，她同时展示了这5种形状，以及另外5种新的形状，要求儿童辨认出熟悉的形状。4种表现模式如下：

- 视觉呈现—视觉识别（V-V）；
- 动觉呈现—动觉识别（K-K）；
- 视觉呈现—动觉识别（V-K）；
- 动觉呈现—视觉识别（K-V）。

古德诺发现，儿童，特别是年龄较小的儿童，在识别K-K时比识别V-V更困难。在较大年龄组中，这种表现的差异缩小。对儿童而言，K-V活动比V-K活动的难度更大。古德诺指出，最年幼的一组在动觉条件下的得分差异极大。本研究的研究者和其他研究的研究者使用相似的活动和不同年龄组的人，其得出的结论是，童年期的视觉－动觉知觉统合呈现不断发展的趋势。当动觉活动涉及对物体的主动操作时，5岁的儿童可以相对较好地识别物体的形状，但细微的提高会持续到8岁。如果涉及被动运动，则表现就没有那么高级，这种提高会持续到11岁（Williams, 1983）。

▶ **要点**　如果儿童最初的接触是通过动觉系统进行的，那么他们的视觉－动觉的知觉统合就会更加困难。

听觉－动觉的知觉统合

与涉及视觉的研究相比，有关听觉－动觉知觉统合的研究数量相对较少。田中、加奈、川崎和明和（Tanaka, Kanakogi, Kawasaki & Myowa, 2018）对7~8个月大的婴儿进行了脑电图和事件相关电位记录，以获得音频和触觉信息在婴儿大脑中整合的证据。在这种整合中，经验尤为重要。坦普尔等人（Temple et al., 1979）将听觉－动觉知觉统合的Witeba测试纳入6岁和8岁儿童的一组成套测试之中。在这个测试中，研究者告诉儿童一个物体或形状的名字，共两次。然后，儿童会感觉到一些物体或形状，试图选择与听觉标签相匹配的物体或形状。研究者发现，在完成这个测试上，8岁儿童比6岁儿童的表现要好得多。

这个测试基于儿童理解指定物体或形状的标签。因此，这种与年龄相关的表现差异，可能是由于年幼的儿童不知道、误解或不记得听觉标签，而不是听觉－动觉的知觉统合。考虑到这一局限，我们可以初步得出如下结论：听觉－动觉的知觉统合在童年期有所改善。

空间－时间的知觉统合

你也许还记得前面关于模态不变量的讨论，即模式可能在跨模态之间是不变的，例如空间和时间。例如，在古德诺的实验中，儿童观察点模式时是在处理一种空间刺激，即空间中点的排列。当听一种听觉模式时，他们注意的是一种时间（基于时间的）刺激。于是，他们感知到这种模式既能跨越空间和时间，也能跨越视觉和听觉。

斯特里特、马丁和鲁德尼克（Sterritt, Martin & Rudnick, 1971）设计了9个活动，改变了进行知觉统合的数量及统合的类型，包括空间－时间特征。例如，儿童必须在两个音调（时间）之间统合一个短暂的停顿，在两个点（空间）之间统合一个较短的空间。他们用这9个活动测试6岁的儿童。对儿童来说，最简单的活动是V-V空间（模态内）。儿童在需要他们统合视觉－空间刺激与视觉－时间或听觉－时间刺激的活动中有一些困难。他们更难以统合两种时间模式，无论活动是模态内还是统合模式。因此，儿童在知觉统合能力增强的同时，其空间刺激和时间刺激的统合能力，以及两组时间刺激的统合能力也有所增强。

▶ **要点** 对儿童来说，时间模式比空间模式更难统合。

知觉统合的困难或细微之处可能在青少年时期不断发展。知觉统合在老年期最有可能达到稳定。任何衰减都可能是感觉－知觉系统变化的结果，这些变化会影响可用的信息量。例如，如果白内障导致观看者看不清物体的细节，则统合的视觉信息可能不可用。另外，老年人能够将他们的经验作为一种补偿机制，并使用来自一种模式的信息，来补偿另一种模式中因年龄造成的感觉或神经系统的变化而无法获得的信息。当然，在这个问题上还需要进行更多的研究。

知觉统合发展总结

知觉统合的协调从出生时就开始了，但似乎在童年和青春期会呈现一种发展的趋势，其活动涉及统合所需的匹配与细微的方面。儿童表现出的准确性与呈现的顺序有关。也就是说，先呈现视觉模式或物体，比先呈现听觉信息会产生更好的表现。儿童先掌握空间－空间统合活动，后掌握空间－时间混合活动，最后掌握时间－时间活动。

总结与综述

视觉、动觉和听觉系统的功能在出生时就开始发挥作用，并在婴儿期和童年期持续发展。婴儿期的感官功能水平似乎足以满足婴儿需要学习的活动，其提高速率似乎与幼儿学习活动的复杂度相一致。到了儿童晚期，感官功能水平与成人相似。然而，觉察刺激并不等同于了解刺激的含义，感觉并不等同于知觉。第14章我们将讨论知觉的发展和知觉－动作行为。

衰老伴随着感觉系统的变化，虽然我们对视觉变化的了解多于对动觉或听觉变化的了解。老年人的感官衰退往往存在较大差异。我们可以对其中一些可能的感官衰退进行补偿，例如，老年人可以戴眼镜或助听器。创造良好的环境也可以帮助老年人，例如提供良好的照明，或降低背景噪声的音量。当然，感觉的衰退会对知觉造成困扰，因此，在生命的早期研究与年龄相关的知觉变化非常重要。

传统上，对知觉－动作发展的研究大多集中在每个单一系统的变化能力，而不对环境加以考虑。甚至在研究知觉系统是如何将各个系统接收到的关于同一物体或事件整合在一起，也假定整合发生在知觉处理之后。更多关于知觉的生态学观点已经存在了一段时间，但是将单一知觉系统和环境作为生态系统进行研究颇具困难，无法收集到能够证明该观点的相应数据。

巩固已学知识

回顾

当我们观看IMAX电影时，它能为我们带来非常真实的视觉和听觉体验，甚至让动觉系统也做出相应的反应，就好像身临其境。那些经常晕机或晕车的人，在观看IMAX电影时，就可能出现晕机或晕车的现象。在观看IMAX电影产生的虚拟体验中，感官－知觉系统的相互作用得到了证实。我们在全面探讨动作发展的整个过程中使用了限制模型的交互作用。因此，生态学观点更符合该限制模型。如果我们进一步扩展生态学观点，知觉－行动就会变得不可分割。每种感官都在不断地联系另一种感官，如此便形成了一个不断移动、相互作用的感知世界。我们可以看到，对体育教师、物理治疗师、教练和训练师而言，更重要的是了解感觉－知觉系统，以及这些系统在人的一生中可能会发生怎样的变化。

知识测验

1. 视觉在婴儿期会发生什么变化？在童年期呢？
2. 描述人类如何感知周围空间的深度。
3. 描述视觉对象感知的各个方面。
4. 动觉在婴儿期会发生什么变化？在童年期呢？
5. 描述动觉知觉的内容。每个人在什么时间可能接近成人的水平？
6. 听觉在婴儿期会发生什么变化？在童年期呢？
7. 描述听觉知觉的内容。它为个体提供了哪些关于声源的信息？

8. 老年人的视觉、动觉和听觉感受器发生了什么变化？

9. 研究知觉统合的典型方法是什么？

10. 什么是模态不变量？

学后练习

感觉受限

我们可以通过人为限制来自感觉 – 知觉系统的信息来了解其重要性。和搭档一起，尝试下面的这些活动。

1. 戴上一副一侧镜片被遮住的太阳镜来抓东西；

2. 蒙上眼睛沿着走廊行走（搭档引导你，保证安全）；

3. 背对你的搭档，戴上一副耳塞与其对话，其间搭档慢慢拉开与你之间的距离。

完成上述活动后，讨论哪些任务有难度或不可能完成，以及可能对日常生活造成的影响。

知觉和动作的关系

► 回顾关于动作在知觉发展中所起作用的历史观点；

► 调查当代对知觉－动作训练的看法以及认知、知觉－动作系统之间的联系；

► 探究有和无自主移动经验的婴儿之间的知觉差异；

► 回顾认知、知觉系统及动作的相互依存性；

► 研究婴儿期之后个体维持平衡时，知觉和动作之间的相互作用。

你会是"红衫球员"吗？

"红衫球员"一词源于田径运动，一般指大学一年级时，一年内不参加比赛的运动员，这样做可以让他们有更多的时间成长和成熟，并练习和提升技能。这种做法在足球等运动中非常流行。同样，一些家长让孩子推迟一年进入幼儿园（称为"学术红衫球员"），特别是当儿童在某一年入学后年龄最小时。父母会担心孩子是否准备好开始上学，他们希望自己的孩子能够达到成熟的水平，这样一旦开始上学，他就能在学校取得成功，而不是冒着落后于大多数同学的风险。

本章强调个体是由不同层次的系统组成的。从全局来看，我们可以认为个体是由多种发展系统组成的，即动作系统、知觉系统、认知系统和社会系统。这些发展系统相互交织。知觉和认知用于执行行动，而行动产生知觉，提供知识，促进社会互动（Adolph & Franchak, 2017）。要评估一个人是否准备好迎接挑战，有必要考虑所有的发展系统。第13章讲述了动作技能中使用的感觉–知觉系统。然而，动作真的对感觉–知觉系统，或者对认知系统的发展，具有非常重要的作用吗？知觉、认知和动作之间的联系是否比我们迄今为止讨论出的结果更为密切？以往的观点认为，发展系统具有独立性，然而在今天，我们一致认为，系统与系统之间是相互依赖的。

本章将主要讨论知觉与动作之间的相互关系，并基于这样一种观点，即动作在知觉发展中具有非常重要的作用，甚至是必不可少的。本章还将探讨日常生活中知觉与动作相互联系的表现：控制姿势和保持平衡。

动作在知觉发展中的作用

长期以来，发展学者认为，动作对于知觉的发展极其重要。也就是说，他们认为环境中的动作，对于知觉和目的性动作的耦合来说至关重要。然而，关于这些动作在知觉发展中的确切作用，研究者表示很难开展相应的研究。当然，关于这方面的理想研究是剥夺一些人的动作能力，并将他们与允许在环境中运动的其他人进行比较，但这是不可能的。我们通常从动物研究和其他人类研究中获取信息，在这些情况下，动作经验会随着环境的变化而自然变化。同时，技术的进步也开辟了新的研究领域。

历史观点

在历史上，关于动作发展、知觉发展和认知发展的研究是相互独立的，它们被视为不同的系统。这种概念源于一种观点，即大脑的思维中心和控制动作的中心，比我们现在所了解的更加独立。某种程度上，这种不同系统的观点可以追溯到笛卡尔（Descartes）在17世纪提出的身心二元论。身心二元论认为，心灵和身体具有截然不同的性质，这种分离主义的观点影响了人们的思维。然而，在20世纪60年代，发展学者指出，知觉发展对动作发展和认知发展非常重要，他们开始探索各个系统之间的相互关系。由此，他们提出了许多知觉-动作理论、筛查工具和补救措施。

在这些发展学者中，有许多对知觉-动作训练颇具兴趣。他们认识到，知觉发展对认知发展和技巧性动作的发展同样重要。例如，当一个圆和一条线组成字母 b 和 d 时，人们必须能感知到两个字母在空间定向上的差异，如果不能感知到这种差异，人们就会出现阅读困难。早期发展学者认为，知觉是动作和认知的先驱，他们提出，有学习障碍的儿童在知觉发展方面存在缺陷。此外，他们还假设知觉-动作训练可以弥补这些缺陷。通过训练并改善知觉-动作反应，儿童将克服知觉缺陷，同时，依赖于知觉的认知活动和运动活动也将有所改善。

20 世纪中期比较流行的理论包括：德拉卡托的神经组织理论（Delacato, 1959, 1966），格特曼的生理光学训练（Getman, 1952, 1963），弗罗思迪格、勒菲弗和惠特尔西（Frosting, Lefeve & Whittlesey, 1966）的视觉-知觉测试与训练，艾尔斯的感觉统合测试（Ayres, 1972），巴尔施的运动遗传理论（Barsch, 1965），以及凯普哈特的知觉-动作理论（Kephart, 1971）。早期，这些理论和训练似乎都有经验支持，被安排在训练计划中的儿童，课堂表现都得到明显的改善。然而，这些训练的评估往往是有缺陷的，因为它们没有考虑到其他有助于改善的因素，例如儿童在训练中得到了更多的关注。最终，从精心设计的评估中获得的大量信息未能证明，参与知觉-动作训练能够对提高准备技巧、智力、课堂成绩或语言水平有所帮助（Goodman & Hamill, 1973）。然而，知觉-动作训练的确有助于动作技能的发展。

皮亚赫特（Piaget, 1952）也认识到了动作的重要性。他提出，在婴儿期、童年期和青春期等明确定义的发展阶段，行动与感官信息之间的联系构成了现实。对于皮亚赫特来说，在婴儿期，无论是知觉还是行动都不具有很好的条理性。

当代观点

如今，对参与知觉-动作训练可以弥补学习缺陷的说法，教育工作者和治疗师们持谨慎态度。然而，他们意识到，这种训练对儿童来说，无论其有没有学习困难，都是有益的。至少，基于活动的关键知觉特征，这种训练为技能发展提供了宝贵的经验。因此，它将有助于增强一个人的运动表现能力。同时，知觉-动作训练还可以强化运动和认知活动所需的概念，例如形状和方向。目前，在大多数儿童体育课程中，重点均为知觉-动作训练。此外，人们还经常向特殊群体提供知觉-动作训练课程。最近有一种假说认为，体力活动会引发大脑活动，从而在活动后的一段时间内促进学习效果的提高（Ratey, 2008）。

知觉-动作训练既可以是综合性的，也可以专门侧重于知觉的某些方面。训练对象可以为一般的儿童、有性格缺陷的群体，或其他个体（根据他们的特殊缺陷）。表14.1 说明了当代知觉-动作训练的特点。家长和教育工作者都必须像挑剔的消费者一样，对任何训练的价值及其成功与否进行评估。在我们对知觉、认知和动作之间的联系有更多的了解之前，对知觉-动作训练最现实的要求是，关注动作技能的发展。高效的训练并不提倡只使用一种方法，而排斥其他方法。

表14.1 当代各种知觉-动作训练的特点

因素	典型特点
训练目标	通过神经系统的训练，培养记忆动作模式、声音顺序、物体外观和感觉的能力 通过运动刺激5种感官，促进大脑发育 帮助儿童成为高效的运动者，提高学习准备水平 发展粗大动作技能和精细动作技能 通过成功完成游戏增强自信
训练参与者	学龄前和小学儿童 语言和动作发展迟缓的学龄前儿童 正常发育的2岁、3岁和4岁儿童 有特殊需要的学生 神经发育迟缓（学习困难、注意力障碍、行为问题）的儿童
指导者	体育教师 经过专业训练的学生 物理治疗师 职业及言语治疗师
环境	正规学校 付费的周末训练班 付费的课外训练班
地点	幼儿园 小学 大学 诊所
活动	粗大动作技能 精细动作技能 游泳技能 节奏技能 视觉空间技能（跟踪物体、匹配形状） 视觉控制活动（聚焦、跟踪、注视） 眼手协调活动 眼脚协调活动 穿过身体中线 身体觉知活动 空间觉知活动 惯用手的确定 平衡活动 方向感活动 偏侧化活动 定位触摸 身体概念活动 身体意象活动 拍击节奏 识别声音节奏和模式

技术的进步为研究知觉、认知和动作之间的联系开辟了新的领域。例如，扫描技术让我们可以对大脑及其特定区域进行扫描成像，从而产生新观点。戴蒙德（Diamond，2000）提供了大脑功能发展的证据，他认为，与之前的看法相比，动作发展和认知发展之间的联系更加密切，甚至达到了相互交织的程度。

其他研究工作集中在一组被称为因子的大脑蛋白质上，尤其是脑源性神经营养因子（Brain-Derived Neurotrophic Factor，BDNF），其参与了神经系统基础结构的建设和维护。它既能刺激神经元生长，又能防止神经元丢失。此外，BDNF加强了神经元之间的联结。动物研究表明，运动可以增加啮齿类动物的BDNF，增加的部位在海马体，而海马体是大脑学习和记忆过程的重要中心（Cotman & Berchtold, 2002）。另外，与运动时一样，当血液循环增加时会释放被称为生长因子的激素。这些生长因子与BDNF共同作用，其中一种生长因子可以刺激大脑中的毛细血管生长（Ratey, 2008）。这些生长因子和BDNF在神经发生和加强神经元之间的联结中发挥作用，而神经元的联结又是记忆所必需的。BDNF的产生和生长因子随着年龄的增长而减少。可以回顾第10章讨论的有氧运动和老年人认知功能之间的联系。

▶ **要点**　运动增加了大脑中的代谢物质，这些物质有助于形成新的神经元，尤其是对学习和记忆很重要的大脑区域的神经元。

所有这些结果都表明，大脑在认知和执行动作时的相互依赖性，比之前强调的更加密切。思维模式和动作一旦习得，就会储存在大脑的原始区域，这些区域曾经被认为只能控制动作。这一过程使高级大脑中枢继续适应新的体验。伊夫里和基尔（Ivry, 1993; Ivry & Keele, 1989; Keele & Ivry, 1990）提出，对知觉、认知和动作来说，小脑的外侧半球发挥着至关重要的计时功能。值得注意的是，有阅读障碍的儿童，在处理需要精确计时的双手活动时，有一定的困难（Wolff et al., 1990）。一些当代教育家表示，他们成功地促进了正常和特殊学习者的主动学习。主动学习是指运动激活大脑，并促进学习，而被动学习则要求学习者安静地坐着，看和听教师讲课（Hannaford, 1995; Jackson, 1993, 1995, 2000）。西布莉和埃特尼尔（Sibley & Etnier, 2003）对儿童体育运动与认知之间关系的研究进行了荟萃分析，这些研究包括对各种体育运动和各种认知的评估。体育运动与认知功能之间存在显著的正相关，对认知评估影响最大的是知觉技能测试。

❓ 假设你是一名体育教师，随着我们对动作和学习之间的联系了解得越来越多，你的教学方法会涉及以教师为中心的活动，即要求学生只是听从指令吗？还是进行更多以学生为中心的活动，如动作探索？为什么？

我们正在以更综合的方式来研究认知、知觉和动作系统，希望这种方法能让我们更好地理解其互相联系的本质。目前，生态学观点包含了知觉和动作之间紧密联系的概念（Kellman & Arterberry, 1998）。生态发展学者认为：从很少的知觉信息与较差的动作控制开始，在几个月内想通过试错将两者匹配起来，这一任务对婴儿来说过于艰巨。生态学观点认为，在目的性动作开始之前，刚出生的婴儿就已经感知了环境及其属性。因此，婴儿的知觉在某种程度上是有限的，用于帮助引导动作的发生，进而产生额外的知觉。在这样的循环往复下，最终婴儿的知觉将有所提高，这被称为知觉-行动循环（Gibson, 1966, 1979）。这一观点的困难在于，我们并没有观察到可以体现知觉-行动循环的婴儿行为。发展学者还不知道，我们是否只是没有找到一种衡量这种行为的方法，或者这些循环是否根本就不存在。

回顾我们最近对知觉发展研究的讨论，出现了一种稍有不同的观点：知觉发展先于动作技能的发展。在婴儿期，知觉获得信息，指导个体产生新的动作技能。新的动作技能反过来又提供了新的信息，此时，知觉探索得以获取更多信息。婴儿越敏感，从环境中提取的知觉信息也就越多（Kellman & Arterberry, 1998; Kellman & Garrigan, 2009; von Hofsten, 1990）。带着这种观点，我们现在探究自主移动，以及它在增强知觉能力中的作用。

▶ **要点**　动作发展、知觉发展和认知发展似乎从根本上就相互交织在一起。

自主移动

如果动作促进了知觉的发展，那么只有在婴儿开始执行特定的动作之后，某些类型的知觉才会显现出来。研究人员通常观察到的是年龄相同的婴儿有着不同的移动经验，因此差异与经验相关，而非年龄。如前所述，研究人员必须使用经验自然变化的研究范式，或者使用他们可以控制条件的动物研究。赫尔德和海因（Held & Hein, 1963）研究了小猫早期的活动。该研究限制了一些新生小猫的活动，并允许其他小猫活动。他们把所有的小猫成对放在旋转木马里，使它们的视觉体验保持一致。其中一只套上了挽具，但依然可以四处走动（主动移动），而另一只则被限制不能随意走动（被动移动）（图14.1）。后来，这些被动移动的小猫无法准确判断深度，当有物体靠近时，它们也没有表现出伸爪子或眨眼的动作。显然，自主移动与依赖视觉知觉的行为发展相关。也有证据表明，当研究者提供给小动物比正常水平更高的知觉－动作刺激时，它们的大脑生长得更快，神经系统功能更有效（Williams, 1986）。

在第13章中描述的视觉悬崖实验表明，深度知觉在生命早期就已存在。其他研究表明，6个月~1岁大的婴儿，由于自主移动经验而产生了恐高症。贝滕塔尔、坎波斯和巴雷特（Bertenthal, Campos & Barrett, 1984）发现，使用婴儿学步车（一种带轮的架子，中间有座椅）获得移动经验的婴儿对高度有反应，而相同年龄但没有这种移动经验的婴儿则没有此种反应。此外，一名婴儿由于戴了沉重的石膏而导致动作技能有所延迟，直到自主移动开始后，才对视觉悬崖做出反应。最后，即使是在相同的年龄，平均有41天爬行经验的婴儿比有11天爬行经验的婴儿更有可能避开视觉悬崖。因此，自主移动似乎有助于深度知觉的发展。一旦婴儿在爬行时学会避免从视觉悬崖跌落，他们在学习走路时就会保持这种能力（Witherington et al., 2005）。

❓ 想象你是一名治疗师，正在治疗一个不能行走的学步儿童，你能做什么活动来促进儿童的知觉发展？

通过观察婴儿寻找物体的策略，克尔莫伊和坎波斯（Kermoian & Campos, 1988）研究了婴儿自主的肢体移动，以及其与空间关系感知之间的联系。他们给婴儿一组难度越来越大的搜索活动（称为物体永久性活动），范围是从找回一个半隐藏的物体到找回藏在几件衣服下的物体。执行该动作的8.5个月大的婴儿分为以下3组：

图14.1 针对主动移动（A）和被动移动（P）的动物，海尔德和海因用来协调动作和随后的视觉反馈的装置

源自：Held and Hein (1963)。

- 无移动经验（爬行）的婴儿；
- 无移动经验但有行走经验的婴儿；
- 有移动经验的婴儿。

该研究表明，婴儿的移动经验越丰富，得分越高。其他研究也支持这样的观点，即移动经验有助于**空间知觉**的发展。洛克曼（Lockman, 1984）发现，12 个月大的婴儿具有绕过障碍物的基本能力。通过对 8 个月大的婴儿进行纵向测试，洛克曼发现了以下一系列空间知觉方面的改善。

空间知觉指有效处理空间特性、维度、物体的距离和物体与环境的关系的知觉能力。

- 婴儿首先学会找出藏在衣服下面的物体。他们开始意识到，即使物体被隐藏在障碍物之下，它们仍然存在。
- 在训练这种能力几周后，婴儿可以越过障碍物实现他们的目标。
- 婴儿可以绕过障碍物来实现他们的目标，从成功越过障碍物到成功绕过障碍物一般需要几周的时间。
- 大多数婴儿要先成功绕过不透明的障碍物，然后才能越过透明的障碍物。由于视觉和动觉（触觉）线索互相冲突，透明障碍物刚开始会让婴儿感到困惑。

因此，婴儿能够处理离他们身体越来越远的空间关系。麦肯齐和比奇洛（McKenzie, Bigelow, 1986）进一步证明，婴儿可以更有效率地选择围绕障碍的更短路径（图14.2），且在 14 个月大时，他们可以更好地适应被重新设置的障碍。因此，随着环境中移动经验的增加，即使对于离婴儿身体很远的地方，他们也能感知空间关系。

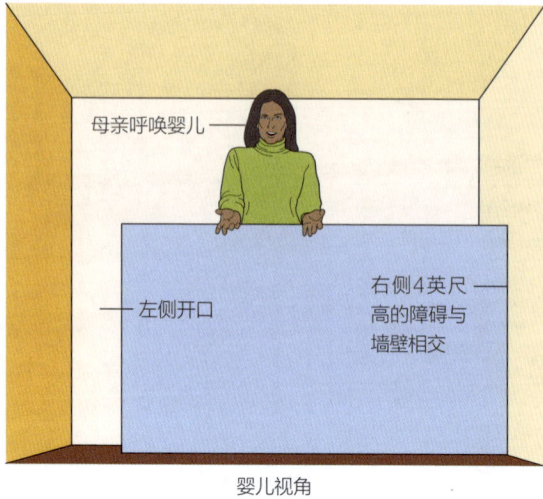

图14.2 绕路活动的房间布局。婴儿在14个月大的时候，就可以选择有效的路线，并绕过障碍找到母亲（他们可以越过障碍看到母亲）。到了这个年龄，当障碍被移到紧靠左墙的时候，他们也能适应。年幼的婴儿通常会选择低效的路线，例如接近障碍，然后沿着障碍行进，有时会转错方向再往回走，或者去向障碍重新摆放前的开口处

　　另一项研究涉及婴儿对表面的知觉。在这些研究中，研究者感兴趣的是，当婴儿面对不同的物体表面时，移动经验会如何影响他们的行动。例如，吉布森等人（Gibson et al., 1987）用硬性表面（蒙着布的胶合板）和软性表面（蒙着布的水床）测试了婴儿的爬行和行走。所有的婴儿都在硬性表面上行走，但在通过软性表面时，行走的婴儿会变得非常犹豫。婴儿首先通过视觉和触觉发现了软性表面，最终用爬行动作通过。当同时为婴儿提供两个表面（硬性或软性）时，爬行的婴儿并没有表现出任何偏好，但行走的婴儿却选择了硬性表面。

▶ **要点** 移动经验有助于促进深度知觉、空间知觉、表面纹理和坡度知觉的发展，因此对于正常的知觉发展来说是必要的。

　　阿道夫、埃普勒和吉布森（Adolph, Eppler & Gibson, 1993）注意到，行走的婴儿比爬行的婴儿对地面斜坡更为敏感。由于缺乏移动经验，爬行的婴儿几乎总是试图在斜坡上爬上爬下，即使斜坡对他们来说太过陡峭。行走的婴儿则倾向于选择平坦的表面，他们用手或脚轻拍表面，或者颤颤巍巍地走上倾斜面。所有婴儿都走上了10度、20度、30度或40度的斜坡。他们通常不愿意走陡峭的下坡路，或不愿意采用另一种移动模式，如向后爬行。因此，行走的婴儿对地面斜坡有足够的经验，可以立即感知哪些斜坡不适合行走，于是快速选择了另一种适合坡度表面的移动模式。

　　移动经验可以帮助婴儿做出更好的判断，避免做出超出其能力范围的危险行为。通过动作，婴儿产生了自身身体和环境的知觉信息（Adolph & ak, 2017）。随着发展的进行，探索性动作让婴儿能够校准环境参数及其身体，并使其感知到可供性。

对可供性和身体比例的知觉

之前所讨论的关于知觉和动作的生态学观点，是基于对环境的直接感知，而不是间接感知。间接感知来源于对环境特征的评估、认知计算和基于这些特征的预测。与直接感知的观念相一致，持生态学观点的发展学者认为，考虑到自身的能力，基于环境中的物体和表面，我们能直接感知到能做的动作。也就是说，我们能感知到可供性（见第2章）。

▶ **要点** 可供性包括我们的身体比例，也就是身体相对于环境的大小。

爬楼梯就能很好地体现可供性。在楼梯间距为8英寸（20厘米）的情况下，对于18个月大的婴儿来说，不能像成人那样交替爬楼梯。而对于普通成人来说，24英寸（61厘米）的高度是无法交替进行攀爬的。随着个体的成长和发展，即使一个物体的物理属性保持不变，他对可供性的知觉也会随着其行为能力的改变而改变。因此，使用动作对知觉-行动系统发展来说极其重要。与环境的交互对于感知启示是有价值的。

如果我们感知到的是可供性而不是物体的特征，那么个体就必须对自己身体的大小比例保持敏感。例如，个体必须对其腿的长度非常敏感，才能判断任何一组楼梯的"可爬性"。沃伦（Warren, 1984）在成人中证明了这一观点，他发现，人们认为楼梯的间距如果超过腿长88%~89%，那么是无法使用交替法上楼的。这个观点不适用于老年人，老年人爬楼梯的能力更多地取决于力量和柔韧性，而与腿的长度无关（Konczak, Meuwssen & Cress, 1988, cited in Konczak, 1990）。该模型也不适用于爬行和蹒跚学步的婴幼儿。在一项研究中，婴儿选择的台阶高度小于幼儿，但没有与台阶高度选择相关的人体测量（Ulrich, Thelen & Niles, 1990）。

? 假设你是一名普通家庭环境下的父母或治疗师。除了楼梯，其他物体或结构可以提供什么样的动作可能性呢？这些对于年龄较大的儿童、老年人或残障人士来说又有何不同呢？

▶ **要点** 如果我们感知到的是可供性而不是物体特征，那么在这种感知中，一个人的身体相对于环境物体的大小起着关键作用。

吉布森等人（Gibson et al., 1987）和阿道夫等人（Adolph et al., 1993）的研究表明，婴儿可以感知可供性。他们似乎能记住之前在物体表面和斜坡上活动的结果。此外，布什内尔和布德罗（Bushnell & Boudreau, 1993）发现，婴儿可以感知的物体属性，按以下顺序排列：大小和温度、质地和硬度、重量和形状。这些发现与婴儿用手摸索物体的能力是一致的。对大小和温度的感知只需要抓握，对质地和硬度的感知需要摩擦和用力戳，而对重量和形状的感知则需要手指、手和手臂的运动。操控的形成也按照以上顺序，这表明，知觉和动作是同时进行的。

洛克曼（Lockman, 2000）认为，婴儿对工具的使用，起源于婴儿在一岁时反复使用的知觉-行动循环（图14.3）。通过试错，婴儿逐渐探索了使用工具的方式，将物体与其他物体和表面联系起来。这样，婴儿就能察觉到可供性。这不是个别工具的可供性，而是物体之间关系的可供性。在不同的表面，即使表面面积很小，婴儿也会使用不同的

图14.3　触碰、抓握、控制和敲击物体的能力，使婴儿能够探测物体和表面之间的可供性

工具（Fontenelle et al., 2007）。婴儿感知工具和物体表面之间的可供性的观点，与之前使用工具反映认知能力进步的观点，形成了鲜明的对比（Lockman & Kahrs, 2017）。工具的使用取决于工具和表面或其他物体的属性。工具使用过程中的试错，可以被视为学习的自主动作认知的机会（Lockman, 2000）。早期的动作可能为以后的工具使用（如锤击和敲打）打下基础。也就是说，早期的手臂动作（如敲击物体），会随着后期敲击工具的使用而做出调整（Kahrs, Jung & Lockman, 2012）。

人们可能会拥有很多类型的身体比例，而重要的身体比例在一生中发生变化。身体各个系统的改变会影响个体对身体比例的使用。我们对身体比例的敏感性，会对技能指导产生影响。例如，如果儿童不能用单手挥动一个又大又重的成人网球拍，那么他就不能在这项运动中使用成人的运动技巧。大球拍不能提供成人的动作模式。要么球拍必须按比例缩小以适合儿童使用，要么儿童可能需要用双手来挥动球拍。事实上，儿童进行限制球拍比例的运动，有助于提高他们的运动表现（Fitzpatrick, Davids & Stone, 2018）。哈根、海伍德和斯班格（Gagen, Haywood & Spaner, 2005）发现，强度和尺寸可能是这类弹道式的挥拍活动调整装备的重要考虑因素。

伊沙克、弗兰切克和阿道夫（Ishak, Franchak & Adolph, 2014）研究了"手通过不同大小的开口"这一活动可供性的发展。当然，在16个月～20岁的年龄范围内，手的大小是不同的，所以手的大小预测了手通过开口的可供性。从7岁开始，判断哪只手适合的准确性就会随着年龄的增长而提高。然而，每个年龄段的人对开口的大小都很敏感，会不断衡量和尝试。因此，婴幼儿的动作是系统性的，即使其准确性不足。相比年龄更大的儿童和成年人，他们也许更倾向于在双手能够张开的最大阈值附近探索身体与环境的关系。

身体比例有助于我们认识到，对于那些对动作发展感兴趣的人来说，理解发育和衰老的过程是多么重要。有必要继续进行研究，以确定个人用于特定任务的参考量表。这样的研究将有助于确定它是否确实是一种可供性或被感知物体的个体特征。

❓ 如果你是一名幼师或小学体育教师，你会如何运用与身体比例相关的知识为学生选择运动器材？

我们回顾了动作促进知觉持续发展的证据。回想之前关于神经发育的讨论。格里诺、布莱克和华莱士（Greenough, Black & Wallace, 1987）假设，最初，神经元之间形成过多的突触，随着不断发展，有些突触存活了下来，而有些则没有。由感觉和运动经验激活的联结会存活下来，而未使用的联结将流失。突触的增殖为生物体的经历做好准备，这可能是一个物种所有成员的共有经历。这一敏感发育时期的经历，既能促进突触联结的存活，又能加强突触联结（Ratey, 2008）。

▶ **要点**　动作经验对知觉发展的必要性是建立在神经学基础之上的。

这些理论需要更多的实验验证，但它们为动作在知觉发展中的作用提供了一个合理的解释（Bertenthal & Campos, 1987）。研究者还认为，没有动作经验会使一个人知觉发展不足。

观察知觉和动作相互作用的另一种方法是观察姿势控制和平衡的发展。动作必须与知觉相结合，这样个人才能处理干扰他们的姿势和平衡的事件或动作。

姿势控制和保持平衡

姿势控制和保持平衡是知觉和动作作为一个系统的完美体现。为控制我们的姿势以坐下、站立或摆出任何想要的姿势，我们必须根据指定的环境和身体方位的知觉信息不断地改变我们的动作反应模式。姿势控制和保持平衡的过程会涉及几种知觉系统。通过视觉，我们可以知道身体相对于环境的位置。通过身体本体感受器的动觉输入，我们又能知道四肢和身体各部分是如何相互定位的。而通过前庭感受器的动觉输入，我们可以获取关于头部位置和运动的信息。甚至听觉系统也能提供关于平衡的信息（Horak & MacPherson, 1995）。

在很多情况下，我们都需要姿势控制和保持平衡。有时我们需要在静止状态下保持平衡（静态平衡），有时我们需要在移动状态下保持平衡（动态平衡）。我们还必须保持身体各个部位的平衡，而不仅仅是双脚的平衡。想象一下体操运动员在各种项目中必须让身体的所有部位保持平衡。有时，我们需要离开地面保持平衡，例如上梯子。甚至在没有部分感知信息的情况下，我们也需要保持平衡，例如在黑暗中行走。

考虑到平衡涉及的知觉系统的数量，以及任何给定的平衡活动都可能受到环境和任务的广泛限制，我们可以用限制模型来研究平衡发展。特定任务限制和环境限制的发展趋势，可能与另一种限制的发展趋势有所不同。事实上，运动科学家在一段时间以前就认识到，不同类型平衡活动的表现水平，对于该活动来说是特定的（Drowatzky & Zuccato, 1967）。第 9 章中，我们讨论了婴儿的控制姿势和保持平衡。现在让我们探讨从童年期到成年后期（即老年期）的平衡发展。

▶ **要点**　平衡发展趋势的时间与所考虑的平衡活动的类型有关。

童年期的平衡发展

长期以来，人们一直认为，从 3 岁到 19 岁各种平衡活动的表现都会逐渐改善（Bachman, 1961; DeOreo & Wade, 1971; Espenschade, 1947; Espenschade, Dable & Schoendube, 1953; Nougier et al., 1998; Seils, 1951; Shumway-Cook & Woollacott, 1985; Winterhalter, 1974; Woollacott, Shumway-Cook & Williams, 1989），而改善趋势的确切本质，则取决于活动。这些改善的趋势已成定论，因此，最近的研究主要探讨了儿童在各种情况下为保持平衡而使用的策略，以及这些策略在一生中是如何变化的。

在移动过程中保持平衡是非常具有挑战的。例如，在行走或跑步时，我们必须保持稳定，同时推动身体向前，才能快速前进。为此，我们可能会使用两种参照系：一个是支撑面，另一个是重力。另外，我们还要控制身体各个关节的运动自由度。一方面，个体可能会让头部相对于躯干保持稳定，以减少其必须控制的运动。另一方面，他们可能在空间中稳定头部位置，并利用头部和躯干的定向来控制平衡。龙塞斯瓦列斯、施米茨、泽德卡、阿萨扬特和伍拉科特（Roncesvalles, Schmitz, Zedka, Assaiante & Woollacott, 2005）调查了4个年龄组（2~3岁、4~6岁、7~9岁和成人）的活动和躯干操作。年轻的两组用躯干或支撑面作为参考，而年龄稍大的两组则将重力作为参考。

静态姿势策略可能会使用感官反馈，其中，视觉对儿童来说尤其重要。相比之下，动态平衡策略可能需要身体部分的前馈控制（即预期姿势调整）。平衡受到干扰时需要快速运动反应以维持稳定（Hatzitaki et al., 2002）。

▶ **要点** 为了保持动态平衡，预期的姿势调整通常需要快速运动反应。

阿萨扬特和安布拉尔（Assaiante & Amblard, 1995; Assaiante, 1998）提出了一个模型，以解释移动过程中的平衡能力在整个生命周期中的发展。该模型描述了4个重要时期：第1个时期从出生到开始站立，其特点是头尾（从头到脚）方向的肌肉控制；第2个时期从身体达成站立姿势到大约6岁，在此期间，必须掌握下肢和上肢的协调动作；第3个时期，大约从7岁到青春期的某个时候，其特点是平衡控制中头部稳定的改善，头部可以相对于躯干保持稳定，也可以相对空间保持稳定；第4个时期始于青春期，一直延续到成年，其特点是对颈部活动自由度的精细控制。因此，童年期的活动，是学习不同的参照系如何在运动中相互补充的。这个模型非常有趣，催生了关于动态平衡发展的额外研究。

姿势控制研究的一个方面是当一个人开始行走时必须做出的调整。阿萨扬特、伍拉科特和安布拉尔（Assaiante, Woollacott & Amblard, 2000）观察了1~4个月、9~17个月大的婴儿、4~5岁的儿童和成人，并观察了所有年龄段的预期姿势调整。随着年龄的增长，这些调整更加一致，身体的各个部分也得到了更好的协调。此外，年长的人可以单独用下肢进行调整，而不需要上肢的调整。

当出现过大的平衡干扰时，成人可以迈出一两步以重新获得平衡。龙塞斯瓦列斯、伍拉科特和詹森（Roncesvalles, Woollacott & Jensen, 2000）观察了具有不同程度的行走经验（独立站立、行走不足2周、行走1~3个月和行走超过3个月）的婴儿在平衡受到干扰时的表现。初学行走的婴儿很少能恢复平衡，而有3个月或以上行走经验的婴儿，可以有效地迈出一步以保持平衡，避免摔倒。

？ 回想你在游乐园的体验，哪些场所用视觉显示来迷惑你？视觉显示是如何让你的感官产生冲突的？哪些系统发生了冲突？你是如何保持平衡的（如果你做到了）？

平衡能力随年龄增长出现的变化

在成年期，站在移动测力平台上的个体显示出轻微的摆动。如果平台反复来回移动，成人会使用视觉信息稳定头部和上肢，通过肌肉对动作的反应实现脚踝的调整

（Buchanan & Horak, 1999）。成人站在平台上，当平台突然发生轻微的摆动时，他们通过调整脚踝重新获得平衡。也就是说，横跨踝关节的小腿肌肉使身体再次直立。当动作幅度较大或速度较快时，他们采用髋关节调整，跨过髋关节和膝关节的肌肉将重心带回支撑底部（Horak, Nashner & Diener, 1990; Kuo & Zajac, 1993）。

老年人的平衡能力呈减弱趋势。60 岁以上的人在直立时比年轻人更容易摇摆，特别是当他们处于倾斜状态时（Hasselkus & Shambes, 1975; Hellebrandt & Braun, 1939; Perrin et al., 1997; Sheldon, 1963）。在使用移动测力平台进行测试时，老年人的平衡也发生了与年龄相关的变化。与年轻人相比，老年人的腿部肌肉在受到扰动后为保持平衡而做出反应的时间稍长，有时大腿肌肉首先做出反应，而不是小腿肌肉，这与年轻人的情况相反。老年人重复动作时，肌肉反应的强度变化更大（Perrin et al., 1997; Woollacott, Shumway-Cook & Nashner, 1982, 1986）。

与年龄相关的平衡能力的变化，可能与身体系统的多种变化有关，特别是神经系统的变化。一些老年人的动觉感受器发生了变化，这些变化在下肢可能比在上肢更为极端。这会导致他们过度依赖视力来保持平衡（Yeh, Cluff & Balasubramaniam, 2014），但老年人也可能因为视力变化以及 75 岁以上老年人前庭感受器和神经的变化，而处于劣势（Bergstrom, 1973; Johnsson & Hawkins, 1972; Rosenhall & Rubin, 1975）。快缩型肌纤维的减少或力量的丧失可能会妨碍老年人对稳定性变化做出快速反应，就像关节炎一样。在有疼痛问题的老年人中，跌倒的风险逐步增加（Patel et al., 2014），让老年人在进行运动或认知活动时保持平衡，会降低他们的表现（Sertel et al., 2017）。与儿童一样，老年人的平衡表现具有活动特定性（Dunsky, Zeev & Netz, 2017）。

佩林等人（Perrin et al., 1997）记录了老年人在移动测力平台向后倾斜时的肌电图活动。他们观察到，一些小腿的反射与保持平衡无关，还观察到恢复平衡所必需的反应。通过比较年轻人和老年人从平衡被扰乱到这些肌肉反应开始的时间，研究者确定老年人外周和中枢神经系统的神经传导速度较慢。因此，随着年龄的增长，平衡能力的减弱很可能与多个系统随年龄的增长而出现的变化有关。

▶ **要点**　老年人在平衡方面遇到的困难，可能反映出多个系统的变化。

跌倒对老年人来说，是一个非常令人担心的问题。事实上，跌倒是导致 75 岁以上老年人意外死亡的主要原因。跌倒会导致老年人脊柱、髋部（骨盆或股骨）或腕部骨折，尤其是患有骨质疏松症的老年人。这种骨折的并发症可能导致死亡。即使老年人康复了，他们也会负担昂贵的医疗费用，一段时间无法活动，生活不能自理。由于害怕再次跌倒，他们会改变生活方式，或在随后的活动中变得过于谨慎。

伍拉科特（Woollacott, 1986）研究了老年人在移动测力平台向前或向后倾斜，意外扰乱其平衡时的反应。她观察到，有一半的老年人在第一次就失去了平衡，但是这些老年人经过几次尝试后学会了保持平衡。因此，老年人比年轻人更容易在光滑的表面上跌倒，不过，练习能够使他们的稳定性提高。坎贝尔等人（Campbell et al., 1997）以及坎贝尔、罗伯逊、加德纳、诺顿和巴克纳（Campbell, Robertson, Gardner, Norton & Buchner, 1999）比较了参加强调力量和平衡的个体化训练的 80 岁以上女性与未参加训练的80岁以上女性在一年内跌倒的次数，实验组的跌倒次数（88次）明显少于对照组的跌倒次数（152次）。此后，研究表明，对老年人进行平衡训练是有效的（Ruffieux et al., 2017）。因此，预防和康复计划有助于降低老年人跌倒的风险，但训练必须持续下去。可以回顾第10章，我们讨论了有氧运动在维持认知过程速度中的作用。

▶ **要点** 专注于改善力量和平衡能力的训练可以降低老年人跌倒的风险。

评估平衡能力

平衡能力可以通过许多方式进行评估，可以在现场测试也可以在实验室中评估。静态平衡和动态平衡采用不同的评估方法。许多实验室使用的装置是移动测力板或测力台。一个简单的移动测力板由2个方形板组成，将其中一个置于另一个之上，并在板之间和4个角上安装4个压力表。该装置被放置在地板上，或移动嵌入地板，与地面平齐，这样人就可以站在、跨过、甚至跳上或跳下移动测力板。

最基本的移动测力板简单地测量施加在顶板几何中心的垂直力。复杂的移动测力板可以测量压力中心处的力和位置。想象一个人单腿站在移动测力板上。当受试者左右摆动时，身体偏离垂直中线，此时，施加在移动测力板上的压力开始从中心处移动。移动测力板可以检测压力中心的位置、移动的距离和时间。最先进的移动测力板可以把施加在移动测力板上的力矢量分解成3个空间分量。因此，当受试者站在平台上或在平台上移动时，移动测力板可以测量受试者脚底压力的变化。

若研究者对静态平衡感兴趣，他们可以要求受试者站在移动测力板上，测量受试者摆动的距离和速度。受试者可以用单脚或双脚站立，也可以用任何姿态站立，例如侧步或分步。研究者还可以要求受试者尽可能在不失去平衡的情况下倾斜身体，以量化控制身体的能力或稳定性的最大限度。

计算机动态姿势评估工具与移动测力板相结合，这些装置用来研究当受试者由于移动测力板倾斜而稍微失去平衡时的反应。通过在受试者周围设置3面围栏控制周围的视野，研究者可以呈现正常视力或无视力的情况，以及环境是趋于稳定还是随人体摆动而移动。同时，研究者还可以通过旋转或平移来控制移动测力板的运动方向。这使他们能够研究视觉、前庭和躯体感觉系统及其在平衡中的相互作用，包括当平衡受到干扰时，受试者必须做出反应才能重新获得或维持平衡。肌电图可以与这样的系统结合使用，记录肌肉是如何被激活以重新获得平衡的。

想象一下，如果你和祖父母一起生活。与年轻人相比，在你居住的房子周围，什么样的表面和条件更有可能导致他们跌倒？你可以采取什么措施来降低他们跌倒的风险？

总结与综述

知觉和动作是一个系统。动作与知觉的耦合，正如姿势和平衡的反应所示。人们对动作在知觉发展中的确切作用存在一些分歧，但对其重要性均保持肯定的态度。已有研究证明，动作经验有助于空间知觉（包括深度、表面和倾斜坡度）和可供性的发展。

知觉-行动的耦合对姿势和平衡的影响，在婴儿中颇为明显。然而，发展趋势似乎决定了哪个知觉系统具有优先权。婴儿在视觉信息与动觉信息发生冲突时，更依赖视觉信息。随着进一步的发展，这一发现得以逆转。年龄较大的儿童、青少年和年轻人很少会在视觉和动觉信息冲突的环境中摔倒，他们已经学会了更多地依赖动觉信息。老年人对平衡扰动的反应有所变化。知觉系统的变化导致对视觉的过度依赖可能会影响这些反应，但这些变化似乎更多地表现出肌肉对知觉信息产生反应的时间和模式。

西伦（Thelen, 1995）总结了知觉和动作的关系，他表示："人们感知是为了移动，移动是为了感知。那么，动作除了是一种知觉形式，一种认识世界并采取行动的方式外，还能是什么呢？"

巩固已学知识

回顾

回顾本章开始提到的现象。家长和教师总是很难知道什么时候该让儿童进行某些学习活动，什么时候该让儿童推迟面对这些挑战。一方面，他们希望儿童取得成功，但另一方面，他们担心儿童的发展会落后于他人。最近的研究似乎表明，认知、知觉和动作系统共同发展。如果一个系统的发展落后于其他系统，我们从限制模型中知道，它可以成为限制其他系统发展的速率限制因子。对人为控制发展速度抱有希望，结果通常是失败的。父母和专业人士可以操控环境和任务目标，以便个人准备好取得这些进步，为发展奠定基础。

知识测验

1. 当代研究者认为，认知能力和动作能力的联系比之前认为的更加紧密，有哪些原因？
2. 自主移动在知觉发展中有什么作用？知觉的哪些方面最容易受其影响？
3. 考虑你对上述问题的回答，剥夺婴儿的移动经验会对知觉和动作发展产生什么影响？
4. 知觉-动作发展的观点在20世纪发生了怎样的变化？

5. 什么是可供性？可供性与调整器械的大小以适应表现者（比例）之间有什么关系？

6. 对可供性的感知是否有发展趋势？

7. 儿童依靠哪种知觉系统来保持平衡，这种平衡是如何随着发展而改变的？

8. 不同身体系统的哪些变化可能导致老年人更容易跌倒？怎么做可以降低跌倒的风险？

学后练习

认知和运动缺陷

从下列障碍中选择一种：孤独症、阅读障碍、发育协调障碍、注意缺陷多动症。研究这种障碍的特征，以确定认知和动作缺陷是否与之相关。描述各个领域（认知和动作）缺陷的具体特征。对于患有这些障碍的儿童来说，在小学阶段的常规体育课上需要进行哪些活动？

动作发展中的功能性限制

　　第6部分侧重于研究社会文化环境对个体功能性限制的影响，例如，那些影响家庭或文化体系的功能性限制。功能性限制可包括动机、态度、自我概念、性别角色的认知和对主题的了解。尤其在处理儿童问题时，我们必须等待个体的结构性限制出现变化，而这种变化是通过发育和成熟形成的。相比之下，功能性限制的变化速度更快。例如，教师可以设定一个与动机相互作用的任务目标，以使动作行为迅速发生变化。然而，并不是所有的功能性限制都会迅速发生变化。自我概念是经过多年形成的，并受到社会互动的影响。有关某项运动的知识，往往要通过多年的实践才能获得。

　　功能性限制和环境限制之间存在着相互作用。例如，社会文化规范强烈影响着人们对性别角色的认知；一个人认知到的性别角色，也会影响他选择的身体活动类型。某一文化中某些运动或舞蹈形式的流行，也会影响生活在该文化中的人对该运动或舞蹈的了解。

　　本部分探讨了功能性限制及其在人的一生中经历的变化。第15章讨论了社会和文化限制在影响个人选择身体活动和运动环境方面的作用。第16章讨论了环境限制如何影响自尊等功能性限制，以及这种相互作用如何影响体力活动的选择。此外，第16章还探讨了自我认知的动作能力和实际动作能力的发展变化。第17章概述了动作学习的过程，以及这些过程在人的一生中是如何变化的。在第18章，我们总结与综述了本书中提及的概念。

推荐阅读

Coyne, S.M., Linder, J.R., Rasmussen, E.E., Nelson, D.A., & Birkbeck, V. (2016). Pretty as a princess: Longitudinal effects of engagement with Disney princesses on gender stereotypes, body esteem, and prosocial behavior in children. *Child Development*, 87(6), 1909–1925.

Dinella, L.M., & Weisgram, E.S. (2018). Gender-typing of children's toys: Causes, consequences, and correlates. *Sex Roles*, 79(5/6), 253–259.

Estevan, I., & Barnett, L.M. (2018). Considerations related to the definition, measurement and analysis of perceived motor competence. *Sports Medicine*, 1–10.

Rudisill, M.E., & Johnson, J.L. (2018). Mastery motivational climates in early childhood physical education: What have we learned over the years? *Journal of Physical Education, Recreation & Dance*, 89(6), 26–32.

Slykerman, S., Ridgers, N.D., Stevenson, C., & Barnett, L.M. (2016). How important is young children's actual and perceived movement skill competence to their physical activity? *Journal of Science and Medicine in Sport*, 19(6), 488–492.

Sullivan, K.J., Kantak, S.S., & Burtner, P.A. (2008). Motor learning in children: Feedback effects on skill acquisition. *Physical therapy*, 88(6), 720–732.

Wulf, G. (2013). Attentional focus and motor learning: A review of 15 years. *International Review of Sport and Exercise Psychology*, 6(1), 77–104.

动作发展中的社会和文化限制

环境限制的影响

章节目标

- ▶ 探讨社会和文化限制在动作发展中的作用；
- ▶ 定义特定的社会主体，如父母和学校在个人发展中扮演的角色；
- ▶ 解释社会化过程及其在不同群体中的作用。

现实世界中的动作发展

长曲棍球运动中的性别刻板印象

美国麻省文理学院长曲棍球队的女性球员们站在赛场上，阳光把她们的脸颊染成了粉红色。当她们奔跑起来时，裙子仿佛在翩翩起舞。球门附近的几位球员正在整理裙子，但不管怎么拉拽，裙子依然会向上飘起。如果仔细观察，你会发现每隔几分钟，每个球员都会不经意地整理她们的裙子。

虽然身着一身优雅的球服，但长曲棍球队的女性球员仍渴望参加一场更加激烈的比赛，但规则并没有给予她们这种权利。人与人接触的规则是男子和女子比赛的主要区别之一，另外，女子球服没有衬垫，只有较浅的球棍袋。

这些差别让麻省文理学院的女性球员们深感沮丧。她们并不希望有和男子长曲棍球相同的规则，但是，她们也赞成那些不表明女球员是弱者的规则。

长曲棍球队二年级运动员麦肯齐·卡特勒（Mackenzie Cutler）表示："女子长曲棍球不允许身体接触，而男子的则允许。这非常不公平，它表明女性是弱者，难道仅仅因为我们是女孩，就不能处理好接触问题吗？"

根据美国长曲棍球运动官网的说法，男子和女子比赛的规则有很多不同之处。女性不允许有较深的球棍袋，男性必须戴头盔、护口器和护垫，而女性必须戴护口器和护目镜。同时，激烈的身体接触在女子比赛中是违规的，而在男子比赛中合规。

女子长曲棍球队主教练巴尔蒂尼（Bartini）表示："在某些方面，女子比赛比男子更加困难。掌握精准的棍术需要付出更多的努力。我们加入了一些男子比赛使用的规则，同时对蛮力进行限制，我并不认为这些蛮力应该出现在运动竞技中。"

源自：Wiese（2016）。

不同文化对某些体育项目的看法存在性别差异，这会影响人们选择参加的体育项目。前文提到，男性和女性都可以参加长曲棍球比赛，而女子比赛的规则与男子比赛不同，其减少了身体接触和降低了攻击性。这些差异在很久以前就已出现，并不出于生理原因，目的是让女性在这项运动中保持"淑女"形象。曲棍球运动是另一个例证。一个男性在欧洲参加曲棍球运动是非常常见的，然而在美国，很少有男性参加这项运动。当我们从限制的角度思考这一现象时可以发现，没有任何个体限制不支持或阻止男性（作为一个群体）参加曲棍球比赛，也没有任何个体限制可以阻止女性参加使用男子比赛规则的长曲棍球比赛。这些限制在更多情况下与社会或文化环境有关。

社会作为一个整体会影响个人的活动选择，新的运动榜样不断增多，女性和男性都会受其影响。当社会或文化因素影响人们参与的体育运动类型时，这些因素就成为社会和文化限制。你可能不认同社会和文化限制对动作发展的重要性，但在这一章中你会发现，这些一直存在的限制，会对人一生中的动作行为产生重大影响。

社会和文化限制可以影响动作发展的观点，可能会让一个成熟论者感到惊讶。如果你相信基因决定发展，那么你就很难认同社会是发展的推动者。然而，那些赞同生态学观点的人认为，社会和文化（以环境限制的形式）可能对个体限制和任务限制产生显著的影响，并与其存在着相互作用。这意味着，媒体对女子摔跤和冰球等赛事的报道，可能会通过改变一些与体育领域女性运动相关的社会和文化刻板印象，鼓励人们参与这些运动。

环境限制中的社会和文化影响

社会文化影响作为环境限制的概念，即群体的社会文化态度会鼓励或阻止某些动作行为。这些因素被认为是环境限制，其反映了整个社会或某些亚文化中普遍存在的态度。如果这种态度足够普遍，就可以改变一个人的行为。这些改变或许不太明显，但它们仍可能对个体的行动方式产生显著的影响。正如空气和光线可以充满整个房间、整片田野乃至整个社区，态度、价值观、规范和刻板印象也会将我们团团包围。甚至到了 20 世纪 70 年代，女性也不能或不被允许参加一些有组织的运动，如棒球和冰球。这种不允许女性参加某些体育运动的态度表明，女性参加有组织的，甚至是偶尔的运动的机会非常有限。从本质上说，这种态度阻碍了许多女性参加体育运动，尤其是在青春期之后。美国 1972 年通过的《教育法修正案第 9 条》（Title IX），规定了女性在体育运动中享有平等的机会。该条款的提出彻底改变了美国的体育状况，使女性参加体育运动成为可能，并最终为社会所接受。

社会和文化可以对一个人的动作行为产生深远的影响，特别是在运动和体力活动领域（Clark, 1995）。社会和文化因素，如性别等可以指导一个人未来的运动行为（Lindquist, Reynolds & Goran, 1998）。甚至媒体也鼓励并向大众推广不同类型的体力活动（例如特定性别的体力活动）（Cooky & Messner, 2018; Koivula, 2000; Musto, Cooky & Messner, 2017）。近年来，随着互联网新闻以及社交媒体的兴起，这种情况有所改变（Bruce, 2016）。

一个简单的例子可以说明社会和文化限制是如何起作用的：回想过去 10 多年谁是美国最成功的运动员。许多人可能会想到勒布朗·詹姆斯（LeBron James）、卡森·温茨（Carson Wentz）、亚历克斯·摩根（Alex Morgan）。大多数情况下，你会想象一个体形匀称、肌肉发达的人在美国从事一项职业运动。然而，如果我们问日本人这个问题，他可能会想到相扑选手。大多数美国人甚至不知道有名的相扑选手的名字。更重要的是，在动作发展的背景下，大多数美国儿童不会渴望成为相扑运动员，大多数美国成人也不会尝试参与相扑这项运动，而无论个体限制，如体形如何（在某些情况下，这实际上可能会促进个体参与运动）。美国并不鼓励相扑作为一项运动。因此，社会和文化影响人们对运动和体力活动的选择。也就是说，它们作为环境限制，鼓励个体参加某些运动，同时又阻止个体参加其他运动。一个年轻的美国男性或女性参加相扑运动的可能性很小。因此，一组完整的动作（与相扑有关的动作）是很难在美国出现并受到赞赏的。随着时间的推移，这种限制与个体限制的相互作用，限制甚至阻止了这些运动在美国的出现。

▶ **要点**　社会和文化信仰、态度和刻板印象可以鼓励或阻止某种动作行为，这些都是始终存在的环境限制。

参加体力活动有助于动作能力的发展。体力活动带来的好处众所周知，它能够促进身心健康。此外，运动可能会影响参与者的行为模式（例如，通过教授领导力和其他技能影响参与者的行为模式）。因此，为所有人提供从小就参与运动和体力活动的机会是有意义的，它贯穿了人的一生。然而，决定参加体力活动或遵循保持身体活跃的生活方式，可能与社会环境和个人的限制有很大关系。例如，最典型的示例是，大多数典型的发育中的美国儿童的个体限制允许他们参加各种各样的活动，但大部分人却选择了玩电脑和看电视而不是在户外玩耍，这是为什么？

❓ 在你的生活中，哪些最重要的社会和文化因素（人、地方等）对你产生了影响？从婴儿成长到现在，这些影响发生了什么变化？

社会化过程指一个人在具有一定价值观、道德规范和规则的群体中学习社会角色的过程。

个体在运动和体力活动中的早期社会化，是其动作发展和后期参与运动的关键因素。人和环境持续影响着人们一生中对活动的选择。例如，你的同伴会影响你对娱乐活动和生活方式的选择。这些活动可以是体力活动（打篮球而非玩网络游戏）、学习活动（去图书馆或小组学习）、社交活动（看电影或去酒吧）等。**社会化过程**是个体动作发展的主要环境限制，它与运动和体力活动相关，包括在这个过程中有影响力的个体。

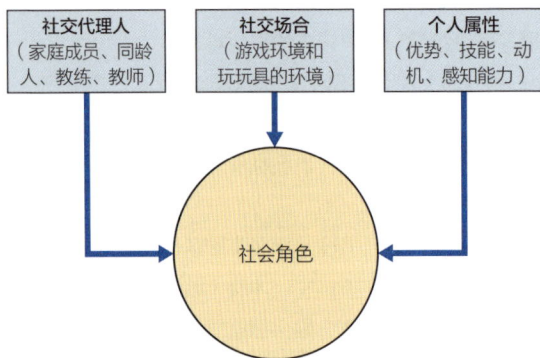

图15.1　社会化过程的3个主要因素，参与运动或体力活动会影响学习社会角色的过程
源自：Kenyon and McPherson (1973)。

社会化过程的3个主要因素，影响个体学习社会角色的过程，如图15.1所示（Greendorfer, 1992; Kenyon & McPherson, 1973）：

- 重要人物（有影响力的或重要的人，又称为社交代理人）；
- 社交场合（社交发生的地方）；
- 个人属性（个体限制）。

我们研究了前两个因素，以了解它们在社会化过程中的影响和重要性，使其融入运动和体力活动中。当然，第3个因素（即个人属性）代表了环境限制（社交代理人和社交场合），以及个人限制之间的相互作用。参与社交活动的有家庭成员、同龄人、教师和教练。本节研究这些人的影响，以及他们是如何鼓励或阻止某些动作行为的。首先，我们将研究一种跨多个背景的文化现象，即体力活动中的性别分类。

▶ **要点**　重要人物（如父母和朋友）和社会环境（如学校或运动队）有助于促进个人的社会化过程。

306

行动中的社会和文化限制：特定性别的刻板行为

重要的人物进入任何社会背景时，都带着他们和其他人应该如何行动的社会和文化规范的概念，引导着自己及他人的行为。以性别的刻板印象为例，便能看出社会和文化约束力的强大影响。一般情况下，人一出生，在生理上就决定了自己是男性或女性，这就是他们的**生理性别**。相反，**社会性别**是由文化决定的社会学结构，男人（"男性化"）和女人（"女性化"）有所不同（Eitzen & Sage, 2015）。

父母和其他重要的社交代理人，经常鼓励儿童根据自身的生物学特征，做出与性别相符的行为（Fagot & Leinbach, 1996; Fagot, Leinbach & O'Boyle, 1992; Lorber, 1994）。在发展动作技能方面，社交代理人会引导男孩选择"男性化"，女孩选择"女性化"的运动和体力活动（Royce, Gebelt & Duff, 2003; Shakib & Dunbar, 2004）。这种做法通常被称为**性别分类**或性别角色刻板印象。也许早在儿童 1 岁时，他们就开始学习这些性别角色了（Fagot & Leinbach, 1996）。

在过去，体力活动是按性别划分的。某些运动（如足球、棒球和摔跤）被认定为男性运动，而其他运动（如花样滑冰、体操和曲棍球）被认定为女性运动。此外，人们认为，运动对男孩来说是重要和合适的，对女孩则不是。因此，成人允许并且鼓励刚学步的男孩进行充满活力的游戏。然而，对于女孩，父母非但不允许她们参与跑步、攀爬等活动，甚至发现她们参与了还会对其进行惩罚（Bosacki, Woods & Copeland, 2015; Campbell & Eaton, 2000; Storli & Sandseter, 2015, 2017）。自《教育法修正案第 9 条》颁布以来，美国参加高中体育运动的女孩数量急剧增加，从 1971—1972 年的 29.4 万人增加到 2016—2017 年的 340 多万人，然而，仍落后男孩 200 万人（National Federation of State High School Associations, 2017）。此外，女孩在高中毕业后更有可能停止参与体力活动。

为什么性别类型化对男孩和女孩很重要？对于女孩来说，这种有限的参与和练习并不能充分发挥其动作技能的潜力。即使是对于参加运动的女孩，运动负责人也会觉得强度大且技巧性强的运动并不适合她们。反过来，这又会影响女孩参与或争取运动的动机。与此同时，男孩可能会被迫参加自己不喜欢却适合男性的运动。更糟糕的是，他们可能会完全停止体力活动，而不是被迫参加一项不受欢迎但性别分明的运动。因此，这种对男孩和女孩参与运动和体力活动的普遍社会影响，可能会被纳入与性别比较相关的技能和健康测量中。在相互限制的集成模型环境中，这是一个重要的考虑因素。男孩和女孩基于生理构成（生理性别）而出现的健康体能或技能差异，实际上可能与贯穿一生的刻板印象（社会性别）有关（Campbell & Eaton, 2000）。

尽管在 20 世纪 70 年代和 80 年代，人们逐渐认识到这些社会角色可能会限制女孩享受参加体力活动的好处，但父母似乎并没有改变对子女的态度。20 世纪 80 年代中期的研究表明，父母仍然倾向于在游戏中与儿子和女儿进行不同的互动（Power, 1985; Power & Parke, 1983, 1986; see Williams, Goodman & Green, 1985, on "tomboys"）。例如，父母倾向于指导女孩进行游戏，却给男孩更多独立探索游戏的机会（Power, 1985）。

生理性别指用于确定个体属于男性或女性的生物学特征。

社会性别指用来区分男性和女性文化而定义的社会学特征。

性别分类或性别角色刻板印象，发生于父母或其他重要的社交代理人鼓励那些被认为是"性别适合"的活动时。

到了20世纪90年代，这种情况似乎发生了很多变化，但研究表明，直到21世纪，人们仍然对男孩和女孩参与运动和体力活动存有刻板印象（Heinze et al., 2017; Eitzen & Sage, 2015）。这表明，社会角色依旧没有改变。麦卡利斯特、布林德和菲利普斯（McCallister, Blinde & Phillips, 2003）进行了一项研究，调查了中学女孩对女孩和男孩在运动和体力活动中的信念和态度。研究中，女孩将运动员与男孩联系起来，认为男孩的动作能力和体能更好。此外，她们认为女孩的动作能力不足。总体来说，研究者发现，在这个样本中，传统的刻板印象并没有改变。例如，海因策等人（Heinze et al., 2017）调查了814位父母，了解他们的女儿参加运动的益处和类型。调查发现，父母在关于女孩参与运动的信念方面，性别影响很小，但在统计学上意义重大。一些研究表明，时代正在改变。例如，罗伊斯等人（Royce et al., 2003）对565名大学生进行了抽样调查，他们发现，男性和女性都认为女性运动员更应受到尊重。总体来说，该调查显示，人们并不认为女性和运动员是两个相斥的概念。这表明，在体育运动中，与女性相关的刻板印象正在逐渐改变。

藐视性别角色刻板印象的女孩会怎么样？朱利亚诺、波普和奈特（Giuliano, Popp & Knight, 2000）调查了84名大学三年级的女生，包括运动员和非运动员。他们发现，在孩童时期，运动员倾向于玩"男性化"的玩具和游戏，她们主要与男孩或男女混合的群体一起玩，而非运动员并不是这样。这一发现表明，这些早期的"男性化"经历并没有对女性造成任何负面影响，反之，它能够鼓励女性在整个大学期间（甚至更久）

法律能改变限制吗？《教育法修正案第9条》对女性参与运动和体力活动的影响

在《教育法修正案第9条》通过之前，美国参加高中体育运动的男生远远多于女生。1971年，参加高中体育运动的女运动员不到30万人，而男运动员将近400万人（Reith, 2004）。一些人认为，男孩在生理上倾向于参加体育运动。也就是说，男孩愿意参加体育运动，是因为其性别是鼓励体育运动的个体限制。这一论点为男孩拥有比女孩更多的运动机会提供了生物学基础。但是，究竟是生物学造成了参与者人数存在显著的性别差异，还是社会因素造成的呢？1972年通过的《教育法修正案第9条》为该问题的研究提供了一个契机。它规定："在接受联邦财政资助的任何教育项目或活动中，任何美国人不得因性别而被排除在参与范围之外，不得被剥夺其利益，不得受到歧视。"就其对体育的影响而言，该法律规定教育项目应争取更多的性别平等。（有关该条款的内容及其对体育影响的完整描述，参见 Acosta & Carpenter, 2014, or Gregg & Gregg, 2017。）

参加体育运动。因为积极运动的生活方式非常重要，父母可能希望避免对女儿采取刻板的性别行为。

社交代理人：将人们的价值观作为限制

　　社交代理人是最有可能在个人社会化过程中发挥作用的人，如家庭成员、同龄人、教练和教师。这些扮演社交代理人的人应该被视作限制，因为他们会对个体的某些动作行为进行鼓励或阻止。本节将探讨这些群体如何影响个体参与运动和体力活动。

　　家庭成员、同龄人、教练和教师在儿童社会化过程中扮演的角色，可能会根据儿童性别的不同而不同。此外，作为行为榜样的人的社会性别，可能会对儿童的行为内化产生不同的影响。这种社会化结果，可能会限制儿童进行特定类型的体育运动，并且使其几乎不参与某些体力活动。

社交代理人指家庭成员、同龄人、教练、教师或其他参与个体社会化过程的人。

家庭成员

　　在社会化过程中，家庭会对一个人选择的体力活动和其他人生追求产生重大影响，部分原因是家庭对人的影响从小时候就开始了（Kelly, 1974; Pargman, 1997; Snyder & Spreitzer, 1973, 1978; Weiss & Barber, 1996）。事实上，家庭可能是婴儿与社会互动的唯一来源，因此也是社会限制的主要来源。从最初的互动中，家庭成员让婴儿接触某些经历和态度。他们通过手势、赞扬和奖励来强化那些被他们认为是适当的行为，同

　　自1971年以来，时代发生了改变。2016—2017年，近800万名高中生参加了体育运动，其中，340万为女孩，450万为男孩（全国州立高中协会联合会，2017）。这些数字表明，参加高中体育运动的人数无论男女都有所增加。自1972年以来，高中生体育选择的类型出现了何种趋势？似乎有更多的高中运动员（包括男孩和女孩）选择了性别中立的运动，而参与高度性别化运动的人数增长较慢（除了足球）（Stevenson, 2007）。1972年，男孩参与橄榄球运动的人数比其他任何运动都多，其次是篮球和田径。2017年，橄榄球运动的受欢迎程度降至第5位（篮球和田径分别位居第一和第二）。最受女孩欢迎的运动依次是篮球、田径和排球。体育运动参与人数的全面增加和女孩参与人数的增加表明，阻碍女性参与运动的障碍并非源于个体，而是与社会和文化环境有关。

时对个体不适当的行为进行惩罚。这个过程既具有系统性又非常微妙，以至于家庭成员可能几乎不会意识到他们与个体沟通的内容和方式是否有问题。

父母

若一个人在童年早期就参加体力活动，那么这很可能反映了他的父母在童年早期的参与习惯（DiLorenzo et al., 1998）。当儿童开始锻炼身体时，父母可以从鼓励或不鼓励他们玩某些游戏开始，最终，也可以鼓励他们从事特定的体力活动。父母的参与可能会使儿童一生都参与体力活动（Weiss & Barber, 1996）。大约75%的终身体育运动参与者在8岁之前就开始参与运动（Greendorfer, 1979; Snyder & Spreitzer, 1976）。事实上，成人参与体育运动的最佳预测因素是其在儿童和青少年时期的参与强度（Greendorfer, 1979; Loy, McPherson & Kenyon, 1978; Snyder & Spreitzer, 1976）。由此可见，父母对个体早期时体育运动的偏爱或排斥可能会对个体产生持久的后果。在父母对性别活动的期望方面，尽管《教育法修正案第9条》为女孩打开了新的大门，但对男孩来说，情况并没有因此而产生太大变化。在2007年的一项研究中，凯恩（Kane）表示，对学龄前儿童来说，父母对性别不一致抱有积极态度——但对儿子而言，这种看法的范围非常有限。与此同时，参与这项研究的父母表示，让儿子符合男性气概的规范标准是很重要的。

父母在让儿童参加体育运动方面可能扮演不同的角色。斯奈德和施普赖策（Snyder & Spreitzer, 1973）提出，儿童的父母对儿童参与运动活动的影响程度最大。此外，麦克弗森（McPherson, 1978）特别提出，母亲应当作为女儿体育运动上的榜样。这一观点得到了迪洛伦佐等人（DiLorenzo et al., 1998）的支持。他们发现，对于8、9年级的女孩来说，其母亲参加体育运动，以及对儿童的支持，是儿童参加体育运动的预测因素。一些研究者认为，父亲更加严格地认为应该做与性别相符的事情，包括男孩的体育参与度（Lewko & Greendorfer, 1988）。格林多佛和洛克（Greendorfer & Lewko, 1978）认为，与母亲相比，父亲是影响男孩和女孩参与运动和体力活动的主要因素。相比之下，洛克和尤因（Lewko & Ewing, 1980）发现，父亲会对9~11岁的男孩产生影响，这些男孩有较高的体育参与度，同时，母亲也会影响女孩，使其高度参与运动和体力活动。为了参与其中，女孩似乎比男孩更需要来自家庭成员的鼓励。

虽然这些研究并没有明确指出父母扮演着不同的角色，但很显然，父母会影响孩子在体力活动中的选择。最近，针对父母作为榜样及其对孩子体力活动表示支持所产生的影响，亚奥和罗兹（Yao & Rhodes, 2015）对相关研究进行了荟萃分析。他们综合了115项研究的结果，发现父子模型显著高于母子模型（$p<0.05$），但父母作为榜样和女孩的体力活动之间并无太大关系。换言之，通过模仿母亲或父亲的体力活动，女孩的体力活动水平并没有发生变化。斯特德、利尔施和沃尔特（Sterdt, Liersch & Walter, 2014）还对10项关于儿童和青少年体力活动的相关因素进行了系统性综述。他发现，无论男孩还是女孩，两个年龄组的体力活动与父母的支持之间始终存在着正相关关系。

20世纪80年代和90年代，女孩和成年女性参与运动和体力活动被广泛接受，并由此推广开来。此外，女性参加过去被性别划分为男性的运动，如足球和冰球，在社会上的接受程度也提高了很多。例如，2016年和2017年，有14 500多名女高中生参加摔跤比赛，9500多名女生参加冰球比赛（National Federation of State High School Associations, 2017）。男女体育联盟已经开始涵盖不同年龄和技能水平的成人。这反映出，高中和大学之后，人们对体育运动的兴趣愈加浓厚。此外，女性和男性有更多的机会参加非运动型体力活动，包括从骑自行车到瑜伽。对父母来说，这些增加的机会可能会对儿童参加体力活动产生积极的影响。

兄弟姐妹

兄弟姐妹组成了婴儿的第一个游戏群体，因此可能成为体力活动中重要的社交代理人。兄弟姐妹都可以影响女孩的运动和体力活动参与度（Blazo & Smith, 2017; Blazo et al., 2014）。之前的研究表明，非洲裔美国男孩将运动员视为他们的榜样，他们的兄弟姐妹影响了他们对榜样的看法（Assibey-Mensah, 1998）。另外，一些儿童和青少年表示，年长的兄弟姐妹在运动参与中并不重要（Greendorfer & Lewko, 1978; Patriksson, 1981）。因此，对于大多数儿童来说，兄弟姐妹可能只是将社会化模式强化到父母建立的体力活动中，而不是作为他们自己的主要社会化力量（Lewko & Greendorfer, 1988）。

同龄人

儿童的同龄人有可能加强或抵消从家庭开始的个体社会化进程（Bigelow, Tesson & Lewko, 1996; Brown, Frankel & Fennell, 1990; Greendorfer & Lewko, 1978; Weiss & Barber, 1996）。如果一个同龄群体倾向于参加积极的游戏或运动，它的个体成员就会被这些活动所吸引。如果一个群体更喜欢被动的活动，那么它的个体成员就倾向于跟随这种趋势。成年运动员表示，在学校时，同龄人或朋友影响了他们参加体力活动的程度，尽管这种影响的强度因活动类型而异。儿童遇到的第一个同龄群体通常是游戏团体。在很小的时候，他们就加入了这样的团体（有些游戏团体在儿童还是婴儿时就形成了），并一直延续到上学初期。

美国、日本和加拿大等几个国家的男孩和女孩表示，同龄人影响了他们童年时期的体育参与度（Ebihara et al., 1983; Green-dorfer & Ewing, 1981; Greendorfer & Lewko, 1978; Yamaguchi, 1984）。在青春期前，儿童进入更正式的同龄群体，如班级集体。这些同龄人在青春期仍然具有影响力（Brown, 1985; Brown et al., 1990; Butcher, 1983, 1985; Higginson, 1985; Patrick et al., 1999; Patriksson, 1981; Schellenberger, 1981; Smith, 1979; Weiss & Barber, 1996; Yamaguchi, 1984）。格林多佛（Greendorfer, 1976）发现，同龄群体是唯一一个影响被研究者一生中所有阶段的体育参与度的社交主体，包括童年期、青春期和成年期。其他社交活动在某些年龄段很重要，但在其他年龄段则不然。例如，家庭对婴儿非常重要，但对青少年的影响可能较小。

在童年期和青春期，个体参与团队运动往往比参加个人运动能对其产生更大的影响力（Kenyon & McPherson, 1973）。儿童和青少年的支持群体通常是同性的其他人。对于成人，尤其是女性，特别是结婚后，配偶和异性朋友在鼓励或不鼓励其参与某些活动方面变得更有影响力（Loy et al., 1978）。当个人离开学校进入新的环境成为劳动力时，他们就会离开同龄群体。如果这个同龄群体热爱体力活动，那么离开这一群体会使个体降低体育参与度。另外，工作场所的新同龄群体，可以促进个体参与体力活动。例如，个人可以参加一个休闲运动联盟的团队，或者参加公司赞助的锻炼和休闲项目（Loy et al., 1978）。最近的研究继续表明，同龄人对促进个体参与体力活动很重要，特别是对女孩。例如，莱尔德、福克纳、凯莉、麦克纳米和尼文（Laird, Fawkner, Kelly, McNamee & Niven, 2016）对84篇已发表的研究论文进行了系统的回顾和荟萃分析，结果表明，同龄人和朋友的社会支持与青春期女孩的体力活动参与度之间，存在虽小但正向的关系。

▶ **要点**　一个人的同龄人群体可能鼓励或不鼓励个体参与体力活动。作为社交代理人，同龄人群体和家庭成员一样重要。

评估青少年体育教练的行为：教练是社交代理人

在过去的几十年里，青少年运动的参与度稳步提高（Smoll & Smith, 2001）。在美国，60%的男孩和47%的女孩在6岁时参加了各种球队（Sabo & Veliz, 2008）。这种变化导致了人们对教练产生了需求，这些教练较为了解年轻参与者的需求。教练可以作为儿童的社交代理人。人们在体力活动方面的许多感受、价值观和行为，都来自他们在儿童体力活动中的经历。一个好的教练可以让人的一生都拥有积极的经历，同样，一个糟糕的教练也会让年轻人远离运动和体力活动。

弗兰克·斯莫尔和罗恩·史密斯（Frank Smoll & Ron Smith, 2001）建议，青少年的教练应当采用4种理念，以增强青少年参与运动的乐趣和益处。他们认为，青少年参与运动的主要目的是娱乐。这4种理念如下：

- 胜利不是一切，也不是唯一；
- 失败和失去有本质的不同；
- 获胜并不等同于成功；
- 应该教育儿童，成功是在努力争取胜利的过程中获得的，换言之，成功靠的是努力。

教练如何评估青少年的能力，使运动成为青少年有趣、积极的经历？通过自我监控，教练可以更好地了解自己的执教行为。为了在这个过程中提供帮助，斯莫尔和史密斯开发了教练自我报告表，要求教练在每次训练或比赛后尽快填写（Frank Smoll & Ron Smith, 2001）。这个表格能帮助教练评估在运动情境中期望行为的频率。除了提供来自其他教练或教师等知识来源的反馈外，这种形式还可以增强教练成为积极的青少年体育参与者的社交代理人的能力。

大多数人到中年时，即使是年轻时就参加体育运动，也会减少对运动的参与。易卜拉欣和罗兰（Ebrahim & Rowland, 1996）的一项研究发现，在704名年龄为44~93岁的女性中，只有25%的人在研究前一周参加了高强度运动。这种结果可能部分是由于缺乏专门针对中老年人的运动项目。然而，近年来这种情况发生了变化，从20世纪70年代末开始，人们开始重视健身，使这一年龄段的人有了更多的运动和娱乐项目。此外，成人现如今已经变得可以接受运动，甚至是欣然接受。同龄人群体似乎是个体坚持锻炼的关键因素，所以可能是让成人加入娱乐团体的最初原因之一。一旦参与其中，成人就会不断参与活动，成为同龄人中的一员。

教练自我报告表

请在训练或比赛后尽快填写此表格。

对于第1项、第2项和第3项，不仅要考虑你做了什么，还要考虑在什么情况下会发生这些动作，以及涉及哪些运动员。

1. 你对优秀运动员的动作做出回应的时间大约占多大比例？

2. 你对运动员的失误做出的回应约占多大比例？

   a. 仅鼓励

   b. 以鼓励的方式纠正错误（a和b的总和不应超过100%）

3. 你有多少次在运动员表现出努力、遵守团队规则、鼓励队友等团队精神及其他良好行为时，给予他们鼓励？

4. 你们队今晚打得怎么样？（圈出一个答案）很差；不太好；一般；很好；非常好

5. 儿童对这种练习或比赛经验表现出怎样的积极性？（圈出一个答案）非常消极；有点儿消极；一般；有点儿积极；非常积极

6. 这次训练或比赛对你来说能积累怎样的经验？（圈出一个答案）非常消极；有点儿消极；一般；有点儿积极；非常积极

7. 如果你有机会重新指导这次训练或比赛，你会做些什么不同的事情吗？如果会，请简要说明。

源自：J. Williams, *Applied Sport Psychology: Personal Growth to Peak Performance*, 4th ed. (New York: McGraw-Hill Companies, 2001). © McGraw-Hill Companies, Inc。

尽管同龄人群体对个人参与体力活动的影响贯穿个体的一生，但目前仍不清楚的是，个体是否因渴望融入群体而被吸引至某项运动。个人可能首先选择符合他们兴趣的群体，包括对体育的兴趣（Loy et al., 1978）。虽然还不清楚哪个更重要，但对体育的兴趣和想要成为同龄人群体的一员的愿望，使个体有可能继续参与并选择活跃的群体。20世纪80年代的研究表明，同龄人在体力活动社会化中的作用与家庭成员的作用一样重要（Lewko & Greendorfer, 1988）。目前的研究表明，没有任何个体社会支持来源是体力活动水平的有力预测因素，但各种不同的来源（同龄人、家人）都对个体参与体力活动有细微但十分积极的影响（Laird et al., 2016; Sterdt et al., 2014）。

教练和教师

教练和教师也可以影响个人对运动和体力活动的参与度（Greendorfer & Lewko, 1978; Laird et al., 2016）。男性参与者表示，教练和教师会影响他们对运动的参与度和选择，尤其当他们还是青少年时（Ebihara et al., 1983; Kenyon & McPherson, 1973）。女性参与者认为，教师和教练对童年期（Greendorfer & Ewing, 1981; Weiss & Knoppers, 1982）和青春期（Greendorfer, 1976, 1977）的她们产生了影响。相比之下，山口俊一（Yamaguchi, 1984）发现，学校的教练和教师并没有影响力。参与者很少认为，教练和教师是对他们参与运动最有影响力的人。也许教练和教师的作用是加强家庭成员和同龄人较早开始体育社会化进程。显然，这一领域还需要进一步研究，才能让我们更好地理解教练和教师的作用。

> ❓ 不喜欢体育运动的成人表示，他们小时候的运动经验很少，尤其是在体育课上。记住这一点，作为一名体育教师，应如何操控不同类型的限制，让体育课有一个更积极的学习环境？

然而，教练和教师不应该忽视他们影响参与者参与运动和体力活动的潜力。他们可以向学生介绍令人兴奋的新活动，并刺激他们学习与体育有关的技能和态度。教练和教师也必须认识到他们有可能使参与者远离运动和体力活动。糟糕的学校经历可能会对一个人的整体生活方式产生终身影响（Snyder & Spreitzer, 1973）。当教练或教师让参与者在同龄人面前感到尴尬，过分强调表现标准而降低了学习乐趣，或者计划导致压倒性的失败而不是成功的课堂活动时，就会使参与者出现这种被称为厌恶社会化的负面经历。经历了令人厌恶的社交，参与者自然会回避体力活动，如此一来，他就无法很好地学习动作技能。因此，参与者试图参与的任何尝试都可能会让他们感到沮丧和气馁。

▶ **要点**　教练和教师必须了解，他们在促进或阻止参与者参加体力活动方面存在的潜在影响是至关重要的。

社交场合

儿童在成长过程中所处的环境是社会化过程的一部分，游戏环境和玩玩具的环境都会影响他们以后的活动。

游戏环境

一个适当的游戏环境，如后院或操场，可以为儿童提供社会环境，以便其参与体育运动。游戏空间也会影响儿童对活动的选择。缺乏足够游戏空间的儿童，其参与活动和练习技能的机会就会减少。因此，这些环境限制和阻碍了儿童参加运动或体力活动。在城市中，儿童的玩耍空间有限，通常，他们接触到的运动和体力活动需要的空间较小、设备较少，例如篮球。寒冷的天气为儿童提供了学习滑冰的机会，温暖的天气可以鼓励儿童游泳。

游戏环境也可能成为一种社会和文化限制，特别是如果游戏空间具有与性别相关的价值，可以影响男孩和女孩参与特定性别的活动。传统观念认为，某些类型的游戏适合男孩，却不适合女孩，反之亦然。这种标签在儿童进入青春期时尤为明显。参与性别适合的游戏的压力，会对儿童练习技能产生影响。传统的男性游戏通常比较复杂，涉及策略的运用。这类游戏鼓励参与者付出努力，实现具体目标，并利用谈判解决争端。在过去，传统的女性游戏通常不具有竞争性，也不需要团队成员之间的相互依赖，而是做简单的重复性活动，如跳绳或跳房子。这样的游戏很少存在复杂性，难以让女孩练习技能。事实上，这种游戏的结束往往是因为参与者失去了兴趣，而不是因为她们实现了目标（Greendorfer, 1983）。

如今，越来越多的儿童开始参与非"性别适合"的活动（Giuliano et al., 2000）。此外，一些运动和体力活动，如足球和健美操，与性别的相关性正在降低。然而，运动和体力活动的性别分类仍然存在，并对运动和体力活动有很强的限制作用。教师应该牢记，一种能够引导男孩和女孩进入性别游戏的游戏环境，会使男孩能够更好地发展复杂的动作技能，而女孩却不能。

玩玩具的环境

想象一下，你是一个走进玩具店的儿童，你将会经历什么？明亮的颜色和响亮的声音，会吸引你去玩那些能启发你、吸引你、让你兴奋的玩具。作为儿童（甚至是成人），你可能没有意识到，这些玩具也是社会化过程的一部分。没错，即使是玩具也是一种限制。玩具可以让儿童变得活跃或不活跃。例如，一个飞盘或碰碰球，都能教会儿童扔球和接球的动作，并让他们学会准确地投球。另外，棋盘游戏或玩洋娃娃是一种静坐类的游戏。玩具还可以刺激儿童模仿体育人物。在其他地方，你可以找到打篮球、踢足球、啦啦队的芭比娃娃以及终极格斗（UFC）的动作玩偶。电子游戏类玩具也可以模拟运动，但有的并不能促进任何体力活动，当然，有的也会有助于某些体力活动的发展。每种玩具都有各自的优点，但某些玩具更能够促进儿童的社会化运动和体力活动的发展。

❓ 回想当下流行的玩具，例如乐高，这些玩具是如何鼓励和限制儿童行为的呢？

玩具也是社会化过程中特定性别的一种方式（Auster & Mansback, 2012; Cherney & London, 2006; Murnen et al., 2016）。例如，销售给男孩的玩具往往比销售给女孩的玩具更复杂，更能培养空间技能，更能鼓励男孩参与积极的活动（Jirout & be, 2015）。

典型的女孩玩具，如洋娃娃或厨房用具套装都是安静的室内玩具（Coyne et al., 2016; Greendorfer, 1983; Liss, 1983）。在2005年发表的一系列研究中，布莱克莫尔和森特斯对本科生进行了调查，采访了其对某些玩具性别适应性的看法，以及他们如何评价这些玩具的特点。参与者将女孩的玩具与外表吸引力、教养和家庭技能联系起来，而将男孩的玩具与暴力、竞争、兴奋以及某种程度上的危险联系起来（Blakemore & Centers, 2005）。制造商经常使用性别分类策略来宣传他们的产品。例如，运动器材、赛车和动作类电子游戏的广告或包装，都以吸引男孩为主，而玩偶则以吸引女孩为主（图15.2）。白天看电视时，你可以仔细观察，电视广告中的人物，要么是男孩要么是女孩，但很少存在两者都有的情况。这些营销策略会对儿童及其父母产生影响。

父母也喜欢给他们的孩子买他们小时候会玩的玩具，因此倾向于延续传统的性别分类。例如，父亲可能会给他

图15.2　儿童玩具广告通常按性别分类

的儿子买一套积木，回忆他小时候和同龄人一起度过的时光，尽管市场上有更现代、更复杂、性别更模糊的玩具。此外，父母可以通过消极强化他们认为不合适儿童性别的玩具，来促进性别分类（Fagot, 1978）。在一项关于性别分类、玩具和学龄前儿童的研究中，拉格和拉克利夫（Raag & Rackliff, 1998）发现，许多男孩表示，父亲会认为跨性别的玩具是不好的。拉格（Raag, 1999）还发现，儿童的父母或其他社交代理人认为中性玩具不好，这在某种程度上，是受到了性别玩具标签的影响。通过玩具进行性别分类的变化非常缓慢，在过去几十年里几乎没有改变的迹象（Blakemore & Centers, 2005; Campenni, 1999; Eisenberg et al., 1985; Lloyd & Smith, 1985; Marcon & Freeman, 1999）。在一项特殊研究中，彭内尔（Pennell, 1999）伪装成圣诞老人的精灵首领，询问了359名男性和417名女性对玩具的选择，这些人的年龄和种族背景均不相同。彭内尔发现，在很大程度上，女孩和男孩在选择玩具时都有强烈的性别偏好。

近年来，人们越来越认识到，儿童在许多方面是按性别分类的，并认识到这一过程所产生的影响。然而，几乎没有证据表明，性别类型之外有任何实质性的改变（Banerjee & Lintern, 2000; Blakemore & Centers, 2005; Pennell, 1999; Turner & Gervai, 1995; Turner, Gervai & Hinde, 1993; Weisner, Garnier & Loucky, 1994）。教师必须意识到，他们影响了个体社会化过程的这一方面（Fagot, 1984）。再次，证据表明，教师对男孩玩玩具的态度仍然不同于对女孩玩玩具的态度（Fagot, 1984; Oettingen, 1985; Smith, 1985）。他们可以通过继续给某些活动贴上更重要或更适合某一性别的标签，来加强早期的性别分类，也可以根据男孩和女孩的成就，选择不同的活动。或者，他们可以尽一切努力消除这些差别，让每个人充分发挥自己的潜力。随着时间的推移，这些想法和期望，可能会通过引导男孩和女孩的运动，来减少他们在动作发展方面的差异（Brown et al., 1990; Brundage, 1983; Giuliano et al., 2000; Greendorfer & Brundage, 1984）。

总结与综述

　　人类是社会性的生物，也就是说，作为日常生活的一部分，个人不断地与他人互动并相互依赖。人们组成的团体可以是小的（家庭）、中等的（运动队），也可以是大的（某国公民）。这些群体通常具有不同的价值观、道德规范、规则和其他因素，这些因素创造了群体成员生活的社会氛围。因此，不同的群体和成员扮演着社交代理人的角色，他们与社会情境一起，鼓励与社会和文化相适应的动作发展。如你所料，这些社会和文化限制与个体功能性限制相互作用，从而影响动机、自尊和完成任务的成就感。这种限制之间的相互作用将在第16章中讨论。

巩固已学知识

回顾

　　我们不应该忽视社会和文化环境或性别分类对动作发展的影响。关于性别的社会理念，可以为男性和女性创造不同的规则，就像美国麻省文理学院女子长曲棍球队遇到的情况一样。这可能不利于两性的动作发展。早在20世纪70年代初，参加曲棍球、体操、排球和垒球等运动的男孩远多于现在。在《教育法修正案第9条》通过后，女孩们开始大量参加这些运动。也许是女孩参与度的提高导致了这些运动被归类为"女性化"，进而导致男孩的参与度相对降低。然而，随着男性重新参与曲棍球等运动，社会和文化限制可能会再次改变，最终鼓励更多的人参加更多的体育运动。

知识测验

1. 哪个社交代理人最有可能影响儿童在运动和体力活动中的社会化？
2. 性别角色刻板印象如何会导致女性参加运动和体力活动的情况减少？
3. 对于对"女性化"体力活动感兴趣的男孩来说，这些刻板印象威胁如何成为他们的限制？
4. 描述玩具如何成为社会化过程的一部分。
5. 生理性别和社会性别之间的区别是什么？为什么这种区别在动作发展中很重要？
6. 描述社交代理人在个体的童年期和青春期扮演的角色的变化。
7. 社会和文化限制如何作用于我们的动作发展模式？请提供具体的示例。

学后练习

观察互联网上的社会文化限制

　　你是否想过，如果你在其他国家长大，你的动作发展会是什么样子？互联网的好处之一是让我们可以立即获得来自世界各地的信息。浏览网页就会清楚地看到，不同的社会和文化有助于个体不同活动的发展，例如，体育运动、某项适合特定年龄段的活动或适合男性和女性的活动等。在本次学后练习中，你将利用互联网来研究不同地区的特定社会和文化限制。

1. 依次想象，你是来自非洲、亚洲、大洋洲、欧洲、北美洲和南美洲的学生。首先，从每个大洲选择一个国家，不要选择你所居住的国家。

2. 接下来，至少访问该国的两个网站，并访问介绍该国情况的两个网站（例如旅游指南简介）。记住这些网站的网址，以备日后参考。你访问的网站越多，你需要处理的信息就越多。

3. 对于每个国家，确定该国特定的社会和文化限制。

4. 对于你选择的国家，写一篇自己的传记，想象一下，如果你在那里出生长大，可能会发生的情况。请关注社会和文化限制。在这种情况下，你会是什么样的人呢？你的生活和动作发展在不同的国家会有什么不同？你在那里的动作发展与你在自己实际居住的国家相比，会有什么不同？你在不同国家的生活有相似之处吗？请分别进行描述。

第16章

动作发展中的社会心理限制

个体 – 环境限制

章节目标

- ▶ 研究整个童年期，自我认知的动作能力和实际动作能力之间的联系及其变化；
- ▶ 探究社会影响和个人自尊之间的关系；
- ▶ 讨论自尊对参与运动和体力活动动机的影响；
- ▶ 调查个人继续参与或退出运动的原因；
- ▶ 研究儿童在运动中成功或失败的原因。

现实世界中的动作发展

全体儿童共同运动项目和世界上规模最大的运动课程

每年5月的第一个星期三，来自世界各地数以百万计的学生，在同一时间（各地上午10点）进行全世界的共同运动项目，这是健康和团结的象征。它被称为全体儿童共同运动项目（Project ACES, All Children Exercise Simultaneously），已经进行了30多年。事实证明，这种非竞争性的项目具有重要的教育意义、激励作用和趣味性。莱恩·桑德斯（Len Saunders）在1989年创建全体儿童共同运动项目时，并不知道其会达到今天这样的规模。该项目受到了美国各界人士的赞扬，并得到了美国运动医学学会等组织的支持。全体儿童共同运动项目已惠及全世界数百万的儿童、家长和教师，包括来自50多个国家的参与者。

全体儿童共同运动项目的目标是激励孩子们每天参加体育运动。人们相信，儿童在童年时期拥有良好的体育运动经验，会使其一直坚持参与运动，从而改善其一生的健康状况。在美国，政府非常关注公民的健康和体育运动，这将促使更多公民参与运动。在过去的20多年里，越来越多的人表示自己经常参与运动。然而，这远没有实现相关项目设定的目标，即50%的成人每周至少进行150分钟的中高强度有氧运动，并进行每周2次的抗阻训练。截至2016年，18岁及以上的人群中，只有22.5%的人符合现行的联邦年龄调整体育活动指南，只有32%的人达到了150分钟的中高强度有氧运动，或每周2次抗阻训练的标准（Blackwell & Clark, 2018）。显然，美国人在将体育活动纳入日常生活方面，还需要做大量的工作。

为什么有些人会定期参加体育运动，而有些人却不会呢？在本书中，我们用了大量的篇幅描述了大多数个体在一般发展过程中所表现出的动作行为。然而，我们还未探讨限制的类型，即个体功能性限制，它可以显著改变个人体育运动的类型和运动量，并随着时间的推移影响动作行为的出现。个体功能性限制不是一种具体的解剖结构，而是一种心理结构，如动机、自我效能或情绪。通常情况下，社交代理人，如家长或同龄人，在个体功能性限制的发展中具有重要的作用。因此，我们要探讨社会和文化限制与个体功能性限制之间的相互作用。

正如前一章所述，社会或文化环境会鼓励或阻碍特定的行为。当然，这些环境限制对不同的个体有不同的影响。一些人可能因为家长的影响而不参加运动，还有的人可能会因为同样的影响而参与运动，其表现是一种反叛行为。本章将探讨社会因素与功能性限制，如情绪、认知能力、动机和其他个人属性之间的相互作用。而自尊即是一个与体育运动相关的关键的功能性限制。

自尊

所有人都会从不同的方面评价自己，例如身体动作能力、外貌、学习能力和社交技能。这些自我判断有很多代名词，如**自尊**、自我概念、自我意象、自我价值和自信。本章使用"自尊"一词来表示个人对自己的重视程度或对自己的能力、重要性、成功和价值的个人判断，自尊通过语言和行动传达给他人（Biddle & Asare, 2011; Coopersmith, 1967; Lindwall, Asci & Crocker, 2014）。你的自我评价是否准确，对你的自尊来说并不重要，重要的是你是否相信它们是准确的（Weiss, 1993）。其他人可以通过你对他们说的话，以及你在参加或不参加某些活动时的非语言行为，来判断你的自尊水平。例如，对体育运动高度自信的人，不太可能不愿意参加体育运动。自尊非常重要，它可以影响一个人参加和维持特定活动的动机。研究者发现，体育运动和自尊之间存在一系列积极的联系（Ekeland et al., 2004; Spence, McGannon & Poon, 2005）。

　　自尊不是一般意义上的自尊。它与特定**领域**有所关联（例如区域或情境）（Fox & Corbin, 1989）。例如，一个十几岁的男孩可能认为自己在体育和社会领域的能力很强，但在学术领域的能力很弱。在每个领域，个体可以在更具体的层次上区分他们的能力（Fox & Corbin, 1989），如学术能力可以用数学、写作、外语等方面的能力来衡量。本章主要讨论与体育技能相关的体育领域的自我评价。

▶ **要点**　自尊影响体育运动和体力活动的参与度，同时也影响技能的掌握程度，它会随着年龄的增长而变得更加准确。随着时间的推移，一个人在特定领域的自尊，会与他的实际能力更加匹配。

　　专业人士想要激励人们主动参与运动，必须了解自尊及影响人们对自身能力判断的因素。那些经常与儿童打交道的人，应该了解自尊的发展方式。那些与任何年龄的人都有交往的人，应该知道自我评价的基础标准，以及这些标准是否会随着个人年龄的增长而改变。

自尊是一个人对自己的能力、重要性、成功和价值的个人判断，通过语言和行动传达给他人，包括一般和特定领域的自我评价。

领域指一种独立领域或影响范围，如体育、社会或学术领域。

自尊的发展

　　在很大程度上，儿童的自尊会受到语言和非语言交流的影响，这些交流来自那些对他们很重要的人，包括家长、兄弟姐妹、朋友、教师和教练（图16.1）。口头评论，如"很好"或"为什么你不能做得更好"是信息的来源，面部表情和手势也是信息的来源（Weiss, 1993）。儿童也可能会将自己与其他儿童进行比较，这些评价的结果都会影响自尊。然而，这些评价和比较，在人的一生中并没有产生同等的影响力。本节将探讨影响模式的改变方式。

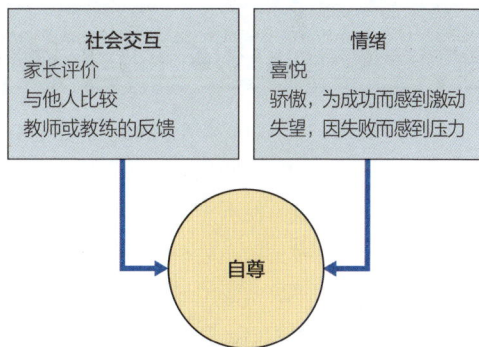

图16.1　情绪和社会的交互作用影响体育运动表现的自尊发展。交互既包括语言的，也包括非语言的
源自：Horn (1987)。

❓ 想象你是一名物理治疗师，在你的工作中应当首先考虑提高患者的自尊水平吗？

社会交互

图16.2　教师或教练的反馈有助于一种重要的个体限制的发展，即自尊

源自：©Rainer Martens。

5岁儿童就会与他人进行比较了（Scanlan, 1988），但不满10岁的儿童更多地依赖家长的评价和比赛的结果，而不是直接与他人进行比较（Horn & Hasbrook, 1986, 1987; Horn & Weiss, 1991）。在评价自己的身体动作能力时，儿童不如青少年准确。内在动机的水平和儿童相信他们能够掌控自己的生活的程度，影响其对自己身体动作能力认知的准确性。10岁以上儿童依赖于与同龄人的比较和评价。认知能力十分重要，与认知能力较弱的人相比，那些认知能力较强的人在体育运动和体力活动中有更积极的反应（Weiss & Ebbeck, 1996）。

来自教师和教练的反馈和评价，也有助于个体体育领域自尊的发展（Smoll & Smith, 1989）。例如，对于10~15岁的男性运动员，当教练经常给予其鼓励和纠正性反馈时，其在打球中会表现出较高的自尊水平（图16.2），特别是当运动员在一开始就表现出较低的自尊水平时（Smith, Smoll & Curtis, 1979）。教练的评价和自我提高感，也会对女性运动员产生影响，但这种

评估儿童的自尊

对发展学者来说，评估儿童的奔跑、跳跃能力或力量和柔韧性，似乎比评估儿童的自尊要容易得多。苏珊·哈特（Susan Harter, 1985）使用一种问题形式（"一些儿童……而其他儿童……"）来衡量儿童的自我认知。例如，一组陈述为"一些儿童觉得他们比其他同龄儿童更擅长运动，但是其他儿童不觉得他们也能表现得很好"，每组陈述旁边都有两个方框，一个写着"对我来说完全正确"，另一个写着"对我来说部分正确"。儿童选择和自己情况相似的方框打钩，表示相似的程度。1983年，哈特和派克开发了儿童自我认知能力图示量表，将动作能力列入四大领域之一（Harter & Pike, 1984）。由于哈特和派克的量表没有将基本动作技能作为运动领域的一部分，巴尼特及其同事（Barnett et al., 2015, 2016, 2018）根据粗大动作发展测试（TGMD-2）开发了一个新的图示量表，因此，儿童对动作能力的自我知觉水平，能够与TGMD得出的实际动作技能测量值保持一致。自2015年以来，他们已经在多个国家，包括澳大利亚（Barnett, Ridgers, Zask & Salmon, 2015; Barnett et al., 2015）、巴西（Valentini et al., 2017）、西班牙

影响模式比较有趣。霍恩（Horn, 1985）的一项研究表明，当女孩因表现良好得到教练的鼓励时，她们的自尊并没有增强。相反，她们受到教练的批评时却感到竞争力加大了。显然，教练的正面评价是笼统的，并不专门针对女孩的表现，而批评则与技能出现失误有关，通常包括改进的建议。因此，教师和教练不能用笼统的表扬增强儿童的自尊，应该对其表现给予反馈（Horn, 1986, 1987）。

情绪

自尊的发展也与参与时的情绪有关。与成功相关的骄傲和兴奋以及与失败相关的失望和压力，会影响一个人的自尊和持续参与运动的动机（Weiss, 1993）。当然，这不仅与运动有关，还与体力活动有关。快乐会带来更强的自尊和参与的动机。反过来，对动作能力和掌控能力较强、较低的家长压力以及更高的家长或教练满意度的感知，会让处于青春期的青少年感到快乐（Brustad, 1988; Scanlan & Lewthwaite, 1986; Scanlan, Stein & Ravizza, 1988）。

归因与自尊的关系

自尊可以影响行为，因为人们倾向于以证实自己信念的方式行事。也就是说，人们倾向于保持自我一致。如果你在表现一项技能时缺乏认知能力和自尊，那么在这项

（Estevan et al., 2018）、葡萄牙（Lopes et al., 2016）和希腊（Venetsanou et al., 2018），验证了动作技能自我认知能力图示量表（PMSC）的有效性和可信度。

哈特的儿童自我认知量表（Harter's Self-Perception Profile for Children），包含5个特定领域的36个陈述（学业能力、动作能力、社会接纳度、外貌和行为举止等）和自我价值的整体评分。此量表适用于8岁至青春期早期的个体。对于8岁以下的儿童，哈特和派克（Harter & Pike, 1984）设计了一个图示量表。这种量表不是呈现两种陈述，而是呈现两张图片：其中一张展示的是一个有能力或被接受的儿童，另一张展示的是一个不被接受或无法完成规定任务的儿童。同时，儿童将自己与图片中的儿童进行比较，判断自己是否和他们非常相似或有点儿相似。因此，对儿童来说，该量表更加直观具体，适用于那些不能阅读或理解书面陈述的儿童。图示量表用于评价四大领域，即认知能力、动作能力、同龄人接受度和母亲接受度。适用于青少年和成人的量表通常涵盖更多的领域。

技能中就缺乏能力。人们在分析成功和失败的原因时，这些信念十分常见。这些原因被称为**归因**。任何一个高度自尊的人在任意年龄都倾向于做出以下归因：

归因是指人们将自身成功或失败所归结的原因，这对于拥有高自尊和低自尊的人来说是不同的。

- 内在（认为自己的行为可以影响结果）；
- 稳定（认为影响结果的因素在不同情况下是一致的）；
- 可控（认为个人能够控制影响结果的因素）。

例如，自尊较高的竞争者将成功归因于天赋（内在），认为他们可以再次成功（稳定），相信成功源于自己而不仅仅是靠运气（可控）。他们认为失败是暂时的，并以新的努力和不断练习来提高技能。

相反，缺乏自尊的人将成功归因于以下因素：

- 外部（认为他们不能改变结果）；
- 不稳定（认为结果是波动的，如受好运气和坏运气的影响）；
- 不可控（认为他们对不同的结果无能为力）。

缺乏自尊的竞争者常常把失败归因于缺乏能力，把成功归因于运气，或者认为该活动中任何人都可能成功。

研究归因能够帮助我们理解成人的行为，但很少有研究者研究儿童在运动项目和体力活动中的归因关系。这个信息特别重要，因为儿童正处于发展自尊的过程中。我们已经看到，儿童在发育过程中，会用各种各样的因素来判断自己。因此，我们必须关注儿童自我评价的准确性，以及成人在帮助儿童做出适当的归因时所起的作用。

儿童的归因

关于儿童的归因随年龄变化的信息很少，这表明，与较大儿童和青少年相比，7~9岁的儿童会更多地将结果归因于努力和运气（Bird & Williams, 1980）。这些因素是不稳定的。然而，在本研究中，儿童只对研究者提供的故事做出反应，而不是对他们实际经历的结果做出反应，后来的研究未能发现实际参与后归因的年龄差异（Weiss et al., 1990）。由于儿童无法很好地区分能力和努力，因此需要更多关于年龄差异的信息。

身体动作能力不同的儿童，在归因上确实存在差异（Weiss et al., 1990）。正如预期的那样，身体自尊水平高的儿童会给出内在的、稳定的、可控的成功理由。他们对成功的归因更稳定，对未来成功的期望也高于身体自尊水平低的儿童。同样，儿童在评价准确性上也存在差异（Weiss & Horn, 1990），而低估（而不是准确地估计或高估）体育能力的女孩，通常选择不那么具有挑战性的技能，并将结果归因于外部因素。那些低估自己身体动作能力的男孩表示，他们几乎不知道成功或失败的原因。那些既认为自己的身体动作能力较弱又倾向于低估自己能力的儿童，可能会对努力的结果做出不准确的归因。他们有以下行为特点：

- 不愿意尝试具有挑战性的活动；
- 没有尽全力做好；
- 避免参与。

▶ **要点**　认为自己身体动作能力较弱的儿童，不太可能坚持体育运动，因此会错失其有关健康和社会心理方面的益处（Weiss, 1993）。

家长、教师和教练可以帮助儿童，特别是那些缺乏自尊的儿童，正确认识到成功或失败的原因。成人可以帮助缺乏自尊的儿童重新训练他们的归因（Horn, 1987；图 16.3）。成人可以强调通过努力和持续的实践来改善，而不是让儿童将失败归因于缺乏能力，将成功归因于运气。他们还可以鼓励儿童设定目标，并对儿童的进步提供准确的反馈。

那些对身体动作能力缺乏自尊的儿童，需要进行与能力准确匹配的挑战，在这些挑战中，难度的增加幅度要比其他儿童小得多。对身体动作能力有高度自尊的儿童，可能具有高水平的参与体育运动的内在动机。要让缺乏自尊的儿童享受体育运动，并最终意识到参与的益处，成人必须努力提高他们的自尊水平（Weiss, 1993）。

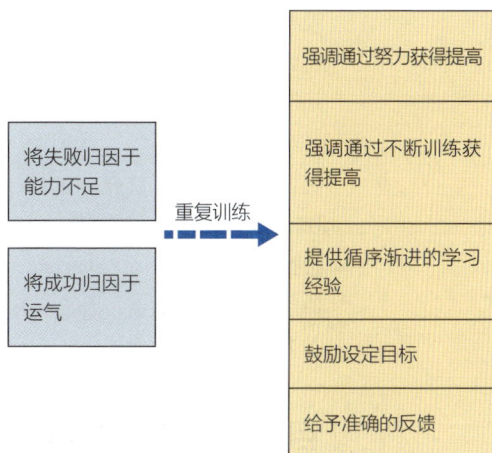

图 16.3　成人必须帮助缺乏自尊的儿童提高身体运动表现水平，以提高自尊水平。重复训练可以改变归因

成人的归因

自尊也会影响成人的动机。像儿童一样，成人也倾向于根据自己的信念行事。请回想儿童根据自我判断获取信息的过程，这些信息主要来自社交代理人和比较。而成人从以下 4 个渠道获取信息（Bandura, 1986）：

- 实际经验（以前的成就或失败）；
- 间接经验（观察示范者）；
- 他人的看法；
- 生理状态。

▶ **要点**　成人的自尊水平会影响其参与体育运动的动机。与儿童一样，成人的行为也取决于他们对自己的信念，这些信念来自实际和间接的经验、他人的看法及其生理状态。

一个人的实际经验会产生很大的影响力，而生理状态的改变是大多数老年人需要面临的现实。例如，视力下降会降低老年人参加球拍类运动的信心。相比之下，他人的看法的影响力要弱得多。老年人可用的模式之间存在很大差异，有些人能够看到像他们一样的人参加各种各样的活动，其他人则没有，尤其是亲自看见，而不是在杂志或电视上看到。鉴于这些影响，很明显，一个人在体育运动中的自尊水平会在一生中提高或降低。

一些研究者将成人的身体自尊和其保持或提高健康水平的动机联系起来。尤尔特、斯图尔特、吉利兰和凯莱门（Ewart, Stewart, Gillilan & Kelemen, 1986）研究了年龄为 35~70 岁患有冠状动脉疾病的男性，使其进行为期 10 周的步行或慢跑加循环力量训练、步行或慢跑加排球训练。训练前后分别测量了受试者的自尊水平、上肢和下肢的力量以及其在跑步机上的表现。

研究者发现，即使考虑到刚开始的力量水平、训练类型和参与频率，那些训练前自尊水平较高的人比那些自尊水平较低的人，手臂力量增强得更多。自尊水平确实在训练中得到了提高，但只有在参与者收到表现正在改善的信息时才会提高。例如，尽管在项目后的评价中，力量训练组的人在两次测试中都有进步，但他们只在力量训练时自尊水平得到了提高，而在慢跑时则没有。这是因为，研究者可以监测他们在力量训练中的进步，而慢跑的距离始终是不变的，因此没有迹象表明他们在进步。霍根和桑托梅尔（Hogan & Santomeir, 1984）也观察到，经过5周的游泳课，老年人游泳时的自尊水平有所提高。因此，老年人的自尊水平会影响其在项目中的进步程度，而参与者在获得实际进步的信息后，也可以提高自尊水平。

自我认知的动作能力和实际动作能力之间的联系

有一句话是"认知就是现实"。在我们的环境中，这表明个体认知到的动作能力和实际如何动作之间存在着联系。事实上，认知到的动作能力是成就相关行为的重要来源，如参与体育运动（Ryan & Deci, 2000），这在第12章中已经讨论过。较强的认知能力可以带来更高的自尊水平、参与度和更多的努力（Robinson, 2011）。研究结果表明，自我认知的动作能力和实际动作能力之间，存在一种发展的关系（Barnett et al., 2008; De Meester et al., 2016; LeGear et al., 2012; Robinson, 2011）。

在童年早期，儿童往往不能准确地认知实际动作能力，将增加的努力归因于更高水平的动作能力（Goodway & Rudisill, 1997; Harter & Pike, 1984; Gabbard, Caçola & Cordova, 2009）。同时，自我认知的动作能力与实际动作能力之间具有正相关，即自我认知的动作能力越强的儿童实际动作能力越强（Barnett et al., 2008）。2010年，鲁滨逊对119名学龄前儿童进行了粗大动作发展测试（Ulrich, 2000）、儿童自我认知的动作能力和社会接受度图示量表（Harter & Pike, 1984）测试，并将结果进行了关联。她发现测量值之间存在更强的正相关，即移动技能比物体操控技能强，并且女孩比男孩更强。其他研究发现，在加拿大（LeGear et al., 2012）、丹麦（Toftegaard-Stoeckel, Groenfeldt & Andersen, 2010）和澳大利亚（Barnett, Ridgers & Salmon, 2015; Liong, Ridgers & Barnett, 2015）等国家的儿童中，这些测量值之间存在中度正相关，特别是在物体操控能力方面。

▶ **要点** 儿童认知和理解的自身的动作能力，通常与其实际动作能力不一致。

随着儿童进入童年中期，他们准确认知实际动作能力的能力有所增强（Harter, 1999）。然而，性别差异依然存在。在对58名8~10岁儿童的研究中，克拉克、莫兰、德鲁里、维内萨努和费尔南德斯（Clark, Moran, Drury, Venetsanou & Fernandes, 2018）也对儿童进行了粗大动作发展测试和儿童自我认知的动作能力和社会接受度图示量表测试。他们有3个关键的发现：首先，虽然男孩和女孩在实际动作能力上没有显著差异，但在认知的动作能力上存在性别差异，男孩在动作能力和物体操控能力上的自我认知能力强于女孩；其次，女孩对自己动作能力的认知能力明显弱于实际的动作能力；最后，男孩认为他们的物体操控能力明显强于实际的物体操控能力。在其他研究中也发现了这种性别差异（Masci et al., 2017）。

随着儿童进入青春期，人们假设他们的自我认知能力应该与实际动作能力相一致（Harter, 1999; Stodden et al., 2008）。有趣的是，研究发现了几种截然不同的模式。德·梅斯特等人（De Meester et al., 2016）使用儿童身体协调性测试（KTK）测量了实际动作能力，并使用验证问卷（除其他测量方法外）测量了 215 名青少年（平均年龄为 13.64 岁）的认知能力。虽然实际动作能力和认知能力只有中等程度的相关性，但当研究者进行聚类分析时，发现了 4 种不同的聚类。他们将第一组受试者归类为"低精度"估计值者，其低知觉准确地反映了他们的低能力。下一组是"低过量刺激者"的青少年，尽管他们的实际动作能力低于其他所有组，但他们认为自己的能力要强得多，甚至比那些自我评估"平均准确"的群组更好——"平均准确"群组即那些自我认知与实际能力匹配的群组。最后一组人的实际动作能力一般，但高估了自己的动作能力。毫无疑问，认知能力和实际动作能力之间的关系随着时间以非线性的方式变化。

自斯托登及其同事在 2008 年发表论文后，一些研究者已经着眼于探究动作能力和体育运动之间的关系，并研究两者之间随发展变化的正相关关系（Barnett et al., 2009; Lopes et al., 2012；参见系统的综述研究（Holfelder & Schott, 2014; Lubans et al., 2010）。研究者假设，自我认知能力是实际动作能力和体育运动之间的媒介（Barnett et al., 2008; De Meester et al., 2016; Stodden et al., 2008；见第 2 章）。媒介变量解释了其他两个变量之间的关系。简单地说，个体的实际动作能力和体育运动之间的关系，部分取决于他们对自身能力的认知程度（Barnett, Ridgers & Salmon, 2015; Barnett et al., 2018; Bardid et al., 2016）。

巴尼特等人（Barnett et al., 2008）在一项长达 6 年的纵向研究中发现，在青春期自我认知的动作能力是青少年物体操控技能和自我报告体育运动的媒介。该研究评估了 928 名青少年的动作能力熟练程度，作为干预学校体育运动的一部分。6 年后，276 名受试者完成了对自我认知的动作能力（身体自我知觉概况）、体育运动（青少年体育运动回顾问卷）和心肺健康（多阶段健康体能测试）的评估，研究者利用结构方程模式对这些数据进行了分析。结果发现，自我认知能力是童年期物体操控能力熟练程度，与青春期的健康活动和体育运动之间的媒介。换言之，儿童（无论性别）对物体操控能力的熟练程度，在培养对体育动作能力的积极认知方面，似乎起着重要作用，而且在青春期似乎有增加体育运动和改善健康状态的效果。文献中，有越来越多的证据表明，认知能力调节了实际动作能力和体育运动之间的关系，尽管需要进行更多的实验和纵向研究来证实这一点（Robinson et al., 2015）。

动机

参与某种类型活动的动机涉及许多因素，包括使人们发起或参加活动的因素。其他因素鼓励人们坚持开展一项活动，并努力加以改进。还有其他因素导致人们不再参与。在前一章中，我们讨论了鼓励儿童最初参与体育或体育社会化过程的因素。现在让我们来谈谈让儿童继续进行体育运动或导致他们退出的因素。我们还将讨论激励人们参与体育运动的因素在一生中是如何变化的。

坚持

研究者重点探究了儿童和青少年继续参加体育运动和体力活动的原因（Efrat, 2016; Weiss, 1993）。一般情况下，包括以下几种原因：

- 希望通过提高技能或实现目标来增强自己的能力；
- 希望结交新朋友；
- 希望成为团队中的一员；
- 对竞争和成功的渴望；
- 对乐趣的渴望；
- 希望增强体质。

麦考利（McAuley, 1994）和索斯特罗姆（Sonstroem, 1997）发现，女孩最常把娱乐（其次是保持健康状态）作为她们参加体育运动的原因。大多数人参与的原因不止一两个，而是几个。哈特（Harter, 1978, 1981）提出了一种能力激励理论来解释这一点。根据这一理论，儿童有动机去证明能力，因此，他们试图去掌控，或找机会学习并展示技能。那些认为自己有能力并且相信自己能控制局面的人，比其他人更有参与体育运动的内在动机。

团队中的成员也会影响一个人坚持体育运动的动机。团队的例子包括年龄组、首发与替补队员、优秀运动员与娱乐参与者等。布罗德金和韦斯（Brodkin & Weiss, 1990）研究了不同年龄段的竞技游泳运动员：6~9岁、10~14岁、15~22岁、23~39岁、40~59岁和60~74岁。他们发现，儿童将想要参加比赛、喜欢教练、取悦家人和朋友作为参加比赛的理由。健康动机对年轻人和中年人来说非常重要，但儿童和老年人却不这样认为，他们认为，娱乐是参与运动最重要的原因。

另一项研究调查了参与游泳的儿童，结果发现，那些不满11岁的儿童参与游泳的动机来自外部，即家人和朋友的鼓励、喜欢的教练和他们喜欢的活动（Gould, Feltz & Weiss, 1985）。在调查青少年时，青少年引用了更多的内在因素，包括能力、健康和游泳带来的兴奋感。因此，不同的年龄组可能有不同的参与原因，但需要对其他活动和不同技能水平的参与者进行更多的研究（Weiss, 1993）。

退出

在青少年参与体育运动的过程中，退出运动项目非常普遍。从一种运动转向另一种运动可能是个人发展中的一部分，也可能反映了一个人不断变化的兴趣或想要尝试新事物的愿望。但完全退出运动，任何时候对健康来说，都会产生严重的影响。调查和研究往往很难区分那些改变运动的参与者，和那些完全退出运动的参与者。此外，退出的人并不总是出于自己的选择。例如，受伤或高额的金钱成本可能会迫使一些人退出。因此，参与者给出的退出理由值得进一步关注。

一些年轻的退出运动的人用以下非常负面的经历作为退出体育运动的理由，例如（McPherson et al., 1980; Orlick, 1973, 1974）：

- 不喜欢教练；
- 缺乏训练时间；
- 压力太大；
- 需要太多时间；
- 过分强调胜利；
- 缺乏乐趣；
- 缺乏进步；
- 缺乏成功。

这样的负面反应来自少数退出者（Feltz & Petlichkoff, 1983; Gould et al., 1982; Klint & Weiss, 1986; Sapp & Haubenstricker, 1978）。大多数退出者选择退出，是为了追求其他兴趣，尝试不同的体育运动，或参加强度较低的运动。通常，青少年退出是为了去找工作。很多人计划之后再重新加入这项运动。因此，在青少年体育运动中，很大一部分自然减少反映了兴趣和参与水平的变化，而不是在运动中有过负面的经历。然而，专业人员应该关注负面经历，因为它们可能不利于个人的心理发展，并可能导致个人终生不会参与利于健康的活动。

克兰和坦普尔（Crane & Temple, 2015）对儿童和青少年退出有组织运动的相关研究，进行了系统的回顾。在符合标准的43项研究中，他们发现了与退出相关的5个主要原因：缺乏乐趣、身体动作能力的感知度低、社会压力、相互竞争的优先事项以及身体因素（成熟和受伤）。值得注意的是，20世纪研究中发现的许多退出原因在现在依然存在。

▶ **要点**　并不是所有儿童和青少年都将退出体育运动和体力活动归因于负面经历。个体通常只是想参与不同的活动，其中可能包括也可能不包括体力活动。

以教师为中心和以学生为中心的方法

学生学习动作技能的动机是什么？在教授学生基本动作技能时，教师常常试图通过以教师为中心的方法来促进动作的改变。也就是说，教师在课堂上设计并呈现适合学生发展的活动，然后选择何时让学生进行下一个活动。作为一种动作技能的干预，以教师为中心的方法在各种研究中被证明是有效的（Goodway & Branta, 2003; Sweeting & Rink, 1999）。然而，到目前为止，还不知道以教师为中心的方法，是否是增强学生动作能力的最有效的方法。

作为以教师为中心方法的替代，研究者使用一种不同的方法来向学生教授动作技能，这种方法称为自主动机氛围（更详细的描述参见Rudisill, 2016）。这种方法的基本观点是，努力和结果之间具有正相关。也就是说，当学生所处的环境既以自我为导向，又高度自治时，学生就能实现目标，促进学习（在这种情况下，基本动作能力得以增强；Ames, 1992）。多项研究表明，这种教学方法可以增强动作能力（Valentini &

Rudisill, 2004a, 2004b, 2004c）和提高体力活动水平（Wadsworth et al., 2017; Parish, Rudisill & St. Onge, 2007）。

教师如何为学生构建自主动机氛围？美国奥本大学的研究者提供了一种模式，该模式遵循埃姆斯（Ames, 1992）所提出的原则。他们称其为HAPPE，即高自主体育游戏环境，教师可以把这些原则应用于年龄较大的儿童，内容如下（Parish & Rudisill, 2006）：

- 学步儿童会参与各种与其技能和能力相匹配，且真实有意义的活动，这些活动允许儿童根据个人兴趣和能力做出选择；
- 教师是课堂中的权威，也是学习的促进者，学步儿童积极参与决策、自我管理和自我监控，促进领导力的发展；
- 教师对每个儿童的努力和学习投入给予认可和反馈，并鼓励儿童尝试学习一项技能；
- 当学步儿童选择独自玩耍或与另一个儿童一起玩耍，以及当他们决定自己想要练习哪种技能时，自然会出现群体，经验较多的儿童可能会选择以小组形式玩耍；
- 鼓励儿童评价自己的表现，教师会指导他们解决运动游戏中经常遇到的问题；
- 学步儿童有足够的时间来充分探索和练习运动游戏。

教师也可以把这些原则应用于年龄较大的儿童。

研究者发现，动机氛围有助于增强儿童的基本动作技能和提高体育运动水平（Goodway & Branta, 2003; Goodway, Crowe & Ward, 2003; Hastie, Johnson & Rudisill, 2018; Parish, Rudisill & St. Onge, 2007）。最近的一项系统综述（Bandeira et al., 2017）研究了6项使用动机氛围的研究，并确定这些干预措施在发展动作能力方面的积极结果。然而，还需要做更多的研究，以确定采用以教师为中心和以学生为中心的不同方法的方式和原因，及其促进动作能力发展的程度和速度（如Hastie et al., 2018; Rudisill & Johnson, 2018; Logan et al., 2015; Wadsworth et al., 2017）。

成人的活动水平

随着成人年龄的增长，体力活动数量减少、强度水平下降，在女性中尤为明显（Boothby, Tungatt & Townsend, 1981; Curtis & White, 1984; Ebrahim & Rowland, 1996; McPherson, 1983; Rudman, 1986）。2008年，美国卫生与公众服务部指出，即使将个人参与的所有不同类型的运动加在一起，50岁及以上的成人中仍有超过60%没有达到推荐的运动水平（U.S. Department of Health and Human Services, 2008）。退出运动和体力活动量的减少并不仅仅是因为生理健康状态的改变（Spreitzer & Snyder, 1983）。社会心理因素也会影响成人的活动水平（McPherson, 1986），这些因素包括：

- 适当活动水平的刻板印象；
- 设施和项目的限制；
- 童年经历；
- 对个人运动限制的担忧；
- 缺乏榜样；

- 缺乏有关适当运动计划的知识；
- 认为锻炼有害或不能预防疾病（Duda & Tappe, 1989a）。

然而，有迹象表明，成人，尤其是老年人，对运动和体力活动对健康状况的影响越来越感兴趣（Howze et al., 1986; Maloney, Fallon & Wittenberg, 1984; Prohaska et al., 1985）。事实上，美国全国老年运动会的参赛人数从首届的2500人增加到2017年的10 500多人（National Senior Games, 2018）。

杜达和塔佩（Duda & Tappe, 1988, 1989a, 1989b）提出，影响成人参与运动的3个因素如下（图16.4）：

- 个人动机，例如想要表现自己的优势、与他人竞争、获得认可、保持健康、应对压力或提高身体素质的愿望；
- 自我意识，尤指一个人对体育运动的自尊；
- 知觉选择，或一个人在特定情况下所拥有的机会，例如当你要去成人运动场所时，你会选择哪种交通工具？

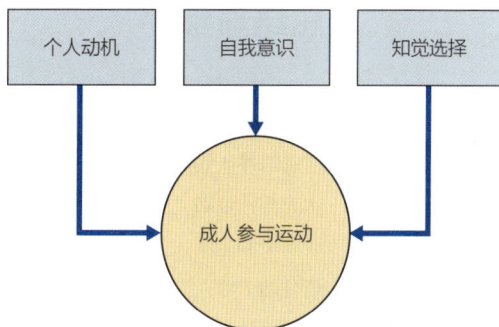

图16.4　影响成人参与运动的3个因素

? 如果你要为老年人制订一个运动计划，你能做些什么来鼓励参与者加入计划，然后继续实施该计划？

个人的激励价值和自尊会在人的一生中发生改变。例如，随着成人年龄的增长，竞争的欲望可能会减少，而与他人在一起的欲望可能会增加。老年人也会发现，他们的身体动作能力会随着时间的推移而减弱。杜达和塔佩（Duda & Tappe）调查了144名成人，将他们分为3个年龄组（25~39岁、40~60岁和61岁以上），共同参与一项运动计划。各年龄组之间，以及男女之间的个人动机有所不同。中年人和老年人比年轻人更重视运动对健康的益处。例如，图16.5显示了每个年龄组的男性和女性对运动减压益处的重视程度。40岁以下的年轻男性很少强调运动的益处，从他们的个人运动动机问卷的低平均值可以看出这个特点。男性比女性更重视竞技运动。因此，运动领导者可以通过强调社交、健康和减压益处来帮助老年人坚持运动计划（Duda & Tappe, 1989b）。

在这些老年人中，不同年龄组的自尊水平没有明显的差异，但在男性和女性之间确实存在差异。与男性相比，女性在体育领域自尊水平较低，对自己健康状况的掌控感较弱。这些信念通常与较低的参与度有关，但女性认为她们参与运动比男性获得了更多的社会支持，这可以让她

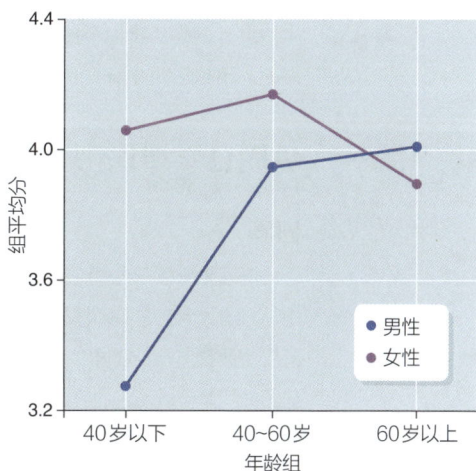

图16.5　不同年龄组和不同性别成人的运动动机是不同的。上图展示了个人运动动机问卷（采用5级李克特式量表）中"应对压力"类别的组平均分
源自：Duda and Tappe (1989, pg. 246, 248)。

们坚持参与运动。

运动领导者可以对体育自尊水平较低的人采取恰当的策略，来提高参与者的自尊水平和运动参与度（Duda & Tappe, 1989b）。另一组成人的运动动机和认知观念，与杜达和塔普调查的受试者不同。然而，运动领导者可以通过了解特定群体的动机和认知观念，强调运动对参与者的重要性和益处，来鼓励老年人坚持运动计划。

总结与综述

个体对自身动作能力的认知，在一生中会发生显著的变化，而且并不总是能反映出个体的实际动作能力。相反，这些认知也会影响自尊水平。保持高水平的自尊似乎可以增强认知能力，从而激励个人继续参加体育运动。这组推动变化的力量为鼓励运动的各种限制之间的相互作用提供了示例。例如，渴望与朋友进行社交互动及提高健康水平的老年人，可以参加老年人的运动计划，该计划包括促进社交和健康的活动，这有助于个人提高自尊水平。较高水平的自尊和较强的认知能力有助于激励老年人重返运动计划，继续提高自尊水平等。

与此同时，这些限制之间的相互作用也可以阻止某些行为。想想那些开始参加足球等运动的儿童，他们可能是为了和朋友一起玩耍而加入的。然而，也许教练想要赢球，如果球员犯了错误，教练会给予批评和负面的反馈，这时，球员们可能会将犯错归因于能力不足，并认为他们在这项运动中缺乏能力。反过来，这使他们的自尊水平开始下降，最终使其完全退出这项运动。

以上两个例子说明，社会和文化限制与个体限制之间具有强大的相互作用。我们都生活在社会环境中，受到社会舆论的影响。这些观点有助于形成和加强我们对自己的信念。最终，我们会按照信念行动。对于那些在运动和体力活动中与他人合作的人来说，超越活动本身去观察自身是非常重要的。

巩固已学知识

回顾

请回想本章开头讨论的全体儿童共同运动项目。请想象你正在运动，而与此同时，成千上万的人也在做着同样的事情。所有人都同时参加了体育运动，这会激励你去运动吗？莱恩·桑德斯设计了全体儿童共同运动项目，通过让儿童在某个时间聚在一起，来激励他们共同参与运动。动机（个体功能性限制）可以通过设计具有动机的学习环境来加以增强，例如美国奥本大学的全体儿童共同运动项目或高自主体育游戏环境（HAPPE）。各种限制之间的相互作用（在动机氛围中激励个体），应该会随时间的推移，促进动作技能产生积极和渐进的变化。

知识测验

1. 自尊是什么？它是一般的还是具体的？它是如何发展的？

2. 人们往往把他们的成功和失败归因于各种各样的原因。高度自尊者和缺乏自尊者
   的归因有什么不同？儿童倾向于把他们的表现归因于什么？

3. 哪些因素与坚持或退出运动和体力活动有关？

4. 自我认知的动作能力如何随儿童的归因而改变？

学后练习

探索运动和体力活动的动机

你和其他学生参加运动和体力活动的动机是什么？如果你评价一组学生，你可能会
发现参加或不参加的各种理由。

1. 首先，确定你自己的动机。

- 你现在参加任何运动和体力活动吗？在本章的"坚持"部分中，查看坚持运动和
  体力活动的原因列表。写下适用于你的原因，并写出列表中没有包括的原因。

- 你是否已经退出了某项体育活动？请在本章的"退出"部分中，查看退出这项体
  育运动的原因列表。哪些原因适用于你？

- 你是否坚持参加某些活动而放弃其他活动？哪些因素与这些选择有关？

2. 收集大家关于问题1的答案并进行分析。

- 与坚持运动最常见的相关因素是什么？

- 与退出运动最常见的相关因素是什么？

- 计算百分比并简单说明（例如"我的小组中有70%的人因为缺乏时间而选择
  退出"）。

- 反思这些因素，并对动机因素和班级学生做一些概括。

第 17 章

发展观点下的动作学习

章节目标

- ▶ 介绍动作学习的定义；
- ▶ 解释动作学习是如何发展的；
- ▶ 描述动作学习的各个阶段；
- ▶ 解释不同的练习对动作学习的影响；
- ▶ 描述增强反馈对动作学习的影响；
- ▶ 解释信息处理速度和记忆在人的一生中的变化。

现实世界中的动作发展

学习新事物

多年来，人们一直关注流体智力的丧失，即快速思考和回忆信息的能力。此前的研究表明，流体智力在20岁左右达到顶峰，这意味着，随着年龄的增长，人们的流体智力将经历一段漫长而缓慢的下坡路，这将抑制人们对21岁生日到来的热情。所幸，美国马萨诸塞州几个实验室的研究表明，人们完全可以重拾这种热情。该研究克服了以往研究在受试者人口统计学特征上的局限性，检测了随时间变化的认知能力的改变。尽管许多研究都调查了大学生（大学教授最喜欢研究的人群）和65岁以上的成人，但并没有人对这两者之间的年龄段进行大样本调整。哈茨霍恩和杰曼恩（Hartshorne & Germine, 2015）对此做出了改变，他们通过创建免费网站收集数据，在一个非常大的受试者群体（50 000人）中研究了30种不同类型的智力。

研究结果着实令人惊讶。虽然信息处理速度在20岁左右达到顶峰，但其他认知能力并非如此。例如，短期记忆能力在25岁之前持续增强，然后在随后10年左右趋于稳定，之后缓慢减弱。其他能力在40多岁甚至更晚的时候达到顶峰，他们还发现，晶体智力在60多岁到70多岁时达到顶峰。乔舒亚·哈茨霍恩（Joshua Hartshorne）认为："在任何特定的年龄，你在一些事情上会做得越来越好，而在其他一些事情上会做得越来越差，同时在另一些事情上达到平台期。大多数事情的最终效果都不会在某个年龄达到顶峰，更不用说所有事情了。"（Trafton, 2015）

3 个属于动作行为学科的相关概念，即动作学习、动作发展和动作控制。虽然本书的重点是动作发展，但这并不意味着其余的研究领域排斥发展的观点。事实上，动作学习和动作发展都有一个重要的特征：随时间的推移，个体的运动方式会发生改变（Newell, Liu & Mayer-Cress, 2001）。本章将讨论动作学习和动作发展的共性，即发展角度下的动作学习（Wade, 1976）。请回想，动作学习指与练习或经验相关的、相对持久的动作技能能力的获得和增强（Schmidt & Lee, 2014）。这一定义的核心思想是，动作表现的变化是由于学习者进行了练习或获得了促进变化的经验，包括教师的指导。通过在动作学习之前加上"发展"一词，我们认识到，个人在一生中的不同阶段，学习方式有所不同。换言之，促进15岁少年学习动作技能的有效练习，可能对5岁儿童或65岁老人是无效的。本章将介绍与动作技能习得相关的术语和主题，以及了解其在人的一生中的变化方式。

拆解动作学习的定义

动作技能能力指一个人在有利条件下熟练动作表现的潜力。

为了更好地理解什么是动作学习，我们要对其定义展开更深入的分析。让我们从变化开始，即**动作技能能力**。能力和才能的含义有所不同，才能是一种内在的、潜在的特征，不会随着练习而改变（Schmidt & Lee, 2014）。能力是在适当的条件下，熟练运用一项技能的潜力。不同的才能可能是某些动作技能能力的基础（这就解释了为什么有些人可能比其他人更容易掌握一项新技能），但执行特定技能的能力却来自有效的练习。此外，一天中的个人表现会有所波动（例如，棒球击球手在比赛第一局中4比0，在第二局中4比4），这取决于不同的因素，可能是内在的（疲劳、压力、动机），也可能是外在的（天气、设备、投球速度）。总之，一个人的动作技能能力，就是他熟练运用一项动作技能的潜力。

动作学习的关键在于能力的改变，这是某项技能或类似技能**练习**的结果。练习有时作为"经验"的同义词使用，指一项动作技能的重复进行，目的是提高该项动作技能。虽然其他因素，如发育、成熟或力量的增强可能改善动作表现，但这些因素本身并不能改善动作技能能力。本书阐释了发展可以影响动作技能表现的方式。在第3章中讨论运动和稳定性原理时，我们描述了质量和力之间的关系，并注意到儿童可以通过身体发育而产生更有力的踢腿动作或投掷动作，这会增加肢体长度以及整体身体质量。显然，这些变化不是练习的结果。这些变化改善了测量的结果（例如球速），但不太可能改善一个人熟练运用一项动作技能的潜力。另外，如果儿童在过肩投掷方面接受了最佳协调模式的高质量指导，然后在接受教师或教练关于错误反馈的同时，反复练习该技能，他们将掌握更好的投掷技巧，投掷得更精准、更有力。

练习是反复尝试一项动作技能，以此获得技能的一种手段。

▶ **要点**　动作技能能力随着有效练习或相关活动经验而变化。

动作学习定义中的最后一个重要词语是相对永久，它与变化的能力有关。还记得"你永远不会忘记如何骑自行车"这句话吗？事实上，即使你多年不骑自行车，你仍然会骑自行车。这表明，在学习过程中，神经系统内部的某些东西发生了永久性变化。在动作学习研究中，是否会发生相对永久的变化，要通过保留或迁移测试来加以确定。在习得一项技能后，研究者要求练习者停止练习，以抵消暂时的学习效果。接着，在指定时间后，再次执行所学的技能（称为**保留测试**）或执行类似但更复杂的技能（称为**迁移测试**），将保留或迁移测试结果与习得期结束时的表现进行比较。如果习得已经发生，保留测试中的表现应该与在习得期结束时的最好表现相似。如果进行了迁移测试，那么表现应该比第一次尝试新技能时的表现要好。

保留测试用来观察练习者在停止练习一段时间后，是否能保持执行特定动作技能的能力。

迁移测试用来观察练习者是否能将通过练习习得的动作技能，转换成一项新技能。

图17.1是一条假设的学习曲线和两个来自动作学习研究的假设结果，该研究的目标是，在新的投掷活动（例如向目标投掷一个绳球）中获得尽可能高的分数。在这个例子中，投掷练习是在动作技能习得阶段以试验组的形式进行的。随着时间的推移，这些经验会提高投掷分数。在习得阶段结束后，进入没有投掷练习的休息期（清洗期），接着进行保留测试（重复技能）和迁移测试（引入类似技能）。顶部的实线表示已经习得该技能的情况，因为在习得该技能之后，其表现会保持不变。虚线代表了未习得该技能时的情况，因为在学习结束后，表现会显著下降。

❓ 在网络搜索引擎中输入"动作学习"。你会得到什么结果？这些结果与搜索"动作发展"得到的结果有什么不同？

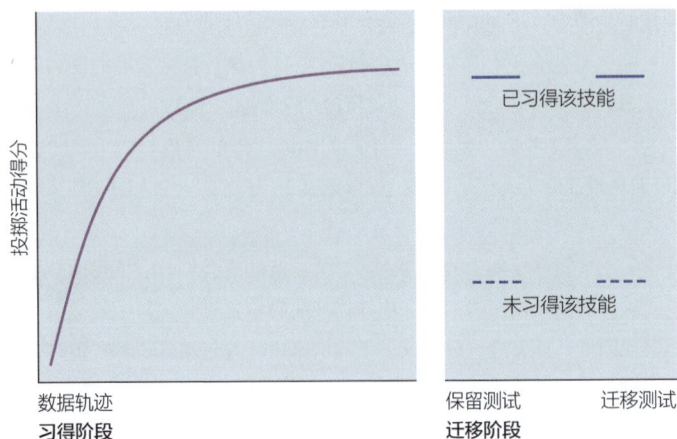

图17.1 假设的学习曲线和结果。如果已经习得技能，则表现与习得后的表现相同。如果未习得技能，在学习结束后，表现会下降

既然动作学习这一术语已有操作性定义，我们可将发展概念添加上去。在第1章中，我们讨论了罗伯顿在1988年所提出的发展石蕊测试，提出只有动作发展会关注过去、现在和未来的动作行为，并以此为依据来区分动作学习和动作发展。这到现在仍然适用。同样，对动作学习和动作发展的研究，要关注不同的时间尺度（Newell, Liu & Mayer-Cress, 2001），并使用完全不同的研究方法。动作学习的时间尺度很短，可能是几小时或几天，而动作发展的时间尺度很长，可能是几周、几个月甚至几年。动作学习是将技能习得过程作为相对短期练习的一种功能。因此，发展动作学习关注的是这种技能习得过程在生命的不同阶段是如何变化的（Wade, 1976）。例如，对发展动作学习感兴趣的人可能会问："当学习一种新的动作技能时，反馈的数量和时机会对儿童产生不同于成人的影响吗？"

▶ **要点** 在动作学习研究中，技能习得与否是通过保留测试和迁移测试的成绩来确认的。

学习阶段和专业技能的发展

学习新的动作技能需要练习。这是否意味着，练习和表现之间存在线性关系？换言之，一个人的练习量是否总是会带来相同数量的变化？许多不同的研究表明，事实并非如此。相同的练习量在不同的时间点会产生不同的技能表现变化。因此，研究者认为，动作技能的习得是在不同的阶段进行的。为此，他们提出了几种模式，在这里，我们讨论菲茨（Fitts）和波斯纳（Posner）模式及伯恩斯坦（Bernstein）的三阶段模式。

菲茨和波斯纳模式

最有名的阶段模式之一是由菲茨和波斯纳（Fitts & Posner, 1967）提出的，该模式关注学习者的知觉和认知特征。当第一次学习一项动作技能时，人们处于认知阶段。在这个阶段，初学者花费大量时间和认知精力来处理信息，以便理解他们应该做什么。

换言之，他们用大脑来理解动作技能，并试图理解动作的目的并了解如何协调四肢，以便用最基础的形式解决所面对的动作问题。在这一阶段的学习中，学习者并没有积累或很少积累完成理想动作的经验，这使他们很难知道何时做出了错误的动作或应该如何纠正它们。想象一下儿童第一次挥动网球拍的情景，在没有任何经验的情况下，他可能会用双手握住并挥动球拍，努力找出一种可以击到球的动作策略。当球向他移动时，他可能无法解读球的速度，所以挥拍时间太晚，没有接触到球。

当处于学习某个动作的认知阶段时，学习者通常依赖于教练、教师或康复专家的指导和反馈。在前面的示例中，教练或教师会提供指导和反馈，告诉儿童在适当的时间挥拍，以帮助儿童提高动作技能。在学习的认知阶段，学习者会在动作表现中会呈现出许多整体错误，这些错误往往多变且不一致（Magill & Anderson, 2017）。然而，通过练习和指导，基本技能的习得速度相对变快，成绩也会迅速提高。

学习者在掌握动作的基本形式后，就进入了联想学习阶段，并开始细化动作表现。如果动作技能简单，这个阶段可能只需要几个小时或数天；如果动作技能复杂，可能需要几周或更长时间。"联想"一词，指学习者开始将特定的环境线索，与成功完成动作技能所需的特定技能相关动作联系起来。因此，做出该技能所需的注意力需求开始下降。学习者不再使用试错法来寻找有效的动作解决方案。他们找到一个可接受的解决方案，然后通过练习来磨炼自己的表现。因此，多次技能表现间动作的可变性降低。学习者也增强了发现和改正自己错误的能力。

根据菲茨和波斯纳的观点，学习的最后阶段是自主阶段。个人必须经过长时间练习，才能达到这个阶段，有些人永远无法达到自主阶段。让我们想想这个阶段的动作是怎样的。"自主"一词指有独立行动的自由。在自主完成一项动作技能的情况下，个体不必下意识将注意力分配到熟练的动作上。某种程度上，动作是相当自动地发生的。换言之，大脑可以选择专注于其他事情（如策略），而不是做出动作。这在篮球等体育比赛中十分有用，这种情况下球员可以自主地沿场地运球，同时注意队友在场上的位置。

? 想想体育运动和日常生活中的活动。有哪些动作是你自主完成的，不需要特别考虑何时何地移动四肢？

让我们看学习中不同阶段变化的示例。还记得你第一次使用计算机吗？在认知阶段，你开始学习如何在键盘上打字。你必须仔细查看键盘以确定特定按键的位置，然后分别按下每个键（这个过程称为"看一个键按一个字母"）。打字是一个缓慢而艰难的过程，会出现很多失误。你的注意力完全集中在手指与正确的键的匹配上。经过一些练习后，你开始将某些手指动作与键盘上特定的字母联系起来，由此进入联想阶段。然而，你在键盘上打字的速度仍然不完美，但你不必一直盯着键盘寻找对应的按键，而且你犯的错误也会减少。事实上，你开始将经常使用的字母组合在一起，比如"th"，并且开始改进打字的技巧。当你继续用键盘练习打字时，可能已经达到了自主学习阶段。在这个阶段，你不再需要考虑手指的位置，并将注意力放在别人在说什么（例如在课堂上）或你在想什么（例如给朋友写一篇文章或一封电子邮件）。你可以在不关注手指的情况下自动生成单个字母、字母组合或整个单词（事实上，如果你开始关注手指位置，打字速度可能更慢，出错更多）。

▶ **要点**　菲茨和波斯纳的学习阶段模式，即认知阶段、联想阶段和自主学习阶段，与信息处理的观点相一致。

伯恩斯坦模式

　　菲茨和波斯纳在描述学习阶段时，更加注重知觉和认知，该模式是从信息处理理论的角度出发的。通过比较，伯恩斯坦（Bernstein, 1967）从动态系统的角度描述了技能习得的各个阶段，重点解决**自由度**问题（Vereijken, Whiting & Beek, 1992; Vereijken, van Emmerik, Whiting & Newell, 1992）。在人体内，自由度是个体完成动作时必须控制的独立变量（例如关节、肌肉、运动单位）数量。例如，想象人手臂伸够涉及的两处关节。其中，肘关节有2个自由度，包括屈曲和伸展；肩部有6个，包括屈曲、伸展、外展、内收、内旋和外旋。这只包括关节涉及的运动。简单地说，在获得进行高效有效动作能力的过程中，个人必须学会以多种不同的自由度来协调动作。

自由度是个体完成动作时必须控制的独立变量（如关节、肌肉、运动单位）数量。

　　伯恩斯坦的模式包括3个学习阶段，如图17.2所示。在第一阶段，个体通过**冻结自由度**或限制独立运动的关节数量来表现控制。许多动作的早期发育阶段提供了冻结自由度的证据。例如，在投掷的手臂动作中，初学者将他们的动作限制在肘部屈曲和伸展；在腿部动作上，不迈出一步。两者都是为了减少动作涉及的关节数量，而将非必要的关节锁住或冻结。此时身体功能更像是一个单元，动作更像是单个进行而非连续进行的。

冻结自由度指初学者锁定未专门用于产生运动的关节。

　　第二阶段为释放自由度。在学习者能够成功执行基本动作技能后，他们不再需要孤立身体各个部分了。相反，他们开始释放紧锁的关节，以便在不同的关节之间进行更流畅的动作使能量传递。身体部位更协调地工作，形成配合的动作。这也可以在动作的发展序列中看到。在投掷中，手臂动作的第2步增加了肩部的运动，而腿部动作的第2步包括同侧迈步。

　　伯恩斯坦模式的第三阶段是拓展自由度，学习者开始利用身体和环境的反作用力和被动力量（我们在第3章中详细讨论了运动和稳定性原理）。学习者重组自由度的方式，使他们能够通过调整身体适应环境，进行有效移动。一般而言，这一阶段需要学习者有长时间的大量练习经验。对于投掷而言，高水平的动作发展呈现许多身体部位组成的一系列动作。这些动作的时序精准完美，从而有效传递动能，让身体做出挥鞭动作。

▶ **要点**　伯恩斯坦模式侧重于控制自由度来生成动作。

第一阶段：冻结自由度

第二阶段：释放自由度

第三阶段：拓展自由度

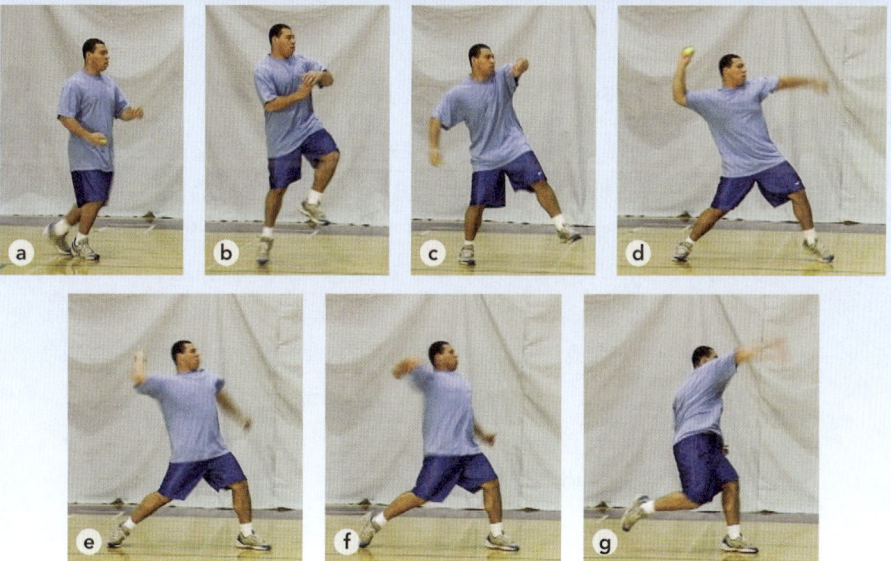

图17.2　根据伯恩斯坦的模式，上图展示了过肩投掷的不同学习阶段：（1）冻结自由度，注意手臂的动作受限于肘部和肩部的屈伸，没有躯干旋转；（2）释放自由度，注意腿部和躯干有更多的运动，这一动作可以增加力量，手臂的动作仍然主要是屈曲和伸展；（3）拓展自由度，在此阶段，投掷者利用反作用力和身体的被动力量来施加更大的力

练习与动作学习

动作学习的一个基本原则是，它是练习的结果。这就引出了一个重要的问题，即不同的练习条件如何影响动作学习？对于从业者来说，这是一个关键问题，因为他们想利用最有效的策略来促进客户、患者或学生的动作技能学习。选择和计划最佳练习策略就是他们的工作。

练习日程具有几项特点。设想在学习一项新技能时，要如何安排日程：是反复练习同一项技能直到完善（称为"固定练习"），还是有变化地练习该技能（称为"变化或可变练习"），以促进动作学习效果达到最佳？第二个问题是在学习多项技能时，在学习下一种技能之前，是应该重复练习一种技能（称为"区块化练习"），还是应该把不同技能的练习混合起来（称为"随机练习"），以获得最大的学习效益？这两个问题的本质概念相同，即练习的可变性对于动作学习来说具有增强还是减损作用？

> **?** 想象一下，一位网球教练用为期4周的时间教授正手击球、反手击球、发球和截击。如果进行区块化练习，教练应如何制订教学计划？如果采用"随机练习"呢？

学习单一动作技能：固定练习日程或可变练习日程

考虑这样一种场景：一名体育教师想要教一群儿童过肩投掷。一种简单的方法是，将儿童分成两组，在不改变任务条件的情况下，让他们在设定的距离内来回扔球。然而，这是教投掷技巧最有效的方法吗？另一种教授技能的方法是，在练习中引入一些刻意的变化。在这种情况下，学生可能会在3~4个不同距离的位置处交替投掷，使用不同大小或重量的球，或瞄准不同大小的目标。

成人的可变练习和模式学习

根据施密特（Schmidt, 1975）的研究，有变化的练习促进了模式学习。学习者会习得一组规则，称为模式，这些规则将一个动作的表面特征（如距离、投掷速度），与产生这些动作所需的参数值联系起来。只要做出动作，学习者就会注意到结果和使用的参数，例如，"我没有用力扔，因此球仅弹到我的目标前面"。最终，这些关系被概括成一个模式。学习者通过练习中习得模式。有变化的练习增强了动作发展，使个体未来更有效地执行新的任务。任务参数的变化被称为练习的可变性（Shapiro & Schmidt, 1982）。研究者表示，在动作学习中引入可变性十分重要，如此一来，人们就不会依赖于特定的一套答案，最终降低学习技能时技能转化和技能泛化的机会（Kazdin, 1975; Shute & Gawlick, 1995）。

> **?** 想象一位教师和他的学生练习上手投球。他决定设立4个环节，并使用不同的练习。这4个环节的练习内容都应该是什么呢？

可变练习对儿童的影响

一些研究试图确定，引入可变性对儿童和成人是否有同样的好处。早在1984年，皮戈特（Pigott）和夏皮罗（Shapiro）就进行了一项研究，以检验可变练习对儿童的影响。在这个研究中，基于4种情况，儿童用加重的沙包向一个固定的目标投掷，总共进行了24次试验。第一组练习只用一种重量的沙包进行投掷（固定练习）。第二组用4个不同重量的沙包投掷（分别为3、4、5和6盎司，1盎司约为30克），每次试验的重量随机选择。第三组投掷相同重量的沙包，每个试验组投掷3次。第四组对每个重量完成每组6次的投掷。在练习投掷之后，所有的受试者进行了3次试验的迁移测试，测试的重量可能是两种（2盎司或7盎司）中的一种。在本研究中，可变重量练习组在迁移测试上都胜过固定重量练习组，第三组比另外两个可变重量练习组表现更好。这表明，对儿童来说，完全随机化也不一定是最佳方法。

1991年，伍尔夫（Wulf）想要确定，在帮助儿童开发模式和学习动作技能方面，可变练习是否比固定练习更有效，就像对成人一样。在这项研究中，86名平均年龄为11.3岁的儿童完成了投掷任务。这些受试者被分成4个实验组和1个不练习的小组，形成对照组。3个实验组进行不同类型的可变练习（不同的目标距离和球的重量），对照组进行固定投掷练习。在练习之后，所有组在不知道结果的情况下，基于新的条件（新的目标距离和重量）进行实验。结果表明，与固定练习相比，整体来说，可变练习可以提升全新动作变化的表现。研究结果证实了儿童的练习可变性假说，可变的练习一般有助于对全新任务的技能回溯与识别。

在最近的一项研究中，泽头等人（Zetou et al., 2014）研究了可变练习对学习头球（头球技能）的影响，研究的对象是39名年龄为10~12岁的儿童。他们被分成两组，一组进行可变练习，一组进行固定练习，同时参加为期8周的头球训练，每周3次，每次20分钟。可变练习组练习一个参数（如用头击"近"球），每10个练习形成一个练习组，然后在下一个练习组中练习另一个参数（如用头击"高"球），然后用第一个参数完成第三个练习组。固定练习组只练习一个头球技能参数，在每次训练课中，3组练习组只使用一个参数。他们都接受了测前、测后和保留测试。在训练和测试完成后，研究者发现，在测量和组之间发生了显著的交互作用，这表明，变量组从可变练习中的获益，比持续组一次只练习一种技能受益更多。

▶ **要点**　尽管并非所有变化程度都更有效，但与持续练习相比，儿童通常在可变练习下学习效果更好。

这3项研究的结果表明，在特定技能的练习中提高可变性，似乎可以增强儿童的动作学习能力。同时，皮戈特和夏皮罗（Pigott & Shapiro, 1984）的研究表明，并非所有类型的变化都是好的。这也是齐普和金泰尔（Zipp & Gentile, 2010）得出的结论（图17.3），他们研究了8~10岁的儿童和成人在学习扔飞盘时，可变性练习对3个不同距离目标的影响。结果表明，与之前的研究相反，在保留测试中，无论是儿童还是成人，区块化练习后的投掷准确性均优于随机练习。此外，在随机条件下，接受训练的儿童在两种迁移测试中的表现，比所有其他组都要差。在另一组中，成人的表现优于儿童。

▶ **要点**　对于处于动作学习联想阶段的学习者来说，提高练习的可变性可能是一个更好的策略。

试验是指在实验里完成一次目标研究任务。

试验组表示一组试验，这些试验被分组为一个单元。进行一组试验之后通常会有休息时间。

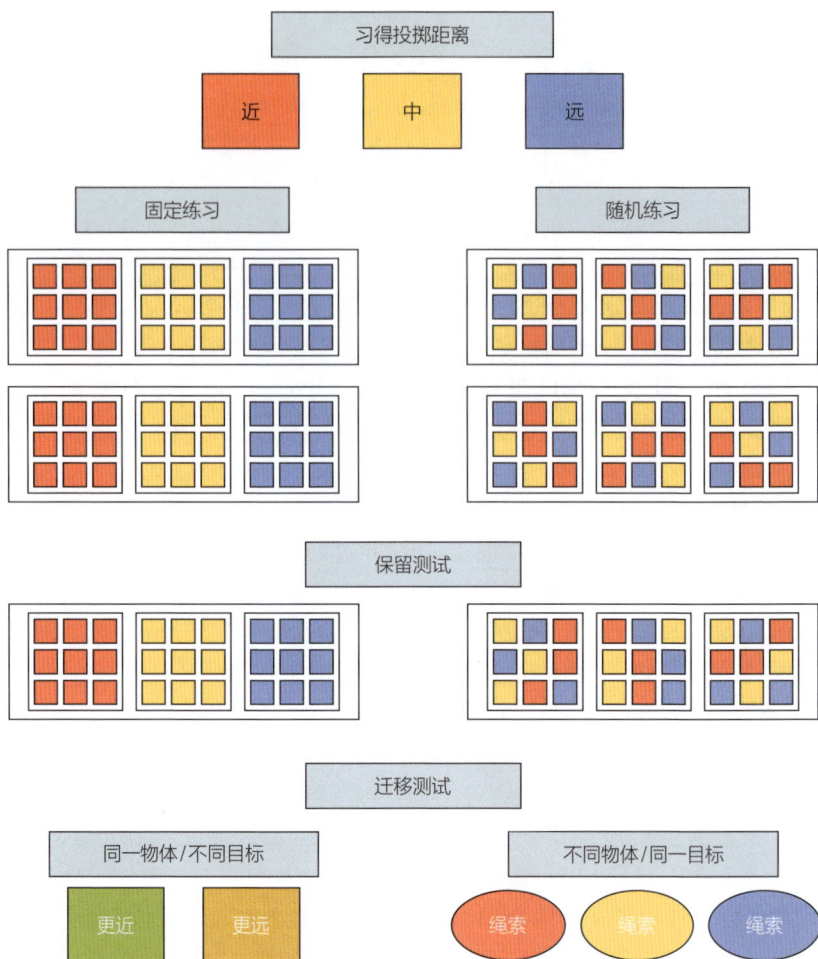

图17.3　齐普和金泰尔对可变练习影响的可视化研究。在他们的研究中，受试者练习了3种不同的投掷距离。在习得阶段，区块化练习组（左）在特定试验次数中重复练习每个投掷距离，而随机组（右）在整个试验组中不断变化投掷距离。随后进行与习得条件相似的保留测试和几种不同的迁移测试

　　在另一项研究中，范·登·蒂拉尔和马克斯（Van den Tillaar & Marques, 2013）也观察了可变练习对儿童习得头顶投掷的影响。他们与3组受试者（共41名儿童，平均年龄为7.7岁），进行了为期6周、每周2次的投掷练习。前2组为固定练习，一组扔足球，另一组扔1千克的球。第三组使用0.35千克、0.45千克、0.5千克和1千克球进行可变练习。在练习前后分别测量不同球的投掷速度和距离。3组在测前和测后均有显著提高。同时，各组之间没有显著的差异，这表明，固定和可变练习都可以带来相似的运动表现提升。

　　所有研究结果表明，可变练习对儿童的影响似乎是不一致的。这可能是一种发展效应，或者与个体在接受练习时所处的学习阶段有关。研究者认为，在最初学习技能的过程中（认知阶段），固定练习可能对成人和儿童都有益。他们可以从中学习成

功完成动作技能的基础知识（Gentile, 1972）。在此之前，引入可变性可能导致学习者产生挫折感、缺乏动机。一旦学习者的表现开始趋向连贯（例如进入联想阶段），在技能习得过程中就可以逐渐引入可变性。

增强反馈和动作学习

研究人员探究了动作学习的另一个领域，即增强反馈在技能习得中的作用。当个体运动时，他们会接受来自其体内各种感受器的感觉反馈（有关感觉–知觉发展的完整讨论，参见第13章）。这种作为运动结果的反馈称为内在反馈，因为它来自身体的内部感受器（Schmidt & Lee, 2014）。例如，当垒球运动员投球时，皮肤感受器提供有关球的质地信息，本体感受器指示投掷手臂的肌肉长度和张力，视觉感受器提供有关球的轨迹和最终位置的视觉信息。除了这种自然产生的反馈之外，其他与表现相关的反馈也可以从外部获得，这即是外在或增强反馈。例如，当垒球运动员投球时，教练告诉她后摆时手臂的位置。"增强"一词意味着反馈来自外部或附加来源。换言之，增强反馈丰富了自然产生的内在反馈，也许可以提高动作技能表现。教练给垒球运动员的反馈提供了关于手臂的额外信息，这些信息运动员自己可能无法意识到，有可能因此产生更加有力和精准的投球。

对于一个正在练习快速投球的垒球投手，教练可以根据投球结果来提供增强反馈（"你的球太低了，而且太向外了"）或投球技术（"你投球出手太早了"）。这两种代表了不同类型的增强反馈。在动作学习领域，这两种增强反馈称为结果知识和表现知识。

举一个结果知识的例子，如垒球投手想投出一记好球（任务目标），但是没有命中，教练将其投球描述为投球位置过低且太靠外（与目标相关的表现信息）。结果知识也与是否实现目标有关，例如，当投球在打击区域内时，裁判大喊"好球！"。结果知识也有临床应用。物理治疗师可以为试图改善步态的中风患者提供结果知识，如行走速度或力量输出。结果知识的主要特征是，它提供了与任务目标相关的表现结果信息。但结果知识并不提供运动者的实际动作模式信息。

表现知识指提供动作模式信息有关的增强反馈（例如，个体在完成技能时的动作特征）（Magill & Anderson, 2017; Schmidt & Lee, 2014）。在前面的垒球投手示例中，当教练告诉垒球投手"你投球出手太早了"时，就为他提供了表现知识。表现知识提供了关于运动学或动作模式的信息，但并不提供关于动作本身成功或失败（即结果）的信息。

什么样的反馈是最好的？对于那些希望为学习者提供增强反馈的人来说，重点需要考虑的是，哪种类型的反馈能够提供更高效、更有效的动作学习。这两种反馈都有效，各种研究表明，结果知识对动作学习有效（Liu & Wrisberg, 1997; Masters, Maxwell & Eves, 2009; Sharma et al., 2016）。其他研究发现，表现知识也是有效的（Zubiuar, Oña & Delgado, 1999）。但是，如果将这两种反馈进行比较呢？20世纪90年代的研究表明，表现知识更有利于动作技能的习得。在1992年的研究中，克诺德尔

结果知识包括运动表现的口头或语言化信息（Magill & Anderson, 2017）。它与具体的活动目标相关。

表现知识是关于一个人如何移动的信息，它可以通过口头或科技传播，例如视频片段。

和卡尔顿（Kernodle & Carlton, 1992）对非惯用臂投掷进行了研究，他们发现，提供有关动作技能的口头信息相比提供结果知识，能够带来更大的投掷距离。这也同时被苏维奥尔等人（Zubiaur et al., 1999）所验证，他们研究了在排球中，被给予表现知识（关于技能的信息）和结果知识（发球的结果）的多个群组间的发球差异性。在一项研究中，夏尔马等人（Sharma et al., 2016）在为期4周的练习中，分别给予成人组结果知识或表现知识，并对投掷成绩（距离）进行比较。两组投掷距离都有显著改善，然而，表现知识组的成绩优于结果知识组，在练习中投掷距离更远。综上所述，虽然这两种增强反馈都能改善动作学习，但是表现知识比结果知识更有影响力。

▶ **要点**　结果知识和表现知识都能为动作技能学习者带来益处，但表现知识可能更好，特别是在技能习得阶段。

　　既然增强反馈有利于学习，那么，应该给予多少反馈呢？关于成人动作学习的文献在这一点上相当明确：过多地增加反馈量，结果并不一定总是好的，实际上，减少反馈量反而可以改善动作学习（Anderson et al., 2005; Winstein & Schmidt, 1990; Wulf & Schmidt, 1989）。儿童也是如此吗？

　　高、康泰克和沙利文（Goh, Kantak & Sullivan, 2012）将儿童和成人分为两组，研究其练习200次手臂动作的表现。每组中，一半的人在每次动作后100%都会得到反馈，另一半仅在62%的动作后得到反馈。之后两组都进行了保留测试与重新习得测试。研究者发现，在保留测试中，成年组在动作练习过程中获得更少反馈的人比获得100%反馈的人有着更高的一致性。与此相对，儿童在动作练习中获得较少反馈的人却比获得100%反馈的人在精确度和一致性上表现得更差。在重新习得测试中，较少反馈的儿童提高了他们的成绩，与获得100%反馈的儿童相当。这项研究的结果表明，儿童在使用反馈的方式上与成人不同，他们可能需要比成人更多的练习，在更长的时间和更多的反馈。

▶ **要点**　与成人相比，儿童需要在长时间内接受更多反馈才能获益。

　　那么老年人呢？关于减少反馈对老年人的影响，研究结果也不统一。多项研究表明，在较少的增强反馈的情况下，老年人在保留测试中表现得更好（Carnahan, Vandervoort & Swanson, 1996; Swanson & Lee, 1992），而其他一些老年人在减少反馈量后，表现没有提高（Behrman, Vander Linden & Cauraugh, 1992; Wishart & Lee, 1997）。我们还需要进行更多的研究，才能了解增加反馈量对老年人的影响。

影响动作学习的其他因素

　　除了练习和增强反馈之外，其他几种因素也会影响动作技能的习得。一个是学习者在执行技能时做出决定的速度，包括选择回应。另一个是学习者在什么程度上能将注意力集中在对执行技能更重要的因素上。记忆容量和检索能力也在其中扮演着重要角色。让我们探究一下这些因素是如何在人的一生中变化的。

信息处理速度

从信息处理的角度来看，动作表现中一个关键的问题与决策相关，即个体对单一刺激的处理和行动速度。在参与需要迅速做出决定和反应的活动时，这一点就会体现出来。例如，在决定如何捡起保龄球时，较慢的认知速度并不会产生影响，因为两次出球之间有足够的时间得出结论；然而，若是在打网球时，决定吊高球是否适合当下的情况，就会有较大影响。

大多数关于认知速度的研究都是从信息处理的角度进行的。从这个观点来看，短期和长期记忆及信息检索在动作反应中起着重要的作用。相比之下，生态学观点则淡化了知识和认知过程在动作反应中的作用。从这个角度来看，环境的可供性是可以被直接感知的。经验可能会影响对可供性的感知，但可供性却总是存在于环境中。鉴于这一点，我们首先来探究认知速度在儿童动作表现中的作用。

儿童的认知处理速度

儿童需要比成人更长的时间来处理要记住的认知信息。随着年龄的增长，儿童最终可以更快地处理相同数量的信息，或者在相同的时间内处理更多的信息。这种趋势在最简单的动作反应中也很明显，这即是单一反应时间。反应时间是信息处理速度的指标，是从刺激开始到动作反应开始之间的时间。对于单一反应时间，只有一个刺激和一个反应，它们代表了认知处理速度最基本的单位。单一反应时间在童年期和青春期得到改善，这反映了信息处理速度的加快（Lambert & Bard, 2005; Iida, Miyazaki & Uchida, 2010; Kiselev, Espy & Sheffield, 2009）。儿童表现出较慢的处理速度，这似乎与中枢过程（即中枢神经系统过程）有关，而不是外周神经系统过程（Kiselev, 2015）。这些中枢过程包括注意力、工作记忆、流体和晶体智力（Fry & Hale, 2000; Tourva, Spanoudis & Demetriou, 2016）。

单一反应时间指从刺激出现（如光或嗡鸣声）到动作反应开始（如从按钮上抬起手指）之间的时间。

个体的选择动作反应的速度会随年龄的变化而变化，可以通过观察选择反应时间来测量。在选择反应时间任务中，同时有多个刺激-反应对，参与者必须根据出现的特定刺激选择正确的反应。选择的引入增加了整个信息处理时间，从而导致反应速度变得更慢。研究者发现，大约在15岁之前，特别是6~9岁，在选择反应时间任务和更复杂的活动中随年龄的增长，其表现会有所改善（Bucsuhazy & Semela, 2017; Favilla, 2006; Lambert & Bard, 2005）。在一项更复杂的活动中，克拉克（Clark, 1982）测试了6岁、10岁和成人，操纵了反应时间任务的空间刺激-反应兼容性。在兼容条件下，如果右边的刺激灯亮了，参与者按右边的键。如果左边的刺激灯亮了，参与者按左边的键。在不兼容的情况下，参与者按下与光线方向相反的键。因此，空间兼容性影响了参与者的反应选择。克拉克发现，在不兼容条件下的测试中，年龄较大组的处理时间减少（表现提高）。

选择反应时间指当出现一个或多个刺激时，参与者必须选择合适的动作反应时所需的时间。

▶ **要点**　在整个童年期，个体启动反应的速度加快，当反应与刺激信号相匹配时，速度更快。

虽然工作记忆和注意力等中枢因素会影响儿童的信息处理速度，但外周神经因素不会影响儿童的信息处理速度。例如，周围神经的神经冲动传导速度，在儿童和成人之间的速度差异，并没有实质性的影响。在出生时，个体的动作和感觉神经传导速度，大约是正常成人的一半，在出生后的第1年增长非常快，在3~5岁时达到成人水平（Garcia-Garcia & Calleja-Fernandez, 2004）。随着儿童的成熟，他们的信息处理速度会变得更快。这很可能是因为"反应选择"和"信息处理速度"等中枢因素的改善（Bucsuhazy & Semela, 2017）。

> **?** 在足球、篮球和网球等运动中，认知处理变慢会对儿童产生何种影响？如果你是一名教练，在此限制下，你将如何设计动作任务来增加成功率？

成人的认知处理速度

随着年龄的增长，人们往往会放慢速度，就像儿童一样，老年人在处理信息方面存在局限性（Tun & Lachman, 2009; Reimers & Maylor, 2005）。单一反应时间在整个成年早期和中期似乎是相当稳定的，伴随微小的衰减直到50岁之后出现下降（Alfred & Rice, 2012; Der & Deary, 2006; Dykiert et al., 2012）。另外，在整个成年期，选择反应时间会稳定地变差，测量结果的可变性也会增加（Dykiert et al., 2012; Der & Deary, 2017）。这些问题显然也与中枢神经系统处理进程有关，而不是外周进程。然而，研究者发现，在生命两端的人之间存在重要区别。德尔和迪里（Der & Deary, 2017）研究了反应时间和智力之间的关系，以及反应时间如何随着年龄而变化。他们分析了2196名受试者的大数据样本，将其分为3组（30岁、50岁和69岁），其中包括单一反应时间、选择反应时间（4项选择）和AH4一般智力测试。他们发现，在所有年龄组中，智力与单一反应时间和选择反应时间之间存在很强的负相关，与选择反应时间的相关性更强，而且，这种相关性会随着年龄的增长而加强。这表明，年龄、处理速度和智力之间存在复杂的关系。

> ▶ **要点**　反应时间随着年龄增长而变慢。在成年期，选择反应时间的衰退会早于单一反应时间。

随着年龄的增长，人们学习新动作技能的能力也会减弱吗？关于这一点，研究结果也不一致。一些研究表明，这种能力会减弱，而另一些研究则发现其会有所增强（Ehsani et al., 2015）。研究者推测，这些差异源于研究范式，如利用在线学习（学习过程发生在习得阶段或技能练习期间）或线下学习（学习过程发生在习得阶段之后和保留测试之前）（Vahdat et al., 2017; Yan, Abernethy & Li, 2010）。研究表明，随着年龄的增长，在线运动学习在老化过程中能更好地保持（虽然逐渐下降），并能在训练过程中产生显著的性能提升（Ehsani et al., 2015; Shea, Park & Braden, 2006）。另外，随着年龄的增长，线下学习表现出更大的限制。例如，恩萨尼等人（Ehsani et al., 2015）对18~35岁的年轻人和60~80岁的老年人进行8组，每组10次的颜色匹配试验。参加者在没有被讲明的情况下学习了基于4种颜色的"刺激-反应"选择模式。在这项研究中，尽管年轻人表现出更强的整体学习能力，但从系统反应时间来看，老年人表现出的线上学习能力明显强于年轻人。与此同时，老年人在线下学习方面没有改善，而年轻人在线下学习方面表现出明显的差异。

除了处理速度和线下学习外，注意力因素也在降低老年人的行为表现中发挥着一定的作用，因为注意力会随着年龄的增长而下降（Glisky, 2007; Godefroy et al., 2010）。随着个体年龄的增长，选择性、分化性和转移性注意力都呈现下降趋势（Ruthruff & Lein, 2015）。

▶ **要点**　在人一生中的任何时候，中枢因素在认知处理速度中的作用，都远大于外围因素。

与年轻时相比，许多老年人更容易分心，对关键刺激的注意力也更差。注意力下降的原因可能是中枢神经系统的信噪比降低。中枢神经系统的神经冲动是在随机神经噪声的背景下发生的，因此，神经信号的有效性取决于信号强度和背景噪声之间的比值（即信噪比）。随着年龄的增长，由于感觉器官变化、脑细胞损失和影响脑细胞功能的因素，中枢神经系统中的信号水平降低，同时，噪声水平升高（Rizzo, Anderson & Fritzsch, 2018）。如果给老年人额外的时间来完成一项活动，他们可以弥补这种较低的信噪比，但如果必须快速地执行一系列动作或做出一系列决定，则处于劣势。

中枢因素也会影响老年人更慢的处理信息的速度。研究人员表明，随着年龄的增长，反应时间会延长。虽然神经冲动传导速度的轻微减慢与衰老有关，但这并不足以解释反应时间延长的幅度。

老年人的选择反应时间减慢要比单一反应时间更多。增加信号数量或指定不符合逻辑的反应（例如在开启右边的信号灯时按下左边的按钮），会不成比例地增加老年人的反应时间，从而让任务变得更加复杂（Dykiert et al., 2012; Der & Deary, 2017）。

长期以来，我们都知道老年人的动作时间只会稍微变慢些（Singleton, 1955），但是老年人能够保持有计划的重复性动作的速度，比如轻击节拍（Earles & Salthouse, 1995; Fieandt et al., 1956; Jagacinski, Liao & Fayyad, 1995）。几乎所有由中枢神经系统调节的行为，在成年后都会变慢，因此人们认为，中枢因素是导致信息处理速度变慢的主要因素（Birren, 1964）。然而，对那些有过终生经历的动作技能，老年人所拥有的动作模式可以是特别完整和精炼的。当准确性比速度更重要时，这种经验尤其有用。如果老年人完成活动时不追求速度，他们会在久经练习的任务中做出非常准确的表现。

影响成年期变化的因素

在这个问题的讨论中，你可能已经注意到，老年人似乎形成了一种同质群体。亚组之间没有区别，如健康成人和临床人群或活跃和不活跃的成人。然而，自20世纪70年代以来，研究者对活跃和不活跃的成人之间的表现差异越来越感兴趣。与不活跃的老年人相比，活跃的老年人通常在单一和选择反应时间活动中，表现得更像年轻人（Rikli & Busch, 1986; Spirduso, 1975, 1980）。科尔孔贝和克雷默（Colcombe & Kramer, 2003）发表了一项荟萃分析文章，对18项针对老年人的有氧训练干预研究进行了分析。他们发现，有氧训练可以提高各种认知任务的表现。影响效果最大的是执行性任务（包括计划、抑制和安排等心理过程），但速度、视觉空间和受控处理（例如选择反应时间）等任务也会有所提高（图17.4）。与单独的有氧训练相比，如果干预是力量和有氧训练

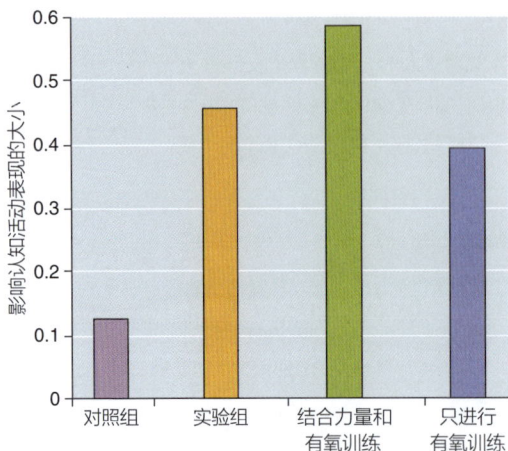

图17.4 运动后认知任务表现的提高。测试的任务有速度、视觉空间、受控处理，以及执行性控制。效果最好的是执行性控制任务，然后其他认知任务也均有改善
源自：Colcombe and Kramer (2003)。

相结合的项目，且项目持续时间超过6个月，每次持续超过30分钟，以及如果练习者是"相对年轻的老年人"（55~65岁）或"中等年龄的老年人"（60~70岁）而不是"年龄较大的老年人"（71~80岁），则训练的益处更大。另一项综述（Voss et al., 2011）发现，有氧和抗阻训练都有利于老年人保持认知和大脑健康。

为了研究运动如何对认知功能发挥有利影响，这一领域的研究者现在可以利用当前更广泛可用的先进成像技术，如功能性磁共振影像。科尔孔贝等人（Colcombe et al., 2003）使用MRI扫描显示，有氧训练水平可以控制神经系统组织随衰老的损失；科尔孔贝等人（2006）还使用MRI扫描发现，开始有氧训练项目的60~79岁人群，脑容量明显增加。因此，有氧训练对老年人的大脑结构有良好的影响。那么，大脑功能是否也是如此？科尔孔贝等人（Colcombe et al., 2004）使用功能性磁共振影像扫描发现，与不健康的成人相比，健康的成人在进行认知活动时，大脑相关区域的活动更活跃（McAuley, Kramer & Colcombe, 2004）。这一发现，以及那些训练老年人执行特定活动的研究（Erickson et al., 2007），表明老年人的大脑在功能上保持了比之前认为的更多的可塑性。许多其他因素也与运动的有益影响有关，包括改善大脑中的血管健康，以及对胰岛素抵抗和葡萄糖耐受不良的有益影响（Weuve et al., 2004）。

记忆

学习和记忆就像同一枚硬币的两面，学习代表一个过程，记忆是这个过程的产物。学习会产生记忆，所以一个人拥有的记忆越多，他们学到的就越多。此外，动作学习产生动作记忆。萨瑟兰、派普、希克、默里和戈博（Sutherland, Pipe, Schick, Murray & Gobbo, 2003）发现，在事件发生后不久和4个月后，向儿童提供事件的既往信息，可以增强其回忆该事件和在事件中学习的能力。因此，新的经验会与我们现有的意义基础相结合。

关于记忆发展的常见问题是，记忆容量是否会随着发展而变化。然而，不管年龄多大，能记住多少，记忆容量均取决于我们对一个话题的了解程度。知识是在特定的内容领域中进行组织或建构的'（Kuhn, 2000）。因此，记忆是一种修正主题知识的过程。虽然已经有很多关于记忆容量的研究，但是，关于记忆容量是否会随着发展而增加，却一直没有答案。这可能反映了研究者在不考虑知识背景的情况下对记忆的研究。也就是说，对记忆的研究是孤立的。容量问题的答案有待在认知系统发展的大背景下研究记忆的新研究方法。

▶ **要点** 记忆是我们通过努力去进行理解和认识而产生的知识结构。

任何年龄段的人，只要有理由都会记得更多的内容。很小的儿童会记得家长第一次让他们讲述经历的时刻。随着年龄的增长，儿童将这种记忆活动内在化，并自行执行。最终，他们的记忆是有目的性的，不管是为了个人利益还是为了他们的社会群体的利益。另外，关于记忆的实验室研究通常只是为了完成研究任务，而不是为了什么特殊的原因。未来的研究者必须针对人们重要的信息来研究记忆。

儿童通常不采用记忆策略，但他们可以被教会使用复述、标记和分组等策略。托马斯和加拉格尔（Thomas & Gallagher, 1981）证明，教给儿童复述策略和技能可以增强他们的技能习得能力。加拉格尔和托马斯（Gallagher & Thomas, 1980）也发现，将手臂动作按组织顺序分组，有助于儿童回忆和重复动作。困难在于，儿童不一定会把在一种环境中学习到的策略应用到另一种环境中。也许记忆策略的使用与一个更宽泛的问题有关，即认知策略的发展，如推理和问题解决，记忆策略需要在这样的背景下进行研究。范·杜伊文沃德、詹森、布雷德曼和休伊曾加（Van Duijvenvoorde, Jansen, Bredman & Huizenga, 2012）发现，当长期记忆和工作记忆的需求降低时，儿童、青少年和年轻人都能够做出有利的决定。即使在复杂的情况下，明确说明各种选择的利弊，有助于儿童和青少年做出有利的决定。因为这项研究涉及认知任务，所以需要在动作环境中进行额外的研究，看看是否能够得到相同的结果。

对成人和老年人的记忆研究发现，他们在记忆任务中的表现往往会有所下降。然而，与儿童的研究一样，研究者倾向于孤立地研究记忆，而不考虑成人与记忆主题有关的知识或动机。此外，许多环境因素可能影响老年人在记忆任务中的表现，如疾病（如高血压）可能损害记忆表现。在记忆活动中，据观察，非常健康的老年人在记忆任务上比不健康的成年人表现更好（Stones & Kozma, 1989），记忆表现与自我报告的健康状况有关（Perlmutter & Nyquist, 1990）。在运动干预后，记忆表现也会有所改善，因此，运动可能对记忆表现有微小但积极的影响（Clarkson-Smith & Hartley, 1990; Colcombe et al., 2005）。

对个人及其家庭来说，阿尔茨海默病是一种灾难。阿尔茨海默病是最常见的疾病之一，其特征为神志不清、记忆减退或丧失和出现行为问题。随着年龄增长，以及老年人数量的增加，阿尔茨海默病患者的人数也会增加。阿尔茨海默病的病因可能是遗传、生活方式和环境因素的综合作用。一些研究集中在可能导致患病的特定基因上，但迄今为止，还没有发现特定的基因。然而，至少有一种遗传风险因素，即19号染色体上的载脂蛋白E（ApoE）基因，与较高的发病率相关（National Institute on Aging, 2016）。

尽管记忆测试的表现可能会在童年期间有所改善，而在老年后呈下降趋势，最重要的是应该了解在特定情境中，记忆能力是否与目前的知识、对信息的理解以及记忆信息的动机有关。

总结与综述

本章研究了人的一生中动作学习的各个方面。然而，从短期来看，技能需要通过练习来学习和改进。促进学习的条件可能在人生的每个阶段都有所不同。发展动作学习这一分支学科研究了练习日程，如固定练习与可变练习、区块化练习与随机练习、增强反馈和相应的益处，以及在一生中的发展变化。从业人员不仅可以针对不同年龄实施不同特点的教学计划，还可以考虑学习者的学习阶段，以及学习者的其他特征，包括处理速度、注意力水平和记忆力。虽然老年人的处理速度通常较慢，但运动训练似乎有助于改善速度的减慢。

巩固已学知识

回顾

　　成年是否意味着21岁之后处理、保持和学习动作技能的能力会下降？事实并非如此。信息处理的许多过程会随着年龄的增长而保持稳定，甚至改善，例如晶体智力会在70年内持续改善。另外，学习环境对动作技能学习也很重要。针对儿童的有效方法，并不总是适用于成人，特别是老年人。家长、教师、教练和治疗师可以在学习环境中构建环境限制和任务限制。如果他们考虑到这些限制与学习者的个体限制（处理速度、注意水平、记忆力）之间的相互作用，他们就可以构建有效的教学计划，以最大化动作技能的学习效果。

知识测验

1. 菲茨和波斯纳模式的3个学习阶段是什么？每个阶段的特点是什么？
2. 伯恩斯坦模式的3个学习阶段是什么？每个阶段的特点是什么？
3. 固定练习和可变练习有什么区别？对儿童来说有哪个是更好的吗？请做出解释。
4. 区块化练习和随机练习有什么区别？对儿童来说有哪个是更好的吗？请做出解释。
5. 结果知识和表现知识之间的区别是什么？哪一种对儿童更好？是否有哪一种在技能习得的早期阶段更适合学习者？请做出解释。
6. 定义单一反应时间和选择反应时间。关于儿童、成人处理速度的差异，反应时间的研究表明了什么？为什么？
7. 有氧训练如何影响老年人的认知功能？对日常活动和运动表现有什么影响？

学后练习

固定或可变练习的教学计划

　　假设你在一个为期6周，每周3天的暑期娱乐项目中教小学生基本的网球技能。你将指导他们学习正手击球、反手击球和发球。制订一个教学计划，使用固定练习或可变练习，规定18天的具体活动。为你所选择的固定练习或可变练习说明逻辑依据，以及这些活动如何在你所选择的练习日程中实施。

第 18 章

结论：限制间的相互作用

动作应用

章节目标

- ▶ 同时探究个体限制、任务限制和环境限制，以及三者之间的相互作用对个体的影响；
- ▶ 鼓励把每个人视为独立的个体；
- ▶ 说明如何使用限制模型处理各种限制，实现特定的教育或治疗目标；
- ▶ 建构适合发展的学习环境，设计适合发展的练习任务，并予以实施；
- ▶ 提供一个用于绘制限制的分析框架，以促进适合发展的教学、记录和评估过程；
- ▶ 提供案例研究，将动作发展知识应用于现实生活。

残奥会

以下引文节选自2004年雅典残奥会的官方网站:"残奥会是每一位残障运动员一生中至高的体育赛事……在残奥会上,运动员们顽强拼搏、风格高尚、坚毅进取,努力达到竞技体育的最高境界。他们具有独特的力量与决心,并以此引导自己坚持努力,不断拼搏进取。他们克服困难的力量和能力化为耀眼的火焰,深深吸引着那些将体育运动视为人性最高水平表现的人们。"

残奥会自1960年起与奥运会同年举行,自1988年起在同一城市举行。残奥会分夏季和冬季赛事。2016年,在巴西里约热内卢举行的夏季残奥会上,代表160多个国家和地区的4350名运动员参加了22个运动项目,包括4项轮椅运动、坐式排球、游泳、力量举、柔道及田径项目等。2018年韩国平昌冬季残奥会上,来自49个国家和地区的570名运动员参加了高山滑雪、冰球、轮椅冰壶等运动项目。

读完这篇文章,你如何看待残奥会?我们希望大家能将残障人士视为和其他人一样,是具有自身特定限制的普通人。这些残障运动员的结构性和功能性个体限制因素并没有阻止他们进行日常生活活动和参与高水平体育竞技。这些相互作用的限制包括高水平的力量(结构性限制)、强大的动机(功能性限制)、支持性的环境(社会和文化限制)和高科技设备(任务限制)等。在体育赛事中,通过调节限制因素,残障运动员也能打破纪录,成为精英运动员。

几年前,残障运动员可能被贴上特殊标签,就像需要特殊对待的儿童一样。我们希望大家不要给个体贴上标签,而应该将每个人都视为独一无二的,同时存在功能性和结构性限制的个体。各种个体限制、环境限制和任务限制相互作用,为运动提供了不同的可能性及各种挑战。

并非人人都能成为或者想成为精英运动员,但人们每天都在不断运动。所有的动作都是各种限制相互作用的结果,发生在特定的场景中。在特定时间段,某些限制可能比其他限制对动作行为的影响更大,而在人的一生中,有些限制可能会产生显著的变化。然而,各种限制必然存在并且相互影响,从而产生各种运动。为什么我们要用这么多篇幅来强调这一点呢?

纵观全书,我们以发展的观点来讨论影响个体一生动作发展的各种限制。为了阐明限制如何影响运动,我们将其分为个人限制、环境限制和任务限制。同时,我们也必须认识到,虽然在任何特定时间内,某种限制的影响更加显著,但各种限制都具有影响力,而且彼此间不断相互作用。事实上,只有某个因素影响到动作环境中的个体时,才能称为限制,这意味着你必须理解各种限制之间相互作用的方式。这看起来似乎有些令人困惑。然而,评估限制之间的相互影响正是我们一直在做的。请回忆第8章中提到的青少年在青春期快速发育时尴尬的经历。这种经历的意义在于让我们了解个体限制、环境限制和任务限制对动作产生的共同影响。在这个示例中，个体限制在一段时间内的快速变化，会改变当前动作和动作发展的趋势。

研究限制之间的相互作用，有助于了解人的一生中的动作发展过程。操控各种限制有利于对动作和动作发展产生积极的影响，这也是本书最重要的关键信息。在特定时间操控某种限制，可能会在动作中产生功能变化。然而，在动作发展过程中，我们更加关注动作随时间而产生的变化，特别是那些更持久或结构性的变化。值得强调的是，如果某种限制的短期变化造成各种限制之间相互作用的短期变化，那么就有可能带来动作行为的长期变化。换言之，我们可以通过操控限制，使其产生更加适当的发展变化来影响自己和他人的动作行为。这一点正是我们教学和康复治疗的重点。

通过限制来强化体力活动中的学习

在日常生活中，为了改变动作，人们经常调整各种限制。这些调整使原本困难或不可能完成的动作变得容易完成。例如，调整家具（如水槽、炉灶）的相对高度，可以使坐在轮椅上的人更轻松地完成日常活动。有时，人们甚至不必思考，就会下意识地改变个体限制、环境限制和任务限制之间的关系。例如，在拿起一本沉重的书之前，我们会机智地让书在桌子上滑动靠近自己，而不是试图伸出手臂直接将书拿起。再试想儿童学习小提琴的场景，因为儿童的手和胳膊都较小，音乐教师通常会为他们准备较小的乐器，和他们的体形相匹配。只有这样，儿童才能轻松地学习，从而熟练掌握演奏技巧。以上示例说明，调整环境限制或任务限制有助于发展恰当的功能性动作技能。对于动作教育者来说，重要的是考虑各种限制及其相互作用的方式。各种限制之间的相互作用是一个动态过程，可能导致一种或相互影响的多种限制的改变。所以，动作教育者必须尝试操控限制，让学生更熟练地运用技能或实现特定的目标（Gagen & Getchell, 2004, 2018, 2006）。

▶ **要点** 操控限制能促进更适当的动作发展。

为学生设计课堂游戏时，体育教师往往会操控限制。以篮球为例，根据纽厄尔限制三角形，想象一名儿童在运动环境中，其结构性限制为身高较矮，环境限制为室内篮球场，任务限制则是向篮筐投篮。相对于儿童的身高来说，篮筐过高。教学和康复过程中的大多数实际情况可能比这个示例更复杂。让我们对纽厄尔限制三角形进行调整，使用另一种形状来表示众多相关的限制因素。同时记住，在任何场景中，一类限制可能更多，而另一类限制可能更少。图18.1使用一个六边形来说明2个结构性限制（身高较矮，力量中等）、1个环境限制（室内篮球场）和3个任务限制（将球投入篮筐、篮筐的高度和篮球的重量）。显然，这种限制组合不太可能完成将球投入规定高度为3.05米的篮筐。体育教师可以通过改变一个或多个

篮筐较高，儿童身高较矮

投篮未中

图18.1 使用六边形代替三角形，使限制模型表示更多的个体限制、环境限制和任务限制

限制来改变这种情况。

　　理论上，一个人可以操控包括个体限制、环境限制和任务限制在内的所有限制。然而，实际上，在日常生活中，教育工作者无法改变儿童的结构性限制。在一个学期内，个体限制如身高和体重，可能变化很小，而功能性限制如恐惧或动机的改变可能需要更长的时间。因此，体育教师必须承认，在体育馆的某一天，儿童的个体限制是不容易操控的。然而，通过操控环境限制或任务限制，体育教师可以操控限制之间的相互作用，从而促进改变，以允许和鼓励学生进行更熟练或更理想的动作。

　　回到上述示例，体育教师意识到结构性限制在短期内可能无法改变，而投篮命中的整体目标是这项运动的基础。调整到一个不同的任务限制可能是较为容易的解决方法，会带来成功的动作表现。图18.2描述了篮筐的高度。在最初的场景中，篮筐的高度是标准的3.05米，但是如果体育教师降低了篮筐高度，图中各种限制的相互作用可能会产生他所期望的运动。另一种调整限制的实用方法可能比降低篮筐高度更容易，即体育教师可以提供一个较小、较轻的篮球，使所需要的动作更可能是这些限制相互作用的结果（图18.3）。这样做能使学生有更多成功的机会，使他们对动作体验保持专注和兴奋。

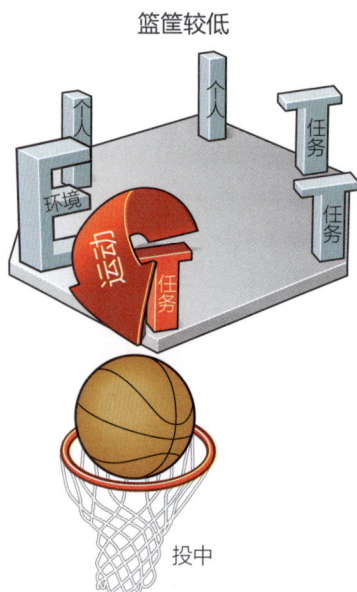

图18.2　改变一个任务限制，即篮筐高度，而其他限制保持不变，则改变此限制与所有其他限制之间的相互作用

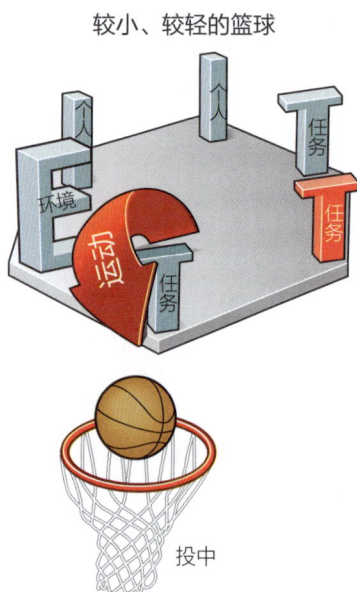

图18.3　改变其他限制，即篮球的大小和重量，而不改变篮筐的高度，也会改变限制之间的相互作用

　　当然，结构性限制随着时间和个人的发育、成熟和经历而改变。个体会变得更高、更强壮（图18.4）。与此同时，体育教师可以调整篮筐的高度，最终达到为学生制定的规则中的高度，并可以提供更大、更重的篮球，直到学生再次使用标准尺寸的篮球。根据结构性限制的变化调整环境限制，可以得到相同的动作结果。在一段时间内，随着学习者的发育和成熟，教练可以保持环境限制的适当发展，通过各种限制的相互作

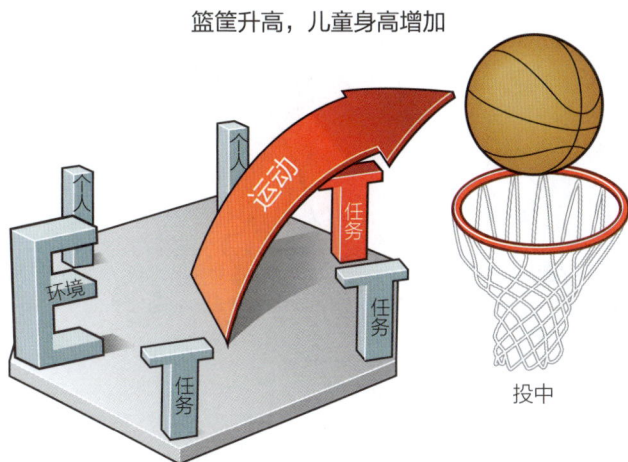

篮筐升高，儿童身高增加

投中

图18.4 年轻人的个体限制会随着经验、发育和成熟而发生明显的变化。这个模式代表高度和力量的增加。教师和教练可以改变环境限制和任务限制，改变的速度与个体限制的变化一致，从而产生相同的运动结果。也就是说，随着个体限制的变化，篮筐的高度、篮球的大小和重量都会按比例改变（例如向规定尺寸改变）。这样就可以在整个发育和成熟过程中实现单手投篮命中（活动目标）

用产生所期望的动作结果。如果教练固执地维持一个适合更高、更强壮的运动员的环境，动作结果将会显著不同。

　　治疗师也采取了类似的方法，这些方法使环境限制和任务限制适应当前的个体结构性限制。当个体通过增加活动范围或增加力量来进行改善时，治疗师会相应地调整限制。这些限制之间的关系大致相同，但随着环境限制和任务限制的小幅度调整，受限的结构性限制将逐渐改善，甚至超过受伤或手术前的水平。

▶ **要点** 虽然儿童的结构性限制不能在短期内发生改变，但环境限制和任务限制是可以操控的，这样能使动作适当发展，并随着个体结构性限制的变化而不断调整。

　　在残奥会上，环境限制和任务限制经常会随着运动员的结构性限制而改变，从而让其他运动员也可以进行同样的运动。在射箭项目中，弓可以进行改装，这样就可以使失去一只手臂的人用他们的牙齿来拉弓，这是对设备的调整。在坐式排球比赛中，要对设备和规则进行调整：球网要降低到略高于1米，规则要求球员在打球时，臀部和肩膀之间的身体部分要与地面保持接触。在其他情况下，假肢作为一种附加的设备，以便运动员完成需要的动作。

　　还可以调整限制以促进运动员采取不同的动作模式。请回想在过顶投掷中上臂动作的发展序列。想象一下，一位体育教师在课堂上观察到许多学生使用这样的运动模式：以肘部向下而不是与肩膀对齐的方式投掷。体育教师想让学生们用上臂对齐肩膀来完成投掷动作。体育教师可以设计一个活动（即构建一个学习环境），该活动更有可能产生如图18.5所示的运动模式。

　　体育教师设计了一个"打扫房间"的游戏，在这个游戏中，学生把小球向上抛过排球网，直到所有的球都在对方的场地上。体育教师给学生提供可以单手投掷的小球，

抛球过网时，肘部与肩膀对齐

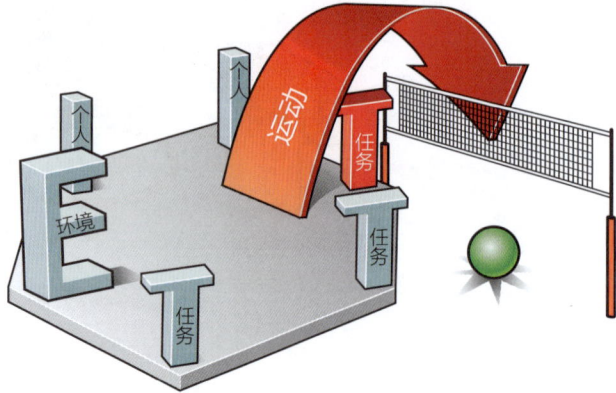

图18.5 扩展的限制模型可以帮助教师和教练识别产生新运动结果的方法。该图设置了限制因素，以鼓励年轻选手将上臂、肘部与肩膀对齐

排球网的高度使学生需要向上投掷，但也不能太高，否则可能抛不过网。肘部朝下时，学生很难抛球过网，因此环境限制和任务限制鼓励学生使用上臂更接近平行的运动模式。这是另一种方式，动作指导者以适合发展的方式操控限制，促进新的动作模式。随着时间的推移，新的动作模式成为投掷的首选模式。

构建学习环境

通过本书，你已经了解了人的一生中的各种发展变化。在构建学习环境时，动作教育者应该牢记这些变化。例如，体育馆往往被认为是一个静态环境，然而，其中的墙壁颜色等因素会影响学生接球的熟练程度。记住，年幼的学生很难辨别环境中的物体，并从更明显的视觉线索中获益。为了提供这些暗示，体育教师可以购买五颜六色或不同于墙壁颜色的器具。如果没有新器具怎么办？为什么不把白纸贴在墙上作为背景呢？在康复环境中，可以构建一个更符合生态发展的环境，或者更类似于现实世界的环境。可以重新调整环境，使之类似于家庭或工作环境，以促进该环境下的动作。

当年龄较小的学生在奔跑玩耍时，跑步的地面决定了他们的跑步速度，以及他们控制双脚的能力。茂盛的草坪与柏油路操场或体育馆里光滑的地板相比，会给跑步的学生带来不同的问题。天气是另一个可能影响活动的环境因素。在炎热潮湿的天气里跑1英里，大多数人都会呼吸困难，对其他一些人来说几乎是不可能的。在气温较低、湿度较低、空气中花粉或污染物较少（如雨后）的日子里，学生将更容易完成任务（Gagen & Getchell, 2004, 2018）。

我们不要忘记社会和文化环境。在选择活动和游戏时，教师可以选择不会基于性别、群体、文化和社会经济背景来促进成功的游戏。例如，当活动不分性别时，男孩和女孩都会觉得玩起来很舒服，而且很成功。一些新的运动项目与传统的运动项目具有相同的动作技能，但是没有特定的社会文化联系，例如手球和藤球（运动员将球踢过类似排球球网的运动）。对于那些不参加具有刻板印象运动的学生，这种方法可以为他们提供参与运动的机会。不同类型的环境限制会影响学习环境的构建。操控环境限制，或者至少注意环境的影响，就能帮助许多领域的体育教师构建一个有助于提升学生动作熟练度的环境。

▶ **要点**　当根据个体的结构性和功能性限制操控环境限制和任务限制后，个体可能会做出更熟练的动作。

设计学习任务

无论环境如何，动作教育者都会设计学习和康复任务。限制模型为任务设计提供了一种方法。要考虑相关限制的相互作用对特定动作技能的促进方式，记住，做出改变可以使技能更容易或更难以实现。任务的目标和规则，以及任务中使用的设备，如何与学生在课堂环境中独特的个体限制相互作用，使学生能够完成所需要的、成功的动作？

任务目标是课程的行为结果。体育教师选择的任务目标来鼓励学生做出某些符合期望的动作。以投球为例，学生如何投球取决于任务目标：尽可能远、尽可能高、尽可能准确或尽可能快地投球。不同的任务目标所决定投掷动作会有很大的不同。

如果学生年龄较小，或者不是很强壮，一些任务目标不适合其发展水平，则不会带来良好投掷技术的练习。例如，像匹克球（一种游戏活动，模拟棒球球员在两个垒之间接球，而两个投手试图让他们出局）这样的竞争性游戏鼓励学生快速投掷，但是可能会弱化其使用正确的投球技术。当学生专注于比赛时，他们可能只是拿起要投掷的物体，并想尽办法来加快投掷速度。这不利于学生计划用双脚做出动作或使用适当的后摆或瞄准技术，也不利于学生正确使用所有的身体部位，使这些部位依次施力，以瞄准方向来完成投掷。在这个示例中，如果任务目标是培养熟练的投掷技术，那么体育教师应该避免学生参与竞争性游戏。

体育教师可以谨慎地操控任务目标，让学生在没有意识到目标的情况下执行预期的技能。如果体育教师把几张大尺寸的纸贴在墙上，让学生们"尽可能让球发出最大的噪声"，学生们就会更用力地投掷，而不会因为没有其他同学投得远而与之进行任何潜在的负面比较。在这种情况下，专注于用力投掷而不是将球投得更远，往往会鼓励学生使用正确的技术；在球击中纸靶时，学会从纸靶发出的噪声中得到反馈，但学生需要控制投掷动作才能击中目标。前面描述的"打扫房间"游戏也是通过游戏的形式而不是直接指令操控学习活动，来鼓励特定动作的发生。

体育教师也可以调整任务规则，以激发学生做出预期的动作行为。体育教师可以经常调整游戏（改变规则）以鼓励不同的动作和参与程度。在小场地上进行三对三足球比赛是一种改变，距离更短、更可控的踢球与接传球有利于每个孩子的参与，从而把运动的重心从奔跑和追逐转到动作技术上。将排球比赛规则改为允许球反弹一次，通常会让学生有时间到达更合理的击球位置，从而让他们使用更合理的击球技术。在篮球比赛中，投篮之前要求3次传球可以促进团队合作。这样的调整也可以使残疾学生与正常的同龄人一起参与运动（Getchell & Gagen, 2006）。例如，排球比赛可以采用与残奥会类似的坐姿，使下肢残疾（如某些类型的脑瘫或脊柱裂导致的）的学生参加成为可能。对于一个班的学生来说，即使能够进行常规的排球比赛，体验一下坐式排球也会很有趣。

根据身体比例进行调节是一种相对容易的方法，即按照运动者的体形或力量大小，调整设备和运动空间的比例，来操控任务限制。体育教师和康复专家经常按比例调整设备和运动空间，以帮助那些身材矮小或力量不足的人。相比男性，专为女性设计的球棒、球拍、高尔夫球杆和球通常更小、更轻，专为儿童设计的也会更小、更轻。儿童联盟的足球场和垒区通道也通常更短，以便匹配儿童较短的腿长。较短的排球网和6英尺或8英尺高的篮筐能有效提高年轻球员的球技（Chase et al., 1994; Davis, 1991）。因此，在教学、指导或帮助康复时，体育教师应该非常仔细地考虑，选择与学生的体形和力量相匹配的设备。对于小手来说，较小的球更容易投掷，而更大的球则容易接住（Payne & Koslow, 1981）。因此，任务的总体目标（如投球或接球）必须牢记在心。

▶ **要点**　在活动中使用符合身体比例的设备和空间，是一种调整任务限制和环境限制的方法，有助于产生某些特定的运动。

以学生击球的活动为例，我们必须考虑与学生有关的一系列球棒特征：球棒的重量（学生的力量与重力相互作用，使学生能够使用正确的技术挥动球棒）、球棒的长度（学生能够判断球棒的棒体与球和自己身体的相对位置）、球棒把手的大小（学生手的大小符合把手的大小，更有利于抓握）和球棒棒体的大小（更宽的球棒可以增大击球面积，提高击球成功率）。某些选择可以让学生轻松挥动球棒，而其他选择则会导致学生难以挥动球棒。对于年幼的学生来说，合理的选择可能是重量轻、把手小、长度短、棒体宽的球棒。当体育教师与一组学生一起运动时，他应该预估到学生的体形、力量和成熟程度各不相同，球棒应因人而异，让每个学生都有机会选择一种适合自己的球棒，有助于他们获得成功（Gagen & Getchell, 2004, 2006, 2018）。

生态任务分析：绘制限制因素图，促进适合发展的教学

想象一下，你第一次执教一支由10岁儿童组成的排球队。身高、体重和技能水平在这组儿童中差别很大，你应该如何指导这个团队？你可以简单地指导他们学习需要的技能，向他们展示正确的动作形式，然后让他们反复练习。从长远来看，这种方法可能会产生结果，也可能不会产生结果，但对所有参与者来说，它可能令其感到沮丧或厌烦。那么，有没有更好的方法来教授动作技能呢？

通过生态任务分析（Burton & Davis, 1996; Davis & Broadhead, 2007; Davis & Burton, 1991），你可以创建适合动作发展逻辑的课程计划，评估动作能力。一般来说，任务分析就和它听起来一样，是针对某项任务或技巧完成方式的分析，着重于影响动作的关键因素。这种分析通常是由体育教师、物理治疗师或教练进行的，他们关注儿童在完成活动或技能时动作熟练度的发展。一旦完成了生态活动分析，其结果就可以作为一个指南，有助于在连续的小步骤中提高儿童在活动中的动作表现。

当有人通过传统的任务分析来进行教学或指导时，他会将一个人的动作模式与正

确的模式进行比较；这样，传统任务分析提供的是一个错误模型。每个人都位于从不正确到正确这一连续体上的某一点。教练要在输出的动作技术偏离理想表现时进行指导，纠正这部分的动作。

这种动作技能的教学方法有什么可以改进的吗？首先，传统的任务分析并没有考虑到每个人可能具有不同的个体限制；其次，没有真正考虑环境限制和任务限制可能与个体限制同时作用的方式。相比之下，生态活动分析可以做到这两点。"生态"一词是对其发展所依据的理论的概述，即对生态学观点的一种肯定（见第2章）。正如我们在书中讨论的，生态学观点认为行动不是凭空发生的，相反，动作受到环境以及任务目标和规则的影响。生态活动分析认同各种限制因素的综合作用，并利用它们为体育教师或教练提供有利条件，以便为学生或运动员提供适合其发展或技能水平的挑战（Newell & Jordan, 2007）。此外，每个人都在一个发展的连续体上运动，这会增强参与者当前的能力，而不是给他贴上正确或错误的标签。

创建一个适合发展的生态任务分析

伯顿和戴维斯（Burton & Davis, 1996）概述了创建生态活动分析的4个步骤。首先是通过构建环境限制来设定任务目标。其次，动作教育者应允许运动者以多种方式完成动作任务。换言之，不要为动作提供单一"解决方案"（例如"像这样扔"），相反，应该让运动者选择各种可能的动作。再次，也就是在个人动作之后，动作教育者通过调整个体限制、环境限制或任务限制，使更熟练的动作可以自然出现。最后，动作教育者应提供动作指导，帮助学生更熟练地完成动作。

体育教师在首次尝试基于限制的任务分析时，要做什么呢？下面是使用限制观点完成这一过程的实用方法。从本质上讲，教授任何特定技能都需要3个步骤。首先考虑与该技能相关的最重要的个体限制。当然，可能有很多个体限制，但尽量缩小其范围，列出最重要或最有影响力的两三个个体限制。考虑一下踢球的技巧，与之相关的3个重要的个体限制包括平衡能力（一个人必须用一只脚保持平衡，同时用另一只脚踢球）、协调能力（一个人必须按一定的顺序和时间完成两腿的切换动作）和力量（一个人必须以足够的爆发力踢球）。现在，考虑通过改变环境或任务限制，来增加或减少动作技能针对个体限制的难度。这是基于限制的任务分析的基础。如果协调能力是踢球时一个重要的个体限制，那么可以对任务进行哪些调整，使其更容易或更困难？如何改变球的运动？一般来说，踢静止的球更容易，踢移动的球更难。任务限制的这种变化也与平衡能力有关。考虑到力量，改变踢球的距离也就同时改变了个体-任务限制之间的互动关系。

要建立生态任务分析，需要以一种与发展角度相符的恰当方式，系统性地按比例调节环境限制和任务限制，以更好地匹配个体限制的诉求。综上所述，该过程如下：

- 选择一项技能或任务进行教学；
- 确定对其最重要的个体限制；
- 为其选择几个环境限制或任务限制，这些限制与个体限制相关，并且可以调整；

- 针对每个环境限制或任务限制，确定学习者的练习范围（从容易到困难），根据身体缩放比例进行调整，记住限制的细微变化就可能导致表现出现显著的变化。

图18.6和图18.7是已完成的特定技能的生态任务分析图。使用生态任务分析有两种方法。首先，你可以用它来制订课程计划或教学进度。如果个人或团队完成最初设计的任务时有困难，生态任务分析会建议改变任务限制或环境限制，使活动难度更为合适。当个人在一个特定的场景中，技能水平有所进步时，任务分析会建议通过扩展一个或多个限制来提高任务的难度，这会使任务对学习者来说更有趣、更有意义、更有挑战性。当一个新的活动难度略高于他们能够轻松完成的难度时，个人更有可能成功，所以在对要调整的限制数量上在任何时候都保守一些，不要一次性改动多个限制

限制因素	抛出物体的大小	必须抛出的距离	抛出物体的重量	投掷要求的准确性	投掷目标移动的速度	投掷目标加速和减速的特性	投掷目标的移动方向
简单	小	短	轻	无	静止	无运动	无运动
			中等	低	慢	匀速	以投掷者为标准：从左至右
			轻				以投掷者为标准：从右至左
水平	中等	中等					
				中等	中等	减速	靠近投掷者
复杂	大	长	重	高	快	加速	远离投掷者

图18.6　投掷行为的一般性任务分析

源自：Reprinted by permission from Herkowitz (1978, pg.141)。

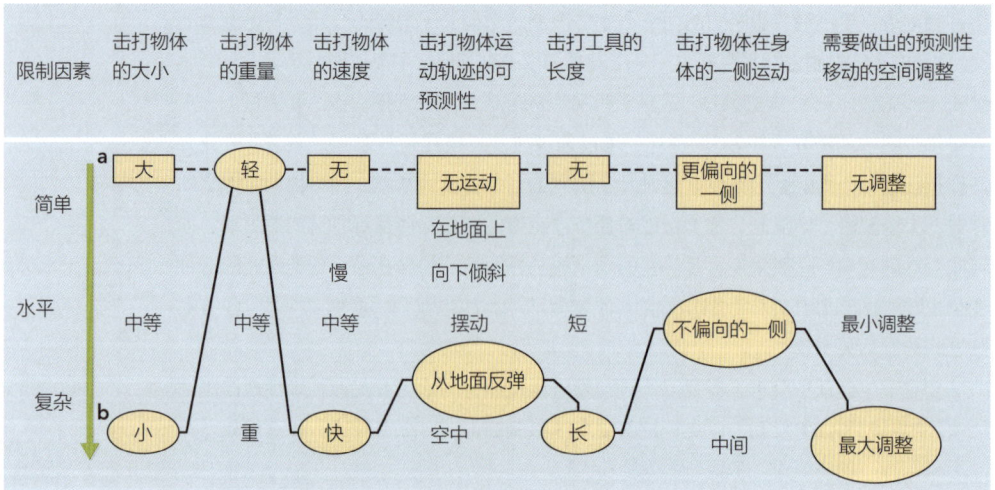

限制因素	击打物体的大小	击打物体的重量	击打物体的速度	击打物体运动轨迹的可预测性	击打工具的长度	击打物体在身体的一侧运动	需要做出的预测性移动的空间调整
简单 a	大	轻	无	无运动	无	更偏向的一侧	无调整
				在地面上向下倾斜			
水平	中等	中等	慢 / 中等	摆动	短	不偏向的一侧	最小调整
复杂 b	小	重	快	从地面反弹 / 空中	长	中间	最大调整

图18.7　击打任务的一般性任务分析：a. 相对简单的击打任务的一般性任务分析概况（虚线）；b. 相对复杂的击打任务的一般性任务分析概况（实线）

源自：Reprinted by permission from Herkowitz (1978, pg.149)。

的难度。小幅提高难度，可以让人不断取得成功，有助于增强自信心。变动限制的组合也创造了许多练习机会，这使学习过程充满了趣味性和挑战性。

限制模型与生态任务分析的关系如何？假设生态任务分析图的各列表示各种限制，并显示如何为具有共同特征的特定个人或团队调整每个限制，图18.8说明了这种关系。六边形模型上的限制可以作为生态任务分析图上各列的标题。一种限制最简单的相关级别可以写在各列的顶部，最困难的相关级别可以写在各列的底部，中间级别可以写在各列中间。任务分析图可以帮助个人识别那些因其他限制因素等比改变的限制变化，以生成更理想的动作结果。

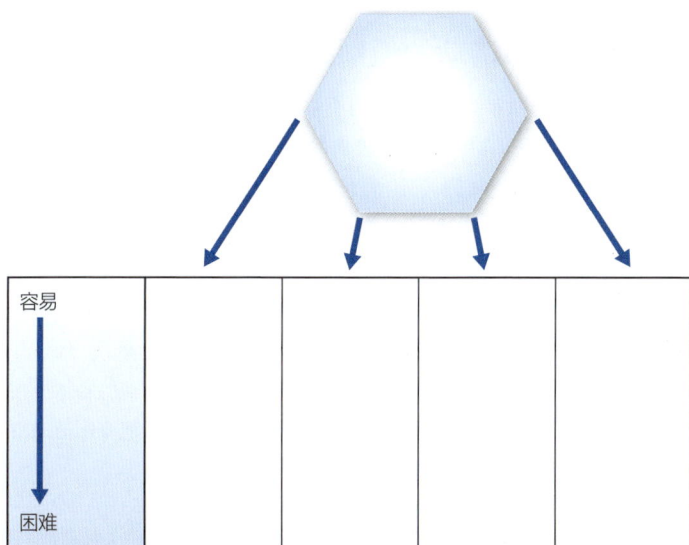

容易

困难

图18.8 以限制为各列标题，将限制的六边形模型转换为生态活动分析图。然后，按照从容易（各列的顶部）到困难（各列的底部）的顺序，将每个限制变化连续体的级别输入图中

生态任务分析同时提供了一种标准化的测试环境，可以轻松地对比个体间的表现（或个体自身在不同场景下的对比）。在此情况下，选择一个特定的方案并设置与之相应的评估环境，使用这些标准化的任务和环境限制，就可以评估学生在该方案中的技能发展水平。

在许多项目中，教练或物理治疗师对运动员或患者的发展负责。生态任务分析图可以提供一份书面记录，说明最初适合发展的任务是如何逐渐变得困难的。它可以说明在某个特定的时间点，根据某种标准（如5次尝试中的4次），产生成功表现结果的限制组合。如果教练和治疗师可以提前准备好任务分析图，那么他们就能快速圈出影响成功表现的限制因素。个人和团体都可以使用分析图，也都可以通过其表现提出调整建议，并记录某一特定限制因素级别组合的表现。

限制的相互作用：案例研究

通过调整限制因素，我们可以让动作发展和动作行为产生即时、短期和长期的改变。通常，只要了解不同限制因素各自的影响力度，就可以知道什么需要做出改变。有时，即使限制发生的变化很小，也会引发各种各样的行为。例如，给婴儿提供支撑可以弥补其力量和姿势，从而使其可以完成许多不同的直立运动。阅读下面的案例研究时记住这一点，尝试确定最重要的限制因素，以及你可以通过改变什么来引发某些动作行为。在确定需要调整的限制之后，分析这些限制相互作用的方式（如果有相互作用），以及这种作用是有助于实现目标还是会对目标形成阻力。

案例研究A：身体活动的性别类型

你是负责指导25个四年级学生动作的小学体育教师。在你的第一堂课上，你尝试教授体操技巧。你们班的男生明显不喜欢体操，其中一个大声说："体操是女生的运动！"你能做些什么来调整任务，让学生学会你想让他们学习的技巧，同时又不会因为性别类型而拒绝？

案例研究B：老年人

AB是一名76岁的男子，他最近失去了与他相伴45年的结发妻子。他住在大都市的郊区，自从妻子去世后，他就不再像他们以前那样每天散步。他的身体正在失去力量和柔韧性，他的关节炎又发作了，并且更加严重。你怎样才能把身体活动重新引入AB的生活之中呢？

案例研究C：基本动作技能的教学

你在训练一个队员平均年龄不到10岁的足球队。你已经注意到在这些队员中个体限制的多样性（身高、体重、技能水平）。你怎样才能使训练对所有队员都具有挑战性呢？

病例研究D：脑瘫患者

你负责11年级的体育课。你们班有一位脑瘫学生。他能走路，但他的肌肉有些僵硬。你希望全班学生参加一个活动或游戏，在这个活动或游戏中，每个人都可以平等参与，而不必改变或调整规则。你会选择什么活动？

案例研究E：中年人

CW是一位50岁的女子，在网球队打双打。参加这个网球项目的为20~60岁的女性。CW比她20多岁的时候重了6.8千克，但是她每天都要步行半个小时。在一年的8个月中，CW所在的球队每周有一场比赛，每周进行一次训练。顶级球队有资格参加一系列的季后赛——地区赛、分区赛、全国赛——在这些比赛中获胜的球队可以晋级下一个级别的比赛。CW所在球队在去年的分区锦标赛中输掉了半决赛，他们已经确立了来年分区锦标赛的目标为决赛获胜。CW想要成为团队中的主要贡献者。哪些限制因素可能会对CW实现目标构成挑战，你会如何建议她解决这些限制因素？

案例研究F：年龄分组

MF出生于8月底，刚好比她父母希望能推迟上学的年龄线提前了一些。因此，她是班级中年龄最小的女生。学校有一个儿童运动项目，学生可按年级参加，这意味着MF在任何体育项目上和任何学年中都是年龄最小的球员之一。MF听从教练的指导，努力训练，但她没有必备的协调性能来和其他表现更好的同学一起参赛。如果你是MF的父母，你会如何与她谈论儿童运动经历？你的谈话重点会是哪些限制因素？

案例研究G：年级水平期望

你是一名即将开始新学年的体育教师，你刚刚收到了一份文件，上面列出了你所负责的6个级别体育课程的年级水平期望。年级水平期望表示学生在完成一个学年后应该具备哪些技能或知识。你可以使用什么工具来确保学生在学年结束前达到预期水平？例如5年级的年级水平期望是"表现出遵守规则的能力、与队友合作的能力，以及在各种运动专项的简化游戏中运用简单策略的能力"。你会如何使用确定的工具来计划一学年内的一系列活动，以实现这个期望？

总结与综述

发展学者、体育教师、教练和家长面临的挑战是根据个人能力和特点来制订合适的目标和期望。最佳的动作发展可能与适合个体限制的练习机会、有洞察力的指导有关。在大多数制度环境下，个性化的动作发展目标和指导是复杂、耗时的，但是关于生命不同阶段的动作发展研究的发现都指向这个方向。毫无疑问，有关动作发展的持续研究和观察将提高我们对动作发展过程的理解，但我们的任务依旧是找到合适的方法，以便我们能够将知识应用到优化每一个人的动作发展上。

巩固已学知识

回顾

残奥会是一个很好的示例，它改变了任务限制和环境限制，同时也改变了个体结构性限制，为那些想要参加比赛的人提供了适当的挑战。残障人士可以通过与同类人的竞争或对抗，来接受最高水平的测试。残障人士的运动会受到影响，因残障影响移动功能的人，可以参加轮椅篮球或坐式排球；只能使用一只手臂的人，可以用牙齿咬住弓弦来参加射箭比赛。我们应该认识到，尽管残奥会运动员可能有明显的和永久性的残疾，但我们所有人都具有一些个性化的特征，这些特征会影响我们以某种方式运动的能力。这些特征的存在可能是因为我们还在发育，因为我们会衰老、受伤、对自己的能力缺乏信心或者没有足够的活动经验。不管是什么原因，让环境限制和任务限制适应这些个体限制，可以让我们以一种愉快和健康的方式运动。

知识测验

1. 体育教师或教练如何使用限制模型或通过生态任务分析来制订一系列的课程和练习计划？

2. 体育教师或社区项目主管如何使用限制模型或通过生态任务分析，使残疾儿童参与集体活动？

3. 体育教师的职责是为那些身体发育和成熟状况、协调水平和活动经验不同的学生提供具有挑战性的学习活动。体育教师如何运用限制模型为班级设计4个难度水平不同的活动环节？

学后练习

本章的案例研究部分为本章的学后练习。

皮褶厚度、BMI和头围数据表

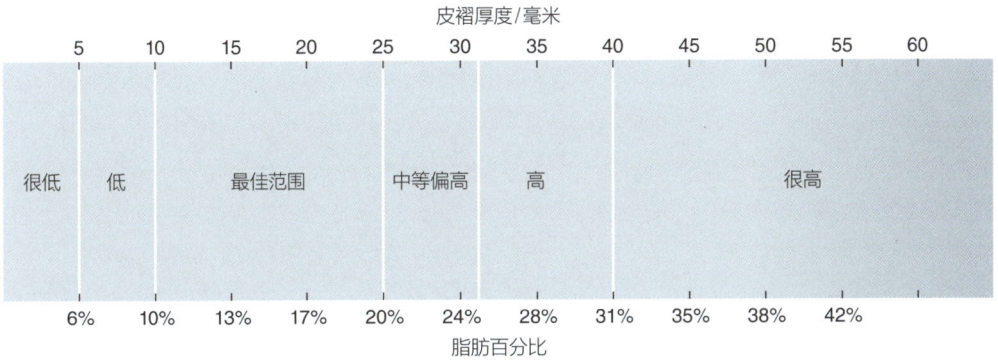

图A.1 小腿三头肌的皮褶厚度：男孩

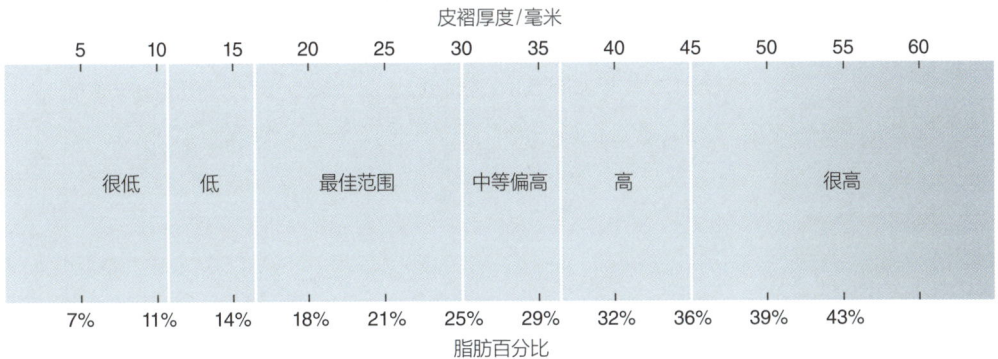

图A.2 小腿三头肌的皮褶厚度：女孩

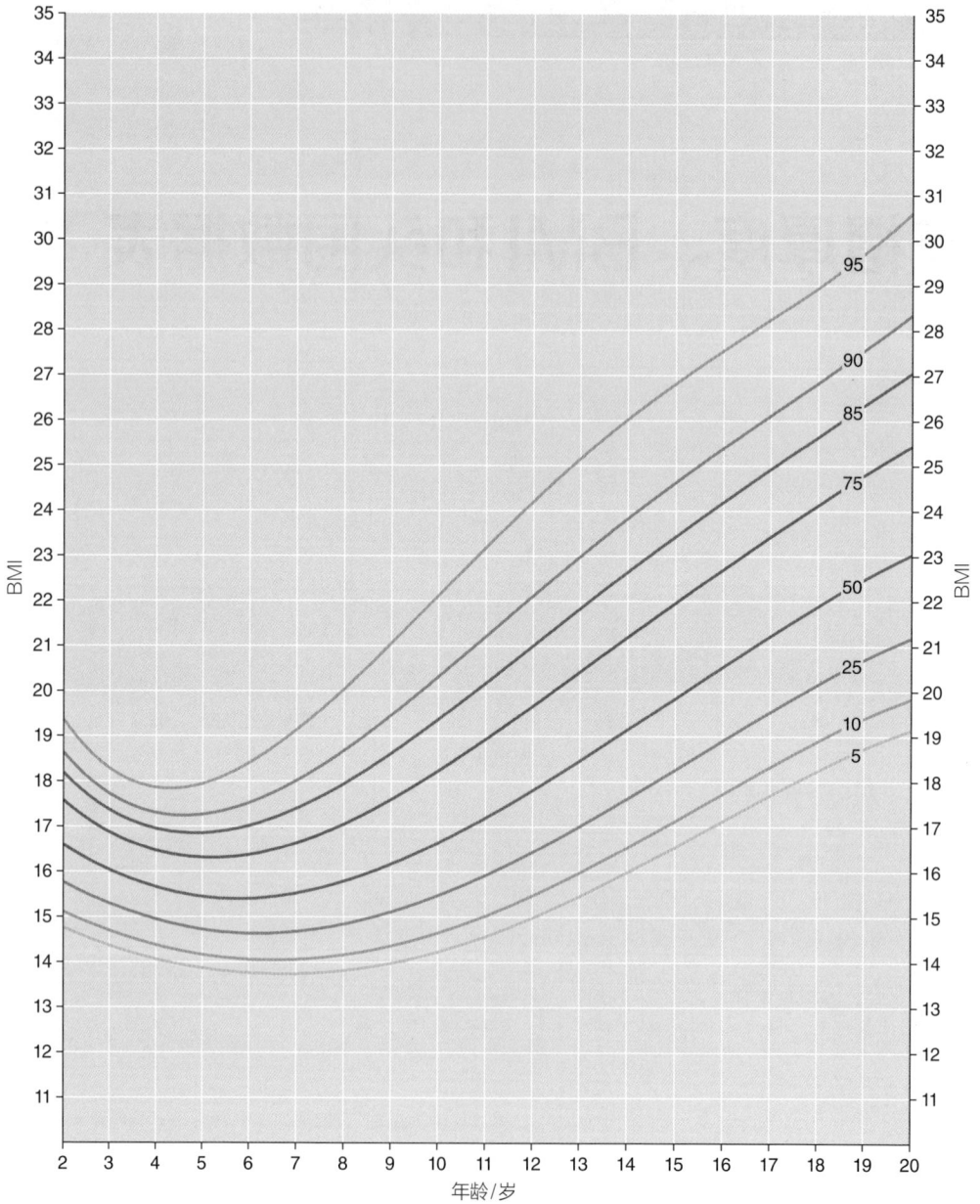

图A.3A 2~20岁男性BMI的百分位数

源自: National Center for Health Statistics in collaboration with the National Center for Chronic Disease Prevention and Health Promotion (2000)。

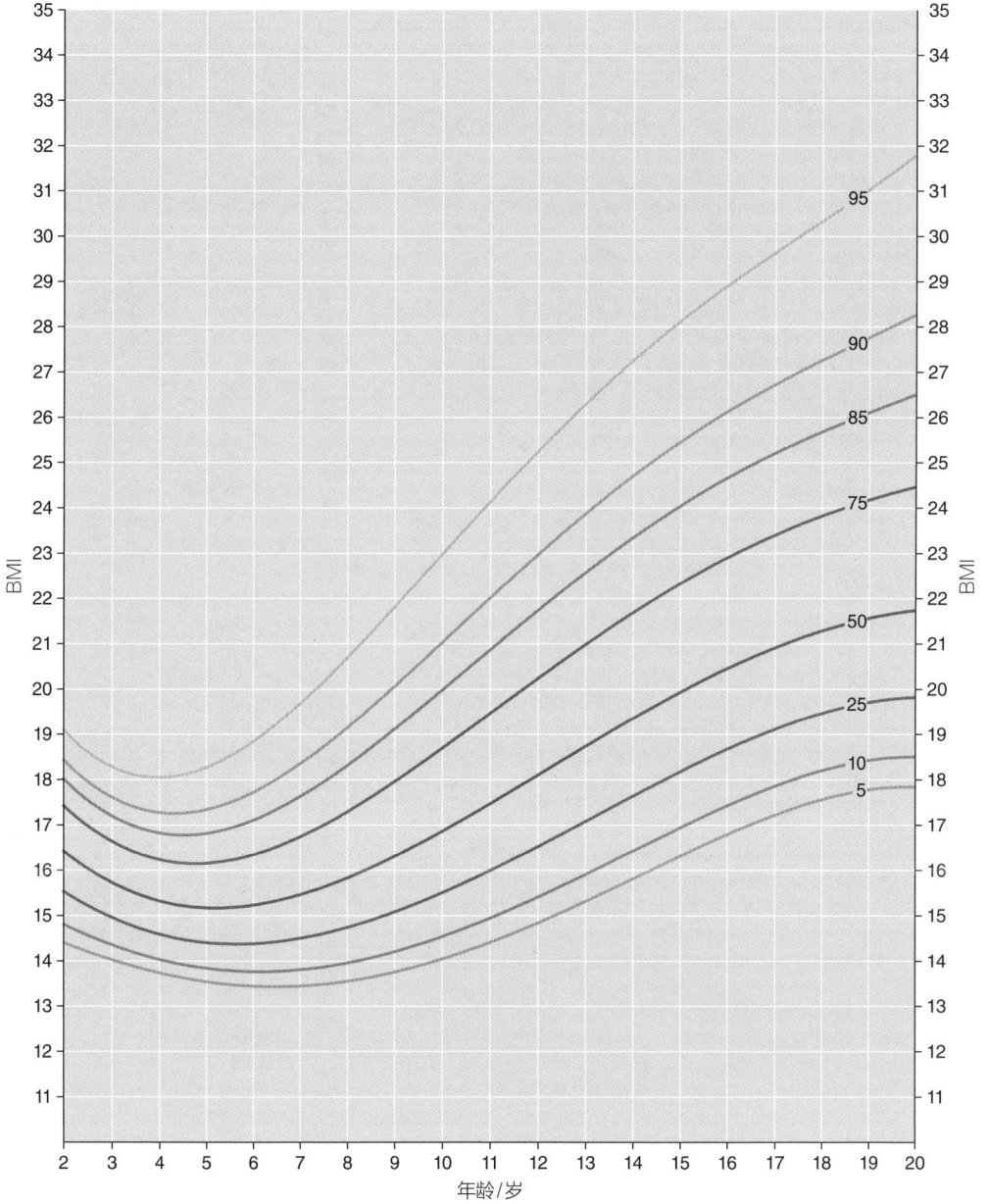

图A.3B 2~20岁女性BMI的百分位数

源自：CDC 2000。

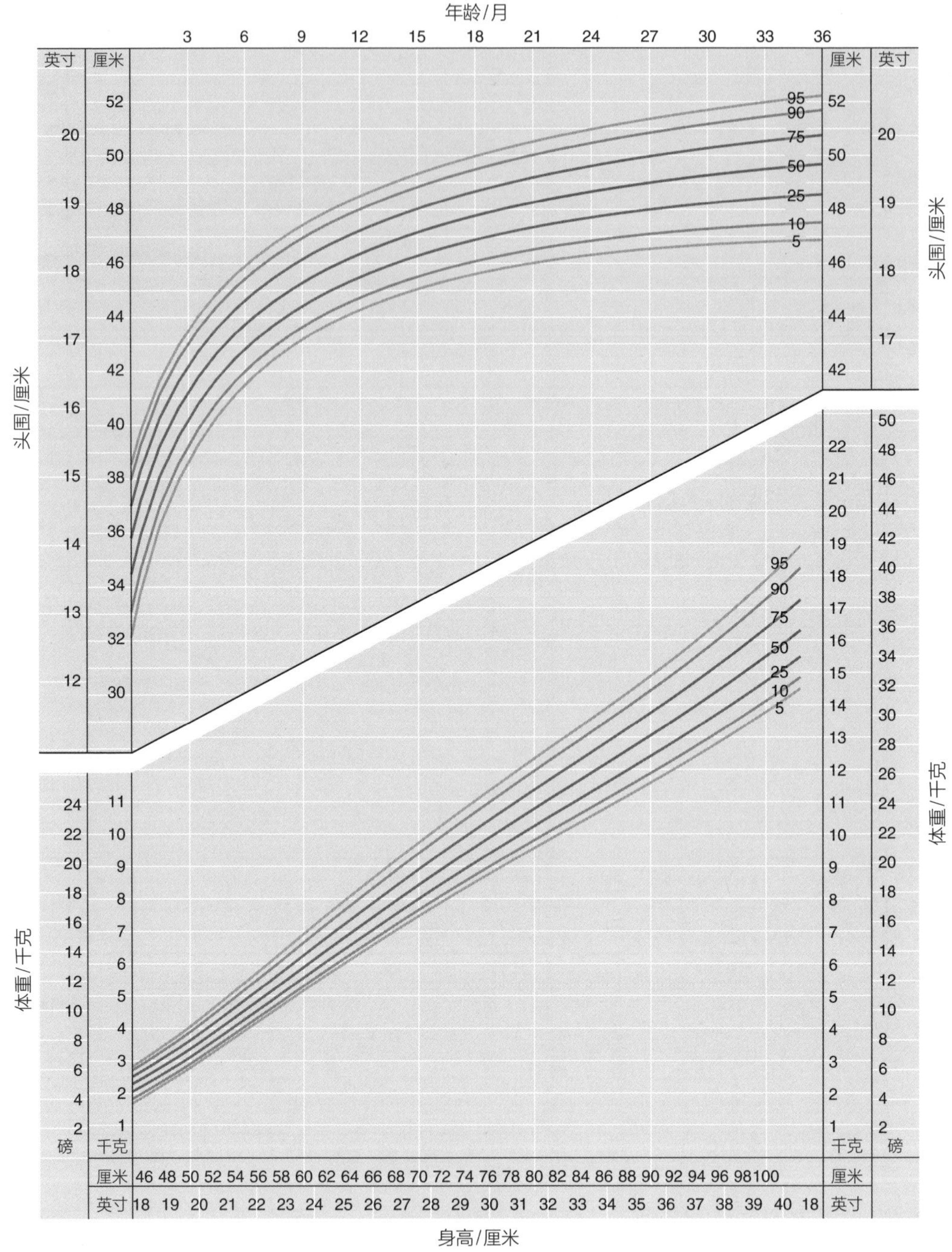

图A.4A　从出生至36个月的男婴。按年龄计算的头围、按身长计算的体重百分位数
源自: CDC 2000。

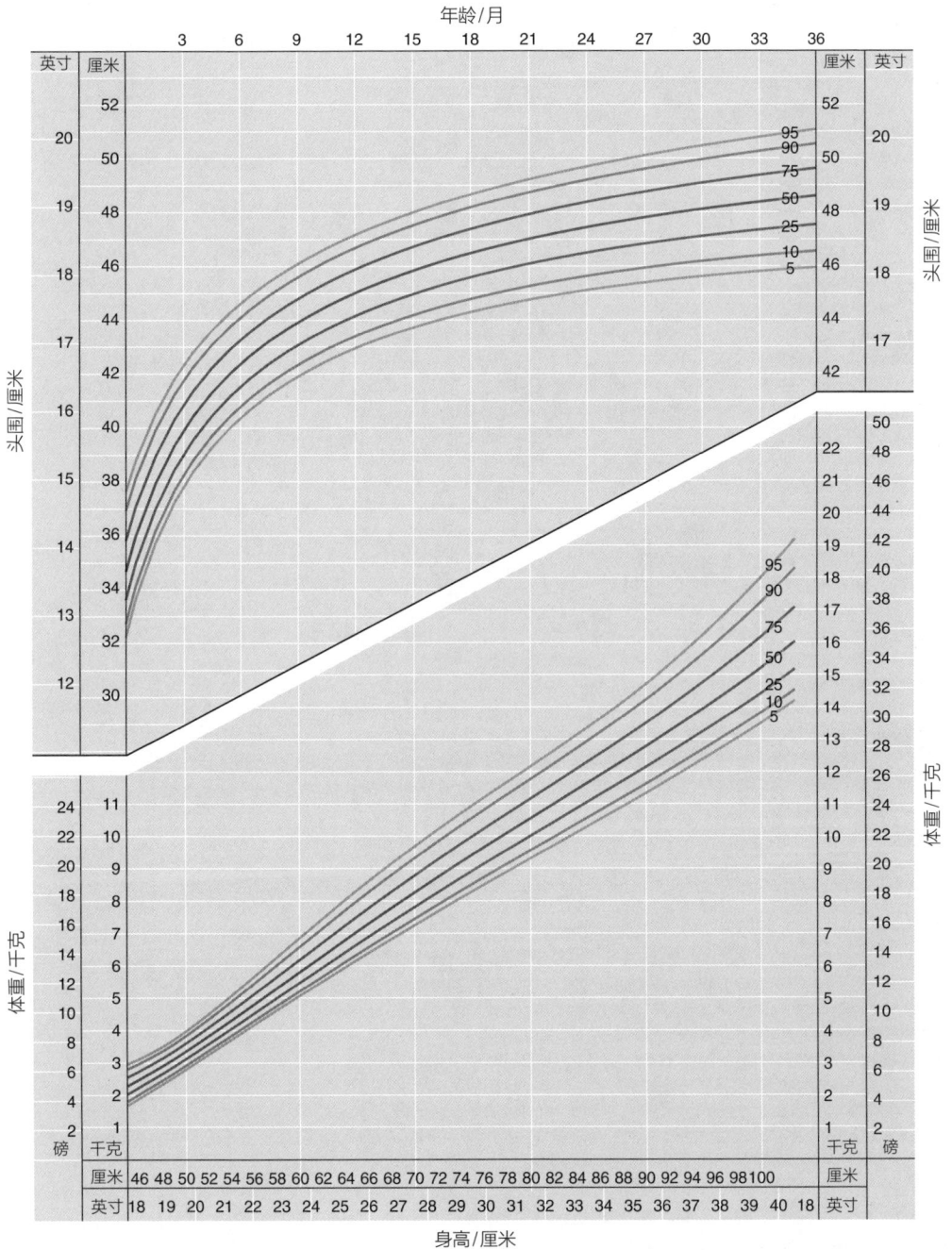

图A.4B 从出生至36个月的女婴。按年龄计算的头围、按身长计算的体重百分位数

源自：CDC 2000。

参考文献

Abernethy, B., Wood, J.M., & Parks, S. (1999). Can the anticipatory skills of experts be learned by novices? *Research Quarterly for Exercise and Sport*, 70, 313–318.

Acosta, R.V., & Carpenter, L.J. (2014). Women in intercollegiate sport: A longitudinal, national study. Thirty-seven year update (1977–2014).

Adams, F.H. (1973). Factors affecting the working capacity of children and adolescents. In G.L. Rarick (Ed.), *Physical activity: Human growth and development* (pp.80–96). New York, NY: Academic Press.

Adolph, K. (1997). Learning in the development of infant locomotion. *Monographs of the Society for Research in Child Development*, 62(3), 1–162.

Adolph, K.E. (2018). Motor development. In M. Bornstein & M. Arterberry (Eds.). *The SAGE encyclopedia of lifespan human development* (pp. 1450–1453). Thousand Oaks, CA: Sage.

Adolph, K., Cole, W., Komati, M., Garciaguirre, J., Badaly, D., Lingeman, J., et al. (2012). How do you learn to walk? Thousands of steps and dozens of falls per day. *Psychological Science*, 23(11), 1387–1394.

Adolph, K., Vereijken, B., & Shrout, P.E. (2003). What changes in infant walking and why. *Child Development*, 74(2), 475–497.

Adolph, K.E., Cole, W.G., & Vereijken, B. (2015). Intra-individual variability in the development of motor skills in childhood. In M. Diehl, K. Hooker, & M. Sliwinski (Eds.), *Handbook of intraindividual variability across the lifespan* (pp. 59–83). New York, NY: Routledge/Taylor & Francis Group.

Adolph, K.E., Eppler, M.A., & Gibson, E.J. (1993). Crawling versus walking in infants' perception of affordances for locomotion over sloping surfaces. *Child Development*, 64, 1158–1174.

Adolph, K.E., & Franchak, J.M. (2017). The development of motor behavior. *WIREs Cognitive Science*, 8, e1430.

Adolph, K.E., & Hoch, J.E. (2019). Motor development: Embodied, embedded, enculturated, and enabling. *Annual Review of Psychology*, 70, 141–164.

Adolph, K.E., Rachwani, J., & Hoch, J.E. (2018). Motor and physical development: Locomotion. In *Neuroscience and biobehavioral psychology reference module* (pp. 1–17). Elsevier.

Adolph, K.E., & Robinson, S.R. (2013). The road to walking: What learning to walk tells us about development. In P.

Zelazo (Ed.), *Oxford handbook of developmental psychology* (Vol.1, pp. 403–443). New York, NY: Oxford University Press.

Adolph, K.E., & Robinson, S.R. (2015). Motor development. In R.M. Lerner (Series Eds.) & L. Liben & U. Muller (Vol. Eds), *Handbook of child psychology and developmental science: Vol. 2: Cognitive processes* (7th ed., pp.114–157). New York, NY: Wiley.

Adolph, K.E., & Tamis-LeMonda, C.S. (2014). The costs and benefits of development: The transition from crawling to walking. *Child Development Perspectives*, 8, 187–192.

Adrian, M.J. (1982, April). *Maintaining movement capabilities in advanced years.* Paper presented at the American Alliance for Health, Physical Education, Recreation and Dance, Houston.

Alfred, P.E., & Rice, V.J. (2012). Age differences in simple and procedural reaction time among healthy military personnel. *Proceedings of the Human Factors and Ergonomics Society Annual Meeting*, 56, 1809–1813.

Allen, K.A., Bredero, B., Van Damme, T., Ulrich, D.D., & Simons, J. (2017). Test of Gross Motor Development-3 (TGMD-3) with the use of visual supports for children with autism spectrum disorder: Validity and reliability. *Journal of Autism and Developmental Disorders*, 47, 813.

Allen, M., & Alexander, G. (1994). Screening for cerebral palsy in preterm infants: Delay criteria for motor milestone attainment. *Journal of Perinatology*, 14, 190–193.

Alnaqeeb, M.A., Al-Zaid, N.S., & Goldspink, G. (1984). Connective tissue changes and physical properties of developing and aging skeletal muscle. *Journal of Anatomy*, 189(4), 677–689.

American Alliance for Health, Physical Education, Recreation and Dance. (1988). *Physical best*. Reston, VA: Author. Ames, C. (1992). Classroom: Goals, structures, and student motivation. *Journal of Educational Psychology*, 84, 409–414.

Anderson, D.I., Magill, R.A., Sekiya, H., & Ryan, G. (2005). Support for an explanation of the guidance effect in motor skill learning. *Journal of Motor Behavior*, 37(3), 231–238.

Aniansson, A., Hedberg, M., Henning, G.B., & Grimby, G. (1986). Muscle morphology, enzymatic activity and muscle strength in elderly men: A follow-up study. *Muscle and Nerve*, 9, 585–591.

Arabadjis, P.G., Heffner, R.R., & Pendergast, D.R. (1990). Morphologic and functional alterations in aging rat muscle.

Journal of Neuropathology and Experimental Neurology, 49, 600–609.

Arain, M., Haque, M., Johal, L., Mathur, P., Nel, W., Rais, A., et al. (2013). Maturation of the adolescent brain. *Neuropsychiatric Disease and Treatment*, 9, 449–461.

Armstrong, N., & Barker, A.R. (2011). Endurance training and elite young athletes. In M. Armstrong & A.M. McManus (Eds.), *The elite young athlete* (pp. 59–83). Basel: Karger.

Armstrong, N., & McManus, A.M. (Eds.) (2011). *The elite young athlete*. Basel: Karger.

Armstrong, N., & McNarry, M. (2016). Aerobic fitness and trainability in healthy youth: Gaps in our knowledge. *Pediatric Exercise Science*, 28, 171–177.

Armstrong, N., & Welsman, J.R. (2007). Aerobic fitness: What are we measuring? *Medicine and Sport Science*, 50, 5–25.

Armstrong, N., Welsman, J.R., & Kirby, B.J. (1997). Performance on the Wingate Anaerobic Test and maturation. *Pediatric Exercise Science*, 9, 253–261.

Aruin, A.S., Kanekar, N., Lee, Y.-J., & Ganesan, M. (2015). Enhancement of anticipatory postural adjustments in older adults as a result of a single session of ball throwing exercise. *Experimental Brain Research*, 233, 649–655.

Asano, K., Ogawa, S., & Furuta, Y. (1978). Aerobic work capacity in middle- and old-aged runners. In F. Landry & W.A.R. Orban (Eds.), *Proceedings of the International Congress of Physical Activity Sciences: Vol.4. Exercise physiology*. Quebec: Symposia Specialists.

Ashmead, D.H., Clifton, R.K., & Perris, E.E. (1987). Precision of auditory localization in human infants. *Developmental Psychology*, 23(5), 641–647.

Asikainen, T.M., Suni, J.H., Pasanen, M.E., Oja, P., Rinne, M.B., Miilunpalo, S.I., et al. (2006). Effect of brisk walking in 1 or 2 daily bouts and moderate resistance training on lower-extremity muscle strength, balance, and walking performance in women who recently went through menopause: A randomized, controlled trial. *Physical Therapy*, 86, 912–923.

Aslin, R.N., & Shea, S.L. (1990). Velocity thresholds in human infants: Implications for the perception of motion. *Developmental Psychology*, 26(4), 589–598.

Asmussen, E. (1973). Growth in muscular strength and power. In G.L. Rarick (Ed.), *Physical activity: Human growth and development* (pp.60–79). New York, NY: Academic Press.

Asmussen, E., & Heeboll-Nielsen, K. (1955). A dimensional analysis of physical performance and growth in boys. *Journal of Applied Physiology*, 7, 593–603.

Asmussen, E., & Heeboll-Nielsen, K. (1956). Physical performance and growth in children: Influence of sex, age, and intel-ligence. *Journal of Applied Physiology*, 8, 371–380.

Assaiante, C. (1998). Development of locomotor balance control in healthy children. *Neuroscience and Biobehavioral Reviews*, 22(4), 527–532.

Assaiante, C., & Amblard, B. (1995). An ontogenetic model for the sensorimotor organization of balance control in humans. *Human Movement Science*, 14, 13–43.

Assaiante, C., Woollacott, M., & Amblard, B. (2000). Development of postural adjustment during gait initiation:

Kinematic and EMG analysis. *Journal of Motor Behavior*, 32, 211–226.

Assibey-Mensah, G. (1998). Role models and youth development: Evidence and lessons from the perceptions of African-American male youth. *Western Journal of Black Studies*, 21, 242–252.

Åstrand, P. (1976). The child in sport and physical activity: Physiology. In J.G. Albinson & G.M. Andrew (Eds.), *Child in sport and physical activity* (pp.19–33). Baltimore, MD: University Park Press.

Åstrand, P.O., & Rodahl, K. (1986). *Textbook of work physiology*. New York, NY: McGraw-Hill.

Atkinson, J., & Braddick, O. (1981). Acuity, contrast sensitivity, and accommodation in infancy. In R. Aslin, J. Alberts, & M. Peterson (Eds.), *Development of perception* (pp.245–277). New York, NY: Academic Press.

Atun-Einy, O., Berger, S.E., Ducz, J., & Sher, A. (2014). Strength of infants' bimanual reaching patterns is related to the onset of upright locomotion. *Infancy*, 19, 82–102.

Auster, C.J., & Mansbach, C.S. (2012). The gender marketing of toys: An analysis of color and type of toy on the Disney store website. *Sex Roles*, 67(7/8), 375–388.

Ay, L., Hokken-Koelega, A.C.S., Mook-Kanamori, D.O., Hofman, A., Moll, H.A., Mackenbach, J.P., et al. (2008). Tracking and determinants of subcutaneous fat mass in early childhood: The Generation R study. *International Journal of Obesity*, 32, 1050–1059.

Ay, L., Jaddoe, V.W.V., Hofman, A., Moll, H.A., Raat, H., Steegers, E.A.P., et al. (2011). Foetal and postnatal growth and bone mass at 6 months: The Generation R study. *Clinical Endocrinology*, 74, 181–190.

Ayres, A.J. (1966). *Southern California sensory-motor integration tests*. Los Angeles, CA: Western Psychological Services.

Ayres, A.J. (1969). *Southern California perceptual-motor tests*. Los Angeles, CA: Western Psychological Services.

Ayres, A.J. (1972). *Southern California sensory-motor integration tests manual*. Los Angeles, CA: Western Psychological Services.

Babik, I., Galloway, J.C., & Lobo, M.A. (2017). Infants Born Preterm Demonstrate Impaired Exploration of Their Bodies and Surfaces Throughout the First 2 Years of Life. *Physical therapy*, 97(9), 915–925.

Bachman, J.C. (1961). Motor learning and performance as related to age and sex in two measures of balance coordination. *Research Quarterly*, 32, 123–137.

Baird, A.A., Gruber, S.A., Fein, D.A., Maas, L.C., Steingard, R.J., Renshaw, P.F., et al. (1999). Functional magnetic resonance imaging of facial affect recognition in children and adolescents. *Journal of the American Academy of Child and Adolescent Psychiatry*, 38(2):195–199.

Baldwin, K.M. (1984). Muscle development: Neonatal to adult. In R.L. Terjung (Ed.), *Exercise and sport science reviews* (Vol.12, pp.1–19). Lexington, MA: Collamore.

Bandeira, P.F.R., Santayana de Souza, M., Zanella, L.W., & Valentini, N.C. (2017). Impact of motor interventions oriented by mastery motivational climate in fundamental motor skills of children: A systematic review. *Motricidade*,

13(Supl. 1), 50–61.

Bandura, A. (1986). *Social foundations of thought and action: A social cognitive theory.* Englewood Cliffs, NJ: Prentice Hall.

Banerjee, R., & Lintern, V. (2000). Boys will be boys: The effect of social evaluation concerns on gender-typing. *Social Development, 9*(3), 397–408.

Bar-Or, O. (1983). *Pediatric sports medicine for the practitioner.* New York, NY: Springer-Verlag.

Bar-Or, O. (1993). Physical activity and physical training in childhood obesity. *Journal of Sports Medicine and Physical Fitness,* 33(4), 323–329.

Bar-Or, O., Shephard, R.J., & Allen, C.L. (1971). Cardiac output of 10- to 13-year-old boys and girls during submaximal exercise. *Journal of Applied Physiology,* 30, 219–223.

Bard, C., Fleury, M., Carriere, L., & Bellec, J. (1981). Components of the coincidence-anticipation behavior of children aged 6 to 11 years. *Perceptual and Motor Skills,* 52, 547–556.

Bard, C., Fleury, M., & Gagnon, M. (1990). Coincidence-anticipation timing: An age-related perspective. In C. Bard, M. Fleury, & L. Hay (Eds.), *Development of eye-hand coordination across the life span* (pp.283–305). Columbia: University of South Carolina Press.

Bardid, F., De Meester, A., Tallir, I., Cardon, G., Lenoir, M., & Haerens, L. (2016). Configurations of actual and perceived motor competence among children: Associations with motivation for sports and global self-worth. *Human Movement Science,* 50, 1–9.

Bardid, F., Lenoir, M., Huyben, F., De Martelaer, K., Seghers, J., Goodway, J.C., & Deconinck, F.J.A. (2017). The effectiveness of a community-based fundamental motor skill intervention in children aged 3–8 years: Results of the "Multimove for Kids" project. *Journal of Science and Medicine in Sport,* 20, 184–189.

Barela, J.A., Jeka, J.J., & Clark, J.E. (1999). The use of somatosensory information during the acquisition of independent upright stance. *Infant Behavior and Development,* 22(1), 87–102.

Barnett, L.M., Lubans, D., Timperio, A., Salmon, J., & Ridgers, N.D. (2018). What is the contribution of actual motor skill, fitness, and physical activity to children's self-perception of motor competence? *Journal of Motor Learning and Development,* 6, S461–S473, 1–21.

Barnett, L.M., Morgan, P.J., van Beurden, E., & Beard, J.R. (2008). Perceived sports competence mediates the relationship between childhood motor skill proficiency and adolescent physical activity and fitness: A longitudinal assessment. *International Journal of Behavioral Nutrition and Physical Activity,* 5, 40.

Barnett, L.M., Ridgers, N.D., & Salmon, J. (2015). Associations between young children's perceived and actual ball skill competence and physical activity. *Journal of Science and Medicine in Sport,* 18(2), 167–171.

Barnett, L.M., Ridgers, N.D., Zask, A., & Salmon, J. (2015). Face validity and reliability of a pictorial instrument for assessing fundamental movement skill perceived competence in young children. *Journal of Science and Medicine in Sport,* 18(1), 98–102.

Barnett, L.M., Robinson, L.E., Webster, E.K., & Ridgers, N.D. (2015). Reliability of the Pictorial Scale of Perceived Movement Skill Competence in 2 diverse samples of young children. *Journal of Physical Activity and Health,* 12(8), 1045–1051.

Barnett, L.M., van Beurden, E., Morgan, P.J., Brooks, L.O., & Beard, J.R. (2008). Does childhood motor skill proficiency predict adolescent fitness? *Medicine and Science in Sports and Exercise,* 40, 2137–2144.

Barnett, L.M., Van Beurden, E., Morgan, P.J., Brooks, L.O., & Beard, J.R. (2009). Childhood motor skill proficiency as a predictor of adolescent physical activity. *Journal of adolescent health,* 44(3), 252–259.

Barnett, L.M., Vazou, S., Abbott, G., Bowe, S.J., Robinson, L.E., Ridgers, N.D., & Salmon, J. (2016). Construct validity of the Pictorial Scale of Perceived Movement Skill Competence. *Psychology of Sport and Exercise,* 22, 294–302.

Barnett, L.M., Zask, A., Rose, L., Hughes, D., & Adams, J. (2015). Three-year follow-up of an early childhood intervention: What about physical activity and weight status? *Journal of Physical Activity and Health,* 12, 319–321.

Barnett, L.M., Lubans, D.R., Timpeiro, A., Salmon, J., & Ridgers, N.D. (2018) What is the Contribution of Actual Motor Skill, Fitness, and Physical Activity to Children's Self-Perception of Motor Competence? *Journal of Motor Learning and Development,* 6 Issue: s2 Pages: S461–S473.

Barrett, K.R. (1979). Observation for teaching and coaching. *Journal of Physical Education and Recreation,* 50, 23–25.

Barrett, T.M., Davis, E.F., & Needham, A. (2007). Learning about tools in infancy. *Developmental Psychology,* 43, 352–368.

Barrett, U., & Harrison, D. (2002). Comparing muscle function of children and adults: Effects of scaling for muscle size. *Pediatric Exercise Science,* 14, 369–376.

Barsch, R.H. (1965). *Achieving perceptual-motor efficiency.* Seattle: Special Child.

Bartlett, D. (1997). Primitive reflexes and early motor development. *Journal of Developmental and Behavioral Pediatrics,* 18, 151–157.

Bayley, N. (1936). The development of motor abilities during the first three years. *Monographs of the Society for Research in Child Development,* 1(1), 1–26.

Bayley, N. (1969). *Manual for the Bayley Scales of Infant Development.* New York, NY: Psychological Corp.

Beck, M. (1966). *The path of the center of gravity during running in boys grades one to six.* Unpublished doctoral dissertation, University of Wisconsin, Madison.

Behm, D.G., Young, J.D., Whitten, J.H., Reid, J.C., Quigley, P.J., Low, J. ... Granacher, U. (2017). Effectiveness of traditional strength vs. power training on muscle strength, power and speed with youth: A systematic review and meta-analysis. *Frontiers in Physiology,* 8, 423.

Behrman, A.L., Vander Linden, D.W., & Cauraugh, J.H. (1992). Relative frequency knowledge of results: Older adults learning a force-time modulation task. *Journal of*

Human Movement Studies, 23, 233–250.

Bell, R., & Hoshizaki, T. (1981). Relationships of age and sex with joint range of motion of seventeen joint actions in humans. *Canadian Journal of Applied Sport Sciences*, 6, 202–206.

Bennett, S., Button, C., Kingsbury, D., & Davids, K. (1999). Manipulating visual informational constraints during practice enhances the acquisition of catching skill in children. *Research Quarterly for Exercise and Sport*, 70(3), 220–232.

Bergenn, V.W., Dalton, T.C., & Lipsett, L.P. (1992). Myrtle B. McGraw: A growth scientist. *Developmental Psychology*, 28, 381–395.

Bergstrom, B. (1973). Morphology of the vestibular nerve: II. The number of myelinated vestibular nerve fibers in man at various ages. *Acta Oto-Laryngologica*, 76, 173–179.

Bernstein, N. (1967). The co-ordination and regulation of movement. Oxford, UK: Pergamon Press.

Bertenthal, B., Campos, J., & Barrett, K. (1984). Self–produced locomotion: An organizer of emotional, cognitive and social development in infancy. In R. Emde & R. Harmon (Eds.), *Continuities and discontinuities in development* (pp. 175–210). New York, NY: Plenum Press.

Bertenthal, B., & von Hofsten, C. (1998). Eye, head, and trunk control: The foundation for manual development. *Neuroscience and Biobehavioral Reviews*, 22(4), 515–520.

Bertenthal, B.I., & Bai, D.L. (1989). Infants' sensitivity to optical flow for controlling posture. *Developmental Psychology*, 25, 936–945.

Bertenthal, B.I., & Campos, J.J. (1987). New directions in the study of early experience. *Child Development*, 58, 560–567.

Bertenthal, B.I., Rose, J.L., & Bai, D.L. (1997). Perception-action coupling in the development of visual control of posture. *Journal of Experimental Psychology: Human Perception and Performance*, 23(6), 1631–1643.

Beunen, G., & Malina, R.M. (1988). Growth and physical performance relative to the timing of the adolescent spurt. *Exercise and Sport Sciences Reviews*, 16, 503–540.

Beunen, G., Malina, R.M., Ostyn, M., Renson, R., Simons, J., & Van Gerven, D. (1983). Fatness, growth and motor fitness of Belgian boys 12 through 17 years of age. *American Journal of Physical Anthropology*, 59, 387–392.

Beunen, G., Malina, R.M., Renson, R., & Van Gerven, D. (1988). *Adolescent growth and motor performance: A longitudinal analysis of Belgian boys*. Champaign, IL: Human Kinetics.

Biddle, S.J.H., & Asare, M. (2011). Physical activity and mental health in children and adolescents: A review of reviews. *British Journal of Sports Medicine*, 45, 886–895.

Bigelow, B., Tesson, G., & Lewko, J. (1996). *Learning the rules: The anatomy of children's relationships*. New York, NY: Guilford Press.

Binder, E.F., Yarasheski, K.E., Steger-May, K., Sinacore, D.R., Brown, M., Schechtman, K.B., & Holloszy, J.O. (2005). Effects of progressive resistance training on body composition in frail older adults: Results of a randomized controlled trial. *Journals of Gerontology: Series A*, 20,

1425–1431.

Bini, V., Celi, F., Beriolli, M.G., Bacosi, M.L., Stella, P., Giglio, P., et al. (2000). Body mass index in children and adolescents according to age and pubertal stage. *European Journal of Clinical Nutrition*, 54, 214–218.

Birch, L.L. (1976). Age trends in children's timesharing performance. *Journal of Experimental Child Psychology*, 22, 331–345.

Bird, A.M., & Williams, J.M. (1980). A developmental-attributional analysis of sex-role stereotypes for sport performance. *Developmental Psychology*, 16, 319–322.

Biro, F.M., & Kiess, W. (2016). Contemporary trends in onset and completion of puberty, gain in height and adiposity. In J.-P. Bourguignon & A-.S. Parent (Eds), *Puberty from bench to clinic* (Vol.29, pp.122–133). Basel, Switzerland: Karger.

Biro, F.M., Pajak, A., Wolff, M.S., Pinney, S.M., Windham, G.C., Galvez, M.P., et al. (2018). Age of menarche in a longitudinal US cohort. *Journal of Pediatric and Adolescent Gynecology*, 31(4), 339–345.

Birren, J.E. (1964). The psychology of aging in relation to development. In J.E. Birren (Ed.), *Relationships of development and aging* (pp.99–120). Springfield, IL: Charles C Thomas.

Bisi, M.C., & Stagni, R. (2016). Development of gait motor control: What happens after a sudden increase in height during adolescence? *BioMedical Engineering OnLine*, 15, 47.

Blackwell, D.L. & Clarke, T.C. (2018). State variation in meeting the 2008 federal guidelines for both aerobic and muscle-strengthening activities through leisure-time physical activity among adults aged 18–64: United States 2010–2015. National Health Statistics Reports; no 112. Hyattsville, MD: National Center for Health Statistics.

Blakemore, J.E.O., & Centers, R.E. (2005). Characteristics of boys' and girls' toys. *Sex Roles*, 53, 619–633.

Blazo, J.A., Czech, D., Carson, S., & Dees, W. (2014). A qualitative investigation of the sibling sport achievement experience. *The Sport Psychologist*, 28, 36–47.

Blazo, J.A., & Smith, A.L. (2018). A systematic review of siblings and physical activity experiences. *International Review of Sport and Exercise Psychology*, 11(1), 122–159.

Blimkie, C.J.R. (1989). Age- and sex-associated variation in strength during childhood: Anthropometric, morphological, neurologic, biomechanical, endocrinologic, genetic, and physical activity correlates. In C.V. Gisolfi & D. R. Lamb (Eds.), *Youth, exercise, and sport* (Vol. 2, pp. 99–164). Indianapolis: Benchmark Press.

Blumenthal, J.A., Emergy, C.F., Madden, D.J., Coleman, R.E., Riddle, M.W., Schniebolk, S., et al. (1991). Effects of exercise raining on cardiorespiratory function in men and women >60 years of age. *American Journal of Cardiology*, 67, 633–639.

Boothby, J., Tungatt, M., & Townsend, A. (1981). Ceasing participation in sports activity: Reported reasons and their implication. *Journal of Leisure Research*, 13, 1–14.

Boren, C. (2018, March 20). Watch: 102- and 100-year-old runners set world records. *The Washington Post*.

Borer, K.T. (2005). Physical activity in the prevention and amelioration of osteoporosis in women. *Sports Medicine*, 35, 779–830.

Bornstein, M.H. (1985). Habituation of attention as a measure of visual information processing in human infants: Summary, systematization, and synthesis. In G. Gottlieb & N.A. Krasnegor (Eds.), *Measurement of audition and vision in the first year of postnatal life: A methodological overview* (pp. 253–300). Norwood, NJ: Ablex.

Bosacki, S., Woods, W., & Coplan, R. (2015). Canadian female and male early childhood educators' perceptions of child aggression and rough-and-tumble play. *Early Child Development and Care*, 185(7): 1134–1147.

Boskey, A.L., & Coleman, R. (2010). Aging and bone. *Journal of Dental Research*, 89(12), 1333–1348.

Bouquet, J. (2016). *Concurrent validity of TGMD-2 and TGMD-3 in children with Down syndrome.* Unpublished thesis.

Bower, T.G.R. (1977). *A primer of infant development.* San Francisco: Freeman.

Bower, T.G.R., Broughton, J.M., & Moore, M.K. (1970). The co-ordination of visual and tactual input in infants. *Perception and Psychophysics*, 8, 51–53.

Braet, C., Tanghe, A., De Bode, P., Franckx, H., & Van Winckel, M. (2003). Inpatient treatment of obese children: A multicomponent programme without stringent calorie restriction. *European Journal of Pediatrics*, 162, 391–396.

Brandfonbrener, M., Landowne, M., & Shock, N.W. (1955). Changes in cardiac output with age. *Circulation*, 12, 557–566.

Branta, C., Haubenstricker, J., & Seefeldt, V. (1984). Age changes in motor skill during childhood and adolescence. In R.L. Terjung (Ed.), *Exercise and sport science reviews* (Vol. 12, pp. 467–520). Lexington, MA: Collamore.

Brayne, C., & Miller, B. (2017). Dementia and aging populations—A global priority for contextualized research and health policy. *PLoS Medicine*, 14(3), e1002275.

Brian, A., Taunton, S., Liebermain, L.J., Haibach-Beach, P., Forley, J., & Santarossa, S. (2018). Psychometric properties of the Test of Gross Motor Development-3 for children with visual impairments. *Adaptive Physical Activity Quarterly*, 35(2), 145–158.

Brodkin, P., & Weiss, M.R. (1990). Developmental differences in motivation for participation in competitive swimming. *Journal of Sport and Exercise Psychology*, 12, 248–263.

Brouwer, W.H., Waterink, W., Van Wolffelaar, P.C., & Rothengartter, T. (1991). Divided attention in experienced young and older drivers: Land tracking and visual analysis in a dynamic driving simulator. *Human Factors*, 33, 573–582.

Brown, B., Frankel, G., & Fennell, M. (1990). Hugs or shrugs: Parental and peer influences on continuation of involvement in sport by female adolescents. *Sex Roles*, 20, 397–412.

Brown, B.A. (1985). Factors influencing the process of withdrawal by female adolescents from the role of competitive age group swimmers. *Sociology of Sport Journal*, 2, 111–129.

Brown, C.H., Harrower, J.R., & Deeter, M.F. (1972). The effects of cross-country running on pre-adolescent girls. *Medicine and Science in Sports*, 4, 1–5.

Brown, K.A., Patel, D.R., & Darmawan, D. (2017). Participation in sports in relation to adolescent growth and development. *Translational Pediatrics*, 6(3), 150–159.

Brownell, C.A., Zerwas, S., & Ramani, G.B. (2007). "So big": The development of body self-awareness in toddlers. *Child Development*, 78, 1426–1440.

Bruce, T. (2016). New rules for new times: Sportswomen and media representation in the third wave. *Sex Roles*, 74, 361–376.

Brundage, C.L. (1983). *Parent/child play behaviors as they relate to children's later socialization into sport.* Unpublished master's thesis, University of Illinois, Urbana-Champaign.

Bruner, J.S. (1970). The growth and structure of skill. In K.J. Connolly (Ed.), *Mechanisms of motor skill development* (pp. 63–94). London: Academic Press.

Bruner, J.S. (1973). Organization of early skilled action. *Child Development*, 44, 1–11.

Bruner, J.S., & Koslowski, B. (1972). Visually pre-adapted constituents of manipulatory action. *Perception*, 1, 3–12.

Brustad, R.J. (1988). Affective outcomes in competitive youth sport: The influence of intrapersonal and socialization factors. *Journal of Sport and Exercise Psychology*, 10, 307–321.

Buchanan, J.J., & Horak, F.B. (1999). Emergence of postural patterns as a function of vision and translation frequency. *Journal of Neurophysiology*, 81(5), 2325–2339.

Bucsuhazy, K., & Semela, M. (2017). Case study: Reaction time of children according to age. *Transbaltica 2017: Transportation Science and Technology*, 187 (Suppl.C), 408–413.

Bull, D., Eilers, R., & Oller, K. (1984). Infants' discrimination of intensity variation in multisyllabic stimuli. *Journal of the Acoustical Society of America*, 76, 13–17.

Burnett, C.N., & Johnson, E.W. (1971). Development of gait in childhood, part II. *Developmental Medicine and Child Neurology*, 13, 207–215.

Burton, A.W. (1999). Hrdlicka (1931) revisited: Children who run on all fours. *Research Quarterly for Exercise and Sport*, 70, 84–90.

Burton, A.W., & Davis, W.E. (1996). Ecological task analysis: Utilizing intrinsic measures in research and practice. *Human Movement Science*, 15, 285–314.

Bushnell, E.W. (1982). The ontogeny of intermodal relations: Vision and touch in infancy. In R. Walk & H. Pick (Eds.), *Intersensory perception and sensory integration* (pp. 5–36). New York, NY: Plenum Press.

Bushnell, E.W. (1985). The decline of visually guided reaching during infancy. *Infant Behavior and Development*, 8, 139–155.

Bushnell, E.W., & Boudreau, J.P. (1993). Motor development and the mind: The potential role of motor abilities as a determinant of aspects of perceptual development. *Child Development*, 64, 1005–1021.

Bushnell, I.W.R. (1998). The origins of face perception. In F. Simion & G. Butterworth (Eds.), *The development of sensory,*

377

motor and cognitive capacities in early infancy: From perception to cognition (pp. 69–86). Hove, UK: Psychology Press.

Bushnell, I.W.R., Sai, F., & Mullin, J.T. (1989). Neonatal recognition of the mother's face. *British Journal of Developmental Psychology*, 7, 3–15.

Butcher, J. (1983). Socialization of adolescent girls into physical activity. *Adolescence*, 18, 753–766.

Butcher, J. (1985). Longitudinal analysis of adolescent girls' participation in physical activity. *Sociology of Sport Journal*, 2, 130–143.

Butterworth, G., & Hicks, L. (1977). Visual proprioception and postural stability in infancy. *Perception*, 6, 255–262.

Butterworth, G., Verweij, E., & Hopkins, B. (1997). The developaert of prehension in infants: Halverson revisited. *British Journal of Developmental Psychology*, 15(2), 223–236.

Campbell, A.J., Robertson, M.C., Gardner, M.M., Norton, R.N., & Buchner, D.M. (1999). Falls prevention over 2 years: A randomized controlled trial in women 80 years and older. *Age and Ageing*, 28, 513–518.

Campbell, A.J., Robertson, M.C., Gardner, M.M., Norton, R.N., Tilyard, M.W., & Buchner, D.M. (1997). Randomised controlled trial of a general practice programme of home based exercise to prevent falls in elderly women. *British Medical Journal*, 315, 1065–1069.

Campbell, D., & Eaton, W. (2000). Sex differences in the activity level of infants. *Infant and Child Development*, 8, 1–17.

Campbell, M.J., McComas, A.J., & Petito, F. (1973). Physiological changes in aging muscles. *Journal of Neurology, Neurosurgery, and Psychiatry*, 36, 174–182.

Campenni, C.E. (1999). Gender stereotyping of children's toys: A comparison of parents and nonparents. *Sex Roles*, 40, 121–138.

Capelli, C., Rittveger, J., Bruseghini, P., Calabria, E., & Tam, E. (2016). Maximal aerobic power and anaerobic capacity in cycling across the age spectrum in male master athletes. *European Journal of Applied Physiology*, 116, 1395–1410.

Carnahan, H., Vandervoort, A.A., & Swanson, L.R. (1996). The influence of summary knowledge of results and aging on motor learning. *Research Quarterly for Exercise and Sport*, 67, 280–287.

Carnahan, H., Vandervoort, A.A., & Swanson, L.R. (1998). The influence of aging and target motion on the control of prehension. *Experimental Aging Research*, 24(3), 289–306.

Carr, G. (1997). *Mechanics of sport*. Champaign, IL: Human Kinetics.

Carneiro, N.H., Ribeiro, A.S., Nascimento, M.A., Gobbo, L.A. Schoenfeld, B.J., Achour, J.A. ... Cyrino, E.S. (2015). Effects of different resistance training frequencies on flexibility in older women. *Clinical Interventions in Aging*, 10, 531–538.

Cartee, G.D. (1994). Aging skeletal muscle: Response to exercise. *Exercise and Sport Sciences Reviews*, 22, 91–120.

Carvalho, H.M., Coelho-e-Silva, M.J., Goncalves, C.E. Philippaerts, R.M., Castagna, C., & Malina, R.M. (2011).

Age-related variation of anaerobic power after controlling for size and maturation in adolescent basketball players. *Annals of Human Biology*, 38, 721–727.

Cattuzzo, M.T., dos Santos Henrique, R., Re, A.H.N., Oliveira, I.S., Melo, B.M., dos Santos Moura, M., et al. (2016). Motor competence and health related physical fitness in youth: A systematic review. *Journal of Science and Medicine in Sport*, 19, 123–129.

Cerella, J. (1990). Aging and information-processing rate. In J.E. Birren & K.W. Schaie (Eds.), *Handbook of the psychology of aging* (3rd ed., pp. 201–221). New York, NY: Academic Press.

Cesqui, B., Russo, M., Lacqauniti, F., & d'Avella, A. (2016). Grasping in one-handed catching in relation to performance. *PLoS ONE*, 11, e0158606.

Chalabaev, A., Brisswalter, J., Radel, R., Coombes, S.A., Easthope, C., & Clément-Guillotin, C. (2013). Can stereotype threat affect motor performance in the absence of explicit monitoring processes? Evidence using a strength task. *Journal of Sport and Exercise Psychology*, 35, 211–215.

Chase, M.A., Ewing, M.E., Lirgg, C.D., & George, T.R. (1994). The effects of equipment modification on children's self-efficacy and basketball shooting performance. *Research Quarterly for Exercise and Sport*, 65(2), 159–168.

Chen, L.C., Jeka, J., & Clark, J.E. (2016). Development of adaptive sensorimotor control in infant sitting posture. *Gait and Posture*, 45, 157–163.

Chen, L.-C., Metcalfe, J.S., Jeka, J.J., & Clark, J.E. (2007). Two steps forward and one back: Learning to walk affects infants' sitting posture. *Infant Behavior and Development*, 30, 16–25.

Cherney, I.D., & London, K. (2006). Gender-linked differences in the toys, television shows, computer games, and outdoor activities of 5-to 13-year-old children. *Sex Roles*, 54(9/10), 717–726.

Chlebowski, R.T., Kuller, L.H., Prentice, R.L., Stefanick, M.L., Manson, J., Gass, M., et al. (2009). Breast cancer after use of estrogen plus progestin in postmenopausal women. *New England Journal of Medicine*, 360(6), 573–587.

Cho, G.J., Yoo, H.J., Hwang, S.Y., Choi, J., Lee, K.M., Choi, K.M., et al. (2018). Differential relationship between waist circumference and mortality according to age, sex, and body mass index in Koreans with age of 30–90 years: A nationwide health insurance database study. *BMC Medicine*, 16, 131.

Chugani, H.T., & Phelps, M.E. (1986). Maturational changes in cerebral function in infants determined by 18FDG positron emission tomography. *Science*, 231, 840–843.

Cignetti, F., Fontan, A., Menant, J., Nazarian, B., Anton, J-L., Vaugoyeau, M., & Assainte, C. (2017). Protracted development of the proprioceptive brain network during and beyond adolescence. *Cerebral Cortex*, 27, 1285–1296.

Clark, C.C.T., Moran, J., Drury, B., Venetsanou, F., & Fernandes, J.F.T. (2018). Actual vs. perceived motor competence in children (8-10 years): An issue of non-veridicality. *Journal of Functional Morphology and Kine-*

siology, 3, 20.

Clark, J.E. (1982). Developmental differences in response processing. *Journal of Motor Behavior*, 14, 247–254.

Clark, J.E. (1995). On becoming skillful: Patterns and constraints. *Research Quarterly for Exercise and Sport*, 66, 173–183.

Clark, J.E. (2005). From the beginning: A developmental perspective on movement and mobility. *Quest*, 57, 37–45.

Clark, J.E. (2017). Pentimento: A 21st century view on the canvas of motor development. *Kinesiology Review*, 6, 232–239.

Clark, J.E., & Phillips, S.J. (1985). A developmental sequence of the standing long jump. In J. Clark & J. Humphrey (Eds.), *Motor development: Vol. 1. Current selected research* (pp. 73–85). Princeton, NJ: Princeton Book.

Clark, J.E., & Phillips, S.J. (1993). A longitudinal study of intralimb coordination in the first year of independent walking. *Child Development*, 64, 1143–1157.

Clark, J.E., Phillips, S.J., & Petersen, R. (1989). Developmental stability in jumping. *Developmental Psychology*, 25, 929–935.

Clark, J.E., & Whitall, J. (1989a). What is motor development? *Quest*, 41, 183–202.

Clark, J.E., & Whitall, J. (1989b). Changing patterns of locomotion: From walking to skipping. In M.H. Woollacott & A. Shumway-Cook (Eds.), *Development of posture and gait across the life span* (pp. 128–151). Columbia: University of South Carolina Press.

Clark, J.E., Whitall, J., & Phillips, S.J. (1988). Human interlimb coordination: The first 6 months of independent walking. *Developmental Psychobiology*, 21, 445–456.

Clarke, H.H. (Ed.). (1975). Joint and body range of movement. *Physical Fitness Research Digest*, 5, 16–18.

Clarkson-Smith, L., & Hartley, A.A. (1990). Structural equation models of relationships between exercise and cognitive abilities. *Psychology and Aging*, 5, 437–446.

Clifton, R.K., Muir, D.W., Ashmead, D.H., & Clarkson, M.G. (1993). Is visually guided reaching in early infancy a myth? *Child Development*, 64, 1099–1110.

Clifton, R.K., Perris, E.E., & Bullinger, A. (1991). Infants' perception of auditory space. *Developmental Psychology*, 27(2), 187–197.

Clouse, F. (1959). *A kinematic analysis of the development of the running pattern of preschool boys.* Unpublished doctoral dissertation, University of Wisconsin, Madison.

Cobb, K., Goodwin, R., & Saelens, E. (1966). Spontaneous hand positions of newborn infants. *Journal of Genetic Psychology*, 108, 225–237.

Colcombe, S., & Kramer, A.F. (2003). Fitness effects on the cognitive function of older adults: A meta-analytic study. *Psychological Science*, 14, 125–130.

Colcombe, S.J., Erickson, K.I., Raz, N., Webb, A.G., Cohen, N.J., McAuley, E., et al. (2003). Aerobic fitness reduces brain tissue loss in aging humans. *Journal of Gerontology: Series A: Biological Sciences and Medical Science*, 55, 176–180.

Colcombe, S.J., Erickson, K.I., Scalf, P.E., Kim, J.S., Prakash, R., McAuley, E., et al. (2006). Aerobic exercise training increases brain volume in aging humans. *Journal of Gerontology: Series A: Biological Sciences and Medical Sciences*, 61A, 1166–1170.

Colcombe, S.J., Kramer, A.F., Erickson, K.I., Scalf, P., McAuley, E., & Cohen, N.J. (2004). Cardiovascular fitness, cortical plasticity, and aging. *Proceedings of the National Academy of Science*, 101, 3316–3321.

Colcombe, S., Wadwha, R., Kramer, A., McAuley, E., Scalf, P., Alvarado, M., et al. (2005). *Cardiovascular fitness training improves cortical recruitment and working memory in older adults: Evidence from a longitudinal fMRI study.* Presented at the *Annual Meeting of the Cognitive Neuroscience Society*, New York.

Coleman, S. (2013, February 20). Nerlens Noel injury: High school ailment linked to ACL tear. *SBNation*.

Colling-Saltin, A.S. (1980). Skeletal muscle development in the human fetus and during childhood. In K. Berg & B.O. Eriksson (Eds.), *International congress on pediatric work physiology: Children and exercise IX* (pp. 193–207). Baltimore, MD: University Park Press.

Comery, T.A., Shah, R., & Greenough, W.T. (1995). Differential rearing alters spine density on mediumsized spiny neurons in the rat corpus striatum: Evidence for association of morphological plasticity with early response gene expression. *Neurobiology of Learning and Memory*, 63(3), 217–219.

Comery, T.A., Stamoudis, C.X., Irwin, S.A., & Greenough, W.T. (1996). Increased density of multiple-head dendritic spines on medium-sized spiny neurons of the striatum in rats reared in a complex environment. *Neurobiology of Learning and Memory*, 66(2), 93–96.

Composite Tissue Allotransplantation. (2012). Hand transplant: Matthew Scott.

Connolly, K.J., & Elliott, J.M. (1972). The evolution and ontogeny of hand function. In N. Blurton-Jones (Ed.), *Ethological studies of child behavior* (pp. 329–383). Cambridge: Cambridge University Press.

Contreras-Vidal, J.L., Teulings, H.L., & Stelmach, G.E. (1998). Elderly subjects are impaired in spatial coordination in fine motor control. *Acta Psychologica*, 100, 25–35.

Cooky, C., & Messner, M.A. (2018). *No slam dunk: Gender, sport and the unevenness of social change.* New Brunswick, NJ: Rutgers University Press.

Coopersmith, S. (1967). *The antecedents of self-esteem.* San Francisco: Freeman.

Corbetta, D., & Bojczyk, K.E. (2002). Infants return to two-handed reaching when they are learning to walk. *Journal of Motor Behavior*, 34(1), 83–95.

Corbetta, D., & Mounoud, P. (1990). Early development of grasping and manipulation. In C. Bard, M. Fleury, & L. Hay (Eds.), *Development of eye-hand coordination across the life span* (pp.188–216). Columbia: University of South Carolina Press.

Corbetta, D., & Thelen, E. (1996). The developmental origins of bimanual coordination: A dynamic perspective. *Journal of Experimental Psychology: Human Perception and Performance*, 22, 502–522.

Corbetta, D., Thurman, S.L., Wiener, R.F., Guan, Y., &

Williams, J.L. (2014). Mapping the feel of the arm with the sight of the object: On the embodied origins of infant reaching. *Frontiers in Psychology*, 5, 576.

Corso, J.F. (1977). Auditory perception and communication. In J.E. Birren & K.W. Schaie (Eds.), *Handbook of the psychology of aging* (pp. 535–553). New York, NY: Van Nostrand Reinhold.

Costigan, S.A., Eather, N., Plotnikoff, R.C., Taaffe, D.R., & Lubans, D.R. (2015). High-intensity interval training for improving health-related fitness in adolescents: A systematic review and meta-analysis. *British Journal of Sports Medicine*, 49, 1253–1261.

Cotman, C.W., & Berchtold, N.C. (2002). Exercise: A behavioral intervention to enhance brain health and plasticity. *Trends in Neurosciences*, 25, 295–301.

Cowie, D., Sterling, S., & Bremner, A.J. (2016). The development of multisensory body representation and awareness continues to 10 years of age: Evidence from the rubber hand illusion. *Journal of Experimental Child Psychology*, 142, 230–238.

Coyne, S.M., Linder, J.R., Rasmussen, E.E., Nelson, D.A., & Collier, K.M. (2014). It's a bird! It's a plane! It's a gender stereotype!: Longitudinal associations between superhero viewing and gender stereotyped play. *Sex Roles*, 70(9/10), 416–430.

Craig, C.H., Kim, B., Rhyner, P.M.P., & Chirillo, T.K.B. (1993). Effects of word predictability, child development, and aging on time-gated speech recognition performance. *Journal of Speech and Hearing Research*, 36, 832–841.

Craik, R. (1989). Changes in locomotion in the aging adult. In M.H. Woollacott & A. Shumway-Cook (Eds.), *Development of posture and gait across the life span* (pp. 176–201). Columbia: University of South Carolina Press.

Crane, J., & Temple, V. (2015). A systematic review of dropout from organized sport among children and youth. *European Physical Education Review*, 21(1), 114–131.

Cratty, B.J. (1979). *Perception and motor development in infants and children* (2nd ed.). Englewood Cliffs, NJ: Prentice Hall.

Cristea, A., Korhonen, M.T., Hakkinen, K., Mero, A., Alen, M., Sipila, S., et al. (2008). Effects of combined strength and sprint training on regulation of muscle contraction at the whole-muscle and single-fibre levels in elite master sprinters. *Acta Physiologica*, 193, 275–289.

Crowder, C., & Austin, D. (2005). Age ranges of epiphyseal fusion in the distal tibia and fibula of contemporary males and females. *Journal of Forensic Science*, 50(5), 1001–1007.

Crowell, J.A., & Banks, M.S. (1993). Perceiving heading with different retinal regions and types of optic flow. *Perception and Psychophysics*, 53, 325–337.

Cumming, R.G. (1990). Calcium intake and bone mass: A quantitative review of the evidence. *Calcified Tissue International*, 47, 194–201.

Cunningham, L.N. (1990). Relationship of running economy, ventilatory threshold, and maximum oxygen consumption to running performance in high school females. *Research Quarterly for Exercise and Sport*, 61, 369–374.

Cureton, K.J., Collins, M.A., Hill, D.W., & McElhannon, F.M. (1988). Muscle hypertrophy in men and women. *Medicine and Science in Sports and Exercise*, 20, 338–344.

Curtis, J.E., & White, P.G. (1984). Age and sport participation: Decline in participation with age or increased specialization with age? In N. Theberge & P. Donnelly (Eds.), *Sport and the sociological imagination* (pp. 273–293). Fort Worth: Texas Christian University Press.

Darrah, J., Bartlett, D., Maguire, T.O., Avison, W.R., & Lacaze-Masmonteil, T. (2014). Have infant gross motor abilities changed in 20 years? A re-evaluation of the Alberta Infant Motor Scale normative values. *Developmental Medicine and Child Neurology*, 56(9): 877–881.

Damasio, A.R. (1989). The brain binds entities and events by multiregional activation from convergence zones. *Neural Computation*, 1, 123–132.

Davies, C.T.M., White, M.J., & Young, K. (1983). Muscle function in children. *European Journal of Applied Physiology*, 52, 111–114.

Davis, B.E., Moon, R.Y., Sachs, H.C., & Ottolini, M.C. (1998). Effects of sleep position on infant motor development. *Pediatrics*, 102(5), 1135–1140.

Davis, C.I. (1991). The effects of game modification on opportunities to respond in elementary volleyball classes. *Dissertation Abstracts International*, 52(2), 465.

Davis, W.E., & Broadhead, G. (Eds.) (2007). *Ecological task analysis and movement.* Champaign, IL: Human Kinetics.

Davis, W.E., & Burton, A.W. (2007). Ecological task analysis: Translating movement behavior theory into practice. *Adapted Physical Activity Quarterly*, 8, 154–177.

Dehn, M.M., & Bruce, R.A. (1972). Longitudinal variations in maximum oxygen intake with age and activity. *Journal of Applied Physiology*, 33, 805–807.

de Jonge, L.L., van Osch-Gevers, L., Willemsen, S.P., Steegers, E.A.P., Hofman, A., Helbing, W.A., et al. (2011). Growth, obesity, and cardiac structures in early childhood: The Generation R study. *Hypertension*, 57, 934–940.

Dekaban, A. (1970). *Neurology of early childhood.* Baltimore, MD: Williams & Wilkins.

Delacato, C.H. (1959). *Treatment and prevention of reading problems.* Springfield, IL: Charles C Thomas.

Delacato, C.H. (1966). *Neurological organization and reading.* Springfield, IL: Charles C Thomas.

DeLoache, J.S., Uttal, D., & Rosengren, K. (2004). Scale errors offer evidence for a perceptionaction dissociation early in life. *Science*, 304, 1027–1029.

Demany, L., McKenzie, B., & Vurpillot, E. (1977). Rhythmic perception in early infancy. *Nature*, 266, 718–719.

De Meester, A., Maes, J., Stodden, D., Cardon, G., Goodway, J., Lenoir, M., & Haerens, L. (2016). Identifying profiles of actual and perceived motor competence among adolescents: Associations with motivation, physical activity, and sports participation. *Journal of Sports Sciences*, 34, 21, 2027–2037.

Dempsey, J.A., Johnson, B.D., & Saupe, K.W. (1990). Adaptations and limitations in the pulmonary system during exercise. *Chest*, 97(3 Suppl.), 81S–87S.

de Onis, M., Garza, C., Victora, C.G., Onyango, A.W.,

Frongillo, Dorfman, P.W. (1977). Timing and anticipation: A developmental E.A., & Martines, J., (2004). The WHO Multicentre Growth Reference Study: Planning, study design, and methodology. *Food Nutrition Bulletin*, 25, S15–S26.

de Onis, M., Onyango, A.W., Borghi, E., Siyam, A., Nishida, C., & Siekmann, J. (2007). Development of a WHO growth reference for school-aged children and adolescents. *Bulletin of the World Health Organization 2007*, 85, 660–667.

DeOreo, K., & Keogh, J. (1980). Performance of fundamental motor tasks. *A textbook of motor development*, 76–91.

DeOreo, K., & Wade, M.G. (1971). Dynamic and static balancing ability of preschool children. *Journal of Motor Behavior*, 3, 326–335.

DeOreo, K.L., & Williams, H.G. (1980). Characteristics of kinesthetic perception. In C.B. Corbin (Ed.), *A textbook of motor development* (2nd ed., pp.174–196). Dubuque, IA: Brown.

Der, G., & Deary, I.J. (2006). Age and sex differences in reaction time in adulthood: Results from the United Kingdom Health and Lifestyle Survey. *Psychology and Aging*, 21(1), 62–73.

Der, G., & Deary, I.J. (2017). The relationship between intelligence and reaction time varies with age: Results from three representative narrow-age age cohorts at 30, 50 and 69 years. *Intelligence*, 64, 89–97.

D' Hondt, E., Deforche, B., Gentier, I., Verstuyf, J., Vaeyens, R., De Bourdeaudhuij, I., et al. (2014). A longitudinal study of gross motor coordination and weight status in children. *Obesity*, 22, 1505–1511.

D' Hondt, E., Deforche, B., Vaeyens, R., Vandorpe, B., Vandendriessche, J., Pion, J., et al. (2011). Gross motor coordination in relation to weight status and age in 5– to 12-year-old boys and girls: A cross-sectional study. *International Journal of Pediatric Obesity*, 6, e556–e564.

Diamond, A. (2000). Close interrelation of motor development and cognitive development and of the cerebellum and prefrontal cortex. *Child Development*, 71, 44–56.

Dietz, W.H., & Robinson, T.N. (1993). Assessment and treatment of childhood obesity. *Pediatric Review*, 14, 337–343.

DiLorenzo, T., Stucky-Ropp, R., Vander Wal, J., & Gotham, H. (1998). Determinants of exercise among children: II. A longitudinal analysis. *Preventive Medicine*, 27, 470–477.

DiNucci, J.M. (1976). Gross motor performance: A comprehensive analysis of age and sex differences between boys and girls ages six to nine years. In J. Broekhoff (Ed.), *Physical education, sports, and the sciences*. Eugene, OR: Microform.

Dioum, A., Gartner, A., Maire, B., Delpeuch, F., & Wade, S. (2005). Body composition predicted from skinfolds in African women: A cross-validation study using air-displacement pleth-ysmography and a black-specific equation. *British Journal of Nutrition*, 93, 973–979.

DiSimoni, F.G. (1975). Perceptual and perceptual-motor characteristics of phonemic development. *Child Development*, 46, 243–246.

Dittmer, J. (1962). *A kinematic analysis of the development of the running pattern of grade school girls and certain factors which distinguish good from poor performance at the observed ages*. Unpublished master' s thesis, University of Wisconsin, Madison. perspective. *Journal of Motor Behavior*, 9, 67–80.

Doty, D. (1974). Infant speech perception. *Human Development*, 17, 74–80.

Drillis, R. (1961). The influence of aging on the kinematics of gait. *The Geriatric Amputee*, 919, 134–145.

Drinkwater, B.L., Horvath, S.M., & Wells, C.L. (1975). Aerobic power of females, age 10–68. *Journal of Gerontology*, 30, 385–394.

Drowatzky, J.N., & Zuccato, F.C. (1967). Interrelationship between static and dynamic balance. *Research Quarterly*, 38, 509–510.

Duche, P., Falgairette, G., Bedu, M., Fellmann, N., Lac, G., Robert, A., et al. (1992). Longitudinal approach of bioenergetic profile in boys before and during puberty. In J. Coudert & E. Van Praagh (Eds.), *Pediatric work physiology: Methodological, physiological and pathological aspects* (pp. 43–45). Paris: Masson.

Duda, J.L., & Tappe, M.K. (1988). Predictors of personal investment in physical activity among middle-aged and older adults. *Perception and Motor Skills*, 66, 543–549.

Duda, J.L., & Tappe, M.K. (1989a). Personal investment in exercise among middle-aged and older adults. In A.C. Ostrow (Ed.), *Aging and motor behavior* (pp. 219–238). Indianapolis: Benchmark Press.

Duda, J.L., & Tappe, M.K. (1989b). Personal investment in exercise among adults: The examination of age and gender-related differences in motivational orientation. In A.C. Ostrow (Ed.), *Aging and motor behavior* (pp. 239–256). Indianapolis: Benchmark Press.

Duijts, L., Jaddoe, V.W.V., Hofman, A., & Moll, H.A. (2010). Prolonged and exclusive breastfeeding reduces the risk of infectious diseases in infancy. *Pediatrics*, 126, e18.

Dunham, P. (1977). Age, sex, speed and practice in coincidence-anticipation performance of children. *Perceptual and Motor Skills*, 45, 187–193.

Dunsky, A., Zeev, A., & Netz, Y. (2017). Balance performance is task specific in older adults. *BioMed Research International*, 2017, 6987017.

DuRandt, R. (1985). Ball catching proficiency among 4-, 6-, and 8-year-olds. In J.E. Clark & J.H. Humphrey (Eds.), *Motor development: Current selected research* (pp.35–44). Princeton, NJ: Princeton Book.

Dykiert, D., Der, G., Starr, J.M., & Deary, I.J. (2012). Sex differences in reaction time mean and intraindividual variability across the life span. *Developmental Psychology*, 48(5), 1262–1276.

Earles, J.L., & Salthouse, T.A. (1995). Interrelations of age, health, and speed. *Journal of Gerontology: Psychological Sciences*, 50B, P33–P41.

Ebihara, O., Ikeda, M., & Miyashita, M. (1983). Birth order and children' s socialization into sport. *International Review of Sport Sociology*, 18, 69–89.

Ebrahim, S., & Rowland, L. (1996). Towards a new strategy

for health promotion for older women: Determinants of physical activity. *Psychology, Health and Medicine*, 1(1), 29–40.

Estevan, I., Molina-García, J., Queralt, A., Álvarez, O., Castillo, Efrat, M.W. (2016). Understanding factors associated with children's motivation to engage in recess-time physical activity. *Contemporary Issues in Educational Research*, 9(2), 77–86.

Ehl, T., Roberton, M.A., & Langendorfer, S.J. (2005). Does the throwing "gender gap" occur in Germany? *Research Quarterly for Exercise and Sport*, 76, 488–493.

Ehsani, F., Abdollahi, I., Mohseni Bandpei, M.A., Zahiri, N., & Jaberzadeh, S. (2015). Motor learning and movement performance: Older versus younger adults. *Basic and Clinical Neuroscience*, 6(4), 231–238.

Einkauf, D.K., Gohdes, M.L., Jensen, G.M., & Jewell, M.J. (1987). Changes in spinal mobility with increasing age in women. *Physical Therapy*, 67, 370–375.

Eisenberg, N., Welchick, S.A., Hernandez, R., & Pasternack, J.F. (1985). Parental socialization of young children's play: A short-term longitudinal study. *Child Development*, 56, 1506–1513.

Eitzen, D.S., & Sage, G.H. (2015). *Sociology of North American sport* (10th ed.). Madison, WI: WCB McGraw-Hill.

Ekblom, B. (1969). Effect of physical training on oxygen transport system in man. *Acta Physiologica Scandinavica Supplementum*, 328, 1–76.

Ekeland, E., Heian, F., Hagen, K.B., Abbott, J.M., & Nordheim, L. (2004.) Exercise to improve self-esteem in children and young people. *Cochrane Database of Systematic Reviews*, 1, CD003683.

Elkind, D. (1975). Perceptual development in children. *American Scientist*, 63, 533–541.

Elkind, D., Koegler, R., & Go, E. (1964). Studies in perceptual development: Whole-part perception. *Child Development*, 35, 81–90.

Elliott, C.B., Whitaker, D., & Thompson, P. (1989). Use of displacement threshold hyperacuity to isolate the neural component of senile vision loss. *Applied Optics*, 28, 1914–1918.

Erickson, K.I., Colcombe, S.J., Wadhwa, R., Bherer, L., Peterson, M.W., Scalf, P.E., et al. (2007). Training-induced plasticity in older adults: Effects of training on hemispheric asymmetry. *Neurobiology of Aging*, 28, 272–283.

Eriksson, B., & Koch, G. (1973). Effect of physical training on hemodynamic response during submaximal exercise in 11–13 year old boys. *Acta Physiologica Scandinavica*, 87, 27–39.

Eriksson, B.O. (1978). Physical activity from childhood to maturity: Medical and pediatric considerations. In G. Landry & W.A.R. Orban (Eds.), *Physical activity and human well-being*. Miami, FL: Symposia Specialists.

Espenschade, A.S. (1947). Development of motor coordination in boys and girls. *Research Quarterly*, 18, 30–44.

Espenschade, A.S., Dable, R.R., & Schoendube, R. (1953). Dynamic balance in adolescent boys. *Research Quarterly*, 24, 270–274.

Estevan, I., Molina-García, J., Abbott, G., Bowe, S., Castillo, I., & Barnett, L. (2018). Evidence of reliability and validity for the Pictorial Scale of Perceived Movement Skill Competence in Spanish children. *Journal of Motor Learning and Development*, 0(0), 1–27.

I., & Barnett, L. (2017). Validity and reliability of the Spanish version of the Test of Gross Motor Development-3. *Journal of Motor Learning and Development*, 5, 69–81.

Ewart, C.K., Stewart, K.J., Gillilan, R.E., & Kelemen, M.H. (1986). Self-efficacy mediates strength gains during circuit weight training in men with coronary artery disease. *Medicine and Science in Sports and Exercise*, 18, 531–540.

Exton-Smith, A.N. (1985). Mineral metabolism. In C.E. Finch & E.L. Schneider (Eds.), *Handbook of the biology of aging* (2nd ed., pp. 511–539). New York, NY: Van Nostrand Reinhold.

Faeh, D., Braun, J., Tarnutzer, S., & Bopp, M. (2011). Obesity but not overweight is associated with increased mortality risk. *European Journal of Epidemiology*, 26, 647–655.

Fagard, J. (1990). The development of bimanual coordination. In C. Bard, M. Fleury, & L. Hay (Eds.), *Development of eye-hand coordination across the life span* (pp. 262–282). Columbia: University of South Carolina Press.

Fagard, J., Spelke, E., & von Hofsten, C. (2009). Reaching and grasping a moving object in 6-, 8-, and 10-month-old infants: Laterality and performance. *Infant Behavior and Development*, 32, 137–146.

Fagot, B., & Leinbach, M. (1996). Gender knowledge in egalitarian and traditional families. *Sex Roles*, 32, 513–526.

Fagot, B., Leinbach, M., & O'Boyle, C. (1992). Gender labeling, gender stereotyping, and parenting behaviors. *Developmental Psychology*, 28(2), 225–230.

Fagot, B.I. (1978). The influence of sex of child on parental reactions to toddler children. *Child Development*, 49, 459–465.

Fagot, B.I. (1984). Teacher and peer reactions to boys' and girls' play styles. *Sex Roles*, 11, 691–702.

Faigenbaum, A.D., Lloyd, R.S., & Myer, G.D. (2013). Youth resistance training: Past practices, new perspectives, and future directions. *Pediatric Exercise Science*, 25, 591–604.

Faigenbaum, A.D., Milliken, L., Moulton, L., & Westcott, W.L. (2005). Early muscular fitness adaptations in children in response to two different resistance training regimens. *Pediatric Exercise Science*, 17, 237–248.

Faigenbaum, A.D., & Myer, G. (2010). Resistance training among young athletes: Safety, efficacy and injury prevention effects. *British Journal of Sports Medicine*, 44, 56–63.

Faith, M.S., Carnell, S., & Kral, T.V.E. (2013). Genetics of food intake self-regulation in childhood: Literature review and research opportunities. *Human Heredity*, 75, 80–89.

Falgairette, G., Bedu, M., Fellmann, N., Van Praagh, E., & Coudert, J. (1991). Bioenergetic profile in 144 boys aged from 6 to 15 years. *European Journal of Applied Physiology*, 62, 151–156.

Falk, B., & Eliakim, A. (2003). Resistance training, skeletal muscle and growth. *Pediatric Endocrinology Review*, 1,

120–127.

Farley, C. (1997). Just skip it. *Nature*, 394, 721–723.

Favilla, M. (2006). Reaching movements in children: Accuracy and reaction time development. *Experimental Brain Research*, 169, 122–125.

Feigenson, L. (2011). Predicting sights from sounds: 6-month-olds' intermodal numerical abilities. *Journal of Experimental Child Psychology*, 110, 347–361.

Feldkamp, M.L., Botto, L.D., & Carey, J.C. (2015). Reflections on the etiology of structural birth defects: Established teratogens and risk factors. *Birth Defects Research Part A: Clinical and Molecular Teratology*, 103(8), 652–655.

Feltz, D.L., & Petlichkoff, L. (1983). Perceived competence among interscholastic sport participants and dropouts. *Canadian Journal of Applied Sport Sciences*, 8, 231–235.

Fieandt, K.V., Huhtala, A., Kullberg, P., & Saarl, K. (1956). *Personal tempo and phenomenal time at different age levels* (Report no.2). Helsinki: Psychological Institute, University of Helsinki.

Figueroa, R., & An, R. (2017). Motor skill competence and physical activity in preschoolers: A review. *Maternal and Child Health Journal*, 21, 136–146.

Filatova, S., Koivumaa-Honkanen, H., Khandaker, G.M., Lowry, E., Nordström, T., Hurtig, T., et al. (2018). Early motor developmental milestones and schizotypy in the Northern Finland Birth Cohort Study 1966. *Schizophrenia Bulletin*, 44(5), 1151–1158.

Fink, P.W., Foo, P.S., & Warren, W.H. (2009). Catching fly balls in virtual reality: A critical test of the outfielder problem. *Journal of Vision*, 9(14), 1–8.

Fitts, P.M., & Posner, M.I. (1967). *Human performance.* Belmont, CA: Brooks/Cole.

Fitts, R.H. (1981). Aging and skeletal muscle. In E.L. Smith & R.C. Serfass (Eds.), *Exercise and aging: The scientific basis* (pp. 31–44). Hillside, NJ: Enslow.

Fitzpatrick, A., Davids, K., & Stone, J.A. (2018). Effects of scaling task constraints on emergent behaviours in children's racquet sports performance. *Human Movement Science*, 58, 80–87.

Flegal, K.M., & Troiano, R.P. (2000). Changes in the distribution of body mass index of adults and children in the US population. *International Journal of Obesity*, 24, 807–818.

Fontenelle, S.A., Kahrs, B.A., Neal, S.A., Newton, A.R., & Lockman, J.J. (2007). Infant manual exploration of composite substrates. *Journal of Experimental Child Psychology*, 98, 153–167.

Forssberg, H., & Nashner, L. (1982). Ontogenetic development of postural control in man: Adaptation to altered support and visual conditions during stance. *Journal of Neuroscience*, 2, 545–552.

Fox, K.R., & Corbin, C.B. (1989). The physical self-perception profile: Development and preliminary validation. *Journal of Sport and Exercise Psychology*, 11, 408–430.

Frankenburg, W.K., & Dodds, J.B. (1967). The Denver Developmental Screening Test. *Journal of Pediatrics*, 71, 181–191.

Fraser, B.J., Schmidt, M.D., Huynh, Q.L., Dwyer, T., Venn, A.J., & Magnussen, C.G. (2017). Tracking of muscular strength and power from youth to young adulthood: Longitudinal findings from the Childhood Determinants of Adult Health Study. *Journal of Science and Medicine in Sport*, 20, 927–931.

Fredriks, A.M., van Buuren, S., Wit, J.M., & Verloove-Vanhorick, S.P. (2000). Body index measurements in 1996–1997 compared with 1980. *Archives of Disease in Childhood*, 82, 107–112.

French, K.E., & Thomas, J.R. (1987). The relation of knowledge development to children's basketball performance. *Journal of Sport Psychology*, 9, 15–32.

Fritz, J., Rosengren, B.E., Dencker, M., Karlsson, C., & Karlsson, M.K. (2016). A seven-year physical activity intervention for children increased gains in bone mass and muscle strength. *Acta Paediatrica*, 105, 1216–1224.

Froberg, K., & Lammert, O. (1996). Development of muscle strength during childhood. In O. Bar-Or (Ed.), *The child and adolescent athlete* (pp. 25–41). Cambridge, MA: Oxford.

Frostig, M., Lefever, W., & Whittlesey, J. (1966). *Administration and scoring manual for the Marianne Frostig Developmental Test of Visual Perception.* Palo Alto, CA: Consulting Psychologists Press.

Fry, A.F., & Hale, S. (2000). Relationships among processing speed, working memory, and fluid intelligence in children. *Biological Psychology*, 54, 1–34.

Fryar, C.D., Gu, Q., & Ogden, C.L. (2012). Anthropometric reference data for children and adults: United States, 2007–2010. National Center for Health Statistics. *Vital Health Stat 11*(252).

Gabbard, C., Caçola, P., & Cordova, A. (2009). Is perceived motor competence a constraint in children's action planning? *Journal of Genetic Psychology*, 170(2), 151–158.

Gabel, R.H., Johnston, R.C., & Crowninshield, R.D. (1979). A gait analyzer/trainer instrumentation system. *Journal of Biomedical Engineering*, 12, 543–549.

Gabell, A., & Nayak, U.S.L. (1984). The effect of age on variability of gait. *Journal of Gerontology*, 39, 662–666.

Gagen, L., & Getchell, N. (2004). Combining theory and practice in the gymnasium: "Constraints" within an ecological perspective. *Journal of Physical Education, Recreation and Dance*, 75, 25–30.

Gagen, L., & Getchell, N. (2006). Using "constraints" to design developmentally appropriate movement activities for early childhood education. *Early Childhood Education Journal*, 34, 227–232.

Gagen, L., & Getchell, N. (2008). Applying Newton's apple to elementary physical education: An interdisciplinary approach. *Journal of Physical Education, Recreation, and Dance*, 79, 43–51.

Gagen, L., & Getchell, N. (2018). Using "constraints" to design developmentally appropriate movement activities for early childhood education. In H. Brewer & M. Ranck Jalongo (Eds.), *Physical activity and health promotion in the early years: Effective strategies for early childhood educators* (pp. 57–74). New York, NY: Springer.

Gagen, L.M., Haywood, K.M., & Spaner, S.D. (2005).

Predicting the scale of tennis rackets for optimal striking from body dimensions. *Pediatric Exercise Science*, 17, 190–200.

Gallagher, J.D., & Thomas, J.R. (1980, April). *Adult-child differences in movement reproduction: Effects of kinesthetic sensory storage and organization of memory.* Paper presented at the annual convention of the American Alliance for Health, Physical Education, Recreation and Dance, Detroit.

Galloway, J.C., Rhu, J., & Agrawal, S. (2008). Babies driving robots: Self-generated mobility in very young infants. *Journal of Intelligent Service Robotics*, 1, 123–134.

García-García, A., & Calleja-Fernández, J. (2004). Neuro-physiology of the development and maturation of the peripheral nervous system. *Revista de neurologia*, 38(1), 79–83.

Geerdink, J.J., Hopkins, B., Beek, W.J., & Heriza, C.B. (1996). The organization of leg movements in preterm and full-term infants after term age. *Developmental Psychobiology*, 29, 335–351.

Gentile, A.M. (1972). A working model of skill acquisition with application to teaching. *Quest*, 17, 3–23.

Geremia, J.M., Iskiewicz, M.M., Marschner, R.A., Lehnen, T.E., & Lehnen, A.M. (2015). Effect of a physical training program using the Pilates method on flexibility in elderly subjects. *Age*, 37, 119.

Germain, N.W., & Blair, S.N. (1983). Variability of shoulder flexion with age, activity, and sex. *American Corrective Therapy Journal*, 37, 156–160.

Gesell, A. (1928). *Infancy and human growth.* New York, NY: Macmillan.

Gesell, A. (1954). The ontogenesis of infant behavior. In L. Carmichael (Ed.), *Manual of child psychology* (2nd ed.). New York, NY: Wiley.

Gesell, A., & Amatruda, C.S. (1949). *Gesell Developmental Schedules.* New York, NY: Psychological.

Getchell, N., & Gagen, L. (2006). Interpreting disabilities from a "constraints" theoretical perspective: Encouraging movement for *all* children. *Palaestra*, 22, 20–53.

Getchell, N., & Roberton, M.A. (1989). Whole body stiffness as a function of developmental level in children's hopping. *Developmental Psychology*, 25, 920–928.

Getman, G.N. (1952). *How to develop your child's intelligence: A research publication.* Lucerne, MN: Author.

Getman, G.N. (1963). *The physiology of readiness experiment.* Minneapolis: P.A.S.S.

Gibson, E.J., Riccio, G., Schmuckler, M.A., Stoffregen, T.A., Rosenberg, D., & Taormina, J. (1987). Detection of the traversability of surfaces by crawling and walking infants. Special issue: The ontogenesis of perception. *Journal of Experimental Psychology: Human Perception and Performance*, 13(4), 533–544.

Gibson, E.J., & Walk, R.D. (1960). The "visual cliff." *Scientific American*, 202(4), 64–71.

Gibson, J.J. (1966). *The senses considered as perceptual systems.* Boston, MA: Houghton Mifflin.

Gibson, J.J. (1979). *An ecological approach to visual perception.* Boston, MA: Houghton Mifflin.

Giedd, J.N., Blumenthal, J., Jeffries, N.O., Castellanos, F.X., Liu, H., Zijdenbos, A., et al. (1999). Brain development during childhood and adolescence: A longitudinal MRI study. *Nature Neuroscience*, 2(10), 861.

Gieysztor, E.Z., Choi-ska, A.M., & Paprocka-Borowicz, M. (2018). Persistence of primitive reflexes and associated motor problems in healthy preschool children. *Archives of Medical Science*, 4(1), 167–173.

Gill, L.E., Bartles, S.J., & Batsis, J.A. (2015). Weight management in older adults. *Current Obesity Reports*, 4(3), 379–388.

Gilliam, T.B., & Freedson, P.S. (1980). Effects of a 12-week school physical fitness program on peak $\dot{V}O_2$ body composition and blood lipids in 7 to 9 year old children. *International Journal of Sports Medicine*, 1, 73–78.

Giuliano, T., Popp, K., & Knight, J. (2000). Football versus Barbies: Childhood play activities as predictors of sport participation by women. *Sex Roles*, 42, 159–181.

Glisky, E.L. (2007). Changes in cognitive function in human aging. In D.R. Riddle (Ed.), *Brain aging: Models, methods, and mechanisms* (chapter 1). Boca Raton, FL: CRC Press/Taylor & Francis.

Goggin, N.L., & Keller, M.J. (1996). Older drivers: A closer look. *Educational Gerontology*, 22, 245–256.

Goggin, N.L., & Stelmach, G.E. (1990). A kinematic analysis of precued movements in young and elderly participants. *Canadian Journal on Aging*, 9, 371–385.

Goh, H., Sullivan, K., & Kantak, S. (2012). Movement pattern and parameter learning in children: Effects of feedback frequency. *Research Quarterly for Exercise and Sports*, 83(2), 346–352.

Goldfield, E.C., & Michel, G.F. (1986). The ontogeny of infant bimanual reaching during the first year. *Infant Behavior and Development*, 9, 81–89.

Gomez-Cabello, A., Ara, I., Gonzalez-Aguero, A., Casajus, J.A., & Vicente-Rodriguez, G. (2012). Effects of training on bone mass in older adults: A systematic review. *Sports Medicine*, 42, 301–325.

Goodale, M.A. (1988). Modularity in visuomotor control: From input to output. In Z. Pylyshyn (Ed.), *Computational processes in human vision: An interdisciplinary perspective* (pp. 262–285). Norwood, NJ: Ablex.

Goodman, L., & Hamill, D. (1973). The effectiveness of the Kephart Getman activities in developing perceptualmotor and cognitive skills. *Focus on Exceptional Children*, 4, 1–9.

Goodnow, J.J. (1971a). Eye and hand: Differential memory and its effect on matching. *Neuropsychologica*, 9, 89–95.

Goodnow, J.J. (1971b). Matching auditory and visual series: Modality problem or translation problem? *Child Development*, 42, 1187–1201.

Goodpaster, B.H., Park, S.W., Harris, T.B., Kritchevsky, S.B., Nevitt, M., Schwartz, A.V., et al. (2006). The loss of skeletal muscle strength, mass, and quality in older adults: The Health, Aging and Body Composition Study. *Journal of Gerontology: Medical Sciences*, 61A, 1059–1064.

Goodway, J.D., & Branta, C.F. (2003). Influence of motor skill intervention on fundamental motor skill development of disadvantaged pre-school children. *Research Quarterly for Exercise and Sport*, 74, 36–46.

Goodway, J.D., & Rudisill, M.E. (1997). Perceived physical competence and actual motor skill competence of African American preschool children. *Adapted physical activity quarterly*, 14(4), 314–326.

Goodway, J.D., Crowe, H., & Ward, P. (2003). Effects of motor skill instruction on fundamental motor skill development. *Adapted Physical Activity Quarterly*, 30, 298–314.

Gosline, J.M. (1976). The physical properties of elastic tissue. In D.A. Hull & D.S. Jackson (Eds.), *International review of connective tissue research* (Vol.7, pp.184–210). New York, NY: Academic Press.

Gould, D., Feltz, D., Horn, T., & Weiss, M.R. (1982). Reasons for attrition in competitive youth swimming. *Journal of Sport Behavior*, 5, 155–165.

Gould, D., Feltz, D., & Weiss, M.R. (1985). Motives for participating in competitive youth swimming. *International Journal of Sport Psychology*, 6, 126–140.

Granrud, C.E., Yonas, A., Smith, I.M., Arterberry, M.E., Glicksman, M.L., & Sorknes, A.C. (1984). Infants' sensitivity to accretion and deletion of texture as information for depth at an edge. *Child Development*, 55, 1630–1636.

Green, H.J. (1986). Characteristics of aging human skeletal muscles. In J.R. Sutton & R.M. Brock (Eds.), *Sports medicine for the mature athlete* (pp. 17–26). Indianapolis: Benchmark Press.

Greendorfer, S.L. (1976, September). *A social learning approach to female sport involvement.* Paper presented at the annual convention of the American Psychological Association, Washington, DC.

Greendorfer, S.L. (1977). Role of socializing agents in female sport involvement. *Research Quarterly*, 48, 304–310.

Greendorfer, S.L. (1979). Childhood sport socialization influences of male and female track athletes. *Arena Review*, 3, 39–53.

Greendorfer, S.L. (1983). Shaping the female athlete: The impact of the family. In M.A. Boutilier & L. Sangiovanni (Eds.), *The sport woman* (pp. 135–155). Champaign, IL: Human Kinetics.

Greendorfer, S.L. (1992). Sport socialization. In T.S. Horn (Ed.), *Advances in sport psychology* (pp. 201–218). Champaign, IL: Human Kinetics.

Greendorfer, S.L., & Brundage, C.L. (1984, July). *Sex differences in children's motor skills: Toward a cross-disciplinary perspective.* Paper presented at the 1984 Olympic Scientific Congress, Eugene, OR.

Greendorfer, S.L., & Ewing, M.E. (1981). Race and gender differences in children's socialization into sport. *Research Quarterly for Exercise and Sport*, 52, 301–310.

Greendorfer, S.L., & Lewko, J.H. (1978). Role of family members in sport socialization of children. *Research Quarterly*, 49, 146–152.

Greenough, W.T., Black, J.E., & Wallace, C.S. (1987). Experience and brain development. *Child Development*, 58, 539–559.

Greenough, W.T., Wallace, C.S., Alcantara, A.A., Anderson,

B.J., Hawrylak, N., Sirevaag, A.M., et al. (1993). Development of the brain: Experience affects the structure of neurons, glia, and blood vessels. In N.J. Anatasiow & S. Harel (Eds.), *At-risk infants: Interventions, families, and research* (pp. 173–185). Baltimore, MD: Brookes.

Gregg, E.A., & Gregg, V.H. (2017). Women in sport: Historical perspectives. *Clinics in Sports Medicine*, 36(4), 603–610.

Grimby, G. (1988). Physical activity and effects of muscle training in the elderly. *Annals of Clinical Research*, 20, 62–66.

Gunter, K.B., Almstedt, H.C., & Janz, K.F. (2012). Physical activity in childhood may be the key to optimizing lifespan skeletal health. *Exercise and Sport Science Review*, 40, 13–21.

Gutteridge, M. (1939). A study of motor achievements of young children. *Archives of Psychology*, 244, 1–178.

Hagburg, J.M., Allen, W.K., Seals, D.R., Hurley, B.F., Ehsani, A.A., & Holloszy, J.O. (1985). A hemodynamic comparison of young and older endurance athletes during exercise. *Journal of Applied Physiology*, 58, 2041–2046.

Hagburg, J.M., Graves, J.E., Limacher, M., Woods, D.R., Leggett, S.H., Cononie, C., et al. (1989). Cardiovascular responses of 70- to 79-year-old men and women to exercise training. *Journal of Applied Physiology*, 66, 2589–2594.

Hall, S.J. (2019). *Basic biomechanics* (5th ed.). Dubuque, IA: McGraw-Hill.

Halverson, H.M. (1931). An experimental study of prehension in infants by means of systematic cinema records. *Genetic Psychology Monographs*, 10, 107–286.

Halverson, L.E. (1983). *Observing children's motor development in action.* Paper presented at annual convention of the American Alliance for Health, Physical Education, Recreation and Dance, Eugene, OR.

Halverson, L.E., Roberton, M.A., & Langendorfer, S. (1982). Development of the overarm throw: Movement and ball velocity changes by seventh grade. *Research Quarterly for Exercise and Sport*, 53, 198–205.

Halverson, L.E., & Williams, K. (1985). Developmental sequences for hopping over distance: A prelongitudinal screening. *Research Quarterly for Exercise and Sport*, 56, 37–44.

Hands, B. (2008). Changes in motor skill and fitness measures among children with high and low motor competence: A five-year longitudinal study. *Journal of Science and Medicine in Sport*, 11, 155–162.

Hannaford, C. (1995). *Smart moves: Why learning is not all in your head.* Arlington, VA: Great Ocean.

Hansman, C.F. (1962). Appearance and fusion of ossification centers in the human skeleton. *American Journal of Roentgenology*, 88, 476–482.

Harris, J.E. (1999). The role of physical activity in the management of obesity. *Journal of the American Osteopathic Association*, 99(4), S15–S19.

Harrison, R.V. (2008). Noise-induced hearing loss in children: A "less than silent" environmental danger. *Paediatric Child Health*, 13, 377–382.

385

Harter, S. (1978). Effectance motivation reconsidered: Towards a developmental model. *Human Development*, 21, 34–64.

Harter, S. (1981). A model of intrinsic mastery motivation in children: Individual differences and developmental change. In W.A. Collins (Ed.), *Minnesota Symposium on Child Psychology* (Vol.14, pp.215–225). Hillsdale, NJ: Erlbaum.

Harter, S. (1985). *Manual for the self-perception profile for children*. Denver: University of Denver.

Harter, S., & Pike, R. (1984). The pictorial scale of perceived competence and social acceptance for young children. *Child Development*, 55, 1969–1982.

Hartley, L.H. (1992). Cardiac function and endurance. *Endurance in sport* (pp.72–79). Oxford: Blackwell Scientific Publications.

Hartley, A.A. (1992). Attention. In F.I.M. Craig & T.A. Salthouse (Eds.), *The handbook of aging and cognition* (pp. 3–49). Hillsdale, NJ: Erlbaum.

Hartshorne, J.K., & Germine, L.T. (2015). When does cognitive functioning peak? The asynchronous rise and fall of different cognitive abilities across the lifespan. *Psychological Science*, 26(4), 433–443.

Hasselkus, B.R., & Shambes, G.M. (1975). Aging and postural sway in women. *Journal of Gerontology*, 30, 661–667.

Hastie, P.A., Johnson, J.L., & Rudisill, ME. (2018). An analysis of the attraction and holding power of motor skill stations used in a mastery motivational physical education climate for preschool children. *Physical Education and Sport Pedagogy*, 23(1), 37–53.

Hatakenaka, Y., Ninomiya, H., Billstedt, E., Fernell, E., & Gillberg, C. (2017). ESSENCE-Q—used as a screening tool for neurodevelopmental problems in public health checkups for young children in south Japan. *Neuropsychiatric Disease and Treatment*, 13, 1271–1280.

Hatzitaki, V., Zisi, V., Kollias, I., & Kioumourtzoglou, E. (2002). Percpetual-motor contributions to static and dynamic balance control in children. *Journal of Motor Behavior*, 34, 161–170.

Haubenstricker, J.L., Branta, C.F., & Seefeldt, V.D. (1983). *Standards of performance for throwing and catching*. Paper presented at the annual conference of the North American Society for Psychology of Sport and Physical Activity, Asilomar, CA.

Haubenstricker, J.L., Seefeldt, V.D., & Branta, C.F. (1983, April). *Preliminary validation of a developmental sequence for the standing long jump*. Paper presented at the American Alliance for Health, Physical Education, Recreation and Dance, Houston.

Haug, E., Rasmussen, M., Samdal, O., Ionnotti, R., Kelly, C., Borraccino, A., et al. (2009). Overweight in school-aged children and its relationship with demographic and lifestyle factors: Results from the WHO-Collaborative Health Behaviour in School-aged Children (HBSC) Study. *International Journal of Public Health*, 54, S167–S179.

Hausler, R., Colburn, S., & Marr, E. (1983). Sound localization in subjects with impaired hearing: Spatial discrimination and discrimination tests. *Acta Oto-Laryngologica (Suppl.)*, 40C, 6–62.

Hawn, P.R., & Harris, L.J. (1983). Hand differences in grasp duration and reaching in two- and five-month old infants. In G. Young, S. Segalowitz, C.M. Carter, & S.E. Trehub (Eds.), *Manual specialization and the developing brain* (pp. 331–348). New York, NY: Academic Press.

Haywood, K., & Trick, L. (1990). Changes in visual functioning and perception with advancing age. *Missouri Journal of Health, Physical Education, Recreation and Dance*, 51–73.

Haywood, K.M. (1977). Eye movements during coincidence-anticipation performance. *Journal of Motor Behavior*, 9, 313–318.

Haywood, K.M. (1980). Coincidence-anticipation accuracy across the life span. *Experimental Aging Research*, 6(3), 451–462.

Haywood, K.M. (1982). Eye movement pattern and accuracy during perceptual-motor performance in young and old adults. *Experimental Aging Research*, 8, 153–157.

Haywood, K.M. (1989). A longitudinal analysis of anticipatory judgment in older adult motor performance. In A.C. Ostrow (Ed.), *Aging and motor behavior* (pp. 325–335). Indianapolis: Benchmark Press.

Haywood, K.M., Greenwald, G., & Lewis, C. (1981). Contextual factors and age group differences in coincidence-anticipation performance. *Research Quarterly for Exercise and Sport*, 52, 458–464.

Haywood, K.M., & Williams, K. (1995). Age, gender, and flexibility differences in tennis serving among experienced older adults. *Journal of Aging and Physical Activity*, 3, 54–66.

Haywood, K.M., Williams, K., & VanSant, A. (1991). Qualitative assessment of the backswing in older adult throwing. *Research Quarterly for Exercise and Sport*, 62, 340–343.

Healthy People 2020 [Internet]. Washington, DC: U.S. Department of Health and Human Services, Office of Disease Prevention and Health Promotion [cited August 29, 2018].

Hecaen, H., & de Ajuriaguerra, J. (1964). *Left-handedness: Manual superiority and cerebral dominance*. New York, NY: Grune & Stratton.

Hecox, K. (1975). Electro-physiological correlates of human auditory development. In L.B. Cohen & P. Salapatek (Eds.), *Infant perception: Vol.2. From sensation to cognition* (pp.151–191). New York, NY: Academic Press.

Heidrich, C., & Chiviacowsky, S. (2015). Stereotype threat affects the learning of sport motor skills. *Psychology of Sport and Exercise*, 18, 42–46.

Heinze, J.E., Heinze, K.L., Davis, M.M., Butchart, A.T., Sincer, D.C., & Clark, S.J. (2017). Gender role beliefs and parents' support for athletic participation. *Youth & Society*, 49(5), 634–657.

Held, R. (1985). Binocular vision: Behavioral and neuronal development. In J. Mehler & R. Fox (Eds.), *Neonate cognition: Beyond the blooming buzzing confusion* (pp. 37–44). Hillsdale, NJ: Erlbaum.

Held, R. (1988). Normal visual development and its deviations. In G. Lennerstrand, G. Von Noorden, & E. Campos (Eds.), *Strabismus and amblyopia* (pp.247–257). London: Macmillan.

Held, R., & Hein, A. (1963). Movement-produced stimulation

in the development of visually guided behavior. *Journal of Comparative and Physiological Psychology*, 56, 872–876.

Helfer, K.S. (1992). Aging and the binaural advantage in reverberation and noise. *Journal of Speech and Hearing Research*, 35, 1394–1401.

Hellebrandt, F.A., & Braun, G.L. (1939). The influence of sex and age on the postural sway of man. *American Journal of Physical Anthropology*, 24(Series 1), 347–360.

Henrique, R.S., Re, A.H.N., Stodden, D.F., Fransen, J., Campos, C.M.C., Queiroz, D.R., & Cattuzzo, M.T. (2016). Association between sports participation, motor competence and weight status: A longitudinal study. *Journal of Science and Medicine in Sport*, 19, 825–829.

Hens, W., Vissers, D., Hansen, D., Peeters, S. Gielen, J., Van Gaal, L., & Taeymans, J. (2017). The effect of diet or exercise on ectopic adiposity in children and adolescents with obesity: A systematic review and meta-analysis. *Obesity Reviews*, 18, 1310–1322.

Heriza, C.B. (1986). *A kinematic analysis of leg movements in premature and fullterm infants.* Unpublished doctoral dissertation, University of Southern Illinois, Edwardsville.

Herkowitz, J. (1978). Developmental task analysis: The design of movement experiences and evaluation of motor development status. In M.V. Ridenour (Ed.), *Motor development* (pp.139–164). Princeton, NJ: Princeton Book.

Hesketh, K.D., & Campbell, K.J. (2010). Interventions to prevent obesity in 0-5 year olds: An updated systematic review of the literature. *Obesity*, 18, S27–S35.

Hickey, T.L., & Peduzzi, J.D. (1987). Structure and development of the visual system. In P. Salapatek & L.B. Cohen (Eds.), *Handbook of infant perception: From sensation to perception* (pp.1–42). New York, NY: Academic Press.

Higginson, D.C. (1985). The influence of socializing agents in the female sport-participation process. *Adolescence*, 20, 73–82.

Hoeger, W.W.K., Hopkins, D.R., Button, S., & Palmer, T.A. (1990). Comparing the sit and reach with the modified sit and reach in measuring flexibility in adolescents. *Pediatric Exercise Science*, 2, 155–162.

Hogan, P.I., & Santomeir, J.P. (1984). Effect of mastering swim skills on older adults' self-efficacy. *Research Quarterly for Exercise and Sport*, 55, 294–296.

Hohlstein, R.E. (1982). The development of prehension in normal infants. *American Journal of Occupational Therapy*, 36, 170–176.

Holfeder, B., & Schott, N. (2014). Relationship of fundamental movement skills and physical activity in children and adolescents: A systematic review. *Psychology of Sport and Exercise*, 15, 382–391.

Holland, G.J., Tanaka, K., Shigematsu, R., & Nakagaichi, M. (2002). Flexibility and physical functions of older adults: A review. *Journal of Aging and Physical Activity*, 10, 169–206.

Hollenberg, M., Yang, J., Haight, T.J., & Tager, I.B. (2006). Longitudinal changes in aerobic capacity: Implications for concepts of aging. *Journal of Gerontology Series A: Biological Sciences and Medical Sciences*, 61, 851–858.

Holst-Wolf, Yeh, I-L., & Konczak, J. (2016). Development of proprioceptive acuity in typically developing children: Normative data on forearm position sense. *Frontiers in Human Neuroscience*, 10, 436.

Holtzman, R.E., Familant, M.E., Deptula, P., & Hoyer, W.J. (1986). Aging and the use of sentential structure to facilitate word recognition. *Experimental Aging Research*, 12, 85–88.

Horak, F.B., & MacPherson, J.M. (1995). Postural orientation and equilibrium. In J. Shepard & L. Rowell (Eds.), *Handbook of physiology* (pp.252–292). New York, NY: Oxford University Press.

Horak, F.B., Nashner, L.M., & Diener, H.C. (1990). Postural strategies associated with somatosensory and vestibular loss. *Experimental Brain Research*, 82, 167–177.

Horn, T.S. (1985). Coaches' feedback and changes in children's perceptions of their physical competence. *Journal of Educational Psychology*, 77, 174–186.

Horn, T.S. (1986). The self-fulfilling prophecy theory: When coaches' expectations become reality. In J.M. Williams (Ed.), *Applied sport psychology: Personal growth to peak performance* (pp.59–73). Mountain View, CA: Mayfield.

Horn, T.S. (1987). The influence of teacher-coach behavior on the psychological development of children. In D. Gould & M.R. Weiss (Eds.), *Advances in pediatric sport science: Vol.2. Behavioral issues* (pp.121–142). Champaign, IL: Human Kinetics.

Horn, T.S., & Hasbrook, C.A. (1986). Information components influencing children's perceptions of their physical competence. In M.R. Weiss & D. Gould (Eds.), *Sport for children and youths* (pp.81–88). Champaign, IL: Human Kinetics.

Horn, T.S., & Hasbrook, C.A. (1987). Psychological characteristics and the criteria children use for self-evaluation. *Journal of Sport Psychology*, 9, 208–221.

Horn, T.S., & Weiss, M.R. (1991). A developmental analysis of children's self-ability judgments in the physical domain. *Pediatric Exercise Science*, 3, 310–326.

Howell, M.L., Loiselle, D.S., & Lucas, W.G. (1966). *Strength of Edmonton schoolchildren.* Unpublished manuscript, University of Alberta Fitness Research Unit, Edmonton, Alberta.

Howze, E.H., DiGilio, D.A., Bennett, J.P., & Smith, M.L. (1986). Health education and physical fitness for older adults. In B. McPherson (Ed.), *Sport and aging* (pp.153–156). Champaign, IL: Human Kinetics.

Hrdlicka, A. (1931). *Children who run on all fours: And other animal-like behaviors in the human child.* New York, NY: Whit–tlesey House.

Hubley-Kozey, C.L., Wall, J.C., & Hogan, D.B. (1995). Effects of a general exercise program on passive hip, knee, and ankle range of motion of older women. *Topics in Geriatric Rehabilitation*, 10, 33–44.

Hughes, S., Gibbs, J., Dunlop, D., Edelman, P., Singer, R., & Chang, R.W. (1997). Predictors of decline in manual performance in older adults. *Journal of the American Geriatrics Society*, 45, 905–910.

Hupprich, F.L., & Sigerseth, P.O. (1950). The specificity of flexibility in girls. *Research Quarterly*, 21, 25–33.

Iida, Y., Miyazaki, M., & Uchida, S. (2010). Developmental changes in cognitive reaction time of children aged 6–12 years. *European Journal of Sport Science*, 10, 151–158.

Inbar, O., & Bar-Or, O. (1986). Anaerobic characteristics in male children and adolescents. *Medicine and Science in Sports and Exercise*, 18, 264–269.

Ingle, L., Sleap, M., & Tolfrey, K. (2006). The effect of a complex training and detraining programme on selected strength and power variables in early pubertal boys. *Journal of Sports Sciences*, 24, 987–997.

Isaacs, L.D. (1980). Effects of ball size, ball color, and preferred color on catching by young children. *Perceptual and Motor Skills*, 51, 583–586.

Isaacs, L.D. (1983). Coincidence-anticipation in simple catching. *Journal of Human Movement Studies*, 9, 195–201.

Ishak, S., Franchak, J.M., & Adolph, K.E. (2014). Perception-action development from infants to adults: Perceiving affordances for reaching through openings. *Journal of Experimental Child Psychology*, 117, 92–105.

Ivry, R.B. (1993). Cerebellar involvement in the explicit representation of temporal information. In P. Tallal, A.M. Galaburda, R.R. Llinas, & C. von Euler (Eds.), *Temporal information processing in the nervous system: Special reference to dyslexia and dysphasia* (pp. 214–230). New York, NY: New York Academy of Sciences.

Ivry, R.B., & Keele, S.W. (1989). Timing functions of the cerebellum. *Journal of Cognitive Neuroscience*, 1, 136–152.

Iwamoto, J. (2017). Calcium and bone metabolism across women's life stages: Exercise and sport to increase bone strength in accordance with female lifecycle. *Clinical Calcium*, 27, 5, 715–721.

Jackson, T. (1993). *Activities that teach.* Cedar City, UT: Red Rock. Jackson, T. (1995). *More activities that teach.* Cedar City, UT: Red Rock.

Jackson, T. (2000). *Still more activities that teach.* Cedar City, UT: Red Rock.

Jagacinski, R.J., Greenberg, N., & Liao, M. (1997). Tempo, rhythm, and aging in golf. *Journal of Motor Behavior*, 29(2), 159–173.

Jagacinski, R.J., Liao, M.J., & Fayyad, E.A. (1995). Generalized slowing in sinusoidal tracking in older adults. *Psychology and Aging*, 10, 8–19.

Jantz, J.W., Blosser, C.D., & Fruechting, L.A. (1997). A motor milestone change noted with a change in sleep position. *Archives of pediatrics & adolescent medicine*, 151(6), 565–568.

Janz, K.F., Burns, T.L., & Levy, S.M. (2005). Tracking of activity and sedentary behaviors in children: The Iowa Bone Development Study. *American Journal of Preventive Medicine*, 28, 171–178.

Janz, K.F., Burns, T.L., & Mahoney, L.T. (1995). Predictors of left ventricular mass and resting blood pressure in children: The Muscatine study. *Medicine and Science in Sports and Exercise*, 27(6), 818–825.

Janz, K.F., Dawson, J.D., & Mahoney, L.T. (2002). Increases in physical fitness during childhood improve cardiova-scular health during adolescence: The Muscatine Study. *International Journal of Sports Medicine*, 23, 15–21.

Jensen, J. (2005). The puzzles of motor development: How the study of developmental biomechanics contributes to the puzzle solutions. *Infant and Child Development*, 14(5), 501–511.

Jensen, J.L., & Korff, T. (2005). Continuing the discourse on the contribution of biomechanics to understanding motor development: Response to the commentaries. *Infant and Child Development*, 14, 529–533.

Jensen, J.L., Thelen, E., Ulrich, B.B., Schneider, K., & Zernicke, R.F. (1995). Adaptive dynamics of the leg movement patterns of human infants: Ⅲ. Age-related differences in limb control. *Journal of Motor Behavior*, 27, 366–374.

Jerome, G.J., Ko, S., Kauffman, D., Studenski, S.A., Ferrucci, L., & Simonsick, E.M. (2015). Gait characteristics associated with walking speed decline in older adults: Results from the Baltimore Longitudinal Study of Aging. *Archives of Gerontology and Geriatrics*, 60(2), 239–243.

Jirout, J.J., & Newcombe, N.S. (2015). Building blocks for developing spatial skills: Evidence from a large, representative U.S. sample. *Psychological Science*, 26(3): 302–310.

Jobling, A., & Virji-Babul, N. (2004). *Down syndrome: Play, move and grow* (Vol. 1). Down Syndrome Research Foundation.

Johansson, G., von Hofsten, C., & Jansson, G. (1980). Event perception. *Annual Review of Psychology*, 31, 27–63.

Johnsson, L.G., & Hawkins, J.E., Jr. (1972). Sensory and neural degeneration with aging, as seen in micro-dissections of the inner ear. *Annals of Otology, Rhinology, and Laryngology*, 81, 179–193.

Johnston, I. (May 20, 2016). Some teenage boys are clumsy because their brains can't keep up with the speed they are growing. *Independent.*

Jones, R.A., Hinkley, T., Okely, A.D., & Salmon, J. (2013). Tracking physical activity and sedentary behavior in childhood: A systematic review. *American Journal of Preventive Medicine*, 44, 651–658.

Jouen, F. (1990). Early visual-vestibular interactions and postural development. In H. Bloch & B.I. Bertenthal (Eds.), *Sensory-motor organization and development in infancy and early childhood* (pp.199–215). Dordrecht, the Netherlands: Kluwer.

Jouen, F., Lepecq, J.C., Gapenne, O., & Bertenthal, B.I. (2000). Optical flow sensitivity in neonates. *Infant Behavior and Development*, 23(3–4), 271–284.

Ju, Y.-Y., Lin, J.-K., Cheng, H.-Y.K., Cheng, C.-H., & Wong, A.M-K. (2013). Rapid repetitive passive movement promotes knee proprioception in the elderly. *European Review of Aging and Physical Activity*, 10, 133–139.

Kahrs, B.A., Jung, W.P., & Lockman, J.J. (2012). What is the role of infant banging in the development of tool use? *Experimental Brain Research*, 218, 315–320.

Kail, R., & Cavanaugh, J.C. (2017). *Essentials of human development: A life span view* (2nd ed.). Boston, MA: Cengage Learning.

Kalapotharakos, V.I., Michalopoulos, M., Strimpakos, N., Diamantopoulos, K., & Tokmakidis, S.P. (2006). Functional and neuromotor performance in older adults: Effect of 12 wks of aerobic exercise. *American Journal of Physical Medicine and Rehabilitation*, 85, 61–67.

Kallman, D.A., Plato, C.C., & Tobin, J.D. (1990). The role of muscle loss in the age-related decline of grip strength: Cross-sectional and longitudinal perspectives. *Journal of Gerontology: Medical Sciences*, 45, M82–M88.

Kane, E.W. (2007). "No way my boys are going to be like that!": Parents' responses to children's gender. *Gender Society*, 20, 149–176.

Kanehisa, H., Yata, H., Ikegawa, S., & Fukunaga, T. (1995). A cross-section study of the size and strength of the lower leg muscles during growth. *European Journal of Applied Physiology and Occupational Physiology*, 72, 150–156.

Karpovich, P.V. (1937). Textbook fallacies regarding the development of the child's heart. *Research Quarterly*, 8, 33–37. (Reprinted in 1991 in *Pediatric Exercise Science*, 3, 278–282.)

Kasch, F.W., Boyer, J.L., Van Camp, S., Nettl, F., Verity, L.S., & Wallace, J.P. (1995). Cardiovascular changes with age and exercise: A 28-year longitudinal study. *Scandinavian Journal of Medicine and Science in Sports*, 5, 147–151.

Kasch, F.W., Boyer, J.L., Van Camp, S.P., Verity, L.S., & Wallace, J.P. (1990). The effects of physical activity and inactivity on aerobic power in older men (a longitudinal study). *The Physician and Sportsmedicine*, 18, 73–83.

Kasch, F.W., & Wallace, J.P. (1976). Physiological variables during 10 years of endurance exercise. *Medicine and Science in Sports*, 8, 5–8.

Katch, V.L. (1983). Physical conditioning of children. *Journal of Adolescent Health Care*, 3, 241–246.

Kauffman, T.L. (1985). Strength-training effect in young and aged women. *Archives of Physical Medicine and Rehabilitation*, 65, 223–226.

Kauranen, K., & Vanharanta, H. (1996). Influences of aging, gender, and handedness on motor performance of upper and lower extremities. *Perceptual and Motor Skills*, 82, 515–525.

Kavanagh, T., & Shephard, R.J. (1977). The effect of continued training on the aging process. *Annals of the New York Academy of Sciences*, 301, 656–670.

Kawai, K., Savelsbergh, G.J.P., & Wimmers, R.H. (1999). Newborns and spontaneous arm movements are influenced by the environment. *Early Human Development*, 54(1), 15–27.

Keele, S.W., & Ivry, R. (1990). Does the cerebellum provide a common computation for diverse tasks? A timing hypothesis. *Annals of the New York Academy of Sciences*, 608, 179–211.

Kelley, G.A., Kelley, K.S., & Pate, R.R. (2017). Exercise and BMI z-score in overweight and obese children and adolescents: A systematic review and network meta-analysis of randomized trials. *Journal of Evidence-Based Medicine*, 10, 108–128.

Kellman, P.J., & Arterberry, M.E. (1998). *The cradle of knowledge: Development of perception in infancy.* Cambridge, MA: MIT Press.

Kellman, P.J., & Garrigan, P. (2009). Perceptual learning and human expertise. *Physics of Life Reviews*, 6, 53–84.

Kelly, J.R. (1974). Socialization toward leisure: A developmental approach. *Journal of Leisure Research*, 6, 181–193.

Kemper, H.C.G., Twisk, J.W.R., Koppes, L.L.J., van Mechelen, W., & Post, G.B. (2001). A 15-year physical activity pattern is positively related to aerobic fitness in young males and females (13-27 years). *European Journal of Applied Physiology*, 84, 395–402.

Kenshalo, D.R. (1977). Age changes in touch, vibration, temperature, kinesthesis, and pain sensitivity. In J.E. Birren & K.W. Schaie (Eds.), *Handbook of the psychology of aging* (pp. 562–579). New York, NY: Van Nostrand Reinhold.

Kenyon, G.S., & McPherson, B.D. (1973). Becoming involved in physical activity and sport: A process of socialization. In G.L. Rarick (Ed.), *Physical activity: Human growth and development* (pp.301–332). New York, NY: Academic Press.

Kephart, N.C. (1964). Perceptual-motor aspects of learning disabilities. *Exceptional Children*, 31, 201–206.

Kephart, N.C. (1971). *The slow learner in the classroom* (2nd ed.). Columbus, OH: Merrill.

Kermoian, R., & Campos, J.J. (1988). Locomotor experience: A facilitator of spatial cognitive development. *Child Development*, 59, 908–917.

Kernodle, M.W., & Carlton, L.G. (1992). Information feedback and the learning of multiple-degree-of-freedom activities. *Journal of Motor Behaviour*, 24, 187–196.

Khambalia, A.Z., Dickinson, S., Hardy, L.L., Gill, T., & Baur, L.A. (2012). A synthesis of existing systematic reviews and meta-analyses of school-based behavioural interventions for controlling and preventing obesity. *Obesity Reviews*, 13, 214–233.

Khomut, B., & Warren, W. (2007). Catching fly balls in VR: A test of the OAC, LOT and trajectory prediction strategies. *Journal of Vision*, 7, 146 (abstract).

Kidd, A.H., & Kidd, R.M. (1966). The development of auditory perception in children. In A.H. Kidd & J.L. Rivoire (Eds.), *Perceptual development in children* (pp. 113–142). New York, NY: International Universities Press.

Kim, R., Nauhaus, G., Glazek, K., Young, D., & Lin, S. (2013). Development of coincidence-anticipation timing in a catching task. *Perceptual and Motor Skills: Physical Development and Mea-surement*, 117, 319–338.

Kinsbourne, M. (1988). Sinistrality, brain organization and cognitive deficits. In D.L. Molfese & S.J. Segalowitz (Eds.), *Brain lateralization in children: Brain implications* (pp. 259–280). New York, NY: Guilford.

Kinsbourne, M. (1997). The development of lateralization. In H.W. Reese & M.D. Franzen (Eds.), *Biological and neuropsychological mechanisms: Life span developmental psychology* (pp.181–197). Hillsdale, NJ: Erlbaum.

Kinsella, K., & Velkoff, V.A. (2001). *An aging world: 2001* (U.S. Census Bureau, Series P95/01–1). Washington, DC: U.S. Government Printing Office.

Kiselev, S. (2015). Age-related differences in processing speed in preschool children. *Open Behavioral Science*, 9 (Suppl. 1-M4), 23–31.

Kiselev, S., Espy, K.A., & Sheffield, T. (2009). Age-related differences in reaction time task performance in young children. *Journal of Experimental Child Psychology*, 102(2), 150–166.

Kisilevsky, B.S., Stach, D.M., & Muir, D.W. (1991). Fetal and infant response to tactile stimulation. In M.J.S. Weiss & P.R. Zelazo (Eds.), *Newborn attention: Biological constraints and the influence of experience* (pp.63–98). Norwood, NJ: Ablex.

Kline, D.W., Culham, J., Bartel, P., & Lynk, L. (1994). Aging and hyperacuity thresholds as a function of contrast and oscillation rate. *Canadian Psychology*, 35, 14.

Klint, K.A., & Weiss, M.R. (1986). Dropping in and dropping out: Participation motives of current and former youth gymnasts. *Canadian Journal of Applied Sport Sciences*, 11, 106–114.

Knudson, D. (2013). *Fundamentals of biomechanics*. New York, NY: Springer-Verlag. Ko, S., Ling, S.M., Winters, J., & Ferrucci, L. (2009). Age-related mechanical work expenditure during normal walking: The Baltimore Longitudinal Study of Aging. *Journal of Biomechanics*, 42(12), 1834–1839.

Ko, S.U., Stenholm, S., Metter, E.J., & Ferrucci, L. (2012). Age-associated gait patterns and the role of lower extremity strength—results from the Baltimore Longitudinal Study of Aging. *Archives of Gerontology and Geriatrics*, 55(2), 474–479.

Kobayashi, K., Kitamura, K., Miura, M., Sodeyama, H., Murase, Y., Miyashita, M., et al. (1978). Aerobic power as related to body growth and training in Japanese boys: A longitudinal study. *Journal of Applied Physiology*, 44, 666–672.

Koch, G., & Rocker, L. (1977). Plasma volume and intravascular protein masses in trained boys and fit young men. *Journal of Applied Physiology*, 43, 1085–1088.

Koivula, N. (2000). Gender stereotyping in televised media sport coverage. *Sex Roles*, 41, 589–604.

Komi, P.V. (1984). Physiological and biomechanical correlates of muscle function: Effects of muscle structure and stretch-shortening cycle on force and speed. In R.L. Terjung (Ed.), *Exercise and sport science reviews* (Vol. 12, pp. 81–121). Lexington, MA: Collamore.

Konczak, J. (1990). Toward an ecological theory of motor development: The relevance of the Gibsonian approach to vision for motor development research. In J.E. Clark & J.H. Humphrey (Eds.), *Advances in motor development research* (Vol.3, pp.201–224). New York, NY: AMS Press.

Kooijman, M.N., Kruithof, C.J., van Duijn, C.M., Duijts, L., Franco, O.H., van IJzendoorn, M.H., et al (2017). The Generation R Study: Design and cohort update 2017. *European Journal of Epidemiology*, 31, 1243–1264.

Korhonen, M.T., Cristea, A., Alen, M., Hakkinen, K., Sipila, S., Mero, A., et al. (2006). Aging, muscle fiber type, and contractile function in spring-trained athletes. *Journal of Applied Physiology*, 101, 906–917.

Kornatz, K.W., Christou, E.A., & Enoka, R.M. (2005). Practice reduces motor unit discharge variability in a hand muscle and improves manual dexterity in old adults. *Journal of Applied Physiology*, 98, 2072–2080.

Kotz, C.M., Billington, C.J., & Levine, A.S. (1999). Obesity and aging. *Clinics in Geriatric Medicine*, 15(2), 391–412.

Kraemer, W.J., Fry, A.C., Frykman, P.N., Conroy, B., & Hoffman, J. (1989). Resistance training and youth. *Pediatric Exercise Science*, 1, 336–350.

Kraemer, W.J., Vescovi, J.D., Volek, J.S., Nindl, B.C., Newton, R.U., Patton, J.F., et al. (2004). Effects of concurrent resistance and aerobic training on load-bearing performance and the Army Physical Fitness Test. *Military Medicine*, 169, 994–999.

Krahenbuhl, G.S., & Martin, S.L. (1977). Adolescent body size and flexibility. *Research Quarterly*, 48, 797–799.

Krahenbuhl, G.S., Pangrazi, R.P., Petersen, G.W., Burkett, L.N., & Schneider, M.J. (1978). Field testing of cardiorespiratory fitness in primary school children. *Medicine and Science in Sports*, 10, 208–213.

Krahenbuhl, G.S., Skinner, J.S., & Kohrt, W.M. (1985). Developmental aspects of maximal aerobic power in children. *Medicine and Science in Sports and Exercise*, 13, 503–538.

Kretch, K.S., & Adolph, K.E. (2013). Cliff or step? Posture-specific learning at the edge of a drop-off. *Child Development*, 84, 226–240.

Kuczaj, S.A., II, & Maratsos, M.P. (1975). On the acquisition of front, back, and side. *Child Development*, 46, 202–210.

Kuffler, S.W., Nicholls, J.G., & Martin, A.R. (1984). *From neuron to brain* (2nd ed.). Sunderland, MA: Sinauer.

Kugler, P.N., Kelso, J.A.S., & Turvey, M.T. (1980). On the concept of coordinative structures as dissipative structures: I. Theoretical lines of convergence. In G.E. Stelmach & J. Requin (Eds.), *Tutorials in motor behavior* (pp. 3–47). New York, NY: North-Holland.

Kugler, P.N., Kelso, J.A.S., & Turvey, M.T. (1982). On the control and coordination of naturally developing systems. In J.A.S. Kelso & J.E. Clark (Eds.), *The development of movement control and coordination* (pp.5–78). New York, NY: Wiley.

Kuhn, D. (2000). Does memory development belong on an endangered topic list? *Child Development*, 71, 21–25.

Kuhtz-Buschbeck, J.P., Stolze, H., Boczek-Funcke, A., Joehnk, K., Heinrichs, H., & Illert, M. (1998). Kinematic analysis of prehension movements in children. *Behavioural Brain Research*, 93, 131–141.

Kuk, J.L., Saunders, J.T., Davidson, L.E., & Ross, R. (2009). Age-related changes in total and regional fat distribution, *Ageing Research Reviews*, 8(4), 339–348.

Kuo, A.D., & Zajac, F.E. (1993). Human standing posture: Multijoint movement strategies based on biomechanical constraints. *Progress in Brain Research*, 97, 349–358.

Kuo, Y.L., Liao, H.F., Chen, P.C., Hsieh, W.S., & Hwang, A.W. (2008). The influence of wakeful prone positioning on motor development during the early life. *Journal of Developmental & Behavioral Pediatrics*, 29(5), 367–376.

Laird, Y., Fawkner, S., Kelly, P., McNamee, L., & Niven,

A. (2016). The role of social support on physical activity behaviour in adolescent girls: A systematic review and meta-analysis. *International Journal of Behavioral Nutrition and Physical Activity*, 13, 79.

Lakatta, E.G., & Levy, D. (2003a). Arterial and cardiac aging: Major shareholders in a cardiovascular disease enterprises. Part I: Aging arteries: A "set up" for vascular disease. *Circulation*, 107, 139–146.

Lakatta, E.G., & Levy, D. (2003b). Arterial and cardiac aging: Major shareholders in cardiovascular disease enterprises. Part II: The aging heart in health: Links to heart disease. *Circulation*, 107, 346–354.

Lambert, J., & Bard, C. (2005). Acquisition of visuomanual skills and improvement of information processing capacities in 6 to 10 year old children performing a 2D pointing task. *Neuroscience Letters*, 377, 1–6.

Lan, C., Lai, J.S., Chen, S.U., & Wong, M.K. (1998). 12-month tai chi training in the elderly: Its effects on health fitness. *Medicine and Science in Sports and Exercise*, 30(3), 345–351.

Lane, A.P., Molina, S.L., Tolleson, D.A., Langendorfer, S.J., Goodway, J.D., & Stodden, D.F. (2018). Developmental sequences for the standing long jump landing: A pre-longitudinal screening. *Journal of Motor Learning and Development*, 6, 114–129.

Langendorfer, S. (1980). *Longitudinal evidence for develop-mental changes in the preparatory phase of the overarm throw for force*. Paper presented at the annual convention of the American Alliance for Health, Physical Education, Recreation and Dance, Detroit.

Langendorfer, S. (1982). *Developmental relationships between throwing and striking: A prelongitudinal test of motor stage theory*. Unpublished doctoral dissertation, University of Wisconsin, Madison.

Langendorfer, S. (1987). Prelongitudinal screening of overarm striking development performed under two environ-mental conditions. In J.E. Clark & J.H. Humphrey (Eds.), *Advances in motor development research* (Vol.1, pp.17–47). New York, NY: AMS Press.

Langendorfer, S. (1990). Motor-task goal as a constraint on developmental status. In J.E. Clark & J.H. Humphrey (Eds.), *Advances in motor development research* (Vol. 3, pp. 16–28). New York, NY: AMS Press.

Langendorfer, S., & Roberton, M.A. (2002a). Individual pathways in the development of forceful throwing. *Research Quarterly for Exercise and Sport*, 73, 245–256.

Langendorfer, S.J., & Roberton, M.A. (2002b). Developmental profiles in overarm throwing: Searching for "attractors," "stages," and "constraints." In J. Clark & J. Humphrey (Eds.), *Motor development: Research and reviews* (Vol. 2, pp.1–25). Reston, VA: National Association for Sport and Physical Education.

Lee, D.N., & Aronson, E. (1974). Visual proprioceptive control of standing in human infants. *Perception and Psychophysics*, 15, 529–532.

Lee, J.J., Pedley, A., Therkelsen, K.E., Hoffmann, U., Massaro, J.M., Levy, D., & Long, M.T. (2017). Upper body subcutaneous fat is associated with cardiometabolic risk factors. *American Journal of Medicine*, 130, 958–966.

Lee, M., Liu, Y., & Newell, K.M. (2006). Longitudinal expressions of infant's prehension as a function of object properties. *Infant Behavior and Development*, 29, 481–493.

Lefebvre, C., & Reid, G. (1998). Prediction in ball catching by children with and without a developmental coordination disorder. *Adapted Physical Activity Quarterly*, 15(4), 299–315.

LeGear, M., Greyling, L., Sloan, E., Bell, R.I., Williams, B.-L., Naylor, P.-J., & Temple, V.A. (2012). A window of opportunity? Motor skills and perceptions of competence of children in kindergarten. *International Journal of Behavioral Nutrition and Physical Activity*, 9, 29.

Leme, S., & Shambes, G. (1978). Immature throwing patterns in normal adult women. *Journal of Human Movement Studies*, 4, 85–93.

Lengyel, M., & Gyarfas, I. (1979). The importance of echocar-diography in the assessment of left ventricular hypertrophy in trained and untrained school children. *Acta Cardiologica*, 34, 63–69.

Lenoir, M., Musch, E., Janssens, M., Thiery, E., & Uyttenhove, J. (1999). Intercepting moving objects during self-motion. *Journal of Motor Behavior*, 31(1), 55–67.

Lepp, A., Barkley, J.E., Sanders, G.J., Rebold, M., & Gates, P. (2013). The relationship between cell phone use, physical and sedentary activity, and cardiorespiratory fitness in a sample of U.S. college students. *International Journal of Behavioral Nutrition and Physical Activity*, 10, 79.

Levy, G.D. (2000). Gender-typed and non-gender-typed category awareness in toddlers. *Sex Roles*, 41, 851–873.

Lew, A.R., & Butterworth, G. (1997). The development of handmouth coordination in 2- to 5-month-old infants: Similarities with reaching and grasping. *Infant Behavior and Development*, 20(1), 59–69.

Lewko, J.H., & Ewing, M.E. (1980). Sex differences and parental influences in sport involvement of children. *Journal of Sport Psychology*, 2, 62–68.

Lewko, J.H., & Greendorfer, S.L. (1988). Family influences in sport socialization of children and adolescents. In F.L. Smoll, R.A. Magill, & M.J. Ash (Eds.), *Children in sport* (3rd ed., pp. 287–300). Champaign, IL: Human Kinetics.

Lewkowicz, D.J., & Marcovitch, S. (2006). Perception of audiovisual rhythm and its invariance in 4- to 10-month-old infants. *Developmental Psychobiology*, 48, 288–300.

Lexell, J., Henriksson-Larsen, K., Wimblad, B., & Sjostrom, M. (1983). Distribution of different fiber types in human skeletal muscles: Effects of aging studies in whole muscle cross-sections. *Muscle and Nerve*, 6, 588–595.

Lexell, J., Taylor, C., & Sjostrom, M. (1988). What is the cause of ageing atrophy? Total number, size, and proportion of different fiber types studied in whole vastus lateralis muscle from 15- to 83-year-old men. *Journal of Neurological Sciences*, 84, 275–294.

Li, K.-Y., Su, W.-J., Fu, H.-W., & Pickett, K.A. (2015). Kinesthetic deficit in children with developmental coor-dination disorder. *Research in Developmental Disabilities*, 38, 125–133.

Lindquist, C., Reynolds, K., & Goran, M. (1998). Socio-cultural determinants of physical activity among children. *Preventive Medicine*, 29, 305–312.

Lindwall, M., Asci, H., & Crocker, P. (2014). The physical self in motion: Within-person change and associations of change in self-esteem, physical self-concept, and physical activity in adolescent girls." *Journal of Sport and Exercise Psychology*, 36(6), 551–563.

Liong, G.H.E., Ridgers, N.D., & Barnett, L.M. (2015). Associations between skill perceptions and young children's actual fundamental movement skills. *Perceptual and Motor Skills*, 120(2), 591–603.

Lipsitz, L.A. (1989). Altered blood pressure homeostasis in advanced age: Clinical and research implications. *Journal of Gerontology: Medical Sciences*, 44, M179–M183.

Liss, M.B. (1983). Learning gender-related skills through play. In M.B. Liss (Ed.), *Social and cognitive skills: Sex roles and children's play* (pp.147–166). New York, NY: Academic Press.

Liu, J., & Wrisberg, C.A. (1997). The effect of knowledge of results delay and the subjective estimation of movement form on the acquisition and retention of a motor skill. *Research Quarterly for Exercise and Sport*, 68(2), 145–151.

Lloyd, B., & Smith, C. (1985). The social representation of gender and young children's play. *British Journal of Developmental Psychology*, 3, 65–73.

Lloyd, M., Saunders, T.J., Bremer, E., Tremblay, & M.S. (2014). Long-term importance of fundamental motor skills: A 20-year follow-up study. *Adapted Physical Activity Quarterly*, 31, 67–78.

Lobo, M.A., Kokkoni, E., de Campos, A.C., & Galloway, J.C. (2014). Not just playing around: Infants' object behaviors reflect ability, constraints, and object properties. *Infant Behavior and Development*, 37(3), 334–351.

Lockman, J.J. (1984). The development of detour ability during infancy. *Child Development*, 55, 482–491.

Lockman, J.J. (2000). A perception-action perspective on tool use development. *Child Development*, 71, 137–144.

Lockman, J.J., Ashmead, D.H., & Bushnell, E.W. (1984). The development of anticipatory hand orientation during infancy. *Journal of Experimental Child Psychology*, 37, 176–186.

Lockman, J.J., & Kahrs, B.A. (2017). New insights into the development of human tool use. *Current Directions in Psychological Science*, 26, 330–334.

Logan, S.W., Scrabis-Fletcher, K., Modlesky, C., & Getchell, N. (2011). The relationship between motor skill proficiency and body mass index in preschool children. *Research Quarterly for Exercise and Sport*, 82, 442–448.

Logan, S.W., Webster, E.K., Getchell, N., Pfeiffer, K.A., & Robinson, L.E. (2015). Relationship between fundamental motor skill competence and physical activity during childhood and adolescence: A systematic review. *Kinesiology Review*, 4, 416–426.

Long, A.B., & Looft, W.R. (1972). Development of directionality in children: Ages six through twelve. *Developmental Psychology*, 6, 375–380.

Lopes, L., Santos, R., Pereira, B., & Lopes, V.P. (2012). Associations between sedentary behavior and motor coordination in children. *American Journal of Human Biology*, 24, 746–752.

Lopes, V.P., Barnett, L.M., Saraiva, L., Goncalves, C., Bowe, S.J., Abbott, G., et al. (2016). Validity and reliability of a pictorial instrument for assessing perceived motor competence in Portuguese children. *Child: Care, Health and Development*, 42(5), 666–674.

Lopes, V.P., Stodden, D.F., Bianchi, M.M., Maia, J.A.R., & Rodrigues, L.P. (2012). Correlation between BMI and motor coordination in children. *Journal of Science and Medicine in Sport*, 15, 38–43.

Loprinzi, P.D., Davis, R.E., & Fu, Y.-C. (2015). Early motor skill competence as a mediator of child and adult physical activity. *Preventive Medicine Reports*, 2, 833–838.

Lorber, J. (1994). Believing is seeing: Biology as ideology. *Gender and Society*, 7, 568–581.

Lorson, K.M., & Goodway, J.D. (2008). Gender differences in throwing form of children ages 6–8 years during a throwing game. *Research Quarterly for Exercise and Sport*, 79, 174–182.

Lorson, K.M., Stodden, D.F., Langendorfer, S.J., & Goodway, J.D. (2013). Age and gender differences in adolescent and adult overarm throwing. *Research Quarterly for Exercise and Sport*, 84, 239–244.

Lowrey, G.H. (1986). *Growth and development of children* (8th ed.). Chicago: Year Book Medical.

Loy, J.W., McPherson, B.D., & Kenyon, G. (1978). *Sport and social systems*. Reading, MA: Addison-Wesley.

Lubans, D.R., Morgan, P.J., Cliff, D.P., Barnett, L.M., & Okely, A.D. (2010). Fundamental movement skills in children and adolescents. *Sports Medicine*, 40, 1019–1035.

Lutman, M.E. (1991). Degradations in frequency and temporal resolution with age and their impact on speech identification. *Acta Oto-Laryngologica (Suppl.)*, 476, 120–126.

Lynch, A., Rhu, J., Agrawal, S., & Galloway, J.C. (2009). Power mobility training for a 7-month-old infant with spina bifida. *Pediatric Physical Therapy*, 21(4), 362–368.

Lyons, J., Fontaine, R., & Elliott, D. (1997). I lost it in the lights: The effects of predictable and variable intermittent vision on unimanual catching. *Journal of Motor Behavior*, 29(2), 113–118.

Madden, D.J., Whiting, W.L., & Huettel, S.A. (2005). Age-related changes in neural activity during visual perception and attention. In R. Cabeza, L. Nyberg, & D. Park (Eds.), *Cognitive neuroscience of aging: Linking cognitive and cerebral aging* (pp.157–185). New York, NY: Oxford University Press.

Magill, R.A., & Anderson, D. (2017). *Motor learning and control: Concepts and applications* (11th ed.). New York: McGraw-Hill.

Makrides, L., Heigenhauser, G.J., & Jones, N.L. (1990). High-intensity endurance training in 20- to 30- and 60- to 70-yr-old healthy men. *Journal of Applied Physiology*, 69, 1792–1798.

Mally, K.K., Battista, R.A., & Roberton, M.A. (2011).

Distance as a control parameter for place kicking. *Journal of Human Sport and Exercise*, 6(1), 122–134.

Malina, R.M. (1978). Growth of muscle tissue and muscle mass. In F. Falkner & J.M. Tanner (Eds.), *Human growth: Vol.2. Postnatal growth* (pp. 273–294). New York, NY: Plenum Press.

Malina, R.M. (1996). Tracking of physical activity and fitness across the lifespan. *Research Quarterly for Exercise and Sport*, 67 (supplement), 48–57.

Malina, R.M., Beunen, G.P., Claessens, A.L., Lefevre, J., Vanden Eynde, B., Renson, R., et al. (1995). Fatness and fitness of girls 7 to 17 years. *Obesity Research*, 3, 221–231.

Malina, R.M., & Bouchard, C. (1991). *Growth, maturation, and physical activity.* Champaign, IL: Human Kinetics.

Malina, R.M., Bouchard, C., & Bar-Or, O. (2004). *Growth, maturation, and physical activity* (2nd ed.). Champaign, IL: Human Kinetics.

Maloney, S.K., Fallon, B., & Wittenberg, C.K. (1984). *Aging and health promotion: Market research for public education, executive summary* (Contract no.282-83-0105). Washington, DC: Public Health Service, Office of Disease Prevention and Health Promotion.

Marcon, R., & Freeman, G. (1999). Linking gender-related toy preferences to social structure: Changes in children's letters to Santa since 1978. *Journal of Psychological Practice*, 2, 1–10.

Marques, E.A., Mota, J., & Carvalho, J. (2012). Exercise effects on bone mineral density in older adults: A meta-analysis of randomized controlled trials. *Age*, 34, 1493–1515.

Marques-Bruna, P., & Grimshaw, P.N. (1997). 3-dimensional kinematics of overarm throwing action of children age 15 to 30 months. *Perceptual and Motor Skills*, 84, 1267–1283.

Marshall, W.A., & Tanner, J.M. (1969). Variations in pattern of pubertal changes in girls. *Archives of Disease in Childhood*, 44, 291–303.

Marshall, W.A., & Tanner, J.M. (1970). Variations in the pattern of pubertal changes in boys. *Archives of Disease in Childhood*, 45, 13–23.

Martorell, R., Malina, R.M., Castillo, R.O., Mendoza, F.S., & Pawson, I.G. (1988). Body proportions in three ethnic groups: Children and youth 2–17 years in NHANES II and HHANES. *Human Biology*, 60, 205–222.

Masci, I., Schmidt, M., Marchetti, R., Vannozzi, G., & Pesce, C. (2017). When children's perceived and actual motor competence mismatch: Sport participation and gender differences. *Journal of Motor Learning and Development*, 0, 1–33.

Masters, R.S., Maxwell, J.P., & Eves, F.F. (2009). Marginally perceptible outcome feedback, motor learning and implicit processes. *Consciousness and Cognition*, 18, 639–645.

Matthews, C.D., Chen, K.Y., Freedson, P.S., Buchowski, M.S., Beech, B.M., Pate, R.R., & Troiano, R.P. (2008). Amount of time spent in sedentary behaviors in the United States, 2003–2004. *American Journal of Epidemiology*, 167, 875–881.

Mayer, F., Scharhag-Rosenberger, F., Carlsohn, A., Cassel, M., Müller, S., & Scharhag, J. (2011). The intensity and effects of strength training in the elderly. *Deutsches Ärzteblatt International*, 108, 359–364.

Mayorga-Vega, D., Merino-Marban, R., Sanchez-Rivas, E., & Viciana, J. (2014). Effect of a short-term static stretching training program followed by five weeks of detraining on hamstring extensibility in children aged 9–10 years. *Journal of Physical Education and Sport*, 14, 355–359.

McAuley, E. (1994). Physical activity and psychosocial outcomes. In C. Bouchard & R. Shephard (Eds.), *Physical activity, fitness, and health: International proceedings and consensus statement* (pp. 551–568). Champaign, IL: Human Kinetics.

McAuley, E., Kramer, A.F., & Colcombe, S.J. (2004). Cardiovascular fitness and neurocognitive function in older adults: A brief review. *Brain, Behavior, and Immunity*, 18, 214–220.

McBeath, M.K., Shaffer, D.M., & Kaiser, M.K. (1995). How baseball outfielders determine where to run to catch fly balls. *Science*, 268, 569–573.

McCallister, S., Blinde, E., & Phillips, J. (2003). Prospects for change in a new millennium: Gender beliefs of young girls in sport and physical activity. *Women in Sports and Physical Activity Journal*, 12, 83–109.

McCarty, M.E., & Ashmead, D.H. (1999). Visual control of reaching and grasping in infants. *Developmental Psychology*, 35, 620–631.

McCaskill, C.L., & Wellman, B.L. (1938). A study of common motor achievements at the preschool ages. *Child Development*, 9, 141–150.

McComas, A.J. (1996). *Skeletal muscle: Form and function.* Champaign, IL: Human Kinetics.

McConnell, A., & Wade, G. (1990). Effects of lateral ball location, grade, and sex on catching. *Perceptual and Motor Skills*, 70, 59–66.

McGinnis, P. (2013). *Biomechanics of sport and exercise* (3rd ed.). Champaign, IL: Human Kinetics.

McGraw, M. (1935). *Growth: A Study of Johnny and Jimmy.* New York, NY: Appleton-Century-Crofts.

McGraw, M.B. (1943). *The neuromuscular maturation of the human infant.* New York, NY: Columbia University Press.

McKay, M.J., Baldwin, J.N., Ferreira, P., Simic, M., Vanicek, N., & Burns, J. (2017). Normative reference values for strength and flexibility of 1,000 children and adults. *Neurology*, 88, 36–43.

McKenzie, B.E., & Bigelow, E. (1986). Detour behavior in young human infants. *British Journal of Developmental Psychology*, 4, 139–148.

McLeod, P., & Dienes, Z. (1993). Running to catch the ball. *Nature*, 362, 23.

McLeod, P., & Dienes, Z. (1996). Do fielders know where to go to catch the ball or only how to get there? *Journal of Experimental Psychology: Human Perception and Performance*, 22(3), 531–543.

McMurdo, M.E., & Rennie, L. (1993). A controlled trial of exercise by residents of old people's homes. *Age and*

Ageing, 22, 11–15.

McNarry, M., & Jones, A. (2014). The influence of training status on the aerobic and anaerobic responses to exercise in children: A review. *European Journal of Sport Science*, 14, S57–S68.

McNarry, M.A., Mackintosh, K.A., & Steodefalke, K. (2014). Longitudinal investigation of training status and cardiopulmonary responses in pre- and early-pubertal children. *European Journal of Applied Physiology*, 114, 1573–1580.

McPherson, B.D. (1978). The child in competitive sport: Influence of the social milieu. In R.A. Magill, M.J. Ash, & F.L. Smoll (Eds.), *Children in sport: A contemporary anthology* (pp.219–249). Champaign, IL: Human Kinetics.

McPherson, B.D. (1983). *Aging as a social process: An introduction to individual and population aging*. Toronto: Butterworths.

McPherson, B.D. (1986). Sport, health, well-being and aging: Some conceptual and methodological issues and questions for sport scientists. In B. McPherson (Ed.), *Sport and aging* (pp.3–23). Champaign, IL: Human Kinetics.

McPherson, B.D., Marteniuk, R., Tihanyi, J., & Clark, W. (1980). The social system of age group swimmers: The perceptions of swimmers, parents, and coaches. *Canadian Journal of Applied Sciences*, 5, 143–145.

Meltzoff, A.N., & Borton, R.W. (1979). Intermodal matching by human neonates. *Nature*, 282, 403–404.

Meredith, M.D., & Welk, G.J. (1999). *Fitnessgram test administration manual* (2nd ed.). Champaign, IL: Human Kinetics.

Messick, J.A. (1991). Prelongitudinal screening of hypothesized developmental sequences for the overhead tennis serve in experienced tennis players 9–19 years of age. *Research Quarterly for Exercise and Sport*, 62, 249–256.

Metcalfe, J.S., McDowell, K., Chang, T.Y., Chen, L.-C., Jeka, J.J., & Clark, J.E. (2005). Development of somatosensory-motor integration: An event-related analysis of infant posture in the first year of independent walking. *Developmental Psychobiology*, 46, 19–35.

Michaels, C.F., & Oudejans, R.R.D. (1992). The optics and actions of catching fly balls: Zeroing out optical acceleration. *Ecological Psychology*, 4, 199–222.

Michel, G.F. (1983). Development of hand-use preference during infancy. In G. Young, S. Segalowitz, C.M. Carter, & S.E. Trehub (Eds.), *Manual specialization and the developing brain* (pp. 33–70). New York, NY: Academic Press.

Michel, G.F. (1988). A neuropsychological perspective on infant sensorimotor development. In C. Rovee-Collier & L.P. Lipsitt (Eds.), *Advances in infancy research* (Vol. 5, pp. 1–37). Norwood, NJ: Ablex.

Michel, G.F., & Goodwin, R.A. (1979). Intrauterine birth position predicts newborn supine head position preferences. *Infant Behavior and Development*, 2, 29–38.

Michel, G.F., & Harkins, D.A. (1986). Postural and lateral asymmetries in the ontogeny of handedness during infancy. *Developmental Psychobiology*, 19, 247–258.

Micheli, L.J. (1984). Sport injuries in the young athlete: Questions and controversies. In L.J. Micheli (Ed.), *Pediatric and adolescent sports medicine* (pp.1–9). Boston, MA: Little, Brown.

Mikulic, P. (2011). Development of aerobic and anaerobic power in adolescent rowers: A 5-year follow-up study. *Scandinavian Journal of Medicine and Science in Sports*, 21, e143–e149.

Milani-Comparetti, A. (1981). The neurophysiologic and clinical implications of studies on fetal motor behavior. *Seminars in Perinatology*, 5, 183–189.

Milani-Comparetti, A., & Gidoni, E.A. (1967). Routine developmental examination in normal and retarded children. *Developmental Medicine and Child Neurology*, 9, 631–638.

Milanovic, Z., Sporis, G., Trajkovic, N., Sekulic, D., James, N., & Vuckovic, G. (2014). Does SAQ training improve the speed and flexibility of young soccer players? A randomized controlled trial. *Human Movement Science*, 38, 197–208.

Miller, C.T., Fraser, S.F., Levinger, I., Straznicky, N.E., Dixon, J.B., Reynolds, J., & Selig, S.E. (2013). The effects of exercise training in addition to energy restriction on functional capacities and body composition in obese adults during weight loss: A systematic review. *PLoS ONE*, 8, e81692.

Milne, C., Seefeldt, V., & Reuschlein, P. (1976). Relationship between grade, sex, race, and motor performance in young children. *Research Quarterly*, 47, 726–730.

Milner, A.D., & Goodale, M.A. (1995). *The visual brain in action*. New York, NY: Oxford University Press.

Mirwald, R.L., & Bailey, D.A. (1986). *Maximal aerobic power: A longitudinal analysis*. London, Ontario: Sport Dynamics.

Mirwald, R.L., Bailey, D.A., Cameron, N., & Rasmussen, R.L. (1981). Longitudinal comparison of aerobic power in active and inactive boys aged 7.0 to 17.0 years. *Annals of Human Biology*, 8, 405–414.

Mohammadi, F., Bahram, A., Khalaji, H., & Ghadiri, F. (2017). Determining motor development status of 3–10 years old children in Ahvaz City using TGMD-3 test. *International Journal of Basic Science in Medicine*, 2(3), 139–146.

Molen, H.H. (1973). *Problems on the evaluation of gait*. Unpublished doctoral dissertation, Free University, Amsterdam.

Mook-Kanamori, D.O., Durmus, B., Sovio, U., Hofman, A., Raat, H., Steegers, E.A.P., et al. (2011). Fetal and infant growth and the risk of obesity during early childhood: The Generation R study. *European Journal of Endocrinology*, 165, 623–630.

Moore, C., Mealiea, J., Garon, N., & Povinelli, D.J. (2007). The development of body self-awareness. *Infancy*, 11, 157–174.

Moritani, T., & DeVries, H.A. (1980). Potential for gross muscle hypertrophy in older men. *Journal of Gerontology*, 35, 672–682.

Moro, T., Tinsley G., Biaco, A., Gottardi, A., Gottardi, G.B., Faggian, D., et al. (2017). High intensity interval resistance training (HIIRT) in older adults: Effects on body composition, strength, anabolic hormones and blood lipids. *Experimental Gerontology*, 98, 91–98.

Morris, G.S.D. (1976). Effects ball and background color have upon the catching performance of elementary school children. *Research Quarterly*, 47, 409–416.

Morrongiello, B.A. (1984). Auditory temporal pattern perception in 6- and 12-month-old infants. *Developmental Psychology*, 20, 441–448.

Morrongiello, B.A. (1986). Infants' perception of multiple-group auditory patterns. *Infant Behavior and Development*, 9, 307–320.

Morrongiello, B.A. (1988a). The development of auditory pattern perception skills. In C. Rovee-Collier & L.P. Lipsitt (Eds.), *Advances in infancy research* (Vol. 6, pp. 135–172). Norwood, NJ: Ablex.

Morrongiello, B.A. (1988b). Infants' localization of sounds along the horizontal axis: Estimates of minimum audible angle. *Developmental Psychology*, 24(1), 8–13.

Morrongiello, B.A., & Clifton, R.K. (1984). Effects of sound frequency on behavioral and cardiac orienting in newborn and five-month-old infants. *Journal of Experimental Child Psychology*, 38, 429–446.

Morrongiello, B.A., Fenwick, K.D., Hillier, L., & Chance, G. (1994). Sound localization in newborn human infants. *Developmental Psychology*, 27(8), 519–538.

Morrongiello, B.A., Trehub, S.E., Thorpe, L.A., & Capodilupo, S. (1985). Children's perceptions of melodies: The role of contour, frequency, and rate of presentation. *Journal of Experimental Child Psychology*, 40, 279–292.

Morrow, D., & Leirer, V. (1997). Aging, pilot performance, and expertise. In A.D. Fisk & W.A. Rogers (Eds.), *Handbook of human factors and the older adult* (pp.199–230). San Diego: Academic Press.

Murnen, S.K., Greenfield, C., Younger, A., & Boyd, H. (2016). Boys act and girls appear: A content analysis of gender stereotypes associated with characters in children's popular culture. *Sex Roles*, 74(1/2), 78–91.

Murray, M.P., Drought, A.B., & Kory, R.C. (1964). Walking patterns of normal men. *Journal of Bone and Joint Surgery*, 46A, 335–360.

Murray, M.P., Kory, R.C., Clarkson, B.H., & Sepic, S.B. (1966). Comparison of free and fast speed walking patterns of normal men. *American Journal of Physical Medicine*, 45, 8–24.

Murray, M.P., Kory, R.C., & Sepic, S.B. (1970). Walking patterns of normal women. *Archives of Physical Medicine and Rehabilitation*, 51, 637–650.

Musto, M., Cooky, C., & Messner, M.A. (2017). From fizzle to sizzle: Televised sports news and the production of gender-bland sexism. *Gender & Society*, 31, 573–596.

Nagin, D.S. (1999). Analyzing developmental trajectories: A semiparametric, group-based approach. *Psychological Methods*, 4, 139–157.

Nanez, J., & Yonas, A. (1994). Effects of luminance and texture motion on infant defensive reactions to optical collision. *Infant Behavior and Development*, 17, 165–174.

National Federation of State High School Associations. (2017). Annual report 2016–17.

National Institute on Aging. (2016). Alzheimer's disease fact sheet.

Naus, M., & Shillman, R. (1976). Why a Y is not a V: A new look at the distinctive features of letters. *Journal of Experimental Psychology: Human Perception and Performance*, 2, 394–400.

Nelson, C.J. (1981). *Locomotor patterns of women over 57*. Unpublished master's thesis, Washington State University, Pullman.

Nelson, J., Thomas, J., & Nelson, J. (1991). Longitudinal change in throwing performance: Gender differences. *Research Quarterly for Exercise and Sport*, 62, 105–108.

Nervik, D., Martin, K., Rundquist, P., & Cleland, J. (2011). The relationship between body mass index and gross motor development in children aged 3 to 5 years. *Pediatric Physical Therapy*, 23, 144–148.

Newell, K., & Jordan, K.M. (2007). Task constraints and movement organization: A common language. In W. Davis & B.D. Broadhead (Eds.), *Ecological task analysis and movement* (pp.5–23). Champaign, IL: Human Kinetics.

Newell, K.M. (1986). Constraints on the development of coordination. In M.G. Wade & H.T.A. Whiting (Eds.), *Motor development in children: Aspects of coordination and control* (pp.341–361). Amsterdam: Nijhoff.

Newell, K.M., Liu, Y.-T., & Mayer-Kress, G. (2001). Time scales in motor learning and development. *Psychological Review*, 108(1), 57–82.

Newell, K.M., Scully, D.M., McDonald, P.V., & Baillargeon, R. (1989). Task constraints and infant grip configurations. *Developmental Psychobiology*, 22, 817–832.

Newell, K.M., Scully, D.M., Tenenbaum, F., & Hardiman, S. (1989). Body scale and the development of prehension. *Developmental Psychobiology*, 22, 11–13.

Nielsen, B., Nielsen, K., Hansen, M.B., & Asmussen, E. (1980). Training of "functional muscle strength" in girls 7–19 years old. In K. Berg & B.O. Eriksson (Eds.), *Children and exercise IX* (pp.69–78). Baltimore, MD: University Park Press.

NIH Osteoporosis and Related Bone Diseases National Resource Center. (2017). Osteoporosis overview.

Nilwik, R., Snijders, T., Leenders, M., Groen, B.B., van Kranenburg, J., Verdijk, L.B., & van Loon, L.J. (2013). The decline in skeletal muscle mass with aging is mainly attributed to a reduction in type II muscle fiber size. *Experimental Gerontology*, 48(5), 492–498.

Nordlund, B. (1964). Directional audiometry. *Acta Oto-Laryngologica*, 57, 1–18.

Norman, J.F., Kappers, A.M.L., Cheeseman, J.R., Ronning, C., Thomason, K.E., Baxter, M.W., et al. (2013). Aging and curvature discrimination from static and dynamic touch. *PLoS ONE*, 8, e68577.

Norris, A.H., Shock, N.W., Landowne, M., & Falzone, J.A. (1956). Pulmonary function studies: Age differences in lung volume and bellows function. *Journal of Gerontology*, 11, 379–387.

Northman, J.E., & Black, K.N. (1976). An examination of errors in children's visual and haptic-tactual memory for random forms. *Journal of Genetic Psychology*, 129, 161–165.

Notarnicola, A., Perroni, F., Campese, A., Maccagnano, G.,

Monno, A., Moretti, B., & Tafuri, S. (2017). Flexibility responses to different stretching methods in young elite basketball players. *Muscles, Ligaments and Tendons Journal*, 7, 582–589.

Nougier, V., Bard, C., Fleury, M., & Teasdale, N. (1998). Contribution of central and peripheral vision to the regulation of stance: Developmental aspects. *Journal of Experimental Child Psychology*, 68, 202–215.

Nyhan, N.L. (1990). Structural abnormalities. *Clinical Symposia*, 42(2), 1–32.

Oettingen, G. (1985). The influence of the kindergarten teacher on sex differences in behavior. *International Journal of Behavioral Development*, 8, 3–13.

Ofte, S.H., & Hugdahl, K. (2002). Right-left discrimination in male and female, young and old subjects. *Journal of Clinical and Experimental Neuropsychology*, 24, 82–92.

Olson, P.L., & Sivak, M. (1986). Perception-response time to unexpected roadway hazards. *Human Factors*, 28, 91–96.

Onyango, A.W., De Onis, M., & World Health Organization. (2008). Training course on child growth assessment: WHO child growth standards.

Orlick, T.D. (1973, January/February). Children's sport: A revolution is coming. *Canadian Association for Health, Physical Education, and Recreation Journal*, 12–14.

Orlick, T.D. (1974, November/December). The athletic dropout: A high price for inefficiency. *Canadian Association for Health, Physical Education, and Recreation Journal*, 21–27.

Oudejans, R.R.D., Michaels, C.F., Bakker, F.C., & Dolne, M.A. (1996). The relevance of action in perceiving affordances: Perception of catchableness of fly balls. *Journal of Experimental Psychology*, 22(4), 879–891.

Paillard, T., Lafont, C., Costes-Salon, M.C., Riviere, D., & Dupui, P. (2004). Effects of brisk walking on static and dynamic balance, locomotion, body composition, and aerobic capacity in ageing healthy active men. *International Journal of Sports Medicine*, 25, 539–546.

Paoletti, J.B. (2012). *Pink and blue: Telling the boys from the girls in America*. Bloomington: Indiana University Press.

Pargman, D. (1997). *Understanding sport behavior*. Englewood Cliffs, NJ: Prentice Hall.

Parish, L.E., & Rudisill, M.E. (2006). HAPPE: Promoting physical play among toddlers. *Young Children*, 61(3), 32.

Parish, L.E., Rudisill, M.E., & St. Onge, P.M. (2007). Mastery motivational climate: Influence on physical play heart rate and intensity in African American toddlers. *Research Quarterly for Exercise and Sport*, 78, 171–178.

Parizkova, J. (1963). Impact of age, diet, and exercise on man's body composition. *Annals of the New York Academy of Sciences*, 110, 661–674.

Parizkova, J. (1968a). Longitudinal study of the development of body composition and body build in boys of various physical activity. *Human Biology*, 40, 212–225.

Parizkova, J. (1972). Somatic development and body composition changes in adolescent boys differing in physical activity and fitness: A longitudinal study. *Anthropologie*, 10, 3–36.

Parizkova, J. (1973). Body composition and exercise during growth and development. In G.L. Rarick (Ed.), *Physical activity: Human growth and development* (pp.97–124). New York, NY: Academic Press.

Parizkova, J. (1977). *Body fat and physical fitness*. The Hague, the Netherlands: Nijhoff.

Parker, A.W., & James, B. (1985). Age changes in the flexibility of Down syndrome children. *Journal of Mental Deficiency Research*, 29, 207–218.

Parker, D.F., Round, J.M., Sacco, P., & Jones, D.A. (1990). A cross-sectional survey of upper and lower limb strength in boys and girls during childhood and adolescence. *Annals of Human Biology*, 17, 199–211.

Patel, K.V., Phelan, E.A., Leveille, S.G., Lamb, S.E., Missikpode, C., Wallace, R.B., et al. (2014). High prevalence of falls, fear of falling, and impaired balance in older adults with pain in the United States: Findings from the 2011 National Health and Aging Trends Study. *Journal of the American Geriatrics Society*, 62, 1844–1852.

Patrick, H., Ryan, A.M., Alfeld-Liro, C., Fredricks, J., Hruda, L., & Eccles, J. (1999). Adolescents' commitment to developing talent: The role of peers in continuing motivation for sports and the arts. *Journal of Youth and Adolescence*, 28, 741–763.

Patriksson, G. (1981). Socialization to sports involvement. *Scandinavian Journal of Sports Sciences*, 3, 27–32.

Payne, V.G. (1982). Simultaneous investigation of effects of distance of projection and object size on object reception by children in grade 1. *Perceptual and Motor Skills*, 54, 1183–1187.

Payne, V.G., & Koslow, R. (1981). Effects of varying ball diameters on catching ability of young children. *Perceptual and Motor Skills*, 53, 739–744.

Peiper, A. (1963). *Cerebral function in infancy and childhood*. New York, NY: Consultants Bureau.

Pennell, G. (1999). Doing gender with Santa: Gender-typing in children's toy preferences. *Dissertation Abstracts International*, 59–8(B), 4541.

Perlmutter, M., & Nyquist, L. (1990). Relationships between self-reported physical and mental health and intelligence performance across adulthood. *Journal of Gerontology: Psychological Sciences*, 45, P145–P155.

Perrin, P.P., Jeandel, C., Perrin, C.A., & Bene, M.C. (1997). Influence of visual control, conduction, and central integration on static and dynamic balance in healthy older adults. *Gerontology*, 43, 223–231.

Pesce, V., Speciale, D., Sammarco, G., Patella, S., Spinarelli, A., & Patella, V. (2009). Surgical approach to bone healing in osteoporosis. *Clinical Cases in Mineral and Bone Metabolism*, 6(2), 131–135.

Pesta, D., Thaler, A., Hoppel, F., Macek, C., Schocke, M., & Burtscher, M. (2014). Effects of a 10-week conventional strength training program on lower leg muscle performance in adolescent boys compared to adults. *The Journal of Sports Medicine and Physical Fitness*, 54, 147–153.

Petranek, L.J., & Barton, G.V. (2011). The overarm-throwing pattern among U-14 ASA female softball players: A comparative study of gender, culture, and experience. *Research Quarterly for Exercise and Sport*, 82, 220–228.

Pfeiffer, R., & Francis, R.S. (1986). Effects of strength training on muscle development in prepubescent, pubescent, and postpu-bescent males. *The Physician and Sportsmedicine*, 14, 134–143.

Phillips, M., Bookwalter, C., Denman, C., McAuley, J., Sherwin, H., Summers, D., et al. (1955). Analysis of results from the Kraus-Weber test of minimum muscular fitness in children. *Research Quarterly*, 26, 314–323.

Piaget, J. (1952). *The origins of intelligence in children.* New York, NY: International Universities Press.

Pick, A.D. (Ed.). (1979). *Perception and its development: A tribute to Eleanor J. Gibson.* Hillsdale, NJ: Erlbaum.

Pick, H.L. (1989). Motor development: The control of action. *Developmental Psychology*, 25, 867–870.

Pickett, K., & Konczak, J. (2009). Measuring kinaesthetic sensitivity in typically developing children. *Developmental Medicine & Child Neurology*, 51, 711–716.

Piek, J.P., & Gasson, N. (1999). Spontaneous kicking in full term and preterm infants: Are there leg asymmetries? *Human Movement Science*, 18, 377–395.

Piek, J.P., Gasson, N., Barrett, N., & Case, I. (2002). Limb and gender differences in the development of coordination in early infancy. *Human Movement Science*, 21, 621–639.

Piéraut-Le Bonniec, G. (1985). Hand-eye coordination and infants' construction of convexity and concavity. *British Journal of Developmental Psychology*, 3, 273–280.

Pigott, R.E., & Shapiro, D.C. (1984). Motor schema: The structure of the variability session. *Research Quarterly for Exercise and Sport*, 55, 41–45.

Pin, T., Eldridge, B., & Galea, M.P. (2007). A review of the effects of sleep position, play position, and equipment use on motor development in infants. *Developmental Medicine & Child Neurology*, 49(11), 858–867.

Pinti, P., Tachtisidis, I., Hamilton, A., Hirsch, J., Aichelburg, C., Gilbert, S., et al. (2018). The present and future use of functional near infrared spectroscopy (fNIRS) for cognitive neuroscience. *Annals of the New York Academy of Sciences.* Advanced online publication.

Piper, M., & Darrah, J. (1994). *Motor assessment of the developing infant.* Philadelphia: Saunders.

Pollock, M.L. (1974). Physiological characteristics of older champion track athletes. *Research Quarterly*, 45, 363–373.

Pomerance, A. (1965). Pathology of the heart with and without failure in the aged. *British Heart Journal*, 27, 697–710.

Ponds, R.W., Brouwer, W.H., & Van Wolffelaar, P.C. (1988). Age differences in divided attention in a simulated driving task. *Journal of Gerontology: Psychological Sciences*, 43, P151–P156.

Pope, M., Liu, T., Breslin, C., & Getchell, N. (2012). Using constraints to design developmentally appropriate movement activities for children with autism spectrum disorders. *Journal of Physical Education, Recreation, and Dance*, 83(2), 35–41.

Pope, M.J. (1984). *Visual proprioception in infant postural development.* Unpublished doctoral dissertation, University of Southampton, Highfield, Southampton, UK.

Posner, J.D., Gorman, K.M., Klein, H.S., & Woldow, A. (1986). Exercise capacity in the elderly. *American Journal of Cardiology*, 57, 52C–58C.

Postma, D.B.W., Smith, J., Pepping, G.-J., van Andel, S., & Zaal, F.T.J.M. (2017). When a fly ball is out of reach: Catchability judgments are not based on optical acceleration cancelation. *Frontiers in Psychology*, 8, 535.

Power, T.G. (1985). Mother- and father-infant play: A developmental analysis. *Child Development*, 56, 1514–1524.

Power, T.G., & Parke, R.D. (1983). Patterns of mother and father play with their 8-month-old infant: A multiple analyses approach. *Infant Behavior and Development*, 6, 453–459.

Power, T.G., & Parke, R.D. (1986). Patterns of early socialization: Mother- and father-infant interactions in the home. *International Journal of Behavioral Development*, 9, 331–341.

Prader, A., Tanner, J.M., & von Harnack, G.A. (1963). Catch-up growth following illness or starvation: An example of developmental canalization in man. *Journal of Pediatrics*, 62, 646–659.

Prohaska, T.R., Leventhal, E.A., Leventhal, H., & Keller, M.L. (1985). Health practices and illness cognition in young, middle aged, and elderly adults. *Journal of Gerontology*, 40, 569–578.

Proske, U., & Gandevia, S.C. (2012). The proprioceptive senses: Their roles in signaling body shape, body position and movement, and muscle force. *Physiology Review*, 92, 1651–1697.

Pryde, K.M., Roy, E.A., & Campbell, K. (1998). Prehension in children and adults: The effects of size. *Human Movement Science*, 17(6), 743–752.

Pulito Runion, B., Roberton, M.A., & Langendorfer, S.J. (2003). Forceful overarm throwing: A comparison of two cohorts measured 20 years apart. *Research Quarterly for Exercise and Sport*, 74, 324–330.

Purhonen, J., Kilpelainen-Lees, R., Valkonen-Korhonen, M., Karhu, J., & Lehtonen, J. (2005). Fourth-month-old infants process own mother's voice faster than unfamiliar voices: Electrical signs of sensitization in infant brain. *Cognitive Brain Research*, 24, 627–633.

Quatman, C.E., Ford, K.R., Myer, G.D., Paterno, M.V., & Hewett, T.D. (2008). The effects of gender and pubertal status on generalized joint laxity in young athletes. *Journal of Science and Medicine in Sport*, 11, 257–263.

Quatman-Yates, C.C., Quatman, C.E., Meszaros, A.J., Paterno, M.V., & Hewett, T.E. (2012). A systematic review of sensorimotor function during adolescence: A developmental stage of increased motor awkwardness? *British Journal of Sports Medicine*, 46(9), 649–655.

Raag, T. (1999). Influences of social expectations of gender, gender stereotypes, and situational constraints on children's toy choices. *Sex Roles*, 41(11/12), 809–831.

Raag, T., & Rackliff, C.L. (1998). Preschoolers' awareness of social expectations of gender: Relationships to toy choices. *Sex Roles*, 38(9/10), 685–700.

Radaelli, R., Botton, C.E., Wilhelm, E.N., Bottaro, M.,

Lacerda, F., Gaya, A., ... Pinto, R.S. (2013). Low- and high-volume strength training induces similar neuromuscular improvements in muscle quality in elderly women. *Experimental Gerontology*, 48, 710–716.

Ramsay, D.S. (1980). Onset of unimanual handedness in infants. *Infant Behavior and Development*, 3, 377–386.

Ramsay, D.S. (1985). Infants' block banging at midline: Evidence for Gesell's principal of "reciprocal interweaving" in development. *British Journal of Developmental Psychology*, 3, 335–343.

Ramsay, D.S., Campos, J.J., & Fenson, L. (1979). Onset of bimanual handedness in infants. *Infant Behavior and Development*, 2, 69–76.

Ramsay, J.A., Blimkie, C.J.R., Smith, K., Garner, S., MacDougall, J.D., & Sale, D.G. (1990). Strength training effects in prepubescent boys. *Medicine and Science in Sports and Exercise*, 22, 605–614.

Rarick, G.L., & Smoll, F.L. (1967). Stability of growth in strength and motor performance from childhood to adolescence. *Human Biology*, 39, 295–306.

Rasmussen, R.L., Faulkner, R.A., Mirwald, R.L., & Bailey, D.A. (1990). A longitudinal analysis of structure/function related variables in 10–16 year old boys. In G. Beunen, J. Ghesquiere, T. Reybrouck, & A.L. Claessens (Eds.), *Children and exercise* (pp. 27–33). Stuttgart: Verlag.

Ratey, J.J. (2001). *A user's guide to the brain: Perception, attention, and the four theaters of the brain.* New York, NY: Vintage Books.

Ratey, J.J. (2008). *Spark.* New York, NY: Little, Brown.

Reaburn, P., & Dascombe, B. (2009). Anaerobic performance in masters athletes. *European Review of Aging and Physical Activity*, 6, 39.

Reaburn, P., Logan, P., & Mackinnon, L. (1994). The effect of hypertrophy resistance training on anaerobic work capacity in veteran sprint runners. In *1994 The Year of the Coach: National coaching conference proceedings* (pp. 168–172). Canberra, Australia: Australian Coaching Council.

Reaven, P.D., Barrett-Connor, E., & Edelstein, S. (1991). Relation between leisure-time physical activity and blood pressure in older women. *Circulation*, 83, 559–565.

Reid, G., & Block, M.E. (1996). Motor development and physical education. *New approaches to Down syndrome*, 309–340.

Reimers, S., & Maylor, E.A. (2005). Task switching across the life span: Effects of age on general and specific switch costs. *Developmental Psychology*, 41, 661–671.

Reith, K.M. (2004). *Playing fair: A Women's Sports Foundation guide to Title IX in high school and college sports.* East Meadow, NY: Women's Sports Foundation.

Rians, C.B., Weltman, A., Cahill, B.R., Janney, C.A., Tippett, S.R., & Katch, F.I. (1987). Strength training for prepubescent males: Is it safe? *American Journal of Sports Medicine*, 15, 483–489.

Rikli, R.E., & Busch, S. (1986). Motor performance of women as a function of age and physical activity level. *Journal of Gerontology*, 41, 645–649.

Rikli, R.E., & Edwards, D.J. (1991). Effects of a 3 year exercise program on motor function and cognitive speed in older women. *Research Quarterly for Exercise and Sport*, 62(1), 61–67.

Rikli, R.E., & Jones, C.J. (1999). Functional fitness normative scores for community-residing older adults, ages 60–94. *Journal of Aging and Physical Activity*, 7, 162–181.

Ring-Dimitriou, S., von Duvillard, S.P., Paulweber, B., Stadlmann, M., Lemura, L.M., Peak, K., et al. (2007). Nine months aerobic fitness induced changes on blood lipids and lipoproteins in untrained subjects versus controls. *European Journal of Applied Physiology*, 99, 291–299.

Rintala, P.O., Sääkslahti, A.K., & Iivonen, S. (2017). Reliability assessment of scores from video-recorded TGMD-3 performances. *Journal of Motor Learning and Development*, 5, 59–68.

Risser, W.L., & Preston, D. (1989). Incidence and causes of musculoskeletal injuries in adolescents training with weights [Abstract]. *Pediatric Exercise Science*, 1, 84.

Ritchie, C.S., Joshipura, K., Hung, H.C., & Douglass, C.W. (2002). Nutrition as a mediator in the relation between oral and systemic disease: Associations between specific measures of adult oral health and nutrition outcomes. *Critical Reviews in Oral Biology and Medicine*, 13, 291–300.

Rivilis, I., Hay, J., Cairney, J., Klentrou, P., Liu, J., & Faught, B.E. (2011). Physical activity and fitness in children with developmental coordination disorder: A systematic review. *Research in Developmental Disabilities*, 32, 894–910.

Rizzo, M., Anderson, S.W., & Fritzsch B. (Eds.) *The Wiley handbook on the aging mind and brain.* Hoboken, NJ: Wiley.

Roach, K.E., & Miles, T.P. (1991). Normal hip and knee active range of motion: The relationship to age. *Physical Therapy*, 70, 656–665.

Roberton, M.A. (1977). Stability of stage categorizations across trials: Implications for the "stage theory" of overarm throw development. *Journal of Human Movement Studies*, 3, 49–59.

Roberton, M.A. (1978a). Longitudinal evidence for developmental stages in the forceful overarm throw. *Journal of Human Movement Studies*, 4, 167–175.

Roberton, M.A. (1978b). Stages in motor development. In M.V. Ridenour (Ed.), *Motor development: Issues and applications* (pp.63–81). Princeton, NJ: Princeton Book.

Roberton, M.A. (1984). Changing motor patterns during childhood. In J.R. Thomas (Ed.), *Motor development during childhood and adolescence* (pp.48–90). Minneapolis: Burgess.

Roberton, M.A. (1988). The weaver's loom: A developmental metaphor. In J.E. Clark & J.H. Humphrey (Eds.), *Advances in motor development research* (Vol. 2, pp.129–141). New York, NY: AMS Press.

Roberton, M.A. (1989). Motor development: Recognizing our roots, charting our future. *Quest*, 41, 213–223.

Roberton, M.A., & DiRocco, P. (1981). Validating a motor skill sequence for mentally retarded children. *American Corrective Therapy Journal*, 35, 148–154.

Roberton, M.A., & Halverson, L.E. (1984). *Developing children: Their changing movement.* Philadelphia: Lea & Febiger.

Roberton, M.A., & Halverson, L.E. (1988). The development of locomotor coordination: Longitudinal change and invariance. *Journal of Motor Behavior*, 20, 197–241.

Roberton, M.A., & Konczak, J. (2001). Predicting children's overarm throw ball velocities from their developmental levels in throwing. *Research Quarterly for Exercise and Sport*, 72, 91–103.

Roberton, M.A., & Langendorfer, S. (1980). Testing motor development sequences across 9–14 years. In D. Nadeau, W. Halliwell, K. Newell, & G. Roberts (Eds.), *Psychology of motor behavior and sport—1979* (pp. 269–279). Champaign, IL: Human Kinetics.

Robinson, L.E. (2011). The relationship between perceived physical competence and fundamental motor skills in preschool children. *Child: Care, Health and Development*, 37, 589–596.

Robinson, L.E., Stodden, D.F., Barnett, L.M., Lopes, V.P., Logan, S.W., Rodrigues, L.P., & D'Hondt, E. (2015). Motor competence and its effect on positive developmental trajectories of health. *Sports Medicine*, 45, 1273–1284.

Rodríguez, P.L., Santonja, F.M., Lopez-Miñarro, P.A., Sáinz de Baranda, P., & Yuste, J.L. (2008). Effect of physical education stretching programme on sit-and-reach score in schoolchildren. *Science & Sports*, 23, 170–175.

Roncesvalles, M.N., Schmitz, C., Zedka, M., Assaiante, C., & Woollacott, M. (2005). From egocentric to exocentric spatial orientation: Development of posture control in bimanual and trunk inclination tasks. *Journal of Motor Behavior*, 37, 404–416.

Roncesvalles, M.N.C., Woollacott, M.H., & Jensen, J.L. (2000). The development of compensatory stepping skills in children. *Journal of Motor Behavior*, 32, 100–111.

Rosenbaum, M., & Leibel, R.L. (1998). The physiology of body weight regulation: Relevance to the etiology of obesity in children. *Pediatrics*, 101(3S), 525–539.

Rosenhall, V., & Rubin, W. (1975). Degenerative changes in the human sensory epithelia. *Acta Oto-Laryngologica*, 79, 67–81.

Ross, J.G., Pate, R.R., Delpy, L.A., Gold, R.S., & Svilar, M. (1987). New health-related fitness norms. *Journal of Physical Education, Recreation and Dance*, 58, 66–70.

Rowland, T.W. (1996). *Developmental exercise physiology.* Champaign, IL: Human Kinetics.

Rowland, T.W. (2012). Inferior exercise economy in children: Perpetuating a myth? *Pediatric Exercise Science*, 24, 501–506.

Roy, E.A., Winchester, T., Weir, P., & Black, S. (1993). Age differences in the control of visually aimed movements. *Journal of Human Movement Studies*, 24, 71–81.

Royce, W.S., Gebelt, J.L., & Duff, R.W. (2003). Female athletes: Being both athletic and feminine. *Athletic Insight*, 5, 1–15.

Rudel, R., & Teuber, H. (1971). Pattern recognition within and across sensory modalities in normal and brain injured children. *Neuropsychologica*, 9, 389–400.

Rudisill, M.E. (2016). Mastery motivational climates: Motivating children to move and learn in physical education contexts. *Kinesiology Review*, 5(3), 157–69.

Rudisill, M.E., & Johnson, J.L., (2018). Mastery motivational climates in early childhood physical education: What have we learned over the years? *Journal of Physical Education, Recreation & Dance*, 89(6), 26–32.

Rudloff, L.M., & Feldmann, E. (1999). Childhood obesity: Addressing the issue. *Journal of the American Osteopathic Association*, 99(4), S1–S6.

Rudman, W. (1986). Life course socioeconomic transitions and sport involvement: A theory of restricted opportunity. In B. McPherson (Ed.), *Sport and aging* (pp. 25–35). Champaign, IL: Human Kinetics.

Ruff, H.A. (1984). Infants' manipulative exploration of objects: Effects of age and objects' characteristics. *Developmental Psychology*, 29, 9–20.

Ruffieux, J., Mouthon, A., Keller, M., Wälchli, M., & Taube, W. (2017). Behavioral and neural adaptations in response to five weeks of balance training in older adults: A randomized controlled trial. *Journal of Negative Results in BioMedicine*, 16, 11.

Rutenfranz, J. (1986). Longitudinal approach to assessing maximal aerobic power during growth: The European experience. *Medicine and Science in Sports and Exercise*, 15, 486–490.

Ruthruff, E., & Lien, M.C. (2015). Aging and attention. *Encyclopedia of geropsychology*, 1–7.

Ryan, R.M., & Deci, E.L. (2000). Self-determination theory and the facilitation of intrinsic motivation, social development, and well-being. *American psychologist*, 55(1), 68.

Sabo, D., & Veliz, P. (2008). *Go out and play: Youth sports in America.* East Meadow, NY: Women's Sports Foundation.

Sadres, E., Eliakim, A., Constantini, N., Lidor, R., & Falk, B. (2001). The effect of long-term resistance training on anthropometric measures, muscle strength, and self-concept in prepubertal boys. *Pediatric Exercise Science*, 13, 357–372.

Safar, M. (1990). Aging and its effects on the cardiovascular system. *Drugs*, 39(Suppl. 1), 1–18.

Sakurai, S., Chentanez, T., & Elliott, B.C. (1998). International comparison of the development trend of overhand throwing ability. *Medicine & Science in Sports & Exercise*, 20(Suppl.), S151.

Sale, D.G. (1989). Strength training in children. In G.V. Gisolfi & D.R. Lamb (Eds.), *Perspectives in exercise science and sports medicine: Vol.2. Youth, exercise and sport* (pp. 165–222). Indianapolis: Benchmark Press.

Salkind, N.J. (1981). *Theories of human development.* New York, NY: Van Nostrand.

Saltin, B., & Grimby, G. (1968). Physiological analysis of middle-aged and old former athletes: Comparison with still active athletes of the same ages. *Circulation*, 38, 1104–1115.

Santos, A.D., Marinho, D.A., Costa, A.M., Izquierdo, M., & Marques, M.C. (2012). The effects of concurrent resistance and endurance training following a detraining period

399

in elementary school students. *Journal of Strength & Conditioning Research*, 26, 1708–1716.

Sapp, M., & Haubenstricker, J. (1978, April). *Motivation for joining and reasons for not continuing in youth sport programs in Michigan.* Paper presented at the annual convention of the American Alliance for Health, Physical Education, Recreation and Dance, Kansas City, MO.

Saraiva, L., Rodrigues, L.P, Cordovil, R., & Barreiros, J. (2013). Influence of age, sex and somatic variables on the motor performance of pre-school children. *Annals of Human Biology*, 40, 444–450.

Sarsan, A., Ardic, F., Ozgen, M., Topuz, O., & Sermez, Y. (2006). The effects of aerobic and resistance exercises in obese women. *Clinical Rehabilitation*, 20, 773–782.

Scanlon, T.C., Fragala, M.S., Stout, J.R., Emerson, N.S., Beyer, K.S., Oliveira, L.P., & Hoffman, J.R. (2014). Muscle architecture and strength: Adaptations to short-term resistance training in older adults. *Muscle Nerve*, 49, 583–592.

Scanlan, T.K. (1988). Social evaluation and the competition process: A developmental perspective. In F.L. Smoll, R.A. Magill, & M.J. Ash (Eds.), *Children in sport* (3rd ed., pp. 135–148). Champaign, IL: Human Kinetics.

Scanlan, T.K., & Lewthwaite, R. (1986). Social psychological aspects of competition for male youth sport participants: IV. Predictors of enjoyment. *Journal of Sport Psychology*, 8, 25–35.

Scanlan, T.K., Stein, G.L., & Ravizza, K. (1988). An in-depth study of former elite figure skaters: II. Sources of enjoyment. *Journal of Sport and Exercise Psychology*, 11, 65–83.

Schaap, T.S., Gonzales, T.I., Janssen, T.W.J., & Brown, S.H. (2015). Proprioceptively guided reaching movements in 3D space: Effects of age, task complexity and handedness. *Experimental Brain Research*, 233, 631–639.

Schellenberger, B. (1981). The significance of social relations in sport activity. *International Review of Sport Sociology*, 16, 69–77.

Schmidt, R., & Lee, T. (2014). *Motor control and learning: A behavioral emphasis* (5th ed.). Champaign, IL: Human Kinetics.

Schmidt, R., & Wrisberg, C. (2014). *Motor learning and performance (5th ed.).* Champaign, IL: Human Kinetics.

Schmidt, R.A. (1975). A schema theory of discrete motor skill learning. *Psychological Review*, 82, 225–260.

Schutte, N.M., Nederend, I., Hudziak, J.J., de Geus, E.J.C., & Bartels, M. (2016). Differences in adolescent physical fitness: A multivariate approach and meta-analysis. *Behavior Genetics*, 46, 217–227.

Schwanda, N.A. (1978). *A biomechanical study of the walking gait of active and inactive middle-age and elderly men.* Unpublished doctoral dissertation, Springfield College, Springfield, MA.

Schwartz, C., King, N.A., Perreira, B., Blundell, J.E., & Thivel, D. (2017). A systematic review and meta-analysis of energy and macronutrient intake responses to physical activity interventions in children and adolescents with obesity. *Pediatric Obesity*, 12, 179–194.

Schwartz, R.S., Shuman, W.P., Larson, V., Cain, K.C., Fellingham, G.W., Beard, J.C., et al. (1991). The effect of intensive endurance exercise training on body fat distribution in young and older men. *Metabolism*, 40, 545–551.

Seefelt, V. (1980). Developmental motor patterns: Implications for elementary school physical fitness. In C.H. Nadeau, W.R. Hal-liwell, K.C. Newell, & G.C. Roberts (Eds.), *Psychology of motor behavior and sport* (pp. 314–323). Champaign: Human Kinetics.

Seefeldt, V., Reuschlein, S., & Vogel, P. (1972). *Sequencing motor skills within the physical education curriculum.* Paper presented at the annual convention of the American Association for Health, Physical Education, and Recreation, Houston.

Seils, L.G. (1951). The relationship between measures of physical growth and gross motor performance of primary grade school children. *Research Quarterly*, 22, 244–260.

Sertel, M., Sakizli, E., Bezgin, S., Demirci, C.S., Sahan, T.Y., & Kurtoglu, F. (2017). The effect of single-tasks and dual-tasks on balance in older adults. *Cogent Social Sciences*, 3, 1330913.

Servedio, F.J., Barels, R.L., Hamlin, R.L., Teske, D., Shaffer, T., & Servedio, A. (1985). The effects of weight training using Olympic style lifts on various physiological variables in prepubescent boys [Abstract]. *Medicine and Science in Sports and Exercise*, 17, 288.

Sewall, L., & Micheli, L.J. (1986). Strength training for children. *Journal of Pediatric Orthopedics*, 6, 143–146.

Shaffer, D.M. (1999). Navigating in baseball: A spatial optical tracking strategy and associated naïve physical beliefs. *Dissertation Abstracts International: Section B. The Sciences and Engineering*, 59, 4504.

Shaffer, D.M., & McBeath, M.K. (2002). Baseball outfielders maintain a linear optical trajectory when tracking uncatchable fly balls. *Journal of Experimental Psychology: Human Perception and Performance*, 28, 335–348.

Shakib, S., & Dunbar, M.D. (2004). How high school athletes talk about maternal and paternal sporting experiences. *International Review for the Sociology of Sport*, 39(3), 275–299.

Shapiro, D.C., & Schmidt, R.A. (1982). The schema theory: Recent evidence and developmental implications. In J.A.S. Kelso & J.E. Clark (Eds.), *The development of movement control and co-ordination* (pp.113–150). New York, NY: Wiley.

Sharma, D.A., Chevidikunnan, M.F., Khan, F.R., & Gaowgzeh, R.A. (2016). Effectiveness of knowledge of result and knowledge of performance in the learning of a skilled motor activity by healthy young adults. *Journal of Physical Therapy Science*, 28(5), 1482–1486.

Shea, C.H., Park, J., & Braden, H. (2006). Age-related effects in sequential motor learning. *Physical Therapy*, 86(4), 478–488.

Sheldon, J.H. (1963). The effect of age on the control of sway. *Gerontologia Clinica*, 5, 129–138.

Shenouda, R., Wilson, M., & Fletcher, S. (2016). Resistance training in children and young adults: A critical review. *International Journal of Applied Exercise Physiology*, 5,

1–8.

Shephard, R.J. (1978a). *IBP Human Adaptability Project synthesis: Vol.4. Human physiological work capacity.* New York, NY: Cambridge University Press.

Shephard, R.J. (1978b). *Physical activity and aging.* Chicago: Year Book Medical.

Shephard, R.J. (1982). *Physical activity and growth.* Chicago: Year Book Medical.

Shephard, R.J. (1987). *Physical activity and aging* (2nd ed.). London: Croom Helm.

Shephard, R.J. (1993). Aging, respiratory function, and exercise. *Journal of Aging and Physical Activity*, 1, 59–83.

Shirley, M.M. (1931). *The first two years: A study of twenty five babies.* Minneapolis: University of Minnesota Press.

Shirley, M.M. (1963). The motor sequence. In D. Wayne (Ed.), *Readings in child psychology.* Englewood Cliffs, NJ: Prentice Hall.

Shuleva, K.M., Hunter, G.R., Hester, D.J., & Dunaway, D.L. (1990). Exercise oxygen uptake in 3- through 6-year-old children. *Pediatric Exercise Science*, 2, 130–139.

Shumway-Cook, A., & Woollacott, M. (1985). The growth of stability: Postural control from a developmental perspective. *Journal of Motor Behavior*, 17, 131–147.

Shute, V.J., & Gawlick, L.A. (1995). Practice effects on skill acquisition, learning outcome, retention, and sensitivity to relearning. *Human Factors*, 37, 781–803.

Sibley, B.A., & Etnier, J.L. (2003). The relationship between physical activity and cognition in children: A meta-analysis. *Pediatric Exercise Science*, 15, 243–256.

Siegel, J.A., Camaione, D.N., & Manfredi, T.G. (1989). The effects of upper body resistance training on pre-pubescent children. *Pediatric Exercise Science*, 1, 145–154.

Siegler, R.S., & Jenkins, E.A. (1989). *How children discover new strategies.* Hillsdale, NJ: Erlbaum.

Silva, N.L., Oliveira, R.B., Fleck, S.J., Leon, A.C.M.P., & Farinatti, P. (2014). Influence of strength training variables on strength gains in adults over 55 years-old: A meta-analysis of dose-response relationships. *Journal of Science and Medicine in Sport*, 17, 337–344.

Silverman, L. (2013, June 20). Nerlens Noel recovering from torn ACL. Silverman Ankle & Foot.

Simoneau, J.A., & Bouchard, C. (1989). Human variation in skeletal muscle proportion and enzyme activities. *American Journal of Physiology, Endocrinology, and Metabolism*, 257, E567–E572.

Simons, J., Beunen, G.P., Renson, R., Claessens, A.L.M., Vanreusel, B., & Lefevre, J.A.V. (1990). *Growth and fitness of Flemish girls: The Leuven growth study.* Champaign, IL: Human Kinetics.

Sinclair, C. (1971). Dominance pattern of young children: A follow-up study. *Perceptual and Motor Skills*, 32, 142.

Sinclair, C.B. (1973). *Movement of the young child: Ages two to six.* Columbus, OH: Merrill.

Singleton, W.T. (1955). *Age and performance timing on simple skills: Old age and the modern world* (Report of the Third Congress of the International Association of Gerontology). London: Livingstone.

Skinner, B.F. (1938). *The behavior of organisms. An experimental analysis.* New York, NY: Appleton-Century.

Slater, A., Mattock, A., & Brown, E. (1990). Size constancy at birth: Newborn infants' responses to retinal and real size. *Journal of Experimental Child Psychology*, 49(2), 314–322.

Smith, A.B. (1985). Teacher modeling and sex-types play preferences. *New Zealand Journal of Educational Studies*, 20, 39–47.

Smith, D.B., Johnson, G.O., Stout, J.R., Housh, T.J., Housh, D.J., & Evetovich, T.K. (1997). Validity of near-infrared interactance for estimating relative body fat in female high school gymnasts. *International Journal of Sports Medicine*, 18, 531–537.

Smith, E.L., Sempos, C.T., & Purvis, R.W. (1981). Bone mass and strength decline with age. In E.L. Smith & R.C. Serfass (Eds.), *Exercise and aging: The scientific basis* (pp. 59–87). Hill-side, NJ: Enslow.

Smith, E.L., & Serfass, R.C. (Eds.). (1981). *Exercise and aging: The scientific basis.* Hillside, NJ: Enslow.

Smith, M.D. (1979). Getting involved in sport: Sex differences. *International Review of Sport Sociology*, 14, 93–99.

Smith, N.A., Folland, N.A., Martinez, D.M., & Trainor, L.J. (2017). Multisensory object perception in infancy: 4-month-olds perceive a mistuned harmonic as a separate auditory and visual object. *Cognition*, 164, 1–7.

Smith, R.E., & Smoll, F.L. (2012). *Sport psychology for youth coaches: Developing champions in sports and life.* Lanham, MD: Rowman & Littlefield Publishers.

Smith, R.E., Smoll, F.L., & Curtis, B. (1979). Coach effectiveness training: A cognitive-behavioral approach to enhancing relationship skills in youth sport coaches. *Journal of Sport Psychology*, 1, 59–75.

Smoll, F.L., & Smith, R.E. (1989). Leadership behaviors in sport: A theoretical model and research paradigm. *Journal of Applied Social Psychology*, 19, 1522–1551.

Smoll, F.L., & Smith, R.E. (2001). Conducting sport psychology training programs for coaches: Cognitive-behavioral principles and techniques. In J.M. Williams (Ed.), *Applied sport psychology: Personal growth to peak performance* (4th ed., pp. 378–400). Mountain View, CA: Mayfield.

Smyth, M.M., Katamba, J., & Peacock, K.A. (2004). Development of prehension between 5 and 10 years of age: Distance scaling, grip aperture, and sight of the hand. *Journal of Motor Behavior*, 36, 91–103.

Smyth, M.M., Peacock, K.A., & Katamba, J. (2004). Changes in the role of sight of the hand in the development of prehension in childhood. *The Quarterly Journal of Experimental Psychology A: Human Experimental Psychology*, 57A, 269–296.

Snyder, E.E., & Spreitzer, E. (1973). Family influences and involvement in sports. *Research Quarterly*, 44, 249–255.

Snyder, E.E., & Spreitzer, E. (1976). Correlates of sport participation among adolescent girls. *Research Quarterly*, 47, 804–809.

Snyder, E.E., & Spreitzer, E. (1978). Socialization comparisons of adolescent female athletes and musicians. *Research Quarterly*, 79, 342–350.

Sonstroem, R. (1997). Physical activity and self-esteem. In

W. Morgan (Ed.), *Physical activity and mental health* (Series in health psychology and behavioral medicine, pp. 127–143). Washington, DC: Taylor & Francis.

Soucie, J.M., Wang, C., Forsyth, A., Funk, S., Denny, M., Roach, K.E., Boone, D. and the Hemophilia Treatment Center Network. (2011). Range of motion measurements: Reference values and a database for comparison studies. *Haemophilia*, 17, 500–507.

Sowell, E.R., Thompson, P.M., Welcome, S.E., Henkenius, A.L., Toga, A.W., & Peterson, B.S. (2003). Cortical abnormalities in children and adolescents with attention-deficit hyperactivity disorder. *The Lancet*, 362(9397), 1699–1707.

Spence, J.C., McGannon, K.R., & Poon, P. (2005). The effect of exercise on global self-esteem: A quantitative review. *Journal of Sport and Exercise Psychology*, 27, 311–334.

Spetner, N.B., & Olsho, L.W. (1990). Auditory frequency resolution in human infancy. *Child Development*, 61, 632–652.

Spirduso, W.W. (1975). Reaction and movement time as a function of age and physical activity level. *Journal of Gerontology*, 30, 435–440.

Spirduso, W.W. (1980). Physical fitness and psychomotor speed: A review. *Journal of Gerontology*, 35, 850–865.

Spirduso, W.W. (1995). *Physical dimensions of aging*. Champaign, IL: Human Kinetics.

Spirduso, W.W., Francis, K.W., & MacRae, P.G. (2005). *Physical dimensions of aging* (2nd ed.). Champaign, IL: Human Kinetics.

Spreitzer, E., & Snyder, E. (1983). Correlates of participation in adult recreational sports. *Journal of Leisure Research*, 15, 28–38.

Sprynarova, S., & Reisenauer, R. (1978). Body dimensions and physiological indications of physical fitness during adolescence. In R.J. Shephard & H. Lavallee (Eds.), *Physical fitness assessment* (pp. 32–37). Springfield, IL: Charles C Thomas.

Stadulis, R.I. (1971). *Coincidence-anticipation behavior of children*. Unpublished doctoral dissertation, Columbia University, New York.

Stamford, B.A. (1973). Effects of chronic institutionalization on the physical working capacity and trainability of geriatric men. *Journal of Gerontology*, 28, 441–446.

Stamford, B.A. (1988). Exercise and the elderly. In K.B. Pandolf (Ed.), *Exercise and sport sciences reviews* (Vol. 16, pp. 341–379). New York, NY: Macmillan.

Steben, R.E., & Steben, A.H. (1981). The validity of the strength shortening cycle in selected jumping events. *Journal of Sports Medicine and Physical Fitness*, 21, 1–7.

Stein, B.E., & Meredith, M.A. (1993). *The merging of the senses*. Cambridge, MA: MIT Press.

Stein, B.E., Meredith, M.A., & Wallace, M.T. (1994). Development and neural basis of multisensory integration. In D.J. Lewkowicz & R. Lickliter (Eds.), *The development of intersensory perception: Comparative perspectives* (pp. 81–105). Hillsdale, NJ: Erlbaum.

Steinberger, J., Jacobs, D.R., Jr., Raatz, S., Moran, A., Hong,

C.-P., & Sinaiko, A.R. (2005). Comparison of body fatness measurements by BMI and skinfolds vs. dual energy X-ray absorptiometry and their relation to cardiovascular risk factors in adolescents. *International Journal of Obesity*, 29, 1346–1352.

Stenholm, S., Vahtera, J., Kawachi, I., Pentti, J., Halonen, J.I., Westerlund, H., ... & Kivimäki, M. (2015). Patterns of weight gain in middle-aged and older US adults, 1992–2010. *Epidemiology*, 26(2), 165–168.

Sterdt, E., Liersch, S., Walter, U. (2014). Correlates of physical activity of children and adolescents: A systematic review of reviews. *Health Education Journal*, 73, 72–89.

Sterritt, G., Martin, V., & Rudnick, M. (1971). Auditory-visual and temporal-spatial integration as determinants of test difficulty. *Psychonomic Science*, 23, 289–291.

Stevenson, B. (2007). Title IX and the evolution of high school sports. *Contemporary Economic Policy*, 25, 486–505.

Stiles, J., & Jernigan, T. L. (2010). The basics of brain development. *Neuropsychology Review*, 20(4), 327–348.

Stine, E.L., Wingfield, A., & Poon, L.W. (1989). Speech comprehension and memory through adulthood: The roles of time and strategy. In L.W. Poon, D.S. Rubin, & B.A. Wilson (Eds.), *Everyday cognition in adulthood and later years* (pp. 195–221). Cambridge, UK: Cambridge University Press.

Stodden, D., Langendorfer, S., & Roberton, M.A. (2009). The association between motor skill competence and physical fitness in young adults. *Research Quarterly for Exercise and Sport*, 80, 223–229.

Stodden, D.F., Fleisig, G.S., Langendorfer, S.J., & Andrews, J.R. (2006). Kinematic constraints associated with the acquisition of overarm throwing. Part I: Step and trunk actions. *Research Quarterly for Exercise and Sport*, 77, 417–427.

Stodden, D.F., & Goodway, J.D. (2007). The dynamic association between motor skill development and physical activity. *Journal of Physical Education, Recreation and Dance*, 8, 33–34, 48–49.

Stodden, D.F., Goodway, J.D., Langendorfer, S.J., Roberton, M.A., Rudisill, M.E., Garcia, C., & Garcia, L.E. (2008). A developmental perspective on the role of motor skill competence in physical activity: An emergent relationship. *Quest*, 60, 290–306.

Stones, M.J., & Kozma, A. (1989). Age, exercise, and coding performance. *Psychology and Aging*, 4, 190–194.

Storli, R., & Sandseter, E.B.H. (2015). Preschool Teachers' Perceptions of Children's Rough-and-Tumble Play (R&T) in Indoor and Outdoor Environments. *Early Child Development and Care* 185 (11–12): 1995–2009.

Storli, R., & Sandseter, E.B.H. (2017). Gender matters: Male and female ECEC practitioners' perceptions and practices regarding children's rough-and-tumble play (R&T). *European Early Childhood Education Research Journal*, 25,(6) 838–853.

Strait, J.B., & Lakatta, E.G. (2012). Aging-associated cardio-vascular changes and their relationship to heart failure. *Heart Failure Clinics*, 8(1), 143–164.

Strohmeyer, H.S., Williams, K., & Schaub-George, D. (1991).

Developmental sequences for catching a small ball: A prelongitudinal screening. *Research Quarterly for Exercise and Sport*, 62, 257–266.

Susman, E.J., Houts, R.M., Steinberg, L., Belsky, J., Cauffman, E., DeHart, G., et al. (2010). Longitudinal development of secondary sexual characteristics in girls and boys between ages 9- and 15- years. *Archives of pediatrics and adolescent medicine*, 164(2), 166–173.

Sutherland, D. (1997). The development of mature gait. *Gait and Posture*, 6(2), 162–170.

Sutherland, D.H., Olshen, R., Cooper, L., & Woo, S. (1980). The development of mature gait. *Journal of Bone and Joint Surgery*, 62A, 336–353.

Sutherland, R., Pipe, M., Schick, K., Murray, J., & Gobbo, C. (2003). Knowing in advance: The impact of prior event information on memory and event knowledge. *Journal of Experimental Child Psychology*, 84, 244–263.

Sutton, R.A., & Miller, C. (2006). Comparison of some secondary body composition algorithms. *College Student Journal*, 40, 791–801.

Swanson, L.R., & Lee, T.D. (1992). Effects of aging and schedules of knowledge of results on motor learning. *Journal of Gerontology*, 47, 406–411.

Swanson, R., & Benton, A.L. (1955). Some aspects of the genetic development of right-left discrimination. *Child Development*, 26, 123–133.

Sweeting, T., & Rink, J.E. (1999). Effects of direct instruction and environmentally designed instruction on the process and product characteristics of a fundamental skill. *Journal of Teaching in Physical Education*, 18, 216–233.

Swingley, D. (2005). 11-month-olds' knowledge of how familiar words sound. *Developmental Science*, 8, 432–443.

Tanaka, Y., Kanakogi, Y., Kawasaki, M., & Myowa, M. (2018). The integration of audio-tactile information is modulated by multimodal social interaction with physical contact in infancy. *Developmental Cognitive Neuroscience*, 30, 31–40.

Tanner, J.M. (1975). Growth and endocrinology of the adolescent. In L.I. Gardner (Ed.), *Endocrine and genetic disease of childhood and adolescence* (2nd ed., pp.14–63). Philadelphia: Saunders.

Teeple, J.B. (1978). Physical growth and maturation. In M.F. Ridenour (Ed.), *Motor development: Issues and applications* (pp.3–27). Princeton, NJ: Princeton Book.

Telama, R., Yang, X., Hirvensalo, J., & Raitakari, O. (2006). Participation in organized youth sport as a predictor of adult physical activity: A 21-year longitudinal study. *Pediatric Exercise Science*, 17, 76–88.

Telama, R., Yang, X., Laakso, L., & Viikari, J. (1997). Physical activity in childhood and adolescence as predictor of physical activity in young adulthood. *American Journal of Preventive Medicine*, 13, 317–323.

Temple, I.G., Williams, H.G., & Bateman, N.J. (1979). A test battery to assess intrasensory and intersensory development of young children. *Perceptual and Motor Skills*, 48, 643–659.

Thelen, E. (1979). Rhythmical stereotypies in normal human infants. *Animal Behaviour*, 27, 699–715.

Thelen, E. (1981). Kicking, rocking, and waving: Contextual analysis of rhythmic stereotypies in normal human infants. *Animal Behaviour*, 29, 3–11.

Thelen, E. (1983). Learning to walk is still an "old" problem: A reply to Zelazo. *Journal of Motor Behavior*, 15, 139–161.

Thelen, E. (1985). Developmental origins of motor coordination: Leg movements in human infants. *Developmental Psychobiology*, 18, 1–22.

Thelen, E. (1995). Motor development: A new synthesis. *American Psychologist*, 50, 79–95.

Thelen, E. (1998). Bernstein's legacy for motor development: How infants learn to reach. In M. Latash (Ed.), *Progress in motor control* (pp. 267–288). Champaign, IL: Human Kinetics.

Thelen, E., Corbetta, D., Kamm, K., Spencer, J.P., Schneider, K., & Zernicke, R.F. (1993). The transition to reaching: Mapping intention and intrinsic dynamics. *Child Development*, 64, 1058–1098.

Thelen, E., & Fisher, D.M. (1983). The organization of spontaneous leg movements in newborn infants. *Journal of Motor Behavior*, 15, 353–377.

Thelen, E., Kelso, J.A.S., & Fogel, A. (1987). Self-organizing systems and infant motor development. *Developmental Review*, 7, 37–65.

Thelen, E., Ridley-Johnson, R., & Fisher, D.M. (1983). Shifting patterns of bilateral coordination and lateral dominance in the leg movements of young infants. *Developmental Psychobiology*, 16, 29–46.

Thelen, E., & Ulrich, B.D. (1991). Hidden skills: A dynamic systems analysis of treadmill stepping during the first year. *Monographs of the Society for Research in Child Development, 56*(1, Serial no. 233).

Thelen, E., Ulrich, B.D., & Jensen, J.L. (1989). The developmental origins of locomotion. In M.H. Woollacott & A. Shumway-Cook (Eds.), *Development of posture and gait across the life span* (pp. 25–47). Columbia: University of South Carolina Press.

Thomas, J.R. (1984). *Motor development during childhood and adolescence*. Minneapolis: Burgess.

Thomas, J.R., Alderson, J.A., Thomas, K.T., Campbell, A.C., & Elliott, B.C. (2010). Developmental gender differences for overhand throwing in Aboriginal Australian children. *Research Quarterly for Exercise and Sport*, 81, 432–441.

Thomas, J.R., Gallagher, J.D., & Purvis, G.J. (1981). Reaction time and anticipation time: Effects of development. *Research Quarterly for Exercise and Sport*, 52, 359–367.

Thomas, J.R., Thomas, K.T., & Gallagher, J.D. (1981). Children's processing of information in physical activity and sport. *Motor Skills: Theory Into Practice Monograph*, 3, 1–8.

Tibana, R.A., Prestes, J., Nascimento, D.D.A., Martins, O.V., DeSantana, F.S., & Balsamo, S. (2012). Higher muscle performance in adolescents compared with adults after a resistance training session with different rest intervals. *Journal of Strength & Conditioning Research*, 26, 1027–1032.

Tierney, A.L., & Nelson, C.A. (2009). Brain development and the role of experience in the early years. *Zero to Three*,

30(2), 9–13.

Timiras, M.L., & Brownstein, H. (1987). Prevalence of anemia and correlation of hemoglobin with age in a geriatric screening clinic population. *Journal of the American Geriatrics Society*, 35, 639–643.

Timiras, P.S. (1972). *Developmental physiology and aging.* New York, NY: Macmillan.

Toftegaard-Stoeckel, J., Groenfeldt, V., & Andersen, L.B. (2010). Children's self-perceived bodily competencies and associations with motor skills, body mass index, teachers' evaluations, and parents' concerns. *Journal of Sports Sciences*, 28, 1369–1375.

Toledo, D.R., Barela, J.A., & Kohn, A.F. (2017). Improved proprioceptive function by application of subsensory electrical noise: Effects of aging and task-demand. *Neuroscience*, 358, 103–114.

Tomkinson, G.R., Hamlin, M.J., & Olds, T.S. (2006). Secular changes in anaerobic test performance in Australasian children and adolescents. *Pediatric Exercise Science*, 18, 314–328.

Tomkinson, G.R., & Olds, T.S. (2007). Secular changes in pediatric aerobic fitness test performance: The global picture. *Medicine and Sport Science*, 50, 46–66.

Tomkinson, G.R., Olds, T.S., Kang, S.J., & Kim, D.Y. (2007). Secular trends in the aerobic fitness test performance and body mass index of Korean children and adolescents (1968–2000). *International Journal of Sports Medicine*, 28, 314–320.

Tommasini, S.M., Nasser, P., Schaffler, M.B., & Jepsen, K.J. (2005). Relationship between bone morphology and bone quality in male tibias: Implications for stress fracture risk. *Journal of Bone and Mineral Research*, 20, 1372–1380.

Tourva, A., Spanoudis, G., & Demetriou, A. (2016). Cognitive correlates of developing intelligence: The contribution of working memory, processing speed, and attention. *Intelligence*, 54, 136–146.

Trafton, A. (2015, March 6). The rise and fall of cognitive skills: Neuroscientists find that different parts of the brain work best at different ages. *MIT News*.

Trappe, S., Hayes, E., Galpin, A., Kaminsky, L., Jemiolo, B., Fink, W., et al. (2013). New records in aerobic power among octogenarian lifelong endurance athletes. *Journal of Applied Physiology*, 114, 3–10.

Trehub, S.E., Bull, D., & Thorpe, L.A. (1984). Infants' perception of melodies: The role of melodic contour. *Child Development*, 55, 821–830.

Trehub, S.E., & Hannon, E.E. (2006). Infant music perception: Domain-general or domain-specific mechanisms? *Cognition*, 100, 73–99.

Trevarthen, C. (1974). The psychobiology of speed development. In E.H. Lenneberg (Ed.), *Language and brain: Developmental aspects. Neurosciences Research Program Bulletin* (Vol, 12, pp.570–585). Boston, MA: Neurosciences Research Program.

Trevarthen, C. (1984). How control of movement develops. In H.T.A. Whiting (Ed.), *Human motor actions: Bernstein reassessed* (pp. 223–261). Amsterdam: North-Holland.

Troe, E.J.W.M., Raat, H., Jaddoe, V.W.V., Hofman, A.,

Looman, C.W.N., Moll, H.A., et al. (2007). Explaining differences in birthweight between ethnic populations. The Generation R study. *BJOG*, 114, 1557–1565.

Trudeau, F., Laurencelle, L., Tremblay, J., Rajic, M., & Shephard, R.J. (1998). A long-term follow-up of participants in the Trois-Rivieres semi-longitudinal study of growth and development. *Pediatric Exercise Science*, 10(4), 366–377.

Tun, P.A., & Lachman, M.E. (2008). Age differences in reaction time and attention in a national telephone sample of adults: Education, sex, and task complexity matter. *Developmental Psychology*, 44(5), 1421–1429.

Tun, P.A., & Wingfield, A. (1993). Is speech special? Perception and recall of spoken language in complex environments. In J. Cerella, J. Rybash, W. Hover, & M.L. Commons (Eds.), *Adult information processing: Limits on loss* (pp. 425–457). San Diego: Academic Press.

Turner, J.M., Mead, J., & Wohl, M.E. (1968). Elasticity of human lungs in relation to age. *Journal of Applied Physiology*, 35, 664–671.

Turner, P., & Gervai, J. (1995). A multidimensional study of gender typing in preschool children and their parents: Personality, attitudes, preferences, behavior, and cultural differences. *Developmental Psychology*, 31(5), 759–779.

Turner, P., Gervai, J., & Hinde, R.A. (1993). Gender-typing in young children: Preferences, behaviour and cultural differences. *British Journal of Developmental Psychology*, 11(4), 323–342.

Ulrich, B.D., Thelen, E., & Niles, D. (1990). Perceptual determinants of action: Stair-climbing choices of infants and toddlers. In J.E. Clark & J.H. Humphrey (Eds.), *Advances in motor development research* (Vol.3, pp. 1–15). New York, NY: AMS Press.

Ulrich, B.D., Ulrich, D.A., & Collier, D.H. (1992). Alternating stepping patterns: hidden abilities of 11-month-old infants with down syndrome. *Developmental Medicine & Child Neurology*, 34(3), 233–239.

Ulrich, D.A. (1985). *TGMD, test of gross motor development.* Pro–Ed.

Ulrich, D.A. (2000). *TGMD 2-Test of gross motor development examiner's manual.* Austin TX: PRO-ED, 2.

Ulrich, D.A. (2013). The Test of Gross Motor Development-3 (TGMD-3): Administration, scoring, & international norms. *Hacettepe Journal of Sport Sciences*, 24, 27–33.

Ulrich, D.A. (2017). Introduction to the special section: Evaluation of the psychometric properties of the TGMD-3. *Journal of Motor Learning and Development*, 5(1), 1–4.

Ulrich, D.A., Ulrich, B.D., Angulo-Kinzler, R.M., & Yun, J. (2001). Treadmill training of infants with Down syndrome: evidence-based developmental outcomes. *Pediatrics*, 108(5), e84–e84.

Ulrich, D.A., Lloyd, M.C., Tiernan, C.W., Looper, J.E., & Angulo-Barroso, R.M. (2008). Effects of intensity of treadmill training on developmental outcomes and stepping in infants with Down syndrome: a randomized trial. *Physical Therapy*, 88(1), 114–122.

Unnithan, V.B. (1993). *Factors affecting submaximal running economy in children.* Unpublished doctoral dissertation, University of Glasgow, Glasgow, Scotland.

Unnithan, V.B., Roche, D.M., Garrard, M., Holloway, K., & Marwood, S. (2015). Oxygen uptake kinetics in trained adolescent females. *European Journal of Applied Physiology*, 115, 213–220.

U.S. Department of Health and Human Services, Centers for Disease Control and Prevention, National Center for Chronic Disease Prevention and Health Promotion. (1996). *Physical activity and health: A report of the Surgeon General.* Atlanta: Author.

Utley, A., & Astill, S.L. (2007). Developmental sequences of two-handed catching: How do children with and without developmental coordination disorder differ? *Physiotherapy Theory and Practice*, 23, 65–82.

Uusi-Rasi, K., Sievanen, H., Vuori, I., Pasanen, M., Heinonen, A., & Oja, P. (1998). Associations of physical activity and calcium intake with bone mass and size in healthy women of different ages. *Journal of Bone and Mineral Research*, 13, 133–42.

Vahdat, S., Albouy, G., King, B., Lungu, O., & Doyon, J. (2017). Editorial: Online and offline modulators of motor learning. *Frontiers in Human Neuroscience*, 11, 69.

Vaillant-Molina, M., Bahrick, L.E., & Flom, R. (2013). Young infants match facial and vocal emotional expressions of other infants. *Infancy*, 18, E97–E111.

Valentini, N., Barnett, L., Bandeira, P.F., Nobre, G.C., Zanella, L.W., & Sartori, R.F. (2018),The Pictorial Scale of Perceived Movement Skill Competence: Determining content and construct validity for Brazilian children. *Journal of Motor Learning and Development*, 6, S-189–S207.

Valentini, N.C., & Rudisill, M.E. (2004a). An inclusive mastery climate intervention and the motor development of children with and without disabilities. *Adapted Physical Activity Quarterly*, 21, 330–347.

Valentini, N.C., & Rudisill, M.E. (2004b). Effectiveness of an inclusive mastery climate intervention on the motor skill development of children. *Adapted Physical Activity Quarterly*, 21, 285–294.

Valentini, N.C., & Rudisill, M.E. (2004c). Motivational climate, motor-skill development and perceived competence: Two studies of developmentally delayed kindergarten children. *Journal of Teaching in Physical Education*, 23, 216–234.

Valentini, N.C., Zanella, L.W., & Webster, E.K. (2017). Test of Gross Motor Development-Third Edition: Establishing content and construct validity for Brazilian children. *Journal of Motor Learning and Development*, 5, 15–28.

Van Capelle, A., Broderick C.F., van Doorn, N., Ward, R.D., & Parmenter, B.J. (2017). Interventions to improve fundamental motor skill sin pre-school aged children: A systematic review and meta-analysis. *Journal of Science and Medicine in Sport*, 20, 658–666.

Van den Tillaar, R., & Marques, M.C. (2013). Effect of different training workload on overhead throwing performance with different weighted balls. *Journal of Strength and Conditioning Research*, 27(5),1196–1201.

Van der Fits, I.B.M., & Hadders-Algra, M. (1998). The development of postural response patterns during reaching in healthy infants. *Neuroscience and Biobehavioral Reviews*, 22(4), 521–525.

van der Kamp, J., Savelsbergh, G.J.P., & Davis, W.E. (1998). Body-scaled ratio as a control parameter for prehension in 5- to 9-year-old children. *Developmental Psychology*, 33(4), 351–361.

Van Duijvenvoorde, A.C., Jansen, B.R., Bredman, J.C., & Huizenga, H.M. (2012). Age-related changes in decision making: Comparing informed and noninformed situations. *Developmental Psychology*, 48(1), 192.

Van Duyne, H.J. (1973). Foundations of tactical perception in three to seven year olds. *Journal of the Association for the Study of Perception*, 8, 1–9.

Van Hof, P., van der Kamp, J., & Savelsbergh, G.J.P. (2008). The relation between infants' perception of catchableness and the control of catching. *Developmental Psychology*, 44, 182–194.

van Rooij, J.C.G.M., & Plomp, R. (1992). Auditive and cognitive factors in speech perception by elderly listeners. III: Additional data and final discussion. *Journal of the Acoustical Society of America*, 91, 1028–1033.

Vedul-Kjelsås, V.I., Sigmundsson, H., Stendsdotter, A.-K., & Haga, M. (2011). The relationship between motor competence, physical fitness and self-perception in children. *Child: Care, Health, and Development*, 38, 394–402.

Veldman, S.L.C., Palmer, K.K., Okely, A.D., & Robinson, L.E. (2017). Promoting ball skills in preschool-age girls. *Journal of Science and Medicine in Sport*, 20, 50–54.

Venetsanou, F., Kossyva, I., Valentini, N., Afthentopoulou, A.E., & Barnett, L. (2018). Validity and reliability of the Pictorial Scale of Perceived Movement Skill Competence for young Greek children. *Journal of Motor Learning and Development*, 6, S239–S251.

Vercruyssen, M. (1997). Movement control and speed of behavior. In A.D. Fisk & W.A. Rogers (Eds.), *Handbook of human factors and the older adult* (pp. 55–86). San Diego: Academic Press.

Vereijken, B., & Thelen, E. (1997). Training infant treadmill stepping: The role of individual pattern stability. *Developmental Psychobiology*, 30, 89–102.

Vereijken, B., van Emmerik, R.E.A., Whiting, H.T.A, & Newell, K.M. (1992). Free(z)ing degrees of freedom in skill acquisition. *Journal of Motor Behavior*, 24, 133–42.

Vereijken, B., Whiting, H.T.A. and Beek, P.J. 1992. A dynamical systems approach to skill acquisition. *Quarterly Journal of Experimental Psychology*, 45A: 323–344.

Verret, L., Trouche, S., Zerwas, M., & Rampon, C. (2007). Hippocampal neurogenesis during normal and pathological aging. *Psychoneuroendocrinology*, 32(Suppl.1), S26–S30.

Visser, J., & Geuze, R.H. (2000). Kinesaesthetic acuity in adolescent boys: A longitudinal study. *Developmental Medicine & Child Neurology*, 42, 93–96.

von Hofsten, C. (1980). Predictive reaching for moving objects by human infants. *Journal of Experimental Child Psychology*, 30, 369–382.

von Hofsten, C. (1982). Eye-hand coordination in the newborn. *Developmental Psychology*, 18, 450–461.

von Hofsten, C. (1984). Developmental changes in the

organization of pre-reaching movements. *Developmental Psychology*, 3, 378–388.

von Hofsten, C. (1990). Early development of grasping an object in space-time. In M.A. Goodale (Ed.), *Vision and action: The control of grasping* (pp. 65–79). Norwood, NJ: Ablex.

von Hofsten, C., Kellman, P., & Putaansuu, J. (1992). Young infants' sensitivity to motion parallax. *Infant Behavior and Development*, 15(2), 245–264.

von Hofsten, C., & Lindhagen, K. (1979). Observations on the development of reaching for moving objects. *Journal of Experimental Child Psychology*, 28, 158–173.

von Hofsten, C., & Spelke, E.S. (1985). Object perception and object-directed reaching in infancy. *Journal of Experimental Psychology: General*, 114(2), 198–212.

Voss, M.W., Nagamatsu, L.S., Liu-Ambrose, T., & Kramer, A.F. (2011). Exercise, brain, and cognition across the life span. *Journal of Applied Physiology*, 111(5), 1505–1513.

Vouloumanos, A., & Werker, J.F. (2007). Listening to language at birth: Evidence for a bias for speech in neonates. *Developmental Science*, 10, 159–164.

Wade, M. (1976). Developmental motor learning. In J. Keogh (Ed.), *Exercise and Sport Sciences Reviews*, 4, 375–394.

Wade, M.G. (1980). Coincidence-anticipation of young normal and handicapped children. *Journal of Motor Behavior*, 12, 103–112.

Wadsworth, D.D., Rudisill, M.E., Hastie, P.A., Irwin, J.M., & Rodriguez-Hernandez, M.G. (2017). Preschoolers' physical activity participation across a yearlong mastery-motivational climate intervention. *Research Quarterly for Exercise and Sport*, 88(3), 339–345.

Wagner, M.O., Webster, E.K., & Ulrich, D.A. (2017). Psychometric properties of the Test of Gross Motor Development 3rd edition (German translation): Results of a pilot study. *Journal of Motor Learning and Development*, 5, 29–44.

Walk, R.D. (1969). Two types of depth discrimination by the human infant. *Psychonomic Science*, 14, 253–254.

Walk, R.D., & Gibson, E.J. (1961). A comparative and analytical study of visual depth perception. *Psychological Monographs: General and Applied*, 75(15), 1.

Wallace, C.S., Kilman, V.L., Withers, G.S., & Greenough, W.T. (1992). Increases in dendritic length in occipital cortex after 4 days of differential housing in weanling rats. *Behavioral and Neural Biology*, 58(1), 64–68.

Warburton, D.E., Nicol, C.W., & Bredin, S.S. (2006). Health benefits of physical activity: The evidence. *Canadian Medical Association Journal*, 174(6), 801–809.

Warren, R., & Wertheim, A.H. (1990). *Perception and control of self-motion*. Hillsdale, NJ: Erlbaum.

Warren, W.H. (1984). Perceiving affordances: Visual guidance of stair-climbing. *Journal of Experimental Psychology: Human Perception and Performance*, 10, 683–703.

Wattam-Bell, J. (1996a). Visual motion processing in one-month-old infants: Preferential looking experiments. *Vision Research*, 36(11), 1671–1677.

Wattam-Bell, J. (1996b). Visual motion processing in one-month-old infants: Habituation experiments. *Vision Research*, 36(11), 1679–1685.

Webster, E.K., & Ulrich, D.A. (2017). Evaluation of the psychometric properties of the Test of Gross Motor Development- Third Edition. *Journal of Motor Learning and Development*, 5, 45–58.

Weisgram, E.S., Fulcher, M., & Dinella, L.M. (2014). Pink gives girls permission: Exploring the roles of explicit gender labels and gender-typed colors on 334 preschool children's toy preferences. *Journal of Applied Developmental Psychology*, 35, 401–409.

Weisner, T., Garnier, H., & Loucky, J. (1994). Domestic tasks, gender egalitarian values and children's gender typing in conventional and nonconventional families. *Sex Roles*, 30(1/2), 23–54.

Weiss, M.R. (1993). Psychological effects of intensive sport participation on children and youth: Self-esteem and motivation. In B.R. Cahill & A.J. Pearl (Eds.), *Intensive participation in children's sports* (pp. 39–69). Champaign, IL: Human Kinetics.

Weiss, M.R., & Barber, H. (1996). Socialization influences of collegiate male athletes: A tale of two decades. *Sex Role*, 33, 129–140.

Weiss, M.R., & Ebbeck, V. (1996). Self-esteem and perceptions of competence in youth sports: Theory, research and enhancement strategies. In O. Bar-Or (Ed.), *Encyclopedia of sports medicine: Vol.6. The child and adolescent athlete* (pp. 3364–3382). Oxford, UK: Blackwell Scientific.

Weiss, M.R., & Horn, T.S. (1990). The relation between children's accuracy estimates of their physical competence and achieve-ment-related characteristics. *Research Quarterly for Exercise and Sport*, 61, 250–258.

Weiss, M.R., & Knoppers, A. (1982). The influence of socializing agents on female collegiate volleyball players. *Journal of Sport Psychology*, 4, 267–279.

Weiss, M.R., McAuley, E., Ebbeck, V., & Wiese, D.M. (1990). Self-esteem and causal attributions for children's physical and social competence in sport. *Journal of Sport and Exercise Psychology*, 12, 21–36.

Weltman, A., Janney, C., Rians, C.B., Strand, K., Berg, B., Tippitt, S., et al. (1986). The effects of hydraulic resistance strength training in prepubertal males. *Medicine and Science in Sports and Exercise*, 18, 629–638.

Werchan, D.M., Collins, A.G.E., Frank, M.J., & Amso, D. (2015). 8-month-old infants spontaneously learn and generalize hierarchical rules. *Psychological Science*, 26(6), 805–815.

Weuve, J., Kang, J.E., Manson, J.E., Breteler, M.M.B., Ware, J.H., & Grodstein, F. (2004). Physical activity, including walking, and cognitive function in older women. *Journal of the American Medical Association*, 292, 1454–1461.

Whitall, J. (1988). *A developmental study of interlimb coordination in running and galloping*. Unpublished doctoral dissertation, University of Maryland, College Park.

Whitall, J., & Getchell, N. (1995). From walking to running: Using a dynamical systems approach to the development of locomotor skills. *Child Development*, 66, 1541–1553.

White, B.L., Castle, P., & Held, R. (1964). Observations

on the development of visually directed reaching. *Child Development*, 35, 349–364.

WHO Multicentre Growth Reference Study Group. (2006). Reliability of motor development data in the WHO Multicentre Growth Reference Study. *Acta Paediatrica* (Suppl. 450), 47–55.

Wick, K., Leeger-Aschmann, C.S., Monn, N.D., Radtke, T., Ott, L.F., Rebholz, C.E., ... et al. (2017). Interventions to promote fundamental movement skills in childcare and kindergarten: A systematic review and meta-analysis. *Sports Medicine*, 47, 2045–2068.

Wickstrom, R.L. (1983). *Fundamental motor patterns* (3rd ed.). Philadelphia: Lea & Febiger.

Wickstrom, R.L. (1987). Observations on motor pattern development in skipping. In J.E. Clark & J.H. Humphrey (Eds.), *Advances in motor development research* (Vol.1, pp. 49–60). New York, NY: AMS Press.

Wiegand, R.L., & Ramella, R. (1983). The effect of practice and temporal location of knowledge of results on the motor per-formance of older adults. *Journal of Gerontology*, 38, 701–706.

Wiese, T.B. (2016, April 13). Women's lacrosse players must adhere to traditional gender roles. *The Beacon*.

Wijnhoven, T.M.A., de Onis, M., Onyango, A.W., Wang, T., Bjoerneboe, G.E.A., Bhandari, N., et al. (2006). Assessment of gross motor development in the WHO Multicentre Growth Reference Study. *Food and Nutrition Bulletin*, 25, 37–45.

Wild, M. (1937). *The behavior pattern of throwing and some observations concerning its course of development in children.* Unpublished doctoral dissertation, University of Wisconsin, Madison.

Wild, M. (1938). The behavior pattern of throwing and some observations concerning its course of development in children. *Research Quarterly*, 9, 20–24.

Williams, H. (1968). *Effects of systematic variation of speed and direction of object flight and of age and skill classification on visuo-perceptual judgments of moving objects.* Unpublished doctoral dissertation, University of Wisconsin, Madison.

Williams, H. (1973). Perceptual-motor development in children. In C. Corbin (Ed.), *A textbook of motor development* (pp.111–148). Dubuque, IA: Brown.

Williams, H. (1983). *Perceptual and motor development.* Englewood Cliffs, NJ: Prentice Hall.

Williams, H. (1986). The development of sensory-motor function in young children. In V. Seefeldt (Ed.), *Physical activity and well-being* (pp.104–122). Reston, VA: American Alliance for Health, Physical Education, Recreation and Dance.

Williams, J.L., & Corbetta, D. (2016). Assessing the impact of movement consequences on the development of early reaching in infancy. *Frontiers in Psychology*, 7, 587.

Williams, K., Goodman, M., & Green, R. (1985). Parent-child factors in gender role socialization in girls. *Journal of the American Academy of Child Psychiatry*, 24, 720–731.

Williams, K., Haywood, K., & Painter, M. (1996). Environ-mental vs. biological influences on gender differences in the overarm throw for force: Dominant and nondominant arm throws. *Women in Sport and Physical Activity Journal*, 3, 29–48.

Williams, K., Haywood, K., & VanSant, A. (1990). Movement characteristics of older adult throwers. In J.E. Clark & J.H. Humphrey (Eds.), *Advances in motor development research* (Vol.3, pp. 29–44). New York, NY: AMS Press.

Williams, K., Haywood, K., & VanSant, A. (1991). Throwing patterns of older adults: A follow-up investigation. *International Journal of Aging and Human Development*, 33, 279–294.

Williams, K., Haywood, K., & VanSant, A. (1993). Force and accuracy throws by older adult performers. *Journal of Aging and Physical Activity*, 1, 2–12.

Williams, K., Haywood, K., & VanSant, A. (1996). Force and accuracy throws by older adults: II. *Journal of Aging and Physical Activity*, 4(2), 194–202.

Williams, K., Haywood, K., & VanSant, A. (1998). Changes in throwing by older adults: A longitudinal investigation. *Research Quarterly for Exercise and Sport*, 69(1), 1–10.

Wilmore, J.H. (1991). The aging of bones and muscle. In R.K. Kerlan (Ed.), *Sports medicine in the older adult* (pp. 231–244). Philadelphia: Saunders.

Winstein, C.J., & Schmidt, R.A. (1990). Reduced frequency of knowledge of results enhances motor skill learning. *Journal of Experimental Psychology*, 16(4), 677–691.

Winter, D.A. (1983). Biomechanical motor patterns in normal walking. *Journal of Motor Behavior*, 15, 302–330.

Winterhalter, C. (1974). *Age and sex trends in the development of selected balancing skills.* Unpublished master's thesis, University of Toledo, Toledo, OH.

Wishart, L.R., & Lee, T.D. (1997). Effects of aging and reduced relative frequency of knowledge of results on learning a motor skill. *Perceptual and Motor Skills*, 84(Pt. 1), 1107–1022.

Witelson, S.F. (1987). Neurobiological aspects of language in children. *Child Development*, 58, 653–688.

Witherington, D.S., Campos, J.J., Anderson, D.I., Lejeune, L., & Seah, E. (2005). Avoidance of heights on the visual cliff in newly walking infants. *Infancy*, 7, 285–298.

Wolf, J. (December 20, 2007). Babies do the driving in Delaware lab.

Wolff, P.H., Michel, G.F., Ovrut, M., & Drake, C. (1990). Rate and timing precision of motor coordination in develop-mental dyslexia. *Developmental Psychology*, 26, 349–359.

Wood, J.M., & Abernethy, B. (1997). An assessment of the efficacy of sports vision training programs. *Optometry and Vision Science*, 74, 646–659.

Wood, L.E., Dixon, S., Grant, C., & Armstrong, N. (2006). Elbow flexor strength, muscle size, and moment arms in prepubertal boys and girls. *Pediatric Exercise Science*, 18, 457–469.

Woollacott, M., Shumway-Cook, A.T., & Nashner, L.M. (1982). Postural reflexes and aging. In J.A. Mortimer (Ed.), *The aging motor system* (pp. 98–119). New York, NY: Praeger.

Woollacott, M., Shumway-Cook, A.T., & Nashner, L.M.

(1986). Aging and posture control: Changes in sensory organization and muscular coordination. *International Journal of Aging and Human Development*, 23, 97–114.

Woollacott, M.H. (1986). Gait and postural control in the aging adult. In W. Bles & T. Brandt (Eds.), *Disorders of posture and gait* (pp. 326–336). New York, NY: Elsevier.

Woollacott, M.H., Shumway-Cook, A., & Williams, H. (1989). The development of posture and balance control in children. In M.H. Woollacott & A. Shumway–Cook (Eds.), *Development of posture and gait across the life span* (pp. 77–96). Columbia: University of South Carolina Press.

Woollacott, M.H., & Sveistrup, H. (1994). The development of sensorimotor integration underlying posture control in infants during the transition to independent stance. In S.P. Swinnen, J. Massion, & H. Heuer (Eds.), *Interlimb coordination: Neural, dynamical and cognitive constraints* (pp. 371–389). San Diego: Academic Press.

World Health Organization. (2017). Obesity and overweight.

Wright, C.E., & Wormald, R.P. (1992). Stereopsis and aging. *Eye*, 6, 473–476.

Wulf, G. (1991). The effect of type of practice on motor learning in children. *Applied Cognitive Psychology*, 5, 123–134.

Wulf, G., & Schmidt, R.A. (1989). The learning of generalized motor programs: Reducing the relative frequency of knowledge of results enhances memory. *Journal of Experimental Psychology*, 15(4), 748–757.

Yamaguchi, Y. (1984). A comparative study of adolescent socialization into sport: The case of Japan and Canada. *International Review for Sociology of Sport*, 19(1), 63–82.

Yan, J.H., Abernethy, B., & Li, X. (2010). The effects of ageing and cognitive impairment on on-line and off-line motor learning. *Applied Cognitive Psychology*, 24, 200–212.

Yan, J.H., Payne, V.G., & Thomas, J.R. (2000). Developmental kinematics of young girls' overarm throwing. *Research Quarterly for Exercise and Sport*, 71, 92–98.

Yao, C.A., & Rhodes, R.E. (2015). Parental correlates in child and adolescent physical activity: A meta-analysis. *International Journal of Behavioral Nutrition and Physical Activity*, 12, 10.

Yates, L.B., Karasik, D., Beck, T.J., Cupples, L.A., & Kiel, D.P. (2007). Hip structural geometry in old and old-old age: Similarities and differences between men and women. *Bone*, 41, 722–732.

Yeh, T.T., Cluff, T., & Balasubramaniam, R. (2014). Visual reliance for balance control in older adults persists when visual information is disrupted by artificial feedback delays. *PLoS ONE*, 9, e91554.

Yekta, A.A., Pickwell, L.D., & Jenkins, T.C.A. (1989). Binocular vision, age and symptoms. *Ophthalmic and Physiological Optics*, 9, 115–120.

Young, A., Stokes, M., & Crowe, M. (1985). The size and strength of the quadriceps muscles of old and young men. *Clinical Physiology*, 5, 145–154.

Zakas, A. (2005). The effect of stretching duration on the lower-extremity flexibility of adolescent soccer players. *Journal of Bodywork and Movement Therapies*, 9, 220–225.

Zelazo, P.R. (1983). The development of walking: New findings and old assumptions. *Journal of Motor Behavior*, 15, 99–137.

Zelazo, P.R., Zelazo, N.A., & Kolb, S. (1972a). "Walking" in the newborn. *Science*, 176, 314–315.

Zelazo, P.R., Zelazo, N.A., & Kolb, S. (1972b). Newborn walking. *Science*, 177, 1058–1059.

Zetou, E., Papadakis, L., Vernadakis, N., Derri, V., Bebetsos, E., & Filippou, F. (2014). The effect of variable and stable practice on performance and learning the header skill of young athletes in soccer. *Procedia: Social and Behavioral Sciences*, 152, 824–829.

Zheng, Y., Manson, J.E., Yuan, C., Liang, M.H., Grodstein, F., Stampfer, M.J., et al. (2017). Associations of weight gain from early to middle adulthood with major health outcomes later in life. Journal of the American Medical Association, 318(3), 255–269.

Zimmerman, H.M. (1956). Characteristic likenesses and differences between skilled and non-skilled performance of the standing broad jump. *Research Quarterly*, 27, 352.

Zipp, G.P., & Gentile, A.M. (2010). Practice schedule and the learning of motor skills in children and adults: Teaching implications. *Journal of College Teaching and Learning*, 7(2), 35–42.

Zubiaur, M., Oña, A., & Delgado, J. (1999). Learning volleyball serves: A preliminary study of the effects of knowledge of performance and of results. *Perceptual Motor Skills*, 89, 223–232.

Zwiren, L.D. (1989). Anaerobic and aerobic capacities of children. *Pediatric Exercise Science*, 1, 31–44.

作者简介

凯瑟琳·M.海伍德博士（Kathleen M. Haywood, PhD）

美国密苏里大学圣路易斯分校荣誉退休教授，研究方向为人的一生中的动作发展，并进行动作行为与发展、运动心理学和生物力学等课程的教学，1976年在美国伊利诺伊大学厄巴纳-香槟分校获得了动作行为博士学位。

同时，海伍德博士是美国国家运动人体科学研究院院士（National Academy of Kinesiology）同时也是美国健康和体育教育协会研究联盟（Research Consortium of the Society for Health and Physical Education）（SHAPE America）的研究员，SHAPE America的梅布尔·李奖章（Mabel Lee Award）获得者。她曾担任北美运动与体育活动心理学协会（North American Society for the Psychology of Sport and Physical Activity）主席、健康和体育教育协会动作发展学会（Motor Development Academy of SHAPE America）主席。

海伍德博士还是人体运动出版社出版的《射箭：成功的步骤》（Archery: Step to Success）和《射箭教学：成功的步骤》（Teaching Archery: Steps to Success）第4版的合著者。她现定居美国密苏里州的圣查尔斯。在空闲时间，她喜欢健身、打网球、训练爱犬。

南希·格彻尔博士（Nancy Getchell, PhD）

美国特拉华大学（纽瓦克）教授，研究方向为调查残疾儿童和正常发育儿童动作控制和协调能力的发展，至今已研究近30年；目前的研究重点是患发育性协调障碍和其他疾病的儿童，其大脑与行为之间的关系。她还进行动作发展、动作控制和学习、研究方法和女性运动等课程的教学。

目前，格彻尔博士是国际动作发展研究联盟（International Motor Development Research Consortium）主席、北美运动与体育活动心理学协会和国际动作控制协会（International Society of Motor Control）专业成员。同时，她也是健康和体育教育协会研究员、动作发展与学习研究院（Motor Development and Learning Academy）主席。现在，格彻尔博士担任《训练与运动研究季刊》（Research Quarterly for Exercise and Sport）副主编、《体育教育和运动教育学》（Physical Education and Sport Pedagogy）和《心理学前沿》（Frontiers in Psychology）编委。

1996年，格彻尔博士在美国威斯康星大学麦迪逊分校专门从事运动人体科学之动作发展的研究，并获得博士学位。2001年，她获得罗斯·E.霍尔沃森青年研究者奖。

格彻尔博士目前居住在美国特拉华州的威尔明顿，在空闲时间，她喜欢徒步旅行、探险和骑行。

曹晓捷

毕业于加拿大西蒙·弗雷泽大学（Simon Fraser University），后于美国春田学院（Springfield College）完成人体运动表现与康复学进修，于美国斯坦福大学（Stanford University）完成营养科学进修；是美国国家运动医学院（National Academy of Sports Medicine）纠正训练专家与运动表现专家，KINESIO®肌贴国际临床技师，希腊ERGON®筋膜刀高级技师；曾先后担任美国国家运动医学院中国项目负责人，赛普研究院院长，目前任极智医疗运动首席科学家；译有《人体运动平衡》《美国国家体能协会美式橄榄球体能训练指南》等专业图书。

陈璐

硕士，毕业于内蒙古大学，曾在北京大学国家重点实验室从事研究工作，之后在浙江大学哲学系进修；赴美留学期间，曾在美国蓝崖学院（Blue Cliff College）、艾达·罗尔夫博士学院（Dr. Ida Rolf Institute）、巴拉尔学院（Barral Institute）、奇克利健康学院（Chikly Health Institute）等机构深入学习手法治疗、罗尔夫结构整合、内脏和神经松弛术、脑组织和淋巴系统整合等相关技术，同时对儿童空间方法（Child' Space Method）和费登奎斯方法（Feldenkrais Method）的应用进行系统研究；目前担任HERE&NOW®整体健康工作室主理人。